Carl Périn

Uber den Reichthum in der christlichen Gesellschaft von Carl Périn

Erster Band

Carl Périn

Uber den Reichthum in der christlichen Gesellschaft von Carl Périn
Erster Band

ISBN/EAN: 9783742898524

Hergestellt in Europa, USA, Kanada, Australien, Japan

Cover: Foto ©Suzi / pixelio.de

Manufactured and distributed by brebook publishing software
(www.brebook.com)

Carl Périn

Uber den Reichthum in der christlichen Gesellschaft von Carl Périn

Ueber den Reichthum

in der

christlichen Gesellschaft

von

Carl Périn,
Professor des öffentlichen Rechtes und der Nationalökonomie
an der Universität Löwen.

Mit Genehmigung des Verfassers aus dem Französischen
übersetzt

von

Joseph Weizenhofer,
Domvicar in Eichstätt.

Erster Band.

Regensburg & New-York.
Papier, Druck und Verlag von Friedrich Pustet.
1866.

Vorwort.

Die Frage, welche in der vorliegenden Schrift behandelt wird, gehört unter diejenigen, die heutzutage ernste Geister ganz besonders in Anspruch nehmen. Wegen der Leidenschaften und Irrthümer, durch welche sie verdunkelt worden, sowie wegen der Vielartigkeit der Thatsachen und der Erhabenheit der Principien, die zur Erwägung kommen, gehört sie unter die schwierigsten Aufgaben, die unsere Zeit zu lösen hat. Ihren Angelpunkt bildet die Vereinigung zweier Dinge, welche viele unserer Zeitgenossen für absolut entgegengesetzt halten: des materiellen Fortschritts nämlich und der christlichen Entsagung. Ich will darthun, daß sowohl im Gebiete der materiellen als der geistigen Ordnung nie ohne Entsagung etwas Großes und wahrhaft Nutzbares geschaffen worden sei und geschaffen werden könne.

Hätte ich bloß auf meine Kräfte Bedacht genommen, so würde ich mich keinesfalls an dieses Werk gewagt haben. Aber zwei Rücksichten bestimmten mich: Zuerst die hohe Wichtigkeit der Sache an sich bei dem gegenwärtigen Zustande der Wissenschaft und der Sitten; sodann die unwiderstehbare Evidenz, mit welcher sich die Lösung des schwebenden Problems vom Standpunkte des Christenthums aus meinem Geiste darbot. Die Thatsachen scheinen mir so laut zu sprechen, daß eine einfache und klare Darstellung derselben ohne jede Zuthat von Kunstaufwand genügt, sie in vollem Lichte leuchten zu lassen. Die allbezwingende Ueberzeugungskraft, welche die Wahrheit in sich trägt, und das Gefühl einer Pflichterfüllung, vermochten mich zum Schreiben. Ich hoffe, daß man in diesen Beweggründen eine genügende Entschuldigung für alles das finden werde, was in meinem Werke der Größe und Wichtigkeit des Gegenstandes nicht entsprechen sollte.

Erstes Buch.

Vom Reichthume und vom materiellen Fortschritte im Allgemeinen.

I. Kapitel.

Von der leidenschaftlichen Begierde nach Reichthum in gegenwärtiger Zeit.

Unter den Begierden, die unsere Zeit bewegen, ist vielleicht keine mächtiger und allgemeiner, als die Begierde nach Reichthum; feste Bande haben alle übrigen schlechten Triebe und alle jene ungeordnet sündhaften Neigungen, die seit einem Jahrhunderte unsere Gesellschaft beunruhigen, erschüttern, erniedrigen, mit ihr in nahen Zusammenhang gebracht.

Politische und sociale Ursachen haben zu ihrer Geburt mitgewirkt, und haben ohne Aufhören ihr Leben unterhalten und ihr Wachsthum gefördert.

Eine demokratische Bewegung, über welche man sich nie genugsam Rechenschaft gab, hat sich seit Langem bemüht, alles von seiner Höhe niederzustürzen, was sich über die gewöhnliche Fläche emporhebt. Es gab jedoch einen Vorrang, der inmitten der Sucht, immer den einen Menschen durchweg gleichzustellen, allen Anstrengungen Trotz bot; es war die Macht des Reichthums, und sie widerstand, weil ihr Charakter materiell und wesentlich positiv ist. Unvermögend, den Reichthum vom Throne zu stürzen, ist der demokratische Hochmuth bestrebt, sich selbst auf denselben emporzuheben, und daher jenes peinliche Jagen nach Glücksgütern, dem sich auch die Demokraten mit der unauslöschlichen Gesinnung einer ganz aristokratischen Eitelkeit hingaben. Jedermann will heutzutage reich sein, weil nach dem Zustande unserer abebnenden Gesellschaft im Reichthum die einzige unbestrittene Auszeichnung und der einzige allerwärts mächtige Einfluß liegt.

Außer diesem politischen Grunde gibt es aber noch andere tiefer liegende Gründe für die Krankheit, welche seit einem Jahrhunderte die Seelen foltert.

Der Mensch hat sich von Gott getrennt; außer dem Gesetze, das ihm die Vernunft dictiren sollte, hat er jedes andere Gesetz abgeworfen und nur mehr die Oberherrschaft der Natur anerkannt. Weil aber gerade er der König der Natur ist, so hat er auf diese Weise nur seine eigene Herrschaft über sich selbst proclamirt, jedem Opferprincip nothwendiger Weise abgeschworen und die Berechtigung aller seiner Leidenschaften als Grundsatz ausgesprochen. Herabgesunken von dem geistigen Leben, in welchem die Vereinigung mit Gott seine höchste Sehnsucht erfüllte, war er gezwungen, in der Sinnenwelt für seinen angebornen Hang nach Größe und Fortschritt Befriedigung zu suchen. Aber dadurch, daß er seine Größe in die materielle Ordnung setzte, hat er nicht nur seine Bestimmung ihrer Würde entkleidet, sondern zugleich auch sich selbst seiner Herrschaft wieder beraubt. Sobald er glaubte sein eigener Herr geworden zu sein, war er nur mehr ein Knecht, und die Herrschaft der Natur hat ihm statt der versprochenen Freiheit nur die verworfenste aller Sclavereien eingebracht: die Sklaverei des Begehrens nach der Materie.

Es ist nicht zum ersten Male, daß die Begierde nach Reichthum mit dem Charakter einer allgemeinen Thatsache und einer ernsten Gefahr in der Welt auftritt. Regelmäßig folgen auf Perioden großer sittlicher Thatkraft und großer geistiger Entfaltung wieder Perioden der Verweichlichung und des Verderbnisses, in denen die Reichthümer, eine materielle Frucht geistiger Eroberungen, den Menschen die wahren Grundlagen seiner Vervollkommnung vergessen lassen und ihn gerade in Folge seines Fortschritts und wegen des Mißbrauchs der Kräfte, mit denen dieser Fortschritt ihn ausgerüstet hat, dem Verfalle entgegentreiben. Die moderne Gesellschaft hatte mehr denn einmal gegen Schwierigkeiten dieser Art zu kämpfen und hat sie durch die Kraft christlicher Principien, immer wieder überwunden.

In unsern Tagen hat die Begierde nach Reichthum einen ernsteren Charakter; sie tritt auf mit der Macht eines Princips und einer Doktrin. Hat man nicht versucht, das Streben nach Wohlstand als die höchste Triebfeder der menschlichen Thätigkeit darzustellen? Haben sich nicht Schriftsteller gefunden, die auf dieses Princip die Theorie des Fortschritts gründen und aus ihm das ganze System der socialen Beziehungen ableiten? Der Reichthum hat unter uns seine Anhänger, oft seine fanatischen Anhänger; er hat selbst seine Anbeter, und es haben dieselben die Regeln seines Cultes vorgeschrieben und den Plan zu seinen Tempeln entworfen. Muß man nicht das Phalansterium[1]) und alles, was damit zusammen hängt, für jenes Heiligthum halten, in dem man die Religion des Wohlstands üben muß?

Hat die Leidenschaft nach Reichthum die Herzen erobert, so entblößt sie dieselben aller Thatkraft und allen Edelmuths und macht sie gleichgiltig gegen die großen Interessen der Menschheit: das Nützliche tritt an die Stelle des Edlen und Gerechten; Niederträchtigkeit, Treulosigkeit, Unrecht werden mit Kälte betrachtet, wenn sie nur zum Ziele führen. Man fühlt in sich nicht mehr die Kraft, für das Recht gegen den Raub Partei zu ergreifen, und wenn man von seiner Ruhe und von seinem Wohlbefinden etwas für die Vertheidigung des Rechtes in Frage stellen sollte, so wird man dasselbe ruhig opfern lassen. Man hat es nicht bloß verlernt, sich für die Gerechtigkeit hinzuopfern; man hat es sogar verlernt, gegen jene unwillig zu werden, welche sie verletzen, und es findet sich kaum noch dann und wann eine jener tugendstarken Seelen, in denen eine begeisterte Liebe für Recht und Wahrheit einen edelmüthigen Protest gegen die Verkommenheit und Niederträchtigkeit der Menge erhebt. Die Ideen verschlechtern sich mit den Gefühlen; das Ideal raümt dem Realismus den Platz; sowohl in der Politik wie in der Wissenschaft und Kunst nimmt Alles den Charakter der Specula-

[1]) Siehe darüber Beilage I. am Ende dieses Bandes.

tion an. Die Gesellschaft hat in ihrer Masse nur einen Gedanken, nur eine Neigung: Ruhe im Wohlsein.

Erkünstelte und hochmuthsvolle Mäßigung bildet einen ferneren Zug im Charakter der Gesellschaften, welche dem Cultus des Reichthums verfallen sind. Man gibt sich den Anschein, als sehe man in allen Dingen das Ernste und Aechte, und rühmt sich, alles den Erwägungen einer strengen Weisheit zu unterwerfen. Man zeigt sich sehr stolz auf diesen vermeintlichen Triumph der Vernunft, die stets mit sich selbst liebäugelt und unausgesetzt darauf bedacht ist, aus dem Leben alles zu entfernen, was dessen Ruhe stören könnte. Man sieht nicht, daß diese Vorsicht und diese Sorge, in allem ein kaltes Maaß einzuhalten, nur Weichlichkeit und Ohnmacht sind. Es ist das „jene Sorge der Welt und jener Betrug „des Reichthums, welche die Weisheit ersticken,"[1]) und auf dem Wege leichter Glücksfälle endlich zur tiefsten und unheilbarsten Nichtigkeit führen.

In einer Gesellschaft, die aus dem Wohlsein ihre Hauptangelegenheit macht, verschwindet mit der wahren Achtung vor der Vergangenheit zugleich alle ernstliche Sorge für die Zukunft. Was liegt dem Materialismus an dem, was nicht mehr ist, oder an dem, was noch nicht ist? Kann er mit etwas Anderm sich beschäftigen, als mit dem Genuß des gegenwärtigen Augenblicks, des einzigen, über den er gewiß ist, des einzigen, der ihn berührt? Die Ueberlieferung ist für ihn nur die lästige Erinnerung an Principien und Sitten, die ihn verdammen; die Zukunft ein Traumbild, einzig dazu geeignet, den heiteren Himmel seiner selbstsüchtigen Freuden zu trüben. Daher der Geist des Umsturzes und der Geist der Zersplitterung, diese tödtlichen Krankheiten des socialen Körpers, die in Wirklichkeit nur verschiedene Symptome eines und desselben Uebels sind, der Vergessenheit auf die Angelegenheiten der Seele um der sinnlichen Dinge willen.

---

[1]) Et sollicitudo sæculi istius et fallacia divitiarum suffocat verbum. Math. XIII, 22.

Wenn die Menschen in solcher Verachtung gegen die Vergangenheit und in solcher Sorglosigkeit um die Zukunft leben, dann werden sie auch mit gleicher Verachtung und Sorglosigkeit gegen einander selbst in der Gegenwart leben. Jeder mit sich, jeder für sich, das wird die Regel für ihre Sitten sein. Und mit diesen Sitten wird man sie in einer beständigen Unbehaglichkeit und Beweglichkeit dahinwogen sehen, ohnmächtig, etwas aufzubauen und etwas Dauerhaftes zu schaffen, weil Gegenseitigkeit und gemeinsames Handeln die Gesetze für die Existenz und den Fortschritt der Menschheit bilden, und weil wir nur durch wechselweise Unterstützung, durch wechselweise Zuneigung und wechselweises Opfer unser Leben zu erhöhen und zu festigen vermögen. Alles wird auf dem Dein und Mein beruhen; das starre Recht allein wird gehört werden bei Regelung der menschlichen Beziehungen. Die Liebe, welche Opfer und Demuth in sich schließt, wird für überflüssig erklärt und als unverträglich mit der menschlichen Würde zurückgewiesen werden. Stolze Frostigkeit und hochmüthige Gleichgiltigkeit werden den herrschenden Charakter der socialen Verhältnisse bilden.

Was wird aber alsdann aus der Freiheit, der Gleichheit, der Brüderlichkeit geworden sein, welche doch die Lehrer des Materialismus unausgesetzt im Munde führen! Sie werden unter der Fläche, die der Communismus schafft, verschwunden sein, oder vielmehr sie werden niedergetreten bleiben unter der härtesten und übermüthigsten aller Herrschaften, unter der Herrschaft der Reichen. Und was wird aus dem Reichthume werden, diesem Götzen, dem man alle wahren Güter und alle hohen Bestrebungen des menschlichen Lebens geopfert haben wird? Er wird sich in Mitte der allgemeinen Ohnmacht verringern und aufzehren. In der That, wie könnte er in einer Welt, in welcher alle natürlichen Gesetze der menschlichen Thätigkeit verachtet sind, wachsen und sich erhalten? Wenn er Bestand hat, so wird er ihn nur auf kurze Zeit und in den Händen einiger Privilegirten haben, die stark genug sind, ihr Glück auf die Ausbeutung der Massen und das allgemeine Elend zu gründen.

Diese Ahnungen und diese Besorgniß drängen sich heutigen Tages jedem denkenden Menschen mit unwiderstehlicher Gewalt auf. Die Frage nimmt durch die Weltereignisse jeden Tag eine bündigere Form an, und wenn man seinen Blick nur im Mindesten über den gegenwärtigen Augenblick erhebt, dann ist es unmöglich, die Nothwendigkeit einer Lösung zu verkennen.

II. Kapitel.

Die Gesellschaft bewegt sich zwischen dem Geiste und den Sinnen, zwischen dem Heidenthum und dem Christenthum.

Unter so vielen Gründen zur Furcht gibt es auch Gründe zum Vertrauen. Gott hat die Nationen heilbar geschaffen, und ungeachtet unserer Schwachheiten gibt es Anzeichen, die an eine bessere Zukunft glauben lassen. Nachdem die Gesellschaft vierzehn Jahrhunderte hindurch von den mächtigsten Einflüssen des Christenthumes durchdrungen worden, geht sie nicht so leicht zum Cultus der Materie über. Das moralische Leben kämpft in ihr lange gegen die Forderungen der materiellen Triebe, und so lange dieser Kampf dauert, kann man hoffen, daß er unter Gottes Beistand mit dem Siege des Geistes über die Sinne endigen werde.

Ohne Zweifel erhebt der Irrthum heutzutage sein Haupt mit mehr Kraft, als zu irgend einer Zeit. Man staunt und erschrickt, wenn man erwägt, mit welch cynischer Kühnheit er seine letzten und sündhaftesten Consequenzen entfaltet; und wenn man sieht, wie er seinen Leidenschaften den Charakter und die Autorität von Principien zuspricht, frägt man sich, ob etwas seinen Schlägen wird widerstehen können. Hat aber ihrerseits die Wahrheit nicht ebenfalls ihre Kräfte gesammelt, und tritt ihr Handeln nicht jeden Tag erkennbarer und bestimmter hervor? Wir sind von dem ängstlichen Klügeln und von den Ausgleichungsversuchen des letzten Jahrhunderts längst abgegangen. Statt unsere Principien abzuschwächen und geheimzuhalten, zeigen wir uns stolz mit ihnen vor der Welt und stellen sie vertrauensvoll in ihrer ganzen Strenge dem Widerspruch unserer Gegner preis. Und wenn auch die Zahl derjenigen, welche die Lehre der Wahrheit in ihrer Reinheit ausüben, klein ist: ist es nicht gleichwohl wahr, daß sie durch die Wärme und Aufrichtigkeit ihres Eifers in der Gesellschaft eine Macht bilden, die man, wenn es auf's Handeln ankommt, ganz mit Unrecht blos nach der Zahl messen würde? Wurde nicht durch den Glauben und die Liebe einiger Wenigen die heidnische Welt überwunden? Sehet, wie die religiösen Orden in der ganzen Strenge ihrer ersten Errichtung wieder erstehen; sehet, welche Selbstverlaügnung die Liebe Leuten jeden Alters, jeden Ranges und jeden Standes einflößt; sehet, wie sich von allen Seiten Gesellschaften bilden, um mit größerem Erfolge die Werke des Glaubens zu üben; sehet, wie das Priesterthum in gleichem, ja noch höherem Grade, als ehedem, große Talente mit großen Tugenden verbindet, und sagt, ob die so vorgetragene und so ausgeübte Wahrheit in der Gefahr des Untergangs schwebt?

Gleichwohl muß man zugestehen, daß diejenigen, welche die Gewalt der Ueberzeugung also um die Wahrheit oder der Ungestüm der Leidenschaften also um den Irrthum schaart, nur eine schwache Minderheit in der Gesellschaft bilden. Zwischen diesen zwei Heerlagern befindet sich jene wankelmüthige und weichliche Masse, die heutzutage wankelmüthiger und weichlicher, als je, sich nur halb dem Irrthum oder der Wahrheit hingibt und über die Forderung der Wahrheit nicht minder, denn über die Dreistigkeit des Irrthums in Schrecken geräth. Faßt man nur die Zahl in's Auge, so bildet diese Masse die

Gesellschaft. Sie soll erobert werden, und auf sie werden von beiden Parteien alle Anstrengungen gerichtet. In dieser unentschiedenen Menge vermischen sich die erhabensten Bestrebungen mit den niedrigsten Trieben. Die Größe des Christenthums, die so schön im Einklang steht mit den edlen Gefühlen, womit Gott unsere Natur bereicherte, die unwiderstehliche Gewalt seiner süßen Tugenden und seiner heroischen Aufopferungen können ein Herz nicht gefühllos lassen, das noch ein Gefühl für menschliche Würde besitzt. Aber diese Größe und diese Tugenden müssen um den Preis von Opfern erkauft werden, denen sich zu unterziehen mittelmäßige Seelen nicht Kraft genug besitzen. Bezaubert von der Schönheit der Wahrheit werden sie versuchen, dieselbe zu ihrem schwachen Muthe in Verhältniß zu bringen, indem sie daran Fälschungen und Umgestaltungen vornehmen. Dadurch kommt es denn zu jenen Verstümmelungen, die um so größere Gefahr bieten, weil man die Wahrheit in ihren Erscheinungen anerkennt, während man sie zu gleicher Zeit in ihrem Princip laügnet.

Jene, welche sich zu Organen und Stützen des Irrthums machen, ziehen auf geschickte Weise aus dieser Verfassung der Geister Nutzen für sich. Sie sehen es auf die völlige Zerstörung der Wahrheit ab, aber oft gelangen sie dazu auf krummen Wegen. Oft auch geschieht es, daß sie, von der socialen Macht christlicher Anschauungen angezogen und von dem Glauben beseelt, als entwickelten sie nur die Consequenzen ihrer eigenen Principien, von der Wahrheit gerade das entlehnen, was ihre schönste Zierde bildet und am meisten geeignet ist, die Gemüther zu fesseln. So entlehnt dies Trachten nach allgemeinem Wohlstand die edlen Triebe, die ihm innewohnen, von der religiösen Liebe und tritt dann auf unter dem schönen Namen der Philantropie. Und beim Haschen nach Reichthümern wird vorgegeben, es solle auf diesem Wege die Würde und der Wohlstand der großen Menge gefördert werden. Die traurigsten Verirrungen, die verabscheuungswürdigsten Ausschweifungen hüllen sich auf diese Weise in eine gewisse geheimnißvolle Religiösität und maßen sich den Namen der

Tugend an. Fürwahr, das Heidenthum ersteht wieder; denn einer seiner bemerkenswerthesten Züge, vielleicht sein auffallendster Charakter war es, den edelsten Neigungen und den schmählichsten Schwächen der Menschheit dadurch zu genügen, daß es in allen Dingen die Wahrheit mit dem Irrthum, Größe mit der Verworfenheit, das Laster mit der Tugend vermengte. Es gilt, um es kurz zu sagen, die Vergöttlichung der Menschheit mit ihren guten und schlechten Trieben.

Man kann die katholische Wahrheit nicht frevelhafter angreifen, als wenn man sie in solcher Weise verunstaltet. Die Wahrheit ist wesentlich positiver und ausschließlicher Natur. Mag man es wissen oder nicht, mag man es wollen oder nicht; man kann an ihr nichts wegnehmen oder ändern, ohne sie ganz zu vernichten. Jene verschwommene und verweichlichte Gesinnung in Sachen der Religion, jener Hang, die Principien zu mißachten, um nur auf die Gefühle zu hören, jene vermeintliche Höhe der Anschauung und jene wohlgefällige Unparteilichkeit, die man prahlerisch zur Schau trägt, um Wahrheit und Irrthum mit einander vermengen zu können, sind im Grunde nur Indifferentismus und Feigheit. Der Triumph des Menschen, der Triumph des Stolzes und des sinnlichen Begehrens ist es, was man bei all dem anstrebt. Es gilt, den Menschen von allen Principien, die ihm seine Abhängigkeit zum Bewußtsein bringen, von allen Gesetzen, die seinen Gelüsten entgegen stehen, frei zu machen. Man will den Demüthigungen und Abtödtungen des Christenthums ein Ende setzen, während man doch dessen Wohlthaten ausnützt und die sittliche Würde zu wahren strebt, womit es das menschliche Leben ausgestattet hat.

Diese Anschauungsweise, kraft deren man sich bemüht, alle Genüsse mit aller Größe zu vereinigen, ist die schrecklichste Verführung unserer Zeit. In den Augen des Volkes nimmt sie Körper und Leben an in der Gestalt des Reichthums, der sammt den Begierden, die ihm nachjagen, wieder in die alten Rechte eingesetzt werden soll. Der Reichthum schließt alle jene Genüsse und allen jenen äußeren Glanz in sich, denen sich der Mensch mit einer Art Wahnsinn hingibt, wenn er sich von den wahren Gütern, den Gütern des Geistes, welche allein seine Seele wahrhaft erfüllen können, hinweggewendet hat. Der Reichthum gewährt in der äußeren Welt Glanz und Einfluß und Wohlbefinden. Eine Frucht der Herrschaft, welche der Mensch über die Natur ausübt, schmeichelt er dem Stolze, indem er von unserer Macht Zeugniß gibt, schmeichelt er den sinnlichen Neigungen, indem er die Mittel zum Genuße vermehrt.

Aber unsere Seele hat Tiefen, die durch alle Freuden und alle Größe der materiellen Welt nicht ausgefüllt werden. Je größere Anstrengungen der Mensch macht, um sich durch die äußeren Güter zu erheben und zu erweitern, desto schmerzlicher fällt er wieder in sich selbst zurück, und seine Unruhe und sein Ueberdruß werden dabei doppelt so groß. Will er sich der äußern Welt entziehen, will er im Grunde seines Herzens jene Ruhe und jenen Frieden suchen, welche vom Leben der Sinne nicht geboten werden, so findet er sich vor einer hochmüthig in sich selbst abgeschlossenen Vernunft, welche ihre Ohnmacht fühlt, ohne sich dieselbe zugestehen zu wollen. Bei dem Verlangen, nur durch sich selbst zu leben, sollte die Vernunft in dem Besitze und in der Betrachtung ihres Seins die vollständigste Glückseligkeit finden; allein sie findet im Gegentheil darin nur die bitterste Taüschung, weil sie inmitten ihres Verlangens nach der Fülle des Lebens sich beständig an der Seite des Nichts fühlt.

Was wird der Mensch thun, damit er dem peinlich angstvollen Haschen nach einem Schatten entrinne, der ohne Aufhören erscheint und ohne Aufhören verschwindet? Wie wird er in dieser Leere und in dieser Finsterniß zur Wirklichkeit und zum Lichte gelangen? Wird er etwa über sich das suchen, was weder die Welt noch das eigene Sein ihm geben kann? Aber wenn er erkennen würde, daß seine Glückseligkeit außer ihm ist und außer den Dingen, aus denen er, so zu sagen, sich selbst ergänzt, indem er sich dieselben mittelst seines freien Willens aneignet: müßte er dann nicht auch anerkennen, daß sein Endziel außer ihm und über ihm liegt, und daß er folg=

lich nicht für sich selbst existirt? Müßte er nicht jenem selbstherrischen Eigenleben, in welchem sich sein Hochmuth gefällt, abschwören und sich unter die Oberherrschaft jenes Wesens beugen, für das er geschaffen ist? Müßte er endlich nicht aufhören, sich selbst zum Mittelpunkt zu machen, müßte er nicht dem Streben entsagen, alle Dinge, die ihn umgeben und aus denen er Werkzeuge seines Genusses und seiner Größe macht, an seine Existenz zu fesseln? Schreckliche Alternative, die man vor sich hat! Entweder muß man sich von den Gütern der Welt und sich selbst losschälen, seinen Geist demüthigen, seine Sinne abtödten, und sich unter das Joch der Entsagung und des Opfers beugen: oder aber man muß sich den Foltern einer in sich ermatteten Seele preis geben, die erdrückende Last ungezügelter Willkühr und schrankenloser Begierden tragen und ohne Aufhören in das eigene Sein sich eingraben, um eine Wirkichkeit zu finden, die man ahnt und unwiderstehlich begehrt, der zustrebend man aber bei jeder neuen Anstrengung wieder in das Leere hinausgeschleudert wird, so daß man sein Leben hinbringt im Suchen nach einer Wahrheit, die immer flieht, und nach einem Glück, das um so mehr entschwindet, je öfter man es wünscht und je heißer man es verfolgt. An dieser peinlichen Alternative ringen sich heutzutage so viele Menschen ab, die Gefühl für die Wahrheit haben, aber nicht Muth genug für sie besitzen.

Die Nothwendigkeit der Entsagung, das ist die Scheidewand, welche sich zwischen der gegenwärtigen Gesellschaft und dem Christenthume aufthürmt. Heidenthum oder Christenthum, Genuß oder Opfer, Stolz oder Entsagung, — auf diesem Dilemma beruht heutzutage die sociale Frage. Aber gibt es zwischen diesen Gegensätzen nicht eine Mitte, an welche sich der weise und gemäßigte Mensch zu halten vermag? Kann die Seele nicht unter dem ausschließlichen Gesetze ihres eigenen Willens in sich selbst ruhen und sich selbst genießen, ohne die erhabenen Lehren des Christenthums über den Ursprung des Menschen, über seine Bestimmung und über die Pflichten gegen seines Gleichen zu verlaügnen? Ist es nicht möglich, die Erhebung der Seele und die Liebe des Christen mit einer mäßigen Anhänglichkeit an die Genüsse der Materie zu vereinbaren? Kann die Seele nicht beim möglichst ausgebreiteten Gebrauch der materiellen Güter eine vollkommene Freiheit und ungetrübte Heiterkeit sich bewahren, wenn das wohlverstandene Interesse die Genüsse in den Schranken der Vernunft hält? Mit einem Worte: muß man, um Christ zu sein, mit aller Nothwendigkeit sich selbst und der Welt absterben? Auf diese Frage werden wir mit Texten der heiligen Schrift antworten.

III. Kapitel.

Das Christenthum verlangt vom Menschen Selbstentsagung und Geringschätzung der Reichthümer.

Der göttliche Stifter des Christenthums hat zu wiederholten Malen in den bündigsten Worten die Nothwendigkeit der Entsagung ausgesprochen. In dem Augenblicke, in welchem Petrus ihn für Christus anerkannte, erklärt er seinen Jüngern, daß er, der Sohn des Menschen, das Vorbild aller Christen, dem Leiden und dem Tode des Kreuzes geweiht sei.[1]) Strenge tadelt er den Fürsten der Apostel, welchen dieses Wort bestürzt macht und in Traurigkeit versetzt, und sagt ihm: „Du „verstehst nicht, was Gottes, sondern nur, was des Men„schen ist.[2])“

---

[1]) Exinde coepit Jesus ostendere discipulis suis, quia oporteret eum ire Jerosolymam et multa pati a senioribus et scribis et principibus sacerdotum et occidi et tertia die resurgere.

Matth. XVI, 21.

[2]) Quia non sapis ea, quae Dei sunt, sed ea, quae hominum.

Matth. XVI, 23.

Nachdem er so im Besonderen zu seinen Schülern gesprochen, richtet er an Alle die nämliche Lehre: „Und er rief das „Volk sammt seinen Jüngern herzu und sprach zu ihnen: „Wer mir nachfolgen will, der verlaügne sich selbst, und „nehme sein Kreuz auf sich und folge mir nach.[1])“ Im Texte des heil. Lukas sind die Ausdrücke des göttlichen Meisters wo möglich noch kräftiger: „Zu Allen sagte er: Wenn Jemand „mir nachfolgen will, so verlaügne er sich selbst und nehme „sein Kreuz täglich auf sich und folge mir nach.[2]) — Wer „nicht seinem eigenen Leben abstirbt, der kann mein Jünger „nicht sein.[3]) — Wer aus Euch nicht allem entsagt, was er „besitzt, der kann mein Jünger nicht sein.[4])“ Und diese letzten Worte richtet Christus so gut, wie die ersten, an die Menge.[5])

Sich selbst und seinem eigenen Leben entsagen, sich von den Reichthümern losschälen und sie verachten, dies ist also das Gesetz des Christen. Ueber die Verachtung der Reichthümer hat das Evangelium die bestimmtesten Texte: „Ihr sollt euch „auf der Erde keine Schätze sammeln, wo sie der Rost und „die Motten verzehren, und wo die Diebe sie ausgraben und „stehlen: sondern sammelt euch Schätze im Himmel, wo sie „weder Rost noch Motten fressen und wo die Diebe sie nicht „ausgraben, noch stehlen. Denn wo dein Schatz ist, da ist „auch dein Herz .... Niemand kann zwei Herren dienen; „denn entweder wird er den einen hassen und den andern

---

[1]) Et convocata turba cum discipulis suis dixit eis: „Si quis vult me sequi, deneget semetipsum ,et tollat crucem suam et sequatur me.“
Marc. VIII. 34.

[2]) Dicebat autem ad omnes: „Si quis vult post me venire, abneget semetipsum, et tollat crucem suam quotidie, et sequatur me.
Luc. IX. 23.

[3]) Si quis ... non odit patrem suum et matrem et uxorem et filios et fratres et sorores adhuc autem et animam suam, non potest meus esse discipulus. — Luc. XIV. 26.

[4]) Sic ergo omnis ex vobis, qui non renuntiat omnibus, quae possidet, non potest meus esse discipulus. Luc. XIV. 33.

[5]) Ibant autem turbae multae cum eo et conversus dixit ad illos. —
Ibid., 25.

„lieben, oder er wird sich an den einen halten und den an„dern verachten. Ihr könnet nicht Gott und dem Mammon „(dem Götzen des Reichthums) dienen. Daher sage ich euch: „Kümmert euch nicht für euer Leben, was ihr essen werdet, „noch für euren Leib, womit ihr euch kleiden werdet. Ist denn „nicht das Leben mehr als die Speise, und der Leib mehr, „als die Kleidung? Betrachtet die Vögel des Himmels: sie „säen nicht und ernten nicht, sammeln nicht in die Scheunen; „und doch ernährt sie euer himmlischer Vater. Seid ihr „denn nicht viel mehr, als sie? Wer unter euch kann mit „all seiner Sorge seiner Leibeslänge eine Elle zusetzen? Und „warum kümmert ihr euch um die Kleidung? Betrachtet nur die „Lilien auf dem Felde, wie sie wachsen; sie arbeiten nicht und „nähen nicht; ich sage euch aber, selbst Salomon in aller seiner „Herrlichkeit war nicht so gekleidet, wie eine von ihnen. Wenn „nun Gott das Gras auf dem Felde, das heute stehet und „morgen in den Ofen geworfen wird, also kleidet, wie viel mehr „euch, ihr Kleingläubigen! Bekümmert euch also nicht und „saget nicht: Was werden wir essen, was werden wir trinken, „oder womit werden wir uns bekleiden? Denn nach allem „diesem streben die Heiden. Euer Vater weiß es, daß ihr die„ses Alles bedürfet. Suchet also zuerst das Reich Gottes und „seine Gerechtigkeit; und alles dieses wird euch zugegeben „werden. [1])"

---

[1]) Nolite thesaurizare vobis thesauros in terra: ubi aerugo et tinea demolitur et ubi fures effodiunt et furantur. Thesaurizate autem vobis thesauros in coelo: ubi neque aerugo neque tinea demolitur, et ubi fures non effodiunt nec furantur. Ubi enim est thesaurus tuus, ibi est et cor tuum . . . Nemo potest duobus dominis servire: aut enim unum odio habebit et alterum diliget: aut unum sustinebit et alterum contemnet. Non potestis Deo servire et mammonae. Ideo dico vobis, ne solliciti sitis animae vestrae, quid manducetis, neque corpori vestro, quid induamini. Nonne anima plus est quam esca: et corpus plus quam vestimentum? Respicite volatilia coeli, quoniam non serunt neque metunt neque congregant in horrea: et pater vester coelestis pascit illa. Nonne vos magis pluris estis illis? Quis autem vestrum cogitans potest adjicere ad staturam suam cubi-

Der Christ kann also im Ueberfluß an materiellen Gütern nur eine Sache von unbedeutendem Werthe erblicken; Reichthum hat für uns nur insofern Werth, als er dazu dient, unser Leben zu erhalten, und dieses Leben darf überdies nicht als für sich bestehend genommen, sondern muß durch die Entsagung zu einem höheren Ziele, welches Gott selbst ist, in Beziehung gebracht werden. Es ist uns nicht gestattet, für den Reichthum an sich selbst ängstliche Unruhe oder eingenommene Liebe zu empfinden, wie die Heiden thun. Der Christ wird die materiellen Güter gebrauchen nicht um der Genüsse willen, welche sie verschaffen, sondern um die Bestimmung zu erfüllen, welche ihm Gott vorgezeichnet hat, und er wird sich hüten, von der üblichen Sorge für den Reichthum, den das moderne Heidenthum unter dem Anschein des Strebens nach allgemeiner Wohlfahrt zu mehren sucht, sein Herz anstecken zu lassen.

Diese Lossagung vom Reichthum ist Allen auferlegt, sie ist das Gesetz des christlichen Lebens.

Außer ihr gibt es aber noch eine höhere zweite, und viel schwierigere, zu welcher Gott nur eine geringe Zahl von Menschen beruft und aus welcher Er nicht ein Gebot, sondern einen einfachen Rath macht. Die folgende Stelle des heil. Matthäus charakterisirt diesen Unterschied zwischen Gebot und Rath vollkommen: „Da näherte sich ein Jüngling und sprach „zu Jesus: Guter Meister! was muß ich thun, damit ich „das ewige Leben habe? Jesus antwortete ihm: Willst du

---

tum unum? Et de vestimento quid solliciti estis? Considerate lilia agri, quomodo crescunt: non laborant neque nent. Dico autem vobis, quoniam nec Salomon in omni gloria sua coopertus est, sicut unum ex istis. Si autem foenum agri, quod hodie est et cras in clibanum mittitur, Deus sic vestit: quanto magis vos modicae fidei? Nolite ergo solliciti esse dicentes: Quid manducabimus aut quid bibemus aut quo operiemur? Haec enim omnia gentes inquirunt. Scit enim pater vester, quia his omnibus indigetis. Quaerite ergo primum regnum Dei et justitiam ejus: et haec omnia adjicientur vobis. Matth. VI, 19—33.

„zum Leben eingehen, so halte die Gebote. Der Jüngling „antwortete: Ich habe sie von meiner Jugend auf beobachtet, „was fehlt mir noch weiter? Da sagte ihm Jesus: Willst du „vollkommen sein, so gehe hin, verkaufe alles, was du hast, „und gib es den Armen, und du wirst einen Schatz im „Himmel haben; dann komm und folge mir nach.[1])"

Gleich darauf redet der Heiland neuerdings über die Nothwendigkeit der Entsagung für den Christen und indem Er die Schwierigkeit derselben bei Jenen betrachtet, welche mitten unter den Verführungen des Reichthums leben, fügt Er hinzu: „Wahrlich sage ich euch, es hält schwer, daß ein Reicher in's „Himmelreich eingehe.[2])" Und als sich die Apostel über die Strenge dieses Ausspruches wunderten, fährt er fort: „Ich „sage euch noch einmal: Es ist leichter, daß ein Kameel durch „ein Nadelöhr gehe, als daß ein Reicher in das Reich Gottes „gelange.[3])"

Alle müssen sich also von den Reichthümern losschälen, wenn sie in das Himmelreich eingehen wollen; sie müssen sich losschälen, wenn nicht im äußern Werk, so doch dem Geiste nach, und müssen sich der Liebe zu den Reichthümern begeben. Diese Losschälung ist für Jene schwer, welche das Glück mit seinen Gütern überhaüft hat, und darum besteht unser Herr auf der Schwierigkeit des Heiles für die Reichen. Aber nicht alle Menschen sind zu einer gleichen Losschälung berufen. Die Gerechtigkeit Gottes bringt das Opfer, welches sie im Princip

---

[1]) Et ecce unus accedens ait illi: Magister bone, quid boni faciam, ut habeam vitam aeternam ... Qui dixit ei: ... Si vis ad vitam ingredi, serva mandata ... Dicit illi adolescens: Omnia haec custodivi a juventute mea, quid adhuc mihi deest? Ait illi Jesus: Si vis perfectus esse, vade, vende quae habes, et da pauperibus, et habebis thesaurum in coelo: et veni, sequere me.

Matth. XIX. 16—21.

[2]) Amen dico vobis, quia dives difficile intrabit in regnum coelorum.

Matth. XIX. 23.

[3]) Et iterum dico vobis: Facilius est, camelum per foramen acus transire, quam divitem intrare in regnum coelorum.

Matth. XIX. 24.

von Allen fordert, mit den Kräften eines Jeden in Verhältniß. Von heroischen Seelen verlangt der Herr eine heroische Entsagung; von den schwachen Seelen verlangt Er nur eine Entsagung, die das Maaß ihrer Schwäche nicht überschreitet; Er fordert von ihnen nur jene Verläugnung ihres eigenen Lebens und ihres eigenen Willens, die im schlichten Gehorsam gegen die Gebote stets inbegriffen ist. So leicht aber diese Verlaügnung durch die Güte Gottes gemacht worden ist, so ist sie doch immerhin eine Entsagung, — und jene Entsagung, ohne welche man nicht mehr ein Christ, sondern ein Heide ist.

IV. Kapitel.

Wie läßt sich die thatsächliche Ueberlegenheit der christlichen Nationen über die heidnischen auf dem Gebiete der materiellen Ordnung mit dem Geiste der Entsagung in Einklang bringen?

Ist die Entsagung das Gesetz des Christen, und liegt die Verachtung der Reichthümer im Geiste unseres Glaubens, wie kommt es dann, daß die Völker, welche diesem Gesetze folgen und von diesem Geiste beseelt sind, alle andern an materieller Macht und an materiellem Glück überragen? Viele Menschen unserer Zeit meinen, eine auf derlei Principien ruhende Religion müsse, wenn sie von Völkern, die noch in ihrem ersten Alter stehen, angenommen worden, dieselben in einer ewigen Armuth gefangen halten; und wenn Völker, die schon zu einer hohen Stufe von Civilisation gelangt sind, sich ihr hingeben, dann müsse sie dieselben auf dem Wege eines mehr oder weniger raschen Verfalles unfehlbar wieder zurückschleudern zur kümmerlichen und unsichern Existenz von Gesellschaften, die noch in ihrer Kindheit stehen. Und gleichwohl ist die Ueberlegenheit der christlichen Völker in der materiellen Ordnung eine Thatsache, die so klar ist, wie das Licht, und sich von Niemand bestreiten läßt.

Kaum ausgesprochen ist diese Schwierigkeit sofort wieder gehoben, wenn man es unternimmt, eine Paralelle zwischen den Nationen der Gegenwart zu ziehen, und jeder fernere Nachweis kann mit Recht als überflüssig gelten. Betrachtet die Völker, bei denen der Islam, die Völker bei denen der Buddhismus herrscht. Es sind das Völker, bei denen das Princip der Entsagung nicht zwar in Vergessenheit gekommen ist, aber durch den Einfluß des menschlichen Herzens umgestaltet, verzerrt, entartet und in eben dem Grade verzerrt und entartet wurde, in welchem die Leidenschaften selbst es sind, die nunmehr unter dem Namen der Entsagung herrschen. In welchem Zustande befinden sich diese Völker hinsichtlich des Reichthums? Weiß man es nicht, daß sie im Elend verkommen? Und die Chinesen, die unter allen bekannten Völkern das Princip des Interesses und die gemäßigte und wohlverstandene Liebe zu den materiellen Genüssen am Weitesten verfolgt haben! Kein Mensch gibt sich heutzutage mehr über die vermeintliche Glückseligkeit des himmlischen Reiches einer Taüschung hin. Niemand taüscht sich darüber, daß der aüßere Prunk und das offizielle Schaugepränge dieser zur Raffinirtheit gewordenen Civilisation nur eine Decke über das entsezlichste Elend ist.

Könnte je ein Volk unter der Herrschaft des zum Prinzip erhobenen Genusses alles materielle Glück erreichen, so hätte dies wohl bei den heidnischen Gesellschaften des Alterthums der Fall sein müssen. Ueberhaüft mit allen Gaben der Natur, unter dem schönsten Himmel der Erde in Ländern lebend, die mit allen Productivkräften aufs Beste ausgestattet sind, angesiedelt rings um jenes Becken des Mittelmeeres, welches dem Verkehre so großen Vorschub gewährt, begabt mit den reichsten Talenten, mit Einsicht und Geschick für die Geschäfte; — hätten sie so den Nationen der Neuzeit, die mit einer Natur von weniger Anstelligkeit, mit einem Geiste von geringeren Talenten und im Klima des Nordens auf so viele Hindernisse einer erfolgreichen Arbeit stoßen, nicht weit überlegen sein sollen? Und dennoch, was ist neben dem Reichthum der christlichen Völker jener Reichthum der Griechen und Römer, der sich in den Händen einer kleinen Schaar von Begünstigten zusammengehäuft findet, während unter ihren Füßen eine Unzahl von Sklaven mitten im tiefsten Elend lebt![1]) Sieht man die heidnischen Gesellschaften des Alterthums von der materiellen Seite an, so wird man finden, daß bei ihnen zur Zeit ihres größten Wohlstandes vielmehr ein Zusammenströmen der Güter an einem Orte, als ein wahres Wachsthum des allgemeinen Reichthums statt hatte. Die Genüsse des Reichen haben sich bei ihnen wohl in luxuriöserer Weise entfaltet, als bei den Völkern der Neuzeit; aber der wahre Reichthum, der Reichthum Aller, der Reichthum, welcher der großen Menge ein behagliches und würdiges Leben sichert, findet sich im Alterthume so wenig mit dem allgemeinen Fortschreiten der Gesellschaft in Zunahme begriffen, daß er im Gegentheile sichtlich abnimmt und sich hastig erschöpft. Einer der gelehrtesten Staatsökonomen unserer Zeit, Wilhelm Roscher, macht die Bemerkung, daß die alten Gesellschaften in Sachen des Reichthums nie über jene mittlere Periode hinauskommen

---

[1]) In Sparta kam das Land, das einst 9000 Spartiaten und 30000 Periöken genährt, nach Alexander in den Besitz von 100 Reichen. —

Attika umfaßte 47 Quadratmeilen, worauf zur Blüthezeit des Landes 500000 Menschen lebten. Aus diesem Verhältnisse des Terrains zur Bevölkerung ist von selbst ersichtlich, daß nur die wenigsten Grundbesitzer sein konnten. Und in der That trafen auf 90000 Bürger 365000 Sklaven. 12000 Familien wanderten bald nach Perikles aus, weil das Land sie nicht mehr ernähren konnte.

Im römischen Staate hatte sich zuletzt aller Reichthum im Senatoren- und Ritterstande aufgehäuft, der 10000 Glieder hatte, während es in der Hauptstadt allein über 940000 Bettler gab, die der Staat durch Getreidespenden unterhalten mußte. So umfaßte die besitzende Klasse nur ½ Procent der Bevölkerung, während 40 Procente derselben Sklaven und 29 Procente Bettler waren. —

Siehe Roßbach, Geschichte der polit. Oekonomie. 185 seqq.

konnten, in welcher die Arbeit des Menschen das vorwiegende Element in der Production bildet, während das Kapital nur von secundärer Wichtigkeit ist, und daß diese Staaten niemals jene Periode der materiellen Entwicklung erreichten,[1]) in welcher das Kapital herrscht und durch das Kapital der Boden unaufhörlich seine Productivkräfte vermehrt, während zu gleicher Zeit die Manufactur-Industrie eine wunderbare Macht entfaltet.

Welcher Unterschied besteht nicht zwischen dem römischen Reich in seinen schönsten Zeiten und dem jetzigen Europa hinsichtlich der ergiebigen Ausbeutung des Bodens! Welcher Unterschied in der allgemeinen Bewegung der Producte, in der Vielfältigkeit und Schnelligkeit des Verkehrs, in dem günstigen Markt für Ausfuhr, in der Ausdehnung der Beziehungen, welche heutzutage die ganze Welt umfassen! Welcher Unterschied ferner in den finanziellen Quellen der Staaten, in ihren Armeeen, in ihrem materiellen Leben! Welcher Unterschied, welche Ueberlegenheit auf Seite der gegenwärtigen Völker nicht allein in dem, was die individuellen Genüsse, sondern auch in dem, was die materielle Kraft der Nationen und ihre wahre Stärke ausmacht! Welche Ueberlegenheit namentlich in der Fülle von Reichthümern, welche für den Verbrauch des gemeinen Volkes bestimmt waren! Die seit dem dreizehnten Jahrhunderte während der Blüthe der christlichen Civilisation verflossenen Zeiten sind, was den Reichthum der großen Mehrzahl betrifft, eine Periode des Glückes, welche in der Geschichte ihres gleichen nicht wieder hat. Und weit entfernt, wie der Reichthum des Alterthums nach einigen Jahrhunderten großen Glanzes abzunehmen und sich zu erschöpfen, ist dieser unter allen Volksklassen verbreitete Reichthum der christlichen Nationen seit mehr denn tausend Jahren in stetem Wachsthum und in unaufhörlicher Erstarkung begriffen.

---

[1]) Roscher, Grundlagen der Nationalökonomie. Zweite Auflage. Bd. I. §. 47. pag. 80.

Durch welch sonderbaren Widerspruch ist es den Völkern, die mehr, als alle andern, vom Reichthume sich losgeschält haben, in höherem Maaße, als allen andern geglückt, ihn zu schaffen, ihm Wachsthum und Bestand zu geben? Das Leben der christlichen Völker ist voll dieser scheinbaren Widersprüche. Das Christenthum selbst ist für Jene, die es nur oberflächlich betrachten, ein fortgesetzter Widerspruch. Im Christenthum ersteht aus dem Tod das Leben, gelangt der Mensch durch Selbstentsagung in den vollen Besitz seiner selbst, erwächst aus der Demuth die Größe und erzeugt in gleicher Weise die Verachtung der Reichthümer den Reichthum.

Dieser Widerspruch fordert heutzutage eine Lösung. Durch den Reichthum verführt, den unsere Gesellschaften durch die sociale Wirksamkeit des Christenthums besitzen, erheben sich dieselben im Namen des Wohlstandes und des materiellen Fortschrittes gegen das Princip, dem sie ihre materielle Größe verdanken. Viele versuchen es, das Christenthum als einen Feind der Civilisation darzustellen; die Gemäßigteren erklären wenigstens, daß es von nun an unnütz sei; und wenn sich die Völker mit Gewinn auf seine strengen Lehren stützten, so lange sie in ihrer Armuth mit einer noch ungezähmten Natur zu kämpfen hatten, so seien sie doch heutzutage sattsam Herrn ihrer selbst und der äußeren Welt geworden, um aus eigener Kraft das seiner Vollendung entgegen zu führen, was durch die Arbeiten und Opfer der christlichen Tugend vorbereitet worden. Leute dieser Art möchten sich noch gerne das Christenthum, dessen sittliche Schönheit sie fesselt, gefallen lassen; nur stellen sie an dasselbe die Bedingung, daß es an die Stelle des Princips der Entsagung das Princip der vernünftigen Weisheit, des wohlverstandenen Interesses und des gemäßigten Genusses setze. Und so den materiellen Fortschritt, dieses Wort, welches heutzutage die Massen bezaubert, im Munde führend, laügnen die Einen das Christenthum, während es die Andern entstellen.

Die gesellschaftliche Frage tritt heutzutage in bündigster Fassung vor uns. Ist es die Bestimmung der Gesellschaften, durch Entsagung in der Tugend groß zu werden, oder ihre Genüsse bis in's Unendliche zu erweitern? Wo ist der Fortschritt, wo der Verfall? Wo ist die Unordnung, wo die Ordnung: Auf Seite des Heidenthums oder auf Seite des Christenthums?

Es handelt sich um die Zukunft der christlichen Civilisation. Wenn unsere Gesellschaften im Besitz der Wohlthaten des Christenthums verbleiben wollen, müssen sie lernen, sich seinem Joche zu unterwerfen und seine Bürde zu tragen. Dieses Joch und diese Bürde sind leicht für den, der sie entschlossen hinzunehmen versteht.[1] Unsere Zeit ist nicht angethan für halbe Ueberzeugungen und halbe Tugenden; freimüthige Ueberzeugung und starke Tugend thut uns noth. Mehr als je ist es heutzutage eine wichtige Sache, von der Wahrheit sich durchdringen zu lassen, daß in der socialen Ordnung Entsagung die verborgene Kraft ist, welche alles bewegt und trägt; daß die Wohlfahrt der Gesellschaften, selbst ihre materielle Wohlfahrt, und der Glanz ihrer Civilisation immer im Verhältniß zu ihrer Tugend stehe, und daß die Tugend zur ersten Bedingung die Entsagung habe; daß wir in Ermangelung der Entsagung mit gewaltiger Hast diesen Reichthum werden dahinschwinden sehen, ob dem wir so eitel sind und den wir nur der christlichen Tugend unserer Väter verdanken.

Was ist Reichthum? Was ist materieller Fortschritt? Welchen Sinn gibt das Christenthum diesen Worten? Und wenn man sie in dem Sinne des Christenthumes nimmt, entsprechen sie dann dem Ideal der Macht, der Größe und Würde, welches das Menschengeschlecht unaufhörlich in der materiellen Ordnung aus allen Kräften verfolgt? Was ist Entsagung, welchen Platz behauptet sie in der Lehre und im Sittengebäude unserer Religion? Wie ist Entsagung die erste Bedingung alles Fortschrittes und namentlich des materiellen

---

[1]) Matth. XI, 29.

Fortschrittes? Das sind die Fragen, welche sich zuerst unserer Forschung aufdrängen.

Ohne uns von unserm Gegenstande, der Untersuchung über die Reichthümer, im Mindesten zu entfernen, werden wir zu den erhabensten Problemen unseres Daseins emporsteigen; wir werden unseren Ausgangspunkt von jenen obersten Wahrheiten nehmen, auf denen die ganze Ordnung des menschlichen Lebens beruht. Man wundere sich nicht, wenn wir bei der Frage über den Reichthum in die Tiefen der geistigen Welt eindringen und dem Leben der Seele ihre innersten Geheimnisse ablauschen. Ist es denn nicht eben der Geist, wodurch die Materie Bewegung empfängt? Und ist nicht die materielle Welt nach dem Bilde der geistigen geschaffen? Wenn der Mensch auf der materiellen Welt thätig ist, wenn seine Arbeit die Dinge in eine andere Gestalt umwandelt, um ihnen das doppelte Siegel der Schönheit und Nützlichkeit aufzuprägen, sind dann und können dann Werke, die er vollbringt, Producte, die er schafft, etwas Anderes sein, als ein Ausdruck der Principien, die zwar der geistigen Ordnung angehören, aber für die materielle Ordnung dem Willen Antrieb und Richtung geben? Durch die geistige Ordnung leben die Gesellschaften; durch sie erhalten und entwickeln sie sich. Die innere Kraft ihres Bestandes und ihres Fortschrittes steht im Verhältniß zur Energie ihres geistigen Lebens. In einer Zeit, in welcher der Rationalismus seine äußersten Kräfte aufbietet, um die Völker von allem Einfluß geistiger Mächte abzuschließen, ist es mehr denn jemals von Wichtigkeit, diese Wahrheit in Erinnerung zu bringen und sie durch Thatsachen, namentlich durch Thatsachen der materiellen Ordnung zu befestigen. Auf diesem Punkte glaubte man am Leichtesten sich von Gott und von der Kirche losmachen zu können. Nun aber, es ist unschwer zu zeigen, daß nirgends Gottes und der Kirche Beistand nothwendiger ist, als gerade hier.

Haben wir diese allgemeinen Principien aufgestellt und im Besonderen erklärt, dann werden wir auch an die Thatsachen gehen und bei Betrachtung der einzelnen Gesetze der materiellen Ordnung die schlagende Wahrheit jenes evangelischen Wortes darzuthun vermögen: „Suchet zuerst das Reich „Gottes und seine Gerechtigkeit und alles Uebrige wird euch „zugegeben werden.[1])"

V. Kapitel.

Welchen Platz das Christenthum dem Reichthume im menschlichen Leben einräume.

Der Reichthum ist nicht das höchste Gut des Menschen. Man hat sich seit einem Jahrhundert viele Mühe gegeben, unsere Bestimmung herabzudrücken, und hat behauptet, daß sie über die Genüsse dieser Erde nicht hinausreiche. Aber wenn es auch geglückt hat, die Sitten zu erniedrigen und der Welt das noch nie gesehene Schauspiel abentheuerlicher Lehren vorzuführen, so konnte man doch im Gewissen der gegenwärtigen Völker die Gefühle moralischer Größe, welche vierzehn Jahrhunderte des Christenthums ihm eingeprägt haben, nicht zum Schweigen bringen. Wenn gewisse Staatsökonomen eine Utilitätsgesellschaft haben wollen, in welcher alles auf die Werthberechnung zurückgeführt, in welcher der Fortschritt nach dem Wachsthum des Verbrauchs berechnet würde, ist dies doch immerhin nicht das Ideal, wornach das unruhige Verlangen dieses Jahrhunderts unablässig gerichtet ist. Der Merkantilismus hat unter uns unstreitig große Eroberungen gemacht, thatsächlich ist ihm das Leben der großen Mehrzahl verpfändet. Ist es aber nicht gleichwohl wahr, daß die Meisten von denen, welche nach seinen Vortheilen die Hand ausstrecken, mit Unwillen seine Principien von sich stoßen? Wenn Fourier, der consequenteste Utilitätsökonom, die Gesetze seines Kasernensystems aufstellt und

[1]) Quaerite ergo primum regnum Dei et justitiam ejus: et haec omnia adjicientur vobis. Matth. VI, 33.

das letzte Wort einer Philosophie zu uns spricht, der das achtzehnte Jahrhundert Beifall klatschte; wenn Proudhon, der entschiedenste Positivist, ausschließlich auf das sinnlich Wahrnehmbare und menschlich Erkennbare eine Gesellschaft zu gründen unternimmt, deren sklavische Thätigkeit die Production der Reichthümer zum Princip und Endzweck hat; wenn er im Namen dieser Gesellschaft, welche die christliche Moral als die Quelle aller Uebel verwirft, über Alles schmäht, was die Menschheit bis jetzt geehrt und befolgt hat, dann lassen der Unwille und die Sarkasmen, die von allen Seiten laut werden, uns zur Genüge bemerken, daß wir, Gott sei Dank, noch nicht dazu angethan sind, uns unter das Joch des Materialismus zu beugen. Unter den Drohungen dieser schmählichen Doktrinen kehrt sich die Gesellschaft instinctmäßig der Macht zu, aus der alle Würde und alle Freiheit entspringt, und gerade von der katholischen Kirche verlangt sie in diesen Tagen des Schreckens und der Entmuthigung das Licht, welches ihre Schritte lenken, und die Kraft, welche ihr Herz in Mitte der Dunkelheiten und Schwachheiten der Zeit aufrecht erhalten soll.

Niemals hat die Kirche den Reichthum geächtet. Wie hätte sie als Organ der absoluten Wahrheit den Reichthum verdammen und damit eines von den providentiellen Gesetzen unseres irdischen Daseins verkennen sollen? Aber die Güter, auf deren Gebrauch der Mensch in seiner gegenwärtigen Lage angewiesen ist, können sein letztes Endziel nicht sein. „Es ist offen„bar, sagt der heilige Thomas, „daß die Glückseligkeit des „Menschen nicht im Reichthum liegen kann. Der Reichthum „wird nur gesucht, in wie ferne er Stütze des menschlichen „Lebens ist. Er kann das Endziel des Menschen nicht sein; „im Gegentheile, er hat selber im Menschen sein Endziel . . . „Uebrigens ist die Begierde nach dem höchsten Gute ihrer „Natur nach unendlich; je mehr man es besitzt, desto inniger „liebt man es und desto mehr verachtet man alles Andere; „denn je mehr man es besitzt, desto mehr erkennt man es. „Beim Reichthume verhält es sich gerade umgekehrt: sobald „man ihn besitzt, verachtet man ihn, und strebt nach Anderem.

„Genügt das nicht, seine Unvollkommenheit zu zeigen und zu „beweisen, daß das höchste Gut nicht in ihm liegen könne?"[1]) Das höchste Gut setzt das Christenthum nur in Gott. Die Güter dieser Welt sind in seinen Augen um so unwichtiger, je mehr sie diesem höchsten Gute fern stehen. Die Güter der Seele, die Wissenschaft, welche uns die göttlichen Vollkommenheiten entschleiert, die Tugend, welche uns Gott ähnlich macht, das sind unsere wahren Güter. Die materiellen Güter kommen erst an zweiter Stelle und haben nur Werth vermittelst ihrer Beziehungen zu den erstgenannten. Immerhin aber sind sie Güter, und nach dem heiligen Thomas „kann sich der Mensch „nicht jeglicher Sorge um Erwerb und Besitz der äußeren „Dinge entschlagen. Im Gegentheile, wenn er sich diesem „Erwerb nur mit Mäßigung und nach dem Maaße des „Bedürfnisses für ein einfaches Leben hingibt, wird er nichts „thun, was der Vollkommenheit des christlichen Lebens „widerspricht."[2]) Und wenn der heilige Augustin vom irdi„schen Frieden spricht, der in den Schätzen und Gütern des zeitlichen Lebens liegt, und wenn er ihn mit dem Frieden im

---

[1]) Necesse est enim hominem aliqualiter sollicitari de acquirendis vel conservandis exterioribus rebus: sed si res exteriores non quaerantur vel habeantur, nisi modica quantitate, quantum sufficiunt ad simplicem victum, talis sollicitudo non multum impedit hominem: ut nec perfectioni repugnet christianae vitae.

Summa Theol. 2a 2ae. Qu. CLXXXIII. Art. 7.

[2]) Manifestum est, quod in divitiis naturalibus beatitudo hominis esse non potest: quaeruntur enim hujusmodi divitiae ad sustentandam naturam hominis: et ideo non possunt esse ultimus finis, sed magis ordinantur ad hominem sicut ad finem . . . Infinitum est desiderium summi boni: nam summum bonum, quanto perfectius possidetur, tanto ipsum magis amatur et alia contemnuntur: quia quanto magis habetur, magis cognoscitur. Sed in appetitu divitiarum . . . est e converso: nam quando jam habentur, ipsa cotemnuntur et alia appetuntur . . . Et ideo hoc ipsum ostendit eorum imperfectionem, et quod in eis summum bonum non consistit.

Summa Theol, 1a 2ae. Qu. II. art. I.

Glauben vergleicht, so sagt er ebenfalls: „Die Familie der im „Glauben lebenden Menschen gebraucht die Güter der Welt „und der Zeit nur als Fremdling und nicht so, daß er ihnen „als Gefangener verfällt oder durch sie vom wahren Ziele „seines Strebens, von Gott, abgewendet wird; er gebraucht „sie als ein Mittel, die Bürde des hinfälligen Leibes, an „welchen die Seele gekettet ist, leichter, nie und nimmer aber „als ein Gewicht, dieselbe noch schwerer zu machen.[1]) Weiter unten, nachdem er die Größe der Gaben Gottes in der menschlichen und in der äußeren Natur aufgezählt hat, fügt er hinzu: „Und dies Alles ist nur ein Trost der Armen und „Verbannten, nicht ein Lohn der Seligen.“ [2])

Das ist der Spiritualismus der katholischen Kirche; er gibt dem Menschen so hoch tragende Schwingen, weil er ihn bis zu Gott selbst erheben will, vergißt aber nicht, daß unsere Füße die Erde berühren, während unser Haupt zum Himmel gekehrt ist, und daß wir in den irdischen Dingen den Boden finden müssen, auf dem wir eiligen Laufes durch die Zeit hindurchzuschreiten haben. Der Reichthum also, der für die Kinder der Welt Endzweck ist, wird für den Christen zum Mittel. Er ist eine Waffe, der man sich nicht begeben kann, die man aber nur mit Mißtrauen berühren darf, denn sie verwundet oft die Hand, welche sich ihrer bedient. Der Reichthum ist für den Christen nicht und kann nicht sein jenes Werkzeug zu Genuß und Herrschaft, um welches sich unter unsern Augen die Leidenschaften eines Jahrhunderts streiten, das nichts Höheres mehr über sich anerkennt. Ihm ist er eine Kraft, deren er sich bedient, die er aber Angesichts eines End-

---

[1]) Domus autem hominum ex fide viventium... terrenis rebus ac temporalibus tanquam peregrina utitur, non quibus capiatur et avertatur quo tendit in Deum, sed quibus sustentetur ad facilius toleranda minimeque augenda onera corporis corruptibilis, quod aggravat animam. De Civitate Dei, lib. XIX. c. 17.

[2]) Et haec omnia miserorum sunt damnatorumque solatia, non praemia beatorum. Ibid., Lib. XXI, c. 24.

zieles, das den Hochmuth des Geistes und die sinnlichen Genüsse zugleich ausschließt, nur gering achtet. Wie oft läßt er in Sehnsucht nach den reinen Freuden der Seele jene Klage des unter den Banden der Materie gefangenen Geistes laut werden, welcher Bossuet in so beredter Weise Ausdruck gibt: „Warum, o sterblicher Körper, bist du mir beigegeben „als drückende Last, als nothwendiger Stützpunkt, als schmei„chelnder Feind, als gefährlicher Freund? Ich kann mit dir „weder Krieg noch Frieden haben, denn jeden Augenblick „muß ich mich mit dir verbinden, jeden Augenblick wieder „von dir trennen? . . . . Ich weiß nicht, warum ich mit „diesem sterblichen Körper vereinigt bin, noch warum ich, ein „Ebenbild Gottes, in diesen Staub versenkt worden. Ich hasse „ihn als meinen erbittertsten Feind, ich liebe ihn als den „Gefährten meiner Arbeit; ich fliehe ihn als meinen Kerker, „ich ehre ihn als meinen Miterben.“ [1])

Was Bossuet vom Menschen sagt, von dem Kriege, den Geist und Körper in ihm führen, von der straffen Kette und der gegenseitigen Abhängigkeit, durch die sie an einander gefesselt und so zu sagen in der Einheit der menschlichen Persönlichkeit mit einander verbunden sind, das können wir in gleicher Weise von den Gesellschaften sagen. Das sociale Leben ist eins, wie der Mensch eins ist. Wie der Mensch, so leben auch die Gesellschaften durch die Seele. Wie der Körper nur für die Seele existirt, so existirt auch die materielle Ordnung in der Gesellschaft nur für die moralische Ordnung. In der moralischen Ordnung liegt das Endziel, sie ist das Leben der Völker. Die materielle Ordnung hat nur Werth, weil der Mensch bei Entfaltung seiner Thätigkeit auf sie etwas von jenem himmlischen Glanze, womit Gott die Seelen erleuchtet, hinüberstrahlen läßt. Die materiellen Bedürfnisse, welche sich einzig auf den Körper zu beziehen scheinen, haben, näher betrachtet, einen viel tieferen Grund. Durch sie wird der Mensch zu jener Umgestaltung der Welt angeregt, die in einem ge-

---

[1]) Pensées chrétiennes. edit. Lebel t. XV, p. 624.

wissen Maße die träge Materie mit der Bewegung und der Größe des Geistes in Verbindung bringt. Es ist ferner Thatsache, daß die Bedürfnisse eines von den Banden der menschlichen Gesellschaften bilden. Sich selbst überlassen wird der Mensch in dieser Sonderstellung schwerlich seine dringendsten Bedürfnisse zu befriedigen vermögen; in Verbindung mit seines Gleichen steigert er seine Macht, die Dinge zum Gebrauche des Lebens sich anzueignen, bis zu dem Grade, daß sie von Einigen als vollendete Herrschaft über die äußere Welt angesehen wird. Es läßt sich demnach in einem gewissen Sinne ganz richtig mit Plato sagen: Wenn man mittels des Gedankens zum Ursprung der Gesellschaft zurückgeht, so wird man sie aus unseren Bedürfnissen hervorgehen sehen. [1]) Die Bedürfnisse sind eines von jenen Mitteln, deren sich die Vorsehung bedient, um die Menschen in jener Gemeinschaft des Lebens und Denkens, in jener geistigen Einheit zu erhalten, welche der wahrhaft innere Grund und das letzte Ziel der Gesellschaft sind.

Die materielle Ordnung ist demnach so zu sagen nur der Schatten der moralischen Ordnung. Die moralische, oder um besser zu sagen, die geistige Ordnung schafft die materielle Ordnung nach ihrem Ebenbilde. Das materielle Leben muß folglich im geistigen Leben sein Princip und seine Regel finden. Darüber hat sich der gute öffentliche Sinn niemals getaüscht. In den Augen der Völker wie der Individuen ist der Reichthum nur dann etwas und gibt er nur dann eine gewisse Größe, wenn er eine edle Verwendung findet; dient er einzig dem Genusse, so erfährt er nur Gleichgiltigkeit, ja Verachtung. Die materiellen Güter, die sich nicht durch seine Anwendung auf das höchste Ziel des Menschen in einem gewissen Sinne vergeistigen, sind für die Gesellschaft nur eine Last, von deren Gewicht sie niedergedrückt und oft ertödtet wird. So lange aber die Errungenschaften des Menschen über die Natur, so lange die physische Macht, die er aus ihnen

---

[1]) Plato, de Rep.

schöpft, unter der Herrschaft des Geistes bleiben, tragen dieselben wunderbar bei zur Erfüllung der Plane Gottes mit der Menschheit. Deßhalb gibt auch die Kirche in unseren Tagen ihre Weihe zu jenen staunenswerthen Erfindungen der Industrie, welche für den Verkehr den Raum aufheben und für den Eifer im beschwerdereichen und gefahrvollen Dienste des höchsten Berufes, den es hienieden gibt, eines apostolischen Wirkens für die Ausbreitung des göttlichen Reiches, ein immer weiteres Feld eröffnet. Und hat man nicht von jeher gesehen, daß die Kirche jenes regelmäßige Anwachsen des Reichthumes durch die Arbeit begünstige, das unstreitbar neben anderen Kräften wesentlich dazu mitgewirkt hat, unter den neueren Völkern das Gefühl ihrer Unabhängigkeit und ihrer Würde zu entwickeln, sie vom Joche der alten Sklaverei zu befreien und ihrer Freiheit festen Halt zu geben. Die Kirche sammelt alles, was den Menschen groß macht, alles, was die Gefahren, die seinen Willen umlagern, irgend mindert, alles was ihm ein Stützpunkt sein kann, um sich zur Tugend zu erheben. Unter diesem Gesichtspunkte läßt sie den Reichthum gewähren und segnet die Hände, die ihn vervielfachen, aber sie thut es unter der einen Bedingung, daß der Mensch sich der Erdengüter bediene, ohne sein Herz daran zu hängen, und daß er, nach den kräftigen Worten des heiligen Paulus, sich die Wissenschaft aneigne, dieselben so zu gebrauchen, als gebrauchte er sie nicht.[7])

---

[7]) Et qui utuntur hoc mundo, tanquam non utantur.
Cor. VII, 31.

VI. Kapitel.

Bild einer vollkommenen Gesellschaft nach christlichen Begriffen.

Das Christenthum setzt eben so wenig die Größe als das Glück der Völker in den Reichthum. Gerade Arme sind seine größten Heiligen, und sein göttlicher Stifter hat vor allen Andern diejenigen glücklich genannt, die ihr Herz der Armuth weihen. Andererseits schließt es den Reichthum nicht aus, wir haben das eben dargelegt. Gerne anerkennt es ein gewisses Ideal von Größe und Wohlfahrt im Bereich dieser Erde, auf welcher die Völker ihre Bestimmung erfüllen und die Reichthümer ihre Stätte haben. Dieses Ideal ist die natürliche Ordnung der menschlichen Gesellschaft, umfaßt aber alle Gaben, welche Gott derselben zugetheilt hat, die Gaben sowohl des geistigen als des materiellen Lebens. Nur bei harmonischer Entwicklung dieses Doppellebens werden die Völker durch heitere Tage und Unglücksfälle, durch Triumphe und Niederlagen, durch das ganze Gewebe der Geschichte hindurch zu jener Höhe hinangeführt, nach welcher sie unausgesetzt verlangen.

Wie denkt sich aber das Christenthum jene Harmonie in der Entwicklung der menschlichen Kräfte, woraus jener Blüthenzustand des socialen Lebens hervorgeht, den wir Civilisation nennen? Dies ist die Frage, welche sich uns an der Schwelle unserer Forschungen über den Reichthum in den christlichen Gesellschaften darbietet.

Jedes Studium der Gesetze, die das Leben der Völker beherrschen, beginnt nothwendig mit dieser Frage. Und dies ist auch der Weg der großen Geister, die am Tiefsten in diesen erhabenen Gegenstand eingedrungen sind. Die Republik Platon's mit den unvergleichlichen Schönheiten und den befremdenden Irrthümern, die sich jeden Augenblick daselbst mit einander vermengen, ist sie nicht vom Anfang bis zum Ende ein Gemälde des Gesellschaftsideals, wie es ohne das Licht des

Christenthums ein philosophisches Genie edelster Art erdenken konnte? Aristoteles folgt in seiner Politik den Fußstapfen seines Lehrers. Durch Zusammenstellung der verschiedenen Verfassungen bei den alten Völkern sucht er das im Staat realisirte Ideal der Tugend, und auf diesem Ideal will er so weit möglich die Gesellschaft aufbauen. Was das Heidenthum durch seine umfassendsten Geister nur ahnte, hat das Christenthum durch seine Lehre vom Ursprung des Menschen, von seinem überirdischen Ziele und von den Pflichten während seiner Wanderschaft auf der Erde zum Gemeingut Aller gemacht.

Fürwahr, auf dem Boden der moralischen Ordnung, deren wesentliche Wahrheiten durch das Christenthum insgesammt geoffenbart worden, muß man das Ideal des socialen Lebens suchen. Man stelle sich hinaus über dieselbe, und das Ideal zerfällt und muß zerfallen. Für sich allein erzeugen die Interessen nur Beweglichkeit ohne Maß und Regel. Sie wechseln mit den Genüssen, nach denen sie trachten und die sowohl durch die äußeren Umstände der Zeit und des Ortes, als durch die dem menschlichen Herzen so eigene Unbeständigkeit fortwährend einander verdrängen. Was heute mit aller Glut einer unersättlichen Leidenschaft angestrebt wird, wird morgen verlassen und verschmäht. Blicket auf Europa, das sich seit einem Jahrhundert unter die Herrschaft der Interessen gebeugt hat. Wie folgen Gesetze auf Gesetze, Mächte auf Mächte, Doctrinen auf Doctrinen! Nichts gewinnt Bestand, nichts Dauer, weil im engen Kreise irdischer Befriedigung alles zur Sättigung der Sinne und Ermüdung des Geistes führt. Minder wechseln die Wogen des Meeres, als die Wogen dieser Menge, welche der Windhauch jeder Begierlichkeit forttreibt. Nur Eines scheint in ihr Bestand zu haben, eben die Unbeständigkeit selbst, die Frucht einer Begierde, welche durch nichts erstickt wird und sich von dem nährt, was zu ihrer Sättigung geschaffen zu sein scheint. Hier gibt es nur eine Regel und ein Ziel: das endlose Wachsthum der immer ungenügenden Genüsse. Also nichts Bestimmtes in den Grundsätzen, nichts Dauerhaftes im Streben zeigt sich da, nichts entspricht jenem lichtvollen und klar vorgezeichneten Endzwecke, den der Glaube an die Wahrheiten der geistigen Ordnung niemals aus dem Auge verliert.

Dieser Glaube gibt Festigkeit in der Ueberzeugung und Beständigkeit im Leben. Ist die Seele durch ihn mit dem Lichte der höchsten Wahrheit in Vereinigung gebracht, so findet sie hier den Endzweck, für den sie geschaffen ist, den Weg, der zu diesem Endzweck führt, und die Kraft, durch welche sie selbst bei ihren blutigsten Prüfungen auf diesem Wege immer vorwärts gebracht wird. Bei einem solchen Zustand des Menschen hat die materielle Ordnung mit allen Interessen, die sie umfaßt, in der geistigen Ordnung, für die sie gemacht ist, eine stets untrügliche Regel. Da die materielle Ordnung nur ein Mittel ist in Beziehung auf einen in der geistigen Ordnung leuchtend hervortretenden Endzweck, so muß ihr wahres Wesen ganz naturgemäß durch diesen ihren Zweck selbst erkennbar werden. Auf die Feststellung der Begriffe kann sofort der zweite Schritt folgen; die Gesellschaft beginnt die Verwirklichung ihres Ideals, und die materielle Ordnung wird durch ein wenn auch etwas lockeres, so doch wirkliches Band an jenes unveränderliche und lebendige Urbild aller Dinge sich anschließen, von dem alles Leben ausstrahlt und zu dem es vermöge eines unwiderstehlichen Zuges wieder zurückstrebt.

Es gibt ein Princip, welches das ganze geistige Leben beherrscht, über dasselbe nach allen Richtungen hin Licht verbreitet und folglich allen anderen Principien vorangestellt werden muß: das Princip der Solidarität.

Ohne Zweifel existirt jeder Mensch für sich selbst, und sein höchster Zweck ist ein ganz individueller, — sein Wohl. Gott hat jedem aus uns eine nach seinem Ebenbilde geschaffene Seele gegeben, und dieser Seele Bestimmung ist es, sich durch die Freiheit unaufhörlich zu ihrem erhabensten Urbild empor zu ringen. Aber Gott hat nicht blos in jeder Seele besonders die Vollkommenheiten seines unendlichen Wesens geoffenbart; die Vereinigung der Seelen, die die Gesellschaft bildet, trägt ebenfalls das nicht minder scharfe Gepräge des göttlichen Typus.

die menschliche Gesellschaft mit den allumschlingenden Banden eines gemeinsamen Lebens und einer gegenseitigen Abhängigkeit ist nur eine Nachbildung jener ewigen Gemeinschaft, worin mit der vollkommenen Einheit des unendlichen Wesens die drei göttlichen Personen leben. Weil die göttlichen Personen eins sind, darum besteht auch überall unter den Menschen das Verhältniß der Solidarität d. h. jene vorwärts und rückwärts fluthende Bewegung des Lebens und jene wechselweise Durchdringung des Einzelnen von Allen und Aller vom Einzelnen, vermöge deren alle Glieder einer Gesellschaft wenigstens für einige Zeit und in einem gewissen Maße sich gegenseitig ihr Geschick bestimmen und in Folge deren nichts von dem, was das Ganze berührt, dem Einzelnen fremd bleiben, und eben so wenig etwas von dem, was die Einzelnen berührt, für das Wohl des Ganzen gleichgiltig sein kann. Durchforschet die materielle und ebenso die geistige Ordnung, und bei großartigen Einrichtungen, bei großartigen Thatsachen des socialen Lebens wird sich euch jedesmal das Princip der Solidarität als Entstehungsgrund und als Entwicklungsgesetz zu erkennen geben. Im Verlaufe unserer Studie über den Reichthum wird es uns da, wo sonst nur Dunkelheit und Widerspruch herrschen würde, stets die einfachste und zugleich fruchtbarste Erklärung an die Hand geben.

Das Princip der Solidarität wird bei Untersuchung der Bedingungen, auf denen die wahre Größe und Wohlfahrt der Völker beruht, unser Ausgangspunkt sein. Wer möchte auf der Höhe, zu welcher uns heutzutage die christliche Civilisation erhoben hat, auch nur bestreiten, daß das Ideal des socialen Lebens nicht bloß die Größe und die Wohlfahrt des Ganzen, sondern auch die Größe und die Wohlfahrt aller Einzelnen, aus denen das Ganze besteht, in sich schließe? Eine Gesellschaft, die in ihren höheren Klassen mächtig und glücklich wäre, die aber in ihren niederen Ständen eine unter dem Druck des Elends und Lasters gebeugte Bevölkerung schmachten sähe, dürfte in unserer Zeit weder vom Politiker noch vom Christen als das Muster einer starken und glücklichen Gesellschaft angesehen werden. Dem Christen sind alle Menschen Brüder, weil Söhne eines und desselben Vaters dem Fleische nach, welcher Adam ist, und eines und desselben Vaters dem Geiste nach, welcher Gott ist. Alle haben Anspruch auf den Besitz jener Güter der Seele und des Leibes, von denen Gott selber Niemand ausgeschlossen, — unter der Bedingung, daß man sie durch Arbeit und Tugend erobere.

Die Vollkommenheit des socialen Lebens bestünde in der unbegrenzten Theilnahme Aller an allen Gaben Gottes, sowohl auf dem Gebiete der geistigen als der materiellen Ordnung. Aber eine solche Vollkommenheit hat man niemals gesehen, und in Anbetracht der menschlichen Schwäche kann man sagen, daß man sie niemals sehen werde. Selbst in den Gesellschaften, die von den wahrsten und folglich fruchtbarsten Principien beseelt sind, werden immerhin der Widerstand der materiellen Natur, die Schranken des Geistes und die Schwachheit des Willens bei einer gewissen Zahl, oft bei einer großen Zahl der Tugend jene Lauterkeit und der Arbeit jene Thatkraft benehmen, die zum vollständigen Besitz aller Güte des Lebens erforderlich sind. — Das ist eine Thatsache, die wir für den Augenblick blos auszusprechen brauchen; später werden wir den Grund angeben, welchen die christliche Lehre hiefür aufstellt.

So unverwüstlich die Gesellschaften den Trieb nach einer Vollkommenheit ohne Schranken in sich tragen, so wird ihnen doch immer ein Glück innerhalb bestimmter Grenzen genügen müssen. Sie werden unablässig nach einem Ideal ringen und das Ideal wird unablässig vor ihnen zu fliehen scheinen. Aber hüten wir uns zu glauben, daß so viele Anstrengungen vergeblich seien. Gelingt es den Menschen auch nicht, den Gegenstand ihres heißesten Strebens zu erreichen, so werden sie ihm wenigstens immer näher kommen, indem sie die Gesetze der Gerechtigkeit und der Liebe, die dessen wesentliche Charakterzüge bilden, in allen ihren Verhältnissen mehr und mehr zur Geltung bringen. Zu verlangen, daß alle Menschen im Ueberflusse alle Güter des Lebens genießen, wäre Thorheit. Aber es ist Weisheit und wahrhaft christliche Weisheit, ohne Rast und Ruhe gegen alle Hindernisse der materiellen und menschlichen Natur zu kämpfen, damit die Gesellschaften in jene Lage versetzt werden, in der nach den Worten des Grafen von Maistre das möglichgrößte Glück der Antheil der möglichgrößten Anzahl von Menschen sein wird.

Der Begriff einer glücklichen Gesellschaft beruht also unbestreitbar zuvörderst auf der Gegenseitigkeit Aller und des Einzelnen hinsichtlich der gemeinsamen Stärke und Wohlfahrt. Welches aber sind die Elemente dieser Stärke und dieser Wohlfahrt? Das muß vor Allem jetzt näher bestimmt werden, und es wird uns das leicht gelingen, wenn wir von Principien ausgehen, die wir weiter oben aufstellten, als wir den Vorzug des geistigen Lebens vor dem materiellen und ihre gegenseitige Beziehung andeuteten.

Das mächtigste und größte Volk wird dasjenige sein, das vor anderen im Besitze jener Tugenden ist, welche der Seele Energie und Größe verleihen und damit auch die Größe und Dauerhaftigkeit alles Uebrigen gewährleisten; dasjenige, dessen Glieder in überlegener Mehrzahl hinlänglich Licht besitzen, um inmitten der Dinge des Lebens den rechten Weg zu gehen und um jene höhere Ordnung, in welcher die Quelle aller Würde und Größe liegt, im Geiste fest zu halten; dasjenige, bei welchem sich durch Arbeit so viel Vorrath an materiellen Gütern vorfindet, daß häufiger, als in andern Ländern, den ersten Bedürfnissen des Lebens abgeholfen und für die äußere Freiheit, ohne welche auch die Freiheit des Geistes oft erschüttert wird, eine gute Grundlage geboten ist. Was die Völker am stärksten macht, das macht sie auch am glücklichsten. Das ruhige Verharren der Seele im Guten, die Befriedigung des Geistes im gewissen und ungestörten Besitz der Wahrheit, die Arbeit im Genusse ihrer Eroberungen und jener zugleich stolzen und demüthigen Gemüthsstimmung, die jeden Gewinn eines als Pflicht muthvoll hingenommenen und durch Liebe versüßten Schweißes als ein Geschenk der göttlichen Liebe anerkennt, und auf die Güte Gottes bezieht: dies ist nach der Lehre des Christenthums das Glück der Völker. Und dieses Glück ist auch eine

Stärke. Fußt sich die gute Lage eines Volkes auf geistige Tüchtigkeit, so wird dasselbe zur Zeit der Gefahr gerade in der Quelle seines Glückes eine Befähigung zu Entbehrungen und zu Heldenthaten finden, die man bei anderen einzig durch Geld glücklichen Völkern vergebens sucht.

Welchen Platz wird nun unter diesen allgemeinen Elementen des Glückes und der Macht insbesondere der Reichthum einnehmen und unter welcher Form wird er auftreten müssen? Sicher werden die Reichthümer auf die Gesellschaften nicht allein nach ihrer größeren oder geringeren Fülle, sondern auch nach der Art ihrer Vertheilung und nach der Bestimmung, die man ihnen gibt, auf die Gesellschaften einen sehr verschiedenen Einfluß üben. Welcher Unterschied besteht nun bezüglich des Reichthums und aller übrigen Dinge zwischen den heidnischen und christlichen Gesellschaften? Und hat nicht selbst in den christlichen Gesellschaften je nach dem größeren oder geringeren Grade ihrer Treue gegen den Geist ihrer Religion der Reichthum ganz verschiedene Charaktere? In dem einen Falle haüfen sich die Reichthümer im Besitze einiger Mächtigen, welche ihn durch die Ausbeutung der Massen an sich bringen und zum Werkzeug eines ausschweifenden Luxus machen; anderswo dagegen vertheilen sie sich unter der Herrschaft des Gesetzes der Gerechtigkeit und Liebe gleichmäßig unter Alle, gewähren Allen Wohlstand und werden in den Händen derjenigen, die im Ueberfluß besitzen, ein Mittel zu sittlichem Aufschwung und zu thatsächlichem Opfer für das Beste der großen Menge. Man wird Völker sehen, die von einem unendlichen Durst nach Wohlsein geplagt, den Reichthum zur Hauptangelegenheit ihres Lebens machen und die industriellen und mercantilen Erfolge mit einer Gluth verfolgen, die an Fieber grenzt. Andere dagegen werden ihre Neigungen und ihren Ehrgeiz für würdigere Dinge bewahren, mit einer ruhigen und ausdauernden Anstrengung das Wachsthum ihres Wohlseins sich angelegen sein lassen, sich mit einem mittelmäßigen Besitz begnügen, der ihnen die Freiheit der Seele wahrt, und die engherzigen Genüsse verachten, welche Stolz und Sinnlichkeit vom unabläßigen Aufhaüfen der Reichthümer fordern.

Indem wir so eben die Grundlagen des Volkswohls, wie das Christenthum es uns auffassen lehrt, im Allgemeinen darstellten und das Princip der Solidarität an die Spitze setzten, haben wir den Satz ausgesprochen, daß ein socialer Zustand, der die Unterdrückung und Ausbeutung des Armen durch den Reichen gestattet, nicht das Musterbild einer christlichen Gesellschaft sein kann. Das Christenthum, welches im Reichthum ein nur wenig schätzenswerthes und immer gefährliches Werkzeug erkennt, wird nicht fernerhin eine Gesellschaft zum Ideal nehmen, in welcher das Trachten nach Reichthum der Hauptgegenstand des Ehrgeizes und der menschlichen Thätigkeit wäre. Was der Christ vom Reichthum verlangt, ist vor Allem Unabhängigkeit und Würde. Er verlangt von ihm ferner jene aüßeren Mittel der Thätigkeit, von deren Gebrauch die moralische Vervollkommnung in unserm gegenwärtigen Leben abhängt.

Die leidenschaftliche Begierde aber nach Wohlstand und der fieberhafte Industrialismus, der in ihrem Gefolge auftritt, ist keineswegs ein Mittel zur Freiheit und zu geistiger Erhebung, sie wird im Gegentheil zur Quelle der Erniedrigung und Sclaverei. Die Völker, welche vom Geiste des Christenthums beseelt sind, werden also die taüschenden Hoffnungen eines unendlichen Reichthums fliehen; was sie um den Preis einer immer ruhigen und in ihrer Anstrengung beharrlichen Arbeit suchen, das ist die Freiheit, die Kraft und das Glück, die der Mittelbesitz gewährt. Mäßiger Reichthum verschafft Sicherheit und Behaglichkeit des Lebens, aber er verweichlicht den Muth nicht; er sichert durch Ausbeutung der Naturkräfte die aüßeren Mittel für ein thätiges Leben auf allen den Wegen, welche die Vorsehung vor unsern Augen eröffnet, aber er weckt in ihnen nicht den Wahnsinn des Hochmuths, wie so oftmals die materielle Ueberlegenheit es thut, die indeß doch nur Scheinmacht ist, und die Stärke einer Gesellschaft ungefähr in dem Sinne bildet, wie das Fieber die Stärke eines Menschen heißen kann.

Die Genüsse mit der ununterbrochenen Aufregung, welche sie im Herzen hervorbringen, erzeugen nur Krankheit und Verderben wie des moralischen so des physischen Wesens. Enthaltsamkeit und Abhärtung, das sind die Quellen der Gesundheit für das Individuum und für die Gesellschaft. Das Leben nun im Mittelbesitz ist nur die Ausübung jenes alten Gebotes einer spiritualistischen Moral. Demnach beruht die wahre Stärke der Gesellschaften wie der Individuen nur im Mittelbesitz. Aus ihm gehen fast täglich Menschen hervor, die durch Kenntnisse, Kunst und Wissenschaft den Ruhm ihres Volkes bilden; er gibt einem Volke Soldaten, die vor keiner Gefahr erschrecken, die von keinem Widerstand entmuthigt werden, und deren Ausdauer in keiner Entbehrung ermüdet; er gibt ihm ferner Apostel, die ihr Blut für das ewige Vaterland zu vergießen wissen, wie der Soldat für das irdische; er endlich gibt einem Staate jene finanzielle Macht, ohne welche bei dem gegenwärtigen Stand der Dinge die Ausführung eines großen Entwurfes stets unmöglich ist.

Nicht angehäufter Besitzstand bildet für den Staatsschatz die große Einnahmsquelle, — die Masse aller kleinen Steuern, die von einer im Allgemeinen wohlhäbigen Bevölkerung gezahlt werden, bildet für den Fiscus die ausgiebigste Hilfsquelle und aus dem Mittelbesitz der großen Menge ersteht der Reichthum des Staates. Der Beweis für diese Wahrheit springt mit lebendiger Evidenz in's Auge. Schauet hin auf den Klerus, auf die Armen und die Finanzen Frankreichs, und sagt, ob es gewinnen könnte, wenn es den Mittelbesitz, in welchem die Masse der Bevölkerung durch den christlichen Geist des Landes bis jetzt erhalten worden, austauschen würde gegen den prunkvollen und anmassenden, aber im Grunde sehr gebrechlichen und unruhigen Reichthum der Völker, in denen das industrielle Streben die Macht des christlichen Geistes abgeschwächt hat!

Man glaube nicht, daß dieses Ideal eines einfachen Lebens und gemäßigten Reichthumes große Vermögenscomplexe ausschließen müße. Unter gewissen Beschränkungen läßt sich eine hohe sociale Stellung, die sich auf großen Reichthum gründet, recht wohl mit einem wohlhäbigen aber mittelmäßigen Leben als dem gewöhnlichen Zustand der Gesellschaft in Einklang bringen. Wenn der Impuls des christlichen Geistes wahrhaft gebietend wirkt, dann werden die Reichen sich gedrungen fühlen, mitten unter ihren Schätzen den Mittelbesitz hochzuachten und zu üben. Indem der christliche Geist die Begierden der höheren Klassen niederhält und in ihnen jene Gefühle der Uneigennützigkeit und des Edelmuths, wovon man in den alten christlichen Aristokratien so viele edle Beispiele findet, zur Gewohnheit macht, wird er den Gefahren des unendlichen Wachsthums der Güter die Spitze abbrechen. Noch mehr, er wird dem großen Reichthume seine wahre Rolle anweisen und ihn nicht zu einem rein persönlichen Befriedigungsmittel, sondern zu einer socialen Institution machen. Wenn der Reiche vom christlichen Gefühl durchdrungen ist, wird er seinen Reichthum wenig für sich und vielfach zum Frommen Anderer benützen. Will er eine Probe seiner Größe geben, dann wird er es besonders durch seine Beihilfe bei dem thun, was das Erhabenste im Leben der Völker ist: er wird durch Opfer für das öffentliche Wohl sowie durch Unterstützung der Wissenschaften und Künste jenen wahren und dauernden Glanz suchen, den der Reichthum an sich nicht gewährt. Vor Allem aber wird sich die sittliche Ueberlegenheit des Reichen durch eine Liebe zeigen, die so viele Gestalten annimmt, als das Unglück und das Elend in seiner unerschöpflichen Verschiedenartigkeit selber hat. Denn der Christ weiß, daß der wahre Vorzug mit der Güte innig verbunden ist und daß die höchste Größe für den Menschen die ist, sich zur Aehnlichkeit mit Dem empor zu schwingen, in welchem Größe und Güte eins sind. Im Mittelbesitz wird jeder Egoismus erlöschen, der Egoismus des Armen eben so gut, wie der Egoismus des Reichen. Der Reichthum, welcher es nur auf Genüsse absieht, bläht das Herz auf, und bringt den Menschen durch die Begierden, mit denen er ihn anfällt, der Gesellschaft gegenüber in einen Zustand der Trennung und Feindseligkeit.

Wenn aber der Stachel der Noth in jedem Augenblick des Lebens seine Schärfe fühlen läßt, so zieht sich auch hier der Mensch in sich selbst zurück und verhärtet ihn für seine Umgebung, indem sie ihm nur Nebenbuhler zeigt, die stets dazu bereit sind, ihm seine erbärmliche Existenz streitig zu machen. Der Mittelbesitz öffnet alle Herzen, wenn er christlich ist, und macht die Demuth und die Liebe leichter.

Je mehr der Reiche seine Pflichten und Interessen im Lichte der christlichen Lehre betrachtet, um so mehr wird er sich von seinen Reichthümern lossagen und mit ganzem Herzen dem Mittelbesitz zuneigen, der einzigen Vollkommenheit, die nach dem Lauf der Dinge für ein ganzes Volk auf dem Gebiet der materiellen Ordnung erreichbar ist. Während aber der Reiche, die Sklaverei des Reichthums fliehend, in einem demüthigen und bescheidenen Leben die wahre Größe und die wahre Unabhängigkeit sucht, wird der Arme in den entgegengesetzten Schichten der Gesellschaft darauf bedacht sein, durch eine entgegengesetzte Bewegung die Sklaverei des Elendes überwindend sich ebenfalls Freiheit und Würde des Mittelstandes eigen zu machen. Und auch hierin bethätigt sich nur der Gehorsam gegen den Geist des Christenthums; denn dieser Geist flößt dem Dürftigen Liebe zur Arbeit und jene Tugenden ein, durch welche für die gute Verwendung des Errungenen ein Unterpfand geboten ist; in jenen Volksklassen aber, die durch ihren Reichthum eine höhere Stellung einnehmen, weckt er Mitleid, daß sie ihre Hand zu brüderlicher Hilfe dem Elend entgegen reichen. Der Mittelbesitz wird also in christlichen Gesellschaften der Punkt sein, dem alles zustrebt, und gleichsam die Axe, um die sich alles dreht.[1])

Immer hat die Menschheit durch große Seelen von ihrer Vorliebe für den Mittelbesitz Zeugniß gegeben; und dieses

---

[1]) Diesen staatsökonomischen Gedanken enthält die heil. Schrift in den bestimmtesten Worten: Mendicitatem et divitias ne dederis mihi, tribue tantum victui meo necessaria. Proverb. XXX, 8.
A. d. Ue.

Gefühl, stärker als der Hochmuth und als die Lüsternheit der Sinne, hat selbst zu der Zeit, als diese Laster die Welt beherrschten, mit vollem Glanze gestrahlt, im Heidenthum nicht minder als im Christenthum. „Ich liebe nicht den Reichthum, „ich sehne mich nicht nach ihm, singt Theognis, der aristokra„tische Dichter von Megara; möchte es mir doch gegönnt sein, „von Wenigem zu leben und die Uebel des Lebens niemals zu „erfahren![1])“

In den Versen der Dichter dem Gedächtnisse des jungen Geschlechtes übergeben, drückte diese große Wahrheit dem Charakter und Geiste Griechenlands so lange ihr Gepräge auf, als jene bewunderungswürdige hellenische Civilisation dauerte, in der alles Kraft und Maß ist.[2])

Umgeben vom Glanze Athens fand auch Platon die Vollendung der Gesellschaften im Mittelbesitz. „Der Reichthum „richtet durch seine Laster die Seele des Menschen zu Grunde, „die Armuth zwingt ihn durch den Stachel des Schmerzes „alle Scham abzulegen. Auszeichnung und andere Glücksgüter „sind nur dann schätzenswerth, wenn sie im Mittelmaß zu „Theil geworden. Uebermäßige Reichthümer sind für die „Staaten und für die Einzelnen eine Quelle des Zwiespalts „und der Feindschaft; das entgegensetzte Extrem führt regel„mäßig zur Sklaverei;“ dieß die Idee, welche die Schriften dieses Philosophen über die „Republik“ und die „Gesetze“ vom Anfang bis zum Ende als ihre eigentliche Seele durchdringt.

Im Augenblicke, als die Eroberungen Alexanders der griechischen Welt neue Quellen des Reichthums und des Luxus

---

[1]) *Βούλεο δε ευσεβέως ολίγοις σὺν χρήμασιν οἰκειν, ἢ πλουτεῖν ἀδίκως χρήματα παυσάμενος.*

Theognis, sent., CIX.

[2]) Plutarch erzählt uns von einem Worte Solons an Krösus, das uns dieses Gesetz der Einschränkung und weisen Mäßigung in allen Dingen als einen der hervorstechendsten Charakterzüge des griechischen Geistes zeigt: „Wir andern Griechen haben von allen Dingen einen „Antheil im Mittelmaße aus Gottes Hand erhalten; vornemlich ist „unsere Wissenschaft kernig und einfach; ihr Charakter ist gerade dieses „Mittelmaß. — Leben Solons.

und zugleich neue Quellen der Sklaverei eröffneten, pflanzt Aristoteles unter den Weisen die ererbte Liebe zum Mittelbesitz fort. „Armuth läßt die Kunst des Befehlens nicht gedeihen „und lehrt sklavischen Gehorsam, hoher Reichthum hindert, „sich irgend einer Auctorität zu unterwerfen, und verleitet die „Glücklichen, nur mit dem despotischen Gebaren eines Herrn „zu befehlen. Man sieht dann im Staate nur Herren und „Sklaven, und nicht e i n e n freien Mann. Hier neidische „Eifersucht, dort verächtliche Eitelkeit, und die eine steht so weit „ab wie die andere, vom gegenseitigen Wohlwollen und von „jener gesellschaftlichen Brüderlichkeit, welche die Folge des Wohl„wollens ist . . . Was vor Allem dem Staate noth thut, das „ist Gleichheit in der Gesinnung, eine Eigenschaft, welche sich „zumeist in mittleren Verhältnissen findet.[1])"

Beim Schwinden der inneren sittlichen Kraft hat Rom das Princip des Mittelbesitzes durch die licinischen Gesetze[2])

[1]) . . . *Εἰ γὰρ καλῶς ἐν τοῖς ἠθικοῖς εἴρηται τὸ τὸν εὐδαίμονα βίον εἶναι τὸν κατ᾽ ἀρετὴν ἀνεμπόδιστον, μεσότητα δὲ τὴν ἀρετήν, τὸν μέσον ἀναγκαῖον εἶναι βίον βέλτιστον, τῆς ἑκάστοις ἐνδεχομένης τυχεῖν μεσότητος . . . Ἐπεὶ τοίνυν ὁμολογεῖται, τὸ μέτριον ἄριστον καὶ τὸ μέσον, φανερὸν ὅτι καὶ τῶν εὐτυχημάτων ἡ κτῆσις ἡ μέση βελτίστη πάντων. ῥᾴστη γὰρ τῷ λόγῳ πειθαρχεῖν. . . . . . ὥσδ᾽ οἱ μὲν (ἄποροι σφόδρα) ἄρχειν οὐκ ἐπίστανται, ἀλλ᾽ ἄρχεσθαι δουλικὴν ἀρχήν, οἱ δ᾽ (εὔποροι σφόδρα) ἄρχεσθαι μὲν οὐδεμιᾷ ἀρχῇ, ἄρχειν δὲ δεσποτικὴν ἀρχήν... Γίνεται οὖν δούλων καὶ δεσποτῶν πόλις, ἀλλ᾽ οὐκ ἐλευθέρων, καὶ τῶν μὲν φθονούντων τῶν δὲ καταφρονούντων. ἃ πλεῖστον ἀπέχει φιλίας καὶ κοινωνίας πολιτικῆς. ἡ γὰρ κοινωνία φιλικόν οὐδὲ γὰρ ὁδοῦ βούλονται κοινωνεῖν τοῖς ἐχθροῖς. βούλεται δέ γε ἡ πόλις ἐξ ἴσων εἶναι καὶ ὁμοίων ὅτι μάλιστα τοῦτο δ᾽ ὑπάρχει μάλιστα τοῖς μέσοις.* Polit. IV. cap. IX.

[2]) Die lex Licinia bestimmte: a. Niemand soll mehr als 500 jugera des ager publicus im Besitz haben; b. desgleichen nicht mehr als 100 Stücke großes und 500 Stücke kleines Vieh auf der Gemeindeweide halten; c. wer dagegen fehlt, büßt mit 10000 Aß. Liv. l. VI., 35. 36, Varro r. r. I., 2. Gellius 7, 3. — Auf dieses Gesetz hin trat bis zur Zeit der Gracchen große Ruhe in den Bewegungen der Agrarverhältnisse ein. A. d. Uebers.

in sein Staatsrecht aufgenommen. Aus diesem Princip erwuchs die ganze Größe der Stadt, und seinen Verlust betrauerte Tiberius zu den corrupten Zeiten des Reiches mit tiefer Politik, indem er sich ohnmächtig erklärte, die Ueberfluthung eines alles fortreißenden und alles verschlingenden Luxus in Schranken zu halten.[1])

Das ganze siebenzehnte Jahrhundert dachte hierüber wie das Alterthum; Bossuet's „*Politik aus Texten der heiligen Schrift*“ und Fenelon's „*Telemach*“ weisen in Bezug auf das Glück und die Macht des Mittelbesitzes ganze Seiten auf, die zu dem Schönsten gehören, was jemals über Moral und Politik geschrieben wurde. Und in unsern Tagen beruft man sich selbst im Schooße jener Schulen, welche den Menschen am Unbesonnensten zur schrankenlosen Erweiterung seiner Bedürfnisse d. h. zum unersättlichen Durst nach Reichthümern hinaufschraubten, auf diesen so sehr verachteten Mittelbesitz und verlangt man von ihm die heißersehnte Ruhe der industriellen Gesellschaften, in denen die unaufhörliche und leidenschaftliche Sucht nach Geld die Seele jeglicher Unruhe und Entmuthigung als Beute preisgibt. J. S. Mill, der

[1]) Tiberius saepe apud se pensitato, an coërceri tam profusae cupidines possent, . . . litteras ad Senatum composuit, quarum sententia in hunc modum fuit. . . . .„Quid enim primum prohibere et priscum ad morem recedere adgrediar? villarumne infinita spatia? argenti et auri pondus? aeris tabularumque miracula? promiscas viris et feminis vestes? atque illa foeminarum propria, quis lapidum causa pecuniae nostrae ad externas aut hostiles gentes transferuntur? hic ignoro in conviviis et circulis incusari ista et modum posci: sed si quis legem sanciat, poenas indicat, eidem illi civitatem verti, splendidissimo cuique exitium parari, neminem criminis expertem clamitabunt. Atqui ne corporis quidem morbos veteres et diu auctos nisi per dura et aspera coerceas: corruptus simul et corruptor, aeger et flagrans animus haud levioribus remediis restinguendus est, quam libidinibus ardescit. Tot a majoribus repertae leges, tot, quas dives Augustus tulit, illae oblivione, hae, quod flagitiosius est, contemptu abolitae securiorem berum fecere. Nam si velis, quod nondum vetitum est, timeas ne vetere: at si prohibita impune transscenderis, neque metus ultra, neque pudor erit . . . Tacit., Annal. III, 53. 54.

vorzüglichste unter den jetzt lebenden Staatsökonomen Englands, hat über diesen Punkt sehr inhaltsvolle Blätter geschrieben.[1])

Aber die sinnliche Denkungsweise unserer Tage hat sich eben so erfolglos, wie der Nationalismus des Alterthums bemüht, den Mittelbesitz zu rühmen. Wenn sie denselben in die öffentlichen Sitten einführen wollen, so fehlt ihnen die Kraft, die unersättlichen Begierden des menschlichen Herzens in Schranken zu halten. Sie gründen den Beweis für den Vorzug des Mittelbesitzes auf die Verachtung des Armen und der Armuth und sehen nicht ein, daß sie das einzige Princip von sich weisen, welches in seiner Anwendung die Menschen an den Mittelbesitz zu fesseln im Stande wäre. Sie schmeicheln sich, im Besitze der Vernunft zu sein, und nehmen nicht wahr, daß ihnen das Herz des Menschen entschlüpft. Das Christenthum verstand es, sich des Herzens zu bemächtigen, indem es an die Stelle der Begierde nach Reichthümern das Verlangen nach Armuth setzte, und so ist es ihm scheinbar gegen alle Vernunft, aber im Grund durch die wahre unsere Natur beherrschende Vernunft möglich geworden, zu jeder Zeit die Gesellschaften jenem Mittelmaaß im Besitz des Reichthums entgegen zu führen, das immer ein Traum der Menschheit war [2]).

Wir sagten „ein Traum der Menschheit;" denn so groß ist die Schwachheit der menschlichen Natur und so groß die Stärke der Hindernisse, die sich bei jedem Schritt in den Weg legen, daß dieses Verlangen nach Mittelbesitz, so bescheiden es auch sein mag, für immer eine unerfüllte Hoffnung bleibt. Selbst bei den Völkern, welche das christliche Gesetz der Arbeit, Ordnung, Mäßigkeit und Sparsamkeit sowohl für ihr privates als öffentliches Leben zur Richtschnur genommen haben, hat

---

[1]) Principles of polit. economy. l. IV. ch. VI.

[2]) Wir werden uns nicht länger bei diesen Betrachtungen aufhalten, da sie ihre ganze Entwickelung in dem Kapitel finden sollen, das von der Entsagung als dem allgemeinen Gesetz des Lebens und des Fortschritts in den Gesellschaften handelt.

das Elend noch eine Stätte, über deren Ausdehnung man zu staunen genöthigt ist. Und umgekehrt findet man bei Gesellschaften mit falschen Lehren, von denen es scheint, als könnten sie nur Trägheit, zügellosen Aufwand und demnach fortgesetzte Verarmung erzeugen, manchmal die Summe eines gewissen Wohlstandes, der wenigstens noch für einige Zeit dem auflösenden Einflusse dieser falschen Lehren widersteht. Wollen wir darauf unser Augenmerk richten, dann werden wir sehen, daß hierin ein allgemeines Lebens- und Fortschrittsgesetz der Gesellschaften liegt.

Die Doctrinen geben der Gesellschaft den Anstoß; sind sie wahr, dann befestigen sie dieselbe und führen sie zur Vollkommenheit; sind sie falsch, dann erschüttern und schwächen sie dieselbe und führen sie unmerklich zur Auflösung. Ist die wahre Doctrin unbeschränkte Gebieterin und wird ihr von Allen gehorcht, so gelangt die Gesellschaft nach Verfluß einer mehr oder weniger langen Zeit je nach Art der Hindernisse, die zu besiegen sind, zu einer Blüthenperiode auf dem Gebiete der geistigen Ordnung d. h. zur Herrschaft der Vernunft und der Tugend, und zu einer Blüthenperiode auf dem Gebiete der materiellen Ordnung d. h. zu einem Wohlstand, dessen Grenze Niemand zu bestimmen vermag. Herrscht dagegen eine falsche und verderbliche Doctrin unbeschränkt über Geist und Willen, dann wird die Gesellschaft jählings an einen Abgrund der Laster und des Elends gebracht sein, vor dem jede fruchtbare Thätigkeit erlischt und jede Civilisation zu Grunde geht.

In beiden Fällen würde die Wirkung unfehlbar eintreten, wenn die Ursache jedesmal ungehindert wirken könnte. So aber ist es für's Erste nie geschehen worden und wird auch nie geschehen werden, daß die Wahrheit in unumschränkter und ausschließlicher Weise über eine Gesellschaft geherrscht hat. Die vollkommene Freiheit des Menschen, welche Gott überall achtet, läßt das nicht zu; immer wird sich das Böse auf einem gewissen Gebiete behaupten, und dadurch den Einwirkungen der Wahrheit auf die Umbildung der Gesellschaft rückhaltenden Damm und einengende Schranken entgegen setzen.

Was sodann den Irrthum betrifft, so hat derselbe an den natürlichen Wahrheiten und an den Traditionen des Menschengeschlechtes, das im Uranfang von Gott selbst auf den Weg des Wahren und Guten gestellt worden, jederzeit ein gewichtiges Hinderniß gefunden. Dieses Hinderniß ist vielleicht nicht mächtig genug, den Lauf des Bösen anzuhalten, aber es ist wenigstens mächtig genug, denselben zu verzögern. Dies war die Lage der antiquen Gesellschaften. Die heidnischen Gesellschaften wurden durch Irrthümer und Laster stets dem Verderben entgegen getrieben; die noch vorhandenen Reste von Wahrheit und Tugend, — und sie allein rückten das Verderben wieder in die Ferne: das ist eine unverkennbare Thatsache.

Völlig unbesiegbar wurde der Widerstand, dem der Irrthum allenthalben begegnet, seitdem das Christenthum durch die Kirche die lebendige und immer wirksame Wahrheit mitten in der Welt aufgepflanzt hat. Selbst in denjenigen Gesellschaften, die am Weitesten vom Centrum der Wahrheit entfernt zu sein scheinen, wird dieselbe trotz aller Zurückstoßung und trotz aller Verachtung denn doch durch eine geheimnißvolle Macht, die den Geist anzieht, sobald er nur das höhere Licht entdeckt, ihren erhaltenden und bessernden Einfluß fortüben. Sie herrscht über die Menschen unter der Form jener natürlichen Gefühle, denen das Herz mitten unter den Verblendungen des Irrthums niemals vollständig entsagt; es sind das die Gefühle für Sittlichkeit und Würde und für Liebe zum Schönen und Gerechten.

Im socialen Leben wird demnach weder das Gute, das immer vom Bösen bekämpft wird, alle segensvollen, noch das Böse, das immer vom Guten bekämpft wird, alle unheilsschwangeren Folgen entfalten können, die das Eine oder das Andere dem Princip nach in sich schließt. Die Wirksamkeit beschränkt sich von beiden Seiten auf ein stetes Streben: von Seite der Wahrheit auf ein Streben nach Vollkommenheit d. h. nach harmonischer Entwickelung aller geistigen und materiellen Kräfte durch die Einigung Aller und für das Glück Aller; von Seite des Irrthums auf ein Streben nach Trennung, nach gegenseitiger Feindseligkeit der Volksklassen, nach Auflösung der socialen Einheit durch Steigerung der Begierden, die vom Köder einer falschen Größe und eines trügerischen Glückes gemästet werden. Weder der Irrthum, dessen aus Stolz und zügellosem Genuß zusammen gesetztes Ideal unvermeidlich zum Nichts, so wie zur Erniedrigung und zu allem Jammer des Nichts führt, noch die Wahrheit, deren Ideal das volle Leben mit all seinem Glanze und all seiner Macht ist, werden jemals ihre vollständige Verwirklichung finden. Die Gesellschaften und das Princip, welches sie bewegt, darf man deshalb nur nach den vorhandenen Bestrebungen beurtheilen. Ist ein Princip gegeben, welche socialen Folgen erzeugt es dann, vorausgesetzt, daß es unumschränkt über Geist und Herz gebietet? — in diesen Ausdrücken muß die Frage über die Macht der Doctrinen hinsichtlich ihrer Einwirkung auf die Gesellschaften gestellt werden. Und diese Art, die Doctrinen und Gesellschaften zu beurtheilen, wird nur gerecht sein. Denn wenn der Irrthum, durch die Wahrheit in Schranken gehalten, nicht alle seine Früchte hervorbringt, so ist es doch gewiß, daß er sie wollen muß und wirklich will; er würde ja sonst aufhören, nach unumschränkter Herrschaft über die Gewissen zu trachten, — er würde aufhören, zu sein, was er ist. Uebrigens urtheilen wir über das mögliche Böse immer nur durch das bereits geschehene Böse. Wenn wir durch dieses Verfahren die sociale Tragweite des Irrthums bestimmen, bedienen wir uns nur eines Rechtes, das uns dessen Natur und nothwendige Tendenz selbst an die Hand gibt. Und wenn wir andererseits die Macht, welche die Wahrheit zur Vervollkommnung der Gesellschaften besitzt, nach dem nämlichen Verfahren prüfen, so wird uns dies den Vortheil bieten, daß wir immer das Böse neben dem Guten sehen und vor den thörichten Täuschungen und Gefahren einer bloßen Traumwelt bewahrt bleiben.

VII. Kapitel.

Daß materieller Fortschritt und Christenthum mit einander nicht im Widerspruch stehen.

Aus dem, was wir über das Ideal der Gesellschaft gesagt haben, geht mit Evidenz hervor, daß Fortschritt eine gute Sache sei, Fortschritt in der geistigen Ordnung zuvörderst, dann aber auch Fortschritt in der materiellen Ordnung. Nicht umsonst hat Gott die Idee einer Vollkommenheit, nach der alle Gefühle hindrängen, in die Geister gelegt; der Schöpfer wollte, daß sein Geschöpf den Trieb nach Fortschritt wesentlich in sich trage. Den Einzelnen sagt er: „Seid vollkommen, wie euer himmlischer Vater vollkommen ist,¹)“ und dieses Wort öffnet Jedem aus uns die Bahn zu einem Fortschritt, der seinen Schluß im Unendlichen hat. Je mehr eine Seele, das Bild Gottes durch die Freiheit in sich ausprägt, desto leuchtender wird durch sie die Glorie des Herrn. Nicht anders verhält es sich mit dem Collectivmenschen d. h. mit der Gesellschaft. Das Ideal der Menschheit ist in Gott. Das Leben der Menschheit ist eine Bewegung zu diesem Ideale hin. Je vollständiger nun die Gesellschaft bei dieser Bewegung durch die Principien der Gerechtigkeit und Liebe zur Aehnlichkeit mit dem göttlichen Typus gestaltet wird, desto mehr strahlt die Glorie des Schöpfers in derselben, und desto mehr vollbringt die Freiheit auf der Erde das Werk Gottes.

Das nun gehört wesentlich der geistigen Ordnung an; da aber die geistige Ordnung im gegenwärtigen Leben an die materielle gebunden ist, wie die Seele an den Körper, so zieht jeder Fortschritt in der geistigen Ordnung einen entsprechenden Fortschritt in der materiellen nach sich. Läßt sich die Ausbreitung der Menschheit bis an die äußersten Enden der Erde verstehen und ist jenes einheitliche Leben denkbar, durch welches

---

¹) Estote ergo vos perfecti, sicut et pater vester coelestis perfectus est. Matth. V. 48.

die Völker das Geheimniß der Vielheit in der Einheit, das eine von den Vollkommenheiten Gottes ist, nachbildlich darstellen; — kann man, frage ich, diese fortschreitende Entfaltung der Menschheit auf dem Erdenrund erklärlich finden, wenn sie nicht von einer Erweiterung der materiellen Macht begleitet ist, vermittelst deren eine vollständige Ausbeutung der Erde möglich gemacht und durch hinreichenden und raschen Verkehr das Band der Einheit gewoben wird? Begreift man ferner, wie die Menschen an Einsicht, an äußerer Freiheit und an Würde gewinnen können, wenn nicht der materielle Fortschritt sie von der Sklaverei der ersten Lebensnoth befreit? Und wie vermögen Gerechtigkeit und Liebe die Sitten umzugestalten und die socialen Verhältnisse zu bestimmen, wenn nicht die Vertheilung der materiellen Güter angestrebt wird?

Gerade dieses große Gesetz des geistigen und materiellen Fortschrittes, wie es scheint, wollte Gott aussprechen, wenn Er dem Menschengeschlechte in dem Augenblicke, da es aus seinen schöpferischen Händen hervorging, seinen Segen gab: „Wachset „und mehret euch, erfüllet die Erde und unterwerfet sie „euerer Herrschaft.“ [1]) Dieses Gesetz des Wachsthums der Menschheit in allen ihren Kräften und der fortschreitenden Herrschaft über die materielle Welt war also das Gesetz des menschlichen Lebens vor dem Falle. Gott hat den Menschen im Zustand der Vollkommenheit geschaffen, aber im Zustand einer nur begrenzten Vollkommenheit. Es kann dieselbe Gott, dem Urbild aller Vollkommenheit, in einer Bewegung, die endlos aufsteigt, entgegen schreiten; ohne seine Natur zu ändern, kann der Mensch jenem Urbild immer näher kommen, aber er kann es nie erreichen. Dank der Erlösung hat der Sündenfall den Fortschritt nicht unmöglich gemacht; er hat nur die Bedingungen seiner Verwirklichung geändert. Während er im Stande der Unschuld ohne Anstrengung von statten ging, vermag ihn jetzt der Mensch nur mehr um den Preis der

---

[1]) Benedixitque illis Deus et ait: Crescite et multiplicamini et replete terram et subjicite eam et dominamini . . . Gen. I. 28.

mühsamsten Kämpfe gegen sich selbst und gegen die Welt zu realisiren. Aber mittels dieser Plage und dieser Kämpfe wird er realisirt und Niemand könnte auf dessen Realisirung Verzicht leisten, ohne damit auch der Größe seiner Bestimmung zu entsagen.

Verweilen wir nicht länger bei dieser schwierigen Frage über den Fortschritt. Wir werden Gelegenheit haben, darauf zurückzukommen, wenn wir, am Ziele unserer Untersuchung angelangt, die Principien, welche den Grundgedanken unserer Arbeit bilden, von einem höheren Standpunkt aus wieder aufgreifen, um sie in ihrem Zusammenhange zu betrachten. Gegenwärtig wollen wir nur unseren Ausgangspunkt angeben. Es wäre aber für unseren Zweck nicht genügend, im Allgemeinen gezeigt zu haben, daß im materiellen Fortschritt nichts liege, was den Lehren des Christenthums über die Natur des Menschen und seine Bestimmung widerstreitet. Damit keine Zweideutigkeit obwalte, müssen wir in Kürze festsetzen, wie sich der Fortschritt nach dem Sinne der christlichen Philosophie vom Fortschritt nach dem Sinne der Humanitätsschulen unterscheidet.

Vor Allem ändert der Fortschritt, welchen das Christenthum zuläßt, die Lage des Menschen im gegenwärtigen Leben nicht wesentlich. Wohl wird das Gute und die Wahrheit über die Gesellschaft und über die Individuen Herrschaft gewinnen können; aber die Natur des Menschen und die allgemeinen Gesetze der Gesellschaft werden darum nicht die geringste Umgestaltung erfahren. Die socialen Einrichtungen werden das im Anfang von Gott gegebene und durch das Christenthum erneuerte Gesetz der Gerechtigkeit besser darstellen; die Beziehungen der Menschen unter sich werden mehr und mehr das Gepräge von Liebe und Solidarität an sich tragen; es wird mehr tugendhafte und gründlicher tugendhafte, mehr erleuchtete und von einem lebendigeren Lichte erleuchtete Menschen geben: aber der Mensch wird immer Mensch bleiben, mit der nämlichen Fülle von Schwäche und Kraft, von Laster und Tugend, wovon alle Zeitalter seiner Geschichte Zeugniß ablegen. Alles, was der Mensch vom Fortschritt hoffen kann, besteht darin, seine Freiheit wachsen und das Gewicht der Ketten, welche ihn zur Erde niederziehen, abnehmen zu sehen. Aber jene Wucht der Nothdurft und Arbeit, die er seit seinem Austritt aus dem Paradiesé trägt, wird er tragen bis an's Ende der Zeiten. Der christliche Fortschritt hat also weder die gänzliche Entfernung des Leidens, noch die Verherrlichung der Menschheit durch eine grenzenlose Macht über die Natur und einen unaufhörlich wachsenden Reichthum zum Zwecke. Diese Verherrlichung kann der Mensch nur im zukünftigen Leben erreichen, nachdem er sie durch seine Verdienste im gegenwärtigen verdient hat. Auf dieser Erde wird es ihm nicht gegeben sein, sich dem Gesetze des Leidens und der Buße zu entziehen, das seit dem Sündenfalle eben die Bedingung aller seiner Fortschritte ist. Nur dadurch, daß er das willig hingenommene Leiden und die frei eingegangene Buße an die Stelle des gezwungenen Leidens setzt, wird er auf dem Wege mächtig fortschreiten, der ihn zu Gott führt. Die Hindernisse, auf welche der Mensch bei dem Werke der industriellen und socialen Vervollkommnung stößt, werden ihre Gestalt ändern, man darf aber nicht hoffen, daß sie jemals gänzlich aufhören werden. In dem Augenblicke, da der Mensch sich im Besitz der Herrschaft wähnt, weil es ihm durch die Kraft der Arbeit gelungen ist, die Macht des Widerstandes von Seiten der Natur zu verringern, gerade in diesem Augenblicke werden ihm die Leidenschaften, wachgerufen durch den größeren Reichthum, den seine Triumphe zur Folge haben, neue Hindernisse bereiten, die furchtbarer sind, als jene, von denen er frei geworden, und deren Gefahren er nur durch verdoppelte Selbstverläugnung wird überwinden können. Der Geist des Opfers wird also immer das Gesetz des menschlichen Lebens bleiben, das Gesetz der Gesellschaften wie der Individuen. Hier begnügen wir uns, diese Thatsache ausgesprochen zu haben; die Gründe dafür werden wir angeben, wenn wir von der Entsagung und ihren Wirkungen hinsichtlich des Fortschrittes handeln.

Der Fortschritt wird also die Verbesserung der allgemeinen socialen Verhältnisse zur Wirkung haben können. Glauben wir aber nicht, daß dies zum Vortheil jenes abstracten Wesens geschehe, das man Gesellschaft oder Menschheit nennt und auf das man in den pantheistischen Schulen unserer Tage alles bezieht, was der Fortschritt zu Stande gebracht hat. Für das Christenthum gibt es vor Allem Seelen zu retten. Dies ist das höchste Ziel, der erste und letzte Grund aller Anstrengungen. Durch die geistige Vervollkommnung der Individuen wird der Fortschritt der Gesellschaft bewerkstelligt, und auf diese geistige Vervollkommnung des Individuums wirken alle Fortschritte der Gesellschaft zurück. Je mehr Intelligenz, Freiheit und Wohlfahrt es in einer Gesellschaft gibt, desto leichter wird jedem einzelnen Gliede die Erreichung seiner Bestimmung. Gerade die Thatsache des Fortschrittes führt also den Menschen sicherer zu seinem Ziele, indem sie seinen Geist erhebt und ihm Gott lebendiger in Erinnerung bringt. Und so hat denn dieser Fortschritt zum Endzweck aller Dinge, welcher die Ehre Gottes ist, einen doppelten Bezug: einmal, weil er das Heil der Seelen befördert; dann aber, weil er das wahre Gesellschaftsideal verwirklicht.

Uebrigens liegt in der progressiven Bewegung der Menschheit nichts Nothwendiges und vom Schicksal Verhängtes. Es ist wohl wahr, daß die Vorsehung die menschliche Freiheit beherrscht; aber unter dieser Herrschaft besteht die Freiheit unverletzt fort. Frei dem Antrieb Gottes gehorchend, der sie unaufhörlich zur Vollkommenheit anspornt, kann die Menschheit von Fortschritt zu Fortschritt bis zu jener Höhe gelangen, auf welcher sie verklärt und verjüngt in der Vereinigung mit Gott über einer neuen Erde und unter einem neuen Himmel eine neue Bahn für wahrhaft unendlichen Fortschritt betreten wird. Aber die Menschheit kann auch im Widerstand gegen den göttlichen Antrieb von Verfall zu Verfall gerathen, bis sie im Abgrund des Nichts verschwindet. Nach einem treffenden Ausspruch des P. Gratry wird die Welt enden, wie sie will. Es ist in unsere Hand gegeben, in dem Wirkungskreise, den uns Gott angewiesen hat, ihr Geschick zu bestimmen. So niedrig unser Loos sein mag, immerhin können wir einen Stein zum Bau der Zukunft beischaffen.

Indeß Gott verlangt von uns nur Eines: Pflichterfüllung auf dem Posten, wohin er einen Jeden aus uns gestellt hat; das Uebrige ist sein Geheimniß.

VIII. Kapitel.

Die Entsagung ist das Gesetz jeder freien Creatur.

Es ist von Wichtigkeit, hinsichtlich des Princips der Entsagung jede Zweideutigkeit zu vermeiden. In den Schulen, welche das leidenschaftliche Verlangen nach Wohlstand predigen, hat man sich mehr als einmal Mühe gegeben, die Entsagung, welche das Evangelium vorschreibt, auf eine gewisse Herrschaft über sich selbst bei Genüssen zu beschränken, was im Grunde nur das Princip des Epikur ist. Eine solche Anschauungsweise ist eine Verkehrung des Christenthums in seinem innersten Wesen. Gegenüber jenen Bestrebungen, die in unseren Tagen so haüfig laut werden und keinen andern Zweck haben, als unter dem Gewande des Christenthums der großen Religion der Zeit, der Religion des Reichthums, Eingang zu verschaffen, ist nothwendig, vor Allem die Lehren unseres Glaubens in ihrer ganzen Strenge wieder aufzugreifen. Darum wenden wir uns abermals zu den Texten der heiligen Schrift.

Folgendes sind die Worte des Herrn: „So Jemand mir „nachfolgen will, der verlaügne sich selbst, nehme sein Kreuz „auf sich und folge mir nach.[1]) Wer nicht seinem Leben ab„stirbt, ... wer nicht Allem entsagt, was er besitzt, kann

[1]) Si quis vult post me venire, abneget semetipsum, et tollat crucem suam et sequatur me. Matth. XVI, 24.

„mein Schüler nicht sein.')[1] Wenn das Weizenkorn nicht in „die Erde fällt und stirbt, so bleibt es unfruchtbar; wenn es „aber stirbt, so bringt es viele Frucht. Wer sein Leben lieb „hat, der wird es verlieren, wer aber sein Leben auf dieser „Welt hasset, der bewahret es auf zum ewigen Leben."[2]

Nichts ist klarer, als diese Worte des Heilandes. Er befiehlt nicht blos die Lossagung von den äußeren Dingen, sondern auch die Lossagung von uns selbst, den Haß gegen unser eigenes Leben. Wer sich nur deshalb beherrscht, um in einer durch Mäßigung der Begierden erträglicher gewordenen Existenz die Genüsse einer freien und ruhigen Seele zu finden, der liebt dieses Leben, das er hassen sollte, um es zu bewahren. Die Entsagung gestattet dem Menschen nicht, mit der Ruhe der Selbstbefriedigung in sich selbst verschlossen zu bleiben. Er muß durch das Opfer alles dessen, was er selbst ist, aus sich heraustreten, und mittels der Liebe wahrhaftes Leben und Glück in Gott suchen.

Diese Principien scheinen befremdend, und stehen mit dem feinen Stolz und der feinen Sinnlichkeit unserer Tage in bitterem Widerspruch. Wollen wir desungeachtet sehen, ob sie nicht der Ausdruck der Lehre sind, welche allein das wahre Verhältniß des Menschen zu seinem Schöpfer und zu seines Gleichen in richtiger Weise bestimmt.

Bei dieser Frage werden wir die innersten Tiefen der menschlichen Natur und ihre Beziehungen zu der göttlichen berühren. Wenn wir nicht auf die allerdings etwas trockenen Pfade der Metaphysik einlenken, so ist die Lösung unmöglich. Wir bitten den Leser, sich nicht abschrecken zu lassen. Das

---

[1] Si quis venit ad me, et non odit patrem . . . adhuc autem et animam suam. . . . et qui non renuntiat omnibus, quae possidet, non potest meus esse discipulus. Ibid. XIV, 26, 33.

[2] Nisi granum frumenti cadens in terram, mortuum fuerit, ipsum solum manet; si autem mortuum fuerit, multum fructum affert. Qui amat animam suam, perdet eam, et qui odit animam suam in hoc mundo, in vitam aeternam custodit eam. Joann. XII, 24, 25.

Problem ist der Mühe werth, die wir gemeinsam auf uns nehmen.

Der Mensch ist ein freies Geschöpf. Frei, dieses Wort enthält alles in sich, unsere Macht und Abhängigkeit, unsere Größe und Niedrigkeit, unsere Kraft und Schwäche. Gott allein besitzt die Herrschaft in ihrer vollen Unabhängigkeit und in ihrer untrüglichen und absoluten Freiheit. Er allein ist groß in jener wandellosen, immer gleichen Größe, deren Schimmer kein Schatten verdunkeln kann, und vor der aller Glanz erlischt. Er allein ist stark in jener unendlichen Stärke, die weder ein Hinderniß noch eine Schwäche kennt, für die nichts unmöglich ist und die mit einem in der unveränderlichen Ruhe der Ewigkeit gesprochenen Worte eine Schöpfung erzeugt, deren Ausdehnung kein endlicher Gedanke erfaßt. Diese Schöpfung, aus der die göttliche Güte, Weisheit und Schönheit in tausend und tausend Zügen strahlt, umfaßt Gott ganz in der Unermeßlichkeit seiner Macht. Es gibt im Weltall kein Leben, das nicht in Gott seine Quelle, keine Freiheit, die nicht in der höchsten Freiheit Gottes ihren Ursprung hätte. Gott ist die Sonne der Gerechtigkeit und Liebe, die mit ihrem belebenden Lichte alle Wesen erwärmt und erleuchtet. Er ist das stets ruhende und stets thätige Centrum, das alles an sich zieht, bewegt und beherrscht, das Centrum, in welchem und für welches alles existirt: denn was gibt es außer dem Unendlichen, und für wen würde das existiren, wenn es nicht für das Unendliche existirt. Aus diesem lichtvollen und lebendigen Centrum brechen die Strahlen hervor, die in die entferntesten Tiefen der Schöpfung hinaus das Bild des Gestirns tragen, von dem sie ausgehen, und die mit diesen Bildern wieder zu ihrer Quelle zurückkehren, um sich in ihr als in der Fülle des Seins zu erneuern und unter dem Auge Gottes jene Pracht zu entfalten, deren Urheber Er ist und in der seine Güte sich gefällt.

Unter allen diesen Prachtwerken leuchtet der Mensch in einem besondern Glanze, weil Gott das verkleinerte aber getreue Bild aller seiner Vollkommenheiten in ihn gelegt hat. Wie Gott der absolute Mittelpunkt aller Dinge überhaupt ist, ähnlich wird der Mensch der Mittelpunkt der sichtbaren Schöpfung sein. Wie im göttlichen Mittelpunkte Fruchtbarkeit und Freiheit verbunden und zu einer unendlichen Macht vereinigt sind, so kommt auch dem niederen und untergeordneten Mittelpunkte, dem Menschen, Fruchtbarkeit und Freiheit zu, aber nur in einem endlichen Maße d. h. schwach und unvollkommen. Im ungeschaffenen Centrum hat das Leben sein Prinzip und sein Endziel in sich selbst; im geschaffenen Centrum kommt das Leben von Außen und strebt nach einem höher gelegenen Endziel.

Der Mensch existirt also vor Allem für Gott, aber er existirt auch für sich selbst. Dem Menschen ist einerseits der Ruhm seines Schöpfers als letztes Ziel vorgesetzt, aber andererseits wollte Gott, daß derselbe in diesem Ziele sein eigenes Glück fände. Gott hat dem Menschen mit der Freiheit auch die Persönlichkeit gegeben, und hat ihn zum Centrum seiner freien Thätigkeit und seines eigenen Interesses gemacht. Jedes Centrum nun übt Attraction; dies ist das Gesetz, das Streben der inneren Kraft aller Dinge, sowohl auf dem Gebiete der geistigen als der physischen Ordnung. Innerhalb der Gränzen, die ihm Gott angewiesen und in denen es zur allgemeinen Harmonie beiträgt, ist dieses Streben ganz naturgemäß und sittlich statthaft. Es bildet in der Ordnung des Endlichen das Gegenstück zu jener unendlichen Liebe, welche Gott zu sich selber hat, und wahrt inmitten der Menschheit bei der Einheit der Natur die Getrenntheit der Personen, worin sich, wohl aus weiter Ferne, aber ganz sichtbar, die Dreiheit der Personen in der Einheit Gottes spiegelt. Aber wenn dieses an sich gute Streben auf Irrwege geräth, wenn es das Ziel überschreitet, welches Gott ihm gesteckt hat, dann wird es auch zur größten Gefahr für die menschliche Freiheit.

In seinen Anschauungen beschränkt, unsicher in seinem Willen, endlos hin und her getrieben zwischen dem Gefühle seiner Größe und dem Gefühle seiner Schwäche taüscht sich der Mensch in gleicher Weise über seine Schwäche und seine Größe. Aus sich selbst schwach kann er nur groß sein, wenn er seine Schwäche fühlt, und wenn die Ueberzeugung von seiner Ohnmacht ihn bewegt, über sich die Kraft zu suchen, welche ihn stützen und erheben soll. Aber nur zu oft ist es den Schwachen eigen, daß sie in sich selbst keinen Zweifel setzen, sich für stark halten, weil sie ihre Ohnmacht nicht kennen, und deshalb nur in sich selbst ihren Stützpunkt suchen. Durch diesen Irrthum betrogen wird sich der Mensch in sich selbst abschließen und auf sich allein jenes Leben beziehen wollen, das er nur von Gott hat, das sich nur von Gott nährt und dem Gott allein Wachsthum verleihen kann. Und nicht blos wird er aus sich selbst zu leben und zu wachsen bestrebt sein, sondern er wird auch wollen, daß alles, was das Auge seines Leibes und das Auge seines Geistes ringsum gewahrt, in ihm und für ihn lebe und wachse. Die Creatur macht sich zum absoluten Mittelpunkt aller Dinge: dies ist das letzte Stadium im Wahnsinn einer von sich berauschten Schwachheit, wovon die Philosophie unserer Tage uns mehr denn einmal ein Schauspiel geboten. Das ganze Leben des Menschen wird nur ein Kampf sein gegen diesen Hang, sich auf sich selbst zu beschränken und seine Persönlichkeit zum Mittelpunkt des Universums zu machen. Diesen Charakter haben mehr oder weniger alle Versuchungen, die unsern Willen umlagern. „Ihr werdet sein wie Gott:"[1]) dies war stets und wird stets sein das große Wort des Versuchers.

So lange aber der Mensch in seinem Haschen nach diesem thörichten Traum sich an die Stelle Gottes zu setzen begehrt, indem er jenen Mittelpunkt sich anmaßt, von welchem aus Gott allein in der Fülle des Seins herrscht, wird er sich nur verringern und erniedrigen, und bei jeder neuen Anstrengung, sich zu vergrößern, wird er tiefer in den Abgrund des Nichts versinken. Es gibt für den Menschen zu seiner Erhebung und Vergrößerung nur dies eine Mittel, daß er Gott in sich herabzieht, indem er durch eine freie That seines Willens die Tiefen seiner Seele den Strahlen des göttlichen Lebens aufschließt,

[1]) Eritis sicut Dii. Gen. III, 5.

welches ihn erwärmen, erleuchten, umgestalten und endlich zur höchsten Macht des Seins, deren er fähig ist, empor tragen wird. Wenn der Mensch sich auf sich concentrirt, um alles an sich zu ziehen, so verschließt er damit seine Seele gegen die belebenden Einflüsse der göttlichen Sonne. Er will sich zum Centrum alles Lebens machen und ist doch in der Trennung vom wahren Heerd des Lebens selber nur eine hohle, in der kalten Finsterniß des Egoismus umherirrende Gestalt.

Gott hat die Menschen frei geschaffen; wenn sie nun darnach verlangen, sich selbst zu genügen, so überläßt er sie ihrem Nichts. Immer dazu bereit, von der Fülle des eigenen Seins den Geistern mitzutheilen, erwartet Gott, daß sich die Creatur in ihrer Freiheit zu ihm kehre, um das Dargebotene aufzunehmen. Wenn aber der Mensch zum wahren Gefühle seiner Größe und Schwäche zurückkehrt, aus seiner engen Persönlichkeit, in welcher ihn der Stolz gefangen hielt, wieder heraustritt, und die Ueberzeugung gewinnt, daß er aus sich nichts ist und nur aus Gott leben kann, dann wird er eben dadurch mit Gott wieder in Berührung gebracht, an seinen rechten Platz in der Ordnung des Weltganzen zurück versetzt und neuerdings von jenem mächtigen Impuls durchdrungen, womit der Centralheerd des Lebens alle Wesen beseelt, die nicht vor ihm fliehen.

Der Besitz des Lebens in seiner Fülle wird also für alle Wesen, die Gott frei geschaffen hat, an eine Bedingung geknüpft sein: sie müssen dem vereinzelten, auf sich selbst eingeengten Leben entsagen; sie müssen jenes enge, falsche, ungeordnete, unfruchtbare Leben, das von den heilsamen Einflüssen des einzig wahren, sich selbst entquellenden göttlichen Lebens abgesperrt ist, in der eigenen Seele hassen und zum Opfer bringen; sie müssen durch das Opfer sich jenem höheren Geiste erschließen, der bis auf den Grund unseres Seins eindringen will, um jede Persönlichkeit zu erheben, zu vergrößern, zu erweitern und durch Vereinigung mit der unendlichen Freiheit und Herrschaft selbst auch mit wahrer Freiheit und Herrschaft auszustatten. In dieser Vereinigung der Seele mit Gott vermittels der Entsagung wird für den Menschen alles wahre Stärke, Größe und Herrschaft sein; denn alles wird aus der Liebe hervorgehen, welche die unwiderstehlichste Macht, die höchste Größe und die einzige unbestrittene Herrschaft in dieser Welt besitzt. Durch die Liebe steigt Gott zum Menschen herab, und steigt der Mensch zu Gott empor in dem Maße, als er sich vor ihm verdemüthigt und vernichtet. Aber in dieser Verdemüthigung und Vernichtung durch die Liebe liegt nichts Erniedrigendes, nichts Schimpfliches; im Gegentheil, alles erhebt und erhöht. Durch die Entsagung, die aus Liebe stammt, flüchten wir zu Gott, wie das Kind zum Vater flüchtet. Fühlt sich aber das Kind jemals größer und stärker, als wenn es sich auf die väterliche Liebe stützt? Macht nicht gerade das die Größe der freien Wesen aus, daß sie für Liebe empfänglich sind? Die Liebe ist der wesentliche Act der Freiheit, die sich nur durch sich bestimmt.

Das Opfer seiner selbst also gehört zum Wesen der Liebe. Wird es bis auf den höchsten Grad geübt, dann heißt es Heroismus und reißt selbst jene Menschen zur Bewunderung hin, deren irrgeleitete Vernunft die Lehre von der Entsagung, mit höchster Verachtung als eine Feindin der menschlichen Würde von sich stößt.

Die Entsagung d. h. das Heraustreten der eigenen Persönlichkeit und des eigenen Seins, wozu sich der Wille aus Liebe zu den Vollkommenheiten des ihn anziehenden Wesens frei bestimmt, wird also das erste Gesetz alles Lebens auf dem Gebiet der geistigen Ordnung sein. In der That, jede geschaffene Freiheit, so hoch sie auch gestellt sein mag, ist nothwendiger Weise unvollkommen und nach einer gewissen Seite hin schwach; nur die ungeschaffene Freiheit ist untrüglich.

Der Stolz ist das Hauptlaster der geschaffenen Freiheit; durch ihn gewinnt das falsche und ungeordnete Leben in uns Eingang. Die Neigung, sich in sich selbst abzuschließen; Vollkommenheiten, die ihre Quelle und ihr Endziel nur in Gott haben, für seine eigene Sache zu halten; der Wahn, daß man durch Concentrirung aller seiner Kräfte auf sich selbst die Vollkommenheiten, die man in sich leben fühlt, erhöhen werde; die Leichtigkeit, zu vergessen, daß man zu einem Sein berufen worden, das groß ist nicht durch sich selbst, sondern durch Vereinigung mit der unendlichen Größe; jenes unverwerfliche ja nothwendige Streben in einem Wesen mit bestimmtem Endziel, sich selbst in einem gewissen Maße als Centrum aufzustellen, ein Streben, das aber falsch und widernatürlich geworden ist und durch die Unvollkommenheit des Willens über die Gesetze der Ordnung und der universellen Harmonie hinausgerückt wurde: kurz, der Hang, sich vom Sein zu entfernen, um sich im Nichts zu vergrößern, — dies ist das falsche und ungeordnete Leben, das jedes freie Wesen in sich zu opfern hat. Der Stolz ist die Quelle jener Ueberhebung und jener irrigen Auffassung, wodurch die menschliche Persönlichkeit zur Sonderstellung und Empörung verführt worden; dem Stolze also, der das Leben fälscht, weil er es glauben macht, daß es nur für sich existire, muß jedes freie Wesen entsagen, wenn es ein wahres Leben haben will. Der Stolz ist die in sich selbst abgeschlossene und eben darum unfruchtbare Freiheit; die Entsagung ist die liebefreudig ihrem Ziele zustrebende und darum fruchtbare Freiheit. Da jede geschaffene Freiheit vom Stolz versucht ist, so ist sie eben darum dem Gesetze der Entsagung unterworfen. Die Freiheit des Geschöpfes kann ohne Entsagung nicht begriffen werden; ein Wesen, welches nicht zu entsagen hätte, wäre entweder nicht frei; oder wäre Gott.

IX. Kapitel.

Ueber das Wesen der Entsagung im gegenwärtigen Zustande des Menschen.

Auch wenn wir Geister ohne Materie wären, so würden wir, einzig darum, weil wir frei und nicht Gott wären, Acte der Selbstentsagung zu vollbringen haben. Aber der Mensch ist ein Geist, der an einen Körper gebunden worden, und das bildet im Gesetze seines Verhältnisses zur Welt einen Antrieb mehr zur Concentrirung in sich selbst und zur Trennung von Gott. Der Mensch ist zum König der Schöpfung gesetzt worden, aber unter der Bedingung, daß er von seiner Herrschaft immer nur mit Bezugnahme auf Gott Gebrauch mache. Entfernt er sich von Gott, so wird er unvermerkt dazu gelangen, sich zum absoluten Herrn der Erde aufzuwerfen, sie auszubeuten, als existirte sie nur für ihn, und sie zum Werkzeug seiner Genüsse zu machen. Je mehr der Mensch durch Hochmuth in sich selbst zurücktritt, desto mehr wird er sich in der äußern Welt gefallen. Hier fühlt er besser, als irgend anderswo, die Grenze, die ihn von dem trennt, was nicht er ist. Alles das nun, was ringsher existirt, auf sich zurückzuführen und sich zu unterwerfen, um seine Persönlichkeit zu fördern, das ist das höchste Werk des Stolzes. Demnach brüstet sich der Hochmüthige niemals mehr, als wenn er das All, das von ihm verschieden ist, das aber der Genuß durch einen den innersten Kern seines Wesens berührenden Eindruck an ihn fesselt, durch den Genuß sich dienstbar macht und aneignet.

Uebrigens taüscht sich der Mensch leichter über die Grenzen seiner Macht in der materiellen, als in der geistigen Ordnung. Durch die Ueberlegenheit des Geistes über die Materie drängt er diese Grenzen in den Hintergrund, während in der Ordnung der unveränderlichen Wahrheiten des Geistes stets die nämlichen geheimnißvollen Tiefen sich der Kühnheit seiner

Forschung entgegenstellen. Und je mehr er sich in die Sinne versenkt und jene materiellen Genüsse verdoppelt, welche in ihm das Gefühl seiner Individualität und seiner Herrschaft über die äußere Welt erweitern, desto mehr wird er das Leben des Geistes verlieren; es wird eine um so größere Gottentfremdung über den Menschen hereinbrechen, je mehr die Taüschung der sinnlichen Befriedigungen ihn in seinem Stolze befestigt.

Die Entsagung auf sinnliche Befriedigung muß also nothwendiger Weise mit der Entsagung auf die unordentliche Begierlichkeit des Geistes Hand in Hand gehen. Je mehr sich der Mensch von den aüßern Dingen abgelös't hat, desto mehr wird er auch von sich abgelös't und an Gott gebunden sein. Und seine wahre Macht über die Dinge, seine fruchtbare und dauerhafte Macht in der materiellen Ordnung wird durch alles das gefördert werden, was sein Geist an Kraft und Fruchtbarkeit aus Gott schöpft. Entsagt er dem Begehren, aus der materiellen Welt sich ein Genußmittel zu schaffen, dann wird er über sie die Herrschaft errungen haben. Das Opfer seiner selbst, des Geistes und des Leibes, wird ihm zuerst das ewige Leben d. h. das Leben in Gott, dann aber als Zumaß auch das Leben dieser Welt eintragen.

Im Lichte ganz allgemeiner Wahrheit begreifen wir nunmehr, wie die Entsagung den wahren materiellen Fortschritt, jenen Fortschritt erzeugen kann, dessen letzter Zweck nicht Vermehrung der Genüsse, sondern geistige Vervollkommnung ist. Und eben so erkennen wir den tiefen Grund jenes Gesetzes, das im christlichen Leben die Abtödtung des Geistes niemals von der Abtödtung der Sinne trennt und die Demuth, die erste Tugend und die Quelle aller andern Tugenden, auf die Lossagung von den aüßeren Dingen gründet.

Schon im Urbeginn, schon im Stand der Unschuld trug das Gebot, welches Gott dem Menschen auferlegte, diesen Doppelcharakter. Das Verbot, das dem Adam geworden, die Frucht am Baume der Erkenntniß des Guten und Bösen zu berühren, forderte Entsagung nicht minder des Geistes als der Sinne. In der geistigen Ordnung beschränkte Gott die

Macht des menschlichen Wissens und nöthigte das Geschöpf, seine Unterordnung dem Schöpfer gegenüber anzuerkennen. In Sachen der sinnlichen Ordnung untersagte Er, eine Frucht zu berühren, welche nach den Worten der heiligen Schrift lieblich für das Auge und angenehm für den Genuß war,[1]) und forderte damit die Uebung des Opfers beim Gebrauche der Erdengüter, mit dem Bedeuten, daß wir diese Güter nur unter seiner Oberherrschaft besitzen.

Es gibt nichts Süßeres, nichts Väterlicheres, als dieses Gesetz, das dem Menschen die Schätze des Himmels und der Erde bot, von ihm dagegen nur ein an sich leichtes und durch die Liebe, die Gottes Huld im reichlichen Maße über seine Geschöpfe ausgoß, noch leichter gewordenes Opfer verlangte. Aber der Stolz war mächtiger, als die Liebe. Der Mensch ließ sich überreden, daß es für ihn gut sei, in unumschränktem Walten über die Schöpfung Gott gleich zu sein; jedoch während er sich zum Unendlichen erschwingen wollte, fiel er unter sich selbst hinab.

Der Mensch suchte bei der Trennung von Gott Erweiterung seines eigenen Lebens; der Erfolg aber war, daß er es im Gegentheil verringerte. Und bei seiner Hingabe an die Außenwelt glaubte er, seine emancipirte Persönlichkeit könne über dieselbe herrschen; aber statt der Herrschaft fand er nur Sklaverei. Fortwährend durch den Reiz der materiellen Genüsse angeregt, mußten sich die Sinne in ewiger Fehde gegen den Geist auflehnen. So lange die Vereinigung mit Gott dauerte, erblühte das geistige Leben des Menschen kräftig und beherrschte friedlich die Sinne, die gelehrigen Diener der Seele; nach der Trennung wurde es schwach und kämpfte nur mit großer Mühe gegen die Forderungen der niederen Triebe.

Der Einklang aller geistigen und körperlichen Fähigkeiten also, der vor dem Falle die Stärke, den Ruhm und das Glück des Menschen ausgemacht hatte, — dieser bewunderungs-

---

[1]) Quod bonum esset lignum ad vescendum et pulchrum oculis aspectuque dilectabile. Gen. III, 6.

würdige und glückliche Einklang ward durch die Empörung des Stolzes gegen das Gesetz der Entsagung für immer gestört. Jedoch nicht aus dem Individuum allein schwand die Harmonie; die Menschheit in ihrem Collektivleben mußte gerade so, wie jeder Mensch im Besondern, all dem Zwiespalt und all dem Kampf verfallen, den der Stolz des Geistes und die Lüsternheit der Sinne erzeugen. Im Stande der Unschuld wäre die Menschheit durch die gegenseitige Liebe und Eintracht ihrer Glieder ein vollkommenes Abbild jener unaussprechlichen Einheit und Liebe gewesen, worin die drei göttlichen Personen als der Urtypus aller geschaffenen Societäten leben. Durch die Gnade mit Gott geeinigt würden die Menschen aus diesem lebendigen Glutofen aller Liebe eine Macht der Hingabe und der Selbstentsagung geschöpft haben, welche die Einheit und Stärke Aller in ihrer Gesammtheit und zugleich das Glück eines jeden Einzelnen im Besondern begründet hätte. Indem der Mensch durch die Entsagung zu Gott sich erhoben und Theil genommen hätte an den göttlichen Gedanken und an der göttlichen Liebe, hätte er alle ihm gleichartigen Geschöpfe nur in Gott geschaut und sie so geliebt, wie Gott selbst sie liebt. Wenn aber die Empörung des Stolzes den Menschen von Gott trennt, so hat sie damit zugleich den Menschen vom Menschen getrennt; wer das Centrum zu sein begehrt, auf das sich alles bezieht, wird sich nothwendig veranlaßt fühlen, seines Gleichen zu seinen Untergebenen zu machen, in ihnen nur Werkzeuge der eigenen Größe und des eigenen Genusses zu sehen, und indem er ihre Freiheit für seinen Vortheil beschränkt und ausbeutet, traut er sich wohl die Kraft zu, sie bis zur Stufe vernunftloser Dinge hinabzudrücken, indem er ihnen das Joch der Sklaverei auferlegt. Durch die gierigen Forderungen, welche einzeln die von Gott getrennte Seele ermüden und beunruhigen, wird auch die ganze Gesellschaft fortwährend hin und hergetrieben und in Aufregung erhalten werden.

Aufruhr des Geistes, Aufruhr der Sinne; Ohnmacht des Geistes, Ohnmacht der Sinne; unersättliche und immer neu auflebende Leidenschaften, die in gleichem Grade ungestüm sind, man mag ihnen widerstehen oder ihnen nachgeben: das ist der gefallene Mensch. Aufruhr und Ohnmacht, dies ist auch das innerste Wesen des socialen Lebens seit dem Falle. Bei den Starken Empörung gegen die den Kleinen schuldige Liebe und Gerechtigkeit; bei den Kleinen Empörung gegen die natürliche Obrigkeit, durch welche der sociale Organismus von der Vorsehung hierarchisch geordnet worden; bei Allen, bei den Großen wie bei den Kleinen, die Habgier eines Individualismus, den jede Nebenbuhlerschaft in Aufregung und Empörung versetzt; ein Streben nach Genüssen und nach Herrschaft, das um so gieriger ist, je mehr es seine Ohnmacht fühlt; ein bald heimlicher, bald erklärter Krieg aller Arten von Egoismus, die um die Wette über die für solche Lüsternheit viel zu knappen Güter herfallen: ist dies nicht das nur zu getreue Bild der Gesellschaft, wie sie bestünde, wenn der gefallene Mensch sich selbst überlassen worden wäre, und wie sie manchmal auftritt, wenn Gott zur Strafe für ihre Empörungen auf einen Augenblick seine schützende Hand zurückzieht?

Bei solchem Unfrieden und bei solchen Schwächen wird die Entsagung nicht mehr jenes Gesetz bloßer Liebe sein, welches der Stand der Unschuld so leicht erträglich gemacht hätte. Nur um den Preis der peinlichsten Kämpfe gegen sich selbst wird der Mensch über seine angeborne Verderbtheit siegen, um in der Vereinigung mit Gott die Harmonie aller seiner Fähigkeiten, den Frieden in sich und außer sich wieder zu finden. Das Reich Gottes, das Reich des Friedens, — des Friedens im Herzen des Menschen und in der Gesellschaft, wird nur mit Gewalt erobert werden können; „die Gewalt brauchen, reißen „es an sich.[1]" Der Zustand des Menschen wird nunmehr ein Zustand des Krieges sein, nicht jenes Krieges, den die Leidenschaften anfachen, der Verwüstung und Zerstörung im Gefolge hat und den Gott einem Volke nur dann sendet, wenn es die blutigste seiner Geißeln verdient; sondern jenes Krieges, den der

[1]) Violenti rapiunt illud. Matth. XI, 12.

Mensch jeden Augenblick mit seiner verdorbenen Natur führt, wobei er keinen andern Feind hat, als sich selbst, und wobei der größte Sieg, den er davon tragen kann, darin besteht, sich zu den Füßen Gottes zu vernichten, um auf dem Grunde des Unendlichen das Gebaüde seines Lebens neu aufzuführen und in Frieden zu festigen.

Wenn die katholische Theologie die Werke bestimmt, durch die der Mensch Gott Genugthuung leisten kann, dann erschließt sie uns mit ihrer gewöhnlichen Tiefe das innerste Wesen des Kampfes, den der Mensch durch die Entsagung gegen sich selber führt. Die Werke der Genugthuung sind Beten, Fasten und Almosengeben. Durch das Gebet entsagen wir einem von Oben abgekehrten Leben, wir vernichten uns vor Gott, indem wir seine Allmacht und unsere gänzliche Ohnmacht zugleich erkennen; und durch diese Selbstvernichtung rufen wir das göttliche Leben in uns herab. Durch das Fasten, durch die Abtödtung der Sinne in allen Formen, widerstehen wir dem Reize sinnlicher Genüsse und den Verführungen unserer Herrschaft über die aüßere Welt, die für unsere Schwachheit so große Gefahr bieten, weil unser eigenes Leben uns nirgends greiflicher, gesammelter, ausgeprägter und machtvoller vor Augen tritt, als gerade hier. Durch das Almosen endlich, d. h. durch die Werke der Barmherzigkeit gegen den Nächsten, entsagen wir jenem Egoismus, der uns antreibt, uns selbst zum Mittelpunkt unseres ganzen Lebens zu machen und diejenigen als unser Eigenthum auszubeuten, die Gott zu unseres Gleichen gemacht hat. Indem wir zum Besten unserer Brüder uns selbst entsagen, werden wir in uns die letzte Form der Sonderstellung und Selbstsucht vernichten und in die weite Einheit und in den fruchtbaren Frieden einer allgemeinen Brüderlichkeit in Gott eintreten.

Aber erwarten wir eine so wunderbare Umgestaltung nicht von uns selbst. Sie liegt so sehr über unserer Verderbtheit, daß zu ihrer Erlangung Gott mit uns sein muß; sie ist das Wunder und die Stärke des Christenthums und stützt sich auf dessen Kraft. Durch eine Entsagung, die alle

Begriffe übersteigt, ist Gott in die Menschheit eingetreten; Er ist mit Vorzug der Mensch der Selbstentaüßerung und des Opfers geworden. Ohne Ihn wäre das Gesetz der Entsagung so schwer gewesen, daß der Mensch nie den Muth gehabt hätte, es auf sich zu nehmen. Durch Ihn ist sein Joch süß und seine Bürde leicht, die Entsagung aber zum Gegenstand der Liebe und zum lebendigen Gesetz der erneuten Menschheit geworden; durch Ihn hat das Kreuz, das man eine Thorheit nannte,[1]) die Welt erhöht und in ihr durch Annäherung an Gott jene Wunder hervorgebracht, deren sich die gegenwärtige Civilisation rühmt.

Das Gesetz schmerzlicher Entsagung ist also allen Menschen auferlegt; es ist in Wahrheit das Gesetz des menschlichen Lebens in geistiger und materieller Ordnung. Wie aber in allen Dingen, so gibt es auch hier Abstufungen. Die Schöpfung trägt allenthalben das Gepräge einer hierarchischen Organisation; allenthalben zeigt uns die Natur Starkes und Schwaches, Großes und Kleines. Im geistigen Leben gibt es erhabene Seelen, die in Allem für die Größe geschaffen sind und in Allem naturgemäß bis zum Heroismus emporsteigen. Andere gibt es, und sie bilden die große Zahl, die nicht über die Alltäglichkeit hinauszudringen geeignet sind, die mittelmäßig bleiben im Laster wie in der Tugend. Sie bilden einen Volkshaufen, der ohne Zweifel fähig ist, die Größe zu begreifen und zu bewundern, wenn sie ihm vor Augen tritt, aber aus sich selbst ohnmächtig, haben sie nicht das Vermögen, sich zu ihr zu erheben. Gott fordert von dieser Menge nicht die heroische Entsagung, zu welcher Er die auserwählten Seelen beruft; Er fordert von ihr nur jene Entsagung, die stets in der Pflichterfüllung schon einbegriffen ist. Sache der auserwählten Seelen ist es, in der sittlichen Ordnung wie in der Ordnung der weltlichen Angelegenheiten den Anstoß zu geben und jene Masse, die außerdem in der Unthätigkeit des Nichts begraben bliebe, zu den Höhen der Hingabe und der Tugend empor

---

[1]) I. Cor. I, 23.

zu ziehen. Aus ihrer Ohnmacht herausgerissen werden die mittelmäßigen Seelen durch den Aufschwung der großen fruchtbar für das Gute, um in jener Region der mittelmäßigen Tugenden, welche von der Mehrzahl niemals überschritten wird, ihre Früchte zu bringen. Und gerade durch diese Tugenden erhalten sich die Völker im Frieden; gerade sie bilden jene sittliche Grundlage, welche das ganze Gebaüde der socialen Größe und Wohlfahrt trägt.

Vergessen wir aber nicht, daß diese mittelmäßigen Tugenden ebenso gut, wie die erhabensten, ihre Quelle in der Entsagung haben, in jenem Opfer seiner eigenen Persönlichkeit, seiner Neigungen, seiner Genüsse, in welchem das Wesen jeglicher Tugend liegt. Immer kömmt man auf die Entsagung zurück, nur steht dieselbe im Verhältniß zur Schwäche derjenigen, von denen Gott sie fordert. Hüten wir uns vor dem Irrthume jener beschränkten und schwachen Geister, die alles nach ihrem Maße zurechtlegen möchten und sich einbilden, mit Beseitigung des Heroismus in der Entsagung, die ihnen zu hart dünkt, würde man jene Mäßigung der Begierden und jene Weisheit des Benehmens unversehrt bewahren, auf denen die Garantie aller Interessen ruht. Sie begreifen nicht, diese kurzsichtigen Menschen, daß es eine und dieselbe geistige Kraft sei, was in den erhabenen Geistern den Heroismus der Tugend erzeugt, in den gewöhnlichen Seelen aber jene alltägliche Mäßigung und Weisheit unterhält, ohne welche jeden Augenblick das gesammte sociale Leben in Frage gestellt wäre. Die großen Tugenden und die mittelmäßigen nähren sich am nämlichen Herde; hütet euch, dessen Flamme auszulöschen, denn die einen wie die andern würden alsogleich verschwinden.

Wie es in der christlichen Gesellschaft Grade der Vollkommenheit gibt, so werdet ihr in den Gesellschaften, welche die Entsagung von sich weisen, Grade der Verderbtheit treffen, wie die Tugend, wird auch das Laster seine Helden haben. Die unglaübige Menge wird von ihnen den Anstoß zu verkehrtem Leben empfangen, wie die christliche Menge von den Heiligen den Anstoß zur Tugend erhält. Durch die Geschichte der letzten sechzig Jahre belehrt wissen wir nur zu gut, in welchen Abgrund von Schmach und Verbrechen Leute dieser Art die Gesellschaft stürzen würden, wenn das Christenthum sich von ihr zurückzöge und sie gänzlich deren Willkühr überließe.

In jenen Worten des Heilandes vom Reiche Gottes auf Erden: „Das Himmelreich ist gleich einem Sauerteige, den „ein Weib nahm und unter drei Schäffel Mehl vermengte, „bis Alles durchsäuert war,"[1]) bietet uns das Evangelium über vorliegende Frage eine Wahrheit, welche nach der stets beobachteten Art dieses heiligen Buches eine zugleich geistige und sociale Bedeutung hat. Jener göttliche Sauerteig der Entsagung, der sich in großen Seelen bis zur Heiligkeit erhebt, wirkt im Innersten der Gesellschaft. Durch seine allmächtige, aber unter dem Schleier des Unscheinbaren verborgene Thätigkeit erfüllt sich das Herz der Völker mit jenem Verlangen nach Vollkommenheit, das nicht allein die Bedingung ihres Fortschrittes, sondern damit zugleich die Grundlage ihrer Existenz ausmacht; denn eine Gesellschaft, welche stille steht, ist dem Verfalle nahe, und jeder Verfall führt zum Tode.

Eine der ersten und unsern Gegenstand unmittelbar berührenden Folgen aus dem Gesetze der Entsagung ist für den Christen die Nothwendigkeit der Liebe zur Armuth. „Selig „sind die Armen im Geiste, denn ihrer ist das Himmelreich."[2]) Unter den Seligkeiten, welche der göttliche Meister den Menschen verkündet, steht diese obenan. In der That, die Armuth stellt die Entsagung mit allen ihren wesentlichen Elementen dar. Die Armuth schließt die Losschälung von den Begierlichkeiten des Stolzes und von den sinnlichen Genüssen zumal in sich, sie opfert das Fleisch und den Geist, und darum haben sich ihr alle großen Seelen des Christenthums mit so viel Eifer ergeben.

---

[1]) Simile est regnum coelorum fermento, quod acceptum mulier abscondit in farinae satis tribus, donec fermentatum est totum.
Matth. XIII. 33.

[2]) Beati pauperes Spiritu, quoniam ipsorum est regnum coelorum.
Matth. V, 3.

Die Liebe zu Christus und die Liebe zu den Reichthümern sind unvereinbare Dinge. Man kann nicht zugleich Gott und dem Mammon dienen,[1]) man muß wählen. Wenn aber der Christ Gott dienen will, so ist er darum nicht gehalten, sich materiell der Reichthümer zu begeben, die er rechtmäßig besitzt. Das Gesetz der Entsagung hat für alle Menschen Giltigkeit, die Liebe zur Armuth, welche eine Folge davon ist, wird von Allen gleichmäßig gefordert; aber diese Liebe zur Armuth kann eben auch inmitten der Reichthümer geübt, ja bis zum Heroismus gesteigert werden. „Es ist leichter, daß ein Schiffs„tau durch ein Nadelöhr gehe, als daß ein Reicher in das „Reich Gottes gelange. . . . Bei den Menschen ist dieses un„möglich, aber bei Gott ist alles möglich.“[2]) Die Macht Gottes ist der durch die Gnade eingegebene Geist der Entsagung. Durch ihn lös't sich der Vermögliche von seinen Reichthümern los und nimmt freiwillig den Zustand des Armen auf sich. Von diesem Geiste beseelt wird der Reiche seine Güter verachten, er wird davon wenig für sich benützen; er wird sich als einen einfachen Schatzmeister der Gaben Gottes betrachten; sind es ja Gaben, die er auf Geheiß Gottes zum Nutzen der Gesellschaft fruchtbar machen muß und über welche strenge Rechenschaft von ihm gefordert wird. Auf diese Weise wird der Reiche arm sein im Geiste.

Fürwahr, die Menschheit ist arm. Fragt die Statistik, und ihr werdet finden, daß die Reichen in Mitte der Massen, welche am Joche der Armuth schleppen, eine fast verschwindende Minderheit bilden. Wenn nun der Reiche freiwillig dieses Joch auf sich nimmt, so versetzt er sich nur in die allgemeine Lage, in der sich nach dem Willen Gottes alle Kinder Adams befinden sollen. „Du wirst im Schweiße deines Angesichtes dein

---

[1]) Non potestis Deo servire et mammonae. Matth. VI, 24.

[2]) Facilius est, camelum — κάμιλον — per foramen acus transire, quam divitem intrare in regnum coelorum . . . Apud homines hoc impossibile est: apud Deum autem omnia possibilia sunt. Matth. XIX, 24. 26.

„Brod essen,“ [1]) dies ist das Urtheil, welches Gott über den schuldigen Menschen ausspricht. Nach dem Gesetze der Solidarität hat das ganze Geschlecht an der Strafe für den Fehler seines ersten Vaters Antheil, und jeder Mensch ist einzig darum, weil er Mensch ist, einem schmerzvollen und armen Leben unterworfen. Aber durch dieses nämliche Gesetz der Solidarität wird der Reiche seinen Theil an der gemeinsamen Last übernehmen können, ohne die Reichthümer abzulegen, die in der providentiellen Ordnung der Gesellschaft einen Grund für ihr Dasein haben.

Die Liebe zur Armuth hat Liebe zu den Armen im Gefolge. Die vorzüglichste Sorge des Reichen, der sich von seinem Ueberfluß losgeschält hat, wird darin bestehen, daß er durch ihn die Noth seiner Mitbrüder lindere. Christus aber fordert für seine leidenden Glieder nicht allein materiellen, sondern vorzugsweise auch geistigen Beistand. Das Almosen schließt zugleich außer dem materiellen Geschenk noch die Hingabe des Herzens wesentlich in sich. Die Liebe wird also zu einem Apostolat, und zu einem Apostolat, das auch seinen Schweiß und seine Gefahren hat. Neben der Uebung der Liebe wird dem Reichen in der Gesellschaft auch die Pflicht obliegen, die Interessen Aller zu schützen und zu lenken, die Verbindlichkeit, allen Fortschritt in der moralischen und materiellen Ordnung zu fördern, selbst um den Preis seiner Ruhe. Diese Pflichten des bürgerlichen Lebens sind im Grunde nur eine besondere Form der Liebe; denn durch den socialen Fortschritt haben sie stets eine Verbesserung in der Lage der großen Menge, sei es auf geistigem, sei es auf materiellem Gebiete, zu ihrem letzten Zweck. Es geschieht wohl, daß der Reiche diese Pflichten vernachlässigt; aber er wird darum nicht auch dem Gesetze entkommen, das ihm diese Pflichten auferlegt. Entbehrt die Gesellschaft seines Beistandes, so wird sie in Unruhe und Aufregung versetzt. Aller Verführung der bösen Leidenschaften durch ihn blosgestellt werden die unteren Klassen

[1]) In sudore vultus tui vesceris pane. Gen. III, 19.

bald alle Macht ihrer empörten Begierlichkeit gegen ihn kehren. Alsdann wird er sich die Genüsse, die er ohne Störung in einem müssigen, nutzlosen Leben zu genießen verlangte, mit Gewalt streitig gemacht sehen. Der unfruchtbaren Ruhe werden beständiger Aufruhr und eine um so schmerzlichere Beraubung folgen, je lebhafter die Leidenschaft des Reichen für seinen Reichthum sein wird. Die Gesellschaft wird bis in ihre Tiefe erschüttert werden, aber zugleich wird den allgemeinen Principien, welche die Ordnung des menschlichen Lebens beherrschen, Genüge geschehen, und das Gesetz der Solidarität bei Trennung der Schmerzen, dem sich der Reiche mit keckem Stolze zu entziehen gedachte, wird seine Herrschaft wieder gewinnen. Dieses bewunderungswürdige Gesetz der Solidarität, das den Armen und Reichen zu einem und dem nämlichen Zustand der Schwäche und Abhängigkeit unter einander verkettet, werden wir später mit allen seinen Folgen näher aus einander setzen, wenn wir von dem Einklang des Eigenthums mit der Liebe in der christlich socialen Ordnung handeln. Für jetzt genügt uns der Nachweis, daß hienieden Jedermann durch Uebernahme von Schmerz und Armuth Entsagung üben müsse.

X. Kapitel.

Das Princip der Entsagung verträgt sich mit dem Princip des eigenen Interesses.

Einer von den Einwürfen der materialistischen Schule gegen die Lehre von der Entsagung besteht darin, diese Lehre negire das Princip des Eigeninteresses, das eine der unerläßlichsten Triebfedern zu socialer Thätigkeit ist. Wenige Worte werden hinreichen zur Hebung dieser Schwierigkeit, die uns übrigens Gelegenheit bietet, den Einfluß der Entsagung auf die Gesellschaft näher zu bestimmen.

Als wir das Gesetz der Entsagung aufstellten, haben wir gesagt, daß der Mensch von Natur aus und erlaubter Weise ein Eigeninteresse verfolge. Schon darum, weil er eine Person ist, hat er einen eigenen Zweck und folglich ein eigenes Interesse. Wir haben angegeben, wie dieses Interesse seine regelmäßige Entwickelung finde, wenn der Mensch durch Unterwürfigkeit unter seinen Schöpfer und durch Aufopferung seiner eigenen Existenz seine Persönlichkeit durch all das erhöht, was ihm der innige Verkehr mit Gott an Macht verleiht. Je mehr nun die Persönlichkeit erhöht wird, desto mehr wird das Eigeninteresse befördert. Das persönliche Wohl des Menschen entspringt also gerade aus dem Acte, durch den der Mensch sich selbst entsagt. Durch diesen Act, dessen Wesen die Liebe und dessen Charakter nothwendiger Weise uneigennützig ist, versetzt sich der Mensch in die natürliche Ordnung seiner Bestimmung, das heißt, er erfüllt seinen Zweck. Im Besitze des Endzweckes aber besteht das Glück. Deshalb werden Selbstentsagung, Glück und Eigeninteresse für den Menschen Dinge sein, die sich nicht trennen lassen, und es gibt so für die eigennützigste Selbstliebe nichts Entsprechenderes, als die Uebung dieses wesentlich uneigennützigen Actes der Entsagung.[1])

---

[1]) Nichts bezeichnet den wesentlich uneigennützigen Charakter der Entsagung besser, als folgende Stelle aus der Nachfolge Jesu, Buch III, c. XXV, 4: „Worin, o Herr, besteht der Fortschritt und die Vollkom„menheit des Menschen? — Darin, daß du dich aus ganzem Herzen „dem göttlichen Willen opferst, daß du nicht suchest, was dein ist, weder „im Kleinen, noch im Großen, weder in der Zeit, noch in der Ewig„keit."

Maine de Biran hat diese Beziehung der Liebe zum Eigeninteresse vortrefflich dargestellt und gezeigt, wie die Selbstentsagung die wahre Quelle des Glückes für die Einzelnen sei: „Die wahre Liebe besteht „in der gänzlichen Hingabe seiner selbst an den geliebten Gegenstand; „wie auch dieser Gegenstand beschaffen sein mag, wenn wir ihn um „seiner selbst willen wegen seiner wirklichen oder eingebildeten Voll„kommenheit lieben, wenn wir einmal unerschütterlich entschlossen sind, „ihm unsere Existenz, unsern Eigenwillen zu opfern, so daß wir alles „nur in ihm und für ihn wollen und vollständig uns selbst verläug-

Während demnach die katholische Theologie zu jeder Zeit die Entsagung als Grundlage für ihre Gebote forderte, lehrte sie andererseits mit gleicher Beständigkeit nicht blos die Erlaubtheit, sondern auch die Nothwendigkeit des eigenen Interesses. „Als Gott den Entschluß faßte, die Gesellschaft „zu gründen, wollte er, daß jeder sein Glück in ihr finde „und durch sein eigenes Interesse an sie gefesselt bleibe." So Bossuet. Die katholische Lehre ächtet also das Eigeninteresse nicht, sondern blos das falsche Verständniß und den Mißbrauch dieses an sich wahren Princips. Die Entsagung allein vermag die wahre Erkenntniß desselben zu vermitteln und es in den rechten Schranken zu erhalten.

Wir haben gesehen, wie der Mensch durch den Stolz unmittelbar dahin gebracht werde, sich zum Mittelpunkt aller Dinge zu machen, und in seines Gleichen nur die Spielzeuge der eignen Leidenschaften zu sehen. Das ist der wahrste Charakter des Egoismus. Die Lehre des Christenthums bringt alles wieder in Ordnung, indem sie die Verpflichtung auferlegt, den Nächsten wie sich selbst zu lieben. Bemerket wohl: Gott verlangt vom Menschen nicht, seines Gleichen mehr als sich selbst zu lieben, was gegen die Natur wäre, sondern einfach ihn wie sich selbst zu lieben. In Gott liebt der Mensch sich selbst vollkommen; denn nach dem Opfer eines entarteten und ungeregelten Lebens findet er sich mit den wahren Eigenschaften seines Lebens und mit der Fülle seines Wesens in Gott wieder. Wie er sich selbst in Gott liebt, so wird er auch die Anderen in Gott lieben, das heißt, er wird sie lieben in der allgemeinen Ordnung und in den wesentlichen Beziehungen, nach denen Gott das menschliche Leben geregelt hat.

„nen: dann ist unsere Seele befriedigt und die Liebe bildet das Glück „unseres Lebens... Nur die wahre Liebe kann Freude gewähren. „Die Freude besteht darin, aus Liebe zu gehorchen. Die Eigenliebe „nun kann bloß sich selbst gehorchen; sie ändert sich aber zugleich ohne „Aufhören, sie ist kleinlich und armselig und wird so eine Quelle der „Schmerzen. Es ist in ihr nichts, das den Namen Freude verdient."
Oeuvres inédites. tom. III, p. 545.

Ohne seines Gleichen zu lieben, kann der Mensch Gott nicht lieben; denn indem er Gott liebt und um Gottes wegen sich selbst entsagt, vereinigt er sich, insoweit dies die Schwäche seiner Natur gestattet, mit den göttlichen Gefühlen. Nun liebt aber Gott alle Menschen und liebt auch die Ordnung, in welche er die Einen den Andern gegenüber versetzt hat. Wir schöpfen also aus der Liebe Gottes die Liebe zu unseren Brüdern. Lieben wir in Gott unseres Gleichen und die Gesellschaft, in welcher wir mit ihnen gemeinschaftlich leben, dann ist die menschliche Ordnung, sowie sie Gott gegründet hat, zu ihrer Vollendung gebracht. Dadurch realisiren wir unsern Endzweck in der irdischen Gesellschaft und folglich realisiren wir dadurch auch unsere irdische Wohlfahrt, da ja stets der Besitz des Endzweckes wahre Wohlfahrt ist.

Unsere Wohlfahrt und die Wohlfahrt der Gesellschaft gehen demnach Hand in Hand; denn beide treffen in der auf die Liebe gegründeten Ordnung zusammen. Unsere Persönlichkeit und unser eigenes Interesse wird in dieser allgemeinen Ordnung mit der Persönlichkeit und dem Interesse der übrigen Menschen zusammenstimmen. In diesem Sinne ist der Einklang der Interessen eine unbestreitbare und tiefe Wahrheit. Wir lieben uns in der Gesellschaft, wie wir die Gesellschaft in uns lieben. Manchmal werden wir das Recht und die Pflicht haben, uns der Gesellschaft vorzuziehen, indem wir das Princip in Anwendung bringen: „Die wohlgeordnete „Liebe beginnt mit sich selbst." Dies wird der Fall sein, so oft das Gesetz der Selbsterhaltung in den Vordergrund tritt. Und wir dürfen dieses Gesetz nicht mißachten, weil ohne es die Gesellschaft nicht existiren könnte; denn diese Existenz beruht darauf, daß alle Individualitäten, aus denen ein Staat oder wenigstens eine seiner großen Familien besteht, zu einem und dem nämlichen Ziel gleichberechtigt sind und gegenseitig mitwirken. Der Widerspruch zwischen dem Interesse des Individuums und dem Interesse der Gesellschaft wird hier mehr scheinbar als wirklich sein, und das wahre Interesse der Gesellschaft wird darin bestehen, daß das Individuum sich selbst vor der Gesellschaft den Vorzug gibt. Das Nämliche wird umgekehrt der Fall sein, wenn die Gesellschaft von dem Individuum das Opfer seiner selbst oder seiner persönlichen Vortheile im Interesse Aller fordert. Das wahre Eigeninteresse wird vom Individuum dieses Opfer heischen, weil es kraft dieser Selbsthintansetzung seinen Endzweck in der allgemeinen Ordnung durch Pflichterfüllung erreicht. Die Verwirklichung dieses Endzweckes aber ist des Individuums höchstes Interesse und alle anderen Interessen sind hinsichtlich seiner nur Mittel.[1])

Das geläuterte, geregelte, vom Geiste der Entsagung in Schranken gehaltene Eigeninteresse ist also eine von den Kräften, deren sich Gott bedient, um der socialen Welt Bewegung zu geben, ist eine von den Triebfedern, deren heilsame Wirkung wir bei allem dem, was die Entfaltung des Reichthums anbelangt, oft werden zu zeigen haben. Es ist gerade so unmöglich, eine menschliche Gesellschaft ohne Interesse zu begreifen, als es unmöglich ist, sie ohne Entsagung aufzufassen. Interesse und Entsagung sind dazu bestimmt, sich gegenseitig in Schranken zu halten und durch ihr Gleichgewicht die vollkommene Ordnung im menschlichen Leben hervorzubringen. Dieses Gleichgewicht kann unschwer gestört werden. Sobald die Macht der Entsagung abnimmt, überschreitet der Egoismus seine Schranken und die erschütterte Gesellschaft findet erst dann wieder Ruhe, wenn der Geist der christlichen Entsagung den Geist des Eigeninteresses wiederum in seine natürliche Bahn zurückgedrängt hat.

Im praktischen Leben kommt diese Vereinigung der socialen und eigenen Interessen, über welche wir soeben die betreffenden Grundsätze ausgesprochen haben, bei den Christen durch das Gefühl von dem Uebergewicht der ewigen Interessen über die irdischen gewissermaßen instinctartig zu Stande. Kann dem

---

[1]) Die Frage über die Vereinbarkeit des eigenen und des allgemeinen Interesses kann noch in anderen Formen auftreten; wir werden darüber im vierten Kapitel unseres dritten Buches handeln.

Menschen im gegenwärtigen Leben ein Opfer zu hart vorkommen, wenn ihm in einer künftigen Welt das Leben in Gott sicheren Ersatz dafür in Aussicht stellt? Das Gut, nach welchem der von solchen Ueberzeugungen geleitete Mensch trachtet, wird nicht mehr im Besitze jener irdischen Güter bestehen, die für die Unermeßlichkeit seiner Begierden stets zu gering wären, und wenn er auch die ganze Welt besäße; das Ziel, nach welchem der Christ strebt, ist Gott selbst. Nun denn, die egoistischen Streitigkeiten, zu denen das Verlangen nach zeitlichen Gütern Veranlassung gibt, sind nicht mehr möglich, wenn es sich um den Besitz eines unendlichen Gutes handelt, das sich Allen gleichmäßig mittheilt und dennoch immer dasselbe bleibt, und aus dessen Fülle Alle genießen können, ohne daß der Besitz irgend eines Einzelnen geschmälert würde. Wenn ein durch die Entsagung mit Gott vereinigter Mensch die Güter dieser Erde sucht, so geschieht das niemals im Hinblick auf sein zeitliches Ziel allein, sondern immer im Hinblick auf sein zeitliches und ewiges Ziel zumal. Wäre das Reich Gottes d. h. die Hingabe Gottes an Alle, welche ihm durch Entsagung ihre Seele erschließen, auf dieser Erde vollkommen, dann würde aller Egoismus erlöschen und jeglicher Wille in Harmonie sich befinden. Aber diese vollkommene Herrschaft Gottes, diese Harmonie aller Willen mit dem göttlichen Willen ist nur ein glänzendes Bild, eine Erinnerung an jenen Zustand der Gnade und Unschuld, der für den Menschen entschwunden ist und auf dieser Welt nicht noch einmal eintreten wird. Wenn jedoch der Zug des Unendlichen nicht so mächtig auf den gefallenen Menschen wirkt, um allen Egoismus gänzlich zu zerstören, so wird er doch stark genug sein, dieses Uebel zu dämpfen und in jene Schranken einzuschließen, in denen es für die Gesellschaft wohl ein Hinderniß und eine Fessel im Fortschritt bleibt, aber nicht mehr nächste Gefahr und nächste Ursache des Todes ist.

XI. Kapitel.

Die Weisheit der bloßen Vernunft ist unvermögend, die Leidenschaften des gefallenen Menschen im Zaum zu halten.

Nachdem wir bisher das christliche Gebot der Entsagung als Princip und Regel für unsere Handlungen betrachtet haben, sind wir zu prüfen im Stande, ob dasselbe Aehnlichkeit habe mit der Lehre von der Herrschaft des Menschen über sich selbst durch die Macht der Vernunft allein; denn der rationalistische Spiritualismus behauptet, durch die Vernunft allein die Begierden des gefallenen Menschen in Schranken zu halten. Was vermag diese Mäßigung und diese Vernunftweisheit im Kampfe mit den wüthenden Leidenschaften, die jeden Augenblick unsere Seele erschüttern?

Kampf ist die Bedingung der gegenwärtigen Existenz des Menschen, Kampf gegen die äußere Welt und vor Allem Kampf gegen das eigene Herz. Diese Thatsache muß man anerkennen, auch wenn man nicht glaubt, daß das menschliche Leben in seinen innersten Grundlagen neugestaltet werden solle. Sogar diejenigen, welche dem Menschen keine andere Regel vorschreiben, als sein egoistisches Interesse und das Streben nach Vergnügen, sind gezwungen, die Nothwendigkeit des Kampfes gegen die Leidenschaften zuzugestehen. In der That, da unser Verlangen unendlich und unsere Macht beschränkt ist, so werden die Ausschweifungen der Leidenschaften unser Wohl jeden Augenblick in Gefahr bringen, wenn sie nicht vom Willen in die Grenzen menschlicher Macht eingeschränkt werden. Um sich von diesen Wahrheiten unseres natürlichen Bewußtseins loszusagen, bedarf es eines Muthes, der sich selbst bei den verwegensten Sophisten nur äußerst selten findet. Wenn man die Nothwendigkeit des Kampfes laügnet, dann muß man auch die Existenz des Bösen in der Menschheit laügnen, mag auch die Anschauung, die man sich von demselben gebildet hat, wie nur immer beschaffen sein. Unser Jahrhundert war Zeuge solcher Thorheiten; aber so oft sie auftraten, so oft verschwanden sie bald wieder vor dem Widerspruch unseres sittlichen Gefühls und vor dem Unwillen der öffentlichen Meinung. Wollen wir nun diese Nothwendigkeit des Kampfes gegen uns selbst zum Ausgangspunkt nehmen und mit Rücksicht auf das, was wir oben von den Ursachen und Bedingungen dieses Kampfes sagten, genauer untersuchen, wie viel die sich selbst überlassene Vernunft zu leisten vermöge.

Der Mensch ist geschaffen, um glücklich zu werden, und er strebt nach diesem Ziele mit einer wahrhaft unendlichen Macht des Verlangens. So groß sind seine Begierden, daß die Welt für sie zu eng ist und alle ihre Güter sie niemals befriedigen können. Das wußte die Weisheit des Alterthums. „Es ist dem Menschenherzen „nicht gegeben, sagt Herodot, sich mit den Schätzen der Welt jemals befriedigen zu lassen.“[1]) Das Gleiche sagen die Verse eines Dichters: „Kein Sterblicher kann mit Glücksgütern ersättiget werden.“[2]) An sich ist dieses Verlangen nach Glück nicht unerlaubt, und Gott selbst hat es in das Herz des Menschen gelegt. Aber es geschah eben, daß der Mensch in seinem verdorbenen Willen die natürliche Einrichtung Gottes in's Böse verkehrte und nunmehr sein Glück anderswo sucht, als im Besitz des wahren und einzigen Gutes, für das er geschaffen worden. Zwischen Gott, der sich ihm im Grunde seiner Seele mittheilt, und zwischen die Verführung der äußeren Dinge, nach denen seine Sinne hinstreben, in die Mitte gestellt zieht die Seele nur zu häufig das Sichtbare dem Unsichtbaren, die Lüge der Wirklichkeit vor und findet all ihr Glück darin, unter sich hinabzusteigen, statt es darein zu setzen, sich bis zu Gott zu erheben.

---

[1]) *Εὐπρηξίης γὰρ οὐκ ἔστι ἀνθρώποισι οὐδεμία ἀληθείη.*
Herod. VII. 49.

[2]) *Τό μεν εὖ πράσσειν ἀκόρεστον*
Ἔφυ πᾶσι βροτοῖσιν. Aeschyl. Agamemnon v. 1304.

Unser Herz ist in der Art für das Unendliche geschaffen, daß es von jedem anderen Gute leer gelassen wird; wir sind von dem Verlangen nach dem Unendlichen völlig in Besitz genommen. Vor dem Falle, da alles in der menschlichen Natur Harmonie war, blieb der Mensch ohne Mühe mit Gott vereinigt, und in seiner Vereinigung mit dem unendlichen Gute, der Quelle aller Güter, fand er die Fülle des Glückes. Im Zustande des Friedens und der Harmonie, in welchem der noch unschuldige Mensch lebte, befand sich der Gott gänzlich unterworfene Wille beim Genusse der irdischen Güter in stetem Einklang mit der Vernunft, ohne sich durch irgend etwas beherrschen oder von seinem höchsten Gute abwendig machen zu lassen. Nachdem aber einmal die Empörung zum Herzen des Menschen Zugang gewonnen, gelingt es nur mit großer Mühe und nach einem unausgesetzten Kampfe, der Lüste Herr zu werden und die auf den Einklang des Willens mit der Vernunft gegründete Harmonie in der Seele wieder herzustellen.

Wir haben es schon gesagt, wenn sich der Mensch durch Stolz in sich selbst abschließt, trennt er sich von Gott, dessen höchste Herrschaft er laügnet, um sein eigener Herr und Meister zu werden. Aber sowohl in der Unterwerfung unter Gott als in der Empörung gegen ihn, immer sucht er das Glück und fühlt er in sich das Recht, es zu suchen. Wo sollte er aber dieses Glück finden, wenn nicht in der vollständigen Entfaltung aller Fähigkeiten seines Wesens? Diese naturgemäße und allseitige Entfaltung des geschaffenen Seins mit all den bezüglichen Vollkommenheiten, deren es fähig ist, verwirklicht sich in dem seinem Schöpfer unterworfenen Menschen gerade mittels dieser Unterwerfung. Sie hat ihren Ursprung in der Lebenskraft, welche der Seele aus dem Verkehr mit dem unendlichen Leben, dem Urquell alles Lebens, fortwährend zufließt. Wenn aber die Seele diese gesetzmäßige Oberherrschaft Gottes von sich abgeworfen hat, wenn sie an sich selbst und für sich selbst lebt und ihr eigener Gott ist, wenn sie alles auf sich als auf das Centrum der Dinge bezieht, dann kann ihr Glück nur mehr in der freien, unumschränkten, zwangs- und schrankenlosen Entfaltung aller Begierden und Leidenschaften liegen, in denen eben ihre Lebensaüßerung und ihre Existenzweise besteht. Hat der Mensch einmal diese Stellung eingenommen und gilt sie ihm für die richtige, dann ergibt sich für ihn das Recht oder sogar die Nothwendigkeit, alle seine Hilfsquellen zu entfalten und alle seine Triebe zu befriedigen, ganz von selbst. Wenn er sein eigener Herr ist, warum sollte er sich dann gegen sich selbst wenden?

Da aber diese unumschränkte Herrschaft der menschlichen Persönlichkeit nur eine Usurpation ist, und der Mensch trotz der verwegensten Versuche, die Wahrheit zu laügnen, sich dennoch nie ihrer gesetzlichen Herrschaft entziehen kann, so überlebt in ihm der Trieb des Gewissens, das Gefühl der Nothwendigkeit, die Leidenschaften zu unterdrücken, alle Bemühungen nach unumschränkter Herrschaft. Aber dieses unbestimmte Gefühl der Pflicht, das die Seele in ihrer Erniedrigung noch von ihrer ersten Vereinigung mit Gott her beibehalten hat, ist nur noch eine beinahe immer ohnmächtige Sehnsucht nach dem Guten, das der Seele durch die selbstgeschaffene Finsterniß entgegenleuchtet. Nur dunkel fühlt sie das Gute, ist aber nicht mehr im Stande, es zu vollbringen in einem fortgesetzten Kampfe gegen ihre Begierlichkeiten, die ihr Leben ausmachen, und gegen ihre Leidenschaften, deren Quelle in ihr selbst liegt und deren Berechtigung ihr mit der Berechtigung und Thatsache ihrer eigenen Existenz unzertrennlich verbunden scheint.

Wir sind ein Gebilde aus einer vernünftigen Seele und aus einem körperlichen Organismus, die beide in der Einheit des Ich mit einander verbunden sind, und ein einziges Ganze, den Menschen, ausmachen. Wie könnte man im gegenwärtigen Leben die Seele vom Körper trennen? Wie vermöchte sich die Seele aus sich selbst über das Gewoge zu erheben, das sich im Umkreis erhebt und das sogar im Centrum, wo sie selbst ihren Sitz hat, Lüste wach ruft, durch die sie unablässig angespornt wird, alles auf sich zu beziehen und sich allen Dingen um sie her zum Ziel zu setzen. Mag sie immer und immer wieder in sich selbst zurückkehren, mag sie in ihre geheimnißvollsten Tiefen hinabsteigen, um dort die Ruhe und das Glück der Weisheit zu finden: immer wird sie ihrem Ich begegnen und den unersättlichen Leidenschaften, die in ihr wallen und sie beständig verändern, wie die ruhelosen Wasserwogen jeden Augenblick die Meeresfläche verändern. Noch mehr, gerade aus ihr selbst, aus ihrem innersten Grunde, bricht die Unruhe hervor; darum wird sie gegen dieselbe vergebens in ihrem eigenen Innern eine Zufluchtsstätte suchen.

Gewiß ist es und unbestreitbar, der Hochmuth schließt den Menschen ab in seiner eigenen Individualität; der Hochmuth erweckt jene sinnlichen Neigungen, durch welche sich diese Individualität behauptet, und alle Gelüste, durch welche sie schrankenlos zu wachsen verlangt. Hochmuth ist aber eine Krankheit der Seele und nicht des Leibes. Es ist wahr, daß der Körper auf's Innigste mit der Seele vereinigt ist, den Neigungen derselben die Formen der sichtbaren Welt darleiht und unaufhörlich darnach strebt, diese Seele auf die äußern Gegenstände hinauszutragen, so daß alle Unordnungen des Geistes nach den Lüsten der Sinne hin ihre Richtung nehmen. Jedoch die Wurzel des Uebels liegt immer zutiefst im Innern. Daraus folgt, daß die Seele gerade durch egoistisches Zurücktreten in sich selbst in die Sinne hinaustritt, anstatt in Vereinigung mit jener Geisterwelt, die sich eben so über ihr befindet, wie die Körperwelt unter ihr, ein geistiges Leben zu leben. Dieses drückt die Kirche mit dem Gegensatz zwischen Fleisch und Geist aus. In diesem Sinne führt auch der heilige Johannes alle Unordnung der Seele auf drei Hauptunordnungen zurück: die Begierlichkeit des Fleisches, die Begierlichkeit der Augen und die Hoffart des Lebens,[1]) so zwar, daß bei jeder von ihnen das sündhafte Wohlgefallen des Menschen an sich selber, welches sich durch lasterhafte Neigung in verschiedener Weise an die sinnlichen Dinge und an die äußere Welt anschließt, das Grundelement ist. Wenn demnach der Mensch sich in sich selbst abschließt, so bleibt er immer, was er auch

---

[1]) I. Joann II. 16.

dagegen thun mag, eine Beute beweglicher Gelüste und glühender Leidenschaften, die nichts anderes sind, als eben die Bewegung seines eigenen Lebens, und denen er sich folglich nicht entziehen kann, so lange er nur aus sich und in sich zu leben verlangt.

Wenn der Mensch sich besiegen will, muß er aus sich herausgehen und außer sich die Kraft suchen, die er in sich nicht finden kann. In seinem Eigenleben ist er immer von den Leidenschaften hingehalten und beherrscht, die aus der verdorbenen Tiefe seiner Natur aufsteigen; er wird ihrer nur ledig, wenn er sich selbst entsagt, dieses falsche ungeregelte Leben opfert und an seine Stelle das wahre Leben setzt, das er aus der Quelle alles Lebens schöpft. Dann findet er die Ruhe und den festen Halt ächter Weisheit; dann entgeht er dem unbeständigem Getriebe der Leidenschaften; dann allein waltet in seiner Seele zwischen allen Kräften, die deren Wesen bilden, volle Harmonie, eine Harmonie, welche durch die Leidenschaften fortwährend gestört wird, nach welcher der Mensch beständig seufzt, ohne sie jemals aus seinem eigenen Innersten holen zu können, und zu welcher er nur gelangen kann, wenn er sich über sich selbst erhebt.

Soll sich aber Jemand über sich selbst erheben, so muß er außer sich einen Stützpunkt haben. Dies ist das Gesetz der geistigen wie der physischen Welt. Der Stützpunkt des Menschen, der sich über sich selbst erheben will, ist in Gott. Auf Gott sich stützend und aus sich heraustretend schwingt sich der Mensch bis zu Gott empor. In Mitte all ihrer Verderbtheit hat die Seele einen natürlichen Zug nach dem Guten und nach dem göttlichen Leben beibehalten. Dieser Zug spornt sie unaufhörlich an, durch Entsagung aus sich herauszugehen. Gott selbst spricht zum Menschen in den innersten Falten seiner Seele. Wenn der Mensch aus eigener freier Bestimmung diesem Zuge nachgibt, erhebt er sich durch das Opfer zum höheren Leben. Und dieses Opfer seiner selbst ist der vollständigste Triumph der Freiheit, da das Opfer wesentlich ein Act der Liebe und Liebe die Triebfeder der Freiheit ist.

Damit indeß dieser Act der Freiheit Macht genug habe, die Seele aus dem Bereich der Finsterniß, der Leidenschaft und des Todes heraus und in die Region des Lichtes, der Weisheit und des Lebens hinüber zu führen, muß er sich auf ächte Entsagung gründen; der Geist muß sich in Wahrheit von sich selbst losschälen und darf sich nicht zu einem bloßen Abfinden mit den Leidenschaften verstehen; denn dabei würde der Mensch sein eigener Gefangener bleiben und sich erfolglos nach der Freiheit der Weisheit sehnen. Die Weisheit ist der Sieg des Menschen über seine Leidenschaften. Da nun, wo es keine Selbstentsagung gibt, besteht dieser Sieg nicht in Wirklichkeit; immer sprechen die Leidenschaften und suchen unter tausend Masken und tausend Formen Mittel, um sich die gewißeste Befriedigung zu verschaffen. Durch ihr eigenes Ungestüm ermüdet und mit Eckel erfüllt mäßigen sie sich, weil sie in der Mäßigung die Festigung und den Genuß ihres eigenen Lebens sicherer zu finden glauben. Aber bei dieser Berechnung ist alles Irrthum und Taüschung. Gewaltsam in sich durch die natürliche Kraft der Seele, aus der sie kommen, treten die Leidenschaften immer wieder auf gewaltsame Weise hervor, und endigen jedesmal mit Abwerfung der Zügel, welche die Mäßigung ihnen anzulegen versucht. Mag man thun, was man will, immer erzeugen sie nur Verwirrung, Unbeständigkeit, Unruhe und Aufwallung, und niemals können sie den Menschen in eine sanfte, feste, auf Weisheit ruhende Thätigkeit versetzen.

Die Neigung zum Guten muß die Neigung zum Bösen ertödten. Die Neigung zum Guten, die das Unendliche zum Gegenstand hat, ist in ihrer Kraft unendlich. Sie ist Liebe auf der höchsten Stufe, auf welcher der Mensch Liebe fühlen kann, und wenn man ihr einmal die Seele geöffnet hat, dann weicht jede Liebe zu den falschen Genüssen der Erde vor dieser Liebe zu dem Unendlichen zurück. Man besitzt hier alle wahre Weisheit und kann sie nur hier besitzen. Es wird allerdings Grade der Weisheit geben; sie wird mehr oder weniger erhaben, mehr oder weniger fest sein, je nachdem die Entsagung, aus der sie herstammt, vollkommener ist; aber so lange keine Lossagung in Gesinnung und Geist vom Leben der Leidenschaften vorhanden ist, wird es im Menschen weder eine Tugend noch eine Weisheit geben, die dieses Namens wahrhaft würdig wäre.

Durch die Mäßigung der Leidenschaften glaubte man in der Seele jene Harmonie wieder herstellen zu können, welche das beständige Ideal des menschlichen Lebens ist und welche der Mensch im tiefsten Gefühle, daß er für sie geschaffen sei, vergebens anstrebt. Aber die Harmonie der Seele, die Frucht der Weisheit, kann, wie die Weisheit selbst, nur aus der Entsagung hervorgehen. Diese Harmonie ist nichts anders, als die Sammlung des ganzen Menschen im Guten. Wenn alle Kräfte des Menschen mächtig und dauerhaft am Guten festhalten; wenn Leib und Seele einem und dem nämlichen Antrieb folgen, wenn beide in einer und der nämlichen Bewegung an die Verwirklichung des höheren Lebenszieles gehen, ohne daß jemals der Körper hemmend oder verzögernd der Seele entgegen tritt, ohne daß jemals die Seele durch ihre ungeordneten Begierden den Körper ermüdet und erschöpft: dann herrscht im Menschen jene Einheit, in welcher seine Vollendung besteht, und jene Zusammenstellung aller Kräfte welche die Harmonie seines Lebens ausmacht. Diese Harmonie kann also nicht wahrhaft in einer Seele existiren, in welcher das Böse d. h. die Leidenschaften, irgend einen Platz einnehmen.

Im gegenwärtigen Zustand vermengen sich aber die Leidenschaften mit dem Leben selbst; der Mensch muß demnach sein Leben verlieren, er muß sich selbst sterben, mit einem Wort, er muß sich selbst entsagen, wenn er die Harmonie in sich wieder herstellen will. Die vollkommene Harmonie, so wie man sich dieselbe in dem aus der Hand Gottes hervorgegangenen Menschen zu denken hat, hat sich aus der Welt verloren. Indeß wenn es uns auch im Zustand der Schwäche, in dem wir uns gegenwärtig befinden, nicht gegönnt ist, sie nochmal vollkommen herzustellen, so ist es uns doch immerhin möglich, durch fortgesetzte Anstrengung ihr Tag für Tag näher zu kommen. Jeder aus uns wird ihr um so näher sein, je mehr er Entsagung geübt hat.

Also nur das Opfer, nur die Entsagung, nur der Tod des eigenen Lebens d. h. des Lebens der Leidenschaften, kann dem Menschen die Weisheit, den inneren Frieden, die Harmonie der Seele geben. Bossuet drückt dies in meisterhafter Weise aus: „Man muß mit seiner Neigung, mit seinem Verlangen und mit festem Entschluß alles verlassen; man muß „alles verlassen mit dem unabänderlichen Entschluß, sich an „Nichts zu hängen, und keine Stütze zu suchen, außer in Gott „allein ... Glücklich diejenigen, welche dieses Verlangen zur „vollen Durchführung bringen, die bis zur äußersten, wirk„lichen und vollkommenen Entsagung gelangen. Aber man „behalte sich ja nichts vor; man sage nicht: das Wenige, an „das ich mich noch hänge, hat keine Bedeutung. Kennt ihr „nicht den Charakter und die Natur des menschlichen Herzens! „Wenn man ihm auch noch so wenig läßt, so sammelt es sich „daselbst ganz und vereinigt dort all sein Begehren. Reißet „euch von Allem los, brechet mit Allem, haltet euch an Nichts! „Glücklich noch einmal, wem es gegeben ist, dieses Verlangen „durchzusetzen, es zur Wirklichkeit zu machen. Es besteht aber „für alle Christen die Verbindlichkeit, es wenigstens im Herzen „vor den Augen Gottes in Wahrheit zur Herrschaft kommen „zu lassen ... Im Innern der menschlichen Natur gibt es „ein Etwas, welches fühlt, daß es Gott besitzen müsse und „daß es fern von Gott nur Unruhe und Qual hat, weil „Gott allein im Stande ist, das Herz zu sättigen.“ [1])

Wie aber wäre dieses Opfer möglich, wenn der Mensch nicht eine zuverlässige und positive Kenntniß von dem Wesen hätte, dem er dieses Opfer schuldet, und von dem Gesetze, welches ihm dasselbe auflegt. Jedes Leben widerstrebt dem Tode. Ueber seine eigene Persönlichkeit nicht hinausgehend liebt es der Mensch seiner Natur nach, für sich und in sich zu leben, nicht aber zu leben in einem Andern. Sich selbst zu sterben,

---

[1]) Meditations sur l'Evangile. La Cène, 83e jour.

um in einem Andern zu leben, das ist ein Act des Heroismus, wozu der Mensch sich niemals aus sich selbst bestimmt. Er wird ihn nur aus Beweggründen vollbringen, die sich unwiderstehlich seinem Bewußtsein aufdrängen und die zugleich seinem naturgemäßen Verlangen nach Glück genügen.

Wenn der Mensch sich opfern soll, muß der Gegenstand, welchem das Opfer gilt, sich ihm als eine höhere und unbeschränkt mächtige Realität offenbaren. Nun gibt es in der Welt nur ein Wesen, welches das Recht hat, vom Menschen dieses Opfer zu fordern, und dieses eine Wesen ist der Schöpfer, von dem wir alles haben, was wir sind. In seiner Eigenschaft als Urheber besitzt er allein das höchste Anrecht auf Oberherrschaft über uns. Er allein kann uns auch als Entgelt für das falsche und unruhvolle Leben, welches Er zum Opfer verlangt, das wahre und auf der Fülle des Glückes ruhende Leben verleihen. Aber der Mensch muß überdies noch mit Gewißheit wissen, daß Gott dieses Opfer verlange und daß Er sich selbst mit all seiner Herrlichkeit dafür zum Lohne darbiete. Es wird nichts Geringeres, als die Auctorität Gottes selbst erfordert, um diesem Befehle, der in seiner Ausführung so schwierig ist, Nachdruck zu geben, und um eine Hoffnung zu festigen, die so weit über die höchsten Wünsche eines Geschöpfes hinausragt.

Wenn der Mensch auf das Ansehen des göttlichen Befehles hin seinem Eigenleben entsagt, dann wird sein Opfer alle Eigenschaften der wahren Entsagung, die in ihrem innersten Wesen ein Act des Gehorsams unter dem Antrieb der Liebe ist, an sich tragen. Aber dieser Befehl wird nur dann eine unwiderstehliche Gewalt üben, wenn Gott selbst zum Menschen spricht und mit dem Gesetze ihm zugleich den Lohn und die Strafe, die dessen Sanction bilden, offenbart. Vergebens besäße der Mensch in sich durch die Ueberzeugung von seiner Unvollkommenheit und Schwäche im Gegenhalt zur unendlichen Vollkommenheit und Macht Gottes das Gefühl der Nothwendigkeit, sich Gott zu opfern; wenn diese Kenntniß vom Gesetze des Opfers nur die Frucht seiner bloßen Vernunft wäre, so würde er so heftigen Widerstand gegen dessen Vollziehung in sich verspüren, daß zwischen diesem Gesetze, dessen Ansehen nur auf seiner eigenen Meinung beruht, und dem Gesetze, das ihm seine Leidenschaften geben, letzteres stets die Oberhand gewinnen wird.

Selten wird sich der Mensch aus sich selbst zu dieser Erkenntniß erheben können. Dazu bedarf es einer Geradheit des Verstandes und namentlich des Willens, deren er in seinem gegenwärtigen Zustande kaum fähig ist. Sollte er sich aber gleichwohl zu dieser Einsicht erheben, so ist es, wir wollen nicht sagen, unmöglich, aber sicherlich sehr schwer, dasjenige hintanzusetzen, was der Natur die Befriedigung verschafft, nach welcher sie mit Ungestüm verlangt, statt ihr entgegen zu sein, da er ja immer nur zwischen Motiven wählt, die er alle gleichmäßig aus seinem Ich schöpft und auf das alleinige Ansehen seiner eigenen Vernunft stützt. Er wird sich zuletzt selbst taüschen und in der Eingebung seiner verdorbenen Natur wird er tausend Gründe finden, um das Gesetz des Opfers, gegen welches sich seine Schwäche empört, zu umgehen und zu einem Zwitterding zu machen. Man kann also sagen: Je mehr das Gesetz der Entsagung den Charakter eines positiven Gebotes an sich trägt, den es durch die Ueberlieferung einer aüßeren Offenbarung an die Menschheit erhält, desto gesicherter wird die Herrschaft dieses Gesetzes über die Gewissen, und desto stärker und erhabener wird folglich die Tugend des Individuums, desto dauerhafter und vollkommener die Ordnung der Gesellschaft sein. Und umgekehrt wird man sagen müssen: Je mehr der Glaube an die Ueberlieferung, welche das Gesetz des Opfers von Gott herleitet, in Abnahme kommt, desto tiefer wird auch nach und nach die Tugend des Individuums und die Ordnung der menschlichen Gesellschaft sinken, bis beide zuletzt ganz verschwinden. Wenn je ein Augenblick eintreten würde, in welchem der Glaube an das göttliche Gebot vollständig erloschen ist, dann würde mit dem Glauben zugleich die Entsagung verloren gehen und durch die Lehre ersetzt werden, welche die Harmonie in der Mensch=

heit dadurch herstellen will, daß sie die Berechtigung ja Heiligkeit aller Leidenschaften proclamirt.

Wenn man dennoch behauptet, daß die Entsagung die Seele der Moral sei, so ist dies vollkommen wahr, weil ja die Gebote, welche das Gesetzbuch der Verpflichtungen für den Menschen Gott und seines Gleichen gegenüber ausmachen, insgesammt in ihr gründen und in ihr zusammenlaufen; und auch deßhalb ist es vollkommen wahr, weil sie das Princip und den Beweggrund zu jedem Gehorsam des Menschen gegen Gott und folglich überhaupt zu jedem Gehorsam, zu jeder Pflicht und zu jedem Recht auf der Erde enthält. Durch die Lehre von der Entsagung ist der Grundsatz, daß das Gute nichts Anderes sein kann, als die zur Handlung gewordene Wahrheit, — ein Grundsatz, der die ganze sittliche Ordnung beherrscht, bis zur Evidenz klar geworden. Das Gute thun heißt die Wahrheit ausüben.[1]) Das Gesetz der Entsagung ist nur der praktische Ausdruck für das Verhältniß des freien Geschöpfes zu seinem Schöpfer, so daß Entsagung zu üben so viel heißt, als das Gesetz der Schöpfung in der Ordnung der Freiheit in eine Thatsache umzusetzen. Durch die Entsagung gehen die Ordnung der metaphysischen und die Ordnung der moralischen Wahrheiten, die reine Vernunft und die praktische Vernunft, in einem und demselben Punkte zusammen. Durch sie treten die menschliche Freiheit, der menschliche Wille, das Ich, mit dem Wesen, welches das Centrum aller Dinge und der Typus aller Ordnung ist, wieder in innigste Verbindung; durch sie nimmt der Mensch seine Stelle in der Universalharmonie der Wesen ein, die alle durch die Einheit des schöpferischen Gedankens, aus dem sie stammen, entweder nach dem Gesetze der Freiheit oder nach dem Gesetze der Nothwendigkeit mit ihrem Schöpfer verbunden und ebenso

[1]) Dieses drückt mit ebenso viel Einfachheit als Tiefe das Evangelium des heil. Johannes in dem Gespräche des Erlösers mit Nikodemus aus: „Wer aber die Wahrheit thut, der nahet sich dem Lichte.“ — „Ὁ δὲ ποιῶν τὴν ἀλήθειαν ἔρχεται πρὸς τὸ φῶς.“ —

Joann. III, 21.

unter sich selbst gegenseitig verknüpft sind. Und da jedes Ding im Weltganzen für die moralische Ordnung besteht, da, genau zu reden, die moralische Ordnung allein vollkommen und wahrhaft existirt und da diese Ordnung ganz und gar vom Princip der Entsagung beherrscht ist, so läßt sich nicht mehr leugnen, daß alles im Leben, sowohl in der materiellen als in der geistigen Ordnung, in diesem obersten Gesetze seinen Abschluß finde.

So hat es denn in der Welt nur zwei Moraldoctrinen gegeben, die Doctrin von der Entsagung und die Doctrin vom Interesse. Alle Philosophen, welche das Princip der Entsagung verworfen und die Autonomie, das heißt, die Souveränetät des Menschen über sich selbst behauptet haben, sind durch ein unvermeidliches Geschick dahin gebracht worden, das Eigeninteresse zur Lebensregel zu machen: manchmal offen und ganz mit Willen, manchmal ohne zu wollen und fast ohne zu wissen, daß sie zur Theorie des Interesses und zur mehr oder weniger bestimmt ausgesprochenen Theorie von der Herrschaft der Leidenschaften hinabsinken.

Aber sowohl in dem einen Fall als in dem andern muß man sich der verhängnißvollen Gewalt der Logik unterwerfen. Wenn man behauptet, daß man sein eigener Herr sei, so muß man damit auch behaupten, daß man seine Beseligung in sich und durch sich selbst finde; denn die Beseligung eines Wesens kann nur in seinem Endzweck ruhen. Wenn man aber ein Endziel außer sich anerkennt, so anerkennt man damit zugleich einen Seinsgrund über sich. Und thut man das, so ist man nicht mehr sein eigener Meister; man entkleidet sich der Selbstherrschaft vor der höchsten Macht desjenigen, von welchem man das Sein hat.

Ungeachtet alles Strebens einiger großen Geister nach Erkenntniß der wahren Beziehungen des Schöpfers zu seinem Geschöpfe konnte es die alte Philosophie nie dahin bringen, den Gedanken der Schöpfung aufzufinden. Und beim Mangel dieses Gedankens konnte sie niemals die wahre Entsagung begreifen, so wie uns das Christenthum dieselbe lehrt, sondern blieb selbst inmitten ihrer erhabensten Speculationen gefangen in den Banden der Leidenschaften und des Egoismus, der eben alle Leidenschaften in sich schließt.

Socrates und Platon, dieses edle Geisterpaar, das im Alterthum die Idee des Guten und der Tugend am Weitesten entwickelte, liefert uns den Beweis für die Ohnmacht der bloßen Vernunftweisheit. Aus ihren erhabensten Betrachtungen sieht man immer das Utilitätsprincip durchblicken. Es ist wahr, die Liebe zur übersinnlichen Welt ist in ihrer ganzen Doctrin vorherrschend; aber diese Liebe ist ein Suchen nach einem Gute für uns, und nicht eine Liebe zu dem Guten, durch die wir uns selbst verlassen, um uns rückhaltslos an Gott hinzugeben, und die nichts Anderes ist, als die Entsagung. Die Weisheit, so wie Socrates und Platon dieselbe verstanden, begreift die Erkenntniß der speculativen Wahrheiten und die Uebung der Pflichten zumal in sich; sie vermischt in einem und demselben Begriffe Tugend und Wissenschaft. Durch die Kräfte seiner Vernunft allein erhebt sich der Mensch zum Guten. Diese bloße Vernunfttugend nun, die keine andere Quelle hat, als die eigene Kraft, kann darum auch nur den Menschen selber zum Endzweck haben. Die platonische Schule lehrt, daß der Mensch nicht durch Selbstentsagung, sonderm im friedlichen und unbeschränkten Besitze seiner selbst das Glück suchen müsse, und von diesem Gesichtspunkte aus wird sie durch ein unvermeidliches Verhängniß zu praktischen Folgerungen geführt, welche sie in offenen Widerspruch mit ihren spiritualistischen Principien versetzen und ihre edelsten Anschauungen beflecken.

Die Enthaltsamkeit, welche in sich all dieses taktvolle Maß und all diese Vernunftweisheit einschließt, hat in der Lehre des Socrates keinen anderen Grund und kann keinen anderen haben, als das eigene Interesse. „Die Unenthaltsamkeit kann „nicht zum Glück führen, dessen sie allein fähig zu sein scheint, „während die Enthaltsamkeit die wahre Quelle des größten „Glückes ist. Die Unenthaltsamkeit, die uns nicht gestattet,

„Hunger, Durst, Nachtwachen und Entbehrung in den Ver„gnügungen der Liebe zu ertragen, hindert uns eben deßhalb, „bei Befriedigung der Bedürfnisse, welche von der Noth„wendigkeit uns unerläßlich aufgelegt werden, wahre Süßig„keit zu finden. Denn warum findet man Vergnügen darin, „den Hunger, den Durst, den Appetit zu stillen, sich der Ruhe, „dem Schlafe, den Vergnügungen der Liebe zu überlassen? „Weil man durch die Strenge der Entbehrung auf alle Reize „des Genusses vorbereitet worden. Die Enthaltsamkeit allein „lehrt uns die Noth ertragen, sie allein läßt uns das wahre „Vergnügen erkennen.“ [1]) Man findet hier wohl den Begriff der Entbehrung, gewisse der Tugend gemachte Opfer, aber diese Opfer haben keinen anderen Zweck, als den Genuß, und sind allein vom wohlverstandenen Interesse eingegeben. Hier zeigt sich keine Aehnlichkeit mit der christlichen Entsagung.

Platon erhebt sich beim Begriff der Tugend höher, als sein Lehrer, gelangt aber eben so wenig zur Kenntniß der Entsagung. In Ermangelung des Princips, welches allein das Leben gegen die Forderungen der verdorbenen Natur zu sichern vermag, läßt er sich in seiner Socialtheorie zu Verirrungen hinreißen, die eine von den demüthigendsten Warnungen der Vorsehung für den rationalistischen Hochmuth sind.

Platon setzt das Ideal des menschlichen Lebens in die Harmonie aller Fähigkeiten der Seele und des Leibes. „Die Ver„einigung einer Seele und eines Körpers, die gleichmäßig „schön sind und in denen alle Tugenden im vollkommensten

---

[1]) Καὶ ἐπὶ τὰ ἡδέα, ἐφ ἅπερ μόνα δοκεῖ ἡ ἀκρασία τοὺς ἀνθρώπους ἄγειν, αὐτὴ μὲν οὐ δύναται ἄγειν· ἡ δ' ἐγκράτεια πάντων μάλιστα ἥδεσθαι ποιεῖ. Ἡμὲν ἀκρασία οὐκ ἐῶσα καρτερεῖν οὔτε λιμὸν, οὔτε δίψαν, οὔτε ἀφροδισίων ἐπιθυμίαν, οὔτε ἀγρυπνίαν, (δι' ὧν μόνων ἐστὶν ἡδέως μὲν φαγεῖν τε καὶ πιεῖν καὶ ἀφροδισιάσαι, ἡδέως δ' ἀναπαύσασθαί τε καὶ κοιμηθῆναι, καὶ περιμείναντας καὶ ἀναχομένους ἕως ἂν ταῦτα ὡς ἔνι ἥδιστα γένηται) κωλύει τοῖς ἀναγκαιοτάτοις τε καὶ συνεχεστάτοις ἀξιολόγως ἥδεσθαι· ἡ δ' ἐγκράτεια μόνη ποιοῦσα καρτερεῖν τὰ εἰρημένα, μόνη καὶ ἥδεσθαι ποιεῖ ἀξίως μνήμης ἐπὶ τοῖς εἰρημένοις. — Xenoph. Memorabil. Lib. IV. c. 5. 9.

„Einklange sich finden, dies wäre wohl das schönste Schauspiel „für Jeden, der es zu betrachten versteht." [1]) Für Platon ist die Tugend in ihrem Princip nicht berechnendes Interesse, sondern eine Reinigung. „Ohne Weisheit und bloß aus „einem Compromiß der verschiedenen Leidenschaften unter „einander hervorgegangen ist die Tugend nur eine einge„bildete, sklavische kraftlose und unächte. Die wahre Tugend „besteht darin, sich von allen Leidenschaften zu reinigen, und „die Mäßigkeit und die Gerechtigkeit und die Tapferkeit und „die Weisheit selbst sind Reinigungen." [2])

Der Christ reinigt sich, indem er das Leben der Leidenschaften in sich opfert. Aber dieses Opfer seiner eigenen Person übersteigt die Kräfte der sich selbst überlassenen Vernunft. Deßhalb sehen wir auch, wie Platon bald wieder gezwungen ist, sich auf jene Zugeständnisse an die Leidenschaften einzulassen, die er selbst als unverträglich mit der wahren Tugend erklärt. Er sagt nicht, wie das Evangelium, daß man sein Leben hassen müsse; er verlangt im Gegentheil, daß man es vernünftig liebe. Das Christenthum verlangt Abtödt-

---

[1]) Ὅτου ἂν ξυμπίπτῃ ἔν τε τῇ ψυχῇ καλὰ ἤθη ἐνόντα καὶ ἐν τῷ εἴδει ὁμολογοῦντα ἐκείνοις καὶ ξυμφωνοῦντα, τοῦ αὐτοῦ μετέχοντα τύπου, τοῦτ' ἂν εἴη κάλλιστον θέαμα τῷ δυναμένῳ θεᾶσθαι. De Repub. lib. III. 402. D.

[2]) Μὴ γὰρ οὐχ αὕτη ᾖ ἡ ὀρθὴ πρὸς ἀρετὴν ἀλλαγή, ἡδονὰς πρὸς ἡδονὰς καὶ λύπας πρὸς λύπας καὶ φόβον πρὸς φόβον καταλλάττεσθαι, καὶ μείζω πρὸς ἐλάττω, ὥσπερ νομίσματα, ἀλλ' ᾖ ἐκεῖνο μόνον τὸ νόμισμα ὀρθόν, ἀνθ' οὗ δεῖ ἅπαντα ταῦτα καταλλάττεσθαι, φρόνησις, καὶ τούτου μὲν πάντα καὶ μετὰ τούτου ὠνούμενά τε καὶ πιπρασκόμενα τῷ ὄντι ᾖ, καὶ ἀνδρεία καὶ σωφροσύνη καὶ δικαιοσύνη, καὶ ξυλλήβδην ἀληθὴς ἀρετὴ ᾖ μετὰ φρονήσεως καὶ προσγιγνομένων καὶ ἀπογιγνομένων καὶ ἡδονῶν καὶ φόβων καὶ τῶν ἄλλων πάντων τῶν τοιούτων· χωριζόμενα δὲ φρονήσεως καὶ ἀλλαττόμενα ἀντὶ ἀλλήλων, μὴ σκιαγραφία τις ᾖ ἡ τοιαύτη ἀρετὴ καὶ τῷ ὄντι ἀνδραποδώδης τε καὶ οὐδὲν ὑγιὲς οὐδ' ἀληθὲς ἔχουσα, τὸ δ' ἀληθὲς τῷ ὄντι ᾖ κάθαρσίς τις τῶν τοιούτων πάντων, καὶ ἡ σωφροσύνη καὶ ἡ δικαιοσύνη καὶ ἡ ἀνδρεία καὶ αὐτὴ ἡ φρόνησις μὴ καθαρμός τις ᾖ. Phaedo 69, B. C.

ung, der philosophische Spiritualismus fordert nur Mäßigung. Durch die Mäßigung wird jene Harmonie der Sinne und des Geistes zu Stande kommen, nach welcher Platon trachtete, ohne daß er das wirksame Mittel fand, zu ihr zu gelangen. „Mehr „als alle anderen Tugenden besteht die Mäßigung in einem „gewissen Zusammenklang, in einer gewissen Harmonie .... „Sie ist nichts Anderes, als eine gewisse Ordnung, ein Zügel, „den man seinen Vergnügungen und seinen Leidenschaften an„legt. Wir nennen den Menschen mäßig, wenn in ihm Freund„schaft und Harmonie besteht zwischen jenem Theile, der be„fiehlt, und jenen Theilen, die gehorchen, und wenn diese letz„teren Theile, der Eigennutz und die Ehrsucht, damit einver„standen sind, daß die Vernunft befehle, ihnen aber der Ge„horsam obliege ... Ohne ihre treue Führerin ist die Tugend „weder rein noch uneigennützig. Die Führerin der Tugend „ist die durch die Kunst der Musen gemäßigte Vernunft. Sie „allein bewahrt die Tugend in einem Herzen, das dieselbe in „sich aufgenommen .... Wir können mit Zuversicht sagen, „daß die Begierden, welche zum eigennützigen und ehrsüchtigen „Theil der Seele gehören, dann das wahrste und ihrer Natur „entsprechendste Vergnügen empfinden, das sie nur kosten „können, wenn sie sich durch die Wissenschaft und Vernunft „führen lassen und wenn sie unter deren Schutz kein anderes „Vergnügen begehren, als das ihnen durch die Weisheit vor„gezeichnete: und sie werden so deßhalb das wahrste Vergnügen „empfinden, weil sie einerseits von der Wahrheit in ihrem „Streben geleitet werden, und weil andererseits das, was „bei jedem Ding das Vortheilhafteste ist, auch die meiste „Gleichförmigkeit mit seiner Natur hat." [1])

---

[1]) *Σωφροσύνη... ξυμφωνίᾳ τινὶ καὶ ἁρμονίᾳ προσέοικε ἢ τα πρότερον... Κόσμος πού τις ἡ σωφροσύνη ἐστὶ καὶ ἡδονῶν τινων καὶ ἐπιθυμιῶν ἐγκράτεια.* (De Republ. lib. IV. 430. E.)

Τί δε; σώφρονα οὐ τῇ φιλίᾳ καὶ ξυμφωνίᾳ τῇ αὐτῶν τούτων, ὅταν τό τε ἄρχον καὶ τὼ ἀρχομένω το λογιστικὸν ὁμοδοξῶσι δεῖν ἄρχειν καὶ μὴ στασιάζωσιν αὐτῷ;
(De Republica lib. IV. 442. C. D.)

Es ist ersichtlich, daß man in dieser Moral, der erhabensten, zu der sich der Mensch durch die Kräfte seiner Vernunft allein erschwingen konnte, wohl dem Princip der Mäßigung seiner Leidenschaften begegnet, aber nicht dem Princip des Opfers, der Hingabe seiner eigenen Persönlichkeit, durch welches der Mensch in den Besitz des wahren Lebens gelangt und in Wirklichkeit Herr seiner selbst wird. Die Idee der Liebe zum höchsten Gut und die Idee des Opfers, die deren Folge ist, leuchten aus jener erhabenen Lehre an mehr als einer Stelle hervor, aber in einem für die Tugend unfruchtbaren Glanze. Und wenn dieser durch die Tiefe und Klarheit seiner Erkenntniß göttliche Mann es versucht, in der Gesellschaft, die ihm nur ein erweiterter und zu seiner höchsten Kraft gelangter Mensch ist, die Tugend zu realisiren, sowie sie ihm seine Vernunft zeigt, dann sinkt er unter die gewöhnlichen Begriffe des sittlichen Gefühles und des gesunden Verstandes herab. Unschlüssig und ohnmächtig steht er stille vor der Verderbtheit des menschlichen Herzens und erniedrigt sich zu Concessionen, die unser christliches Bewußtsein in Erstaunen und Empörung versetzen.

Man weiß, daß Platon in seiner Republik die Gemeinschaft der Güter und Weiber lehrt. Wir würden uns zu weit von unserem gegenwärtigen Ziele entfernen, wollten wir uns bei der Auseinandersetzung seiner Principien in diesem Punkte aufhalten. Sagen wir blos, daß diese Principien, die

Οὐκοῦν καὶ χρημάτων ὁ τοιοῦτος νέος μὲν ὢν καταφρονοῖ ἄν, ὅσω δὲ πρεσβύτερος γίγνοιτο, μᾶλλον ἀεὶ ἀσπάζοιτο ἂν τῷ τε μετέχειν τῆς τοῦ φιλοχρημάτου φύσεως καὶ μὴ εἶναι εἰλικρινὴς πρὸς ἀρετὴν διὰ τὸ ἀπολειφθῆναι τοῦ ἀρίστου φύλακος, .. λόγου μουσικῇ κεκραμένου. (De Republica lib. VIII. 49. B.)

Θαῤῥοῦντες λέγωμεν, ὅτι καὶ περὶ τὸ φιλοκερδὲς καὶ τὸ φιλόνεικον ὅσαι ἐπιθυμίαι εἰσίν, αἳ μὲν ἂν τῇ ἐπιστήμῃ καὶ λόγῳ ἑπόμεναι καὶ μετὰ τούτων τὰς ἡδονὰς διώκουσαι, ἃς ἂν τὸ φρόνιμον ἐξηγῆται, λαμβάνωσι, τὰς ἀληθεστάτας τε λήψονται, ὡς οἷόν τε αὐταῖς ἀληθεῖς λαβεῖν, ἅτε ἀληθείᾳ ἑπομένων, καὶ τὰς τῶν ἑαυτῶν οἰκείας, εἴπερ τὸ βέλτιστον ἑκάστῳ, τοῦτο καὶ οἰκειότατον. (De Republica lib. IX. 586. D.)

geradezu auf die Unterwerfung der menschlichen Gesellschaft unter ein Thierzüchtereisystem abzielen, nach Platon das sicherste Mittel sind, den Haß und die Gelüste welche den Staat beunruhigen, am Sichersten zu ersticken; denn wenn alle Güter gemeinschaftlich sind, so befriedigt das alle Begierden und weckt bei allen Bürgern gleichmäßig die Sorge für die allgemein Wohlfahrt. Platon drückt sich über diesen Gegen„stand folgender Massen aus: „Wollen wir uns überzeugen, „daß die Gemeinschaft der Weiber und Kinder sehr vortheilhaft „wäre, so fragen wir uns vor Allem, welches das größte „Gut eines Staates und welches sein größtes Uebel sei. Ist „das größte Uebel eines Staates nicht das, was ihn theilt „und in mehrere Staaten zerklüftet? Und ist sein größtes „Gut nicht das, was alle seine Theile bindet und ihn zu „einem Ganzen macht? Was ist nun mehr geeignet, als die „Gemeinschaft der Vergügungen und Leiden unter den Bür„gern, um diese Einigung herbeizuführen? ... Unsere Bürger „werden alsdann an dem Interesse jedes Einzelnen, das sie „für ihr persönliches ansehen, gemeinsam theilnehmen, und in „Folge dieser Einigung werden sich Alle über die nämlichen „Dinge erfreuen und betrüben. Was aber wäre im Stande, „so viele bewundernswerthe Wirkungen hervorzubringen, wenn „nicht gerade die Einrichtung unseres Staates und be-

[1]) Ὡς δὲ ἡ μὲν κοινωνία γυναικῶν τε καὶ παίδων ᾗ τῇ πολιτείᾳ βελτίστη, ... ἥδε ἀρχὴ τῆς ὁμολογίας, ἐρέσθαι ἡμᾶς αὐτούς, τί ποιε τὸ μέγιστον ἀγαθὸν ἔχομεν εἰπεῖν εἰς πόλεως κατασκευήν; .... καὶ τί μέγιστον κακόν; Ἔχομεν οὖν τι μεῖζον κακὸν πόλει ἢ ἐκεῖνο, ὃ ἂν αὐτὴν διασπᾷ καὶ ποιῇ πολλὰς ἀντὶ μιᾶς; ἢ μεῖζον ἀγαθὸν τοῦ, ὃ ἂν ξυνδῇ τε καὶ ποιῇ μίαν; Οὐκοῦν ἡ μὲν ἡδονῆς τε καὶ λύπης κοινωνία ξυνδεῖ, ὅταν ὅ τι μάλιστα πάντες οἱ πολῖται τῶν αὐτῶν γιγνομένων τε καὶ ἀπολλυμένων παραπλησίως χαίρωσι καὶ λυπῶνται; Παντάπασι μὲν οὖν. ... Οὐκουν μάλιστα τοῦ αὐτοῦ κοινωνήσουσιν ἡμῖν οἱ πολῖται, ὃ δὴ ἐμὸν ὀνομάσουσι; τούτου δὲ κοινωνοῦντες οὕτω δὴ λύπης τε καὶ ἡδονῆς μάλιστα κοινωνίαν ἕξουσιν; Πολύ γε. Ἆρ᾽ οὖν τούτων αἰτία προς τῇ ἄλλῃ καταστάσει ἡ τῶν γυναικῶν τε καὶ παίδων κοινωνία τοῖς φύλαξιν; Πολὺ μὲν οὖν μάλιστα.

(De Republica lib. V. 461—466.)

„sonders die Gemeinschaft der Weiber und Kinder unter den „Kriegern?"[1])

Dies ist also die erhabenste Sittenlehre des Alterthums, dies die Lehre von der Liebe und vom Opfer, aber einer Liebe und einem Opfer mittels der alleinigen Kräfte des Menschen; auf was Anderes nun, als auf den Egoismus, könnte sich nach diesem System die Ordnung in der Gesellschaft gründen? Dahin kommt man, wenn man den Frieden und die Harmonie zwischen Leib und Seele von einer Weisheit fordert, die sich einzig auf die Vernunft stützt. So verkehrt ist, wie Bossuet sagt, von Natur aus die Beschaffenheit des menschlichen Herzens. Läßt man es nur ein wenig gewähren, und steht man nur im Geringsten an, das Opfer wenigstens im Geiste vollständig zu machen, so reißen es die Leidenschaften mit sich fort und verderben Alles.

Hatte ferner nicht die ganze Moral der Stoiker und Epikuräer die Verherrlichung jener niedrigen Theile der Seele, des ehrsüchtigen und eigennützigen Theiles, wie sie Platon so gut definirte und über die nach seiner Meinung die Weisheit gebieten sollte, zu ihrem letzten Zwecke? Auf solche Art geräth die sich selbst überlassene Vernunft unfehlbar unter das Joch der beiden Leidenschaften, welche den gegen Gott empörten Menschen beherrschen, unter die Hoffarth des Geistes und die Gelüste der Sinne: Leidenschaften, welche die Entsagung allein zu bewältigen vermag und denen aus Mangel an Entsagung die alte Civilisation erlegen ist.

Aber neben dem Rationalismus, der in der alten Philosophie herrschend war, bestand noch ein gewisses Gefühl für die Größe und Nothwendigkeit der Entsagung, welches vom Glauben an das Uebernatürliche wachgehalten und genährt wurde. Mitten unter den Ruinen seines Falles hatte der Mensch das Princip aller Tugend bewahrt, indem er die Tradition einer ursprünglichen Offenbarung und eines göttlichen Gebotes rettete. Der Rationalismus kämpfte im Alterthume gegen die natürliche Religion, wie er heut zu Tage gegen die positive Religion der katholischen Kirche kämpft. Es lag in den Mittheilungen, welche Gott an die Menschen der Urzeit ergehen ließ, in der Verheißung, welche er ihnen von einem Vermittler und Erlöser gab, jene mächtige Gnade und jener kräftige Lebenskeim, welche die Quelle der Tugenden geworden sind, die wir in der alten Welt glänzen sehen. Als diese Tradition inmitten der Finsternisse, welche die Leidenschaften über den Geist verbreiten, verdunkelt wurde, als sie dem Rationalismus Platz machte, nahm in eben dem Maße auch die Tugend ab. Das Zeitalter des Glaubens ist das Zeitalter kerniger Gesittung und großer Tugend.

Die ersten und schönsten Epochen Griechenlands sind religiös. Das Gefühl, daß Gott durch seine Vorsehung und Gerechtigkeit die Welt regiere, tritt dort allenthalben klar hervor. Ohne Zweifel, die Begriffe über das zukünftige Leben sind unbestimmt, Lohn und Strafe, welche in dem Geiste der Völker die Sanction der göttlichen Gebote bilden, werden häufig nur in den Gütern und Uebeln dieser Welt gesucht. Bei Gesellschaften, die noch kaum der Kindheit entwachsen sind und in denen die fleischlichen Instincte der Jugend herrschen, ist dies ein allgemein hervortretender Zug, und man findet ihn in einem gewissen Maaße selbst bei dem Volke, welches Gott sich auserwählt hatte; aber überall ist bei ihm ein positiver Glaube an eine Offenbarung des göttlichen Willens vorhanden und stets erzeugt dieser Glaube eine weit erhabenere Moral, als die Zeiten des Unglaubens.

Orpheus, der die erste Tradition des hellenischen Volkes repräsentirt und bis zu dem die Mysterien zurückgehen, gibt in seinen Gesängen diesem Glauben an die unumschränkte Auctorität der Gottheit über die Menschen und an die Leitung der Gesellschaft durch die Vorsehung beredten Ausdruck. Nach den Bruchstücken, die wir von diesem Dichter noch besitzen, „durchforscht die Gottheit die geheimen Gedanken der Herzen; „sie dringt in das Innerste der Seelen. Nichts ist ihr ver„borgen, sie sieht alles, sie hört alles, sie regiert alles; auf

„ihr beruhen die Rechte der Sterblichen.[1])" Zaleukus, der Gesetzgeber von Lokri, welcher die Tradition der alten Weisheit beibehalten hatte, beginnt in seinen Gesetzen mit einer Berufung auf das göttliche Wesen, welche in der Geschichte der Gesetzgebung berühmt geblieben ist.[2])

Später, nachdem für Griechenland allbereits das Zeitalter des Denkens und der Wissenschaft angebrochen war, erscheinen uns die religiösen Ueberzeugungen des Volkes noch mit all ihrer Kraft und mit all ihrem Glanze in den Hymnen des Pindar. Der Genius Pindars trägt das Gepräge einer tief ernsten Religiösität.[3]) Noch später zeigt uns Solon in einer

---

[1]) So z. B. in der feierlich ernsten Hymne an die Schicksalsgöttinen:
„Denn nur die Möre ja schaut auf das Leben hin, keiner der andern
Ewigen, welche bewohnen das Haupt des beschneiten Olympos,
Und das vollkommene Auge des Zeus: denn was uns begegnet,
Alles weiß allstets die Möre zugleich und des Zeus Sinn."
Und in der Hymne an Zeus, den Donnerer: Uebersetzt v. Dr. K. R. Dietsch.
„Seliger, auf, die Erbitterung wirf in die Wogen des Meeres,
Wirf auf das Berghaupt hin! Dein' Obmacht kennen wir alle." Vergl.: Memoires de la société littéraire de Université catholique de Louvain, tom. V. pag. 77 suiv.

[2]) *Τοὺς κατοικοῦντας τὴν πόλιν καὶ τὴν χώραν πάντας πρῶτον πεπεῖσθαι χρὴ, καὶ νομίζειν θεοὺς εἶναι, καὶ ἀναβλέποντας ἐς οὐρανὸν καὶ κόσμον, καὶ τὴν ἐν αὐτοῖς διακόσμησιν καὶ τάξιν. οὐ γὰρ τύχης οὐδ' ἀνθρώπων εἶναι δημιουργήματα. σέβεσθαι δὲ τούτους καὶ τιμᾶν ὡς αἰτίους ὄντας ἁπάντων ἡμῖν ἀγαθῶν.. οὐ τιμᾶται θεὸς ὑπ' ἀνθρώπου φαύλου. —*
Stobaeus de Legib. et Consuetud. Sermo XLII.
Vergleiche L'herminier: Histoire des legislateurs de la Grèce, Epilogue.

[3]) Man lese z. B. den achten Olympischen Siegesgesang auf Alkimedon. Herder in seiner poetischen Frische und Klarheit übersetzt den Anfang desselben also:
„Der goldumkränzenden Kämpfe Mutter,
Wahrheitkönigin, Olympia!
(Wo Seher aus Opferglut
Zeichen merken und Kunden
Vom schnellblitzenden Zeus,

prachtvollen Elegie, welche von der Zeit unversehrt geblieben, den höchsten Gott, den Jupiter, wie er mit seinem Auge alle Handlungen der Sterblichen überschaut, wie er den Gerechten die Früchte ihrer Arbeit zusichert und die Ungerechtigkeit früher oder später mit der gebührenden Strafe ereilt.[1]) Und wenn

---

Ob er Menschen pflegt, die, großen Herzens,
Tugend und Tugendlohn
Anstreben. Und das wird
Nach Wunsche dann erreicht,
Durch frommer Männer Beten.)
Du, Pisa's baumebepflanztes Heiligthum
Am Alpheus, empfange Freudengesang und Ruhmkranz.
Denn hoher Ruhm ist's,
Wenn kommt dein Ehrenpreis,
Auf Menschen kommen Gaben
Mannigfaltig, und viel sind
Gnadenwege der Gottheit.

Nicht minder tiefe Religiösität athmet der Schluß dieses Gesanges:

„Verleih' denn dieser (der Göttervater) seinem Stamme auch
Noch That auf That; und wende
Der Krankheit Leiden ab! Lass' er doch nie,
Ich flehe, eine habersüchtige Nemesis
In ihres Glückes Loos sich mischen; sondern
Fortdauern ungefährd'ten Laufs ihr Leben,
Und heb' empor Stadt und Geschlecht. — —

Döllinger Heidenthum und Judenthum Buch V, 54. berichtet, daß im griechischen Volke, und namentlich in Sparta, der Glaube an den historisch-buchstäblichen Sinn und die Wahrheit der Göttergeschichten herrschend blieb, so lange das Heidenthum bestand. — Vergl. Villemain: Essai vur le génie de Pindare.

[1]) Reichthum, welchen die Götter verleih'n, er läßt von dem Manne
Nimmer, und hebt sich vom Grund sichergewurzelt empor.
Ist er jedoch von den Menschen erzeugt, entstammt er dem Frevel
Wider das Recht: dann folgt zögernd er sträubenden Schritts,
Unfreiwillig der schmählichen That; bald mischt sich ihm Unheil.
Schwach zwar glimmt es zuerst, gleichwie ein Feuer empor;
Doch aus verächtlichem Keim bricht unheilschwere Vollendung.
Denn nie mögen dem Manne frevele Thaten bestehn;
Sondern das Ziel bringt Zeus von Jeglichem; dann wie auf einmal
Nahend die Windsbraut rasch theilet das Nebelgewölk,

dieser berühmte Weise daran geht, seinem Vaterlande Gesetze zu geben, so beginnt er damit, daß er den Geist seiner Mitbürger religiösen Gedanken zuwendet, indem er die vom Orakel geforderten Sühnopfer darbringt. Durchdrungen von dem Gefühle, daß er ohne die Gottheit Nichts vermöge, ruft er den Epimenides zu Hilfe, welcher nach dem Glauben der Zeit in seiner Jugend mit den Göttern langen Umgang gepflogen, nach den Worten Plutarchs für einen in den göttlichen Dingen viel bewanderten Menschen galt und von den Mysterien und Mittheilungen der Götter eine gründliche Wissenschaft besaß.[1]) Zu den Zeiten seiner Größe bewahrte Athen fortwährend die Ehrfurcht gegen die Götter. Schon der Hinweis auf den Ernst, womit eine Anklage wegen Heiligthumsschändung behandelt wurde, und die Unruhe, welche Attentate auf einen geweihten Gegenstand im Volke verbreiteten, beweis't dies zur Genüge.[2])

Früh in dem Lenz, die des Meers unwirthliche Wogenerbrandung
  Wild in den Tiefen erregt, und durch das Waizengefild'
Freudige Saaten verheert; dann zum Sitze der Götter sich aufhebt:
. . . .
Also erscheint Zeus Rachegericht; doch auf Jeglichen niemals,
  Gleich wie der sterbliche Mann, zürnet er eisernden Sinnes.
Aber verhüllt bleibt Keiner ihm ewiglich, welcher verwogenen
  Muth in sich hegt, und er kommt endlich zum Lichte gewiß.
Nur büßt dieser sogleich, der später dann: ja, wenn sie selbst auch
  Flohen, und nimmer sie mehr faßte der Götter Geschick,
Kommt es doch einmal endlich, und schuldlos büßen die Unthat
  Eigene Kinder noch ab, oder das Folgegeschlecht. Uebers. v. Weber.

[1]) Epimenides, aus einer Priesterfamilie in Kreta stammend, genoß nach der Sage in einem siebenundvierzigjährigen Schlafe des Umganges der Götter. — *Ἐδόκει δέ τις εἶναι θεοφιλὴς καὶ σοφὸς περὶ τὰ θεῖα, τὴν ἐνθουσιαστικὴν καὶ τελεστικὴν σοφίαν. . . . Ἐλθὼν δὲ καὶ τῷ Σόλωνι χρησάμενος φίλῳ, πολλὰ προςυπειργάσατο καὶ προςωδοποίησεν αὐτῷ τῆς νομοθεσίας.*

Plutarch. Vita Solonis.

Man sehe Thirwall: Geschichte der Uranfänge Griechenland's, Cap. XI.

[2]) Man weiß, welche Rolle die Heiligthumsschändung, die man den Alkmäoniden zur Last legte, in der Geschichte Athens spielt. Siehe Herodot V, 70. 71. — Trotz all seiner Popularität ist Alcibiades ge=

Vorzüglich aber bei dem Volksstamme, bei welchem eine allerdings falsche und entstellte Entsagung im höchsten Grade geübt wurde, war der Glaube und die Anhänglichkeit an die Götter zutiefst in den Sitten eingewurzelt. Die Dorier waren die religiösesten unter den Griechen. Ihr männlich ernster Charakter bildete sich unter dem Eindrucke der Achtung und Furcht vor den Göttern. Das Orakel zu Delphi, dieser große religiöse Mittelpunkt Griechenlands, lehnt sich besonders an das dorische Element an.[1]) Die zwei großen Gesetzgebungen dieses Stammes, die Gesetzgebung der Insel Kreta und jene von Sparta, sind in ihrem Ursprunge mit dem Siegel des Uebernatürlichen gekennzeichnet. Nach einer Tradition, die Homer erzählt, hatte Minos alle neun Jahre Umgang mit Jupiter.[2]) Lycurg befragte das Orakel zu Delphi, bevor er

---

nöthigt, vor einer Anklage dieser Art zu flüchten. Thucydides VI, 27, 53, 60. 61. —

Man sehe in der Vertheidigungsrede des Antocides das Gemälde der Verwirrung und des Schreckens, welche durch die Verstümmelung der Hermesbilder in Athen hervorgebracht wurden.

[1]) Sieh Thirwall: Geschichte der Uranfänge Griechenlands, Kap. VIII. und Lherminier: Geschichte der alten griechischen Gesetzgeber Kap. VII. — Unter allen Orakeln des Alterthums ragte das Delphische durch sein Ansehen, durch die allgemein geglaubte Zuverlässigkeit seiner Mittheilungen hervor. Delphi war der Mittelpunkt nicht blos der hellenischen Lande, sondern selbst, wie die Griechen wähnten, der ganzen Erde. Selbst der Umstand, daß es als Stammheiligthum der Dorier galt, und das Orakel Sparta, dessen Verfassung, dessen Unternehmungen stets begünstigt, an der Macht und Größe Sparta's mitgebaut hatte, that dem Ansehen dieses Gottesmundes keinen Eintrag. Das Orakel besaß die höchste Auktorität in Sachen der Religion und des Völkerrechtes für ganz Hellas; Aussendung von Kolonieen, Krieg und Frieden, Staatsangelegenheiten jeglicher Art wurden dort entschieden; denn Apollo war, wie die Dichter sangen, von Zeus nach Delphi gesandt, um Recht und Gesetz den Hellenen zu verkünden. — Döllinger, Heidenthum und Judenthum, Buch IV, 12.

[2]) Mächtig hervor ragt Knossos, die Stadt des Königes Meinos,
Der neunjährig mit Zeus, dem gewaltigen, trautes Gespräch pflog.

Odyss. XIX, v. 178.

sein Werk begann. An das Orakel zu Delphi wendet er sich, wenn er die einzelnen Theile ordnen will; und als er es beendet hat, stellt er es unter den Schutz des Gottes.[1]) In der ganzen Geschichte Lycurgs, wie Plutarch sie erzählt, ist nichts, was nicht im Einklang stünde mit den Sitten jener Spartaner, „für die, nach der Aussage Herodots, die Befehle der „Götter mehr Werth hatten, als alle menschliche Betrachtung.[2])“ Und wo soll man den Grund für den Heroismus in der Entsagung, der in ihren bürgerlichen wie in ihren kriegerischen Tugenden hervorleuchtete, anders suchen, als in diesem Glauben und in diesem Gehorsam gegen die Gottheit?

Kein Volk im Alterthume kam den Römern an Tugenden gleich. Wie der Spartaner, so huldigte auch der Römer strengen Sitten; wie jener, so wußte auch dieser sich der Größe des Staates zu opfern; aber des Römers Strenge und Hingabe an's Vaterland ging nicht bis zur Mißachtung der wesentlichsten Lebensverhältnisse, bis zu jener Uebertreibung, welche aus den Gesetzen Spartas die natürlichsten Gefühle des menschlichen Herzens fast alle verbannte und die heiligsten Gesetze der Familie mit Füßen trat. Dieser Vorzug der Römer in der Tugend schreibt sich namentlich von ihrem Vorzug in der Religion her. Die Götter Roms hatten einen Charakter von Moralität, welchen die Götter Griechenlands nicht besaßen. Von den frühesten Zeiten herauf findet man in der Religion

---

[1]) *Τὸ δὲ ἔτι πρότερον τούτων καὶ κακονομώτατοι ἦσαν πάντων Ἑλλήνων . . . μετέβαλον δὲ ὧδ' ἐς εὐνομίην, Λυκούργου τῶν Σπαρτιητέων δοκίμου ἀνδρὸς ἐλθόντος ἐς Δελφοὺς ἐπὶ τὸ χρηστήριον . . . Οἱ μὲν δή τινες λέγουσι καὶ φράσαι αὐτῷ τὴν Πυθίην τὸν νῦν κατεστεῶτα κόσμον Σπαρτιήτῃσιν.* — Herodot. lib. I, 65. — *Πρῶτον μὲν ἀπεδήμησεν εἰς Δελφοὺς καὶ τῷ θεῷ χρησάμενος καὶ θύσας ἐπανῆλθε τὸν διαβόητον ἐκεῖνον χρησμὸν κομίζων, ᾧ θεοφιλῆ μὲν αὐτὸν ἡ Πυθία προσεῖπε, καὶ θεὸν μᾶλλον ἢ ἄνθρωπον . . . Παραγενόμενος δὲ πρὸς τὸ μαντεῖον καὶ τῷ θεῷ θύσας, ἠρώτησεν, εἰ καλῶς οἱ νόμοι καὶ ἱκανῶς πρὸς Λακεδαιμόνιαν καὶ ἀρετὴν πόλεως κείμενοι τυγχάνουσιν.* Plut. Vita Lycurgi. — Vergl. Herod. I, 65.

[2]) *Τὰ γὰρ τοῦ θεοῦ πρεσβύτερα ἐποιεῦντο ἢ τὰ τῶν ἀνδρῶν.* — Herod. lib. V, 63.

des italischen Volkes den Glauben an das zukünftige Leben und an die den Bösen vorbehaltenen Strafen in einer Reinheit, welche der griechischen Welt abhanden gekommen. Wir besitzen darüber das Zeugniß Cicero's, welches durch das Zeugniß der Monumente des alten Etruriens bestätigt wird.[1]) Der Kultus der Götter der Unterwelt, welcher einen so großen Platz im religiösen Leben der Römer einnimmt, dient als Beweis dafür, daß dieser positive Glaube an das zukünftige Leben bei ihnen so lange dauern wird, als die Religion selbst. Die eheliche Treue, die Gerechtigkeit, das Eigenthum, die Arbeit, mit einem Wort, alle großen Gesetze des socialen Lebens stehen unter dem Schutze irgend eines Gottes. Es sind das nicht mehr Götter von Leben und Schönheit umflossen, wie die der Griechen; es sind, wie einer der jüngsten und gelehrtesten Geschichtsschreiber des alten Roms bemerkt, „prunklose aber nützliche Götter, und lange Zeit hindurch werden „ihre eigennützigen Verehrer nur gerechte Gebete an sie zu

---

[1]) Unum illud erat insitum priscis illis, quos Cascos appellat Ennius, esse in morte sensum neque excessu vitae sic deleri hominem, ut funditus interiret; idque, cum multis aliis rebus, tunc pontificio jure et caeremoniis sepulcrorum intelligi licet. — Döllinger nennt den auf Etruskischen Grabdenkmälern mißgestaltet und mit verzerrtem Antlitz erscheinenden Charun — welcher mit dem griechischen Charon nicht zu verwechseln ist, einen activen Todes- und Höllendämon, der nicht nur die Schatten in die Unterwelt geleitete, sondern auch Menschen tödtete und die Seelen der Bösen quälte. — Die Qualen abgeschiedener Seelen im Orkus wurden von den Etruskern in Grabkammern nicht selten dargestellt. In einem solchen Grabe waren z. B. drei Seelen als nackte Menschen dargestellt, mit den Händen an der Decke aufgehängt und Dämonen mit Marterwerkzeugen vor ihnen stehend. — Der Dienst der Götter war bei den Etruskern zu einer förmlichen Kunst ausgebildet, und diese Kunst wurde mit einer Emsigkeit und Sorgfalt getrieben, wie kaum bei irgend einem andern Volke, die Etrusker galten daher als das älteste Volk des Westens. Judenthum und Heidenthum: Buch VII, 4. 6. — Vergl. Liv. V, 1. — und Dennis: Cities and Cemeteries of Etruria, II. 206 seq.

„richten wagen."[1]) Alles war im Leben des Römers geheiligt. Alle Acte des Privatlebens wurden unter dem Schutze und unter den Augen der Gottheit vollbracht, und im öffentlichen Leben geschah Nichts ohne die Zustimmung der Götter. Die Religion war bei den Römern nicht ein politischer Calcul, wie Montesquieu und die skeptischen Schriftsteller des letzten Jahrhunderts das glauben machen. Sie war wenigstens in den ersten und glorreichsten Epochen dieses Volkes eine ernste Ueberzeugung, ein aufrichtiger Glaube an die Verheißungen und Drohungen der Götter. In diesem Glauben lag die Quelle jener heroischen Tugenden, jener übermenschlichen und so häufig wiederholten Selbsthinopferungen, die uns in den großen Jahrhunderten Roms als ein wunderbares Schauspiel entgegen treten. Die ganze römische Größe ist das Werk religiösen Glaubens, denn die Tugenden, aus denen sie hervorwuchs, waren vom Anfang an geweckt und getragen durch die Orakel, welche der Stadt des Romulus die Herrschaft über die Welt versprachen. Die Schriftsteller, die in unserer Zeit frei von den Vorurtheilen der Geschichtschreiber des achtzehnten Jahrhunderts über die socialen Zustände der Römer handelten, haben diesen positiv religiösen Charakter des römischen Volkes erkannt und mit den schlagendsten Gründen bewiesen.[2])

Haben wir indeß über diesen Punkt nicht den bündigsten Beweis, das Zeugniß nämlich jenes Gerichtsschreibers, der mit mehr Geistesschärfe, als irgend ein anderer, die Ursachen der Größe Roms durchschaut hat? Polybius, der Freund des Scipio, spricht sich aus, wie folgt:

„Der Hauptvorzug der Römer vor den anderen Völkern „scheint mir in der Meinung zu bestehen, welche sie von „der Gottheit haben. Was Anderen oftmals tadelnswerth „vorkommt, die abergläubische Furcht vor den Göttern, das

[1]) Duruy, Histoire des Romains t. I. p. 84.

[2]) Man sehe besonders Arendt: Römische Alterthümer, lib. I. c. III. §§. 2. 3. u. 4. — Ebenso Warnkönig, Geschichte des römischen Rechts p. 24. — Duruy, Geschichte der Römer Bd. I. p. 332.

„scheint mir gerade der Grund für die Größe Roms zu sein. „Die Religion hat bei ihnen solche Entwicklung erlangt, „und der Art ihr Privatleben und ihre öffentlichen Angelegen„heiten durchdrungen, daß man sich nichts Höheres vorzustellen „vermag. Vielleicht werden sich viele Menschen darüber wun„dern. Ich meinestheils glaube, daß die alten Römer das „Volk im Auge hatten, als sie so handelten. Wenn es möglich „wäre, daß ein Staat blos aus Weisen sich bildete, dann wäre „dieses Alles vielleicht unnütz. Allein, da die Masse des „Volkes voll Leichtsinn und ungeordneter Leidenschaften ist, da „ein blinder Hang sie zum Zorne und zur Heftigkeit fortreißt, „so bleibt nur übrig, sie mit unwiderstehlichem Schrecken „und durch Vorhalt furchtbarer Erdichtungen zu ängstigen. „Somit geschah es meiner Ansicht nach nicht zufällig und ohne „ernste Beweggründe, daß die Alten unter der Menge sämmt„liche Lehren über die Götter und sämmtliche Erzählungen „über die Unterwelt verbreiteten, und es ist unrecht und un„klug, dem entgegen zu sein, wie man es heutzutage thut. „Um von anderen Folgen der Irreligiösität zu schwei„gen, vertrauet einmal einem Griechen, der mit der Führung „öffentlicher Kassen betraut ist, ein Talent Gold an, er wird „wahrscheinlich sein Wort nicht halten, und hättet ihr auch „zehn Bürgen, zehn Unterschriften und zwanzig Zeugen. „In Rom bedarf es selbst bei denjenigen, die bei Verwaltung „von Aemtern und bei Gesandtschaften eine große Summe „Geldes in ihrer Gewalt haben, nur eines Eides, damit sie „nicht die Ehre verletzen. Kurz, während man anderswo selten „einen Menschen trifft, der nicht aus dem Staatsschatze raubt „und rein von jedem Betruge bleibt, findet man bei den Rö„mern selten einen Bürger, der sich dieses Verbrechens schuldig „macht.“ [1])

---

[1]) Μεγίστην δέ μοι δοκεῖ διαφορὰν ἔχειν Ῥωμαίων πολίτευμα πρὸς τὸ βέλτιον ἐν τῇ περὶ θεῶν διαλήψει· Καί μοι δοκεῖ τὸ παρὰ τοῖς ἄλλοις αὐθρώποις ὀνειδιζόμενον τοῦτο συνέχειν τὰ Ῥωμαίων πράγματα, λέγω δὲ τὴν δεισιδαιμονίαν. Ἐπὶ τοσοῦτον γὰρ ἐκτετραγῴδηται καὶ παρεισῆκται τοῦτο τὸ μέρος παῤ

Niemals hat man die heilsame Einwirkung des Glaubens auf die Sitten besser erfaßt und klarer in's Licht gestellt, niemals hat man besser gezeigt, wie ohne diese Einwirkung die Gesellschaft ihre werthvollsten und unentbehrlichsten Garantien verliert. Uebrigens hat es wenig zu bedeuten, daß sich Polybius vermöge seiner Erziehung unter einem Volke, bei dem an die Stelle des erloschenen Götterglaubens der Rationalismus und blinder Aberglaube getreten war, und vermöge seiner innigen Freundschaft mit den Großen Roms, bei denen der Glaube, welcher im Allgemeinen noch immer die Grundlage für die Sitten der Stadt bildete, zu erlöschen anfing, — es hat wenig zu bedeuten, daß sich Polybius über den Ursprung dieses Glaubens taüscht und dasjenige menschlicher Berechnung zuschreibt, was nur die Fortpflanzung einer in der Urzeit geoffenbarten Wahrheit ist. Die Thatsache und ihre wunderbaren Folgen bleiben sich gleich: die Tugend Roms und seine politische Größe, die eine Frucht und der Lohn dieser Tugend war, haben ihr Princip im

αὐτοῖς εἴς τε τοὺς καὶ ἰδίαν βίους καὶ τὰ κοινὰ τῆς πόλεως, ὥστε μὴ καταλιπεῖν ὑπερβολήν. Ὃ καὶ δόξειεν ἂν πολλοῖς εἶναι θαυμάσιον. Ἐμοί γε μὴν δοκοῦσι τοῦ πλήθους χάριν τοῦτο πεποιηκέναι. Εἰ μὲν γὰρ ἦν σοφῶν ἀνδρῶν πολίτευμα συναγαγεῖν, ἴσως οὐδὲν ἦν ἀναγκαῖος ὁ τοιοῦτος τρόπος. Ἐπεὶ δὲ πᾶν πλῆθός ἐστιν ἐλαφρὸν καὶ πλῆρες ἐπιθυμιῶν παρανόμων, ὀργῆς ἀλόγου, θυμοῦ βιαίου· λείπεται τοῖς ἀδήλοις φόβοις καὶ τῇ τοιαύτῃ τραγῳδίᾳ τὰ πλήθη συνέχειν. Διόπερ οἱ παλαιοὶ δοκοῦσί μοι τὰς περὶ θεῶν ἐννοίας, καὶ τὰς ὑπὲρ τῶν ἐν ᾅδου διαλήψεις οὐκ εἰκῇ καὶ ὡς ἔτυχεν, εἰς τὰ πλήθη παρεισαγαγεῖν. πολὺ δὲ μᾶλλον οἱ νῦν εἰκῇ καὶ ἀλόγως ἐκβάλλειν αὐτά. Τοιγαροῦν, χωρὶς τῶν ἄλλων, οἱ τὰ κοινὰ χειρίζοντες παρὰ μὲν τοῖς Ἕλλησιν ἐὰν ταλάντου μόνον πιστευθῶσιν, ἀντιγραφεῖς ἔχοντες δέκα, καὶ σφραγῖδας τοσαύτας, καὶ μάρτυρας διπλασίους, οὐ δύνανται τηρεῖν τὴν πίστιν· παρὰ δὲ Ῥωμαίοις, κατὰ δὲ τὰς ἀρχὰς καὶ πρεσβείας πολύ τι πλῆθος χρημάτων χειρίζοντες δι' αὐτῆς τῆς κατὰ τὸν ὅρκον πίστεως τηροῦσι τὸ καθῆκον. Καὶ παρὰ μὲν τοῖς ἄλλοις σπάνιόν ἐστιν εὑρεῖν ἀπεχόμενον ἄνδρα τῶν δημοσίων, καὶ καθαρεύοντα περὶ ταῦτα. παρὰ δὲ τοῖς Ῥωμαίοις σπάνιον ἐστι τὸ λαβεῖν τινα πεφωραμένον ἐπὶ τοιαύτῃ πράξει.

Polybius, Historiarum Reliquiae, lib. VI, 56.

Glauben und in der Hingabe an das göttliche Wort. Es bleibt gleichfalls wahr, daß die Ursache, welche vom Falle Carthago's an Rom in den Untergang stürzen mußte, nämlich die Abnahme und Vernichtung des Glaubens, daß diese Ursache dem scharfsinnigen Geschichtschreiber des Alterthums in ihrer ganzen Bedeutsamkeit vor Augen lag. Sobald die Leidenschaften, die im Alterthume gerade so gegen die Entsagung ankämpften, wie sie es gegenwärtig thun, in Rom durch Vernichtung des religiösen Gefühles freien Zügel gewonnen hatten, war die römische Macht in ihrer Wurzel selbst angefressen, und inmitten ihres lebhaftesten Glanzes sieht man die Zeichen des Verfalles, in welchem alle Größe und alle Wohlfahrt der Stadt untergehen sollte.

Während wir im Verlauf des gegenwärtigen Buches die Thatsachen prüfen, welche mit der Bewegung des Reichthums in Verbindung stehen, können wir zugleich unter beständigem Zusammenhalt der christlichen Civilisation mit der heidnischen das Wachsthum des Stolzes und der Sinnlichkeit und die Wirkungen beider auf die Gesellschaft in der alten Welt Schritt für Schritt verfolgen. Namentlich werden wir sehen, wie in Rom unter dem tödtlichen Einflusse dieser Leidenschaften an die Stelle der Arbeits-Liebe, welche die Stärke und den Ruhm der alten Republik ausmachte, eine stolze und unfruchtbare Trägheit tritt; wie die Sparsamkeit, diese so strenge Tugend der alten Römer, einem Aufwand und einer Verschwendung Platz macht, die so ungeheuer sind, daß unser christlicher Sinn und sei er auch noch so verkehrt, dieselben nur mit Mühe für möglich halten kann. Vom Senat bis zu den untersten Stufen des Volkes, von der Hauptstadt bis zu den äußersten Schlupfwinkeln der Provinzen, ist das Uebel allenthalben das gleiche; überall mästet sich der Müssiggang von der Beute, die er an der Habe des Schwächeren macht. Keine Arbeit, kein Landbau, kein Kapital zeigt sich mehr; es herrscht nur Kraftlosigkeit, Erschöpfung und allgemeines Verderben. Als demnach die Barbaren an den Fuß dieses majestätischen Gebäudes heran kamen, das so lange Zeit die Welt in Staunen und Schrecken versetzt hatte, da war es von Stolz und Sinnlichkeit bereits so tief untergraben, daß es nur mit der Spitze der Lanzen berührt zu werden brauchte, um in den Staub zu sinken.

Durch welches Wunder wird das Christenthum Ordnung und Fortschritt in dieses Chaos zurückführen, in welchem sich in schmerzlichster Verwirrung eine erschöpfte und besiegte Civilisation und eine siegreiche Barbarei durch einander treiben? Alles muß neu aufgebaut werden. Man muß den Boden, welchen die Arbeit in ihrer Entmuthigung wegen der Erpressungen des Fiskus und ihrer Ausbeute von Seite der Mächtigen verlassen hat, der Cultur wieder zurückgeben, man muß das Kapital wieder herstellen, welches durch den Luxus aller Klassen und die unersättlichen Steuerforderungen vergeudet worden; man muß namentlich der Menschheit die sittliche Energie, welche durch Weichlichkeit und Unterdrückung erstickt worden, wieder zurück geben. Aus dem Tod wird das Leben geboren werden. Das Christenthum wird die Menschen bewegen, durch die Entsagung sich selbst zu sterben, und durch das Opfer ihrer selbst werden sie jene Lebensfülle, Arbeitskraft und Civilisation wieder finden, welche die rein rationelle Tugend verkümmern und zu Grunde gehen ließ.

Was das Alterthum an Glanz besaß, das verdankt es den natürlichen Tugenden, welche sich schließlich alle auf die Entsagung stützten. Unstreitig ist es wahr, daß der Stolz im Geiste der Spartaner das Princip der Entsagung außerordentlich verdunkelt und diesen Trieb großer Seelen zu den sonderbarsten Irrthümern verleitet hatte; aber eben so wahr ist es auch, daß diese Tugend, die Mutter aller anderen, im Alterthume nirgends mit lebhafterem Glanze strahlte, als gerade hier. Und sicher hat die beständige Bewunderung der Alten für das Vaterland des Lycurgus ihren Grund in dem Zuge, den das menschliche Herz von Natur aus zum Opfer hat. In Rom ist die Macht der Entsagung nicht weniger augenscheinlich. Auch hier hat der Stolz seinen Theil, und einen großen Theil. Der Stolz gibt der römischen Tugend einen Charakter der Rauheit und manchmal der Härte, der sie verunziert; er bezieht ferner alle Aufopferung auf das Vaterland, das er zum Idol macht, und findet so das Geheimniß, Egoismus und Entsagung in einer und derselben Leidenschaft mit einander zu vereinbaren. Aber so gefälscht auch die Entsagung durch diese Hrrschaft des Stolzes war, so erzeugte sie im alten Rom nichts desto weniger Tugenden, die selbst die Bewunderung der Christen fanden, und ward die Quelle jener unbesiegbaren Macht, aus welcher das Rom des Cäsar und Augustus alle seine Herrlichkeit und Größe schöpfte. Diese Größe wird das Christenthum erneuern und übertreffen, indem es den Geist der Entsagung, von welcher das Alterthum immer nur den Schatten kannte und welche der sich selbst überlassene Mensch sammt dem Glauben, ihrem Princip, auf Antrieb der Leidenschaften schließlich ganz aufgab, den modernen Völkern in ungeschmälerter Reinheit und Kraftfülle wieder einflößt.

Sollte die rationelle Tugend heut zu Tage mächtiger sein, als sie es im Alterthume war? Das Schwanken und die Ohnmacht, worin unsere Gesellschaften das verzehren, was ihnen Unterwerfung und Anhänglichkeit an die katholische Auctorität durch zehn Jahrhunderte hindurch verschafft haben; die noch im frischen Andenken lebende zügellose Frechheit des Socialismus; das Umsichgreifen desselben sogar unter denjenigen, welche vor seinen äußersten Ausschreitungen noch Scheu haben; der Geist der Zerfahrenheit, der alle Formen annimmt und alles im Leben zu verderben droht: ist das nicht ein Gegenstand zum Nachdenken für diejenigen, die guten Glaubens alles von den Kräften der rationellen Tugend allein erwarten?

In dem Maße, als der Glaube abnimmt, schwindet bei den neuen Völkern die Entsagung wieder, wie sie bei den alten geschwunden. Der Protestantismus hat, indem er an die Stelle der Auctorität die freie Forschung setzte, ein Princip geschaffen, das die Negation alles Glaubens im Keime enthält und mit der Ausschließung alles Uebernatürlichen aus dem menschlichen Leben enden mußte. Hat er aber nicht zu gleicher Zeit auch alle Institutionen umgestürzt, durch welche die katholische Kirche die Entsagung zur praktischen Lebensregel machte? Aus dem Protestantismus ist der abstracte Rationalismus hervorgegangen, und aus dem Rationalismus wurde der Socialismus geboren. Diese Zeugung ist durch die Hand eines Meisters in's klarste Licht gestellt worden,[1]) und der natürliche Lauf der Dinge erheischte es so. Es ist so die Art des menschlichen Geistes, daß er bei der Behauptung seiner Autonomie mit jedem Schritte seine Verwegenheit erhöhe und seine Hartnäckigkeit verdoppele; und wenn der Socialismus alle Begierden und jede Art von Egoismus wieder auf den Thron erhebt, so gibt er uns dadurch einen Maßstab an die Hand, nach dem wir zu erkennen vermögen, wie viel Gerechtigkeit und Tugend der Mensch aus eigener Kraft und durch die Weisheit seiner bloßen Vernunft erreichen kann. Wo der Glaube schwach wird, nimmt das Opfer ab; wo der Glaube gehaßt wird, gibt es nur Abschen vor dem Opfer und Steigerung aller Begierden bis zum Wahnsinn. Das ist der Socialismus. Wenn Proudhon, der schärfste Logiker dieser Zerstörungsschule, es verschmäht, im Leben der Menschen etwas anzuerkennen, das über den Sinnen oder über der menschlichen Erkenntnißkraft gelegen ist; wenn er sich als Feind Gottes erklärt, um die Souveränität des Menschen desto besser behaupten zu können; wenn er als Schluß aus diesen verwerflichen Vordersätzen den Umsturz Alles dessen vorschlägt, was bisher die Ehre, die Macht, das Glück der Gesellschaften ausmachte: ist dies dann etwas Anderes, als das Princip einer ausschließlich auf die Vernunft gegründeten Weisheit sammt den ausschweifendsten, aber logisch richtigen Folgen dieses Princips?

Niemand hat sich über dieses Princip bündiger erklärt, als gerade Proudhon. „Woher kommt es, sagt er, daß die „römische Kirche, die vom religiösen Gesichtspunkte aus die „allein berechtigte ist und die in ihrer Geschichte und in ihrem „Dogma alle Tradition und religiöse Speculation enthält, „woher kommt es, daß diese Kirche von ihren Söhnen in's

[1]) Man sehe: der Protestantismus und alle Häresieen in ihrer Beziehung zum Socialismus, von Aug. Nicolas.

„Gesicht geschlagen, von ihren Töchtern als entartet behandelt „und von den Kleinsten ihrer Kleinen lächerlich gemacht wird? „— Es geschieht das, weil die menschliche Seele, und mag sie „sich noch so religiös nennen, in Wirklichkeit nur an ihr eigenes „Urtheil glaubt; weil sie im Grunde ihre eigene Gerechtigkeit „für reiner und sicherer hält, als die Gerechtigkeit Gottes; „weil sie darnach trachtet, sich durch ihre eigene Kraft zu „beherrschen; weil sie der Errichtung einer Kirche überhaupt „widerstreitet, und weil ein glühender Ehrgeiz sie dazu antreibt, „in eigener Kraft und in voller Selbstständigkeit ihre Bahn „zu gehen. Der Glaube an eine menschliche Gerechtigkeit, ohne „alle Frömmigkeit, ja oft im Gegensatz zu aller Frömmigkeit, „dieser Glaube ist es, was seit dem Anfang der Welt Krieg „gegen die Kirche erhebt und die Revolution schürt ....[1]) „Einzig dies gestehe ich dem Glauben zu, daß er die Gebote „der praktischen, auf Erfahrung gegründeten und positiven „Vernunft mit seinen Hypothesen unterstütze; übrigens kommen

---

[1]) De la justice dans la Révolution et l' Église tom. I, pag. 20. — nach der deutschen Uebersetzung von Pfau pag.. 26. — „Nie hätte „ich die Auctorität der Kirche bestritten, wenn ich wie so viele Andere „die Nothwendigkeit einer übernatürlichen Auctorität für die Gerechtig„keit zugäbe. Wenn ich von der Hypothese ausginge, daß die Gottes„idee für die Moral unentbehrlich sei, so hätte ich nicht den sonderbaren „Dünkel, mich zu theoretischer Einweisung und praktischer Verwirk„lichung einer solchen Idee für fähiger als die Kirche, für fähiger, als „das Menschengeschlecht zu halten, das über sechzig Jahrhunderte an „dieser Aufgabe gearbeitet hat.“ — Pfau Seite 32.

„Es ist die Lehre der Heiligen, daß die Verdammniß der Sünde vor„gezogen werden müßte, wenn uns, Unmögliches angenommen, Gott „diese Wahl auferlegen würde. Nun ist das, was für die Theologie „nichts, als eine casuistische Fiction war, durch die Revolution eine „thatsächliche Wahrheit geworden. Das transcendente Wesen, vorgestellt „und angebetet als Urheber und Stütze der Gerechtigkeit, ist selber „die Negation der Gerechtigkeit. Die Religion und die Moral, welche „die übereinstimmende Anschauung der Völker zu Schwestern gemacht „hat, sind ungleichartig und unvereinbar. Man muß wählen „zwischen der Furcht vor Gott und der Furcht vor dem Bösen, zwi„schen der Gefahr der Verdammniß und der Gefahr der Schlechtig„keit.“ Pfau Seite 35.

„mir die Offenbarungen dieser Vernunft direkt in mir selbst „oder durch das Zeugniß von meines Gleichen zu, und es ist „dieselbe zu diesem Zwecke mit einer Gewißheit und Inhalts„fülle ausgestattet, die für jede Theologie unerreichbar bleibt; „ja diese Vernunft bin ich selbst, und ich kann sie deßhalb nicht „schwächen ohne Schimpf, nicht verlaügnen ohne Selbstmord...[1]) „Die Gerechtigkeit ist die Blüthe unserer Seele, die Moral „eine Blumenlese der Menschheit. Die Dazwischenkunft einer „übernatürlichen Auctorität bei den Vorschriften des Gewissens „heiligt nur die Immoralität, statt die Tugend zu verstärken...[2]) „Gesetz und Gesetzgeber sind eins: d. h. das Gesetz ist zu „fassen als das die Dinge denkende Wesen, das seine Erkenntniß aus der Vernunft, das heißt, aus den Beziehungen hat, „welche im Gesetze ihren Ausdruck finden. Ich füge hinzu, daß „das Gesetz das Siegel seiner Gewißheit in sich selber trage, „daß es die Erklärung aller Thatsachen gebe, die in sein Bereich „fallen und die ohne dasselbe keine Erklärung finden. Ich „behaupte endlich, daß es eine äußere Sanktion nicht bedürfe, „was sagen will, daß alles, was unter seiner Eingebung geschieht, „gut ist, und nichts von dem, was gegen dasselbe geschieht, „Dauer haben kann, so daß es für sich selbst, als erkennendes „Subject betrachtet, sein Lohn oder seine Strafe ist.[3]) Das „Gesetz und der Gesetzgeber sind eins: nun sind aber dieses „Gesetz und dieser Gesetzgeber niemand anders als der Mensch; „folglich ist der Mensch das lebendige, selbstbewußte, persönliche „Gesetz. Mit zwei Worten: die Gerechtigkeit ist die Menschheit."[4])

Diese Menschheit aber, welche die Gerechtigkeit selbst ist, lebt in einer Vielheit von einzelnen Wesen, deren jedes sein Recht, seine Gerechtigkeit, seine volle Unabhängigkeit hat. Wie die Menschheit so hat nun auch das Individuum das Recht, die Realisirung seines Interesses zu suchen, oder um die Sprache Proudhon's zu reden: „Die Sittenregel für das Subject ist

[1]) De la justice dans la Révolution et l'Église tom I, pag. 38.

[2]) Ibid. pag. 92.

[3]) Ibid. tom. III, pag. 498.

[4]) Ibid. pag. 500.

„dessen Wohlfahrt, das, was man den Grundsatz der Glück„seligkeit nennt.[1]) Nun kann es sich treffen, und es trifft sich, „wie die Erfahrung zeigt, in der That täglich, daß das Interesse „des Individuums und das der Gesellschaft trotz des sym„pathischen Bandes, das beide einigt, verschieden sind und „sogar im Gegensatz zu einander stehen. Wie soll man nun „diese beiden Interessen vereinbaren, wenn das moralische „Princip für beide das nämliche bleibt, die Glückseligkeit?[2]) „Hier erheben sich schreckenerregende Fragen. Der Mensch ist „Egoist von Natur aus und ich möchte fast sagen mit vollem „Rechte Egoist, überaus fähig, sich aus Liebe und Freundschaft „zu opfern, aber widerspenstig gegen den Zwang, wie es jedem „freien und würdigen Wesen geziemt. Es frägt sich nun, ob „er seine Zustimmung zu jener Unterordnung geben werde, „aus der man ihm ein Gesetz macht, ob es nur möglich ist, „daß er sie gebe; denn es ist einleuchtend: ohne Zustimmung „keine Gerechtigkeit. Wer wird das Recht festsetzen? Wer „wird die Pflicht bestimmen? Wer wird für die Gesellschaft „sprechen? Wer wird die Partei des Individuums vertreten? „In wessen Namen wird Gerechtigkeit auftreten, die sich allbe„herrschend nennt und gegebenen Falls Verzicht auf die Glück„seligkeit fordert?[3]) Durch das allgemeine Bewußtsein und „durch den verhängnißvollen Widerspruch zwischen Gesellschaft „und Individuum immer wieder auf's Neue in Anregung ge„bracht, liegt das Problem noch in seinem ganzen Umfange „vor uns, und Niemand hat bis jetzt eine Lösung gegeben.[4]) „Auf zweifache Art kann man sich die Gerechtigkeit verwirklicht „denken: entweder durch einen Druck der Gesellschaft — des „Collectivwesens — auf das individuelle Ich, oder durch eine „Befähigung des individuellen Ich, ohne ein Heraustreten

[1]) De la Justice dans la Révolution et l' Église tom. I, p. 63 — bei Pfau Seite 61.

[2]) Ibid. pag. 65 — bei Pfau Seite 61 folgt.

[3]) Ibid. pag. 69 — bei Pfau Seite 63.

[4]) Inid. pag. 75 — bei Pfau Seite 68.

„treten aus dem eigenen Innern seine Würde in der Person „des Nächsten mit der nämlichen Lebhaftigkeit zu fühlen, mit „welcher man sie in seiner eigenen Person fühlt, und so unter „gänzlicher Wahrung der eigenen Individualität sich mit dem „Gesammtsein selbst identisch und adäquat zu wissen. In „diesem zweiten Falle ist die Gerechtigkeit inbegriffen im Ich, „gleichartig mit seiner Würde und gleich sogar mit dieser „Würde, wenn man sie vermehrt mit der Summe der Bezieh- „ungen, welche das gesellschaftliche Leben voraussetzt.[1]) Als „integrirender Theil einer Collektivexistenz fühlt der Mensch „seine Würde in sich selbst und in den Andern zugleich und „trägt so in seinem Herzen das Princip einer über seine „Individualität hinausgehenden Moralität. Und dieses Princip „empfängt er nicht von anderswoher, es liegt in seinem „Innersten, ist ihm immanent. Es bildet sein Wesen, „das Wesen der Gesellschaft selbst.“ [2]) Dies das rationalistische „Princip in seiner ganzen Strenge. Aus diesem Princip „ergibt sich die Definition der Gerechtigkeit, welche sich bestim- „men läßt als das Gefühl unserer Würde in Andern; als die „von freien Stücken bewiesene und gegenseitig gewährleistete „Achtung der menschlichen Würde, mag sie auch bei einzelnen „Personen und einzelnen Verhältnissen blos gestellt sein und „mag auch ihre Vertheidigung uns Nachtheile bringen.“ [3])

Bei dieser Auffassung der Menschheit und der Gerechtigkeit in ihr wird sich die Glückseligkeit als die Würde des

---

[1]) De la justice etc. tom. I. pag. 84. — bei Pfau Seite 74.

[2]) Ibid. pag. 175,

[3]) Ibid. pag. 182. — „Es bleibt unwidersprechbar, daß die Gerechtigkeit „die erste und wesentlichste unserer Fähigkeiten ist, eine souveraine „Fähigkeit, und schon deßhalb am Schwersten zu erkennen; die Fähig- „keit, unsere Würde zu fühlen und zu bejahen, folglich sie zu wollen „und zu vertheidigen, ebenso in der Person Anderer, als in unserer „eigenen Person.“ Bei Pfau Bd. I. Seite 179.

Und neun Zeilen später: „Das Gefühl und die Bejahung unserer „Würde, zuerst in Allem, was uns angehört, sodann in der Person „unseres Nächsten, und das ohne egoistischen Rückblick und eine Gott- „heit, das ist das Recht.“

Einzelnen gegenüber Allen, und Aller gegenüber dem Einzelnen erweisen. Wenn die einzelnen Persönlichkeiten, welche das Ganze bilden, in der Organisation dieses Ganzen nicht die Glückseligkeit finden, nach welcher Jeder zu streben das Recht hat, dann ist die Sittenregel verletzt, und die Gerechtigkeit unmöglich. Die Gleichheit Aller im Genusse ist die nothwendige Folge jener Gleichheit für Alle, die in der absoluten Unabhängigkeit der vernünftigen Natur liegt, ja sie ist die unerläßliche Bedingung zur Aufrechthaltung der Ordnung und des Friedens in einer Gesellschaft, welche auf die Autonomie der Vernunft und auf eine der Menschheit immanente Gerechtigkeit gegründet ist. Jene Theorie von der menschlichen „Gerechtigkeit, nach welcher die Gegenseitigkeit der Achtung in „Gegenseitigkeit von Dienstleistungen übergeht, hat die Gleichheit „in allen Dingen zur nächsten Folge. Sie allein erzeugt Beständigkeit im Staate, Einheit in den Familien, Erziehung „und Wohlfahrt für Alle, nirgends Elend. Die Anwendung „der Gerechtigkeit auf die Staatsökonomie ist demnach die wichtigste „Wissenschaft.[1]) Keine positive Erfahrung beweis't die Unmöglichkeit, den Willen und das Interesse Aller der Art gegen „einander im Gleichgewichte zu erhalten, daß der Friede, ein „unzerstörbarer Friede, die Frucht davon sei, und der Reichthum allgemein werde.[2]) Die Gesellschaft ist ein großes „Gleichgewichtssystem, dessen Ausgangspunkt die Freiheit, das „Gesetz, die Gerechtigkeit, dessen Resultat eine mehr und mehr „hervortretende Standes- und Vermögensgleichheit, dessen „Sanction der Einklang der öffentlichen und der individuellen Wohlfahrt ist.“[3])

Fürwahr, dieses Gleichgewicht und dieser Einklang sind nicht leicht herzustellen, und man wird sich nicht wundern, daß selbst Proudhon die Arbeit schwierig findet. Er anerkennt, „daß es nicht eine geringe Sorge verursache, Gleichgewicht

---

[1]) De la Justice dans la Révolution et dans l'Eglise t. I. p. 281.
[2]) Ibid. p. 203.
[3]) Ibid. p. 350.

„zwischen Recht und Pflicht in der Gesellschaft herzustellen; daß „es ein sehr schwieriges Unternehmen sei, die den Personen „schuldige Achtung mit den inneren Forderungen einer ergiebigen „Nationalthätigkeit in Einklang zu bringen, und die Gleich„heit zu beachten, ohne der Freiheit Eintrag zu thun, oder „wenigstens ohne der Freiheit andere Fesseln anzulegen, als „die des Rechtes.“ [1]) Das Unmögliche ist in der That schwer zu verwirklichen, und diese Harmonie der Interessen durch die einzige Macht des menschlichen Willens, diese Herstellung der Ordnung durch die Herrschaft des Egoismus ist eine moralische Unmöglichkeit, an welcher der Stolz der Menschheit stets scheiterte. Es liegt uns aber wenig daran, ob Proudhon damit glücklicher ist; uns genügt, daß er durch die Logik seiner Lehre gezwungen wird, das Unternehmen zu versuchen; der Fanatismus, mit dem er trotz der erkannten Schwierigkeit an's Werk geht, zeigt uns nur noch deutlicher den verhängnißvollen Abgrund, der ihn verschlingt.

In der Frage über Reichthum und Armuth concentriren sich alle Anstrengungen Proudhon's: „Die Anwendung der „Gerechtigkeit auf die Staatsökonomie ist die wichtigste Wissenschaft.“ Die Natur des Systems treibt ihn zu diesem Satz. Wenn man die Idee der Schöpfung verwirft, verwirft man damit auch das Princip der Entsagung; proclamirt man die Vergöttlichung der Materie, dann proclamirt man auch das Recht auf die materiellen Genüsse. Wenn der Mensch nichts Höheres über sich anerkennt, so wird er nothwendig zum Sclaven seiner Sinne; die Herrschaft über die materielle Welt ist dann der letzte Zweck seiner Anstrengungen, die höchste Manifestation seiner Macht und seines moralischen Fortschrittes, wie die Armuth — das Uebel, die höchste Schmach und der gewissseste Beweis seiner Ohnmacht und Entsittlichung ist. Proudhon drückt sich hierüber ebenso bestimmt und ebenso instructiv wie über alles Uebrige aus: „Das Leben der Men„schen, behauptet dieser Philosoph, ist eine fortgesetzte Befreiung

[1]) De la Justice dans la Révolution et dans l'Église, t. I, p. 280.

„vom Thierischen in uns und von der Natur und ein Kampf „gegen Gott. „In der Uebung der Religion ist das Leben „ein Kampf gegen sich selbst, die absolute Unterwerfung der „Gesellschaft unter ein höchstes Wesen. Liebe Gott von „deinem ganzen Herzen, sagt uns das Evangelium und „hasse deine Seele um des ewigen Lebens willen: gerade das „Gegentheil von dem, was die Vernunft gebietet...[1]) Möchte „endlich der Priester einsehen, daß die Sünde das Elend ist, „und daß die wahre Tugend, jene die uns des ewigen Lebens „würdig macht, darin besteht, gegen die Religion und gegen „Gott zu kämpfen."[2]) In Uebereinstimmung mit seinen Principien will Proudhon die moralische Ordnung durch die materielle reformiren. Wie alle Socialisten will auch er durch Reorganisation der Arbeit die Harmonie der Gesellschaft wiederherstellen. „In der Gesellschaft, wie er sie schaffen „will, wäre die Arbeit göttlich, sie wäre Religion."[3])

Jedermann weiß, daß Proudhon sich als Gegner des Kapitals und des Eigenthums erklärte und daß er unter graulichen Verwünschungen gegen die Communisten[4]) das Princip des Genossenschaftswesens zur Grundlage seiner socialen Organisation macht. Freiwilliger Credit wird die Gesellschaft von der Tyrannei des Kapitals befreien; der an die Stelle des Eigenthums getretene anderartige Besitz wird das Recht an die Stelle des Raubes setzen; die Gegenseitigkeit der Dienstleistungen in der Genossenschaft wird die Menschen wieder zu jener Gleichheit der Genüsse zurückführen, welche eine Folge ihrer natürlichen Gleichheit ist. Durch diese Reformen oder vielmehr durch diesen Umguß der menschlichen Gesellschaft und des menschlichen Lebens werden nach den socialistischen Philosophen die Forderungen Aller in der materiellen Ordnung Befriedigung finden; die Zwietracht, welche die Ge-

---

[1]) Système des contradictions économiques, t. III, p. 526.

[2]) Ibid. pag. 529.

[3]) De la justice dans la Révolution t. II, p. 237.

[4]) Siehe Beilage I. am Ende dieses Bandes.

sellschaft zerstört, wird dem Gesetze des Einklangs und des Gleichgewichts Platz machen, und unter einem Geschlechte, das seine volle Selbstständigkeit erlangt hat, und deßhalb frei ist bei der Entwicklung aller seiner Triebe, wird die Gerechtigkeit ohne weitere Bemühung zur Tagesordnung werden. Vor dem Widerstande, der seinen Versuchen socialer Umwälzung entgegen getreten, hat Proudhon mehr denn einmal durch das Unbestimmte und Dunkle seiner Ausdrucksweise und durch die verwickelte Einrichtung der Institute, welche seine Doctrin realisiren sollten, den wahren Charakter derselben zu verhüllen gesucht. Aber die Principien sowohl als deren Anwendung blieben sich immer gleich. Den Krieg, welchen Proudhon vor ungefähr fünfzehn Jahren in seinen „staatsöconomischen Widersprüchen" Gott und der Gesellschaft angekündet, verfolgt er mit größerer Erbitterung, als je, in dem Buche, das sich mit keinem Namen recht bezeichnen läßt, dem er aber den Titel gab: „Von der Gerechtigkeit in „der Revolution und in der Kirche." Es hieße ungerecht sein gegen ihn, wenn man laügnen wollte, daß er sich in seinen verabscheuungswürdigen Doctrinen immer treu geblieben.[1])

---

[1]) In seinen ökonomischen Widersprüchen ächtet Proudhon das Interesse und bemüht sich, den Credit in der Art neu zu organisiren, daß er in seiner bisherigen Form vernichtet wird:

„Der Credit verlangt seinem Wesen und seiner Bestimmung nach, „wie die Lotterie, immer mehr, als er gibt; ohne dieß wäre er nicht „Credit. Es lastet demnach durch das Kapital, und mag man auch die „Sache noch so sehr verbergen, auf der Menge eine beständige Beraubung, eine fortwährende Ausnützung ohne eine beiderseitige Anstrengung in der Arbeit .... Man muß beim Credit die Gleichheit „an die Stelle der Ueberlegenheit und Schwäche setzen, was nur mög„lich ist, wenn der Credit aufhört, Credit zu sein, wenn er sich in „Gegenseitigkeit, Solidarität und Association umgestaltet, mit einem „Wort, wenn er die Sklaverei des Interesses verdrängt."

Bd. II, pag. 165. 171. 173.

Mit nicht geringerer Erbitterung trachtet Proudhon nach Vernichtung des Eigenthums:

Was ist im Grunde diese eben so consequent durchgeführte als gottlose Lehre, die seit mehr als fünfzehn Jahren die

---

„Das Eigenthum ist seinem Princip und Wesen nach unmoralisch. „Die Gerechtigkeit, welche Jeden straft und brandmarkt, der kühn „genug ist, die Schmach des Eigenthums zu beseitigen, diese Gerechtig- „keit ist infam. Wenn Gott nicht existirte, gäbe es kein Eigen- „thum; das ist der Schlußsatz der politischen Oekonomie. Und der „Schlußsatz der socialen Wissenschaft ist der: das Eigenthum ist die „verbrecherische That des höchsten Wesens. Es gibt für den Menschen „nur eine einzige Pflicht, eine einzige Religion, die, Gott zu ver- „läugnen. Die Rente ist in ihrem Princip und ihrer Bestimmung „ein Agrargesetz, nach welchem Jedermann gesicherter und unentsetz- „barer Eigenthümer des Bodens werden muß; was ihren Betrag „betrifft, so stellt sie den Productentheil dar, welcher den Lohn des „Bebauers überschreitet und der Gemeinde gehört.“ Daraus folgt, daß nach der Gerechtigkeit, wie sie Proudhon versteht, der Besitzer des Bodens die Rente nur berühren darf, um sie in Form einer Auflage der Commune zurückzustellen. „Aber der Eigenthümer nimmt nicht „blos die Rente in Empfang, er genießt sie für sich allein, er gibt „nichts der Commune, er theilt nichts mit seinen Mitbesitzern; „ohne durch eigene Anstrengung etwas zu leisten, verzehrt er die Frucht „der Gesammtarbeit. Das ist dann Raub, wenn man will, gesetzlicher „Raub, aber wirklicher Raub.“ Bd II, p. 304. 306. 314.

Man durchgehe das sechste Kapitel der dritten Studie „von der „Gerechtigkeit in der Revolution und in der Kirche“ (tom. I. p. 280.). und man wird dort das Princip der Gegenseitigkeit des Darlehens, wodurch die Freiwilligkeit des Credits realisirt werden soll, eben so klar ausgesprochen finden, wie in den „ökonomischen Widersprüchen.“ Es zeigt sich da das nämliche zähe Festhalten an den jegliches Eigenthum zerstörenden Principien, mit Ausnahme einiger Zugeständnisse, welche in der Absicht, den Widerstand des Gefühles für Eigenthum in der Gesellschaft weniger zu reizen und unter dem Vorwande, den Steuern, welche durch die Rente genährt werden sollen, eine Schranke zu setzen, für kurze Zeit gemacht werden. Mit Ausnahme dieser Milderung, die gegen die Logik der unverändert gebliebenen Principien nicht lange Stand halten konnte, findet man die nämliche Abneigung gegen „jenen gesetzlichen Betrug, wodurch ein „Theil der Rente auf den durch den Grundeigenthümer repräsentirten „Boden angewiesen ist;“ die nämliche Anklage wegen Unrechts gegen die Rente, „die den Arbeiter in der That dem Boden unterordnen „würde, während der Eigenthümer, der es verschmäht, ihn auszubeu-

Welt mit ihren Gotteslästerungen in Schrecken setzt und selbst denen Angst verursacht, welche die Herrschaft der Vernunft und die Emancipation des menschlichen Geschlechtes in allen Stücken proclamiren? Sie ist die Doctrin einer bloßen Vernunftweisheit, das Princip der Autonomie des Menschen in seiner ganzen Einfachheit und Starrheit. Etwas weniger verwegen und durch eine angeborne Achtung für die christliche Wahrheit zurückgehalten stellen Andere zwar das Princip auf, hüten sich aber sorgfältig, die letzten Consequenzen daraus zu ziehen. Zu schwach, um das christliche Gesetz in seiner Strenge zu erfassen, besitzen sie zugleich einen zu geraden Sinn für Sittlichkeit, als daß sie sich bei den Thorheiten und Schändlichkeiten des Socialismus zu Mitschuldigen machen wollten. Um nicht verbrecherisch zu sein, willigen sie darein, inconsequent zu werden. Proudhon kennt diese Zurückhaltung nicht und weiß nichts von diesen Scrupeln; er spricht das Princip in seiner ganzen Grellheit aus und leitet all das, was es in sich schließt, unerbittlich daraus ab. Wie in jeder logisch richtigen Doctrin so führt auch in seiner Doctrin die volle Selbstständigkeit des Menschen nothwendig zur Negation des Gesetzes der Entsagung, zur Herrschaft des Stolzes, zur Erweckung aller Arten von Egoismus, zur Lehre vom göttlichen Rechte der Leidenschaften. Ist dieses Recht der Leidenschaften einmal angenommen, — und es ist dasselbe auch das einzige Recht, welches für die Menschen noch gelten kann, wenn einmal das Recht Gottes und die Folge dieses Rechtes, die Entsagung zurück gewiesen sind — dann vermag nichts mehr die Gesellschaft vor der Zerstörung zu retten. Alles, was seit sechs Jahrtausenden die wesentliche Ordnung des menschlichen Lebens bildete; alle Gesetze der Moral, die eigentlich nur verschiedene Anwendungen des Princips der

---

„ten, über ihn eine metaphysische Oberherrlichkeit erlangen würde, „welche den Vorzug hätte vor der wirklichen Thätigkeit der Arbeit."

Band I, p. 321.

Immer also kommt Proudhon von dem Princip gleicher Arbeitsleistung wieder auf eine Genossenschaft zurück.

Entsagung sind; alle Folgerungen, die man aus diesen Gesetzen der Moral für die materielle Ordnung zieht: alle jene Principien, welche die Regel, und alle jene Interessen, welche die Triebfeder unserer Freiheit bilden, mit einem Worte, die Gesellschaft, so wie das menschliche Geschlecht dieselbe immer verstanden und geliebt hat, alles wird durch ein unvermeidliches Verhängniß unter der Herrschaft des Communismus und unter der Despotie des Gleichheitssystems vom Strudel des Nichts verschlungen werden. Dies ist also der Abgrund, in welchen die Weisheit der bloßen Vernunft die Welt stürzen würde, wenn das Wort Gottes, das durch die katholische Kirche unablässig im Schooße der Menschheit fortlebt, nicht jeden Augenblick die Völker zum großen und fruchtbaren Gesetz der Entsagung zurück rufen würde.

Welcher vernünftige Mensch sollte nicht mit Trauer und Schrecken erfüllt werden, wenn er betrachtet, wie in gegenwärtiger Stunde durch Abnahme des Glaubens in der Welt die Selbstsucht und die Begierlichkeit wachsen, und eine Herrschaft gewinnen, dergleichen niemals in der christlichen Gesellschaft gesehen worden? Sollte man nicht ernstliche Betrachtungen anstellen können, wenn man sieht, was das Eindringen des Rationalismus in das Leben an Leichtsinn und Unruhe in den Geistern, an Verweichlichung und Erniedrigung in den Charakteren, an Eitelkeit, Unordnung und Gottlosigkeit in den haüslichen, an Unverschämtheit und Knechtsinn in den öffentlichen Sitten hervorbringt? Wie oft hatten wir nicht seit zehn Jahren Gelegenheit, selbst aus dem Munde derjenigen, welche sich durch ihre Doctrinen am weitesten vom Princip der Entsagung entfernen, eine Berufung auf den Geist des Opfers und der christlichen Verlaügnung zu vernehmen!

XII. Kapitel.

Die Entsagung ist die erste Bedingung jeden Fortschrittes sowohl in der geistigen als in der materiellen Ordnung, das schaffende und erhaltende Princip aller Civilisation.

Die Civilisation kann definirt werden als die harmonische Entwickelung aller Kräfte der Menschheit. Die Idee der Civilisation ist in der That nichts anderes, als die Idee des menschlichen Lebens im Zustande seiner Vollkommenheit. Aber die Menschheit befindet sich thatsächlich noch nicht im Besitz der Vollkommenheit, sie ist blos vervollkommnungsfähig. Sie wird also dann jene Höhe, welche ihren gegenwärtigen Verhältnissen angemessen ist, erreicht haben, wenn sie sich dem Gute, welches ihr Ideal ist, durch die ununterbrochene Entwickelung aller Kräfte ihrer Natur nähert. Damit aber diese Entwickelung in den rechten Schranken vor sich gehe und wahrhaft fruchtbringend sei, muß sie gleichmäßig im ganzen Umfang der menschlichen Natur, d. h. nach den Gesetzen einer Harmonie, die Gott selbst zwischen den Kräften dieser Natur hergestellt sehen will, vollzogen werden. Dieses harmonische Zusammenwirken aller Kräfte in ihrer Gesammtheit ist übrigens die Bedingung für die Kräftigung jeder einzelnen im Besonderen. Denn da sie nur verschiedene Erscheinungsweisen einer und derselben Kraft sind und die Bestimmung haben, in innigster Vereinigung und gemeinsamer Bewegung thätig zu sein, schwächen sie sich ab und zerstören sie sich, wenn sie sich trennen, und das Leben, welches durch die Natur in den Mittelpunkt und in die Einheit des Seins gesetzt wurde, auf einen einzigen Punkt zu sammeln sich bemühen. Die Entfaltung aller Kräfte des Menschen nach dem Gesetze der Einheit, mit andern Worten, die harmonische Entfaltung aller Fähigkeiten der Menschheit, dies ist also das Werk der Civilisation.

Die Harmonie war das Gesetz des menschlichen Lebens vor dem Falle. Im Stande der Unschuld war dieses Gesetz

Schönheit und Glück für den Menschen zugleich, denn es kostete seinem Willen keine schmerzliche Anstrengung, kein Opfer. Mit dem Falle haben sich die Grundlagen dieser Harmonie geändert; durch die Empörung des Stolzes zerstört kann sie nur mehr durch die Gewalt wieder erobert werden, welche der Mensch in der Entsagung sich selbst anthut. Je mehr der Mensch auf die Vernichtung des Entsagens eingeht, desto mehr wird er sich zu jenem freien, unabhängigen und wahrhaft harmonischen Leben emporschwingen, das ihm Gott von Anfang gegeben: zu jenem freien, unabhängigen, harmonischen Leben nach Innen durch die Besänftigung der Leidenschaften und den Einklang des Willens mit der Vernunft; zu jenem freien, unabhängigen und harmonischen Leben nach Außen durch den Zusammenklang aller im göttlichen Gesetz geeinigten Willen und durch den Besitz aller materiellen Güter ohne Gefahr für die Unabhängigkeit und Würde der Seele. Durch die Entsagung Herr über sich selbst geworden wird der Mensch auch Herr über die Natur werden; denn das Princip seiner Macht über dieselbe beruht gänzlich auf der richtigen Verfassung seines Geistes und auf der Energie seines Willens. In Frieden mit sich selbst und in Frieden mit seines Gleichen wird er in aller Freiheit das Werk vollbringen, welches ihm Gott von Anbeginn vorgezeichnet: er wird die Erde erfüllen und sich dieselbe unterwerfen. [1])

Aber diese allgemeine Uebersicht genügt nicht. Wir müssen die civilisirende Macht der Entsagung, deren Wirkungen wir in allen Fragen der materiellen Ordnung zu constatiren und zu erklären haben, in ihrer vollen Evidenz betrachten können. Zu diesem Zwecke werden wir die Bedingungen, welche allem Fortschritte und aller Civilisation wesentlich zu Grunde liegen, sowie die Folgen, die aus der Uebung der Entsagung für die Kraft und Richtung der menschlichen Fähigkeiten folgen, in nähere Erwägung ziehen.

---

[1]) Replete terram et subjicite eam. Gen. I, 28.

Jeder Fortschritt hat seinen Ursprung und seine Wurzel in der Seele. Wenn man das Individuum vervollkommnet, vervollkommnet man die Gesellschaft; denn die Gesellschaft kann immer nur das sein, was die Glieder sind. Der Mensch ist so wesentlich ein sociales Geschöpf, daß man unmöglich etwas für seine persönliche Vervollkommnung thun kann, ohne daß die Folgen davon sich alsbald in der socialen Ordnung fühlbar machen. Andererseits und aus dem nämlichen Grunde findet in den socialen Verhältnissen keine Verbesserung statt, ohne daß die Individuen die Folgen hievon in ihrem persönlichen und innersten Leben empfinden.

Unser Leben ist nothwendig ein doppeltes: ein Leben in uns und ein Leben außer uns. Unser aüßeres Leben ist nur die Manifestation der Gedanken und Gefühle, die den Inhalt unseres inneren Lebens bilden. Haltet den Willen in Zucht, bringt ihn durch die Entsagung in Einklang mit der Vernunft, — und er wird sich, da er für die aüßere Thätigkeit geschaffen ist, auf diesem Gebiete ganz nach den Gesetzen der Ordnung und des Fortschrittes bewegen, d. i. ganz nach den Principien der Vernunft, die für jeden Menschen, dessen Wille redlich und aufrichtig das Licht Gottes sucht, von diesem Lichte bestrahlt im Tiefinnersten der Seele selber leuchten. Andererseits folgt aus dieser so nahen und nothwendigen Verbindung zwischen dem inneren und aüßeren Leben, daß die aüßere Thätigkeit eine von den Bedingungen unseres geistigen Lebens und seiner Entwicklung ist. Durch Handeln kräftigt, läutert und erhebt sich der Wille und erlangt die Seele für den Aufschwung zu Gott jene innere Freiheit, in der all ihre Würde und ihr Glück besteht; durch Kampf bekommt der Mensch Gewalt über sich, um seine Neigungen mit den Neigungen seiner Mitmenschen im Einklang zu bringen; und auch durch die Anstrengungen, die er macht, um sich die materielle Welt zu unterwerfen, gibt er seinen seelischen Kräften Entschiedenheit und Geradheit. So wird jedes im socialen Leben zu überwindende Hinderniß in dem Grade, als der Widerstand energisch ist, eine neue Anstrengung erfordern, und jeder Sieg des Willens wird die Kraft mehren und neue Waffen zur Besiegung neuer Hindernisse bieten.

Fortschritt machen heißt über Hindernisse triumphiren, und durch die Beseitigung der Hindernisse, womit sein Weg bestreut ist, öffnet der Mensch der Civilisation den Weg. Dieses Gesetz der Hindernisse hat seinen Grund in der Urthatsache des Falles, ohne welche nichts in der moralischen Welt sich erklären läßt. Die Nothwendigkeit, in welche der Mensch versetzt ist, bei seinem Streben nach einem vollkommenen Zustand, von dem er eine Ahnung hat und dessen Erreichung ihm ein Bedürfniß ist, in jedem Augenblick gegen neu aufsteigende Hindernisse anzukämpfen, bildet für ihn jenen Zustand des schmerzlichen Lebens, wozu ihn Gott verdammte, als er ihn nach seinem Ungehorsame aus dem Lande der Wonne vertrieb. Seitdem dieses göttliche Urtheil über den empörten Menschen ergangen, ist für ihn sowohl im eigenen Innern als in der Natur alles zum Hinderniß geworden; sein ganzes Leben, sowohl sein moralisches als sein physisches, ist nur mehr ein fortgesetzter Kampf. Das Hinderniß macht die Anstrengung nothwendig, und die Anstrengung wird nur mit Schmerz vollbracht, und sie kommt der Natur immer theuer zu stehen. Der Mensch mag versuchen was er will: — die Stärke, der Glanz, die Größe seines Lebens, Ruhe und Glück in einem dauerhaften und festen Besitz sind nur für diesen Preis zu erringen. Um dem Leben des Menschen Wachsthum und Kraft zu geben, muß man auch dem Widerstande gegen die Hindernisse von Innen und Außen, welche dessen Entfaltung hemmen, erhöhte Stärke verschaffen. Die Entsagung, das Opfer sind also das Gesetz der Civilisation, die Bedingung eines jeden Fortschrittes.

Durch die Kirche ist jeder Fortschritt der modernen Civilisation zu Stande gekommen, weil sie durch ihre Verkündigung der Lehre vom Kreuze aus der Entsagung eine Gewohnheit und ein Bedürfniß gemacht hat. Alles im modernen Leben hat diese Richtung genommen, und oft sogar ohne Wissen derjenigen, welche sich ihr anschlossen. Mit Annahme der kirchlichen Auctorität hat die Menge auch diese Sittenregel angenommen, und ihr Leben trägt deren Gepräge so gut, als es ihre Schwachheit gestattet. Die großen Seelen begnügten sich nicht mit der bloßen Annahme, sie gingen weiter und begeisterten sich dafür. Sie begnügten sich nicht mit den Entsagungen, welche der gewöhnliche Lauf des Lebens mit sich führt, sondern mit einem unaussprechlichen Heroismus, mit einem Enthusiasmus, der seines Gleichen in der Weltgeschichte nicht hat, suchten sie all dasjenige auf, was im Leben größeren Widerstand gegen den Geist und die Sinne bietet. Sie sind dem Schmerz und der Erniedrigung entgegen geeilt, wie Andere dem Vergnügen und der Ehre entgegen eilen. Ihr Verlangen, sich durch das Opfer zu Gott zu erheben, kannte keine Grenzen. Die Entsagung wurde in ihnen zur wahren Leidenschaft, zu einer Leidenschaft ganz eigener Art, von der die christlichen Jahrhunderte voll waren und die ihnen einen ganz speciellen Charakter aufdrückte. Manchmal bricht diese Leidenschaft mit einem außerordentlichen Ungestüm in der Gesellschaft hervor. Von den auserwählten Seelen verbreitet sie sich mit der Gluth und dem Ungestüm des Feuers über die Menge; und wenn ihre Flamme alles erfaßt hat, dann sieht die christliche Welt ihre schönsten Tage leuchten. Durch diese ganz geistige Leidenschaft hat die Kirche in der zeitlichen Ordnung das Angesicht der Welt erneut. Die Kirche hat den Menschen nicht den Fortschritt gepredigt, sie hat ihnen nicht als Endzweck die Süßigkeiten der Civilisation gezeigt; sie hat ihnen das Heil ihrer Seele gepredigt, und indem sie dieselben zum schmerzlichen Leben auf der Erde einlud, hat sie immer nur auf ein Glück über der Zeit hingewiesen. Nur indirect, nur durch die Idee des individuellen Heiles und durch die Erweckung des Gefühles, daß die Entsagung zum Heile unerläßlich nothwendig sei, hat sie die Gesellschaft umgebildet und den Anstoß zu all dem Fortschritt gegeben, durch welchen Europa auf den Höhepunkt unserer Civilisation erhoben wurde.

Mit den natürlichen Civilisationselementen, in deren Besitz die Völker waren, auf welche die Kirche einwirkte, hat sie das übernatürliche Element der Gnade verbunden, ohne welche alle Gaben der Natur unfruchtbar geblieben wären oder nur einen Augenblick aufgeleuchtet hätten, um alsbald durch die immer lebendigen rohen Triebe im Inneren unserer Seele erstickt zu werden. Wie ließe sich der Mensch durch Motive der rein natürlichen Ordnung wohl bewegen, daß er dasjenige ergreife, was die Natur von sich stößt? Die Natur besitzt aus sich selbst den Trieb nach Größe und Tugend; sie gewahrt beide, sie strebt nach ihnen, aber da man sich, um sie zu erreichen, durch eine schmerzliche Anstrengung über sich selbst erheben soll, überläßt sich der Mensch alsbald jenem Strom des gewöhnlichen und gemächlichen Lebens, der zum Glücke zu führen scheint, der aber über die Taüschungen der Ruhe und des Genusses hinweg zu den Abgründen des Verfalles und der Bitterkeit führt. Es bedarf der Gnade, um die Natur zu stützen und zu erheben. Der Geist der Entsagung, welcher durch die übernatürliche Wirksamkeit der Kirche genährt wird, hat die modernen Gesellschaften zu jenen unaufhörlich erneuten Anstrengungen fähig gemacht, die nothwendig waren, um zugleich über die Ungeschlachtheit der germanischen Barbarei und über die Verweichlichung der alten Civilisation zu triumphiren. Zur nämlichen Zeit, als die wilden Tugenden der Germanen durch die Herrschaft des Christenthumes ihre Rohheit ablegten, ohne ihre Kraft zu verlieren, haben die Eroberungen des menschlichen Geistes auf dem Gebiete der antiquen Civilisation, von der man jede Beimischung heidnischer Corruption ablös'te, dem Willen, der durch die Entsagung ebenso gesänftigt als gestählt war, das herrlichste Werkzeug geistiger Macht, das die Welt je gesehen, zur Verfügung gestellt. Durch die Tugend des Christenthums wurden die Welt der Alten und die Welt der Barbaren gereinigt, umgestaltet und mit einander versöhnt. Gewisser Massen an dem Feuer der christlichen Entsagung, welches die Gnade im Herzen der modernen Völker angezündet hat, in einem und demselben

Schmelztiegel umgegossen, leuchten die beiden Welten mit ihren verschiedenen Gaben in einem gemeinsamen Strahlenglanze durch den weiten Bau der christlichen Civilisation.

Die Liebe in ihrem höchsten Aufschwung, die Liebe zu dem göttlich Vollkommenen und zu Allem dem, was ein Widerstrahl desselben ist, hat dieses wunderbare Gebäude aufgebaut. Sie hat alle Gaben des Herzens und des Geistes, durch welche die verschiedenen Völker des modernen Europa glänzten, zu einer Höhe der Entfaltung und der Universalität gebracht, welch ohne sie zuvor nie war gesehen worden. Das Verlangen nach dem Ideal, das uns vorschwebt, d. h. die Liebe zu Gott, der Quelle jeden Ideals, hat dadurch, daß sie den Massen, welche zuvor nur Erniedrigung und Sclaverei kannten, die Freiheit und Würde des Lebens sicherte, zu jenem Fortschritt, dessen Einfluß sich bis in die untersten Tiefen der Gesellschaft sichtbar macht, den Anstoß gegeben. Die Liebe hat aber diese Wunder nur darum erzeugt, weil sie von der Entsagung genährt, geleitet und getragen wurde. Geneigt, sich in seinem Begehren zu verirren, hat das Herz des Menschen nöthig, jeden Augenblick auf sein wahres Object, auf Gott, zurückgeführt zu werden. Die Entsagung, die werkthätige Entsagung, bricht dem Hochmuth die Spitze ab und erstickt die Sinnlichkeit und fesselt dadurch das Herz des Menschen an die Liebe zum wahren Gute. Ohne Entsagung in jedem Augenblick des Lebens ist die Liebe nur eine unbestimmte und blinde Kraft, die sich durch alle Taüschungen falscher Größe und erträumter Glückseligkeit verführen und auf falsche Bahnen leiten läßt. Sie ist mehr eine Ohnmacht, als eine Kraft, weil sie den Menschen zu sich selbst und zu seinem Nichts zurück führt, statt ihn an Gott zu fesseln; denn getrennt von Gott liebt der Mensch nur, was auf ihn selbst Bezug hat.

Durch eine bewunderungswürdige Uebereinstimmung in der Weltordnung ist die Entsagung durch außere Werke, welche die Seelen in der Liebe zum höchsten Gute festigt, auch das Mittel, die Principien der Gerechtigkeit und gegenseitigen Liebe, des geistigen Aufschwunges und der materiellen Größe, welche in der Ordnung der Zeit ein Bild der göttlichen Vollkommenheiten geben, im socialen Leben zur Geltung zu bringen. Indem sich der Mensch von den äußeren Dingen, deren Besitz ihn stolz macht und dazu antreibt, selbst die Stelle des Mittelpunktes einzunehmen, innerlich entschieden losschält, schließt er sich damit zugleich an die wahre Mitte der Dinge an, und findet sich in Gott wieder, nachdem er sich in seinem falschen und von der Quelle alles Lebens getrennten Leben geopfert hat.

Um diese Losschälung zu bewerkstelligen, muß er seinen Eigenwillen brechen, und ihn zwingen, das zu thun, was er von Natur aus flieht. Nichts ist geeigneter, den Willen zu zähmen, als dieser Gehorsam durch äußere Werke, und dieser Gehorsam wird um so vollkommener sein, je größer der Widerstand ist, welchen das Werk unserem Willen entgegen setzt. Hat der Mensch diese Wahrheit verstanden und hat ihm die göttliche Gnade die Kraft gegeben, sie in Ausübung zu bringen, dann gibt es nichts mehr, was er nicht mit Freude thäte, und wäre es auch noch so schwierig. Je mehr ein Werk der sinnlichen Natur kostet, desto größere Befriedigung verschafft es jenem beständigen Streben des Christen nach Seelenreinheit und Seelenruhe, deren einzige Quelle die Liebe Gottes, deren unerläßliche Grundlage das Opfer ist.

Das Werk nun, welches als das mühsamste erscheint und dessen Schwierigkeiten den meisten Widerstand der Natur wach rufen, ist gerade dasjenige, an dessen Ausführung der Gesellschaft je nach der Verschiedenheit der Zeiten am Meisten gelegen sein muß.

Die Civilisation macht keinen Schritt vorwärts, ohne vorerst Hindernisse beseitigt zu haben; und kaum ist das eine überwunden, so bietet sich alsbald ein anderes dar. Jede Epoche hat das ihrige, und ihre Hauptaufgabe besteht darin, es zu überwinden. Die Menschen fühlen immer, welche Schwierigkeiten ihrer Epoche besonders eigenthümlich sind. Liegen sie in der moralischen Ordnung, dann verlangen sie in der Regel einen Kampf gegen alle Neigungen der Zeit, einen Kampf deßhalb, der zu den schwierigsten Aufgaben für den menschlichen Willen gehört. Liegen sie in der materiellen Ordnung, dann bedarf es, um über sie zu triumphiren, lange Zeit hindurch unfruchtbarer Anstrengungen, für welche keine persönliche Befriedigung demjenigen Ersatz bietet, der sich ihnen unterzog, und die vom menschlichen Gesichtspunkt aus betrachtet ihm nur das Verdrießliche und Ermüdende einer undankbaren und oft wenig beachteten Arbeit als Lohn bieten. Unersättlich, wie die Liebe zu dem Unendlichen, die seine Triebfeder ist, durchwandelt der Geist der Entsagung Epoche um Epoche, nach den Bedürfnissen des Augenblickes seine Hingabe mehrend und ändernd. Ein immer bereiter Diener für den Willen der Vorsehung zum Werke eines jeden Jahrhunderts wird er dieses Werk mit einer Energie angreifen, die an Leidenschaft grenzt und in dem Grade an Kraft gewinnt, als die Hindernisse mächtig sind.

Ist das nicht die ganze Geschichte der christlichen Civilisation, die sich in jeder neuen Periode durch eine neue Offenbarung des Opfergeistes charakterisirt.

Nach dem Einbruch der Barbaren und dem Sturz des römischen Reiches mußte das Werk der Civilisation wieder von Neuem begonnen werden. Die Arbeit, die Quelle jeden Segens und jeder Macht, war in Verachtung gekommen; man floh sie, gleich als wäre sie eine Strafe. Die Entsagung des Christen sucht sie mit einer Hast auf, die um so mehr Eifer zeigt, je tiefer die geforderte Erniedrigung und je gewaltiger die nöthige Anstrengung ist. Menschen jeden Stammes und jeden Standes tragen unter dem Gewande des heiligen Benedikt in Menge das erniedrigende Joch der materiellen Arbeit und durch diese Männer gewinnt die Arbeit zu gleicher Zeit wieder ihre Fruchtbarkeit und ihre Würde. Die gewöhnlichen Entsagungen der Arbeit genügen ihnen nicht; sie wollen die Arbeit unter Verhältnissen haben, in denen sie die Kräfte des Menschen zu überwiegen scheint. Die wildesten und ödesten Gegenden, die undankbarsten und ungesundesten Länderstriche haben bei ihnen stets den Vorzug. Die widerspenstige Natur nimmt unter der Anstrengung ihrer heroischen Verlaügnung eine neue Gestalt an, und sie verdienen es, die Urbarmacher Europas genannt zu werden.

In dieser durch so vielen Raub erschöpften, durch so viele Kriege zerrütteten Welt hemmen tausend Hindernisse den Verkehr, und die gegenseitige Absperrung, zu der die Menschen in diesen traurigen Zeiten verurtheilt sind, ist eines der größten Hindernisse der Civilisation. Der Geist der christlichen Entsagung weiß Vorsorge zu treffen. Dort, wo ein gefährlicher Paß frei zu machen, ein ungestümer Fluß zu übersetzen ist, wo menschenleere und für den Wanderer gefährliche Gegenden sich finden, tritt dieser Geist wieder auf unter der Gestalt eines Eremiten, eines Spitalbruders oder eines Brückenbruders[1]).

Die moralische Entkräftung der Besiegten und die Rohheit der Sieger bedrohten die Wissenschaft mit einem vollständigen Ruin. Welcher Lohn ist in solchen Zeiten zu hoffen für die Arbeiten, die man in schlaflosen Nächten der Literatur und der Wissenschaften widmet? Kein Geschäft wird undankbarer sein. Dies genügt, daß die christliche Entsagung sich mit Vorliebe daran macht, und der Benedictiner copirt die Meisterwerke des Alterthums mit dem nämlichen Geiste, mit welchem er die Wälder und Sümpfe Germaniens urbar machte.

In der schrecklichen Nacht des zehnten Jahrhunderts, in der alles zügellose Rivalität und rastloser Krieg ist, durchbricht der Geist der Auflösung alle Bande, in welche ihn das Genie Karls des Großen einzuzwängen versuchte, und verschlingt die Gesellschaft. Inmitten dieser Verwirrung und dieser Gwaltthaten den Frieden und die Achtung vor

---

[1]) Die Brückenbrüder — fratres pontis — waren gegen das Ende des zweiten fränkischen Königsgeschlechts dazu aufgestellt, den Wanderern Schutz, Gastfreundschaft und anderes Nothwendige angedeihen zu lassen. Sie trugen diesen Namen deßwegen, weil Brückenbau zunächst ihre Aufgabe war, damit die Wanderer leichter und sicherer über Flüsse gelangen könnten. So lesen wir in der Lebensgeschichte des heiligen Benecetus, daß unter seiner Leitung und Anweisung die große Brücke in Avignon gebaut wurde. Das Gewand dieser Brückenbrüder war weiß mit dem Bilde einer Brücke und einem Kreuze aus Leinwand auf der Brust. A. d. Uebers.

der Gerechtigkeit wieder herzustellen, das ist ein Unternehmen, von dem jede menschliche Macht zurückschrecken möchte. Es steht ja ein solcher Gedanke geradezu im Widerspruch mit dem Begriff von Ehre bei einer wesentlich kriegerischen Gesellschaft und mit der wilden Wuth der Leidenschaft bei Völkern, die nur halbwegs aus der Barbarei herausgetreten sind. Durch den Hinweis aber auf die Entsagung um der Liebe Christi Willen sänftigte die Kirche nicht blos die Herzen, sondern sie vermochte überdies die Gesellschaft, sich selber gegen ihre Ausschweifungen zu waffnen. Indem die Kirche Allen den Gottesfrieden auferlegt, indem sie durch das Ritterwesen den Geist der Religion, der Liebe und der Gerechtigkeit in den Krieg einführt, läßt sie aus jener Freiheit, die nur Unordnung erzeugen zu können schien, die Ordnung erstehen.

Durch den Frieden und durch die Arbeit, die Europa dem Geiste des Opfers verdankt, hat dasselbe bald seine Wohlfahrt zu wunderbarer Entfaltung gebracht. Angelangt auf einer gewissen Stufe von Vollendung in der geistigen und materiellen Ordnung fühlt es nunmehr die gebieterische Nothwendigkeit, sich nach Außen auszudehnen, mit den entferntesten Gegenden des Orients in Verkehr zu treten, die Früchte ihres Geistes und ihrer Industrie sich anzueignen. Die Civilisation konnte nur unter dieser Bedingung weitere Fortschritte machen. Aber welch ein Unternehmen, Europa von da ab in innige und beständige Beziehung mit der orientalischen Welt zu bringen! Um dies zu ermöglichen, bedarf es einer Vereinigung der Kräfte und einer Entfaltung der materiellen Macht, deren die Gesellschaft nicht fähig zu sein scheint. Allein die Macht der Entsagung vollendet durch einen Aufschwung so außerordentlicher Art, daß er sich nur selten wiederholte, mit staunenswerther Schnelligkeit dieses unmögliche Werk. Unter dem Drang eines an Wahnsinn grenzenden Enthusiasmus für Opfer und Liebe eilt man zu den Kreuzzügen, und durch die Kreuzzüge öffnet sich für die allseitige Entfaltung der christlichen Civilisation eine neue Welt.

Durch die Eroberungen der Entsagung auf das Wunderbarste gefördert, haben sich die geistige und materielle Macht der christlichen Civilisation in der neu aufgegangenen Blüthenperiode nur mehr vor ihren eigenen Erfolgen zu fürchten. Gerade aus dem Schooße ihrer Fortschritte ging für die christlichen Völker eine Gefahr hervor, die größer sein mußte, als alle Gefahren der Verkehrssperre, der Unwissenheit und der Barbarei. Stolz und Sinnlichkeit bemächtigten sich der Seelen und bedrohten die Civilisation in ihrer Quelle selbst. Um dieselbe zu retten, mußte die Gesellschaft trotz aller Rufe, nur an sich selbst zu denken und sich in ihrem Glücke zu gefallen, durch Demuth und durch Verachtung der Genüsse auf den Wegen Gottes festgehalten werden. Und was ist wohl schwieriger, als das, in einer Welt, die allen Berauschungen einer noch jugendlichen Civilisation preisgegeben und von allen Verführungen des Hochmuths und der Sinne umlagert ist? Es wird dem Willen inmitten all dieser Größe und Lust mehr kosten, sich selbst zu verlaügnen, als es ihm gekostet hat, sich in den Zeiten der Barbarei unter das Joch der gröbsten Arbeit und der aüßersten Entbehrungen zu beugen. Wie sich demüthigen bei den Triumphen des menschlichen Geistes, der nunmehr zum Besitz seiner selbst, und durch sich zum Besitz der materiellen Schöpfung gelangt ist? Wie sich von den Sinnen losschälen in einer Welt, in welcher Industrie und Handel vom Zauber der Kunst unterstützt alle Genüsse des Luxus verbreiten? In einer solchen Gesellschaft den wahren Geist des Christenthums wiederherzustellen, das mag wohl das schwierigste Werk sein, welches der menschliche Geist unternehmen kann. Aber gerade deßwegen, weil es eine Verlaügnung fordert, welche das gewöhnliche Maaß überschreitet, findet sich unter dem Hauche des göttlichen Geistes eine große Anzahl von Männern, die entschlossen sind, das Wagniß zu machen. Das dreizehnte Jahrhundert sieht auf den Ruf des heiligen Dominikus und des heiligen Franz von Assissi Tausende von Menschen das Kreuz bis zur Schwärmerei predigen und üben; und aus dieser Schwärmerei, dem höchsten

Grade der Leidenschaft für Entsagung, ging eine Periode der Civilisation hervor, die zu den wunderbarsten Erscheinungen der Geschichte zählt.

Man folge dem Lauf der Geschichte, und immer wird man sehen, wie das Christenthum durch die Tugend der Entsagung das Werk jeder Epoche vollbringt, wie sie die Menschheit zu jeglichem Fortschritt führt und sie vor den Gefahren ihrer eigenen Erfolge rettet. Man durchwandle die heutigen Gesellschaften, und bei den Völkern der verschiedensten Culturstufen, an denen uns die jetzige Welt in einem und demselben Gemälde bei einem einzigen Blick die vielerlei Phasen zeigt, welche unsere Gesellschaften je durchlaufen haben: — bei all diesen Völkern wird man sehen, wie das Christenthum seine Thätigkeit immer nach den Umständen einrichtet; man wird sehen, wie es bemüht ist, durch die Gewalt der Entsagung, die in ihrem Princip stets dieselbe, aber in ihrer Anwendung unendlich verschieden und in ihren Wirkungen unendlich fruchtbar ist, allen Gegenden und allen Volksstämmen den heilsamen Anstoß zum Fortschritt zu geben.

Auf diese Weise ging einst und geht noch jetzt Tag für Tag aus den Leiden, aus der Schmach und aus der Erniedrigung des Kreuzes aller Fortschritt und alle Größe der Menschheit hervor. Der Fortschritt ist nichts anderes, als die Erlösung der Menschheit; die Erlösung aber geschieht durch das Kreuz. Schuldbar in ihrem ersten Vater ward die Menschheit dazu verurtheilt, in jedem Augenblick ihres Daseins Sühne für die Empörung zu leisten. Seit sechs Jahrtausenden hat sie auf jede Weise versucht, sich dieses Joches der Buße, das so schwer auf ihrem Dasein lastet, zu entledigen, und so oft sie glaubte, ihm entkommen zu sein, fühlte sie mit Befremden, daß sich seine Schwere verdopple. Wenn es ihr aber nicht vergönnt ist, sich dem Gesetze der Sühne zu entziehen, so ist es ihr wenigstens möglich, deren Last zu mildern und die unter Erniedrigung, Hilflosigkeit und allen Uebeln eines rohen und elenden Lebens zu leistende Buße mit der erträglicheren Last eines im Geiste des Opfers frei=

willig übernommenen Schmerzes zu vertauschen. Je mehr der Mensch sich durch die freiwillige Entsagung der Liebe an Gott anschließt, desto weniger wird es nothwendig sein, daß ihm Gott erst Entsagung als Pflicht auferlege, um seinen Stolz niederzuhalten. Es wird ihm gegönnt sein, sich zur Größe und zum Glück der ersten Unschuld in dem Maaße zu erheben, als er durch das Opfer seiner selbst jene Vereinigung mit Gott wieder anknüpft, in der er zu leben bestimmt gewesen wäre, wenn sein Stolz dieses Band nicht zerrissen hätte.

Aber vergessen wir nicht, daß die Größe und das Glück des gefallenen Menschen nicht wie die Größe und das Glück des noch unschuldigen, in einem von Gefahr stets freien Frieden fortblühen werden. Der gefallene Mensch kann zwar immer nach Größe trachten, aber unter der Bedingung, daß er sich selbst für klein halte; denn sobald er sein Herz dem Stolze überläßt, wird er sehen, wie aller Glanz augenblicklich wieder verschwindet, da ja seine Quelle in der Selbstverlaügnung und Selbstvergessenheit liegt. Das Glück wird ihm nicht verweigert sein, aber es wird von ihm gefordert, daß er seine Seele nicht dem Vergnügen öffne und die Güter dieses Lebens nur mit Furcht und Bangen gebrauche; denn wollte er diesen Gütern zum Zwecke der Selbstbefriedigung ihre Beziehung zu Gott nehmen, würde er in ihnen eine Zuflucht finden wollen gegen das Gesetz der Sühne, welches die Natur immer nur mit Widerwillen trägt, so würde er an ihnen bald nur mehr Unruhe, Langeweile und Eckel empfinden, diese beständige Folter eines Menschen, der sich nicht durch die Entsagung an Gott anschließt. Größe, Glück, Alles ist der Verweslichkeit unterworfen, wenn nicht das göttliche Aroma der Entsagung den Tugenden des Menschen etwas von der Unverweslichkeit Gottes selbst mittheilt.

Es ist also nicht genug, der Menschheit einen Anstoß zu geben, der sie zum Fortschritt bringt; das wäre wenig, wenn man ihr nicht zu gleicher Zeit die Kraft geben würde, die Eroberungen zu bewahren, die durch den Fortschritt gemacht werden. Der Fortschritt ist ein langsam und nur allmälig zu

Stande kommendes Werk, wobei sich unaufhörlich Sieg an Sieg reihen muß und der morgige Sieg nur dann möglich ist, wenn man den gestrigen dauerhaft gesichert und in allen seinen Früchten endgiltig sich eigen gemacht hat. Ohne diese Macht der Erhaltung müßte das Werk der Civilisation in jeder Periode des Völkerlebens von Neuem begonnen werden. Immer von Vorne begonnen und nie zu Ende geführt, wäre sie für die Menschheit nur der Gegenstand unaufhörlicher Anstrengungen, die immer mit Taüschung abschließen.

Der Mensch sucht seinem Wesen nach die Vollkommenheit und folglich den Fortschritt; selbst inmitten ihrer traurigsten Verirrungen, bei dem großen Abfall zum Götzendienste, hat die Menschheit jenen Grundstock von Tugend und geistiger Kraft, den Gott bei der Schöpfung in die Natur gelegt, niemals ganz verloren. Aus diesen Tugenden, aus dieser natürlichen Kraft zum Guten, aus diesem instinctmäßigen Ringen nach Wahrheit und Größe entspringt eine gewisse Fortschrittsbewegung, die bei glücklich begabten Völkern in Wissenschaft, Kunst, Reichthum und in Allem, was den Glanz der Civilisation ausmacht, zu einer großen Höhe führen kann.

Die Entsagung ist so sehr das Gesetz des Menschen, sie ist so sehr die Bedingung aller Tugend und aller Größe, daß es keine Gesellschaft gibt, die nicht immer ein gewisses Gefühl für dieselbe gehabt hätte, und wäre der moralische Sinn auch noch so sehr verdunkelt gewesen. In Vereinigung mit der natürlichen Macht vernünftiger Erkenntniß wird dieses Gefühl hinreichen, die Völker zu befähigen für jenes Ringen nach Größe und Wohlfahrt, welches den Gesellschaften den doppelten Glanz der geistigen und materiellen Macht verleiht. Kommen aber die Versuchungen der Civilisation, kommen die Forderungen des Stolzes und der Sinnlichkeit, die an Allem dem, was der Fortschritt dem menschlichen Leben an Macht und Süßigkeit verleiht, Nahrung gefunden haben: was werden dann die natürlichen Tugenden gegen so ungestüme, mit so viel Verlockungsreiz bewaffnete Feinde vermögen? Ihre Macht wird nach dem Maße des Fortschritts in der Civilisation wachsen und im Schooße der Gesellschaften werden sich gleichsam zwei Strömungen bilden, die nach entgegengesetzten Richtungen verlaufen: eine Strömung des Fortschritts und eine Strömung des Verfalls. Während der äußere Glanz des Lebens durch die Verfeinerung der Civilisation zunimmt, wird die innere Kraft, das Leben der Gesellschaft, in dem Maße sich abschwächen, als der Geist der Entsagung schwindet. Die Tugend wird zur Aufklärung und zur materiellen Macht im umgekehrten Verhältnisse stehen; da aber diese aus den edlen Anstrengungen der Tugend ihre Nahrung schöpfen, so werden auch sie bald aus Mangel jenes göttlichen Saftes, ohne welchen sie nicht leben können, hinsiechen und in Sand verrinnen. Dann wird man sehen, wie die Gesellschaft stille steht, allmälig rückwärts geht und mitten im Glanze einer Civilisation, die ihr eine ewige Dauer zu versprechen schien, langsam und traurig hinstirbt. So endigten die alten Völker, und so würden ohne Zweifel unsere modernen Gesellschaften endigen, wenn sie nicht im Christenthume das finden müßten, was den alten Gesellschaften fehlte: eine Kraft, durch welche die Civilisation vor den Verführungen ihres eigenen Glanzes gesichert wird, und die unaufhörlich erstarkte und erneute Tugend immer über alle Gefahren erhaben bleibt, die der Gesellschaft auf der Bahn ihres Fortschritts drohen könnten.

Zu allen Zeiten und vielleicht in unsern Tagen mehr, denn jemals, haben sich die Doctrinen, welche in der Welt keine höhere Gewalt, als die des Menschen anerkannten, die dem Menschen keinen andern Zweck, als sich selbst gaben, mit dem Versuch befaßt, den Fortschritt aus einem unserer Seele innewohnenden Verlangen nach Glück und aus dem Triebe eines unbestimmten Bedürfnisses für Vollkommenheit herzuleiten. Aber man erkannte nicht, daß man sich auf eine Eintagsmacht stütze, die den Keim zu ihrer Lähmung und zu ihrer endlichen Vernichtung im eigenen Innern trägt, wenn man auf diese Weise die Triebkraft des Fortschrittes in das Verlangen nach Befriedigung verlegt. Hat die Liebe zu den Genüssen einmal ihr Ziel erreicht, dann ruht sie in ihren Eroberungen.

Sie ist befriedigt, warum soll sie weiter gehen? Warum soll sie den Arbeiten Trotz bieten, deren Mühe durch die Gewohnheit des Genusses drückender geworden ist? Die Sinnlichkeit, der höchste Ausdruck dieser Lehren, war immer ohnmächtig, etwas Dauerhaftes zu Stande zu bringen; die Sinnlichkeit zehrt auf und hat kein erhaltendes Element an sich.

Der rationalistische Spiritualismus ist ebenso unvermögend, obgleich er sich bemüht, seine Ohnmacht mit einer Inconsequenz zu verbergen, indem er sich auf die Idee des Opfers beruft. Wenn die Menschheit aus sich und für sich besteht, warum sollte sie entsagen? Für den Menschen, welcher des Wahnes lebt, durch seine Vernunft nehme er an der Herrschaft Gottes Antheil, ist das Opfer ein Unsinn. Wenn der Spiritualismus sich auf die Idee des Opfers beruft, ohne dieselbe auf die Unterwerfung des Menschen unter ein schöpferisches und eben darum höchstes Wesen zu gründen, ist er eben so ohnmächtig als inconsequent. Denn durch die unwiderstehliche Gewalt der Logik, die hier im Einklang steht mit dem Ungestüm der Leidenschaften, wird die Macht der Dinge alles auf das Princip des Genusses zurückführen. Und wie wir hinsichtlich des Alterthums gesehen haben, ist nicht das in der That auch stets der endliche Triumph in den Lehren wie in dem Leben der rationalistischen Gesellschaften? Sensualismus oder Spiritualismus: außerhalb der christlichen Entsagung sind sie nur Kräfte, welche durch günstigen Erfolg erschöpft werden und sich nicht aus sich selbst wieder gebären.

Das Christenthum, welches der Welt durch das Opfer des Gottmenschen eine unversiegbare Quelle der Entsagung aufschloß, hat in der niederen Ordnung der zeitlichen Interessen für alle Bedürfnisse jeder fortschreitenden Civilisation, d. h. jeder wahren Civilisation Vorsorge getroffen, während es zu gleicher Zeit in der Ordnung der ewigen Interessen die Erlösung der Seelen bewirkte. In ihr liegt zugleich die Kraft des Anstoßes und das Princip der Erhaltung.

Unablässig von einem Ideal der Wahrheit, der Schönheit und der unendlichen Liebe angeregt, wird der Christ sich immer tief unter seinem Vorbild fühlen, und je mehr sein durch das Opfer gereinigter Geist die Züge dieses Ideals erfaßt, desto mehr wird er auch den unendlichen Abstand entdecken, der ihn von demselben trennt. Aber während in ihm die Ueberzeugung von seinem Nichts wächs't, wird zugleich der Zug nach dem Unendlichen immer vollständiger seine Seele erfüllen. Je reiner der Christ Gott erkennt, desto tiefer wird er den Eindruck seiner Liebe empfinden. Da nun Entsagung und Liebe ein und das Nämliche sind, da die eine nothwendig die andere weckt und ruft, so wird in dem Maaße, als die Entsagung in der Seele die Erkenntniß und Liebe Gottes entwickelt, diese höhere Erkenntniß und Liebe Gottes entgegen der Seele eine Macht der Entsagung mittheilen, die keine andere Schranke mehr hat, als die Leidenschaft für das Unendliche, die ihre Quelle ist. Ganz im Gegensatz zu den Leidenschaften, welche nur die Glückseligkeit der Erde zum Gegenstand haben und dann erlöschen, wenn sie in den Besitz ihres Gegenstandes gelangt sind, wird sich die Leidenschaft für das Unendliche unaufhörlich aus sich selbst neu gebären. Die indirecten Folgen, welche sich aus dieser Leidenschaft als Früchte der Civilisation für die menschliche Ordnung ergeben und Leben sowie Erhaltung fortwährend aus dem Princip schöpfen, aus dem sie herstammen, werden sich in ununterbrochener Reihe an einander ketten und den Gesellschaften jene unbegrenzte Befähigung zum Fortschritt verleihen, welche in unseren Tagen Manche zu dem Glauben gebracht hat, als trüge die Menschheit das Princip des unendlichen Lebens selbst in sich.

Diese durch die Entsagung stetige Macht des Fortschritts besitzt die Menschheit nicht aus sich selbst, sondern erhält sie von Gott, welcher sie uns dadurch gegeben, daß Er sich mit uns durch das incarnirte Wort vereinigte. Ohne Zweifel wird der Freiheit des Menschen immer ihr Recht bleiben, selbst das Recht, durch Abweisung der Hand, welche Gott ihr darbietet, sich zu Grunde zu richten. Aber wenn sie nur die Gabe Gottes nicht von sich stößt, so genügt das schon, um sich durch eine Macht, welche sie nicht kannte, bevor sie der Gott=

menschheit gebracht hat, über sich selbst erhoben und auf dem Wege nach der Vollkommenheit gleichsam getragen zu fühlen. Durch Christus findet sich das Opfer im Geist und in der Wahrheit bei den christlichen Völkern in ununterbrochener Wirklichkeit fortgesetzt. Deßhalb sieht man unter ihnen die Civilisation zunehmen und sich erhalten, wie sie in den Gesellschaften, die sich einzig auf die natürlichen Tugenden stützten, niemals gewachsen ist und sich erhalten hat. Dank dem Geiste der Entsagung, der mit Christus im Herzen der christlichen Völker lebt, wird die Civilisation niemals an ihrer eigenen Kraft zu zweifeln haben. Die Wissenschaft, die Kunst, der Reichthum werden all ihre Pracht entfalten können, ohne daß die Völker dazu verurtheilt wären, von derselben nur um den Preis jener Tugenden Gebrauch zu machen, ohne welche in der Welt weder wahre Größe noch dauerhafter Fortschritt besteht. Die Völker, welche der Entsagung zu huldigen verstehen, werden mitten unter den Wundern der Civilisation die kernigen Tugenden der einfachen und armen Völker bewahren können. Es wird nicht mehr nothwendig sein, dem Volke, wie in Sparta, ewige Armuth aufzulegen, um ihm die erste aller Kräfte, die moralische Kraft, zu erhalten. Die Menschheit wird alle ihre Kräfte in voller Freiheit entfalten können; um die Mission des geistigen Fortschrittes zu erfüllen, welche die Vorsehung ihr angewiesen hat, wird sie sich mit allen Gaben Gottes in der natürlichen Ordnung ausrüsten können. Die Entsagung wird diesen Gütern dadurch, daß sie dieselben immer mit ihrer Quelle in Beziehung bringt, keine andere Kraft lassen, als die Kraft für das Gute.

XIII. Kapitel.

Allgemeine Uebersicht. — Begriffsbestimmung und Eintheilung.

Im Vorausgehenden haben wir unsern Ausgangspunkt bezeichnet, indem wir den Reichthum so charakterisirten, wie ihn die christlichen Gesellschaften verstehen, und indem wir das Princip der Entsagung in seinen Gründen und in seinen allgemeinen Folgen darstellten. Aber wir haben noch nicht im Einzelnen mit dem Gegenstande unserer Untersuchung begonnen. In Folgendem haben wir die Folgen dieses Principes für die materielle Ordnung im Einzelnen zu entwickeln.

Die materielle Ordnung begreift in sich alle Entfaltung der menschlichen Thätigkeit bei Hervorbringung und Vertheilung der Reichthümer, d. h. der materiellen Güter, welche den Bedürfnissen des Menschen dienen. Die Arbeit, und seit dem Falle, die schmerzliche Arbeit, ist die Grundbedingung für unsere Existenz und für alle unsere Eroberungen in der geistigen und materiellen Ordnung.

Die Vorsehung hat alles im menschlichen Leben so geordnet, daß in ihm die Einheit in der Vielheit dargestellt werde. Geschaffen, um in der Gesellschaft zu leben und sich zu entwickeln, ist und vermag der Mensch weder auf geistigem noch physischem Gebiete irgend etwas, wenn er nicht die Beihilfe seiner Mitmenschen hat. Die Arbeit, durch welche er für seine materiellen Bedürfnisse sorgt, wird also wesentlich ein Collektivwerk d. h. ein gemeinsames Werk Vieler zumal sein, wobei jedes Glied der Gesellschaft seine Aufgabe hat und alle Betheiligten in gegenseitiger Abhängigkeit von einander stehen.

Dieses gemeinsame Werk der Schöpfung von Reichthümern vollzieht sich unter der Herrschaft gewisser allgemeiner Gesetze, welche aus der moralischen und physischen Natur des Menschen und aus seinen Beziehungen zur Außenwelt sich ergeben. Dieselben sind in der speciellen Ordnung des materiellen Lebens nur die Unterlage zur Erfüllung der höheren Be=

stimmung des Menschen und werden in allen ihren Zügen die großen Principien wieder aufweisen, welche für die geistige Welt, das eigentliche Gebiet der menschlichen Bestimmung, maßgebend sind. Die verschiedenen Zustände des menschlichen Lebens, welche zum Bereich der materiellen Interessen gehören, haben an sich nicht mehr Beständigkeit, nicht mehr Allgemeinheit, als die immer verschiedenen und wechselnden Thatsachen, worauf sie sich gründen und denen sie entsprechen. Der Geschmack, die Neigungen des Menschen haben in dieser Ordnung der Dinge nichts Bleibendes; man kann sagen, daß die Veränderlichkeit ihre einzige Regel ist; auch wechseln die aüsseren Verhältnisse, denen hier die Thätigkeit des Menschen unterworfen ist, mit dem Boden, mit dem Klima, mit der geographischen Lage. Was aber wahrhaft universellen Charakter an sich hat, das ist das Ideal der moralischen Vollkommenheit, welches unser ganzes Leben beherrscht, das ist die Nothwendigkeit, an Einsicht, Freiheit, Würde zu wachsen und die Kraft zu entwickeln, die wir in uns für das Wahre und Gute fühlen. Dies ist das unveränderliche Wesen unserer Natur dies der Zweck, welchen der Mensch unter jedem Breitegrade und in allen Epochen seiner Existenz verfolgt. Diesem höchsten Ziele entspricht all dasjenige, was es Dauerhaftes und Allgemeines im materiellen Leben gibt. So oft man demnach in der materiellen Ordnung eine beständige und universelle Thatsache entdeckt, die als Gesetz gelten kann, darf man mit Gewißheit sagen, daß dieselbe ihren Grund in der höheren Ordnung hat; woselbst in Wahrheit das Drama des menschlichen Lebens verlaüft. —

Unsere Aufgabe in der materiellen Ordnung besteht darin, die vielartigen und immer beweglichen Interessen dieser Ordnung beständig auf die allgemeinen Zwecke zurückzuführen, zu denen die ganze Existenz der Menschheit hingravitirt. Dort liegt das Ideal, dort das Kriterium, dort die Verkettung der Principien und Consequenzen, ohne welche es in der Theorie keine Wissenschaftlichkeit, und in der Praxis keinen zusammenhängenden Plan und keinen gesicherten Erfolg gibt.

Das Christenthum versetzt den Menschen mitten in den Zustand der Vollkommenheit; es zeichnet uns das Ideal unserer Bestimmung vor und gibt uns damit die Regeln für die geistige und materielle Ordnung zugleich an die Hand. Dieses Ideal in's Licht zu stellen, zu zeigen, daß in allen Fragen über die Entfaltung des Reichthums das christliche Princip den berechtigten Forderungen der Menschheit genüge, das ist unser Unternehmen. Es besteht eine so große Harmonie zwischen der christlichen Wahrheit und den Anforderungen des menschlichen Lebens, daß eine einfache Auseinandersetzung der natürlichen Folgen des christlichen Princips vom Boden der materiellen Ordnung aus die beste Widerlegung der Angriffe enthält, welche von eben dieser Seite her gegen unseren Glauben gerichtet werden. Diese Widerlegung wird vollständig, wenn man dem Gemälde von den Wohlthaten der Wahrheit das Gemälde von den unheilvollen Wirkungen des Irrthums gegenüberstellt — und das wird unser Verfahren sein. Wenn wir in allen großen Fragen der materiellen Ordnung die christliche Lösung auseinander gesetzt haben, werden wir uns fragen, welches in der Theorie und in der Wirklichkeit die Früchte von den Principien des Stolzes und der Sinnlichkeit waren, die im alten Heidenthum triumphirten und noch heut zu Tage selbst im Schooße der christlichen Nationen gegen das Princip der Entsagung ankämpfen. Wir werden uns stets auf die Geschichte der Ideen und auf die Geschichte der Thatsachen zugleich berufen; und in den Speculationen des Verstandes nicht minder als in der Praxis des socialen Lebens werden wir sehen, daß alle Größe und alle Wohlfahrt vom Geiste des Christenthums ausgehe, während alle Erniedrigung und alle Ohnmacht im Geiste des Heidenthums ihre Quelle haben.

Die sociale Ordnung unserer Zeit beruht auf zwei Principien, deren Folgen das Christenthum immer mehr und mehr entwickelt hat: auf der Freiheit und dem Eigenthum. Wenn wir die Gesetze der materiellen Ordnung in den christlichen Gesellschaften darlegen, werden wir immer von diesen zwei Principien ausgehen, die miteinander unzertrennlich verbunden sind, und sich in unserer Civilisation durch den Einfluß des Geistes auf die Sitten in gleichem Schritte neben einander entfaltet haben. Aber wir werden uns darauf beschränken, sie als Thatsachen zu betrachten, indem wir uns vorbehalten, am Schlusse, wenn wir die allgemeinen Gesichtspunkte unserer Arbeit darlegen, ihre letzten Wurzeln und ihren Einklang unter einander nachzuweisen.

Da die Hervorbringung des Reichthums wesentlich ein collectives Werk ist, welches durch das Zusammenwirken aller Organe und aller Kräfte der Gesellschaft vollbracht wird und durch Gesetze, die in der Natur des menschlichen Lebens liegen, mit dem höheren Werk der moralischen Vervollkommnung in engster Verbindung steht, so folgt daraus, daß das Eingreifen einer leitenden Gewalt in dieses Werk eine Thatsache ist, deren Rechtmäßigkeit nicht bestritten werden kann. In Wahrheit, so oft die Menschen in ihrer Gesammtheit handeln, zeigt sich alsbald durch die Natur der Dinge die Nothwendigkeit einer gemeinsamen Leitung, einer Auctorität. Ohne das Vorhandensein einer hierarchischen Einheit ist ein Erfolg so ganz und gar unmöglich, daß man freie Menschen instinctmäßig sich ihr fügen sieht. Die Gewalt ist berufen, die Gesellschaft im Allgemeinen und jedes ihrer Glieder im Besonderen den Zielen entgegenzuführen, die uns hienieden vorgesteckt sind, und zwar zuerst und vorzüglich hinsichtlich der geistigen, dann auch hinsichtlich der materiellen Ordnung, die man im gegenwärtigen Dasein des Menschen von der geistigen Ordnung nicht trennen kann. Die Gewalt muß mit den Rechten ausgerüstet sein, die zur Erfüllung dieser Aufgabe nothwendig sind. Wenn die Freiheit der Einzelnen durch ungeordnete Bethätigung in der materiellen Ordnung die Rechte Anderer gefährdet, oder wenn sie die Gesellschaft vom höchsten Zwecke, welchen die Vorsehung ihr in der geistigen Ordnung anweis't, abzuwenden sucht, dann ist es Sache der Gewalt, handelnd einzuschreiten und die Freiheit wieder auf die allgemeinen Grundlagen des socialen Lebens zurückzuführen. Wenn sich aber die individuellen Kräfte nicht in dem Grade entwickeln, daß die Gesellschaft in ihnen hinreichende Stütze fände, um ihren Zweck erreichen zu können, so muß die Auctorität die Freiheit wecken und fördern, indem sie den jedesmal von der Zeit gebotenen Fortschritt in's Werk setzt. Dies ist stets die Aufgabe der Gewalt gewesen. Und diese allgemeine Thatsache ist nur der Ausdruck eines tiefen Gesetzes unserer Natur, nach welchem das menschliche Geschlecht in der Einheit geschaffen wurde, und aus welchem hervorgeht, daß die hierarchische Organisation für alle Zeiten und alle Formen seiner Existenz immer das erste Bedürfniß war.

Wenn man aber auch mit aller Entschiedenheit behauptet, daß die Intervention einer Macht auf dem Gebiete der materiellen Interessen nothwendig und folglich rechtmäßig sei, so darf man doch keineswegs aus dem Auge verlieren, daß der Mensch frei und selbstverantwortlich und dazu geschaffen ist, nach eigener Bestimmung thätig zu sein. Die Vollkommenheit der Gesellschaft bestünde darin, daß sich die Freiheit aller ihrer Glieder in ununterbrochener Harmonie mit der Auctorität entfalte, und daß es der Auctorität nur obliege, die Kräfte der Individuen zu gruppiren und sie in einmüthig übernommener und froh getragener Bewegung zum irdischen Ziele hinzuleiten. Solche Bewandtniß hätte es mit der Freiheit und Auctorität in den menschlichen Gesellschaften gehabt, wenn nicht die Harmonie durch den Ungehorsam des ersten Menschen gestört worden wäre. Man kann nicht hoffen, daß die Völker je wieder zu den Gesetzen dieser göttlichen Harmonie zurückkehren werden. Die Empörung hat die innere Beschaffenheit des menschlichen Lebens bis in ihre Tiefen hinab geändert; Kampf und Zersplitterung zeigen sich überall. Die sociale Aufgabe besteht nunmehr darin, diese Zersplitterung zu verringern und die Auctorität mit der Freiheit dadurch zu versöhnen, daß sie sich unter dem gemeinsamen Joche des Gesetzes Christi die Hand bieten. Die Auctorität hat nur die Mission, die Freiheit zu lenken, aus welcher alles in der Welt hervorgeht, weil in ihr alles durch die menschliche Thätigkeit geschieht und diese ihrer Natur nach frei ist. Je enger sich die Freiheit an Christus anschließt, der als das lebendige Gesetz des Guten in der Welt leuchtet, desto weniger wird die zwingende Thätigkeit der Auctorität nothwendig sein, und desto näher wird die Gesellschaft jenem Zustande vollkommener Harmonie stehen, in welchem Auctorität und Freiheit sich in einem und demselben Gedanken begegnen und mit der doppelten Macht der Einheit im Handeln und der Freiheit in der Entfaltung der individuellen Anlagen mit gemeinschaftlichem Streben die Bestimmung der Gesellschaft fördern.

Wir stellen demnach als allgemeines Princip den Satz auf, daß man überall da von der Freiheit den Fortschritt erwarten müsse, wo sie stark und mächtig ist, sich selbst zu genügen, während wir die Mitwirkung der Auctorität überall in so fern für nothwendig erachten, als sie der Gesellschaft das jedem Organismus wesentliche Princip der Einheit gibt. Den Umfang und die Intensität ihrer Einwirkung aber bestimmen wir dahin, daß sie im umgekehrten Verhältnisse zu stehen habe zu der Energie und Moralität, die den Kräften der Freiheit innewohnt.

Wir werden zu untersuchen haben, welche Richtung das Princip der christlichen Entsagung der Freiheit des Menschen im all dem gebe, was auf Production und Vertheilung des Reichthumes Bezug hat; wir werden zu untersuchen haben, wie es dadurch, daß es der großen Zahl Auskommen gewährt, zu der einzigen Vollkommenheit führt, welche der Mensch in Sachen der materiellen Wohlfahrt vernünftiger Weise beanspruchen darf. Ist auch das Ziel bescheiden, das Feld wird nichts desto weniger sehr weit sein.

Eben darum, weil die Freiheit selbst in der materiellen Ordnung nur den Fortschritt der geistigen Ordnung zum wahren Zwecke haben kann, gibt es im menschlichen Leben keine Frage, die nicht wenigstens theilweise in dieser geistigen Ordnung wurzelt. Wir werden aber die Grenzen so enge als möglich ziehen; deßhalb werden wir uns strenge an unseren Gegenstand d. h. an die Untersuchung der Grundlagen halten, über denen sich das materielle Gedeihen der Völker aufbaut, und wir werden die Thatsachen des geistigen Lebens nur dann berühren, wenn sie direct auf die materielle Ordnung einwirken, oder vielmehr, wenn die Thatsachen der materiellen Ordnung mit den Interessen der geistigen Ordnung direct im Zusammenhang stehen. Immer also werden wir den materiellen Wohlstand, entweder in seinen unmittelbaren Principien oder in seinen wichtigsten Consequenzen im Auge behalten.

Auf die Arbeit geht alles in der materiellen Ordnung zurück; die Gesetze dieser Ordnung auseinandersetzen, heißt die Gesetze der Arbeit darlegen. Die Arbeit zu definiren, ihren Chrakter im gegenwärtigen Zustand der Menschheit zu kennzeichnen, die Bedingungen ihrer Fruchtbarkeit zu bestimmen, das wird also unsere erste Aufgabe sein.

Die Arbeit aber ist ein Werk Vieler zumal. Nimmt man nun eine Theilung derselben vor, so werden dadurch Alle zur Mitwirkung beigezogen. In Folge dieser Theilung sammelt Jeder seine Kräfte auf die Schöpfung eines und desselben Productes. Es muß sich also jeder Producent durch Umtausch Dinge der verschiedensten Art verschaffen, die er selber nicht producirt, die aber sogar das bescheidenste Leben beansprucht. Wir werden deßhalb auch den Mechanismus des Tausches studiren und sehen müssen, wie er sich unter dem Princip der Freiheit und des Eigenthums gestaltet.

Der Mensch besitzt eine gewisse Macht, den Reichthum zu vermehren; aber diese Macht ist nicht unendlich. Wo liegen die Grenzen, welche hier die Vorsehung gesetzt hat? Welches sind die Folgen dieser providentiellen Bestimmung in Bezug auf die allgemeine Lage der Menschheit, in Bezug auf Population und in Bezug auf Wohlstand? Hier bieten sich die unauflöslichsten Probleme dar, welche mit der ganzen Ordnung der materiellen Welt verknüpft sind, seit sechs tausend Jahren unaufhörlich auf der menschlichen Gesellschaft lasten und die Anstrengungen der Menschen, die Armuth zu ersticken und Allen zum Reichthum zu verhelfen, immer und überall zu Nichten gemacht haben. Erst wenn wir diese Schwierigkeit, die mit den allgemeinen Gesetzen der menschlichen Bestimmung in Verbindung steht, untersucht haben, werden wir die Fragen in Anregung bringen können, welche sich an die Ungleichheit der Stände, und an jene Theilung der Bevölkerung in Arme und Reiche knüpfen, wovon alle Gesellschaften uns ein Schauspiel darbieten.

Bevor wir aber an diese schreckenerregende Frage des Elendes uns wagen, auf welche alle unsere Untersuchungen über den Reichthum als auf ihr Centrum abzielen, müssen wir die Regeln auseinander setzen, nach denen sich in Gesellschaften, in welchen die Freiheit und das Eigenthum und alle Folgen beider zur Anerkennung gekommen sind, das Einkommen eines Jeden bestimmt. Des Menschen Willkühr kann diese Regeln merklich modificiren; wenn aber einmal gewisse Principien für die socialen Verhältnisse bestehen, so wird aus diesen Principien in Zusammenhalt mit den unveränderlichen Gesetzen der materiellen Ordnung ein Complex von allgemeinen und beständigen Thatsachen sich ergeben, die nach dem jedesmaligen Zustand des socialen Lebens die Gesetze für die Vertheilung des Reichthums bilden werden. Diese Gesetze müssen wir kennen, bevor wir uns an das große Problem des Reichthums und der Armuth wagen.

Woraus entspringt der Unterschied, die Ausscheidung in Wohlhabenden oder gar Reiche einerseits und in Arme andererseits, — eine Ausscheidung, die in allen menschlichen Gesellschaften vorhanden ist? Welches sind die Charaktere des Elendes? Welches sind seine Ursachen und welches die Mittel zur Abhilfe? Hier ist der Einfluß der moralischen Ordnung auf die materielle weit sichtbarer, als sonst irgendwo, und hier zeigt sich die sociale Macht des Christenthums in ihrem vollen Glanze, während zu gleicher Zeit die unheilvollen Consequenzen aus den Principien und Sitten des Heidenthums in ihrer schreckenerregendsten Gestalt hervortreten.

Aus dieser Studie über das Elend in seinen Ursachen und Wirkungen geht mit aller Evidenz die Nothwendigkeit der Liebe hervor. Dem Princip des Eigenthums zufolge geschieht die Vertheilung des Reichthums nach den Gesetzen strenger Gerechtigkeit. Aber die Gerechtigkeit kann weder die natürlichen Unglücksfälle, noch die sittlichen Ausschreitungen, noch jene traurigen Verwicklungen abwenden, welche der regelmäßigen Bewegung des Reichthums hemmend entgegentreten und die Gesellschaft in vielerlei Verlegenheiten, oftmals sogar in die äußerste Noth versetzen. Nur auf Kosten der Freiheit und mit dem gleichzeitigen Umsturz der ganzen natürlichen Ordnung könnte man es hier bei der Gerechtigkeit bewandt sein lassen. Aus dem Umstand, daß der Mensch frei ist und in Folge dessen allein für sein Thun verantwortlich bleibt, entspringen Nothstände, die ohne Heilung blieben, wenn nicht die Freiheit selbst eine Macht erwecken würde, die fähig ist, ihr Beistand zu leisten. Diese aus der Freiheit geborne Macht ist die Liebe. Wer möchte behaupten, daß eine sociale Ordnung auch nur vom Gesichtspunkte der materiellen Wohlfahrt aus vollkommen sei, wenn sie nicht jene Macht der lautersten und freiesten Liebe besitzt, durch welche diejenigen, die vermöge der Rechtsordnung Ueberfluß besitzen, an jene davon mittheilen, die sich im Kreise der Rechtsordnung das Nothwendige nicht zu verschaffen vermochten oder verstanden. Es hieße nur ein unvollständiges und nichtssagendes Werk ausführen, wenn man die Bedingungen für das materielle Gedeihen eines Volkes bestimmen wollte, ohne sich dabei auf die christliche Liebe zu berufen. Die Liebe wird also unsere Aufmerksamkeit mit dem nämlichen Rechte in Anspruch nehmen, wie die Gesetze, welche der Hervorbringung und Inumlaufsetzung des Reichthums zu Grunde liegen; denn sie hat das nämliche Ziel, das darin besteht, der großen Menge den Lebensunterhalt zu verschaffen, der jedem Menschen gesichert sein muß, eben darum, weil er Mensch ist.

An diesem Punkte angekommen werden wir das ganze Feld unserer Untersuchung zu durchlaufen haben. Die Liebe wird unsere Doctrin krönen, wie sie im Leben jeden Bau der christlichen Freiheit krönt. Aber durch das strenge Verfahren der Methode gefesselt konnten wir die großen Thatsachen, deren

Zusammengreifen die materielle Entwicklung der Völker bildet, nur nach einander und getrennt betrachten. Um einen lebendigen und vollständigen Ueberblick zu gewinnen, wird uns erübrigen, die vorher zerstreut dargestellten Züge zu verbinden und dasjenige in der Einheit der Synthese zu prüfen, was die Analyse uns im Detail gezeigt hat. Diese Synthese wird uns die christliche Harmonie der materiellen Ordnung in ihrer vollen Klarheit offenbaren. Das Princip der Entsagung, welches die allgemeine Bedingung jeglichen Fortschrittes ist, weil es die erste Bedingung für die Verbindung des Menschen mit Gott ist, werden wir dort in der Einheit und Einfachheit seiner inneren Kraft wiederfinden. Im Lichte dieses Princips werden wir aus der Vergangenheit der menschlichen Gesellschaften die Ueberzeugung gewinnen, daß einzig aus den Lehren der katholischen Kirche, wenn sie freimüthig angenommen und mit Entschlossenheit in ihrer ganzen Strenge geübt werden, jene sociale Wiedergeburt und jener neue Glanz der Civilisation erwachsen kann, wornach unser Jahrhundert so sehnlich verlangt.

Zweites Buch.

Ueber die Erzeugung von Reichthümern.

I. Kapitel.

Natur, Arbeit und Kapital, die drei Kräfte zur Erzeugung von Reichthümern.

Der Mensch arbeitet in der geistigen und in der materiellen Ordnung der Dinge. Sowohl in der geistigen als in der materiellen Ordnung kommt durch die Arbeit jedes Mal die ganze Summe jener Kräfte, welche die menschliche Persönlichkeit ausmachen, zur Anwendung. Die Arbeit des Geistes ist abhängig von der Beihilfe der körperlichen Organe, und die Arbeit der Hände vollzieht sich nur unter der Leitung der Vernunft und auf den Antrieb des Willens. Die Arbeit ist also eine Kraftaüßerung, die ihren Ursprung wesentlich im Gebiete der geistigen Ordnung nimmt.

Faßt man dieses Wort in seiner weitesten Bedeutung, so läßt sich darunter jede Art menschlicher Thätigkeit verstehen.

Nach Gottes Bild geformt trägt der Mensch etwas von der schöpferischen Kraft seines Urhebers in sich. Er besitzt nicht die Macht, ein Ding aus dem Nichts hervor gehen zu lassen; aber es ist ihm gegeben, seine Erkenntnisse zu erweitern und die Dinge umzugestalten, so daß er sowohl der Welt der Ideen als der Welt der Körper die Spuren seiner Wirksamkeit einprägt. Durch die Arbeit in ihren sämmtlichen Formen führt der Mensch das Schöpfungswerk Gottes durch die Zeit hindurch fort; er vervollkommnet sich und erhebt sich ohne Unterlaß zu Gott, und mit sich erhebt er zugleich die ganze materielle Welt zu ihrem Urheber.

Seitdem zu Adam nach seinem Falle gesagt worden: „Im Schweiße deines Angesichtes sollst du dein Brod essen,"[1]) ist die Arbeit für den Menschen zur Last aller seiner Tage geworden. Sie geschieht nur durch eine Anstrengung, welche die ganze Kraft des Willens in Anspruch nimmt. Die Natur straübt sich gegen sie, so daß immer Selbstüberwindung die erste Bedingung ist, wenn der Mensch etwas thun will zur Erhaltung, Erhöhung oder Erweiterung seines Lebens. Diese Nothwendigkeit, sich bei der Arbeit in jedem Augenblicke zum Opfer zu bringen, trägt alle Merkmale einer Strafe an sich. Freiwillig angenommen wird sie indeß zur Macht und Ehre; denn da das Gesetz der Selbstentsagung das allumfassende Gesetz des menschlichen Lebens ist, so findet sich das Siegel wahrer Größe und Stärke überall da, wo man das Opfer freiwillig übt.

Da der Mensch ein Geist ist, der mit einem Leibe geeint worden, und da das menschliche Leben eins ist in seinem Principe, so ist es unmöglich, einen wesentlichen Unterschied zwischen den Arbeiten der geistigen Ordnung und den Arbeiten der materiellen Ordnung zu erkennen, wenn man einzig auf den Handelnden Rücksicht nimmt. Dieser Unterschied ergibt sich aber von selbst, wenn man die Gegenstände betrachtet, denen die menschliche Thätigkeit sich zuwendet. Nie wird Jemand die Güter der geistigen Ordnung mit den Gütern der materiellen Ordnung vermengen. Für Jeden, in dem nicht die Begriffe systematisch gefälscht sind, wird Wahrheit, Schönheit und Güte immer etwas Anderes sein, als Reichthum. Die Arbeit, welche die höchsten Bedürfnisse des Menschen befriedigt und unter den Völkern die erhabenen Begriffe entwickelt und verbreitet, von denen das ganze Leben beherrscht wird; die Beschäftigung mit jenen Ideen, die in ihrer Verbindung unter einander die höhere geistige Ordnung bilden, auf deren Grund der Mensch in Wahrheit lebt und sich bewegt: diese Arbeit läßt sich nie verwechseln mit jener anderen, welche die irdischen Dinge umgestaltet und die Güter schafft,

---

[1]) In sudore vultus tui vesceris pane. Genes. III, 19.

die zur Befriedigung der niederen Bedürfnisse dienen. Zwischen den beiderseitigen Resultaten besteht ein so großer Unterschied, als zwischen Geist und Materie selber.

Was wir nun kennen lernen wollen, das sind die Gesetze jener Arbeit, die sich damit befaßt, Reichthümer zu schaffen und die körperlichen Dinge umzugestalten. Nur indem wir strenge an dem Begriffe des materiellen Reichthums festhalten, werden wir bündig den Gegenstand unserer Untersuchung abgrenzen und die Klippe des lächerlichen Unternehmens vermeiden, eine These über alles Denkbare — de omni re scibili — aufzustellen, indem wir von Güterproduction reden.

Gerade aber wegen der Einheit des menschlichen Lebens kann unser Gegenstand, wenn er einmal von allen übrigen Gegenständen der menschlichen Thätigkeit ausgeschieden ist, nicht ganz und gar an sich allein betrachtet werden und ohne Rücksichtnahme auf die Principien der moralischen Ordnung, die unser ganzes Leben beherrschen. Weil die materielle Ordnung nur vorhanden ist zum Zweck der geistigen Ordnung, so können die Thatsachen, die zum Gebiet der materiellen Ordnung gehören, ihren Grund und ihre Erklärung nur in der geistigen Ordnung finden. Wir haben es so eben gesagt: Die Arbeit ist wesentlich eine geistige Kraftentwicklung. Demzufolge ist es unmöglich, die Bedingungen ihres Erfolges in der materiellen Ordnung darzustellen, ohne daß man zu jener höheren Ordnung aufsteigt, aus der in letzter Instanz alle ihre Resultate eben so hervorgehen, wie sie sich wieder auf dieselbe zurückbeziehen. Wir werden demnach die Regeln, denen unsere Thätigkeit bei Schaffung von Reichthümern unterworfen ist, aus der geistigen Ordnung ableiten. Aber wir werden die Principien jener Ordnung nicht an sich selber betrachten; wir werden uns darauf beschränken, die Folgen, die aus denselben für die Schaffung der Reichthümer hervorgehen, bestimmt auszusprechen und zu entwickeln. Und wenn wir von diesen Folgen noch einmal aufsteigen zur höheren Ordnung, so thun wir das nur, um bemerklich zu machen, wie innig die jedesmalige Gestaltung des materiellen Lebens mit dem wahren d. h. geistigen Leben des Menschen in Verbindung gebracht zu werden vermöge.

Die Arbeit der Gesellschaft theilt sich in eine geistige und in eine materielle; allein es können die verschiedenen Verrichtungen der gesammten Gesellschaft einander nicht fremd bleiben, eben so wenig, als der Körper der Seele oder die Seele dem Körper fremd bleiben kann; sie werden sich vielmehr mit jener wechselseitigen Beihilfe entgegen kommen, welche das oberste Gesetz des socialen Lebens ist. Die vorhandenen Kräfte werden sich in die Geschäfte der doppelten Ordnung nach einem Maaße theilen, das jedesmal den eben vorliegenden materiellen und geistigen Zuständen der Gesellschaft entspricht. Aber für jede Gesellschaft wird es in dieser Beziehung immer ein gewisses Ebenmaß geben. Dieses Ebenmaß hängt ab von der providentiellen Aufgabe eines jeden Volkes, von seinem Charakter und auch von der Bildungsstufe, auf welcher es sich befindet. Allgemein giltige Regeln gibt es hierüber nicht. Was man aber sagen kann, faßt sich in den Satz zusammen, daß wahre Stärke und wahre Größe auf Seite jener Völker steht, bei denen die Civilisation weit genug vorgeschritten ist und die Arbeitskräfte weit genug entwickelt sind, daß von den Gliedern der Gesellschaft eine große Anzahl der Nothwendigkeit überhoben bleibt, sich ausschließlich der Hervorbringung von Reichthümern zuzuwenden, und daß die Begabten ohne Beschädigung der wesentlichen Grundlagen für die materielle Existenz der Gesellschaft ihre Kraft ganz den Arbeiten der höheren Ordnung zu widmen vermögen. Der Materialismus allein konnte die Größe der Völker in die ununterbrochene und unendliche Entwicklung der Güterproduction setzen.

Der Mensch erzeugt dadurch Reichthum, daß er die Dinge umgestaltet und ihnen durch die vorgenommene Umgestaltung Eigenschaften mittheilt, die sie aus sich selbst nicht besitzen; und es gereicht zum äußersten Vortheil, daß der Mensch bei der Güterproduction schöpferisch auftritt, weil er so für die Befriedigung seiner Bedürfnisse Dinge verwendbar macht, die ohne Arbeit zu diesem Zweck entweder gar nicht oder doch nur unvollständig dienen könnten. Der Mensch ist dazu verurtheilt, ohne Unterlaß zu produciren, weil er oder die Natur ohne Unterlaß die producirten Dinge wieder zerstört. Der Mensch lebt nur, um zu verbrauchen, d. h. um zu zerstören; eben so verbraucht auch die Natur ohne Unterlaß: Wärme und Kälte, Trockenheit und Nässe und jedes Klima, alles trägt eine zerstörende Kraft in sich, der nichts widersteht und gegen welche die Arbeit des Menschen in jeden Augenblick ankämpft. Der Mensch bewegt sich also ewig in einem Kreise von Production und Verbrauch und sieht sein Leben unter Arbeiten verlaufen, die immer wieder von Vorne beginnen:

Immer von Neuem erscheint schon einmal geschehene Arbeit,
Immer von Neuem betritt die alten Geleise der Zeitlauf.[1])

Das Werk der Gütererzeugung ist demnach in so fern universal, als es an keinem Orte und zu keiner Zeit eine Unterbrechung erleiden darf. Nicht mehr produciren gilt für den Menschen soviel als sterben. Es ist aber auch universal in den Gesetzen, nach denen es zu geschehen hat. Der Mensch producirt, indem er durch seine Kraft die Dinge umformt oder für den Kreis seiner Bedürfnisse verwerthet. Nun ist aber die Productivkraft des Menschen die Persönlichkeit des Menschen selbst mit ihrem geistigen Princip und ihrem innig an den Geist gebundenen leiblichen Organismus: eine Persönlichkeit, die mit sich selber immer identisch ist und folglich bei ihrer Thätigkeit und Entwicklung immer den gleichen Bedingungen unterworfen bleibt.

Die Thätigkeit dieser producirenden Kraft erstreckt sich auf die sämmtlichen natürlichen Kräfte, aus denen die Welt der Körper gebildet ist. Allein diese natürlichen Kräfte gehorchen unwandelbaren Gesetzen, und wenn sie der Mensch zur Erzeugung von Reichthümern in Bewegung setzt, so stellt

---

[1]) . . . . Redit labor actus in orbem.
Atque in se sua per vestigia volvitur annus.

er sich unter die verhängnißvollen Gesetze der physischen Welt, die ihm wohl ihren Beistand leihen, aber zu gleicher Zeit auch durch ihre Unbeugsamkeit die Schranken seines Willens und den Zustand der Abhängigkeit, in den seine Natur ihn versetzt, recht fühlbar erscheinen lassen.

Denn die Vorsehung hat den Menschen von den Dingen abhängig gemacht, die ihn umgeben. Wie er nicht aus sich selbst sein Dasein hat, so schöpft er auch nicht aus sich selbst die Mittel zur Erhaltung seines Lebens. Allerdings producirt er durch seine eigene Thätigkeit; aber diese Thätigkeit hat aüßere Gegenstände nothwendig, auf welche sie wirken soll; und ebenso bieten aüßere Gegenstände dem Menschen die Mittel und Werkzeuge, durch deren Hilfe er vermöge der Obmacht seiner Vernunft die Unzulänglichkeit seiner physischen Kräfte ergänzt.

Obwohl den Gesetzen der Natur unterworfen gebietet der Mensch doch in einem gewissen Maaße über die Kräfte derselben. Aus diesen Kräften, die an sich launenhaft, unausgiebig und oftmals zerstörungssüchtig sind, macht er durch die Ueberlegenheit seines Willens Kräfte, die gelehrig und fruchtbar werden. Alle Eigenschaften der Körper und alle Wirkungen, die ihnen zukommen, werden durch die Arbeit beherrscht, ausgebeutet und so zu einander in's Verhältniß gebracht, daß sie entweder direct oder indirect zur Befriedigung unserer verschiedenartigen Bedürfnisse dienen. Der Widerstand, an dessen Beseitigung der Mensch nicht denken dürfte, wenn er auf die Kraft seiner Arme allein angewiesen wäre, wird sich durch die Erfindungen, die sein Genie gemacht, ohne Mühe heben lassen. Die Fortschritte des Menschen in der Erkenntniß der Natur, die ihrerseits wieder abhängig sind von den Eroberungen des Geistes auf dem Gebiete der höheren Principien, werden für ihn die Quelle der Herrschaft über die Kräfte der materiellen Welt.

So ausgedehnt übrigens diese Herrschaft auch werden mag, so wird sich doch dadurch der Mensch nie von dem Gesetze steten Bedürfens und mühesamer Arbeit frei machen können;

aber die Bürde der Arbeit wird er zu mindern im Stande sein. Wenn die Natur ihn unterstützt, so werden ihm seine Unternehmungen nur mehr eine geringere Mühe kosten, oder vielmehr: mit der gleichen Mühe wird er eine höhere Summe nutzbarer Gegenstände schaffen können. Nach Bastiat's geistvoller Bemerkung wird der Mensch statt der Gebrauchsgüter, die mit Lasten verbunden sind, weil ihre Erzeugung Mühe erfordert, andere besitzen, die von allen Lasten frei sind, weil sie ihm zukommen aus der Hand der Naturkräfte, die für ihn arbeiten und in eben dem Maße, als sie arbeiten, seine Mühe d. h. die Anstrengung verringern, deren er sich zur Stillung seiner Bedürfnisse unterziehen müßte. Das Ziel, das der Mensch beim Geschäfte der Production immer im Auge behalten muß, besteht darin, daß er lastenfreie Nutzungsgegenstände an die Stelle der belasteten setze, und es läßt sich aller Fortschritt der Arbeit auf dem Gebiete der materiellen Ordnung in dieser Formel zusammen fassen.

Die Schöpferin der Reichthümer, die Arbeit, läßt sich also nicht denken ohne Beihilfe der äußeren Natur. Die Bedingungen aber, unter denen dieselbe mitwirkt, und nicht minder die Voraussetzungen, unter denen der Mensch seine eigenen Kräfte zu gebrauchen vermag, schließen die Nothwendigkeit eines dritten Productionselementes in sich, des Kapitals nämlich. Man bezeichnet mit diesem Namen die Gesammtmasse der materiellen Güter, die zum Behufe fernerer Production aufbewahrt werden.[1]) Das Kapital wird also durch

[1]) „Kapital nennen wir jedes Product, welches zu fernerer Production aufbewahrt wird." S. Roscher System der Volkswirthschaft I. §. 42.

Zum Kapital eines Volkes gehören namentlich die folgenden Güterklassen:

1. Bodenmeliorationen, z. B. Bewässerungsanstalten, Deiche; nach Dunoyer, Herrmann auch der Boden selbst, nach Roscher nicht.

2. Bauwerke, auch Strassen.

3. Geräthe, Werkzeuge und Maschinen.

4. Arbeits- und Nutzthiere, sofern sie durch menschliche Sorgfalt gezogen, erhalten und entwickelt sind.

5. Die Hauptstoffe, z. B. die Wolle für den Tuchmacher.

eine Vorsorge gebildet, die dasjenige als Vorrath für die Zukunft hinterlegt, was die Arbeitskraft über das Bedürfniß des Arbeitenden hinaus aus den Kräften der Natur gewonnen hat. Wiewohl diese dritte Productivkraft aus den beiden andern hervorgeht, so ist sie doch von ihnen wesentlich verschieden; sie hat für sich ein besonderes Dasein und eine eigene Aufgabe.

Noch mehr, es wird zu ihrer Hervorbringung eine geistige Kraft erfordert, die von der Arbeit verschieden ist, aber eben so, wie die Arbeit, ganz von selbst in Wirksamkeit tritt, weil sie, wie die Arbeit, einem durch die Natur geschaffenen und deßhalb überall im Leben fühlbaren Bedürfniß entspricht. Diese geistige Kraft ist die Sparsamkeit, — und es enthält sich dieselbe des Verbrauchs mancher Dinge, um an den erübrigten Reichthümern die Mittel zu gewinnen, durch welche die Productivkraft der Arbeit erhöht werden kann.

Man kann sagen, daß es ohne Kapital keine Arbeit gibt. In der That, jede Production erfordert eine bestimmte Zeit, bis sie zu Ende geführt wird. Während dieser längeren oder kürzeren Frist nun bis zur Vollendung des Productes muß aber der Arbeiter leben; es sind deßhalb Vorräthe nöthig, die ihm alle zu seinem Gebrauch erforderlichen Gegenstände bieten.

---

6. Die Hilfsstoffe, z. B. die Kohle für den Feuerarbeiter, das Schießpulver bei der Jagd.

7. Die Unterhaltsmittel für den Producenten.

8. Die Handelsvorräthe bei den Kaufleuten.

9. Geld als vorzüglichstes Werkzeug jeden Verkehrs.

10. Endlich gibt es noch unkörperliche Kapitalien — Quasikapitalien — z. B. eine gute Firma, höhere Fertigkeit eines Arbeiters, ein Gewerberecht.

„Das bedeutendste unkörperliche Kapital ist wohl bei jedem Volke der „Staat selber, dessen wenigstens mittelbare Unentbehrlichkeit zu jeder „bedeutenderen wirthschaftlichen Production klar genug einleuchtet. . . „daß der Staat noch andere Seiten hat, als diese Kapitaleigenschaft, „versteht sich von selbst, gerade so, wie ein gothischer Dom noch etwas „mehr ist, als ein bloßes Mauerwerk, aber deßwegen doch nicht auf„hört, ein Mauerwerk zu sein." Roscher, l. c.

Der Producent bezieht also während des Producirens seinen Unterhalt jedesmal aus den Resultaten einer schon früher vollendeten Arbeit. So nährt sich die Menschheit in jedem Jahre, während sie durch den Ackerbau ihren Unterhalt für das kommende Jahr der Erde anvertraut, von der Arbeit des vorausgegangenen. Je beträchtlicher der Vorrath von Producten ist, der durch die Sparsamkeit angesammelt wird, desto günstiger ist die Lage des Arbeiters und desto ausgedehnter können die Unternehmungen der Arbeit sein.

Kapitalvorräthe sind ferner dazu nothwendig, daß die Arbeit in den Stand gesetzt werde, die Kräfte der Natur auszubeuten. Um diese Kräfte in Bewegung zu bringen, werden Maschinen, Werkzeuge und Geräthschaften erfordert, die nur das Ergebniß einer früheren Arbeit sein können und die nur indirect und ihrem vollen Werthe nach erst im Laufe längerer Zeit zu persönlichem Gebrauche dienen. Man kann diese Gegenstände ohne große Kosten nicht beischaffen, und sind sie auch beigeschafft, so erzielt man mit ihnen nicht auf einmal ein wirthschaftliches Resultat, das die Auslagen sogleich wieder vergüten könnte. Allein da sie für eine ganze Reihe von productiven Thätigkeiten dienen, und diese Thätigkeiten gerade wegen dieses Dienstes ausgiebiger werden, so ersetzt die Masse der Producte, die man während ihrer Verwendung erhält, im Verlaufe der Zeit mehr als hinreichend die Opfer, die man anfangs auf ihre Herstellung verwendet hat. So führt uns also noch ein zweiter Weg auf die Nothwendigkeit von Ersparnissen zum Zwecke einer gesteigerten Productivkraft der Arbeit, d. h. auf die Nothwendigkeit des Kapitals.

Man sieht, in beiden Fällen ist das Kapital dazu bestimmt, verbraucht zu werden, aber nur verbraucht zu werden zum Zweck der Wiedererzeugung, d. h. während die Arbeit das Kapital aufzehrt, ersetzt sie es zugleich wieder durch die verschiedenen Reichthümer, welche die Frucht ihrer Anstrengung sind. Nach bestimmten Zwischenräumen wird das Kapital jedesmal verbraucht, aber zu gleicher Zeit wieder neu gewonnen sein;[1]) es verewigt sich gerade durch seine Verwendung, die eine Grundbedingung aller fruchtbaren Arbeit ist.

Aber diese Verwendung geschieht in sehr verschiedenen Weisen. Manchmal ist sie eine schnell vergängliche, wie der Verbrauch der Lebensmittel, der gebrechlichen und minder wichtigen Werkzeuge, und der Brennstoffe, die heutzutage bei der Mehrzahl von Productionen eine so wichtige Rolle spielen. In anderen Fällen ist er dagegen ein ganz allmäliger, wie das bei mächtigen Maschinen und weitumfassenden Vorrichtungen der großen Industrie der Fall ist. Manchmal geschieht er, ohne daß das Kapital seine Gestalt ändert, wie das z. B. bei Werkzeugen und Geräthschaften zutrifft; oftmals aber wird er nur durch eine Umwandlung oder gar gänzliche Vernichtung der Gegenstände vor sich gehen, die zur Verwendung kommen, wie das bei allen Roh- und Hilfsstoffen der Fall ist. Dieser letztere Unterschied in der Art des Verbrauches hat zu der Eintheilung des Kapitales in ein stehendes und umlaufendes Veranlassung gegeben.[2])

---

[1]) Mill behauptet in dieser Hinsicht: „Der größere Theil des jetzt in „England befindlichen Vermögens ist innerhalb des letzten Jahres „producirt worden; ein sehr geringer Theil, ausgenommen natürlich „die Grundstücke, hat bereits vor zehn Jahren existirt."

Vergl. Roscher, l. c.

[2]) Bei den verschiedenen Schriftstellern wechselt die Bedeutung der hieher einschlägigen Namen. Nach Ricardo z. B. würde man jenes Kapital' dessen Consumtion eine schnell vergängliche ist, ein umlaufendes, jenes aber, das nur allmälig aufgezehrt wird, ein stehendes nennen. —

Vergl. Roscher, Bd. I, §. 44.

Gewöhnlich unterscheidet man das Kapital zunächst nach dem Zwecke seiner Verwendung. Dieser Zweck kann sein:

1. die Production sachlicher Güter,
2. die Production persönlicher Güter oder nützlicher Verhältnisse.

Im ersteren Falle nennen wir die gesammelten Vorräthe Produktiv-Kapital (arbeitendes Kapital), im zweiten Gebrauchskapital (ruhendes Kapital).

„Offenbar kann eine jede der oben — Seite 163 Anmerkung 1. — erwähnten „Güterklassen zu beiderlei Zwecken dienen. So ist z. B. ein Mieth-

Durch den beständigen Wechsel von Verzehrung und Wiedererzeugung pflanzen sich die Reichthümer bis in's End-

„wagen, eine Leihbibliothek für den Privateigenthümer unzweifelhaftes „Productivkapital, für das Volk Gebrauchskapital." Roscher, §. 43.

Die Productivkapitalien unterscheidet man wieder nach der Art ihrer Verwendung.

1. Manche Kapitalien, wie z. B. Geld, können zur Production nur einmal,
2. manche zu wiederholten Malen benützt werden.

„Von den ersteren geht der ganze Werth in den Werth des neuen Pro-„ductes über, von den letzteren bloß der Werth der jedesmaligen „Nutzung."

Kapitalien der ersten Art nennt man umlaufende, Kapitalien der letzten Art stehende (Anlagskapitalien). — Todte Kapitalien sind solche Productivkapitalien, die zur Zeit unbenutzt liegen bleiben.

„Hiernach würde z. B. das Arbeitsvieh des Landwirthes zu seinem „stehenden Kapital gehören, das Schlachtvieh zum umlaufenden; in „einer Maschinenfabrik gehört ein zum Verkauf bestimmter Dampfkessel „zum umlaufenden Kapitale, ein ganz ähnlicher zweiter, der für die „arbeitenden Maschinen in Reserve gehalten wird, zum stehenden."

Roscher, §. 44.

Die Begriffsbestimmung Roscher's über stehendes und umlaufendes Kapital stimmt mit der oben im Text gegebenen Begriffsbestimmung nicht vollkommen überein. Die Begriffsbestimmung Roschers ist weiter und es gehören nach ihr alle vorräthigen Verkaufsgegenstände zum umlaufenden Kapital; die Begriffsbestimmung des Textes ist enger und es schließt dieselbe die Waaren vom Umlaufskapitale aus.

Fügen wir noch die Eintheilung Schmitthenner's bei, so hat die ganze Terminologie, die man vom Kapital gebraucht, ihre Erklärung gefunden. Schmitthenner unterscheidet aber, Staatswissenschaften, Bd. I. S. 269:

1. Infungible Kapitalien, und zwar:
   a. fixe Kapitalien im engeren Sinne (Gebrauchskapitalien, Maschinen u. s. w.)
   b. Transportkapitalien.
2. Fungible Kapitalien, und zwar:
   a. transformable;
      α. Material (Rohstoffe und Hilfsstoffe), β. formirte Producte,
   b. umlaufende Kapitalien;
      α. Waaren, β. Geld. — Vergl. Roscher, l. c.

lose fort. Jedes Geschlecht lebt von den Gütern, die durch vorausgegangene Geschlechter sind gesammelt worden, und ohne die Bemühung der Ahnen, Vorräthe zu sammeln und aufzubewahren, wären die Enkel unvermögend, Großes in der materiellen Ordnung zu leisten. Also auch hier, in der ununterbrochenen Strömung des Völkerdaseins offenbart sich die Einheit des Lebens eben so, wie sie sich durch das Gesetz, das alle Menschen einer und derselben Zeit zum einheitlichen Werke der Güterproduction verbindet, mit unwidersprechbarer Klarheit zu erkennen gibt. Wir können uns von unseren Vorgängern eben so wenig losreißen, als wir uns von unseren Zeitgenossen losreißen können, oder als unsere Söhne dereinst im Stande sein werden, den Zusammenhang mit uns abzubrechen und den Verhältnissen zu entgehen, die wir ihnen werden zubereitet haben.

Alle großen Gesetze der geistigen Ordnung finden einen entsprechenden Ausdruck in der Ordnung der materiellen Welt. Die Nothwendigkeit des Kapitales nun und die ewige Dauer, die demselben durch die Arbeit gesichert ist, stellt uns zwei von diesen Gesetzen unseres geistigen Lebens dar: Das der eigenen Thätigkeit und das eines ererbten Besitzes, der Tradition. Diesen Gesetzen zufolge ist ein Fortschritt nur unter der Bedingung möglich, daß man bewahre und vermehre. Arbeitsamkeit und Sparsamkeit mit einander verbunden sind das Mittel, die Reichthümer zu bewahren und zu vermehren; deßhalb sind sie auch die zwei wesentlichen Hebel für den materiellen Fortschritt. — Beim Werke der Gütererzeugung steht alles im Zusammenhang mit der geistigen Welt, wie auch die Bewegung des Universums nur in einem ersten Beweger, der geistiger Natur ist, ihren Grund haben kann.

Zwei fernere Gesetze, denen wir überall im geistigen Leben begegnen, sind Einheit der Arbeit und Vertheilung der einzelnen Dienste nach verschiedenen Abstufungen, und auch ihnen unterliegt die Production nach der allgemeinen Gliederung ihrer Verrichtungen.

Die Thätigkeit, welche auf Schaffung von Reichthümern abzielt, zerfällt in ein dreifaches Geschäft, das der Erfindungen, das der Oberleitung und das der werkthätigen Durchführung.[1]) Die Erfindungen machen von den Ergebnissen der Wissenschaft eine Anwendung auf die Güterproduction und geben so das Mittel an die Hand, die Kräfte der Natur derart zu gebrauchen, daß dadurch die Anstrengung des Menschen verringert oder die Frucht derselben erhöht wird. Die Arbeitsleitung nimmt die Verbesserungsvorschläge auf, die das Resultat der Erfindungen sind, und sammelt die Mittel, die zu deren Verwirklichung dienen; sie entwirft den Plan des Unternehmens und ordnet alles zum Erfolg. Uebrigens steht diese Leitung dem Unternehmer zu; in seinen Händen laufen Arbeit und Kapital zusammen, die gegenseitig einander befruchten und von den Kräften der Natur so viel sich aneignen, als der jeweilige Zustand der industriellen Verfahrungsarten ihnen abzuringen gestattet. Der Unternehmer stellt in seiner Person die Einheit und Auctorität in der Ordnung der Arbeit dar; denn eben so wenig, als auf dem Boden des Staates, kann man auf dem Boden der Arbeit sich der Einheit und der Auctorität begeben. Unter seiner Führung und auf seinen Vorgang hin begeben sich die Arbeiter daran, die Arbeit der Gütererzeugung in ihren Einzelnheiten durchzuführen. Je nach der Ausdehnung und Verwicklung des Geschäftes bald durch mehr bald durch weniger Mittelpersonen an den Meister gebunden und mit seinen Händen für die Vollendung des Productes thätig nimmt der Arbeiter in der Rangordnung der Beschäftigten die unterste Stelle ein.

[1]) Das letzte dieser drei Glieder läßt sich weiter fassen, so daß zu ihm gehören:

a. die Occupation der wilden Pflanzen, der wilden Thiere und der Mineralien, deren Nützlichkeit man erkannt hat; — Fischfang, Jagd;

b, Stoffproduction durch Viehzucht und Ackerbau;

c. Stoffumformung durch Fabriken, Manufacturen und Handwerke;

d. Gütervertheilung durch Tausch und Handel; — Pacht, Miethe, Darlehen;

e. persönliche Dienstleistungen.

In dieser Rangordnung mag die Stellung der Individuen, welche die Zahl ihrer Glieder ausmachen, durch besondere und untergeordnete Verhältnisse verschiedenartig beeinflußt, und das Interesse der größeren Gruppen, welche die einzelnen Stufen bilden, mannigfach geordnet sein; die Theilnahme Aller am gemeinsamen Werke und an dessen Resultaten kann mehr oder weniger direct, und ihre wechselseitige Beziehung mehr oder weniger frei sein; die Grundzüge aber werden immer und überall die nämlichen bleiben, weil sie sich auf das Innigste an die innere Beschaffenheit des Menschen und an die Art seiner Thätigkeit in der materiellen Welt anschließen.[1])

II. Kapitel.

Von der Productivkraft der Arbeit im Allgemeinen.

Eine und dieselbe Arbeit liefert nicht immer Producte von gleicher Menge und gleicher Güte; vielmehr zeigt sich in ihren Resultaten zwischen dem einen Male und dem anderen Male ein großer Abstand. Je nach den Verhältnissen, unter denen sie wirksam ist, vermag sie auch mehr oder weniger und liefert sie mehr oder weniger.

Welcher Unterschied besteht nicht in Bezug auf die Arbeit zwischen den Völkern, die noch im Zustande der Barbarei leben, und den Völkern, bei denen die Cultur bereits alle ihre Hilfsmittel entfaltet hat! Und eben so wird durch die größere oder geringere Widerstandskraft der natürlichen Hindernisse, welche sich der Anstrengung des Menschen entgegen stellen, sodann durch das Maaß dieser Anstrengung selber und endlich durch die Art der Oberleitung die Anzahl der Producte, die aus der gleichen Summe von Arbeit hervorgehen können,

[1]) Siehe Beilage II. am Ende dieses Bandes.

beträchtlich erhöht oder verringert, und der Werth, der diesen Producten je nach ihrer Güte zukommt, wesentlich geändert.

Wenn es sich darum handelt, der großen Menge zum Wohlstand zu verhelfen, so darf bei diesem Vorhaben, bei welchem der ganze Widerstreit der Natur gegen den Menschen an den Tag tritt, die Frage nach der Ausgiebigkeit der Arbeit nie und nimmer außer Ansatz bleiben. Da nämlich der Mensch nur das besitzen kann, was er sich durch Arbeit erwirbt, so wird der Gütervorrath, der über die ganze Masse des Volkes verbreitet ist, jedes Mal im Verhältniß zur Productivkraft der Arbeit stehen. Wenn man einem Lande materiellen Wohlstand sichern will, so genügt es allerdings nicht, demselben Reichthümer zu verschaffen; man muß ihm überdies auch jene Tugenden einpflanzen, durch die es in den Stand gesetzt wird, von diesen Reichthümern einen dem höheren Zwecke und der wahren Bestimmung des Lebens entsprechenden Gebrauch zu machen. Allein eben so unbestreitbar ist es auch, daß die allenfallsige Aenderung zum Besseren im Loose der großen Menge bei der Arbeit eine Leistungsfähigkeit, die groß genug ist, um Allen das Nothwendige verschaffen zu können, als erste Bedingung voraussetzt. Die Frage nach dem Umfange der materiellen Hilfsmittel bildet demnach das erste Glied des großen Problems, dessen Lösung wir zu suchen haben. Wenn wir nun daran gehen, dasselbe in seine Elemente zu zerlegen, so ist uns dabei Gelegenheit gegeben, die Erscheinungen, die sich bei der Arbeit der Gütererzeugung darbieten, in allen ihren Besonderheiten zu untersuchen.

Es gibt äußere Nothwendigkeiten, über die sich der Mensch nicht hinweg setzen kann. Ohne Zweifel kann er vermöge seiner Freiheit in einem gewissen Maaße gegen dieselben ankämpfen; aber es ist ihm nicht möglich, sie nach seinem Gutdünken gänzlich zu entfernen. Sie bilden den physischen Boden, auf welchem die Thätigkeit des Menschen von Statten geht und unter dessen Gesetzen die Arbeit steht. Wie und bis wie weit berühren nun diese äußeren Umstände die Productivkraft der Arbeit? Das wird der erste Punkt sein, mit welchem sich unsere Untersuchung befaßt.[1])

Wenn wir den Einfluß der materiellen Welt auf die Entwicklung menschlicher Productivkraft werden dargethan haben, dann werden wir diese Kraft an sich selber betrachten. Wir werden dabei die Wahrnehmung machen, wie die Arbeit mehr oder weniger liefert, je nachdem der Arbeiter mehr oder weniger geistige Bildung[2]) und sittliche Kraft[3]) besitzt.

Indem nun der Mensch unter den Bedingungen, welche ihm die Natur auferlegt, seine Thätigkeit übt, schafft er durch fortgesetzte Arbeit das Kapital: Dies führt zur Frage: Wie bleibt die Arbeit, welche die Quelle des Kapitals ist, ihrerseits selber wieder vom Anwuchse des Kapitals abhängig?[4]) Und wie hängt dieses Wachsthum zusammen mit den innerlichsten Thatsachen des sittlichen Lebens?[5])

Es sind das tiefe und gewichtige Fragen, die uns die innersten Gründe für die Größe und den Verfall der Völker bloß legen und insbesonders den Einfluß der christlichen Entsagung in das klarste Licht stellen.

Da aber das Werk der Arbeit nur in der Gesellschaft vor sich geht, so wird die Productivkraft der Arbeit nothwendiger Weise auch von allem dem, was die öffentlichen Zustände wesentlich ändert, eine Beeinflußung erfahren. Wir haben demnach im Lichte der Geschichte zu untersuchen, wie viel die allgemeine Sicherheit und die öffentliche Achtung vor dem Eigenthum, sowie die persönliche Freiheit und Würde des Arbeiters da, wo diese Güter durch das Christenthum der Gesellschaft als bleibend gesichert waren, zur Hebung der Arbeitskraft beigetragen haben.[6]) Und im Gegensatz hiezu

---

[1]) Siehe Kap. III. dieses Buches.

[2]) Siehe Kap. VII.

[3]) Siehe Kap. IV. V. VI.

[4]) Siehe Kap. VIII.

[5]) Siehe Kap. VIII.

[6]) Siehe Kap. IX.

haben wir nachzuweisen, welche Hemmnisse da, wo der beklagenswerthe Einfluß des Heidenthums durch die Erniedrigung und Ausbeutung der großen Menge die Herrschaft Einiger an die Stelle der allgemeinen Freiheit und Würde gesetzt hat, die künftige Entwicklung der Arbeit hinderten und die geschehene wieder aufhoben.[1])

Und nochmals vom Standpunkte des so tief gesellschaftlichen Charakters der Arbeit aus haben wir zu untersuchen, welche Folgen gegenseitiges Zusammenstehen und Arbeitstheilung auf die Productivkraft eines Volkes äußert. Ist sodann nachgewiesen, wie die Arbeit durch Theilung ausgiebiger wird,[2]) und sind überdies noch die vorzüglichsten praktischen Fragen, die sich an diese Theilung knüpfen, in ihrer Beziehung zu den allgemeinen Interessen der Gesellschaft zur Besprechung gekommen,[3]) dann haben wir den Kreislauf der Thatsachen, die sich auf die Production von Reichthümern beziehen, bis an sein Ende durchgangen.

III. Kapitel.

Vom Einfluß der Naturverhältnisse auf die Productivkraft der Arbeit.

Daß das Klima, die Art des Bodens, die Gestalt eines Landes und die geographische Lage auf die Productivkraft der Arbeit einen Einfluß üben, ist eine so bekannte Thatsache, daß man darüber keine Bemerkung mehr zu machen braucht. Welcher Unterschied zeigt sich nicht zwischen dem hohen Norden

---

[1]) Siehe Kap. X. — Geschichtliche Ausführungen aus der christlichen Zeit — siehe Kap. XI. und XII.

[2]) Siehe Kap. XIII.

[3]) Ueber Associationen: Kap. XIII. — über Groß- und Kleinbetrieb: Kap. XV.

einerseits, wo man nicht immer auf Sonne rechnen kann, die Früchte zu reifen, so daß die Landwirthschaft immer auch die sogenannten „grünen Jahre“[1]) in Ansatz bringen muß, und dem mittleren Asien andererseits, wo unter dem gesegnetsten Klima die einfache Jahressaat eine dreifache Aernte einträgt!

Reden wir indeß nicht von Himmelsstrichen, die sich so ferne liegen, und stellen wir nur Länder einander gegenüber, in denen sich der Mensch in normalen Entwicklungsverhältnissen befindet. Weiß man nicht allenthalben, daß in Mexiko der Getraidebau dreimal oder viermal so viel abwirft, als in Frankreich? Und wie üppig ist Algier! Was ist die Fruchtbarkeit der reichsten Gegenden Europas im Vergleich zur Fruchtbarkeit des algierischen Bodens, der eine fünfzigfache Frucht zu liefern im Stande ist![2])

Welchen Vorschub erfährt ferner die Arbeit nicht durch Reichthum an Mineralien, und wie begünstigt sind nicht die Länder, welche die Kohle besitzen, diese wichtige Kraft in der Industrie unserer Tage? Wo Vorrath an Mineralien noch mit einer nur mittelmäßigen Fruchtbarkeit des Bodens verbunden ist, wie in Belgien und im nördlichen Frankreich, da können sich die Bewohner zu den glücklichsten Völkern der Erde zählen.

Uebrigens mag ein Land von der Natur sehr karg bedacht sein: wenn nur der Boden nicht ganz und gar undankbar ist,

---

[1]) Der Ausdruck: „grünes Jahr“ — bezeichnet im Norden ein solches Jahr, in welchem man das Getreide unreif einärnten muß.

Roscher, S. 53.

[2]) Mexiko liegt zwischen dem 17. und 32., Algier südlich vom 37., Frankreich zwischen dem 42. und 51. Grad nördlicher Breite. — In den nördlichen vereinigten Staaten gibt der Weizen das Vier- bis Fünffache der Aussaat, in Frankreich das Fünf- bis Sechsfache, in Chile das Zwölffache, im nördlichen Mexiko das Siebzehnfache, in Peru das Achtzehn- bis Zwanzigfache, im südlichen Mexiko das Fünfundzwanzig- bis Fünfunddreißigfache. — Man denke ferner an die Dattelbaüme und Bananenfelder der Tropenländer. Der Ertrag des Bananenbaues verhält sich zum Ertrag des Weizenbaues, wie 4000 zu 30. — Roscher, S. 53. 59.

wie zunächst um den Pol her und in einigen Gebirgsstrecken der gemäßigten Zone, so vermag der Fleiß des Menschen so viel über die Ungunst der Verhältnisse, daß sogar diese hintan gesetzten Himmelsstriche mit den Provinzen, die bis zur Verschwendung bedacht worden sind, an Wohlstand wetteifern können. Haüfig geschieht es, — und es ist das der Triumph des menschlichen Willens, — daß die blühendste Entfaltung der Civilisation und das höchste, dauerhafteste materielle Gedeihen gerade da hervortritt, wo für die Vermehrung der Reichthümer, wie es scheint, kein so geeigneter Boden vorhanden ist, wie anderswo.

Europa wurde, wie man schon oft diese Bemerkung gemacht hat, von der Natur nicht so freigebig behandelt, wie die übrigen Erdtheile. In die Unmöglichkeit versetzt, sich aus sich selbst zu genügen, ist es gezwungen, sich jene Dinge, die ihm abgehen, um den Preis von tausenderlei Arbeiten von Außen zu verschaffen. Uranfänglich brachte es nur die nothwendigsten der Gegenstände, die zur Nahrung und zur Bekleidung dienen, hervor; alles Uebrige wurde aus fernen Gegenden eingeführt und nach und nach mit vieler Sorge einheimisch gemacht. Wie unbedeutend hat sich uns die Fruchtbarkeit seines Bodens dargestellt, wenn man dieselbe vergleicht mit der Fruchtbarkeit des nördlichen Afrika, der meisten Gegenden von Asien und mit den Gebieten von Central-Amerika?[1]) Aber

[1]) Vergleiche Scherer, allgemeine Geschichte des Welthandels, I, 36: „Die Natur hat Europa nicht so reich und mannigfaltig mit Producten „ausgestattet, daß es sich, wie Asien, selbst genügen konnte, sondern „Anstrengungen nöthig hatte, um seine Befriedigung von andern „Welttheilen zu holen. Es brachte von den Gegenständen, welche zur „Nahrung und Kleidung gehören, ursprünglich die ersten Bedürfnisse „hervor; was darüber, ist von Außen eingeführt und durch besondere „Pflege einheimisch gemacht worden. . . . War daher auch Asien die „Wiege der Menschheit, ihre Erziehung und Bildung hat sie in Eu„ropa genossen. Was in den andern Welttheilen nur keimte, ist hier „zur Reife gediehen. Die Kultur Asiens ist im besten Fall stationär „und exclusiv geblieben; hier hat sie Fortgang genommen und sich „segnend über das Allgemeine verbreitet. Asien hat Länderstürmer

gleichwohl sollte auf dem Boden von Europa jene bewundernswerthe weiße Menschenraçe sich ausbreiten, welche bestimmt war, die Herrscherin aller andern Raçen zu werden. Hier sollte die Nachkommenschaft des Japhet heranwachsen, die in jeder Hinsicht zunahm, um zur Verwirklichung der Prophezeiung Noe's Cham zu unterwerfen und in den Zelten Sems zu wohnen. [1])

Und unter den verschiedenen Ländern Europa's sind diejenigen, in denen die Civilisation den meisten Glanz verbreitete, wieder nicht diejenigen, die von der Natur mit der größten Fruchtbarkeit gesegnet worden. Griechenland kann, wenn man es nach seiner ganzen Ausdehnung nimmt, nur mittelmäßig fruchtbar genannt werden. Nur durch mannigfaltige und ununterbrochene Arbeit konnte es geschehen, daß sich dort Reichthum entwickelte. Aber auch auf griechischem Boden gehörte, was die Fruchtbarkeit betrifft, Attika nur unter die weniger bemerkenswerthen Provinzen; man nannte es das unfruchtbare Attika. Und dennoch, welche Reichthümer erwachsen nicht aus dem Boden, den der Pflug des Triptolemus geheiligt hatte? Welche Reichthümer wurden dort durch kluge und rührige Handelsthätigkeit nicht eingeführt und jenem unvergleichlichen Genius des jonischen Stammes, der aus Athen den Mittelpunkt aller civilisatorischen Bewegung im Alterthum machte, zur Verwendung zugewiesen.

Rom, die Königin der alten Welt, herrschte über ein Gebiet, das den mageren Unterhalt, welchen die strengen Sitten seiner Bewohner forderten, nur mit vieler Mühe sich abringen ließ. Aber die Arbeit war auch hier stärker, als die Natur,

---

„und Verwüster gehabt, welche wie die Geißel Gottes Tod und Ver„derben verbreiteten; in Frieden und Gesittung blühende Weltreiche, „begründet auf Verfassungen, sind allein von Europa ausgegangen. „Die Kultur, welche von den Aegyptern und Föniziern auf die alten „Hellenen überkam, war ein Embryo, den sie zum Giganten aufer„zogen."

[1]) Dilatet Deus Japhet et habitet in tabernaculis Sem, sit Chanaan servus ejus. Gen. IV, 27.

und die Blüthe des römischen Landbaues war eine von den vorzüglichsten Quellen für die Macht der ewigen Stadt.

Thatsachen der nämlichen Art bieten sich in überreicher Fülle in der neueren Geschichte der Arbeit dar. In England hat sich der Ackerbau zu weit größerem Aufschwung entfaltet, als in Frankreich; und doch ist der Boden und das Klima Englands schlechter, als der Boden und das Klima Frankreichs.[1]) „Oder haben der Stadt Lyon die Umstände die Aufgabe zu„gewiesen, fragt Reyband, die Seide zu weben und dem „Werke so zarte Feinheit zu geben, daß ihm ein Windhauch „zu schaden scheint? Gewiß, wenn wir bei dieser Frage nicht „schon eine vollendete Thatsache vor uns hätten, so würde Niemand „auf den Gedanken kommen, den Sitz einer solchen Arbeit „am Beet der Rhone zu suchen, und keinem Geiste hätte sich „der Name einer Stadt aufgedrängt, die ganz von Rauch ein„gehüllt ist; viel natürlicher wäre es, mit der Seidenindustrie „einen Himmel, der dunstloser und freundlicher ist, sowie eine „Werkstätte, die einladender und lichtvoller ist, in Verbindung „zu bringen. Man muß aber bei allen Gewerbsarten eben „zwei Dinge unterscheiden, deren keines dem andern an Einfluß „nachsteht und keines vom andern sich trennen läßt: das näm„lich, was die Natur thut, und das, was der Mensch hinzu„fügt. Man kann auf die Industrie anwenden, was man „mit Recht von der Erde gesagt hat: Sie hat in dem Maaße „Werth, in welchem der Mensch Werth hat.“[2])

Diese Thatsachen könnten noch um viele andere vermehrt werden. Ueberall und unter tausend Formen sieht man die Macht des Willens, die durch Hindernisse nur noch gesteigert wird, bei der Arbeit durchleuchten. Der Geist des Menschen ermannt sich in diesem Kampfe gegen die Natur zu einem höheren Aufschwung, wofern ihm nicht unüberwindliche Schran-

[1]) Man vergleiche über diese Thatsache: Lovergne, Essai sur l'économie rural d' Angleterre, Cap. I. et IV.

[2]) Siehe den Aufsatz: De la condition des ouvriers, qui vivent du traval de la soie — in dem Journal des économistes, Mars 1858.

ken entgegen stehen und seinen Anstrengungen irgend ein Ausweg offen bleibt; es verhält sich mit der Arbeit, wie mit einem Federwerk, dessen Sprungkraft durch Zusammenziehung wächst. Der Erfolg mag langsam eintreten; aber er wird um so glänzender und um so fester begründet sein.

Merkwürdig bleibt es, daß die Vorsehung gerade jene Völker, denen sie eine große Aufgabe zuwies, in den Zustand eines mühesamen Lebens und eines nie endenden Kampfes versetzt hat. Es ist ein Grundsatz der moralischen Welt, daß der Mensch nur durch Prüfungen groß werde. Derjenige, den alle Dinge beständig anlächeln, kann für einige Tage Glück, Glanz und sogar Macht besitzen, aber wahre und dauernde Größe wird er selten gewinnen. Eine Folge und Bestätigung dieses geistigen Gesetzes auf dem Gebiete der materiellen Ordnung ist es, wenn die Arbeit gerade unter Verhältnissen, die nur abschrecken zu sollen den Anschein haben, eine so mächtige Entfaltung gewinnt.

IV. Kapitel.

Die innere Kraft der Arbeit stammt aus dem Geiste der christlichen Entsagung.

Wenn man ausschließlich auf die rein materiellen Resultate der Arbeit Rücksicht nehmen wollte, so käme man auf eine falsche Fährte bei der Frage, worin denn eigentlich die Kraft der Arbeit liege und aus welchen Ursachen diese Kraft herstamme.

Betrachtet man den Menschen für weiter nichts, als für eine Maschine, verlangt man von ihm nichts Anderes, als eine bestimmte Anzahl von Producten während einer gegebenen Zeit, dann ließe sich die Untersuchung, welcher Arbeit der höhere Werth zukomme, mit bloßen Ziffern beantworten, und der Vorrang könnte Leuten zufallen, die weit entfernt sind, das Ideal eines geschickten und betriebsamen Arbeiters darzustellen, wie man denselben in der christlichen Gesellschaft sich denkt. Weil man von einem zu engen und falschen Begriff der Arbeit ausging, ist es geschehen, daß viele Staatsökonomen den englischen Arbeiter so hoch über den Arbeiter auf dem Continent, namentlich über den Arbeiter in Frankreich gesetzt haben. Auf diesen Irrthum wurde selbst von englischen Schriftstellern hingewiesen, so zum Beispiel von J. S. Mill, dessen Ausspruch hierüber sehr bündig und gewiß auch sehr unverdächtig ist. Nach diesem ausgezeichneten Staatsökonomen [1]) geben Mangel an allem geistigen Aufschwung, mittelmäßige Fähigkeiten und ein glühendes Verlangen, reich zu werden und durch Reichthum Glück zu machen, dem englischen Arbeiter jene rauhe Hast, die sein auszeichnendes Merkmal bildet. Die meiste Zeit hindurch nicht im Stande, sich über das materielle Leben emporzuschwingen, lebt der Engländer nur bei seiner Arbeit; einzig die Arbeit tritt zwischen ihn und die Langweile. So steht er nun wohl unübertroffen da, wenn es sich bloß um hartnäckiges Kraftaufgebot handelt; aber an geistiger Bildung und selbst an äußerer Gewandtheit wird er oftmals übertroffen, wie Mill durchblicken läßt. Wer wollte nach einer Arbeitsüberlegenheit ein Verlangen tragen, die auf Kosten der edelsten Fähigkeiten des Menschen errungen wird?

Wenn man sich aber hüten muß, die Arbeit eines Industriebetriebes, der den Menschen zum Rang einer Maschine herabwürdigt, als Vorbild hinzustellen, so muß man zugleich auch anerkennen, daß es da, wo geistige Bildung und höhere Triebe vorhanden sind, an jener Beharrlichkeit und an jener kraftvollen, anhaltenden Hingabe, die zum Erfolg der Arbeit unerläßlich sind, oftmals fehlen könne. Mill hat sehr wohl bemerkt, es müsse eine gewisse Mitte eingehalten werden, die darin besteht, daß man nicht mit seinem ganzen vollen Wesen

[1]) Grundzüge der politischen Oekonomie, Buch I. Kap. 7. §. 3.

in der äußeren Arbeit aufgehe, daß man aber, wenn man einmal arbeitet, es mit Eifer thue, und mit dem Geiste eben so, wie mit den Händen, bei seinem Geschäfte sei.

Der Geist der Beharrlichkeit und der Hingabe hängt auf das Innigste mit der sittlichen Richtung des Arbeiters zusammen. Diese Thatsache drängt sich jedem Blicke auf und wurde von Allen, die sich mit der Lage der arbeitenden Klassen beschäftigt haben, auf das Bestimmteste hervorgehoben. „Frommen Händen geht alles besser von Statten, sagt Plinius, „weil es mit mehr Umsicht geschieht." [1]) Und jüngst hat Reybaud wieder den Vorzug der katholischen Arbeiter der preußischen Rheinlande vor den Protestanten, die mit ihnen in den nämlichen Fabriken arbeiten, anerkannt und die Erfahrung ausgesprochen, daß man sich auf das gute Benehmen, die Pünktlichkeit und Regelmäßigkeit der ersten weit mehr, als der zweiten verlassen könne. Gutes Benehmen aber, Pünktlichkeit und Regelmäßigkeit sind Früchte einer festen religiösen Ueberzeugung. Die Bevölkerung des Rheinufers scheint jenes richtige Maaß von Hingabe und Freiheit bei der Arbeit einzuhalten, das Bürgschaft bietet für gedeihlichen Erfolg, ohne eine entwürdigende Sklaverei herbeizuführen. [2])

Man kann das Gleiche auch vom belgischen Volke sagen, in welchem eine tief gewurzelte katholische Gesinnung die Liebe zur Arbeit verbreitet und jene großen Principien, welche bis in die niedersten Stände hinab den Geist erheben und erfrischen, bei ungebrochener Herrschaft erhalten hat.

Der Mensch braucht bei der Arbeit eine gewisse Befähigung, sich in sich selbst zu sammeln und zugleich auch aus sich nach Außen hervorzutreten, eine Befähigung, deren höchste Stufe durch die gewohnheitsmäßige Uebung der christlichen Entsagung erreicht wird. Das, was der Arbeit ihre Kraft gibt, ruht im tiefsten Grund der Seele.

---

[1]) Honestis manibus omnia lætius proveniunt, quoniam et curiosius fiunt. — Hist. natur, XVIII, 4.

[2]) Journ. des économistes, février 1858, pag. 203 et 220.

Die Arbeit schließt eine innere Anstrengung, einen Sieg des Menschen über sich selbst in sich, und dieser Sieg wird nur durch die Sammlung aller Willenskräfte möglich. Wenn sich der Mensch der Arbeit hingeben soll, so ist nothwendig, daß er dem Wohlgefallen entsage, welches er an der Ruhe hat. Und doch ist dieses Wohlgefallen natürlich, ich möchte fast sagen gerecht; denn in seinem ursprünglichen Zustande war der Mensch nicht für eine bürdevolle Arbeit geschaffen,[1]) und in dem Leben der Vollendung, das er durch Prüfungen während seines jetzigen Daseins zu verdienen berufen ist, wird er wiederum von derselben frei sein.

Das Interesse, das Verlangen nach mehr erweiterten Genüssen ist für sich allein kein hinreichender Beweggrund, den Menschen zur Ueberwindung der Abneigung, die er gegen die Arbeit empfindet, wirksam anzutreiben. Der Mensch befindet sich hiebei in der Mitte zwischen zwei Interessen; auf der einen Seite steht der Vortheil, der sich aus der Arbeit ziehen läßt, auf der anderen Seite der angeborne Trieb, dem zufolge man die Ruhe wünscht und die Mühe der Arbeit haßt. Von diesen zwei Interessen muß naturgemäß das Interesse der Trägheit den Menschen auf seine Seite bringen, denn es ist ein gegenwärtiges und unmittelbar greifbares. Nur durch Antriebe, die aus einer höheren Ordnung stammen, wird es gelingen, den Menschen aus den Armen der Trägheit zu reißen und ihn auf den beschwerlichen, aber fruchtbaren Pfad der Arbeit hinüber zu bringen. Soll dem Menschen der nothwendige Sieg über sich selbst möglich werden, so ist jene edle Spornkraft, die mächtiger, als alles Andere, den Willen anregt, die Selbstentsagung, nie in einem zu hohen Grade vorhanden.

Wenn aber der Mensch einmal durch Selbstentsagung die Arbeit sich zur Gewohnheit gemacht hat, so wird das Gefühl

[1]) Arbeiten sollte der Mensch wohl, wie das schon durch den Befehl Gottes ausgesprochen ist, das Paradies zu bebauen und zu hüten. Aber diese Arbeit war nicht blos eine in allen ihren Theilen mühelose, sondern eine äußerst wonnevolle. — Vergl. S. 188 die Ansicht des Hesiod.

für die eigenen Interessen, das gerecht ist, wenn es durch eben diese Entsagung beherrscht und in Schranken gehalten wird, ein weiteres Hilfsmittel sein, die Thätigkeit zu stützen und zu erhöhen. Der Mensch wird dann verstehen, daß die Entsagung, die in der Arbeit liegt, sein richtig begriffenes Interesse bilde, und daß sein Wohlstand durch die Opfer, welche ihm die Ueberwindung der eigenen Natur auferlegt, immer mehr gehoben werde.

Durch die Selbstentsagung kehrt der Mensch in sein Inneres ein, er sammelt sich. Indem er sich von den äußeren Dingen losreißt, sammelt er alle seine Kräfte im Quellpunkt seines Willens, und schöpft aus dieser Sammlung eine Spannkraft, vor welcher selbst die widerstrebendsten Hindernisse weichen. Im Innern seiner selbst durch die Entsagung zurecht gerichtet, wird sich der Mensch auf seiner Lebensbahn weder durch die Beweglichkeit der äußeren Eindrücke, noch durch die Unbeständigkeit und Flatterhaftigkeit des Herzens von seinem Tagewerk abwendig machen lassen. Seine Seele hat einen festen Punkt, auf den sie sich immer wieder von Neuem stellt und der ihr als Ballast dient mitten im Getriebe des Lebens. Dieser feste, selbst in der Finsterniß eines nur wenig gebildeten Geistes noch sonnenhelle Punkt ist der Gedanke, sein Leben durch beschwerdenreiche Pflichterfüllung wiederum Gott entgegenzubringen.

Nun denn, die allgemeine Pflicht unseres Daseins, eine Pflicht, die so natürlich und so umfassend ist, daß sie mit den ersten und unabweisbarsten Forderungen unseres Lebens zusammen fällt, ist die Arbeit. Selbstentsagung durch die Arbeit ist das allgemeine Gesetz für unsere irdische Bestimmung; Arbeit ist die Aufgabe aller unserer Tage und durch ihre Uebung erfüllt der Mensch auf dem Gebiete der materiellen Ordnung das Gesetz für sein sittliches Leben, wenn er aus der Nothwendigkeit für sich einen Gegenstand des freien Opfers macht.

Je mächtiger die Anregung ist, welche das Verlangen nach geistiger Vollendung auf dem Wege des Opfers dem Willen gegenüber ausübt, desto kraftvoller und nachhaltiger wird die

Hingabe an die Arbeit sein. Indem die christliche Religion der Arbeit den Charakter der Sühne ausprägte, machte sie dieselbe in einem gewissen Sinne zu einem Gegenstand für jenes leidenschaftartige Streben nach dem Unendlichen, durch welches die Welt bis in ihre innersten Tiefen bewegt und umgestaltet wurde.

Der Mensch wird sein Leben nicht mehr bei der Arbeit abnützen, um sich den Genuß eines Augenblickes zu verschaffen, der unverhältnißmäßig mehr kostet, als er werth ist. Sein Ziel und sein Leben werden dem Reiche jener höheren Ordnung angehören, wo das höchste Gut durch die doppelte Gewalt der Größe und der Güte alles an sich zieht. So lange er diesem Ziele nachstrebt, werden ihm die irdischen Güter als Darangabe zu Theil;[1]) sie werden aus der Arbeit, die durch das Princip der Entsagung geläutert und befruchtet ist, in wunderbarer Fülle hervor gehen.

Wenn das Christenthum den Menschen antreibt, die Arbeit zu suchen, so gibt es ihm zu gleicher Zeit auch jene Tröstungen an die Hand, durch deren Hilfe er ihr Mühsal erträgt, und erschließt ihm das Verständniß der geistigen Dinge, das ihn vor der Verthierung bewahrt, sich nur mehr mit materiellen Dingen zu befassen.

Die Arbeit, die vom Geiste der Entsagung durchdrungen ist, verliert ihre Bitterkeit, weil sie den Menschen zu Gott führt, zur Quelle der ächten inneren Freuden. Weit entfernt die Geister zu erniedrigen, und zu verdunkeln, erhebt und verklärt sie vielmehr dieselben, indem sie ihnen die wahre Anschauung vom menschlichen Leben beibringt und sie fortwährend von den irdischen Dingen zu Gott erhebt, dem alle Entsagungen des Arbeiters gelten.

Weder in ihrer Disciplin noch in ihrer Lehre trennt die Kirche die Handarbeit vom Werke der geistigen Vervollkommnung.[2]) Gott ist immer das Ziel, und damit dieses Ziel nicht

[1]) Quærite ergo primum regnum Dei et justitiam ejus, et hæc omnia adjicientur vobis. Matth. VI, 33.

[2]) Vergl. Kap. VI.

vergessen werde, so hat Gott durch das nämliche Gesetz, das die Arbeit vorschreibt, auch die Ruhe des siebenten Tages vorgeschrieben und dessen Heiligung geboten. Ohne diese Ruhe wird die Arbeit eine niederdrückende Last, welche die Kraft des Menschen nur kurze Zeit zu ertragen vermöchte. Der Mensch ist gemacht, um zum Himmel aufzuschauen. Zur Erde gebeugt, rast- und ruhelos vom engen Strudel der materiellen Geschäfte umhergetrieben sein ganzes Leben hinzubringen, das wäre eine Sache, die sich weder mit seinem Glücke noch mit seiner Würde vereinbaren läßt. Wenn er dem göttlichen Gesetze treu bleibt, so wird er an einem Tage der Woche dem Interesse und dem Getriebe der Erde entsagen und diese Zurückziehung wird die Folge haben, daß er mehr zum Besitz seiner selbst gelangt und daß die edelsten Fähigkeiten seines Wesens sich freier entwickeln.

Der Sonntag, dessen Einsetzung von der Kirche immer gegen blinde Leidenschaften vertheidigt wurde, sammelt alle Kraft des Christenthums, um der Freiheit des geistigen Lebens zum Siege über die Sklaverei des materiellen Lebens zu verhelfen. Der Sonntag ist der Tag, an welchem jede Entsagung bei der Arbeit ihre vorläufigen Früchte trägt, und durch den innerlichen, freien, friedlichen Verkehr der Seele mit Gott jede Mühe sich in Freude umwandelt. Mitten unter den Prüfungen der Arbeit ist er gleichsam ein Vorgeschmack jenes Lebens, in welchem sich die Thätigkeit des Menschen in Vereinigung mit der unendlichen Liebe frei von aller Mühe entfalten wird.

In der nämlichen Quelle, in welcher der Mensch sein Herz und seinen Geist erfrischt, erneuert er auch seine physischen Kräfte. Es besteht zwischen den Kräften des Menschen und den sechs Tagen der Arbeit in der Woche ein geheimnißvoller Zusammenhang, den die Wissenschaft heutzutage als eine Thatsache aussprechen kann, dessen Nothwendigkeit aber nur der Schöpfer der Natur beim Anfang der Dinge zu erkennen und deren Gesetz Er allein festzustellen vermochte. Gekräftigt, getröstet, gelabt durch die Heiligung des Sonntags greift der Mensch mit neuem Muthe zu den harten Arbeiten, deren

Joch er bis an sein Grab tragen muß. Aufgerichtet durch die Freuden des vergangenen Sonntags wird er im Hinblick auf die Freuden des kommenden leichter sein Tagwerk vollbringen. Er wird so von Arbeit zu Arbeit, von Hoffnung zu Hoffnung übergehen, bis es ihm gegönnt ist, sich an jenem Orte, nach dem alle Arbeiten und alle Hoffnungen des Menschen abzielen, für immer zur Ruhe zu begeben.

V. Kapitel.

Die innere Kraft der Arbeit nimmt in dem nämlichen Maaße ab, in welchem die dem Christenthum entgegengesetzten Laster zunehmen.

Betrachtet man die Arbeit nur von ihrer rein menschlichen Seite, so liegt in ihr etwas, wogegen die Natur sich empört. Sie ist ein demüthigendes Joch, sie ist ein Mühsal, mit dem der Stolz des Geistes und die Weichlichkeit der Sinne auf gleiche Weise im Widerspruch stehen. Es kann nicht befremden, wenn der Mensch jedesmal, sobald er ganz sich selbst überlassen war, ihr zu entkommen strebte, weil alle verderbten Neigungen seiner Natur sich vereinigen, seinen Haß gegen sie wach zu rufen. Nur in Kraft der Tugend, das heißt in Kraft der Entsagung, ohne welche es keine Tugend gibt, übernimmt der Mensch freiwillig die Arbeit. Und überall, wo die Tugend matter wird, weil der Geist des Stolzes und der Sinnlichkeit sich an die Stelle der Entsagung eingedrängt hat, verliert auch die Arbeit ihren Lebensnerv, und ihre Schwäche wächst in eben dem Maaße, in welchem jene Leidenschaften um sich greifen, die im Menschen ein ungeordnetes Streben nach Reichthum hervorbringen.

Diese Behauptung ist vielleicht für Jene auffallend, welche die Triebfeder der menschlichen Thätigkeit in dem Verlangen nach materiellen Genüssen suchen. Wenn man indeß nur mit einiger Aufmerksamkeit das Gebaren der Völker beachtet, deren Herz vom Geiste der Sinnlichkeit eingenommen ist, so wird man gewahren, daß bei ihnen die Arbeit nicht mehr mit Regelmäßigkeit, nicht mehr mit ruhiger und nachhaltiger Anstrengung, und deßhalb nicht mehr mit dem Charakter betrieben wird, der ihre wahre Stärke ausmacht. Diese Thatsache müssen selbst jene Schriftsteller zugestehen, die behaupten, man brauche nicht die strenge und lästige Lehre von der christlichen Entsagung herbei zu ziehen, sondern es genüge ein richtiges Verständniß seines eigenen Vortheils zur Bändigung der Leidenschaften, deren übermäßige Befriedigung Widerwillen gegen die Arbeit und Flucht vor derselben erzeugt. Man baut hiebei zu viel auf die Selbstbeherrschung des Menschen durch seine natürlichen Kräfte allein. Daran gewöhnt, wie wir es sind, den Menschen durch das Christenthum über sich selbst erhoben zu sehen, vergessen wir nur zu leicht, wie groß seine natürliche Schwäche ist, wenn er unter dem Machtgebot seiner verkehrten Triebe steht. Unsere modernen Gesellschaften sind derart vom Geiste des Christenthums durchdrungen, daß bei dem Andrange des Stolzes und der Sinnlichkeit die öffentlichen Sitten ihrem Kern nach immer noch Widerstand leisten und Früchte der Tugend zu tragen fortfahren. Man täusche sich nicht beim Anblick dieser Erscheinung, wie es vorurtheilsvollen oder oberflächlichen Leuten begegnet. Wenn der christliche Geist schon lange aus der Gesellschaft gewichen ist, so dauert in ihr immer noch die Bewegung fort, zu der sie in Zeiten des Glaubens und der Frömmigkeit den ersten Anstoß erhalten hat. Durch das Christenthum gebildet brandmarkt die öffentliche Meinung den Müßiggang; durch das Christenthum entwickelt treibt der Sinn für das Familienleben zur Arbeit, und aus dem Sinn für das Familienleben ergibt sich mit nothwendiger Folge eine zur Gewohnheit gewordene Sorge für die Zukunft als weiterer Sporn zur Thätigkeit. Selbst dann also, wenn der Glaube an die Dogmen schon längst aufgehört hat, über die Gewissen zu herrschen, kann die Arbeit noch lange Zeit hindurch ihre

Lebenskraft aus dem Christenthum empfangen. Die Verirrungen der Einzelnen werden sich vermehren; aber die Gesellschaft in ihrer Gesammtheit wird hinsichtlich der Arbeit die Gewohnheiten der christlichen Völker noch immer bewahren.[1])

Ganz anders wird es sich mit jenen Gesellschaften verhalten, welche sich bloß durch ihre natürlichen Kräfte zur Civilisation emporgeschwungen und demnach den so zu sagen unzerstörbaren Charakter des Christenthums nicht in sich aufgenommen haben. Die Völkerschaften, welche außerhalb des Christenthums die Civilisation zur höchsten Blüthe gebracht haben, finden wir in der alten Welt; aber gerade in ihr haben auch die Leidenschaften und deren Folgen eine völlig freie Entwicklung gefunden. In ihr müssen wir deßhalb den Feind studiren, der gegen den Geist kämpft, durch welchen die christlichen Völkerschaften zur Arbeit geführt wurden.

In der Urzeit der alten Gesellschaften, in jener Periode, als die Welt der Quelle jener großen Traditionen, aus welchen das moralische Leben der Menschheit seinen Ursprung genommen, noch ganz nahe stand, wurde das Gesetz der Arbeit von allen Volksstufen auf gleiche Weise begriffen und zur Ausübung gebracht. Der Stamm der Pelasger, der uns zuerst an der Schwelle der griechischen Geschichte begegnet, ist wesentlich ein Geschlecht der Arbeit, und in verschiedenen Werken zum Unterhalt oder zur Verschönerung und weiteren Entfaltung des Lebens hat es uns überall Spuren seiner Kraft und Gewandtheit zurückgelassen. Das Zeitalter der Heroen sodann, in welchem die griechische Welt ihre glücklichen Anlagen im reichsten Maaße zu enfalten beginnt, glaubten Homer und Hesiod dadurch am Besten zu schildern, daß sie uns vom Ackerbau, vom Hirtenleben und Handelsbetrieb reden, deren Geschäfte sich in reichem Wechsel mit einander mengten. Die Fürsten legten eben so wie die Sklaven selber die Hand an bei allen Ge-

[1]) Wenn wir im sechsten Buche von dem Einfluß handeln, den die sittliche Richtung der Arbeiter auf ihre Lage übt, so werden wir darstellen, wie sehr die Laster, die dem Christenthnm entgegen stehen, die Kraft der Arbeit verringern.

schäften des materiellen Lebens. Paris war ein Schäfer; Anchises befand sich bei den Heerden seines Vaters, als er der Venus gefiel; die sieben Brüder der Andromache erlagen auf dem Weidenplatze den Schlägen des Achilles. Agamemnon und Achilles treffen in eigener Person die Anstalten zu ihren Gastmalen; Ulysses bereitete selber aus einem wilden Oelstamm das Brautbett, das kein Sterblicher von dem Orte hinweg heben konnte, an welchem es der Held gefertigt hatte, und das für seine Gemahlin zum Erkennungszeichen diente.[1])

Hesiod bezeichnet uns in seiner Dichtung „Werke und Tage“, die nur von der Arbeit handelt, genau die Stellung, welche sie im Leben einnahm. Wir finden sie da mit vielen Merkmalen, die ihr das Christenthum zutheilt. Sie ist eine Züchtigung, die von den Göttern den schuldigen Menschen auferlegt worden; sie ist eine Pflicht, deren Erfüllung den Menschen mit der Gottheit versöhnt. Bevor Jupiter im Zorn über den Betrug des Prometheus die bittere Sorge über die Welt ausbreitete und den Augen der Menschen die Quellen verbarg, aus denen sich das Leben nährt, genügte eine leichte Arbeit von wenigen Augenblicken, den Reichthum zu verschaffen.

---

[1]) Doch kein sterblicher Mensch, wie er trotzt' in Kräften der Jugend,
Möcht' es hinwegarbeiten; denn gar ein großes Geheimniß
War an dem künstlichen Bett; und ich selbst, kein Anderer, baut' es.
Grünend wuchs im Geheg' ein weitumschattender Oelbaum,
Stark und blühender Kraft; sein Umgang war, wie die Säule.
Diesem umher das Gemach erbauet' ich bis zur Vollendung,
Häufige Stein' anordnend, und bühnete zierlich die Decke!
Auch verschloß ich die Pforte mit fest einfugenden Flügeln.
Hierauf kappt' ich die Krone des weitumschattenden Oelbaums;
Aber den Stamm von der Wurzel behaut' und glättet' ich ringsum
Wohl und geschickt mit dem Erz, und ordnete scharf nach der Richtschnur
Bildend dem Bette zum Fuß, und bohrt' ihn ganz mit dem Bohrer.
Hieran fügt ich das Bett, und meißelt es bis zur Vollendung,
Künstlich mit Gold und Silber und Elfenbein durchwirkend;
Spannte darin dann Riemen von purpurschimmernder Stierhaut.

Odyssee; Voß'sche Uebersetzung, XXIII., 185. ff.

Man sehe ferner: Geschichte der Sclaverei im Alterthum, von Wallon, I. Thl. 2. Kap.

Sobald aber Pandora ihre verhängnißvolle Urne geöffnet, da endete für die Menschen jenes schöne Leben ohne Leiden, ohne mühsame Arbeit und ohne die herben Krankheiten, die den Tod bringen. Die Arbeit wurde von da an zu einer Tugendhandlung. „Es ist eine sehr bequeme Sache," sagt Hesiod zu seinem Bruder Perses, „das Laster im Herzen wuchern „zu lassen. Der Weg zu ihm ist leicht beschreitbar und es „wohnt nahe bei uns; die Tugend aber verleihen die Götter „nur um den Preis des Schweißes. Höre meinen Rath; „pflege die Arbeit, du Sohn der Götter, damit die Göttin „des Hungers von dir weiche und du ein Liebling der Ceres „seiest, der geehrten, schöngekrönten Göttin, die deine Speicher „mit Vorrath füllen wird. Der Hunger ist immer der Begleiter des Trägen, den die Götter und die Menschen auf „gleiche Weise hassen. Er gleicht jenen wehrlosen Drohnen, „die in Trägheit die Frucht der Arbeitsbienen aufzehren. Die „Arbeit wird dich den Göttern und Menschen zum Liebling „machen; den Müßiggang aber hassen sie."[1])

[1]) Fasse mein redliches Wort in das Herz, unkundiger Perses.
Siehe, das Böse vermagst du auch schaarenweis' dir zu gewinnen,
Ohne Bemüh'n; denn kurz ist der Weg, und nahe dir wohnt es
Vor die Trefflichkeit setzen den Schweiß die unsterblichen Götter.
Lang auch windet und steil die Bahn zur Tugend sich aufwärts
Und sehr rauh im Beginn . . . . .
Aber wohlan du, immer dich unseres Rathes erinnernd,
Arbeit treib', o Perses, du Edeler, daß dir der Hunger
Abhold sei, und dich liebe die schöngekränzte Demeter,
Hehr an Macht, und die Scheuer gedrängt anhaüfe mit Vorrath.
Denn ein Gefährt' ist der Hunger dem arbeitscheuenden Manne.
Der ist Göttern verhaßt und Sterblichen, welcher ohn' Arbeit
Fortlebt, gleich an Muthe den ungewaffneten Drohnen,
Die der emsigen Bienen Gewirk aufzehren in Trägheit,
Nur Mitesser. Doch dir sei erwünscht die gemessene Arbeit,
Daß mit reifem Ertrage sich dir anfüllen die Scheuern.
Arbeit segnet mit Hab' und wimmelnden Heerden die Männer,
Und durch fleißiges Thun wirst du den unsterblichen Göttern
Angenehm und den Menschen; doch Müßige seh'n sie mit Abscheu.

Werke und Tage, V. 286—310, übers. von Voß.

In der Periode seiner Blüthe blieb Griechenland dem Gesetze der Arbeit treu. Wenn man von Sparta absieht, wo Stolz die herschende Klasse in Unthätigkeit gefesselt hielt und die Arbeit den Besiegten zuwies, so haben sonst überall die freien Männer des Staates an der Arbeit rührig Antheil genommen und durch deren Ergiebigkeit den bewunderungswürdigen Anlagen des griechischen Stammes jene reiche materielle Unterlage und jene Muße verschafft, ohne welche der Geist seine Vorzüge nicht ungehindert entfalten kann. Theseus und Solon haben in ihren Gesetzgebungen für Athen der Arbeit eine hohe Stellung angewiesen. Solon betrieb, wie ein gewöhnlicher Bürger, den Handel und gab so selbst ein Beispiel von jenem thätigen Leben, das seine Gesetze allen Bürgern auferlegten. Diese Lebenseinrichtung dauerte in Athen bis zum peloponnesischen Kriege fort. Handel, Gewerbe und Ackerbau blühten auf gleich glänzende Weise und machten aus dem „unfruchtbaren Attika" einen der gesegnetsten Landstriche der Welt. Die Agricultur insbesondere, diese Königin aller Gewerbe, genoß in Athen die höchsten Ehren. Mit der Leitung des Feldbaues befaßten sich die Männer der angesehensten Familien und die edelsten Geister in der Stadt der Wissenhaften und Künste hielten es nicht unter ihrer Würde, darüber Vorschriften zu geben.

Wie es aber in der heidnischen Welt unvermeidlich war, so machte sich denn in Griechenland alsbald der Widerstreit des Stolzes und der Sinnlichkeit, die sich dort in Folge des vorhandenen Wohlstandes üppig entwickelt hatten, gegen die Principien der Arbeit, die Quelle des materiellen Gedeihens, in hohem Grade fühlbar. Um die Zeit des peloponnesischen Krieges gewahrt man in Athen eine Bewegung, welche die freien Volksklassen der Arbeit abhold machte und einem Leben auf Staatskosten zutrieb, indem sie für die Rechtspflege und für ihre Thätigkeit bei Volksversammlungen Gehalte nahmen. Unvermerkt trat die Arbeit der Sklaven an die Stelle der Arbeit freier Männer; Müßiggang bemächtigte sich der Stadt.[1])

[1]) Man sehe: Wallon, hist. de l'esclavage, part. II., ch. 4, 6 et 12. — Böth, Staatshaushalt der Athener. Buch IV, §. 2 u. 22.

Ohne Zweifel haben Kriege, sodann die schwankenden Zustände der Arbeit selber und noch verschieden andere Ursachen das Ihrige beigetragen, dieses Resultat herbeizuführen; insbesonders hat das Umsichgreifen des Sklavenwesens in der traurigsten Weise auf die Arbeit der Freien zurückgewirkt. Die erste und in Wahrheit tiefste Ursache aber für dieses Aufgeben der Arbeit und sogar auch für die Erhöhung der Sklavenzahl lag in jener Liebe zu einem gemächlichen und sinnlichen Leben, die durch den Reichthum erzeugt wird, in jener vornehmen Geringachtung und spröden Abneigung gegen das Joch eines Geschäftsbetriebs, die durch Stolz und durch die Verweichlichung eines wachsenden Wohlstandes herbeigeführt werden, wenn sie nicht am Geiste der Entsagung und an den durch sie ununterbrochen genährten Tugenden ein Gegengewicht finden. Nichts ist betrübender, als das Gemälde von Sittenverderbniß, Verschwendung und niedriger Sinnesart, das Athen seit der Zeit der Könige Philipp und Alexander darbietet. In den beklagenswerthen Jahren, die folgten, schwoll das Uebel immer noch mehr an. Theater und Tafelgenuß waren die wichtigste, fast ausschließliche Beschäftigung des Lebens. Die Weichlichkeit der Sitten und der Stolz, der in den letzten Zeiten den Charakter einer lächerlichen und ohnmächtigen Eitelkeit annahm, wuchsen von Jahr zu Jahr und mit diesen Lastern nahm auch der Müßiggang zu und seine unzertrennliche Gefährtin, die Armuth. [1])

Diese Griechen, deren Trägheit und Verderbtheit die herrlichsten Gaben der Vorsehung hatte zu Grunde gehen lassen, maßen zur Zeit ihres Verfalls alle Schuld dem Schicksal und dessen Fügungen bei und liefen zu den Orakeln, um nach den Mitteln für die Erleichterung ihres Mißgeschicks zu fragen. Polybius fordert seine Vaterlandsgenossen auf, sie sollten die Quelle dieser Uebel in sich selber suchen und in der Besserung ihrer Sitten das Heilmittel dagegen erkennen; indem er aber dieses thut, enthüllt er uns zugleich den ganzen Abgrund von

[1]) „Denn ein Gefährt' ist der Hunger dem arbeitscheuenden Manne." Hesiod, Vers 297.

Ohnmacht und Elend, in welchem das einst so gesegnete und so glorreiche Griechenland sich abkämpfte. „Wenn es sich um „Dinge handelt. sagt er, deren Grund leicht vor Augen liegt, „deren Ursprung und Entwicklung leicht zu erkennen ist, so „wird es unstatthaft, die Sache kurzweg den Göttern zuzu„schreiben. Uebergehen wir andere Dinge und machen wir „bloß auf jene Entvölkerung, auf jenen Mangel an Menschen „aufmerksam, der sich gegenwärtig in Griechenland überall „fühlbar macht und unsere Städte leer, unsere Fluren aber „unbebaut läßt, ohne daß gleichwohl langwierige Kriege oder „die Geißel der Pest sich unter uns ihren Raub ausgesucht „hätten. Wäre es nicht Thorheit, wenn man hierüber die „Götter zu Rathe ziehen und sie befragen wollte, durch welche „Zaubersprüche oder Handlungen Griechenland menschenreicher „und die Städte glücklicher werden könnten, da ja die Gründe „einleuchtend sind und die Mittel in unsern Händen liegen? „Wenn man in einem Lande, das sich ganz und gar dem „Stolze, der Habsucht, der Trägheit hingegeben hat, weder in „die Ehe treten, noch die außer der Ehe gebornen Kinder „erziehen will, mit Ausnahme etwa von einem oder zweien, „um diese Wenigen mit dem möglichst großen Reichthum zu „überhäufen und von vorne herein in den Schooß des Ueber„flußes zu versetzen, da muß das Uebel, ohne daß man es „bemerkt, mit reißender Schnelligkeit bis in's Ungeheure anwachsen. . . . Nochmal, wozu soll es gut sein, bei den Göt„tern die Mittel gegen diesen Schaden zu suchen? Jeder „beliebige Mensch, der uns auf dem Wege begegnet, wird uns „sagen, daß wir nur unsere Sitten zu ändern brauchen, und „die Abhilfe ist gegeben.“ [1])

---

[1]) Ὧν δὲ δυνατόν ἐστι τὴν αἰτίαν εὑρεῖν, ἐξ ἧς καὶ δι' ἣν ἐγένετο τὸ συμβαῖνον, οὔ μοι δοκεῖ τῶν τοιούτων δεῖν ἐπὶ τὸ θεῖον ποιεῖσθαι τὴν ἀναφοράν· λέγω δὲ οἷον οὕτως ἐπέσχεν ἐν τοῖς καθ' ἡμᾶς καιροῖς τὴν Ἑλλάδα πᾶσαν ἀπαιδία καὶ συλλήβδην ὀλιγανθρωπία, δι' ἣν αἵ τε πόλεις ἐξηρημώθησαν, καὶ ἀφορίαν εἶναι συνέβαινε, καίπερ οὔτε πολέμων συνεχῶν ἐσχηκότων ἡμᾶς, οὔτε λοιμικῶν περιστάσεων. Εἴ τις οὖν περὶ τούτου συνεβούλευσεν εἰς

Was vermochte aber das Heidenthum gegen diesen Verfall, die materielle Frucht seiner sittlichen Verirrung? Und wie hätten sich die Sitten bessern sollen, da das Princip, das ihre Kraft ausmacht, aus der Gesellschaft gewichen war und der Materialismus in der Wissenschaft und im Leben unangefochten die Herrschaft führte? Die Entartung nahm immer noch zu, und ein Jahrhundert nach Polybius, nur kurze Zeit vor der christlichen Aera, war auf dem Boden Griechenlands, auf welchem durch den Bund der Intelligenz mit der Arbeit so vieles Wunderbare geschaffen worden, durch Sittenlosigkeit eine so große Verheerung angerichtet und die innere Kraft für äußere Bethätigung so sehr abhanden gekommen, daß Salust mit aller Wahrheit gegen Cäsar sich äußern konnte: „Tugend, Sorge für das Leben und Arbeitsgeist sucht man bei den Griechen vergebens.“ [1])

Als Salust in einem Briefe an Cäsar sich so aussprach, fing eben auch Italien an, die Verheerungen des Uebels zu empfinden, das Griechenland zu Grunde gerichtet und zu einer so leicht faßbaren Beute für den römischen Ehrgeiz gemacht hatte. Der Besieger Galliens gab sich damals eben vergebens Mühe, dem Umsichgreifen des Müßigganges Einhalt zu thun und in seinen Mitbürgern wieder den Sinn für die Arbeit zu wecken, die Rom mächtig gemacht hatte und die Quelle

θεοὺς πέμπειν ἐρησομένους, τί ποτ' ἂν ἢ λέγοντες ἢ πράττοντες πλείονες γενοίμεθα καὶ κάλλιον οἰκοῖμεν τὰς πόλεις, ἆρ' οὐκ ἂν ἐφαίνετο, τῆς αἰτίας προφανοῦς ὑπαρχούσης καὶ τῆς διορθώσεως ἐν ἡμῖν κειμένης. Τῶν γὰρ ἀνθρώπων εἰς ἀλαζονείαν, καὶ φιλοχρημοσύνην, ἔτι δε καὶ ῥᾳθυμίαν ἐκτετραμμένων, καὶ μὴ βουλομένων μήτε γαμεῖν μήτε ἀγάμως τὰ γεινόμενα τέκνα τρέφειν, ἀλλὰ μόλις ἓν τῶν πλείστων ἢ δύο, χάριν τοῦ πλουσίους τούτους καταλιπεῖν καὶ σπαταλῶντας θρέψαι, ταχέως ἔλαθε τὸ κακὸν αὐξηθέν .... Ὑπὲρ ὧν οὐδὲ χρεία παρὰ τῶν θεῶν πυνθάνεσθαι, πῶς ἂν ἀπολυθείημεν τῆς τοσαύτης βλάβης· ὁ γὰρ τυχὼν τῶν ἀνθρώπων ἐρεῖ, διότι μάλιστα μὲν αὐτοῦ δι' αὐτῶν, μεταθέμενοι τὸν ζῆλον.

Polyb. Reliquiae lib. XXXVII. c. 4.

[1]) Virtus, vigilantia, labor apud Graecos nulla. Epst. ad Caes. I.

aller seiner Eroberungen geworden war. Wegen der besondern Charakterstärke seiner Bewohner und wegen der eisernen Festigkeit seiner ursprünglichen Tugend sollte Rom länger, als Griechenland, gegen das Gift kämpfen, von dem es angegriffen wurde. Aber gerade deßhalb, weil seine natürliche Widerstandskraft größer und seine Herrschaft umfassender war, ist sein Fall um so mehr geeignet, Staunen zu erregen und Belehrung zu bieten.

Die Arbeit erlitt in Rom die nämlichen Wechselfälle, wie in Griechenland. Wie bei den Griechen, so ist auch bei den Römern anfänglich die Arbeit Beschäftigung Aller; aber sie tritt auf mit dem Charakter der Rauheit, Strenge und karger Sparsamkeit, der den Sitten der ersten Römer überhaupt eingeprägt ist, den aber der lachende Genius Griechenlands nicht kannte. Römischer Starkmuth übernimmt und übt die hartnäckigste Arbeit [1]) mit jenem Heroismus, mit welchem er auf dem Schlachtfeld in den Tod ging. Das Gefühl der Pflicht beseelt und kräftigt die Arbeit und dieses Gefühl war in Rom das herrschende bis auf die Zeit des Cincinnatus und Regulus und wurde die Quelle aller großen Thaten.

Die ganze Familie des Römers arbeitet; der Herr bestellt die Erde in Gemeinschaft mit seinen Sklaven; die Frau wetteifert an Fleiß mit ihrem Gemahle und man sieht sie ohne Rast für alle Zweige der Hauswirthschaft besorgt. Beide bemühen sich mit einer unbesiegbaren Ausdauer, die Besitzungen der Familie zu erweitern, so daß, wie Columella sagt, die Thätigkeit der Frau für die Geschäfte im Innern des Hauses gleichen Schritt hält mit der Thätigkeit des Mannes für die Geschäfte außerhalb desselben. [2]) Von den Patriciern zwar wurden die Gewerbe verschmäht, von den übrigen freien Bürgern aber ohne Anstand geübt. Das Leben des Patriciers theilte sich in Ackerbau und Krieg. Ackerbau zu treiben galt als eine Ehre und man konnte Jemandem kein höheres Lob

---

[1]) Improbus labor.

[2]) Cato, de re rustica, Lib. XII.

sprechen, als wenn man sagte, er verstehe sich gut auf Bodenpflege und Anpflanzungen.[1]) Sparta hatte alle seine Ehre in den Krieg gesetzt und durch seinen unfruchtbaren Stolz wurde es zu einem schimpflichen und schnellen Fall gebracht. Rom hatte vieles von der rauhen Tugend Sparta's; hier wie dort herrschte unter der Bürgerschaft der wildeste Stolz, der eine unersättliche Sucht nach Herrschaft, eine wilde Liebe zum Kriege, eine in der heidnischen Welt nie erreichte Strenge und persönliche Entsagung zur Folge hatte. Aber Sparta lehnte sich auf gegen das Gesetz der Arbeit, als wäre sie eine Erniedrigung; Rom dagegen, das mitten unter den Verirrungen des Heidenthums den Sinn für alte Ueberlieferungen und herkömmliche Volkstugenden mehr, als irgend eine andere Stadt bewahrt hatte, machte die Arbeit zur Grundlage seines Bürgerthums und zum Werkzeug seiner Größe.

Die Tugenden des Römers lassen sich zusammen fassen in den Begriff einer positiven und werkthätigen Hochachtung gegen alles Religiöse. Wohlan denn, die Bodencultur galt nach Varro als eines von den verschiedenen Werken dieser unverbrüchlichen Hochachtung. Wie alle kriegerischen Staaten des Alterthums, so nährte auch Rom sich von Eroberungen und von der Beute der Besiegten; aber es verzehrte die Früchte seiner Siege nicht in Müßiggang. Es pflegte zugleich die Tugenden des Krieges und die Tugenden des Friedens. Seine Siege dienten dazu, mit den Grenzen seiner Herrschaft zugleich auch die Grenzen seiner Arbeit auszudehnen; jene Theile des eroberten Gebietes, die es nicht mehr den Besiegten überließ, vertheilte es an seine Bürger, damit diese sie ausnützen sollten. Durch seine Colonien trug es seine industriellen und kriegerischen Fertigkeiten in alle neu gewonnenen Provinzen hinaus. Der Soldat, den der Krieg vom Felde hinweg geholt hatte, griff nach dem Friedensschluß sogleich mit Eifer wieder zum Pfluge und bot für die Verbesserung und Erweiterung seines Gutes die nämliche Kraft auf, die er zuvor für die Vertreibung des Feindes

[1]) Cato, de re rustica, Lib. XII.

aufgeboten hatte.[1]) Durch die doppelte Macht des Schwertes und des Pfluges wurde Rom zum Herrn der Welt und gab seiner Herrschaft einen Glanz und eine Macht von solcher Dauer, daß außerhalb des Christenthums kein zweites Reich so Großes erreichte. Selbst als Rom die Arbeit nicht mehr übte und den Geschmack an derselben verloren hatte, unterließen seine großen Männer nicht, ihm die männlichen Sitten der Vorfahren in Erinnerung zu bringen und jedes Mal wieder auf's Neue zu sagen, daß aus solcher Sinnesweise alle Größe ihren Ursprung genommen. Auf das einfache und angestrengte Leben der ersten Römer nahm Virgil Bezug, als er im Enthusiasmus eines wahren Römers die schönen Worte schrieb:

So geartet war einst im sabinischen Lande das Leben,
So des Romulus Thun und des Remus, so schwang der Etrus'er
Mächtig sich empor und gedieh Rom's weithin strahlender
Reichthum.[2])

Allein, so oft man auch den Römern vom mühsamen Schweiße ihrer Ahnen sprach, es war immer vergebens. Rom hatte, wie Griechenland, im Reichthum zuletzt jene Macht der Entsagung verloren, ohne die es keine Tugend gibt und die trotz ihrer Entstellung durch den Stolz des Volkes den ersten Grund zum Ruhme der ewigen Stadt und zu ihren staunenswerthen Erfolgen gelegt hatte.

---

[1]) Varro charakterisirt diese Verbindung zwischen dem Kriege und den Arbeiten des Landbaues sehr gut, indem er, was Alter und innern Werth betrifft, dem Landbau den Vorzug gibt: „Neque solum antiquior cultura agri, sed etiam melior. Itaque non sine causa majores nostri ex urbe in agris redigebant suos cives, quod et in pace „a rusticis Romanis alebantur et in bello ab his tuebantur. Nec „sine causa terram eamdem appellabant Matrem et Cererem, et „qui eam colebant, piam et utilem vitam agere credebant atque „eos solos reliquos esse ex stirpe Saturni regis.“ De re rustica III, 1.

[2]) Hanc olim veteres vitam coluere Sabini,
Hanc Remus et frater: sic fortis Etruria crevit
Scilicet, et rerum pulcherrima facta est Roma.

Schon die Berührung mit den griechischen Städten Italiens und der Fall Carthago's hatten in Rom allmälig die Begierde nach Luxus hervorgerufen, welcher die Sitten, wenn sie blos auf die natürliche Kraft der Seele sich stützen, für die Dauer nicht widerstehen können. Aber vorzugsweise die Siege über Griechenland und über den Orient brachten die Verweichlichung und sittliche Fäulniß auf ihren Höhepunkt. „Die Unterwerfung Asiens, sagt Plinius, verpflanzte den Luxus „auf den Boden Italiens. . . . Noch größere Schädigung „aber erlitt der bessere Volksgeist, als uns Attalus eben dieses Asien zum Geschenke überließ. In der That, das Vermächtniß dieses Fürsten ist in seinen Folgen beklagenswerther, als selbst der Sieg des Scipio . . . . Nicht minder „nachtheilig wirkte die Eroberung Achaja's; denn Achaja lieferte uns auch sinnreizende Statuen und Gemälde, um das „Unheil voll zu machen. Eine und dieselbe Epoche sah den „Luxus sich erheben und Carthago in Ruinen sinken, und durch „ein verhängnißvolles Zusammentreffen fand Rom zu gleicher „Zeit Geschmack am Laster und die Macht, demselben zu „fröhnen. [1])"

Seitdem Griechenlands Reichthümer, dessen verdorbene Kunst und dessen noch verdorbenere Rhetorik in Rom Eingang gefunden hatte, verschwanden die letzten Spuren der alten Gesittung. Die Politik der ewigen Stadt bewahrte noch ihre alten Traditionen; aber der Einzelne für sich ließ sich auf dem Gebiete der geistigen Interessen eben sowohl, wie auf dem der irdischen Angelegenheiten vom Geiste des Griechenthums so zu sagen willenlos beherrschen. Jene Laster, welche den Arbeitsgeist Griechenlands ertödtet und das Volk

[1]) Asia primum devicta luxuriam misit in Italiam. . . . . Eadem Asia donata multo etiam gravius afflixit mores, inutiliorque ictoria illa v haereditas Attalo rege mortuo fuit . . . . immenso et Achaicae victoriae momento ad impellendos mores . . . signa et tabulas pictas invenit, ne quid deesset: pariterque luxuria nata est et Carthago sublata: ita congruentibus fatis, ut liberet amplecti vitia et liceret. C. Plinii Hist. nat. Lib. XXXIII, cap. 53.

in einen Abgrund von Ohnmacht gestürzt hatten, in welchem es sich qualvoll abrang, als die Römer kamen und es zum Sklaven machten, während sie ihm reizend von der Freiheit sprachen: ganz die nämlichen Laster haben auch den Arbeitsgeist in Rom ertödtet.

Der Kampf war ein lange andauernder, denn die Sitten der Römer besaßen einen strengeren Charakter und höhere innere Kraft, als die der Griechen; und überdieß konnte Rom, das über die Hilfsquellen der ganzen Welt verfügte, beim weiten Umfang seiner Provinzen für lange die Mittel zur Pflege seiner Trägheit finden. Das Uebel aber, durch das Italien zuerst mit reißender Schnelligkeit überwunden worden, mußte zuletzt auch die entferntesten Provinzen auffressen; und jenes Reich, das durch eine Arbeit, die man als Tugend ehrte, in den großen Jahrhunderten der Republik eine Macht erreicht hatte, der keine zweite auf der Welt mehr gleichkam, erliegt einem inneren Siechthum, jenem weichlichen und entarteten Siechthum, das aus der Trägheit stammt.

Livius erzählt, daß seit dem Jahre 180 vor Beginn unserer Zeitrechnung die freien Männer zur Ergänzung der Legionen nicht mehr ausreichten. Die Zahl der Bürger wuchs allerdings, aber die meisten von ihnen waren Proletarier d. h. träge Leute, welche der Senat aus Klugheitsrücksichten von den Armeen ferne hielt. Der Krieg, welcher in Rom je den achten Mann unter die Waffen rief, und ihn die längste Zeit seines Lebens über auf Feldzügen zurückhalten konnte, äußerte auf diese immer wachsende Abnahme der arbeitenden Klasse gewiß einen wichtigen Einfluß. Die Kämpfe, zu denen man damals bis in die entlegensten Länder eilte, waren mörderisch: gleichwohl hat aber der Krieg nicht so fast durch das Opfer von Menschenleben, als vielmehr durch die Gewohnheit des Raubes, der Ausschweifung und der Trägheit, die er im ausgedehntesten Maße hervorrief, die Zahl der Arbeiter verringert. Wie hätte man den Soldaten, der auf langen Hin- und Herzügen sich daran gewöhnt hatte, seine Bedürfnisse mit Beute zu befriedigen, und durch Berührung mit den wohllüstigen Sitten Griechenlands und Asiens selbst in seinem Charakter corrumpirt worden war, wieder zu der bescheidenen Genügsamkeit und anstrengenden Beschäftigung des landwirthschaftlichen Lebens zurückführen können? In Rom wieder angekommen vermehrte der Soldat die Reihen jenes nichtsnutzigen Volkes, das von der Freigebigkeit der Großen und von den Brodvertheilungen des Staates lebte. Später erhöhten die Bürgerkriege mit ihren Schlächtereien und mit den Aechtungen und Gütereinziehungen, die sie im Gefolge hatten, neuerdings die Sittenlosigkeit und die Abneigung gegen die Arbeit, während sie zu gleicher Zeit auch die Zahl der freien Männer sehr beträchtlich verminderten. [1])

Nicht nur während des Feldlebens entwickelte sich die Abneigung gegen die Arbeit: das Uebel gewann den Charakter einer Ansteckung, die zuerst in Rom auftrat, sich sodann von Ort zu Ort über ganz Italien verbreitete und zuletzt in der Kaiserzeit alle Provinzen überzog. Die Reichthümer, die durch Eroberungen in Rom aufgehäuft worden waren, haben alle Volksklassen zu gleicher Zeit verderbt. Der Stoß, der die römische Gesellschaft von der Arbeit abkehrt, ist ein allgemeiner; er wirkt zugleich von Oben und von Unten aus und wirft die Hohen und die Niederen zu einer und derselben Ruine zusammen. Die Großen, die nur den einen Gedanken haben, wie sie die Reichthümer, die der Raub an den Provinzen ihnen eingetragen hat, in Ruhe genießen können, verwandeln die früher bebauten Ländereien in Weideplätze. Einige Schaaren von Hirten, die das über unermeßliche Besitzungen zerstreute Vieh pflegen, erfordern weniger Aufsicht und verursachen weniger Sorge, als die zahlreichen Arbeiter, die zum Betrieb umfassender Bodenausbeutung durch Feldbau hätten verwendet werden müssen. [2]) Die Erträgnisse sind geringer,

[1]) Duruy, Hist. des Rom., ch. XVIII, §. 2. —, Dureau de la Malle. Econ. polit. des Rom., liv. III, ch. 22.

[2]) C. Cäcilius Claudius z. B., der im Bürgerkriege großen Verlurst erlitten hatte, hinterließ dennoch 3000 Paar Ochsen und an anderem Vieh 257,000 Stück. Plin. XXXIII, 47. — Ihren ersten Sitz hatte

aber deren Beischaffung stört die Großen um so weniger in ihrer Trägheit.

Wollten nun die Vornehmen sich in keiner Weise ländlicher Culturarbeit unterziehen, so mußten sie anderswo die Mittel für ihr luxuriöses Leben suchen. Der Handel mit den Provinzen[1]), hinter welchem der Wucher sich barg[2]),

diese Viehwirthschaft in Apulien, Lucanien und Bruttium; bald wurde sie sogar auch in außeritalienischen Provinzen üblich; so war z. B. Dalmatien kaum erobert — ann. 623. U. c. —, als die römischen Kapitalisten sogleich anfingen, dort die Viehzucht im Großen zu betreiben. Die Hut auf den ausgedehnten Strecken geschah durch bewaffnete, häufig berittene Sklaven. Vergl. Mommsen, röm. Gesch., I. 623. II. 70.

[1]) Nur den Kleinhandel hielten die römischen Optimaten für verächtlich — mercatura, si tenuis est, sordida putanda est, Cic. de off. I, 42; — den Handel im Großen betrieben sie einzeln, in Verbindung und durch vorgeschobene Personen. Im Jahre 218 v. Chr. verbot das Gesetz des Tribuns Q. Claudius den Senatoren und ihren Söhnen, Schiffe mit einem Gehalt von mehr als 300 Amphoren zu halten. Dadurch sollte ihnen der Seehandel unmöglich gemacht werden. Allein man weiß, daß sogar der strenge Cato dieses Gesetz umging, und zur Zeit des Cicero war es ganz vergessen. Sonderbar genug waren manchmal auch die Handelsgegenstände. So z. B. erhielt Aufidius Lucro in einem Jahre 60,000 Sestertien für Pfauen. — Uebrigens liefert Rom, sagt Scherer, „für die Geschichte des Handels keine andern „Beiträge, als die seines Verfalls. Die Römer waren die tapfersten „Krieger und die edelsten Patrioten, feine Staatsmänner und kluge „Gesetzgeber, Redner und Gelehrte, da und dort auch nicht unglück„liche Epigonen der schönen Wissenschaften Griechenlands, aber sie „waren niemals Kaufleute." — Anmerk. d. Uebers.

[2]) Ebenso großen, vielleicht noch größeren Wucher, wie mit dem Handel, trieben die Reichen Roms auch mit dem Geldleihen. Die zwölf Tafeln gestatteten 10 Prozent — fenus unciarium, — die lex Moenia von 356 v. Chr. 5 Prozent — fenus semiunciarium. — Aber weder das eine noch das andere Maaß wurde eingehalten. Da brachte der Tribun Genucius 311 ein Gesetz zu Stande, wornach in Rom alles Zinsennehmen verboten wurde. Auch das blieb erfolglos; man gebrauchte häufig die Fiction, als wären Verleiher und Geldnehmer nicht beide Römer, sondern der letztere bloß italienischer Bundesgenosse. Nun wurde die lex Genucia auf Veranstalten des Tribunen M. Sempronius ann. 193 in einem Plebiscit auf ganz Italien ausgedehnt. Doch blieb der Wucher noch immer Gewerbe. Mittlerweile kam aus den

die Lieferungen für die Armeen [1]), der Pacht von öffentlichen

ferneren Provinzen, aus Griechenland und Asien, ein neuer Zinsfuß nach Rom, die usura centesima; man zahlt ein Procent, aber dieses eine Procent monatlich, also 12 Procent nach gewöhnlicher Rechnungsweise. Selbstverständlich war auch das den Optimaten zu wenig; deßhalb bestimmte die lex Gabinia im Jahre 67 v. Chr., daß man den Provinzialen in Rom überhaupt gar kein Darleihen mehr gebe, der Wucherzins höre dann von selbst auf. Im Jahre 56 v. Chr. kam ein Fall vor, der die Richtigkeit der lex Gabinia auf das Eclatanteste darthut. Die cyprische Stadt Salamis wollte in Rom Geld aufnehmen. M. Brutus war bereit, es ihr vorzustrecken, aber nur durch Mittelpersonen, so daß sein Name gar nicht genannt würde, und nur zu 4 Prozent für den Monat, also zu 48 Prozent im Jahre. Die vorgeschobenen Freunde des Brutus befragten den Senat, ob die lex Gabinia ihnen nicht schaden würde. Der Senat wußte, daß Brutus eigentlich der Borger sei, und sagte deßhalb: Nein. Die Salaminer konnten die Rückzahlung nicht leisten; wie sollte man nun das Geld wieder eintreiben, da die lex Gabinia trotz der Indulgenz des Senates immer noch vor den Gerichten galt? Der Senat half wieder ab; er erklärte, die salaminische Schuldverschreibung habe so viel Giltigkeit wie jede andere. Damals war Appius Claudius — von 53 bis 51 — der Schwiegervater des Brutus, Statthalter über Cilicien und Cypern. Bei demselben erschienen nun Scaptius und Matinius als Geschäftsträger des Brutus, um das Geeignete zu thun. Appius Claudius gab ihnen nun Reuter mit gegen die Schuldner, Scaptius aber erhöhte nun noch die Forderung von 106 auf 200 Talente. — Vergl. Drumann, Arbeiter und Communisten in Rom und Griechenland, S. 288.

Wenn ein Statthalter in den Provinzen den Geldwechslern — Negotiatoren — ein Hinderniß in den Weg legte, so scheuten sich diese nicht, gegen ihn wegen irgend eines Verbrechens, das sich leicht erdichten ließ, eine Anklage zu stellen oder sonst seine Abberufung zu bewirken. So geschah es nur in Kleinasien ann. 92 dem R. Rufus, ann. 66 dem L. Lucullus; und doch heißt der Erstere, der wegen Erpressung verurtheilt wurde, bei den römischen Schriftstellern vir non saeculi sui sed omnis aevi optimus. Anmerk. d. Uebers.

[1]) In dieser Beziehung läßt sich der schwarze Faden bis in den zweiten punischen Krieg zurück verfolgen. „Ann. 213 sollten M. Posthumius, „Pyrgensis und Pomponius Vejentanus den Truppen Vorräthe zuführen. Sie benützten die Stürme auf dem Meere, alte und schadhafte „Fahrzeuge mit Dingen ohne Werth zu beladen und zu versenken, worauf sie vorgaben, daß sie Schiffbruch erlitten und viel verloren

Abgaben[1]), die Plünderung der unterworfenen Länder[2]), die Ausbeutung der Gewerbe, die durch Sklaven betrieben wurden[3]), schufen das Nöthige für eine wahnsinnige Verschwen-

„haben. Ein Prätor entdeckte den wahren Sachverhalt und machte „Anzeige im Senat; der Senat aber schwieg. Das Volk war erbit„tert; zwei seiner Tribune beantragten gegen Posthumius eine Geld„strafe von 200,000 Aß. Da drangen die Publikaner in die Ver„sammlung und hinderten die Abstimmung. Nun konnte wohl der „Senat nicht mehr länger unthätig bleiben, und Posthumius wurde „auf Tod und Leben angeklagt.“ Drumann, l. c. Seite 292.

[1]) Diese Pächter, die bekannten publicani, waren seit der lex Claudia vom Jahre 218 v. Chr. alle aus dem Ritterstande, wie auch die Negotiatoren größtentheils dem Ritterstand angehörten.

[2]) Wollte man absehen von den Steuerpächtern und Wechslern, so sagt Salust auch von den Statthaltern: „Arm geht der Proconsul in die reiche Provinz, reich verläßt er wieder die arme Provinz.“ Selbst Cicero bereicherte sich binnen Jahresfrist in Cilicien um die Summe von 2,200,000 Sesterzien = 110,000 Thaler, während er doch mit lauter Entrüstung gegen Verres wegen unrechten Erwerbs eine Strafe von 5 Millionen Thalern forderte. Man denke sich das in allen Provinzen wiederholt und man muß Mitleid haben mit dem Elend der Welt. Ohnehin waren die Gehalte der Statthalter sehr bedeutend; so bezog z. B. der Proconsul von Afrika in der Kaiserzeit jährlich 58,000 Thaler. C. Gracchus, dessen Reformen im Allgemeinen so wohlmeinend waren, machte hier das Uebel nur schlimmer, indem er die Gerichte in die Hand der Ritter legte und ihnen auch bei allenfallsigen Klagen die Statthalter in die Hand gab. Der Statthalter mußte nun suchen, bei den Rittern wohlgelitten zu sein, und er konnte diesen Zweck nur erreichen, wenn er die Publicaner und Negotiatoren, die einen Theil der Ritterschaft bildeten, frei schalten ließ. Daher kam es oftmals, daß Statthalter und Pächter beide in Uebereinstimmung die Provinzen aussaugten.

Anmerk. des Uebers.

[3]) In Rom gab es wohl seit Numa Handwerkszünfte, aber schon vor Numa hatte Romulus erklärt, er überweise die Gewerbe den Sklaven und Fremden. — Vergl. Drumann, l. c. S. 156. — Die Anschauung des Romulus blieb die herrschende und wurde noch von Cicero in seiner schönen Sprache auf sehr unschöne Art ausgesprochen: „Opifices omnes in sordida arte versantur; nec enim quidquam ingenuum potest habere officina.“ De off. I, 42. — Die Optimaten bemächtigten sich nun des Handwerks, und zwar auf doppelte Weise:

dung, die zu gleicher Zeit dem zügellosen Stolze des Reichen und der niederträchtigen Faulheit des Armen Nahrung bot. Wie es häufig unter uns vorkommt und wie es immer in jenen Gesellschaften vorkommen wird, in denen die Sinnlichkeit Hang nach Reichthum und Scheu vor dem Mittel zu demselben, vor der Anstrengung, zugleich entwickelt hat, so sieht man auch bei den höheren Klassen Roms den Geist der Spe-

---

a) sie betrieben irgend ein Gewerbe auf ihre Rechnung durch ihre Sklaven,

b) sie gaben den Sklaven Erlaubniß und Mittel, auf eigene Rechnung ein Gewerbe auszuüben.

Auf letzterem Wege erwarben sich die Sklaven häufig so viel, sich die Freiheit zu erkaufen, sie behielten aber als Freigelassene in Verbindung mit ihrem Patrone regelmäßig das noch bei, woran sie sich als Sklaven gewöhnt hatten.

So wenig indeß in Rom der Handel blühte, so wenig blühte dort die Industrie. „Rom wußte nur zu verzehren, nicht zu erzeugen, sagt „Scherer. Man kennt außer Spanien kein zweites Beispiel einer glei„chen national-ökonomischen Unproductivität."

Wie es nicht anders sein konnte, wurde durch Roms Verwaltung und Raub auch in den Provinzen alle Industrie erstickt. „Alle jene „glänzenden Siege und Eroberungen, wie viel sie auch gepriesen und „bewundert wurden, sind für die materielle Wohlfahrt der Menschheit „als eben so viele Niederlagen zu beklagen .... Karthago und Ko„rinth, die Pflanzstädte in Spanien und Sicilien, am schwarzen „Meere und in Kleinasien verschwinden. Man nimmt ihnen, was „äußeren Gold- und Silberwerth besitzt; in die unendlich reichere „Erbschaft ihrer Handelsgeschäfte und Industriezweige einzutreten „kommt den Siegern nicht in den Sinn. Ausgeraubt und entvölkert „versinken diese einst blühenden Sitze menschlicher Cultur in Elend „und Armuth, ihre Häfen versanden, ihre Fabriken stehen still, selbst „der Ackerbau geht rückwärts und die fruchtbarsten Länderstriche wer„den zu Wüsten. Welcher Unterschied zwischen dem Spanien unter den „Karthagern und dem Kleinasien unter der griechischen Herrschaft, mit „dem Spanien und Kleinasien, als sie Rom unterworfen waren! Der „Verkehr, welcher nach dem Aufhören der politischen Selbstständigkeit „der verschiedenen Handelsstädte in der alten Welt fortbestand, verlor „ganz und gar seine freie, selbstbestimmende Natur und wurde nicht „viel anders, als die Entrichtung von Tributen Seitens der unter-

culation[1]) an die Stelle einer ernsten und ehrbaren Arbeit treten, die ganz gewiß Wohlstand schafft, aber erst nach geraumer Zeit und nur um den Preis beschwerlicher Opfer.[2])

Während der Reiche sein Interesse dabei fand, die kleinen Arbeiter aus ihrem Besitze zu verdrängen, förderten diese durch Trägheit, Zuchtlosigkeit und Abneigung gegen das einfache, anspruchslose Landleben auch ihrerseits die Bewegung, die aller freien Arbeit ein Ende machen und Sklavenarbeit an deren Stelle setzen sollte. Manchmal waren förmliche Gewaltschritte, für die sich der Reiche durch seinen Einfluß Straflosigkeit sicherte, das Mittel, um den geringen Grundeigenthümer von seiner ärmlichen Habe zu vertreiben; sehr häufig beeilte sich dieser Letztere jedoch in eigener Person, dem Rei-

---

„jochten Länder an das allein herrschende Rom.“ So Scherer, Bd. I. S. 104. Dann fügt er bei Seite 111:

„Ein Reich, welches sich von den Säulen des Herkules bis zum „Euphrat, von der Nordsee bis zum brennenden Sande Afrikas „erstreckte, ein Reich, das alle Klimas vereinigte, zu jeder Jahresfrist „schiffbare Meere, weite Küsten mit den herrlichsten Häfen, reiche und „fruchtbare Inseln, Continentalländer für die höchste Cultur vorbe„reitet, Völker von den verschiedensten Anlagen und Fertigkeiten, ein „Reich, welches in Ueberfluß alle Produkte hervorbrachte, wo Land„wirthschaft, Handel, Schifffahrt, Gewerbe, Künste und Wissenschaften „zu gleicher Blüthe berufen waren: was hätte dieses Reich bei weiser „und edler Nutzanwendung so selten vereinigter Kräfte nicht für die „Glückseligkeit der Menschen leisten können! So aber hat das kleine „Phönizien für die Humanität höheren Gewinn gegeben, als die welt„herrschende Roma mit allen ihren Triumphen und Trophäen.“ —

Anmerk des Uebers.

[1]) Selbst Cato erwartete von anderen Unternehmungen mehr, als vom Ackerbau, über den er doch ein Buch voller Lobsprüche schrieb (Plut. Cat. maj. cap. 21.); namentlich gab er der schon erwähnten Weidewirthschaft den Vorrang. Cicero erzählt hierüber, de off. lib. II, cap. 25: A quo cum quaereretur, quid maxime in re familiari expediret, respondit: Bene pascere. Quid secundum? Satis bene pascere. Quid tertium? Male pascere. Quid quartum? Arare.

Anmerk. d. Uebers.

[2]) Siehe Dureau de la Malle, écon. polit. des Romains, liv. IV, ch. 35. — Wallon, hist. de l'esclavage, part. II, ch. 9. — Duruy, hist. des Rom. ch. XVIII, §. 2.

chen ein Gut abzutreten, das für ihn zur Last geworden war, weil es nur durch Arbeit fruchtbringend gemacht werden konnte. Er begab sich alsdann nach Rom, um dort in Nichtsthun und Schwelgerei den Erlös für sein Feld zu verzehren, und da seine geringen Vorräthe bald erschöpft waren, so sah man ihn unter die Haufen jener Proletarier sich verlieren, die von den Spenden des Staates und der Reichen lebten und die Bevölkerung Roms zu einer der versunkensten machten, die es je auf der Welt gegeben hat.[1]) „Rom wurde die Wohn„stätte der Vergnügungen und des Müssiggangs, sagt Dureau „de la Malle, und die Völker Italiens, die ein oder zwei „Jahrhunderte zuvor das römische Bürgerrecht zurückgewie„sen hatten, verließen in Menge ihre Provinzen, ihre Werk„stätten, ihre Felder, um sich in der Hauptstadt niederzulassen „und dort der Vergnügungen und des arbeitslosen Lebens sich „zu erfreuen, die sie ihren Bewohnern darbot.[2])"

Wenn die edelsten und klarschauensten Geister des römischen Staates die Masse beschäftigungsloser Bürger, welche für die Republik eine unerträgliche Last geworden waren, verschiedene Male zur Bodencultur zurückzuführen den Versuch machten, so war dieß jedesmal umsonst. Alle Feldmarkgesetze, welche dieses Ziel verfolgten, blieben machtlos und unausgeführt, weil die Arbeit, die erste Bedingung hiebei, von den öffentlichen Sitten zurückgewiesen wurde.

Die licinischen Gesetze haben allerdings einen mächtigen Anstoß zum Ackerbau gegeben und jener Volksklasse, die sich damit beschäftigte, Zuwachs an Mitgliedern und Mehrung ihres Vermögens verschafft; aber das war eine Zeit, in welcher die alte Liebe der Römer zur Landwirthschaft noch in ihrer ganzen Kraft fortbestand. Zur Zeit der Gracchen hatten sich die Verhältnisse gänzlich geändert. Der Bürger wies den

[1]) „Wenn die Landbevölkerung der ewigen Roma zuströmte, nahm sie „auch der verfallenen Stadt entartete Sitten an; das Landvolk ver„schmolz mit dem Stadtvolk in eine Masse rohen Pöbels." Roßbach, Gesch. der polit. Oekon. S. 225.

[2]) Écon. polit. des Rom., liv. IX, ch. 9.

Wohlstand zurück, den man ihm darbot, weil er ihn nur durch ein arbeitsames Leben erkaufen konnte. Tiberius Gracchus erkannte recht wohl, daß sein Ackergesetz für die Verdorbenheit des Volkes nichts vermöge, wenn man demselben die freie Verfügung über die vertheilten Ländereien überließe, und ein Artikel dieses Gesetzes verbot deßhalb die Güterveräußerung. Als die Großen das Werk der Gracchen wieder zerstören wollten, da bestand eines der wirksamsten Mittel in der Erlaubniß, daß ein Jeder sein Loos ungehindert verkaufen könne, und in Kraft dieser Erlaubniß kamen nach kurzer Zeit alle vom Staat abgegebenen Ländereien wieder in die Hände der Reichen.[1]) Die Versuche des Rullus und Cäsar waren eben so wenig von Erfolg als die der Gracchen. Sie scheiterten an der alles verschlingenden Habsucht der Reichen, so wie an der Trägheit der Armen und dienten nur dazu, die Last der Korngesetze noch drückender zu machen.[2]) Nach dem kraftvollen

---

[1]) Macé, des lois agraires chez les Romains, part. II, §. 4.

[2]) Während Romulus und Servius Tullius vom Staatseigenthum Roms an Feldern — ager publicus — gerade an arme Bürger einzelne Theile abließen, kamen umgekehrt zur Zeit der Republik diese Gründe ausschließlich in die Hände der Patrizier, wenn sie überhaupt vertheilt wurden; das Volk verarmte immer mehr. Dazu kam noch, daß bei den Vermögensschätzungen zum Zwecke der Steuererhebung die Schulden ohne Berücksichtigung blieben, und daß die zurückgewiesenen Stücke des ager publicus, welche den eigentlichen Reichthum der Patrizier bildeten, nicht in Ansatz kamen, sondern nur das wahre Grundeigenthum, dessen die Plebejer im Ganzen mehr besaßen, als die Vornehmen. Wohlwollende Männer, namentlich Tribunen, wollten abhelfen, und verlangten neue Theilungen — Assignationen — zu Gunsten des Volkes. Nur ein paarmal trat eine Vertheilung ein: Liv. V. 30, VI. 5. 6, 21. Eine ganze Reihe anderer Ackergesetze war völlig resultatlos; so

die lex Cassia vom Jahre 468 v. Chr. — siehe darüber Lange, röm. Alterth. I, 447.

die lex Icilia von 456, Lange, S. 455. Liv. III, 31.

die lex Poëtelia, Liv. IV, 12, 36, 43, 44.

die lex Mecilia Metilia von 417 v. Chr.

die lex Sestia, Liv. IV, 49, 51.

die lex Maenia, Liv. IV, 53. Vergl. Liv. V, 12. VI. 5. 11.

Ausdrucke des Livius, war die geistige Schwäche so groß und

Endlich griffen C. Licinius Stolo und L. Sextius Lateranus, die mehrere Jahre hindurch das Tribunat bekleideten, diese Frage wirksamer an. Vergl. Lange, röm. Alterthümer S. 491.

Ueber den Inhalt ihres Gesetzes — lex Licinia Sextia vom Jahre 367 v. Chr. Siehe Seite 45 Anmerk. 2.

Das Gemeinland, das in Folge der lex Licinia an den Staat zurückfallen würde, sollte in Loosen von 7 Jaucherten unter die Plebejer vertheilt werden. — Roßbach, Gesch. der polit. Oekonomie, S 212.

Im Jahre 357 v. Chr. wurde aber Licinius selbst von den Aedilen angeklagt, daß er 1000 Jauchert vom Gemeinland besitze. Er erklärte zwar, daß nur 500 Jauchert für ihn seien, und 500 für seinen bereits aus der väterlichen Gewalt getretenen Sohn; man fand ihn aber strafbar und verurtheilte ihn zu der Buße von 10,000 Aß, — Liv. VII. 16. Doch geschahen Assignationen in den Jahren 265, 232, 230, 173 v. Chr.

In der Zwischenzeit von Licinius bis auf die Gracchen wird nur im Jahre 232 v. Chr. noch die lex Flaminia de agro Gallico viritim dividendo erwählt. Valer. Max. V, 4, 5.

Zur Zeit der Gracchen war nicht nur der Vermögensstand mancher Volksschichten, sondern auch die Zahl der Bürger selbst im Abnehmen begriffen. „Vom Ende des hannibalischen Krieges — 201 v. Chr. — bis „zum Jahre 159 ist die Bürgerzahl im fortwährenden Steigen; nach 159 „wo die Zählung 328,000 waffenfähige Bürger ergab, zeigt sich ein regel„mäßiges Sinken, wodurch sich die Liste im Jahre 154 v. Chr. auf 324,000 „im Jahre 147 auf 322,000, im Jahre 132 auf 319,000 waffenfähige „Bürger stellt." Also in 28 Jahren eine Abnahme von 9000 freien Bürgern, ein erschreckendes Ereigniß für eine Zeit tiefen inneren und äuße„ren Friedens. Wenn das so fortging, lös'te die Bürgerschaft sich auf in „besitzende Pflanzer und besessene Sklaven und konnte schließlich der römi„sche Staat, wie es bei den Parthern geschah, seine Soldaten auf dem „Sklavenmarkt kaufen." Mommsen, röm. Gesch. Buch IV, Kap. 2.

Am 10. Dez. 134 übernahm Tiberius Sempronius Gracchus das Volkstribunat und setzte im Jahre 133 nach vielen Kämpfen sein Ackergesetz (lex Sempronia) durch. Darin war bestimmt:

a) Niemand dürfe mehr als 500, oder in dem Falle, daß er zwei Söhne habe, mehr als 1000 Jauchert vom ager publicus besitzen, so daß also auf jeden Sohn 250 Jauchert treffen.

b) Wer über dieses Maaß besitzt, muß das Ueberschüßige an den Staat zurückstellen, jedoch soll er für etwaige Verbesserungen, Gebäude, Anpflanzungen u. s. w. Entschädigung erhalten. Die Entschädigung wird geleistet auf Grund einer vorgenommenen Schätzung.

der Verfall der Sitten so tief, daß Rom seine Laster nicht

c) Das so gewonnene Gemeinland wird in Loose von 30 Morgen zerschlagen und diese theils an Bürger, theils an italienische Bundesgenossen vertheilt.

d) Die so vertheilten Loose sind nicht freies Eigenthum, sondern eine Art Erbpacht, aber unveräußerlich.

Der Inhaber muß jährlich dem Staate für den erhaltenen Antheil eine bestimmte Abgabe entrichten.

e) Jährlich wird eine Commission von drei Männern — Triumvirn — gewählt, welche die Geschäfte der Einziehung und Austheilung zu besorgen hat.

„ Mit dem licinischen Gesetz hatte dieses sempronische Ackergesetz das „Princip gemein; neu dagegen war theils die Clausel zu Gunsten der „beerbten Besitzer, theils die für die neuen Landstellen beantragte Erb„pachtgutsqualität und Unveräußerlichkeit, theils und vor Allem die Execu„tivcommission, deren Fehlen in dem älteren Gesetz wesentlich bewirkt „hatte, daß dasselbe so gut wie ganz ohne praktische Anwendung blieb." Mommsen, röm. Gesch., Buch IV. Kap. 2.

Als aber Tiberius Gracchus glaubte, mit seinem Ackergesetze am Ziele zu sein, zeigte sich, daß er erst am Anfang stand. Er selbst wurde so bedroht, daß er nur mehr mit einem Gefolge von 3000 bis 4000 Menschen auf dem Marktplatz sich zeigen wollte. Am Tage einer beabsichtigten Neuwahl verfolgten ihn die Senatoren unter Anführung des Pontifex Scipio Nasica mit Prügeln und Trümmern von Sitzen; er stürzt auf der Flucht am Abhang des Kapitols; vor den Bildsäulen der sieben Könige; Publius Saturnius und Lucius Rufus stritten sich um die Ehre ihn erschlagen zu haben. Um ihn her lagen 300 Leichen seiner Anhänger. Die Ausführung seines Gesetzes gerieth ganz in's Stocken.

In seinem Werke de divinatione, cap. 21 erzählt Cicero, daß Tiberius Gracchus einige Zeit nachher seinem neun Jahre jüngeren Bruder Cajus, der das Werk des Ermordeten achtete, aber nicht weiter zu führen wagte, zur Nachtszeit erschien und ihn ernst ermahnte, nicht mehr länger zu zaudern; er könne doch dem Schicksal nicht entfliehen und ihnen beiden sei ein Leben und ein Tod im Dienste des Volkes bestimmt. Da bewarb sich der Gerufene um das Tribunat, das er zweimal erhielt, für die Jahre 123 und 122 v. Chr. Im ersten dieser Jahre brachte er nun durch ein neues Gesetz die Untersuchungen und Theilungen wieder in Gang.

Um des Cajus Gracchus Wirksamkeit zu paralysiren, bezeigte sich der Senat freigebig. Er gewann einen zweiten Consul, den Livius Drusus; und Livius Drusus schlug nun vor — im Jahre 122 —, zwölf Colonien zu gründen, jede mit 3000 dürftigen Bürgern, während Cajus Gracchus deren nur zwei beantragte; sodann auch von den Bürgern für die vertheil-

mehr länger fortschleppen, aber auch die Mittel gegen diesel-

ten Loose keine Abgabe zu erheben, während Cajus Gracchus bei dem bleiben wollte, was das Gesetz seines Bruders hierüber bestimmte.

Im Jahre 121 wurde Cajus in eine Lage gebracht, in welcher er es für gut fand, sich im Hain der Furrina von einem Sklaven tödten zu lassen. Lucius Septumelejus hieb der Leiche den Kopf ab und brachte ihn dem Senate, der denselben mit Gold aufwog. Bis 3000 Anhänger des edlen Mannes sollen im Kerker aufgeknüpft worden sein. Seine Mutter Cornelia durfte nicht einmal Trauerkleider für ihn tragen; sein Werk ging unter, die Unveräußerlichkeit der zugetheilten Loose, durch die allein die Gütercomplexe der minder Begüterten sicheren Bestand gewonnen hätten, hörte auf, man weiß nicht durch Wen und wann; das Gesetz des Drusus, das von vorne herein nicht ernstlich gemeint war, kam nie zur Anwendung. Was nützte es nun, wenn das Volk dem Andenken der beiden Brüder Bildsäulen errichtete und die Orte ihres Todes wie ein Heiligthum betrachtete! Die Armuth wich dadurch nicht.

Bald darnach hob die lex Boria die Untersuchungen wegen Ueberschreitens der 500 Jauchert vollständig auf und verlangte von den Besitzern nur einen Grundzins, der zu Spenden an die Armen verwendet werden sollte. Im Jahre 118 wurde durch die lex Thoria auch dieser Grundzins entfernt. — Vergl. Walter, röm. Rechtsgesch, §. 252, not. 68.

Neue Theilungen zu Gunsten des Volkes verlangten wieder:

Die lex Marcia von 104 v. Chr., die erfolglos blieb — Cic. de off. II, 21. Marcius Philippus begründet seinen Antrag mit der Äußerung; non esse duo millia hominum, qui rem haberent.

Die lex Appuleja vom Jahre 100, die einige Vertheilungen an Soldaten des Marius zur Folge hatte, aber bald wieder aufgehoben wurde — Appian. de bell. civ. I, 29.

Die lex Titia vom Jahre 99 v. Chr. Sie blieb ohne Erfolg.

Die lex Livia vom Jahre 91, welche mit dem Gesetz des Livius Drusus von 122 gleichen Inhalt hatte. Sie blieb ohne Erfolg.

Eine lex Plautia vom Jahre 98 und eine demnächst folgende lex Flavia richteten eben so wenig aus.

Die lex Servilia, eingebracht von dem Tribun P. Servilius Rullus im Jahre 64 v. Chr., wurde von ihrem Urheber selbst wieder zurückgezogen.

Ebenso scheiterte die lex Flavia, die im Jahre 60 auf Betrieb des Pompejus war abgefaßt worden.

Die lex Julia des Cäsar vom Jahre 59 v. Chr. bewirkte endlich wieder eine große Theilung; 20,000 Unbemittelte erhielten sogleich ein Unterkommen, Andere noch nach und nach.

Die lex Antonia vom Jahre 44 v. Chr., die man nur wenig kennt, war das letzte eigentliche Ackergesetz, doch kamen unter den Kaisern noch verschiedene Theilungen vor. So z. B. erzählt Herodian in seiner

ben nicht ertragen konnte.[1]) Alles hatte seine Kraft verloren. Stolz und Weichlichkeit, von denen Niemand freigeblieben war, hatten überallhin Trägheit und Unfruchtbarkeit verbreitet. Einst so regsam und so ergiebig war dieses Italien nach dem geistreichen Ausdruck eines Schriftstellers unserer Zeit, der über die römische Geschichte und Gesellschaft das hellste Licht verbreitet hat, zur Zeit des Augustus „ein großer Consument, der nichts produzirte."[2])

Unter dem Kaiserthum wuchs das Uebel zu einer schaudererregenden Höhe an. Da die Imperatoren das Volk nicht dahin brachten, sich selbst in der Arbeit Unterhalt zu suchen, so griffen sie zu dem Auskunftsmittel, es vom Ertrag der Contributionen zu nähren, die sie in allen Provinzen des Reiches erhoben. Die Aernte von Sicilien, von Sardinien, von Aegypten, von Afrika und selbst von einem Theile Italiens mußte in die Getreidspeicher Roms fließen. Die ganze Sorge der Kaiser drehte sich um die Verproviantirung der Hauptstadt, und zur Gewinnung der Volksgunst geschah es, daß sie von Zeit zu Zeit das Maaß der Freigebigkeit erhöhten.[3]) Ohnehin kamen zu diesen regelmäßigen Spenden, die

---

Kaisergeschichte II. 4 von Pertinax: „Zuerst überließ er das unbebaute „und wüste Land in ganz Italien und alles, was sich davon in den „Provinzen irgend fand, selbst wenn es zur kaiserlichen Domäne ge„hörte, Jedem, der es besorgen und bebauen wollte, zu freiem Eigenthum."

Und dieß geschah, bemerkt Wietersheim Gesch. d. Völkerw. I, 91, 13 Jahre nach einer langen Reihe vortrefflicher Regenten und schien so dringend, daß es der würdige Mann zur ersten Handlung seiner Regierung machte. „Wie groß mag sich solcher Verfall in späteren Zeiten gesteigert haben!" Anmerk d. Uebers.

[1]) Ut mores magis magisque lapsi sunt, tum ire coeperint praecipites; donec ad haec tempora, quibus nec vitia nostra nec remedia pati possumus, perventum est. Hist. praef.

[2]) De Champagny, les Césars, tableau du monde romain, coup d'oeil géographique, §. 3.

[3]) Im Jahre 123 v. Chr., in seinem ersten Tribunatsjahre, setzte Cajus Gracchus einen Vorschlag durch, „wornach vom Staate monatlich „Jedem, der sich meldete, Getreide um einen wohlfeileren Preis, nämlich „um 6⅓ Aß der Modius, also um etwa die Hälfte des römischen Markt„preises, verabreicht werden sollte." Walter, röm. Rechtsgesch. §. 294.

das Volk wie ein Recht forderte, noch außerordentliche Geschenke

---

Sein nächster Zweck war, die Stimmen der Wahlberechtigten bei einer neuen Bewerbung um das Tribunat für sich zu gewinnen, denn seine Reformen waren noch nicht gesichert. Das Beispiel hatte ihm der Senat selbst gegeben, der schon früher, aber nur in einzelnen Fällen und nur aus Gnade, das Zehentgetreide aus den Provinzen um Schleuderpreise an die Bürgerschaft abgelassen hatte. — Vergl. Mommsen, Buch III, Kap. 11.

Mit dem Getreidegesetz des Cajus Gracchus wurde der Grund zu jenen regelmäßigen Spenden gelegt, die nicht mehr aufgehoben werden konnten und später so sehr in's Maaßlose gingen.

Die lex Apuleja des Tribunen Saturninus vom Jahre 100 v. Chr. setzte den Preis auf 5/6 Aß herab; sie kam nicht zur Ausführung.

Darauf folgt die lex frumentaria des M. Livius Drusus, 91 v. Chr. Wahrscheinlich hatte sie mit der lex Apuleja gleichen Inhalt und blieb gerade so, wie diese, resultatlos.

In das Jahr 81 v. Chr. soll eine lex Cornelia des Sulla fallen, welche die Getreidespenden ganz aufhob. Vergl. darüber Walter, röm. Rechtsgesch. §. 294.

Eine lex Octavia aus dem Jahre 78 v. Chr. bestimmte, daß ein Bürger nur 5 Modien monatlich für diesen herabgesetzten Preis erhalten könne.

Im Jahre 73 v. Chr. regelte die lex Cassia Terentia mehreres über Beischaffung und Vertheilung des Korns. Cic. in Verr. III, 70. V, 21.

Im Jahre 63 befaßte sich auch Cato mit dieser Angelegenheit. — Plut. Cato. cap. 26.

„Etwas ganz Neues entstand, als Clodius einem vom Senat „(62 v. Chr.) gegebenen Beispiele folgend statt des Verabreichens um „geringere Preise — ann. 58 v. Chr. — ganz unentgeltliche Spenden „an die Armen durchsetzte. Dieses blieb auch unter den Kaisern, und „es wurden, um vielfachen Mißbräuchen zu begegnen, über die zur „Theilnahme Berechtigten genaue Untersuchungen angestellt, Verzeichnisse „aufgenommen und für das ganze Geschäft von Oktavian anstatt der „Aedilen zwei, dann vier Curatoren oder Präfekten eingesetzt."

Ein Verzeichniß der Theilnehmer an diesen Getreidespenden wurde schon von Pompejus aufgenommen und ihre Namen auf eherne Tafeln eingegraben. Vor Cäsar waren es ihrer 320,000; Cäsar verminderte sie auf 150,000. Unter Augustus stellten sich wieder 250,000 bis 320,000 ein und wurden neuerdings reducirt, diesmal auf 200,000.

„Die Erhebung geschah so, daß Jeder jeden Monat, wahrscheinlich bei „jenen Curatoren, eine Marke von Metall oder Holz in Empfang nahm „— die tessera frumentaria —, gegen welche er an einem bestimmten „Tage in den dazu bezeichneten Hallen von den Getreidemessern sein

der Kaiser an Lebensmitteln und Geld[1]), sowie Feste mit all-

„Maaß zugetheilt erhielt. Wer von dieser Anweisung nicht selbst Gebrauch „machen wollte, konnte sie an einen Anderen verkaufen .... Später „wurden selbst Spenden von Oel und Schweinefleisch eingerichtet ... „Noch später wurde aus dieser Einrichtung, man weiß nicht wie, „eine Versorgungsanstalt, worin man sich oder einen Andern einkaufen konnte." — Walter, röm. Rechtsgesch. l. c. — Anmerk. d. Uebers.

[1]) Auch diese außerordentlichen Geschenke hatten ihre Vorgänge in der Republik; die Bewerber um die höheren Aemter bezeigten sich freigebig, um sich Gunst zu erwerben. Eine der gewöhnlichsten Gaben hiebei war das Oel, und vom gewöhnlichen Oelmaaß, dem congius, erhielten dann diese Spenden den Namen Congiarien. Außer Oel und Getraide kam in der Kaiserzeit noch Fleisch, Wein, Salz, Kleider und monatlich Geld zur Vertheilung.

An diesen Congiarien konnten manchmal alle Bürger ohne Ausnahme Theil haben; manchmal wurde die Zulassung zu ihnen ausdrücklich auf diejenigen beschränkt, welche die tessera frumentaria besaßen. Dionys. IV, 24. Dio. Cass. XII. 21.

Von Cäsar weiß man, daß er schon im Jahre 65 v. Chr. als Aedil, seine Blicke auf ein lockendes Ziel richtend, über seine Kräfte hinaus freigebig war. Im Jahre 46, nachdem die letzten Trümmer des pompejanischen Heeres besiegt waren, gab er jedem, der zu den Getraideforderungen berechtigt war, 10 Schäffel Korn und 75 Denare; außerdem 46 Denare, weil er die Spende etwas später ausführte, als er versprochen hatte.

Ueber die späteren Congiarien theilt Wietersheim, Gesch. der Völkerwanderung, I, 103, 57. folgende Uebersicht mit:

Augustus verschenkte zu diesem Zwecke an Geld:

44 v. Chr.	an 250,000 Theilnehmer	75 Mill. Sestertien	= 4,125,000 Thlr.
29 v. Chr.	an römische Bürger	100 „ „	= 5,500,000 „
„ „	an 120,000 colonisirte Soldaten	120 „ „	= 6,600,000 „
24 v. Chr.	an 250,000 Römer	100 „ „	= 5,500,000 „
12 v. Chr.	„ „	„ „ „	= 5,500,000 „
5 v. Chr.	an 320,000 Glieder der plebs urbana	76,800,000 Sestertien	= 4,224,000 „
2 v. Chr.	an die Getraideempfänger	48 Mill. „	= 2,640,000 „

An Getreide

23 v. Chr.	an 250,000 Römer	15 Mill. Modien,	im Werth zu 75 Mill. Sest.
22 v. Chr.	an 100,000 Theilnehmer	6 „ „	„ „ „ 30 „ „
18 v. Chr.	„ „ „	6 „ „	„ „ „ 30 „ „

gemeiner Bewirthung des Volkes.[1]) Trotz dieser Freigebigkeit

Dem Aerar gab er überdies noch 320 Mill. Sestertien = 17,600,000 Thl. Vergl. das Ancyranische Denkmal, herausg. v. Franz und Zumpt 1845.

Unter Tiberius betrugen die Congiarien, im Durchschnitt 144,300 Thl. für das Jahr;

unter Caligula 1,885,509 Thaler für das Jahr;

unter Claudius, Nero, Galba, Otha, Vitellius, Vespasian, Titus, Domitian und Nerva 498,000 Thaler für das Jahr;

von Trajan bis Commodus, 98—193 n. Chr., 2,176,000 Thaler für das Jahr;

von Septimius Severus bis zu Diocletian's Abdankung, 193—305 n. Chr., 3.221,000 Thaler für das Jahr.

Der verschwenderische Nero verausgabte auf Congiarien jährlich nur 314,000 Thaler, der sparsame fast geizige Usurpator Vespasian dagegegen jährlich 330,000 Thaler.

Auch bei den Spielen wurde oftmals den Zuschauern das Essen gereicht. —

Eine besondere Art von Spenden waren die Donative an die Soldaten, die häufig mit den Congiarien für das Volk verbunden waren, manchmal auch für sich allein gegeben wurden. Die Veranlassung war höchst verschiedenartig. Bei den Thronbesteigungen waren sie ein förmliches Herkommen und oft wurden sie den Prätorianern, welche die Kaiserwahl später fast allein machten, von Vorne herein versprochen, um sie zu bestechen. Eine weitere Veranlassung war das Namensfest des Kaisers. Antoninus Pius zahlte sie bei der Adoption des Marcus Aurelius; Caracalla, um den Unwillen über die Ermordung seines Bruders Geta zu beschwichtigen.

Augustus gab (Wietersheim I, 103. 45. 58):

im Jahre 30 v. Chr. seinen Veteranen 600 Mill. Sestertien = 33 Mill. Thl.

„ „ 14 „ 260 Mill. Sestertien = 14,300,000 Mill. Thaler.

bei fünf anderen Gelegenheiten zusammen wieder 600 Mill. Sestertien = 33 Mill. Thaler.

Bei einem Donativum des Tiberius trafen den Mann 4000 Sestertien = 220 Thaler.

Didius Julianus versprach vor seiner Wahl jedem der 10,000 Prätorianer 25,000 Sestertien = 1357 Thaler; die ganze Summe betrug $13^3/_4$ Mill. Thaler. Anmerk. des Uebers.

[1]) Cicero empfahl seinem Bruder bei der Bewerbung um das Consulat das Volk zu bewirthen — im Jahre 64 v. Chr.

Eben dieser Cicero bewirkte aber schon im folgenden Jahre die Annahme eines Gesetzes, das den Bewerbern um obrigkeitliche Aemter alle Bestechungsmittel und darunter auch die Volksbewirthung verbot —

blieb das Volk immer arm, — und wie hätte es auch anders sein können? Es liebte den Luxus und gab sich ihm hin, während es zu gleicher Zeit mit Abscheu vor der Arbeit floh. „Als die Römer Knechte der Kaiser geworden waren, sagt Naudet, „hörten sie auf, Soldaten zu sein und verstanden nicht mehr, „Gewerbe oder Handel zu treiben. Entwürdigende Trägheit, „verschwenderisches Nichtsthun stießen sie unablässig ins Elend „zurück.“ [1])

Luxus, Verweichlichung und Trägheit wanderten von Rom nach den Städten der Provinzen. Auch dort hatten Hohe und Niedere einer ernsten und nutzbringenden Thätigkeit entsagt, um nur mehr von Genüssen und oft von sehr entehrenden Genüssen zu träumen. [2]) Das Volk verbrachte seine Tage im Theater [3]) und überließ den Magistraten die Sorge, frei-

---

lex Tullia vom Jahre 63 v. Chr. — Diese Maßregel war gegen Catilina gerichtet; es kam aber ein ganz anderer Mann, nämlich L. Licinius Murena dadurch in Mißlichkeiten. Murena macht sich des verpönten Verbrechens schuldig und wird angeklagt. Der berühmte Redner trat als Vertheidiger auf.

M. Crassus speis'te das Volk bei Gelegenheit eines dem Herkules dargebrachten Opfers an 10,000 Tischen.

Cäsar lud bei seinem Triumph im Jahre 46 v. Chr. die Römer zu einem Schmaus; die Theilnehmer füllten 22,000 Triclinien.

Nachdem er im folgenden Jahre die Söhne des Pompejus besiegt hatte, hielt er ein nicht eben so reiches Festmahl. Dasselbe befriedigt nicht und der Triumphator entschädigt einige Tage später durch ein zweites, das wieder größer war. — Drumann, die Arbeiter und Communisten in Griechenland und Rom, Seite 301.

[1]) Des Changements opérés dans l'administration de l'empire romain, part. I., ch. 2.

[2]) Vitiositas et impuritas quasi germanitas quaedam est Romanorum hominum, et quasi mens atque natura; quia ibi praecipue ubi Romani .... Per haec ergo jam factum est, ut major pars Romani orbis in desolationem esset et in stuporem et maledictum .....
Salvian, de gubern. Dei, lib. VI.

[3]) Man hat berechnet, daß die Spiele, die von Staatswegen veranstaltet wurden und von denen zuerst die Aedilen, dann die Prätoren einige zu besorgen hatten, jährlich etwa 60 Tage in Anspruch nahmen. Daran reihten sich die Spiele, welche die Consuln bei ihrem Amtsantritte

gebig die Nahrungsmittel herbei zu schaffen. Und die Magistrate ihrerseits, die nach dem Beifall des Volkes geizten, vergeudeten ebenfalls im Schauspiel die Stunden, die sie pflichtgemäß auf Uebung der Rechtspflege hätten verwenden sollen,

---

gaben und die ungefähr den Monat Januar füllten. Außerdem gab es Spiele bei Triumphen, bei Einweihung eines Tempels, bei Kaiserkrönungen oder sonst bei wichtigen Ereignissen des öffentlichen Lebens; Spiele versprach man sogar den Göttern, um ihre Hilfe zu erlangen. Trajan ließ nach seinem Siege über Dacien die Spiele 123 Tage lang fortsetzen, wobei 11,000 Thiere getödtet wurden und 10,000 Gladiatoren gegen einander fochten; Agrippina gab wenigstens Spiele von 59 Tagen.

Spiele veranstaltete man, wenn man sich um ein Amt bewerben, wenn man sich dankbar bezeigen, wenn man in vornehmen Familien eine Todtenfeier begehen wollte.

Als Cicero Aedil geworden, veranstaltete er dreimal Spiele, um auch Consul zu werden; Sulla wurde nicht Prätor, weil er seine Löwen nicht auftreten ließ. Die Ersten, welche Gladiatoren bei einer Leichenfeier auftreten ließen, waren Decimus und Marcus Brutus, als im Jahre 264 v. Chr. ihr Vater starb. Die Söhne des Lepidus dehnten diese Todtenkämpfe — 216 v. Chr. — auf 3 Tage aus, die Söhne des Valerius — 200 v. Chr. — auf 4. Curio baute beim Leichenbegängniß seines Vaters 2 Theater.

Spiele gab man auch, wenn man blos aus Eitelkeit das Lob des Volkes suchte; die Schauspieler gaben Freiproductionen, um sich zu recommandiren; gewinnsüchtige Geister machten mitunter aus dem Theater eine Erwerbsquelle und verlangten Eintrittsgelder.

Sieht man aber auch von Unternehmungen der letzten Art ganz ab, so muß man noch immerhin trauern über die vielen Vergnügungen, die es in Rom gab. Und es darf dabei nicht übersehen werden, daß diese Spiele wenigstens seit dem Jahre 61 v. Chr. in der Regel am frühen Morgen begannen und Abends erst endeten. Mittags pflegte man sich auf einige Zeit zu entfernen, um Speise zu sich zu nehmen. — Vergl. Drumann, die Arbeiter und Communisten in Rom und Griechenland, S. 314 ff.

Von Augustus ist genau aufgezeichnet, wie oft er solche Spiele gegeben — vergl. Wietersheim, l. c. S. 64:

a) bei der fünften Säcularfeier Roms, mit großem Aufwand und in seltenem Umfang;
b) 5 ludi, d. i. Spiele, die aus theatralischen Vorstellungen, Gladiatorenkämpfen und Wagenrennen (Theater, Amphitheater und

und erlaubten sich jede Unbill, um für die Stütze ihrer Popularität, für die Schenkungen, die nöthigen Mittel zu haben.[1]) Das Uebel war überall hingedrungen; Faulheit und Verderbniß zehrten das kaiserliche Rom auf.

Die Abneigung gegen den Kriegsdienst und der Verfall der Disciplin in den Armeen gehören zu den greifbarsten Merkmalen des Widerwillens gegen das geregelte und thätige Leben, das sich die Welt unterworfen hatte. Seit den Tagen des Augustus wehrten sich die Italiener gegen die Theilnahme an den Feldzügen und man mußte sie zuletzt von der Verpflichtung dazu entbinden. Von Jahr zu Jahr nahm der Soldatenstand mehr den Charakter eines Gewerbes an, das man nur aus Gewinnsucht wählte. Die Zucht lös'te sich, die Löhnung stieg und zu gleicher Zeit wurden auch die freiwilligen Geldgeschenke und die Spenden an Naturalien immer größer. Der Luxus griff selbst im Lager um sich und die Verweichlichung wuchs derart, daß der Soldat die Last seines

---

Circus) zusammengesetzt waren. Jeder dieser 5 ludi dauerte mehrere Tage;

c) 6 Gladiatorenkämpfe (munera); dabei fochten 10,000 Menschen;

d) 3 Athletenspiele;

e) 26 Thierkämpfe (venationes), worin 3,500 Thiere getödtet wurden;

f) eine große Naumachie in einem eigens für diesen Zweck ausgegrabenen Bassin, das über 54 preußische Morgen einnahm.

Im Ganzen also befriedigte er zwei und vierzigmal die Schaulust seiner Hauptstadt. Zu 23 anderen Malen gab er ordentliche Spiele an der Stelle abwesender oder unvermögender Magistrate.

Und wer konnte, nahm an diesen Ergötzungen Antheil. Aemilius Scaurus baute ein Theater, in dem er 3000 Statuen aufstellte und Sitze für 80,000 Menschen anbringen ließ; das flavische Amphitheater faßte 100,000, der Circus maximus 385,000 Menschen. Bei Spielen war der ganze Raum besetzt. Anmerk. d. Uebers.

[1]) Plebecula in omnibus fere imperii Romani urbibus theatrorum cuneis per dies integros affixa otio inerti aut curis inanibus emarcuit; magistratus vero, acclamationes in suum honorem audire gestientes, tempus judiciis dandum in theatris consumserunt et gnari se magnis ludorum expensis auram popularem facile capturos, multa et inique et crudeliter committere ausi sunt.

Müller, de Genio, moribus et luxu aevi Theodosiani, lib. I.

Gepäckes und seiner Lebensmittel für zu schwer fand. Es war das nicht mehr jener römische Krieger, von dem uns Virgil sagt, daß er, ob auch mit drückender Bürde beladen, dennoch durch die Schnelligkeit seines Marsches den Feind unvorbereitet überraschte;

Unter schwerem Gepäck, in den Waffen nerviger Ahnen
Ziehen die Römer in's Feld, bau'n rüstig ihr Lager und stellen,
Ehe noch Jemand es ahnt, sich zum Kampf dem Feinde entgegen. [1])

Sogar bis dahin kam es, daß Alexander Severus diesen entarteten Armeen Kameele überlassen mußte, um die Gegenstände zu tragen, welche zuvor die Mannschaft getragen hatte.[2])

Sowohl im bürgerlichen als im militärischen Leben der Römer wehrte man sich von Tag zu Tag mehr gegen jede Art von Anstrengung. Durch die Ausbreitung christlicher Ideen, denen man oftmals das Gewand philosophischer Systeme umlegte, kam die Freilassung von Sklaven selbst unter den Heiden immer mehr in Uebung, und es wurde folglich die Summe sklavischer Arbeit immer geringer. Aber es trat an die Stelle der Sklavenarbeit nicht die Arbeit der Freien; das Christenthum konnte in dieser Hinsicht an den Gewohnheiten, welche durch die Länge der Zeit für die römische Gesellschaft zur zweiten Natur geworden waren, durchaus nichts bessern. Weder der Freigeborne noch der Freigelassene wollte ein Joch auf sich nehmen, das ihm allzu beschwerlich und allzu erniedrigend vorkam. Andererseits wurde zugleich die Arbeit der geringeren Leute zu Gunsten der Trägheit in den höheren Ständen so sehr ausgenützt, so vampyrmäßig ausgesaugt, daß sie den Sporn des persönlichen Interesses fast ganz und gar verlor. Damals gab es keine Industrie, keinen Ackerbau mehr, und beim Aufhören aller Arbeit schien die

---

[1]) Non secus ac patriis acer Romanus in armis
Injusto sub fasce viam cum carpit et hosti,
Ante exspectatum, positis stat in agmine castris.

[2]) Naudet, des changements dans l'administration de l'empire romain. Part. I, ch. 6.

Welt sterben zu wollen.[1]) In Blüthe stand nur noch der Handel mit Luxusgegenständen, wie solche für eine eben durch Ausbeutung der Schwachen, aber ja nicht durch Arbeit unterhaltene Verschwendung erforderlich waren.[2]) Die Einheit des Reiches und die weite Verzweigung seines bewundernswerthen Strassennetzes gaben dem Verkehr mit den entferntesten Ländern eine bis dahin ungeahnte Erleichterung. Man hatte an Gewandtheit zugenommen, dies Verfahren bei Nutzbarmachung der verschiedenen Bodenproducte hatte sich in hohem Grade vervollkommnet; es schien, als sollte die Arbeit nunmehr einen neuen Aufschwung erfahren. Sie erfuhr ihn nicht, denn es fehlte die moralische Kraft. Nur moralische Kraft belebt die Arbeit und befähigt zur Uebernahme jener Mühe, welche aus den Erfindungen der Wissenschaft und aus den Gaben der Natur Gewinn zieht. Man nahm allerdings da und dort im Reiche der Cäsaren die Arbeit einigermassen wieder in Angriff; aber es war das eine Bewegung, die nur in den unteren Schichten der Gesellschaft und nur unter dem Drucke der äußersten Noth vor sich ging.

Zuletzt kam eine Zeit, in welcher durch den Luxus und die Verschwendungssucht aller Klassen der Landesreichthum so erschöpft war, daß er für die Bedürfnisse des trägen Volkes nicht mehr ausreichte, während zugleich die herrschende Verweichlichung nicht gestattete, durch den Eintritt in die Reihen der Legionen sich Brod zu suchen. Da blieb denn wohl kein anderer Ausweg mehr offen, als die Arbeit.

Man fügte sich in das Unvermeidliche. In jener hundertfachen und systematischen Aussaugung der Massen durch herzlos eingetriebene Forderungen, worauf zu den Zeiten des Verfalls und des Druckes die ganze Verwaltung des Kaiserreichs hinauslief, konnte man sein Fortkommen keineswegs mehr finden. Das sah man und bequemte sich zur Arbeit.

---

[1]) De Champagny, de la Charité, part. II. ch. 1.

[2]) Hoc praeterea aevo mercium permutationem, quae luxuriae veluti alimenta subministrat, magnam fuisse constat. Mueller, de genio aevi Theodos. cap. I.

Aber es war das, der Welt sei es geklagt, nur eine lässige und unfruchtbare Arbeit, weil der Mensch sie nicht liebte, sondern nur im Zwange der Noth auf sich nahm.[1]) Wenn man irgendwo ein Mittel fand, seine Existenz ohne Arbeit zu fristen, so wandte man sich demselben mit größter Eile zu.

Dem zufolge füllten sich die Klöster mit Leuten, welche glaubten, innerhalb der geweihten Mauern den Müssiggang zu finden, und ihn dort um den Preis der Armuth suchten. Nur mit vieler Mühe setzte die Kirche es durch, daß die Arbeit zu einer wesentlichen Regel des mönchischen Lebens erklärt wurde, und der heilige Augustin[2]) so wie der heilige Basilius[3]), die beide für die Förderung des Ordenswesens so Grosses gethan haben, mußten alle ihre Beredsamkeit aufwenden, um diesen Arbeitsscheuen begreiflich zu machen, daß Anstrengung eine von den ersten Pflichten des Religiosen und eine unerläßliche Bedingung für seinen geistigen Fortschritt sei.[4])

Bei diesem allgemeinen Straüben gegen die Arbeit, bei dieser tiefen Entkräftigung durch Stolz und Sinnlichkeit, die alle Lebensenergie in der römischen Gesellschaft erstickt hatten, bei dem überall hervortretenden Verfall machten nun die Kaiser, die ihr Volk dem Erschöpfungstode nahe sahen, noch den Versuch, durch Gewalt dasjenige zu bewirken, was den entnervten Sitten unmöglich geworden. Nach der üblichen Regierungsweise, vermöge deren alles auf dem unbeschränkten Willen des Oberherrn beruhte und alle Thätigkeit unmerklich aus den Gliedern gewichen war, um sich allein im Haupte zu sammeln, mußte sich der Gedanke, die Arbeit durch Zwang wieder herzustellen, ganz naturgemäß aufdrängen. So war es immer im Heidenthum der alten Zeit, so war es immer in jenen Gesellschaften, in denen keine geistige thatsächlich anerkannte Auctorität vorhanden ist und folglich durch den äußeren Zwang der Gesetze das angestrebt werden muß, was nach

[1]) Wallon, Histoire de l'ésclavage, part. III, ch. 13.

[2]) De opere monachi.

[3]) Regul. fusius und brevius tract.

[4]) De Champagny, de la charité, part. II, ch. III, 2.

der Lage der Umstände die innere und freie Macht des Gewissens nicht zu leisten vermag. Gewiß, nachdem die Arbeit durch die Lasten, welche ihr der Despotismus in allen ihren Formen auferlegt hatte, so sehr in Verfall gerathen war, erschien der Zwang als das einzige Mittel, das wieder zu deren Uebernahme bewegen konnte. Hielt man es doch für besser, nichtsthuerisch zu sterben, als unter den Plagen einer Arbeit, welche nach Abzug der Steuern nicht einmal das Nothwendige mehr bot, sein Leben noch länger fortzuschleppen.

Der freigeborne Mann und der Freigelassene wurden demnach geradezu durch das Gesetz zur Arbeit genöthigt, und man ging so weit, daß man sogar auf dem Gebiete der Industrie manches völlig als öffentlichen Dienst behandelte. Durch den Curienzwang[1]) legte man den Reichen das Amt der

[1]) Unter Curie verstand man, wie man weiß, in den römischen Provinzialstädten den Rath, der den eigentlichen Städtebeamten an die Seite gegeben war. Aber schon im zweiten Jahrhundert n. Chr. wollte Niemand mehr in diese Körperschaft eintreten. Es ist höchst interessant, die Anzahl von Gesetzen zu studiren, in denen die Kaiser befahlen, jeder nach dem Herkommen Befähigte müsse, ob er wolle oder nicht, mit seiner Person und mit seinem Vermögen der Curie dienen. Er durfte nicht auswandern, nicht auf dem Lande sich ansiedeln, nicht Colone, nicht Official eines Beamten, nicht Soldat, nicht Senator, nicht Mönch, nicht Priester werden; Verstümmelung, Verarmung, Minderjährigkeit, Haüfung von Aemtern, illegitime Geburt, Mangel an Unterricht, ein gemeines Gewerbe, der Schutz irgend eines Mächtigen, die entehrende Strafe empfangener Peitschenhiebe, das Anerbieten einer Stellvertretung, die Zustimmung der Curie konnte nie, die schon geleistete Verwaltung aller Stadtämter nur selten als Befreiungsgrund geltend gemacht werden; würfelspielende Kleriker, Abtrünnige vom Glauben und Juden wurden sogar zur Strafe in die Curie eingereiht. Waren die Kinder von Veteranen kriegsunfähig, wurden sie ebenfalls der Curie aggregirt.

Hatte der Decurio Söhne, so vererbte sein Amt auf jeden derselben; hatte er keine Söhne, so folgte ihm der Eidam in seiner Würde; war der Eidam in dem Stande der Unfreien, so wurde er trotz seiner unfreien Geburt ein Curiale, wofern seine Frau vor ihm starb und er deren Vermögen erbte. War das nicht der Fall, so mußte wenigstens wieder der Enkel in den Rathskörper treten.

Städteverwaltung auf sammt der Verantwortlichkeit und den Lasten, die damit verknüpft waren; durch die Corporationen [1])

Damit die Curie immer im Stande bliebe, die Geldlasten zu tragen, welche sie trafen, durfte kein Curiale von seinen Grundstücken etwas veräußern, wenn er nicht die Nothwendigkeit nachgewiesen und die Erlaubniß des Statthalters erlangt hatte; die Ländereien, welche auf dem Wege der Schenkung oder der Vererbung an Andere kamen, blieben einer jährlichen Abgabe an die Curie unterworfen. Starb eine Curiale ohne Erbin, so kam sein ganzes Vermögen an die Curie; starb er ohne Söhne, mußten anfangs wenigstens ein Viertheil, später wenigstens drei Viertheile in der Curie bleiben. Wollten sich sonach die Töchter an andere Curialen verehelichen, so konnten sie die drei Viertheile erben; wollten sie nicht, so kamen dieselben unmittelbar an die Körperschaft aller Decurionen.

Man fand übrigens zwei Mittel, die alle Gesetze paralisirten, nämlich den Cölibat und die Verschwendung. Deßhalb klagte Justinian nach einer Gesetzgebung von mehreren hundert Jahren, daß die Curien verlassen stünden und vielerlei Einbuße an Vermögen erlitten — Novell. XXXVIII. vom Jahre 546: . . . Quando autem per partes quidem coeperunt se eximere albo Curiae et occasiones invenire, per quas liberi functionibus efficerentur, sic paulatim diminutae sunt curiae innumeris excogitatis occasionibus . . . et ad paucos viros redactae functiones. Haec nos saepe scrutantes aestimavimus oportere medelam rei adhibere, et quantum nos in hoc laboramus, tantum omnem curiales adinvenerunt artem adversus ea, quae recte justeque sancita sunt, et contra fiscum. Dum enim vidissent compelli se omnino, curiae servare quartam partem, coeperunt discerpere proprias facultates, quatenus minus idonei deficerent et non quartam portionem, sed omnem continuo paupertatem suam curiae derelinquerent. Denique quoniam ipsis corporibus fraudare curiam voluerunt, rem omnium impiam adinvenerunt, a nuptiis quippe legitimis abstinentes, ut eligerent magis sine filiis, quam sub lege deficere etc. — Vergl. Walter, Gesch. des röm. Rechtes, §. 396. Hegel, Städteverfassung von Italien, Bd. I, S. 60. 75 ff. 94. 109. 133. Wallon, l'histoire d'esclavage, tom. II, p. 192 sq.

[1]) Viele Dienste und Verrichtungen, deren der städtische Haushalt regelmäßig bedurfte, waren in der Art auf geschlossene Corporationen gelegt, daß sich die Dienstpflicht von dem Vater auf den Sohn unabwendbar forterbte und als öffentliche Last an der Person und an den Grundstücken der Gildegenossenschaft hing. Hieher gehörten die Innung der Schiffrheder — navicularii —, deren Mitglieder die Transporte zur See für den Fiskus besorgen und besonders die Korn- und Holzlie-

und den Colonat [1]) wurde das übrige Volk unausweichbar zum Betrieb der Gewerbe und des Ackerbaues angehalten.

---

ferungen nach Rom und Constantinopel zu führen hatten; die Zunft der Pistores, wozu die Müller und Bäcker gehören, in zahlreichen Officinen; die Catabolenses, welche das zu Wasser herbeigebrachte Korn auf Lastthieren in die Speicher brachten; die Caudicarii, welche den Transport auf der Tiber hatten; die Suarii und Pecuarii, welche Rom mit Schweinen und anderem Vieh versorgten; die Saccarii, welche für eine festgesetzte Taxe Lasten trugen u. s. w. Hic laniati pecoris invector est, sagt Symachus, ille ad victum populi cogit armentum, hos suillae carnis tenet functio, pars urenda lavacris ligna comportat; sunt, qui fabriles manus augustis operibus accomodant, per alios fortuita arceantur incendia; jam caupones et obsequia pistoria, frugis et olei bajulos multosque id generis patriae serventes enumerare fastidium est. — Wallon III, pag. 175. 185. Hegel I, S. 81. Walter §. 380.

Eben so verebte sich das Amt vom Vater auf den Sohn in der Armee; sodann bei den Unterbeamten — officiales — der kaiserlichen Civilstatthalter und bei den besoldeten Unterbeamten der einzelnen Städte, wozu die Archivare, Rechnungsführer, Gerichtsschreiber, Executoren u. s. w. gehörten. Wallon III, p. 175. Hegel I. 80. 84.

Verschieden von diesen Corporationen der Dienstpflichtigen, aber doch mit ihnen wieder nahe verwandt, waren die Collegiati. „Diese „scheinen von den alten Priestercollegien herzustammen, da ihre Namen „und Verrichtungen zunächst auf eine Theilnahme an den öffentlichen „Aufzügen und Götterfesten hindeuten, z. B. die nemesiaci, welche „als Weissagende erscheinen, die signiferi, die cantabrarii, welche die „heiligen Götterbilder und Fahnen trugen,“ die Augustalen, eine seit Augustus hervortretende Genossenschaft. „Doch waren auch diese Col„legien insgesammt zu beschwerlichen öffentlichen Leistungen verpflichtet, „welche den Städten zum Schmucke und zur Zierde gereichten. Sie „wurden deßhalb und um der öffentlichen Feste willen, deren Freude „die Städte nicht verlieren sollten, auch nach der Unterdrückung des „heidnischen Cultus nicht abgeschafft.“ Hegel I, 83.

Kastenmäßig und mit erblichem Zwang waren endlich auch „die „Arbeiter in den kaiserlichen Anstalten und Fabriken wie Münzen, „Bergwerken, Waffenschmieden, Purpurfärbereien und Webereien“ mit einander verbunden. — Anmerk. d. Uebers.

[1]) Aus dem allgemeinen Streben, Jeden an seiner Stelle festzuhalten, ergab es sich auch, daß man allmälig die Pächter, welche schon seit einer längeren Reihe von Jahren von einem und demselben Herrn ein Gut inne hatten, als zu diesem Boden gehörig betrachtete. Und

Einrichtungen dieser Art machten die Last der Arbeit zu einem Gegenstande der Vererbung. Man war von Geburt aus ein Bergmann, ein Weber, ein Waffenschmied, ein Koch, ein Bäcker. Und wenn man sich der traurigen Ueberkommenschaft einer stets unergiebigen, weil stets durch den Staat ausgesaugten Arbeit durch die Flucht entziehen wollte, so wurde man, wie ein Ueberläufer, allenthalben verfolgt und durch die öffentliche Gewalt zu seiner Curie, zu seiner Werkstätte oder zu seiner Scholle zurückgeführt.[1]) „Es ist, sagt Champagny,

---

ebenso sollten in Zukunft diejenigen, welche 30 Jahre unter einem und demselben Grundherrn würden gesessen haben, als untrennbar an ihre Scholle gebunden sein. Nicht einmal durch eine Freilassung sollte der colonus von seinem Acker getrennt werden können. Indeß galten die Colonen trotz ihrer Abhängigkeit als freie Männer.

Anmerk d. Uebers.

[1]) Non solum ad curiam, velut manu injecta, revocandos et cunctis rursus ab exordio muneribus servituros, verum etiam media patrimonii parte mulctandos L. 159 (398), Cod. Theod. XII, 1. de Decur.

Decuriones quidem et omnes, quos solita ad debitum munus functio vocat, vigore et sollertia judicantum ad pristinam sortem velut manu mox injecta revocentur. L. 3 (398), Cod. Th. IX, 46.

Ad urbes, quas deseruerunt, cum uxoribus reducantur. Novelle des Kaisers Majorian.

Omnes ordines, collegia, centuriones ac si qui cujusque muneribus vel officiis ubicunque sunt incorporati, ita generaliter inligentur, ut testimoniales impetratas sciant sibi nihil honoris, privilegii excusationisve conferre. L. 156 (397), Cod. Th. XII, 1 de Decur.

Si muliones publici reperti fuerint, licet senes aut debiles, cum uxoribus suis et omni peculio atque agnatione retrahantur. L. 58 (398), Cod. Th. VIII, 5.

Nulli liceat pistorum, supplicatione delata, supterfugiendi muneris licentiam impetrare. L. 6 (364), Cod. Th. XIV. 3. Auf dieser supplicatio stand die Strafe der Güterconfiscation.

Ne illud quidem cuiquam concedi oportet, ut ab officina ad aliam possit transitum facere. L. 8 (365), Cod. Th. XII, 3.

Quicunque de suariorum corpore orginariam functionem declinasse noscuntur, ad munus pristinum revocentur . . . . Eos etiam, qui ad Clericatus se privilegia contulerunt, aut agnoscere oportet propriam functionem aut ei corpori, quod declinant, proprii patrimonii facere cessionem. L. 8 (408), Cod. Th. XIV, 4.

„eine befremdende, aber durch hundert Edicte, Decrete und „kaiserliche Urkunden mehr, als sonst irgend etwas, festge„stellte Thatsache: die ganze Menschheit arbeitete im Frohn„dienste. Die Welt war nur mehr eine große Werkstätte und „ich sage es mit vollem Bewußtsein, nur mehr eine große „Masse von Galeerensträflingen, deren keiner sich frei für Ruhe „oder Arbeit entscheiden, keiner, der Laie so wenig, als der „Mönch, ein Eigenthumsrecht auf seine Arme beanspruchen, „keiner nach eigenem Gutdünken seine Beschäftigung wählen „konnte. Aber man wußte zu entkommen und machte alle „Polizeigesetze zu Schanden. Beim Ackerbau, in den Zünf„ten, in der Curie, im Senate fehlte es an Leuten zur Be„sorgung der Geschäfte. Die Zustände verschlimmerten sich so, „daß diese Körperschaften sogar aus den Reihen der Verbre„cher ergänzt wurden; man verurtheilte zur Arbeit, wie zu „einer Strafe." [1])

Wunderbare Fügung im Lauf der Dinge und staunenswerthe Zurechtweisung, die von der Vorsehung dem menschlichen Stolze ertheilt worden! Gott hatte die Arbeit allerdings gewollt, damit sie eine väterliche Strafe für den Ungehorsam seiner Kinder sei; Er hatte sie aber insbesonders gewollt, damit sie zum Sühnmittel diene, durch das die Menschheit wieder den Zustand ihrer früheren Würde erreichen könnte. Allein die Leidenschaften des gefallenen Herzens, die im Heidenthum triumphirten, empörten sich gegen den vorgezeichneten Weg. Da tritt nun das mißkannte und verachtete Gesetz der Anstrengung bis zum Schweiße durch die Macht der Umstände wieder in die Welt ein, aber nicht mehr mit dem Charakter des Erbarmens und der sittlichen Größe, der ihm nach der Ordnung Gottes zugekommen wäre, sondern mit dem Cha-

---

Ad sedem desolati ruris coloni constrictis detentatoribus redire cogantur. L. 6 (415), Cod. Th. XI, 24.

Inserviant terris nomine et titulo colonorum, ita ut, si abscesserint et ad alium transierint, revocati vinculis poenisque subdantur. L. un. (371), C. Just. XI, 53. Anmerk. d. Uebers.

[1]) De la charité, part. II. ch. 1.

rakter jener starren Nöthigung und jenes erniedrigenden Zwanges, der dem menschlichen Gesetze und seinen Bestimmungen stets innewohnt. Der Stolz und die Verweichlichung der Welteroberer haben die Freiheit im Luxus und im Müssiggang gesucht. Ohne Arbeit alle Früchte der Arbeit genießen zu können, darnach strebten diese Verweichlichung, die sich vor jeder Mühe fürchtete, und dieser Stolz, der Geschäftssachen für entwürdigend hielt, mit der ganzen Kraft einer unersättlichen Begierde.

Was ist aber eine Gesellschaft, in welcher Jedermann genießen und Niemand arbeiten will? Die Arbeit ist der Boden, auf dem die Menschheit steht, und sowohl für das Leben der Gesellschaft wie für das des Individuums eines der allerersten Gesetze. Wird dieses Gesetz von Vielen vergessen, so ist die Gesellschaft krank; wird es von Allen mißachtet, dann muß die Gesellschaft zu Grunde gehen.

In den letzten Jahrhunderten der Kaiserherrschaft war die Welt auf diesem Punkte angelangt. Der Despotismus und die so übertriebene Centralisation der Verwaltung, in denen man haüfig den Grund für die Schwächung und den Untergang des römischen Reiches sehen will, sind die Wirkung tiefrer Ursachen, unter denen Luxus und Arbeitshaß, zwei Ströme aus einer und derselben Quelle, den ersten Platz einnehmen. Das Kaiserreich war die organisirte Ausbeutung derjenigen, welche arbeiteten, durch diejenigen, welche nicht arbeiteten.

Folgendes also war der Gang der Dinge: Als die Trägheit Roms und mit seiner Trägheit zugleich auch seine sittliche Fäulniß in die Provinzen hinaus gedrungen waren, da ergab die Arbeit von Tag zu Tag eine geringere Productenmenge. Während aber so der Ertrag der Arbeit sich nothwendig mindert, wächst die Beraubung an den Arbeitenden, welche die Müssiggänger Roms und Italiens in der ganzen besiegten Welt vornehmen. Je schwieriger es nun für den Staat wurde, bei den immer mehr versickernden Hilfsquellen die nöthigen Gelder aufzutreiben, desto enger schloß der Despotismus seine Ketten um den Leib der römischen Gesellschaft. Zuletzt griff die öffentliche Gewalt das Individuum in einem seiner heiligsten Rechte an, im Rechte der freien Arbeit, damit die Arbeit wieder besteuerbare Gegenstände liefere, welche auszugehen drohten.

Es war das im römischen Reiche die höchste Stufe der Gewaltherrschaft und der tiefste Grad geistigen und materiellen Ruins. In der Zeit seiner Kraft und seiner großen Eroberungen war Rom arbeitsam und frei; zur Zeit des Verfalls und der Einbrüche barbarischer Horden war es träge und geknechtet. Nichts in der Geschichte ist so außerordentlich und so staunenswerth, als diese allmälige, aber gänzliche Vernichtung des römischen Reiches durch Verweichlichung und Stolz, nichts, als etwa noch die unvergleichliche Größe, zu der eben dieses Reich, zum Lohne wohl für die natürliche Tugend der Entsagung, die es einst vor anderen Völkern begriffen und geübt hatte, durch das Walten der Vorsehung erhoben worden.

Betrachtet Jemand den Abgrund, in welchem die alte Welt ihr Verderben fand, so wird er sagen, wir seien weit entfernt vom geistigen und materiellen Verfall der Römer. Und Dank dem Christenthum, wir sind in der That weit davon entfernt! Indeß vergesse man nicht, was über die Gesellschaft der Gegenwart hereinbrechen würde, wenn etwa der Socialismus jene Principien heidnischen Stolzes und heidnischer Sinnlichkeit, die den innersten Kern seiner Lehre ausmachen, unter den Völkern wieder zur Herrschaft bringen sollte. Wie wird es um die Arbeit stehen, wenn man die Leute einmal hat überzeugen können, daß dieselbe nur den Charakter einer Plage an sich trage und daß man sie nur dann, wenn sie vergnüglich gemacht wird, vom Menschen fordern könne, weil ja der Mensch für das Vergnügen geschaffen ist? Die Erinnerung an das Jahr 1848 und an die Nationalwerkstätten in Paris, die unseren Tagen so nahe stehen, geben auf diese Frage eine genügende Antwort.

VI. Kapitel.

Neubelebung der Arbeit in der christlichen Gesellschaft durch den Geist der Entsagung.

Einfluß der religiösen Orden.

Gerade damals, als sich die heidnische Gesellschaft gegen die Arbeit derart wehrte, daß man dieselbe den Freien als öffentliche Last, manchmal sogar als Strafe auferlegen mußte, gerade damals vollendete das Christenthum in der Einsamkeit der Klöster durch Demuth, durch Abtödtung und Liebe, kurz durch alle Mittel, die keinen Zwang anthun, das Werk der sittlichen Wiedergeburt, das zu einer zweiten Blüthenperiode der Arbeit unter den Völkern Europas führen sollte.

Die Neubegründung der materiellen Ordnung durch die Arbeit hat ihren Ausgangspunkt in der geistigen Ordnung. Die körperliche Arbeit ist nach der Lehre der heiligen Väter ein Haupterforderniß für das geistige Leben. „Seid immer „bei irgend einem Geschäfte thätig, sagt der heilige Hieronymus, damit der Teufel euch nicht müßig finde. Flechtet Binsenkörbe, grabet die Erde um, ziehet gleichlaufende Furchen, „um Gemüse in sie zu säen, oder Gräben, um Wasser zur „Bodenbefruchtung durch sie zu leiten." [1]) Ebenso predigt der heilige Chrysostomus die Arbeit und erklärt sie als die Wurzel vielen geistigen Gewinnes. „Die Arbeit ist für den Menschen, was der Zaum für das Pferd ist. Wenn Müßiggang „etwas Gutes wäre, so würde die Erde ohne Aussaat und „ohne Bebauung ihre Früchte tragen; wir finden jedoch, daß „sich dem anders verhalte.... Um seine Macht zu zeigen, wollte „Gott im Anfang, daß alles Wachsthum ohne menschliche Ar-

---

[1]) Facito aliquid operis, ut te semper diabolus inveniat occupatum.... Vel fiscellam texe junco .... sarriatur humus, areolae aequo limite dividantur: in quibus cum olerum jacta fuerint semina vel plantae per ordinem positae aquae ducantur irriguae. Ad Rustic. monach.

„beit gedeihe. Er befahl, daß die Erde Pflanzen zur Nahr„ung des Menschen hervorbringe, und sogleich bedeckte sich „dieselbe mit Grün. Nachher hat sich das geändert. Was „aus dem Boden sproßt, soll nach der späteren Ordnung Got„tes durch unsere Hände Förderung erhalten, damit wir so „begriffen, die Arbeit sei nur zu unserm Besten über die Welt „verhängt worden. Es scheint Vorwurf und Strafe zu sein, „wenn Gott sagt: Im Schweiße deines Angesichtes sollst du „dein Brod essen. In Wirklichkeit ist es eine Mahnung, ein „Mittel zu unserer Besserung und zu unserer Heilung von „den Wunden der Sünde."[1])

Die Arbeit ist nach dem Evangelium eine Tugend Aller. Um zu zeigen, daß sie die Tugend Aller sei, wollte Christus von einer Mutter geboren werden, die arm war und einen Handwerker zum Gemahl hatte. Und hat er nicht dreißig Jahre seines Lebens in der Werkstätte eines Zimmermanns zugebracht? Seine Jünger waren der Mehrzahl nach Leute, die durch persönliche Anstrengung ihr Brod verdienten. Und als später Paulus durch den heiligen Geist zur Theilnahme an den Arbeiten des Apostolats berufen worden, machte derselbe die Händearbeit zur Regel seines Lebens. Er befliß sich derselben bei Tag und bei Nacht und konnte in Wahrheit sa-

[1]) Ὅπερ γάρ ἐστιν ὁ χαλινὸς τῷ ἵππῳ, τοῦτο τὸ ἔργον τῇ φύσει τῇ ἡμετέρᾳ. Εἰ καλὸν ἦν ἡ ἀργία, πάντα ἂν ἄσπαρτα καὶ ἀνήροτα ἡ γῆ ἀνεβλάστανεν· ἀλλ' οὐδὲν τοιοῦτον ἐργάζεται... Ἐξ ἀρχῆς μὲν οὖν, ἵνα τὴν δύναμιν ἐπιδείξηται τὴν ἑαυτοῦ, χωρὶς τῶν πόνων τῶν ἡμετέρων, ἅπαντα ἀναδοθῆναι παρεσκεύασε· βλαστησάτω γὰρ ἡ γῆ βοτάνην χόρτου, φησί· καὶ πάντα ἐκόμα εὐθέως. Μετὰ δὲ ταῦτα οὐχ οὕτως· ἀλλὰ καὶ διὰ τῶν ἡμετέρων αὐτὰ πόνων ἐκφέρεσθαι ἐκέλευσεν ἐκ τῆς γῆς, ἵνα μάθῃς ὅτι διὰ τὸ χρήσιμον ἡμῖν καὶ λυσιτελὲς τὸν πόνον εἰσήγαγε. Καὶ δοκεῖ μὲν εἶναι κόλασις καὶ τιμωρία τὸ ἀκοῦσαι, ἐν ἱδρῶτι τοῦ προσώπου σου φάγῃ τὸ ἄρτον σου· τὸ δὲ ἀληθὲς, νουθεσία τίς ἐστι καὶ σωφρονισμὸς καὶ τῶν τραυμάτων τῶν ἀπὸ τῆς ἁμαρτίας γενομένων φάρμακον.

S. Jo. Chrysostomi Homilia in illud: Salutate Priscillam et Aquilam. I, 5.

gen, sein eigener Fleiß hätte das herbeigeschafft, was sowohl er als seine Begleiter zum Unterhalt bedurften.[1])

Alle kirchlichen Orden befaßten sich mit nützlicher Arbeit. Eine Anzahl von canonischen Bestimmungen, die nach Champagny dem dritten oder vierten Jahrhundert angehören mögen, befiehlt auch dem niederen Klerus körperliche Arbeit. „Wir „selbst, fügen dann die Bischöfe bei, wir selbst, die wir der „Predigt des Evangeliums dienen, vernachlässigen die materiel„len Beschäftigungen nicht; die Einen von uns sind Fischer, „Andere treiben den Ackerbau, keiner ist müßig."

Selbst außerhalb der Reihen des Klerus wurde die Arbeit, wie Champagny sagt, als ein frommes Werk, als die nothwendige Begleiterin des Gebetes und eines geregelten Lebens betrachtet. Viele Heilige, die im Reichthum geboren waren, ergriffen nach ihrer Bekehrung zu Gott ein materielles Gewerbe und wollten so lieber unter Schweiß selbst ihr Brod verdienen, als von dem Vermögen ihrer Ahnen leben. Die Namen des heiligen Crispin und Crispinian sind in der ganzen Welt bekannt. In Mailand und Rom bildeten sich fromme Werkstätten, in denen Männer unter der Leitung eines Priesters und Wittwen oder Jungfrauen unter der Obhut einer Matrone reifen Alters fasteten, arbeiteten und vom Werk ihrer Hände lebten.[2])

Die religiösen Orden jedoch sind der Boden, auf welchem sich der Geist des Christenthums zu seiner schönsten Blüthe entfaltet hat. „Das Mönchswesen, sagt mit Recht ein neuerer „Geschichtsforscher, ist der hochragende Punkt, in welchem sich „der Geist des Christenthums mit seiner vollsten Kraft sam„melt, und es sollte dasselbe eines von den bewunderungswür„digsten Werkzeugen für die Eroberungen des Evangeliums „werden."[3]) Von den Klöstern vorzugsweise ging der Impuls aus, der die Welt umgestaltete und erneute.

---

[1]) Ipsi scitis, quoniam ad ea, quae mihi opus erant, et his, qui mecum sunt, ministraverunt manus istae. Act. XX, 34. — Vergleiche Wallon, tom. III, p. 401.

[2]) De la Charité, p. 283.

[3]) Mignet, Mémoires de l'Acad. des sciences morales, tom. III, p. 701.

Nun aber ist die Arbeit von Anfang an eine wesentliche Regel für das Ordensleben. Die Helden der strengsten Tugend sind auch die Helden der kraftvollsten Arbeit. Wo der heilige Augustin von den Klöstern des Orients redet, sagt er: „Dort hat Niemand ein Eigenthum und gleichwohl fällt Niemand seinem Nachbar zur Last. Die Mönche üben eine Arbeit, die ihren Unterhalt sichert und ihre Gedanken nicht von Gott abkehrt. . . . . Die Uebung der Frömmigkeit selbst thut der Arbeit keinen Eintrag; sie spinnen Wolle, sie fertigen Kleider, sie geben dem ein Gewand entgegen, der ihnen Nahrungsmittel bietet." [1])

Nach dem heiligen Basilius ist das Gebet der innerste Kern des Klosterlebens, die Arbeit aber nur eine von den Formen des Gebetes, und eine Form, von der man um keiner anderen Uebung willen ablassen darf. Wenn man diesen Gesetzgeber des morgenländischen Mönchthums fragt, ob man die Arbeit aufheben solle, um fasten zu können, so antwortet er: „Esset, aber esset nicht mit Lüsternheit, sondern esset als Arbeiter Christi, was ihr in der That seid." [2]) Die Arbeit ist, wie ebenfalls der heilige Basilius anderswo sagt, „ein gottesdienstliches Werk von hohem Werth und öffnet dem Menschen das Himmelreich." [3])

Ein berühmter Geschichtschreiber unserer Tage schildert das Leben der Eremiten Aegyptens auf folgende Weise: „Nach dem Worte eines Heiligen waren die an einander gereihten Wohnungen der Wüste einem Bienenstocke vergleichbar; Jeder hatte dort das Wachs der Arbeit in seinen Händen und den

[1]) Nemo quidquam possidet proprium, nemo cuiquam onerosus est. Monachi operantur manibus ea, quibus et corpus pasci possit, et a Deo mens impediri non possit . . . . Lanificio corpus exercent atque sustentant, — moniales — vestesque ipsas fratribus tradunt, ab iis invicem, quod victui opus est resumentes.

S. Augustinus De moribus eccl. cathol. I, 31.

[2]) Φάγωμεν, οὐχ ὡς γαστρίμαργοι, ἀλλ' ὡς ἐργάται Θεοῦ.

Reg. brev. tract. CXXXIX.

[3]) Μεγὰ τὸ τῆς διακονίας ἔργον καὶ βασιλείας οὐρανῶν πρόξενον.

De renunt. saeculi, §. 9.

„Honig des Psalmengesangs und des Gebetes auf seiner Zunge. „Die Tage theilten sich in Gebet und Arbeit; die Arbeit „theilte sich in Landbau und in den Betrieb verschiedener „Gewerbe; besonders wurden jene Decken geflochten, deren „Gebrauch jetzt noch in den südlichen Ländern so allgemein „verbreitet ist. Unter den Religiosen fanden sich ganze Grup„pen von Webern, Zimmerleuten, Lederarbeitern, Schneidern „und Walkern. Die Arbeit war doppelt hart, weil ihr fast „ununterbrochen ein strenges Fasten zur Seite ging. Gleich„wohl machen sie die Altväter der Wüste in allen ihren Regeln „zu einer Verpflichtung, und das Beispiel ihres heiligen Lebens „legte sie dem Herzen nur noch näher. Eine Ausnahme von „dieser Regel findet sich nie erwähnt, wird nie entdeckt. Die „Vorgesetzten waren auch im mühsamen Streben die Ersten. „Als der ältere Makarius den großen Antonius besuchte, so „setzten sich beide sogleich nieder, um an einer Matte zu arbei„ten, während ihr Gespräch die Angelegenheiten der Seele „behandelte, und der heilige Antonius war von dem Eifer „seines Gastfreundes so erbaut, daß er dessen Rechte küßte „und bewegt ausrief: Wie viel Tugend geht nicht von diesen „Händen aus! Jedes Kloster war eine große Schule der „Arbeit und zugleich eine große Schule der Liebe.“ [1])

In der That, die Arbeit der Mönche hatte nicht bloß den geistigen Fortschritt zum Ziele; sie wollte überdies auch reichlichere Mittel zum Almosen an die Armen beischaffen, so daß sie im Eifer der Liebe einen neuen Sporn zu wachsender Regsamkeit fand. „Nicht bloß zur Züchtigung des Körpers, sagt „der heilige Basilius, sondern auch zur Uebung der Nächsten„liebe ist diese Lebensweise uns zuträglich, da Gott unseren „schwachen Brüdern durch uns dasjenige bieten will, was „ihre Noth erfordert.“ [2])

---

[1]) Montalembert. les Moines d'Occident, tom I., p. 70. — Deutsch von P. Karl Brandes. Einsiedeln 1860.

[2]) *Οὐ μόνον διὰ τὸν ὑπωπιασμὸν τοὺ σώματος χρησίμου οὔσης ἡμῖν τῆς τοιαύτης ἀγωγῆς, ἀλλὰ καὶ διὰ τὴν εἰς τὸν πλησίον*

Diese Unerläßlichkeit, diese Heiligkeit der Arbeit, wie sie von den Aposteln, den Vätern und den Gesetzgebern der Mönche im Orient und in Afrika, dem heiligen Basilius und dem heiligen Augustin, ausgesprochen wurde, war auch einer von den Hauptgrundsätzen des klösterlichen Lebens, wie es sich auf europäischem Boden in der Familie des heiligen Benedict in der großartigsten und einflußreichsten Weise gestaltete. Nach der Regel des heiligen Benedict sollte die Arbeit mit Gebet und Studium wechseln. Sie lautet etwa, wie folgt:

„Müßiggang ist der Feind der Seele; deßhalb sollen sich „die Brüder bald mit Händearbeit, bald mit heiliger Lectüre „beschäftigen. Wir glauben, diese Sache derart regeln zu sollen:

„Von Ostern bis zum October sollen die Mönche, wenn „sie am Morgen die Prim vollendet haben, bis gegen vier Uhr „irgend einer nothwendigen Arbeit sich widmen; ist die Arbeits- „zeit vorüber, so sollen sie bis gegen sechs Uhr sich der Lectüre „befleißen. Haben sie die Sext gebetet und darauf die Mahl- „zeit eingenommen, so sollen sie unter tiefem Stillschweigen „auf ihrer Lagerstätte der Ruhe pflegen. Will aber der Eine „oder der Andere irgend etwas lesen, so thue er das für sich „allein und in einer Weise, daß er Niemanden beschwerlich „falle. Zur Non gehe man früher, als es sonst zu geschehen „pflegt, nämlich gegen halb acht Uhr. Darnach arbeite Jeder „bis auf den Abend an dem, was es eben zu thun gibt. Sind „die Brüder durch die Verhältnisse des Ortes oder durch die „Armuth des Klosters genöthigt, die Aernte selbst vorzuneh- „men, so mögen sie sich darüber nicht betrüben; denn sie sind „wahrhaft Mönche, wenn sie von der Arbeit ihrer Hände leben; „haben ja die Väter und die Apostel das Gleiche gethan. „Uebrigens möge der Schwachen wegen alles ohne Uebertreib- „ung geschehen."

„Vom October bis zum Beginn der Fasten sollen die „Brüder bis zwei Uhr sich mit Lectüre befassen; um zwei Uhr

---

ἀγάπην, ἵνα καὶ τοῖς ἀσθενοῦσι τῶν ἀδελφῶν δι' ἡμῶν ὁ Θεὸς τὴν αὐταρκείαν παρέχῃ. Basilius. Reg. fus. tract. XXXVII. 1.

„bete man die Terz und darauf arbeite ein Jeder bis zur Zeit „der Non an dem, was ihm übertragen ist. Beim ersten Zei„chen der Non verlasse Jeder sein Geschäft, und halte sich „bereit, bis die Glocke zum zweiten Male tönt. Nach dem „Mahle sollen alle etwas Frommes lesen oder die Psalmen „erlernen."

„In der Fastenzeit sollen die Brüder vom Morgen bis „nach Ablauf der dritten Stunde lesen, dann ein Jeder nach „Auftrag arbeiten, bis es sechs Uhr geworden." [1])

Das ist die Regel der Benedictiner, so weit sie sich auf die Arbeit bezieht. Für alle jene, die mit unparteiischem Geiste

[1]) Otiositas est inimica animae, et ideo certis temporibus occupari debent fratres in labore manuum, certis iterum horis in lectione divina. Ideoque hac dispositione credimus utraque tempora ordinari, id est ut a Pascha usque ad Calendas Octobris mane exeuntes a Prima usque ad horam pene quartam laborent, quod necessarium fuerit, ab hora autem quarta usque ad horam quasi sextam [Mittag) lectioni vacent. Post sextam autem surgentes a mensa pausent in lectis suis cum omni silentio, aut forte qui voluerit legere, sibi sic legat, ut alium non inquietet. Et agatur Nona temperius, mediante octava hora: et iterum quod faciendum est operentur usque ad Vesperam. Si autem necessitas loci aut paupertas exegerit, ut ad fruges colligendas per se occupentur fratres, non contristentur, qui tunc vere Monachi sunt, si labore manuum suarum vivunt, sicut et patres nostri et apostoli. Omnia tamen mensurate fiant propter pusillanimes.

A Calendis autem Octobris usque ad caput Quadragesimae usque ad horam secundam plenam lectioni vacent: hora secunda agatur Tertia et usque ad nonam omnes in opus suum loborent, quod eis injungitur. Facto autem primo signo horae nonae disjungant se ab opere suo singuli et sint parati, dum secundum signum pulsaverit. Post refectionem autem vacent lectionibus suis aut psalmis.

In Quadragesimae vero diebus a mane usque ad tertiam plenam vacent lectionibus suis et usque ad decimam horam plenam operentur, quod eis injungitur. In quibus diebus Quadragesimae accipiant omnes singulos codices de bibliotheca, quos per ordinem ex integro legant. Qui codices in caput Quadragesimae dandi sunt.

Fratribus infirmis vel delicatis talis opera aut ars injungatur, ut nec otiosi sint nec violentia laboris opprimantur, ut effugentur. Quorum imbecillitas ab abbate consideranda est. Regul. s. Bened. cap. XLVIII.

die gänzliche Umänderung der Welt durch die Kraft der christlichen Tugenden studiren, ist sie ein Gegenstand der Bewunderung geworden, und sie ist so mächtig, unserer Natur so angepaßt, daß nun bald vierzehn Jahrhunderte des Fortschritts und der Revolutionen aller Art sie unberührt gelassen haben, und daß wir noch heutzutage und vor unseren Augen im Gehorsam gegen sie jene Früchte der Tugend und der Arbeit gepflegt sehen, durch deren Vorhandensein die aus germanischer Barbarei und heidnischer Verkommenheit auftauchende Gesellschaft Europas einst eine neue Gestaltung erhalten.

Und wenn an ihr in Folge der menschlichen Schwäche gerüttelt und geändert wurde, so erstand auf Gottes Ruf jedesmal ein muthiger Tugendheld, der sie wieder auf ihre urspüngliche Strenge zurückführte. Die Reform von Cisterz und später die von la Trappe haben im Leben der Benedictiner jener Verbindung von Abtödtung, Gebet und Arbeit, die den wesentlichen Charakter klösterlicher Institute bildet, stets auf's Neue zum Sieg verholfen.

Die Regel des heiligen Columban schrieb, wenn sie auch in manchen Punkten nicht so vortrefflich ist, als die des heil. Benedict, denn doch die Arbeit ebenfalls vor.[1]) So kann man denn sagen, daß in allen Klöstern, die seit den Tagen der Merovinger das westliche Europa bedeckten, Händearbeit die allgemein giltige Regel war und durch die Sprache der Thatsachen eine Predigt bildete, die jederzeit wirksamer ist und namentlich in jener Periode der Rohheit wirksamer war, als irgend eine andere Predigt.

Gerade die schwierigsten Werke griffen die Mönche in ihrer Entsagung vor Allem an. Unfruchtbare und wüste Gegenden erfreuten sich ganz besonders ihrer Vorliebe. „Die „niedrigsten, die gemeinsten Dienste, jene Arbeiten, die im „Kloster geschehen konnten und am wenigsten es nöthig machten, die Genossenschaft zu verlassen, waren stets die angenehmsten,“ wie Champagny sagt.[2])

[1]) Défense de l'Eglise, par l'abbé Gormi, tom. I, p. 419.

[2]) De la Charité dans les premiers siècles, pag. 110.

Die Benedictiner des Mittelalters hatten diesen Geist getreu bewahrt. Viele Orte, an denen jetzt prunkvolle und mächtige Städte blühen, dienten nur wilden Thieren zur wüsten Behausung, bevor die Benediktiner hinkamen, um dort ihre friedlichen Colonieen zu gründen. Mabillon verweilt mit Befriedigung bei der Aufzählung jener Landstriche auf deutschem Boden, in denen die Benedictiner zuerst der Cultur Bahn gebrochen und der Civilisation Eingang verschafft haben.[1]) Die Umgegend des Klosters Fulda, das im Laufe der Jahrhunderte und durch die Arbeit der Mönche die Schatzkammer so vieler Güter und der Mittelpunkt einer zahlreichen Bevölkerung geworden ist, war nur eine weite Oede, als der heilige Bonifacius die Söhne des heiligen Benedict dorthin wies. „Begebt euch in das Herz der Wüste, die man Bachonia nennt, „sprach der Apostel der Deutschen zu seinem Schüler Sturm, „und suchet dort einen Platz auf, an dem die Diener Christi „wohnen können." Der Wald aber, den man Bachonia nannte, glich damals den jetzigen Urwäldern der neuen Welt. Der heil. Sturm durchwanderte mit seinen zwei Gefährten diese schauervollen Gegenden, in denen er, wie sein Biograph sagt, nichts gewahren konnte, als den Himmel, die Erde und stämmige Baüme. Am abgelegensten Punkte des öden Landes begannen Sturm und seine Gefährten das Werk der Urbarmachung, aber nur unter den Anstrengungen saurer Arbeit konnten sie die kärgliche Nahrung gewinnen, welche für die Entsagungen des klösterlichen Lebens ausreichte.[2])

---

[1]) Acta Sanctorum ordinis S. Benedicti — saec. prim., praefat; — saecul. tert., part. I, § 48.

[2]) Das Detail über die Gründung Fulda's mit einer Fülle interessanter Angaben findet sich in der französischen Literatur am besten bearbeitet durch Mignet: Mémoire sur l'indroduction de l'ancienne Germanie dans la société de l'Europe occidentale — mitgetheilt in den Mém. de l'Acad. des sciences morales, tom. III, pag. 748 etc. — Ueber den Charakter der Benedictinerklöster spricht gut Guérard, sur la Formation de l'état social de la France in einem Artikel der Biblioth. de l'ecole des chartes, III. série, tom. II, pag. 22.

Später verfuhr der Orden von Cisterz auf die nämliche Weise. Das Kloster von Cisterz wurde in einem Sumpfe gegründet, den der Herzog Otto von Burgund drei Mönchen von Clugny geschenkt hatte, da sie die Regel des heiligen Benedict in ihrer ganzen Strenge zu beobachten das Verlangen trugen. Mitten im Wald und unter Weidengebüsch wurde der neue Bau aufgeführt. „Anfangs, sagt Hurter, war es „dem Orden der Cisterzienser nicht erlaubt, ständige Geld- „oder andere Gefälle zu besitzen. Insgemein war ihnen zu „einer neuen Ansiedelung ein noch unbebauter oder durch feindliche „Einfälle verwüsteter, seinem Grundherrn nutzloser Fleck Landes, mit Gebüsch bedeckt oder von Wasser überschwemmt, die „urkundlich noch unfruchtbare Oede im wilden Bergthal, zugewiesen, wo pflügbares Land von Anfang her fehlte, dasselbe „ringsum von ihnen angekauft. Mit eigener Hand rodeten „sie den Wald und bereiteten, wo sonst der Wolf, der Bär, „das Elenn gehaust, friedliche Wohnstätten der Menschen. „Sie leiteten die wilden Gewässer ab, wiesen durch Eindeichungen die austretenden Ströme in ihr Bette zurück; und „bald winkten lachende Auen, fette Weiden, wo zuvor nur die „Eule gekreischt hatte, sonst einzig der traurige Ruf der Unke „gehört ward. . . . . . Der Hang zur Einsamkeit, das Bestreben, die menschlichen Leidenschaften durch jeden Zaum zu „zügeln, trieb sie, selbst ungesunde Landstriche aufzusuchen, und „dieselben durch Anbau nicht blos gesund, sondern abträglich „zu machen.“ [1])

Was die Benedictiner im Mittelalter gethan hatten, das thaten sie ebenso auch in späteren Zeiten und thun sie noch in unseren Tagen. Die Reform von la Trappe erneute im siebenzehnten Jahrhunderte die ursprünglichen Wunder des Benedictinerordens. Die Religiosen von la Trappe griffen unter Leitung des Abbé Rancé mit Eifer zu den niedrigsten und beschwerlichsten Arbeiten und bewerkstelligten Landcultu-

---

[1]) Hurter, Innocenz III. Bd. III. S. 608.

ren, die in der That für unmöglich gehalten wurden.[1]) Es wäre überflüssig, das in Erinnerung zu bringen, was alle Welt ohnehin schon weiß, und die fast unübertrefflichen Verdienste der Trappisten um den Ackerbau selbst noch in der gegenwärtigen materiell so weit fortgeschrittenen Gesellschaft aufzuzählen oder zu sagen, woher sie die Mittel besitzen, in unseren Tagen die Werke fortzuführen, welche vom sechsten bis zwölften Jahrhundert den Ruhm ihrer Väter ausgemacht haben. Christlicher Opfersinn war in den ersten Jahrhunderten der Kirche und in den Zeiten des Mittelalters die Quelle der Kraft; christlicher Opfersinn drängt auch in der Gegenwart die Mönche noch zur Uebernahme der schmerzlichsten Mühen. In der Erniedrigung zu dem, was die Handarbeit Widriges hat, suchen sie ihre geistige Vervollkommnung und von diesem Streben getrieben machen sie auch jene schwierigen Eroberungen auf dem Gebiete der materiellen Ordnung, denen unser Jahrhundert so großen Werth beilegt.

Es ist in der That wundersam, beim Anfang einer neuen Civilisation gerade unter der Hand jener Männer, die sich ganz einem geistigen Leben gewidmet hatten, Ackerbau und

---

[1]) An der Seite ihres Gartens lag ein ganz unbebautes seit Menschengedenken verlassenes Landstück, das ganz mit Gestrüpp und Heidekraut überdeckt war. Der Versuch, es ertragsfähig zu machen, schien ein tollkühnes oder wenigstens im Vergleich zum nöthigen Zeitaufwand viel zu unergiebiges Unternehmen. Deßungeachtet gingen sie freudigen Muths an die Arbeit, und nichts konnte ihre Beharrlichkeit erschüttern oder ihre Energie schwächen. Drei Jahre lang ertrugen sie Kälte und die äußerste Hitze, Schneegestöber und den dichtesten Nebel, der übrigens sehr haüfig ist um die Teiche her, innerhalb deren la Trappe gelegen ist. Ausgegraben und nochmal umgewendet, gereinigt und gedüngt wurde endlich dieses vom Fluch getroffene Land zu einem neuen Garten und durch seine Fruchtbarkeit zu einer Unterhaltsquelle für das Haus. Das Erstaunen bei den Bewohnern der Gegend war ungeheuer. Die Nachbarn von la Trappe hatten diesen Boden nie im Zustande der Cultur gesehen und glaubten, daß man ihn nie ertragsfähig machen könne. Histoire de la Trappe par Gaillardin. Paris 1853, tom. I, pag. 268. — Dieses sehr interessante Werk enthält eine Menge ähnlicher Thatsachen.

Gewerbe sich heben und den Reichthum sich mehren zu sehen. Die römische Welt war zu tief vom Geiste des Heidenthums durchdrungen, als daß sie durch die Unterweisungen der katholischen Kirche und durch das Beispiel ihrer frommen Anstalten in seinen Gewohnheiten und Sitten gänzlich hätte umgestaltet werden können. Nachdem aber von der göttlichen Vorsehung die Barbaren gesandt worden, um die europäische Gesellschaft zu züchtigen und zu erneuen, fand christliche Gesinnung leichter Eingang in die Seelen; die Uebung dessen, was die Entsagung Hohes hat, wurde immer allgemeiner und entschiedener, und die germanische Gesellschaft fand in dieser Uebung das ausreichende Mittel, sich aus den Trümmern einer zerfallenen Welt neu zu erheben, während die römische Gesellschaft in ihr nicht einmal Kraft genug gefunden hatte, eine zwar hinwelkende, aber gleichwohl noch bestehende Civilisation mit frischem Hauche zu beleben.

Die gegenwärtige Wissenschaft hat die civilisatorische Thätigkeit der Kirche durch ihre Orden in volles Licht gestellt, und wenn vor einigen dreißig Jahren ein berühmter Historiker behauptet, daß die Benedictiner die Männer seien, die Europa urbar gemacht haben [1]), so wird heutzutage wohl Niemand diese Behauptung bestreiten. Je mehr die geschichtliche Wissenschaft in's Detail des mittelalterlichen Lebens eindringt, desto klarer bewahrt man den unermeßlichen und wohlthätigen Einfluß der christlichen Entsagung auf die Arbeit. Thierry hat die allgemeine Neugestaltung der Arbeit in der christlichen Gesellschaft durch den Einfluß der Kirche in einem Gemälde von nur wenig Zeilen dargestellt: „Die Kirche, sagt er, hat „den Anstoß gegeben zu jener neuen Entfaltung des Fort„schrittes und Lebens. Die Bewahrerin der edelsten Bruchstücke „einer untergegangenen Civilisation, hielt sie es nicht unter „ihrer Würde, neben den Wissenschaften und höheren Künsten „auch die Reste zu sammeln, die von den mechanischen und

[1]) „Les moines bénédictins ont été les défricheurs de l'Europe."
Guizot, Histoire de la civilisation en France.

„landwirthschaftlichen Fertigkeiten früherer Zeit noch vor„handen waren. Eine Abtei war nicht nur eine Stätte des „Gebetes und der Betrachtung, sondern auch ein Asyl gegen „die Angriffe jeder Art von Barbarei. Die Bücher und das „Wissen fanden dort Schutz; aber auch allen Gewerben wurde „ein Obdach geboten und die Besitzungen eines Klosters bil„deten das, was wir heutzutage eine Musteranstalt nennen „würden. Dort fanden sich Vorbilder für die Gewerbe und „den Ackerbau, für den Lohnarbeiter und den Grundbesitzer. „Und gerade in dieser Schule haben allem Anscheine nach „auch jene großen Eroberer gelernt, welche aus richtigem Ver„ständniß ihres Vortheils auf ihren Gründen ausgedehnte „Culturarbeiten vornahmen oder Colonieen anlegten, zwei „Dinge, von denen damals das erste nie ohne das letzte auf„trat." [1]) Mignet und Cibrario charakterisiren das regsame Treiben in „jenen großartigen Pflanzer-, Handwerker- und „Gelehrtenrepubliken des Benedictinerordens" auf eine ganz gleiche Weise. [2])

Nicht minder empfand der Handel den fördernden Einfluß des Christenthums. In einer Zeit, in welcher er wegen der Mangelhaftigkeit der Verkehrsmittel auf tausenderlei Schwierigkeiten stieß, wurden ihm durch den Geist des Glaubens, der die Christen in Wallfahrtszügen zum Grabe Christi und zu den Ruhestätten der Apostel führte, neue Wege eröffnet, denen die Kreuzzüge eine ungeahnte Ausdehnung geben sollten. [3]) Da es übrigens unmöglich ist, Großproducent zu sein, wenn man nicht zugleich Handel treibt, so waren auch die Mönche ganz naturgemäß darauf angewiesen, einen Absatz für ihre Bodenerzeugnisse zu suchen. [4])

---

[1]) Aug. Thierry, Essai sur l'histoire du tiers état, ch. I.

[2]) Mignet, sur l'introduction de l'ancienne Germanie dans la société de l'Europe in den Mem. de l'Acad. des sciences mor., tom. III, p. 813 et 816. — Cibrario, Della Econ. polit. del medio evo, lib. II, cap. 6.

[3]) Scherer, Gesch. des Welthandels, Bd. I, S. 129. 292.

[4]) Hurter, Gesch. des Papstes Innoc. III, Bd. III, S. 616. — Man sehe ebenda auch die Angaben dieses Schriftstellers über die Fortschritte

Nach dem natürlichen Lauf der Dinge ist Anbau des Bodens jene Arbeit, die für alle Gewerbe die Grundlage abgibt und vor ihnen in Gang sein muß; darum hatten auch die Mönche deren ganze Last zu tragen. Landwirthschaft war die vorzüglichste Angelegenheit des Augenblicks. Dank der heiligen Anstrengung, die darauf verwendet wurde, erzielten die Klöster einen Erfolg, der sowohl wegen seines schnellen Eintritts als wegen seiner Größe staunenswerth zu nennen ist. Zur Zeit Karl's des Großen waren die größten Schwierigkeiten des Unternehmens bereits überwunden. „Es unter„liegt keinem Zweifel, sagt Guérard bei Inceinsichtnahme des „Polyptichons des Abtes Irminon,[1]) daß der Ackerbau im „Besitze des Klosters Saint Germain am Anfang des neunten „Jahrhunderts von einem Zustand großen Gedeihens zeugt."

Mignet schildert uns die kleinen Anfänge und den beharrlichen Fortschritt jenes Klosters Fulda, das der heilige Bonifacius inmitten einer weiten Oede anlegen ließ. „Die Genos„senschaft der Mönche von Fulda nahm nach und nach Besitz „von der Ebene um das Gebände her, von den Grundstücken, „von den Wäldern, von den Wässern und von den angren„zenden Weideplätzen. Bald zog sie neue Mönche und Pflan„zer an sich und gründete Colonieen in Thüringen, in Bay„ern, am Rhein und an den Ufern des Mains. Sie legte „auf den Berghöhen Festungen an und umzog die Burgen „und Städte, die ihr Eigenthum waren, mit Gräben und „Wällen. Dreitausend Meiereien besaß das Kloster in Thü„ringen, dreitausend in Franken, dreitausend in Bayern, drei-

der Manufaktur in den Klöstern, namentlich der Gerberei, der Leinwand- und Wollentuchweberei, der Färberei. Gute Angaben hat ferner Levasseur, l'hist. des classes ouvrières en France, liv. II, ch. 4.

[1]) Guérard commentaire sur le Polyptique d'Irminon, pag. 636. — Irminon war Abt des Klosters St. Germain des Près. Sein Verzeichniß über die Besitzungen dieses Klosters (Polyptichon), im Original auf der kaiserlichen Bibliothek in Paris vorhanden, wurde schon von Mabillon und Lebeuf für gelehrte Zwecke benützt. Erst Guérard gab es 1844 heraus und fügte einen vortrefflichen Commentar bei.

Anmerk. des Uebers.

„tausend in Sachsen. Sein Einkommen war so groß, daß „Gäste und Fremde nicht nur im Kloster, in welchem nach „der Sitte der Zeit ein geräumiges Local für diesen Zweck „zubereitet war, sondern auch in den überall auf den Besitz„ungen zerstreut hinliegenden Haüsern aufgenommen, genährt „und gekleidet werden konnten.[1])

Man durchgehe das Polyptichon des Abtes Irminon, die Urkundensammlung von Saint Père[2]) de Chartres, die Geschichte der Abtei von Saint Denis, und überall wird man Resultate finden, die zwar nicht so staunenswerth sind, wie das Beispiel von Fulda, aber doch in Rücksicht auf die Hindernisse Bewunderung erregen.[3])

---

[1]) Mignet, mem. sur l'introd. de l'ancienne Germanie etc. pag. 756.

[2]) Verstümmelt statt Saint Pierre.

[3]) Guérard, commentaires sur le polyptique d'Irminon, pag. 90. — Daselbst ist das Vermögen der Abtei St. Germain de Prés nach seinem Stande zu Anfang des neunten Jahrhunderts, also dritthalb Jahrhunderte nach der Stiftung des Klosters, in folgender Weise angegeben:

Landbesitz	221,177 Hectare;
Einkünfte	666,564 Francs;
Zahl der Familien in den Haüsern und Spitälern auf diesen Besitzungen . .	2,859;
Zahl der Personen in diesen Familien .	10,282..

Nimmt man die Größe des anbaufähigen Ackerlandes als Einheit, so muß man verhältnißmäßig den Umfang der Waldungen auf das Neunfache, den der Weinberge dagegen auf den 52., den der Wiesen auf den 44., den der Weideplätze auf den 240., den der Sümpfe auf den 14,823. Theil des Ackerfeldes ansetzen.

Diese großen Reichthümer wurden, wie Guérard sagt, auf dem rühmlichsten Wege erworben, „nur selten durch eine Bitte an die „Gnade eines Hohen oder an die Frömmigkeit der Glaübigen um „neue Wohlthaten, fast immer durch Urbarmachung eines Grundstückes, „durch Anlegung von Weinbergen, durch Erbauung von Mühlen, kurz „durch Arbeit, durch Sorgfalt, durch Sparsamkeit. Prolégom. p. 13.

Naudet anerkennt ebenfalls, aber mit schlechtem Dank, „daß die „fleißigen Arme und geschickte Sparsamkeit der meisten Klöster es zu „Stande gebracht haben, Ländereien nutzbar zu machen, welche zuvor „öde dalagen. Man würde sich sehr taüschen, fährt er fort, wenn man

16

Diese Erfolge würde man weniger befremdlich finden, wenn man Rücksicht nehmen wollte auf das Princip, das die Mönche an ihre Arbeit band. Dieses Princip lag nicht in etwas Äußerem, das dem Willen Gewalt anthat; die Arbeit der Mönche war im Gegentheil ganz frei, ganz das Werk der eigenen Wahl, und für Zwang fand sich hier kein Raum, nicht einmal für den Zwang des Bedürfnisses, denn die Bedürfnisse des Mönches blieben immer selbst hinter den Erträgnissen der einfachsten Arbeit zurück. Die Triebfeder bei dieser Thätigkeit lag auch nicht im Streben nach der Eintagslust dieser Welt, sondern in dem Verlangen, sich durch Entsagung, Demuth und schmerzliche Abtödtung mit Gott zu einen. Je inniger sich der Mönch an seine Arbeit hingibt, desto mehr fühlt er sich zu jenem Gute erhoben, das fortwährend mit dem mächtigsten Zug, den es geben kann, mit dem Zug des Unendlichen, auf ihn einwirkt.

Wenn man die Arbeit so auffaßt, so wird man sie nicht mehr als eine Last, sondern als einen Gegenstand der Freude betrachten; der Mönch wird dann mit seinen Gedanken und mit seinem Herzen eben so gut bei ihr sein, wie mit seinen Händen.

Sein Werk wird vor allen anderen Werken den Vorzug haben nicht bloß wegen der beharrlichen und hochsinnigen

„glauben wollte, die ausgedehnten Flächen, die ihnen überlassen wur„den, hätten sich schon zuvor im Zustande der Cultur und der Er„tragsfähigkeit befunden.“ De l'état des personnes en France sous les rois de la première race in den Memoires de l'Acad. des inscript. tom. VIII., pag. 556.

Obschon Protestant spricht sich doch auch Hallam sehr weitläufig aus über die Verdienste der Mönche um den Ackerbau und über die Natur ihrer Arbeiter. „Ein großer Theil von den, wie uns scheint, „enormen Schankungen an die Klöster bestand in öden Landstrecken, „die man auf einem andern Wege nicht hätte in Stand setzen können. „Gerade den Mönchen verdanken wir in einem großen Theile von „Europa die Wiederherstellung des Landbaues. Liebe zur Zurückgezo„genheit führte sie an menschenleere Orte, die sie dann mit eigenen „Händen cultivirten.“ Europe during the period of the middle ages, part. II, ch. 9.

Hingabe, die er übt, sondern auch wegen der genaueren Kenntniß der Mittel zum Ziele, die er besitzt. Der Mönch wird ein Beispiel von Treue in der Arbeit sein und dadurch der verständigste und gewandteste Culturunternehmer werden. Die Felder der geistlichen Genossenschaften waren nach dem Zeugnisse des Cibrario immer die bestbestellten.[1]) Der englische Geschichtschreiber Turner kommt durch das Domesday=Book zu dem nämlichen Schluß.[2]) Und selbst noch in den späteren Zeiten, als die Umwälzung in den Verhältnissen des socialen Lebens entsprechende Aenderungen in der Beschäftigungsweise der Religiosen herbeigeführt hatte, sah man sie noch immer Geschmack und Verständniß für Verbesserungen im Bereich der Landwirthschaft beibehalten. So lange die Klöster unter uns bestanden, waren sie die Schulen, in denen die Arbeiter aus dem Laienstande die besten Verfahrungsarten bei Feld= und Gartenbau erlernen konnten.[3])

---

[1]) Cibrario, della Econ. polit. del medio evo, lib. III. cap. 1.

[2]) Siehe darüber Hallam, Europe during the period of the middle ages, part II, ch. 9.

[3]) Hurter, Innocenz III. Bd. III. S. 610. — Sehr beachtenswerth ist auch eine Stelle bei Tocqueville: „Ich habe mich die Mühe nicht verdrießen lassen, sagt er, den größten Theil der Berichte und Ver„handlungen zu lesen, welche uns von den alten Provincialständen „und namentlich von den Provincialständen der Languedoc, woselbst „der Klerus noch mehr, als anderswo, bei der öffentlichen Verwaltung „betheiligt war, übrig geblieben sind. Eben so habe ich die Berath„ungen der Provincialversammlungen, die in den Jahren 1779 und „1787 berufen worden, nach dem Wortlaut durchgegangen. Ich habe „mich an diese Lectüre mit den Anschauungen meiner Zeit begeben, „und ich habe mit Erstaunen gesehen, wie Bischöfe und Aebte, darun„ter Bischöfe und Aebte von hoher Heiligkeit und Wissenschaft Bericht „erstatten über die Anlegung einer Strasse, oder den Bau eines Ca„nals und diesen Gegenstand mit einer tiefen Kenntniß der Gründe „behandeln; wie sie mit eminenter Einsicht und Gewandtheit darüber „discutiren, welches die besten Mittel zur Hebung des Landbaues, zur „Sicherung des Volkswohls und zur Förderung der Industrie seien; „wie sie hinter den Laien, welche über den nämlichen Gegenstand „sprachen, niemals zurückblieben, häufig aber dieselben übertrafen."
L'ancien Regime et la Révolution, pag. 172.

Inmitten einer Gesellschaft, in welcher die Sieger aus stolzer Trägheit, die Besiegten aus moralischer Versunkenheit ihre Hände vom Anbau des Landes und vom Betrieb der Gewerbe zurückzogen, war das eine Entsagung, die dem Willen einen großen Entschluß kostete. Aber gerade deßhalb hat sich der Heroismus der christlichen Mönche mit Begeisterung dieser Aufgabe zugewendet, und hier, wie überall, zog der Heroismus die Massen nach sich. Die Liebe zur Arbeit, die vom Kloster ausgegangen war, verbreitete sich allmälig über sämmtliche Volksklassen. Anfangs um ein Kloster her geschaart, manchmal sogar in die Mauern desselben aufgenommen, lernten weltliche Arbeiter von den Ordensleuten, welch Glück und welche Kraft eine Arbeit erzeuge, die man aus religiöser Ueberzeugung auf sich nimmt. Und wenn wir auf dem Höhepunkt des Mittelalters, beim dreizehnten Jahrhundert, angelangt sind, so finden wir die ganze Gesellschaft mit Arbeit beschäftigt. Arbeit beherrschte dazumal die öffentlichen Sitten, wie es in den letzten Zeiten des römischen Reiches der Hang zur Trägheit gethan hatte.

Die neueren Völker werden das kostbare Erbstück, das ihnen die Tugend der mittelalterlichen Mönche hinterlassen hat, durch die wirksame Kraft des Christenthums bewahren und erhöhen; die Mönche selbst aber werden in ihrer Bereitwilligkeit, sich stets jenen Werken zu widmen, welche die meiste Selbstverläugnung erfordern, nur Ziele für ihre Thätigkeit suchen. Sie werden sich nunmehr mit Werken der rein geistigen Ordnung befassen, mit der Predigt, mit dem Unterrichte, mit der Uebung christlicher Liebe; der Fortschritt, zu dem sich die Gesellschaft nunmehr erschwungen hat, und die neuen Verhältnisse, die aus dem Fortschritt naturgemäß hervorgegangen sind, machten jene Werke mehr und mehr nothwendig. Nur in den bei einem höher stehenden Volke seltenen Fällen, in denen eine besondere Schwierigkeit gewöhnliche Menschen abschrecken müßte, wird man die Religiosen noch bei einem rein materiellen Unternehmen die Hand anlegen sehen; sie werden der Welt die Sorge überlassen, aus der Arbeit, die sie durch vielfachen Erfolg fruchtbar gemacht haben, Reichthümer zum Unterhalt und zur Verschönerung des Lebens zu ziehen und werden in den Werken der Barmherzigkeit eine Beschäftigung suchen, die zu ihrem Gewinn nur die Güter des Himmels hat.

VII. Kapitel.

Die christliche Entsagung leistet der geistigen Entwicklung und mechanischen Fertigkeit des Arbeiters einen höchst förderlichen Vorschub.

Alle Wissenschaften stehen mit einander in Zusammenhang. Die Entdeckungen auf dem Gebiete der Naturwissenschaften, von denen die Industrie lernt, wie sie bei ihren Unternehmungen zu verfahren habe, sind durch eine unzertrennliche Kette von Schlußfolgerungen mit den höchsten Grundsätzen der Metaphysik verknüpft. Der Anstoß, der dem Geiste durch sein erstes Erkennen, die allgemeinen Principien, unmittelbar gegeben ist, pflanzt seine Bewegung bis in die entferntesten Gebiete der einzelnen Fachwissenschaften fort; denn der Geist ist eins, wie auch die Wahrheit. Wir haben hier demnach nicht bloß einzelne Fachwissenschaften und deren Anwendung auf die Arbeit in Betracht zu ziehen; man muß bis zu den höchsten Höhen der menschlichen Wissenschaft hinaufsteigen, wenn man sich ein richtiges Urtheil über den Einfluß der Entsagung auf das rein geistige Element der Gütererzeugung verschaffen will.

Der menschliche Geist ist nur der menschliche Wille, wie er die erkennende Kraft der Seele auf die Erforschung der Wahrheit hinwendet. Eben so wenig, wie bei der Arbeit der Hände, kann der Mensch bei der Arbeit des Geistes etwas ohne Schweiß hervorbringen; nur mit Schweiß auf der Stirne kann er die Früchte der Wissenschaft und die Früchte der Erde sich erringen. Einzig unter der Bedingung der Selbstüberwindung, nur mit Bezwingung seiner natürlichen Abneigung gegen mühesame Anstrengung vermag sich der Geist den Wissenschaften hinzugeben. Wie die Arbeit zur Schaffung von Reichthümern ist demgemäß auch jeder Fortschritt in der Wissenschaft von einer Willensentsagung abhängig gemacht. Je kraftvoller, je begeisterter die Macht dieser Entsagung ist, desto mehr eignet sich der Mensch zu günstigen Erfolgen auf dem Gebiete des Erkennens.

Betrachtet man die Sache von einem anderen Gesichtspunkt aus, dem höchsten und zugleich tiefsten, den es gibt, so ist die Selbstentsagung der erste Act bei jeder wissenschaftlichen Eroberung. Wir werden der Wahrheit nur dann theilhaft, wenn wir aus uns selbst heraustreten, wie Maine de Biran vortrefflich sagt. Nur wenn wir von unserem eigenen Geiste uns losschälen, nur wenn wir jenen beschränkten, schwachen und oftmals verdunkelten Mittelpunkt der Erkenntniß, der wir selbst sind, durch die Entsagung mit dem immer lichtvollen Mittelpunkt der unendlichen Wahrheit in Verbindung bringen, gelangen wir zur vollen und wahren Wissenschaft. Der Mensch verliert durch die Entsagung seinen Geist an Gott, um ihn bereichert mit den Gaben des göttlichen Geistes im Schooße des Ewigen wieder zu finden. Je aufrichtiger und vollkommener dieser Verzicht auf den eigenen Geist ist, desto näher steht der Mensch dem gänzlichen Besitze der Wahrheit, deren Erreichung uns nicht in diesem Leben gestattet ist, sondern für eine künftige Welt zum Lohn für die Abtödtung in der gegenwärtigen aufbewahrt bleibt. Durch die Selbstverlaügnung zu einer tiefen und so zu sagen freundschaftlichen Erkenntniß der lebendigen Wahrheit erhoben wird der Mensch aus dem Verkehr mit derselben eine Kraft schöpfen, deren Wirken sich überall fühlen läßt, in den natürlichen Wissenschaften eben so wohl, als in den geistigen.

Auf dem Felde des Wissens verlangt die Kirche einen Act der Entsagung, welcher mit den wesentlichen Grundlagen der Wissenschaft in directem Widerspruch zu stehen scheint: sie verlangt Unterwerfung unter das Joch des Glaubens. Wenn man aber genauer zusieht, so wird man finden, daß diese Unterwerfung nicht nur kein Hinderniß ist, sondern vielmehr zu großer Förderung dient. Was ist dem menschlichen Geiste nothwendig, damit er in dem Ocean verschiedenartiger, verwickelter und dunkler Thatsachen, die das Bereich der Naturwissenschaften bilden, um einen Schritt weiter komme? Doch wohl allgemeine und unerschütterliche Voraussetzungen, Principien, deren Feststellung ihm keine Zeit mehr raubt, so daß er, mit der höheren und allgemeinen Ordnung der Dinge schon vertraut, seine ganze Kraft an die Beobachtung und Ordnung der einzelnen Thatsachen setzen kann. Und leistet ihm nicht gerade der wahre Glaube diesen Dienst? Zu welch nennenswerthen Fortschritten konnte der menschliche Geist die Naturwissenschaften bringen, so lange er noch, wie dies im Heidenthum der Fall war, ganz und gar mit Untersuchungen über die Grundwahrheiten vom Ursprung und Endziel der Dinge in Anspruch genommen wurde?

Es ist demnach wahr, daß der Glaube durch die Erhabenheit und unzerstörbare Gewißheit seiner Principien dem menschlichen Geiste nicht nur mehr Kraft, Schärfe und Umfang verleihe, sondern zugleich auch eine freiere Bewegung gewähre. Hierin liegt einer von den wichtigsten Gründen für die Ueberlegenheit der christlichen Völker vor den heidnischen in Bezug auf die Naturwissenschaften. Gerade in Folge des Dogmas legen die Geister heutzutage jene Kühnheit der Beobachtung an den Tag, welche von so vielen Ungläubigen für unvereinbar mit der Unterwerfung des Glaubens gehalten wird. Wurden die Wissenschaften nicht in jenen kirchlichen Anstalten, in denen man die Entsagung am meisten übte, durch die nächtlichen Jahrhunderte des ersten Mittelalters hindurch gerettet? Die Gelehrten, welche sich mit der Geschichte jener Zeit befaßt haben, geben von dieser nunmehr unbestreitbaren Thatsache Zeugniß. Mit der nämlichen Entsagung, mit welcher die Mönche an die Neugestaltung des

Landbaues und der andern nützlichen Gewerbe gingen, unterzogen sie sich auch der damals so schwierigen Aufgabe, die Wissenschaften des Alterthums nach Thunlichkeit zu bewahren. Als später die Umstände günstiger geworden und auf das Werk der Erhaltung das Werk des Fortschritts folgen konnte, in der Zeit vom dreizehnten bis zum fünfzehnten Jahrhundert, glänzte die Wissenschaft wiederum gerade im Kloster und an den unter kirchlichem Schutz gegründeten Universitäten durch Neuheit und Kühnheit der Untersuchungen.

Der Orden des heiligen Dominicus, welcher sich ganz auf die Vertheidigung der katholischen Wahrheit durch Predigt und Unterricht verlegte, nimmt in der wissenschaftlichen Bewegung jener Zeit eine hervorragende Stellung ein. Spricht man den Namen des Dominicaners Albert aus, den die Welt als groß, die Kirche als selig preis't, so sagt dies einzige Wort, welchen Umfang und welchen Glanz die Wissenschaft des dreizehnten Jahrhunderts besessen habe. Später traten die Jesuiten auf, um sich bei dem neuen unabsehbar langwierigen und nie unterbrochenen Bemühungen der Kirche für die allgemeinere Anerkennung der Wahrheit unter allen ihren Formen und in allen ihren Anwendungen unter die Reihen der Kämpfer zu stellen. Niemand wird ihnen, glaube ich, hohe Verdienste streitig machen, auf dem Gebiete der Naturwissenschaften eben so wenig, als auf dem Gebiete der Literatur und der speculativen Forschung. Und hält nicht die Kirche auch durch ihre übrigen Orden, durch ihren Klerus und durch die Anstalten für alle Stufen des Unterrichtes in unseren Tagen die Ehre christlichen Kennens und Wissens eben so kraftvoll aufrecht, als irgend jemals? Sie kämpft heutzutage gegen die Barbarei, die aus der Civilisation hervorgeht, wenn sich dieselbe von Gott trennt, wie sie im Mittelalter gegen die mehr rohe, aber vielleicht weniger gefahrvolle Barbarei der germanischen Eroberer gekämpft hat. Und während sie den Fortschritt der Naturwissenschaften freudig begrüßt und selber unterstützt, hindert sie zugleich deren Ausschweifungen. Durch ihr entschiedenes Festhalten an den reinen Ueberlieferungen einer geistigen Wissenschaft, wie die großen christlichen Jahrhunderte dieselbe besaßen, hat sie das folgenreiche Resultat erzielt, daß der Unterricht durch jene seit zwanzig Jahren so vielfach wiederholten Bemühungen, jenen Studien, welche man die positiven zu nennen pflegt, in den Schulen die Oberhand zu verschaffen, nicht gänzlich erniedrigt und verderbt wurde. Die katholischen Anstalten haben bei ihrem Unterricht der Philosophie und einer gründlichen literarischen Bildung immer die ehrenvolle Stellung und den hohen Rang zuerkannt, deren man beide nie wird berauben können, ohne den menschlichen Geist zu entwürdigen und dadurch auch den Fortschritt der positiven Wissenschaft selbst in Frage zu stellen.

Es gibt keine auch noch so positive Wissenschaft, die nicht unter dem fortgesetzten Einfluß des Materialismus Schaden leiden müßte. Wenn in einer Gesellschaft ausschließlich materialistische Anschauungen herrschen, so wird ihr auch die Fähigkeit, die Ergebnisse der Wissenschaft zum Besten der Industrie zu verwerthen, im Laufe der Zeit unmerklich verloren gehen. Nicht das Interesse ist die Kraft, welche große Entdeckungen macht; oft gelangt man zu denselben erst nach einem unter fruchtlosen Versuchen hingebrachten Leben. Die wahre Triebfeder ist etwas Höheres, als das Interesse; sie beruht auf jenem edlen Bedürfnisse, die Principien in ihren letzten Anwendungen eben so wie in ihren tiefsten Wurzeln kennen zu lernen. Der Geist der Wissenschaft, nicht der Geist niedriger Gewinnsucht fördert Neues und wahrhaft Fruchtbares an den Tag. Sehen wir in der Gegenwart um uns; wer war weniger gewinnsüchtig, als Ampère, und doch hat er vor allen Andern den Gedanken gefaßt, den elektrischen Strom für industrielle Zwecke zu benützen. Wie viele Männer dieser Art könnte man noch nennen, wenn man sich mit weniger berühmten Namen begnügt!

Der Geist der Wissenschaft muß fortwährend von Einflüssen, die höher sind, als das bloß materielle Interesse, getragen und geschirmt werden. Allerdings, die praktischen Anwendungen eines Satzes mögen sich nach einer großen wissenschaftlichen Entdeckung im ersten Augenblicke unter dem bloßen Antrieb industriellen Strebens vervielfältigen lassen; man wird mit einer Art Fieberhitze aus einer bekannten Thatsache alle leicht greifbaren Folgerungen ziehen. Hat man aber diese Folgerungen erschöpft, so wird die Bewegung stille stehen, weil der Geschmack an Untersuchungen und der wahrhaft wissenschaftliche Geist verloren gegangen, und der Fortschritt wird in Folge der Entnervung durch Sinnlichkeit und der knechtenden Gewöhnung an ein behagliches Leben eines Tages in unbeweglichem und zerfahrendem Verfall stille stehen. Der äüßerste Orient bietet uns an den Chinesen das Beispiel eines Volkes, das einstmals auf einer hohen Stufe von Civilisation stand, aber in seiner Bewegung plötzlich erstarrte und nach der Verbreitung der Lehre vom Interesse regungslos wurde. Berechnender Materialismus hat sich in dieses Volk tiefer eingefressen, als in irgend eine andere Gesellschaft. Man ist in China dahin gekommen, daß man die Wissenschaft nur zum Zweck einer unmittelbaren Anwendung cultivirt. Weil jenes interesselose Studium fehlt, das stets unentbehrlich nothwendig ist, befinden sich in diesem Lande die Naturkenntnisse, an denen es einst die übrige civilisirte Welt weit übertraf, heutzutage noch immer im Zustande des ersten Anfangs. Eine gewisse Abrichtung für das Leben, die sich aus mehreren Jahrhunderten herschreibt, bildet noch immer das Wesen der industriellen Thätigkeit und verdammt dieses Volk, das von der Natur für alle Arten von Arbeit reich begabt ist, zu einer bedauernswerthen und doch lächerlichen Ohnmacht.[1])

Große Entdeckungen sind die Frucht einer gesammelten und ausdauernden Arbeit, zu welcher die beweglichen Eindrücke des materiellen Interesses und äüßere Anregungen nicht begeistern können. Will man auf große Dinge sein Augenmerk richten, so muß man es verstehen, nicht bloß für die Gegen-

[1]) L'empire chinois par Huc.

wart und für die Genüße des Augenblickes zu arbeiten, sondern für die Zukunft, und zwar für eine Zukunft, die man vielleicht nicht sehen wird. Tiefe und umfassende Resultate werden nur um den Preis einer jahrelangen und beharrlichen Arbeit gewonnen. Der Christ, der aus Pflicht sich müht, der die Wissenschaft als ein Apostolat übt, der in ihr nicht einen momentanen Erfolg, sondern ein Mittel sucht, die ewigen Wahrheiten des Glaubens in einem helleren Licht leuchten zu lassen; der Christ, der frei bleibt vom Vorurtheil des Tages und von der Sucht nach materiellem Erfolg, wird seine Untersuchungen durch Sammlung ihrer Kraft auf einen Punkt und durch zerstreuungsloses Sinnen mit jenem Nachdruck betreiben können, der das Studium wahrhaft fruchtbringend macht. Während das Interesse für die Gegenwart arbeitet, arbeitet die Entsagung für die Zukunft, das heißt für den Fortschritt.

Die Productivkraft der Arbeit hängt indeß mit dem Fortschritt der höheren Bildung nicht allein deßhalb zusammen, weil aus den großen Entdeckungen der Wissenschaft die neuen Betriebsweisen der Industrie abgeleitet werden, sondern auch deßhalb, weil die allgemeine Verbreitung von Kenntnissen in der Gesellschaft dem Arbeiter jene geistige Befähigung verleiht, vermöge deren die Arbeit besser verstanden und vollkommener verrichtet, der Arbeiter aber über die kleinen Einzelnheiten erhoben und geschickt gemacht wird, den Plan des Werkes zu erfassen und in einem gewissen Maaße zur Leitung des Ganzen beizutragen.

Kenntnisse unter dem Volke zu verbreiten, das bleibt immer ein schwieriges Werk; es gehört dazu ein besonderer Grad von Entsagung und Ueberlegenheit im Wissen.

In der katholischen Kirche haben sich von jeher haüfiger als sonst irgendwo, Männer gefunden, welche sich durch diesen doppelten Vorzug auszeichneten. Unter den Christen galt es zu allen Zeiten für ein Werk der Barmherzigkeit, die Unwissenden zu belehren, und immer wurde auch dieses Werk geübt, jedesmal so, wie es die Zeitverhältnisse erforderten, aber nie so, daß man nach der häufigen Gewohnheit unserer Tage darauf vergessen hätte, mit dem Unterrichte die Erziehung zu verbinden. Wie hätte auch die Kirche darauf vergessen können, da sie das Licht nur verbreitet, um desto sicherer zum Guten zu führen!

Bei der Pflege des Wissens bildet immer die Befähigung des Menschen, Gott und die Pflichten, die Er auferlegt, vollkommener zu erkennen, das Hauptaugenmerk der Kirche. — Je mehr nun alle Geistes- und Gemüthskräfte durch Erziehung und Unterricht für die Eindrücke der göttlichen Eigenschaften empfänglich geworden, desto mehr wird Gott unter uns gekannt sein. Und je mehr Gott gekannt ist, desto inniger wird sich der Mensch an Ihn anschließen, desto unwandelbarer wird sein Gehorsam gegen dessen Gebote sein. Was aber wäre für ein geregeltes christliches Leben förderlicher, als Fleiß bei der Arbeit, verbunden mit jenem Maaß von Verständniß und kluger Vorsicht, das durch eine gewisse Unterrichtsstufe erreicht wird.

Hier also, wie überall, ist geistige Vervollkommnung das Ziel der Kirche, und auf geistigem Wege führt sie, ohne es direct gewollt zu haben, zum materiellen Fortschritt. Gemäß der unlösbaren Einheit, welche in der intellectuellen Ordnung herrscht, kann man den Geist nicht für die Erkenntniß Gottes erschließen, ohne ihn zugleich für das ganze Bereich des rein menschlichen Wissens zu eröffnen. Was demnach die Kirche thut, um die Völker durch Unterricht moralisch zu bilden, das geschieht von selbst auch zu dem Zwecke, durch Verbreitung besserer Kenntnisse unter den Massen die Productivkraft der Gesellschaft zu erhöhen.

Es gibt nichts Mühesameres und Undankbareres, als die Erziehung des Volkes. Und doch gehört sie unter die Dinge, welche von der christlichen Entsagung mit größerem Eifer, als sonst etwas, gesucht und geübt worden. Es genügen für diesen Satz die Beweise, welche wir vor Augen sehen. Wo die Gottlosigkeit der Kirche den Krieg erklärt hat, da wirft man ihr heutzutage nicht vor, daß sie die Erziehung vernachlässige;

man legt ihr im Gegentheil zur Last, daß sie die Gesellschaft durch Volksunterricht von sich abhängig mache. Die christlichen Schulbrüder, welche den Unterricht zur Vorbereitung der Kinder aus dem Arbeiterstande für die Arbeit in seinen Abstufungen so gut einzurichten verstanden; die Töchter des heiligen Vincenz von Paul, welche die christliche Liebe unter allen Formen üben, aber der Thätigkeit in Schulen, Werkstätten und Rettungshaüsern unter allen Liebeswerken den ersten Platz anweisen; und im Gefolge dieser zwei Anstalten, deren Entsagung und Geschicklichkeit allenthalben anerkannt sind, noch eine Menge anderer Institute, durch welche für die geistige und sittliche Förderung der arbeitenden Klassen auf die verschiedenartigste Weise Vorsorge getroffen ist: diese ganze Armee im Dienste der Liebe zum Zwecke des Unterrichts bildet in unseren Tagen den unwiderlegbaren Beweis für die Macht der Entsagung in Verbreitung des Lichtes, dieser wesentlichen Vorbedingung für den Fortschritt der Arbeit.[1])

---

[1]) Die Päpste haben in ihrem Gebiete immer eine besondere Sorgfalt auf die Unterweisung der Kinder verwendet. Ein gut angelegter Elementarunterricht, der aber nie vom Religionsunterricht getrennt sein darf, sondern denselben als die Hauptsache in der Schule betrachtet, wurde im Kirchenstaate immer gepflegt. Man sehe darüber „Lefebvre Etablissements charitables de Rome ch. III. — Lefebvre, der sich durch den Augenschein überzeugt, behauptet und beweist durch Thatsachen, daß keine Regierung mehr, als die päpstliche, die Wichtigkeit des Unterrichtes begriffen hat.

„Trotz des Einsturzes vieler prächtigen Wasserleitungen aus der „alten Zeit, sagt Magnire, besitzt Rom doch noch eine größere Anzahl „von öffentlichen Brunnen, als jede andere Stadt der Welt. Und „doch sind seine Schulen zahlreicher, als seine Brunnen, und ganz „ebenso zugänglich für alle Klassen, von der Jugend des Adels an „bis herab zu dem Sprößlinge des Lastträgers und Holzspalters."

Rom, Kap. 22.

VIII. Kapitel.

Die Ansammlung und Erhaltung eines Kapitals ist ohne Entsagung unmöglich.

Es gibt keine Gütererzeugung ohne Kapital, und die Productivkraft der Arbeit steht zur Größe der verfügbaren Kapitalien in einem geraden Verhältnisse. Wenn der Unternehmer sein Auge auf die Zukunft richtet und Hilfs- und Rohstoffe sammelt, so erhöht er die Macht der Arbeit, indem er damit die Hilfsmittel für seine Thätigkeit und die Arbeitsstoffe vermehrt; und wenn er sich durch Erübrigungen das Nöthige verschafft, um den Anforderungen anderer Gewerbsleute zu genügen, so versetzt er sich in die Möglichkeit, Arbeit an fremde Hände in Auftrag zu geben. Diese Möglichkeit wird er benützen, um seine Werkstätte zu erweitern, seine Instrumente zu ergänzen, seine Maschinen zu vervollkommnen oder auf die Einführung neuer Verfahrungsarten, die seine Arbeit gewinnbringender machen, weil sie immer mehr und mehr den kostenfreien Ertrag an die Stelle des belasteten Ertrages setzen, die entsprechenden Summen zu verwenden. Aehnlich wird der Grundbesitzer verfahren; er wird die Productionsmittel vermehren, indem er nach Maaßgabe seiner Ersparnisse das noch öde Feld cultivirt oder das schon cultivirte durch Einhegung, Umgrabung, Entsumpfung und Bewässerung verbessert. Ist er ferner im Stande, mehr Lohn zu bezahlen, so kann er einlässiger für die möglichst allseitige Nutzbarmachung des Seinigen sorgen; besitzt er mehr Futter und Getreide, so kann er einen zahlreicheren Viehstand unterhalten. Wenn kluge Vorsorge für die Zukunft und emsiger Arbeitsbetrieb, zwei Dinge, von denen das eine nicht ohne das andere sein kann, auf diese Weise bei einem Volke herrschen, so werden die Producenten fortwährend die Unterlagen für ihre Unternehmungen erweitern und vervollkommnen.

All jener bewegliche und unbewegliche Reichthum, der das Kapital bildet, wird sich in einer solchen Gesellschaft von Jahrhundert zu Jahrhundert vermehren, und gerade deßhalb wird auch zu gleicher Zeit die Productivkraft der Arbeit wachsen.

Im Kapital faßt sich der ganze Reichthum und die ganze materielle Macht einer Gesellschaft zusammen; das Kapital aber wurzelt auf dem Boden der sittlichen Ordnung. In der sittlichen Ordnung, in der Tugend der Selbstenthaltung, die wir durch das Christenthum haben und ohne die Sparsamkeit etwas Unmögliches wäre, ruht jene Kraft, durch welche man Kapitalien erzeugt und bewahrt. Zur Bildung eines Kapitals genügt es nicht, daß die Arbeit durch Erhöhung ihrer Ertragskraft dem Menschen eine immer reichlichere Productenmenge zustellt; wenn eine unersättliche Begierde nach materiellen Genüssen wieder so viel aufzehrt, als die Arbeit herbeischafft, so wird die Gütermasse, aus welcher das Kapital besteht, sich nie vermehren.

Sparsamkeit muß die Früchte der Arbeit unverbraucht hinterlegen, damit sie in späteren Tagen zur Erweiterung der Production dienen können.[1]) Nun ist aber der Geist der Sparsamkeit dem Menschen nicht von Natur aus eigen; derselbe setzt vielmehr eine umsichtige Vorsorge für kommende Zeiten, eine Herrschaft über die eigene Natur voraus, zwei Dinge, die nur durch eine gewisse Ausbildung des Geistes und des Herzens erworben werden, keineswegs aber das Resultat des bloßen Gefühles für Genüsse sind. Man betrachte den Wilden barbarischer Länder, der den Trieben seiner Sinne überlassen ist! Bei ihm gibt es keine Vorschau auf Später und keine

[1]) Die Nothwendigkeit der Sparsamkeit für die Schaffung des Kapitals hat besonders Seinor nachdrucksam dargelegt. Dieser ausgezeichnete Staatsökonom zeigt, daß sie eine eigene von der Arbeit verschiedene Kraft sei und daß sich die Productivkraft der Arbeit ohne sie nicht erhöhen lasse. Nur darin hat er Unrecht, daß er diesen Factor der Gütererzeugung von der Liebe zum Genusse herleitet; denn nach dieser Ansicht müßte die wirkliche Bethätigung dieser Kraft als eine Unmöglichkeit erscheinen.

Sparsamkeit. Man betrachte den Wilden der Civilisation, den Arbeiter, wie man ihn häufig in England antrifft und wie er sich unglücklicher Weise auch in unseren Fabrikstädten oftmals findet: ohne Erziehung, ohne Glauben, ohne Unterricht und ganz als Spielball seiner natürlichen Verderbtheit! Ist nicht auch bei ihm der Mangel an Vorsorge und an Sparsamkeit eine von den vorzüglichsten Quellen seiner Noth? Die Begierden des materiellen Menschen, das Verlangen nach Lust, wahnsinnige Genußsucht und wahnsinnige Hoffart, das sind Triebe, die mit gebieterischer Forderung eine unmittelbare Befriedigung suchen. Für einen Menschen, in welchem diese Triebe zur Herrschaft gekommen sind, ist jeder Aufschub eine Pein. — Wenn man nur Genuß sucht, was gilt da eine Befriedigung, die erst aus der Ferne winkt und wie das Leben selbst nothwendiger Weise ungewiß ist, im Vergleich zu einer Befriedigung, die gegenwärtig vor uns steht und die man nur zu erfassen braucht!

Bringe man dagegen dem Menschen die Ueberzeugung bei, daß seine Bestimmung erhaben sei über die Bedürfnisse des materiellen Lebens, daß er berufen sei, sich durch eine Reihe stets erneuerter Kraftanstrengungen zu einer sittlichen Vollkommenheit zu erheben, welche das wahre Ziel seines Daseins ist, so wird er von da ab der Zukunft eben so sehr leben, wie der Gegenwart, und seine Seele den Rathschlägen kluger Vorsorge eröffnen.

Jedoch es ist nicht genug, daß er überzeugt sei von der Nützlichkeit, ja Nothwendigkeit der Vorsorge. Die Leidenschaften, die ihn zu den Genüssen des Augenblickes verleiten, üben bei der Schwäche seiner Natur eine so große Gewalt über ihn, daß zu deren Bewältigung eine neue Leidenschaft nothwendig wird, welche über die Verführungen der Sinnenwelt erhebt, und die Seele an die unwandelbare Wirklichkeit der höheren Welt kettet. Wenn diese Leidenschaft sich des Herzens bemächtigt und dasselbe von der Liebe zu den Eintagsgütern des materiellen Lebens freigemacht hat, so wird es dem Menschen leicht sein, den Rathschlägen, die im Hinblick auf die Zukunft zur Sparsamkeit mahnen, Gehorsam zu leisten. Statt in dem Maaße zu consumiren, in welchem er producirt, wird er die Früchte seiner Arbeit ansammeln, um aus ihnen ein Werkzeug zur Erhöhung seiner Sicherheit, seiner Freiheit und Würde zu machen.

Wenn übrigens der Mensch ein Bewußtsein von der Würde seiner Bestimmung hat, so bleibt ihm nicht unbekannt, daß er nicht für sich allein lebe, sondern auch für andere Wesen, rücksichtlich deren ihm Gott in dem Augenblicke, in welchem er die Würde eines Vaters erhielt, einen Theil jener wohlwollenden Obsorge übertragen hat, welche Er selbst im Himmel für die Vollendung aller Dinge trägt. Das Gefühl für die Familie und für die Pflichten, welche sie auferlegt, ist ein vorzugsweise christliches Gefühl und einer von den mächtigsten Beweggründen, die den Menschen zur Uebung der Sparsamkeit bestimmen können. — Beruht aber die Liebe zur Familie nicht vor Allem in der Tugend der Entsagung? Hat sie zu ihrem Princip nicht die von der Liebe gebotene Hingabe seiner selbst an eine zweite Person? und bildet nicht gerade diese Hingabe das innerste Wesen der Entsagung?

Das Streben nach materiellen Genüssen, und die Sucht nach Wohlbefinden, aus denen man heutzutage den Hebel alles Fortschrittes machen will, sind wie der Genuß selbst rein persönliche Dinge. Wenn es in der Welt nur mehr Genuß gibt, wenn Erweiterung des Genußes das einzige Werk und das letzte Ziel des Lebens ist, warum soll ich dann dieses Ziel nicht mit meiner letzten Kraft und ausschließlich zu meinem eigenen Gewinn verfolgen? Was ich meinem Genuß entziehe, das ist meinem Leben entzogen, das mangelt noch zur Erreichung meiner Bestimmung. Was liegt demjenigen, der sein Leben den materiellen Genüssen geweiht hat, am Wohl oder Elend derjenigen, die ihn überleben? Er wird nicht mehr der Zeuge ihrer Leiden sein; wie könnten ihm also dieselben Kummer verursachen? Nach ihm wird man es machen, wie er es selber gemacht: man wird von dem einen Tag auf den andern um den Preis der möglichst geringen Mühe nach der möglichst ausgedehnten Befriedigung trachten.

Das sind die Früchte, die aus dem Princip der Sinnlichkeit hervorgehen. Und kann man sagen, daß sich die Arbeiter der großen Fabrikstädte die Dinge anders vorstellen? Bringen sie nicht den Leib und die Seele ihrer Kinder für einen erbärmlichen Gewinn, mit welchem sie etliche Ausgaben ihres fluchwürdigen Luxus decken, dem verzehrenden Feuer einer vorzeitigen Arbeit zum Opfer?

Wenn man die Sparsamkeit auf die einzige Triebfeder des Interesses gründen will, so begeht man den Fehler, daß man vermöge einer Inconsequenz, die sich von der ganz vom Christenthum durchwehten Denkungsweise unseres Geistes herschreibt, im Menschen Gefühle voraussetzt, denen die Selbstsucht, wenn sie die ausschließliche Gebieterin wäre, keinen Raum mehr übrig ließe. Gebe man nur die Seelen dem leidenschaftlichen Triebe nach Genüssen preis, so werden sich die Liebe zur Familie, die Sorge des Vaters für die Zukunft seiner Kinder und die Empfindungen, deren Anregung die Gesellschaft in Bewegung setzen und ihre Kraft und Stärke bilden, alsbald wieder in jenem Abgrund des Egoismus verlieren, in welchem die alte Welt als schutzlose Sclavin unter der Herrschaft der Leidenschaften ihren Untergang gefunden.

Die Sparsamkeit hat sich aber, wie jedes Ding auf der Welt, vor dem Uebermaaß zu hüten und muß in den Schranken der Weisheit gehalten werden. Eine Gesellschaft, in welcher Niemand an etwas Anderes denken wollte, als an die Anhäufung eines Kapitals, würde bald das verloren haben, was den Adel und den Reiz des Lebens ausmacht. Interesse, Härte und Egoismus müßten dort durchweg die Oberhand behaupten und unvermeidlich zu wechselseitiger Entfremdung, oft selbst zum Haße Aller gegen Alle führen. Das christliche Princip aber gibt zur Sparsamkeit nicht nur den Anstoß, sondern stellt auch das rechte Maaß für sie auf. Die wahre christliche Zuneigung zur Familie schließt den Geiz und die Geldgierde aus; sie bringt es sogar mit sich, daß man Gebrauch von seinen Reichthümern mache, und zwar nicht, um dadurch wieder der Börse zu dienen, sondern um die Bildung des Geistes und die Würde des Lebens zu fördern. In der christlichen Familie ist die Liebe der Eltern zu den Kindern so zu sagen nur eine höhere Form der Liebe, die den Menschen mit Gott eint; deßhalb entwickeln sich in ihr alle edlen Gefühle, während alle engherzigen Empfindungen einer ausschließlichen und ungeordneten Anhänglichkeit an die Güter der Erde aus ihr verbannt bleiben.

Ohnedies wohnt da, wo christliche Entsagung lebt, auch die christliche Liebe. Wie könnte sich nun das Herz, das von dieser himmlischen Tugend beseelt ist, unter die Herrschaft des Geizes fügen? Eine christliche Gesinnung flößt jenen, die sich schon Wohlstand und Reichthum erworben haben, eine weise und wohlwollende Freigebigkeit ein: den ärmeren Klassen aber, welche sich durch die Arbeit eine Zukunft begründen wollen, verleiht sie jenen Muth im Erübrigen und jene Festigkeit in der Entsagung, welche die erste Bedingung für den Fortschritt im gesellschaftlichen Leben sind.[1])

Man hat nicht ohne Grund gesagt, das Kapital sei der materielle Ausdruck für die Tugend eines Volkes. Die Höhe des sittlichen Ernstes bei einem Volke läßt sich, wie nach der Arbeit, so auch nach dem Kapital bemessen. Arbeit und Sparsamkeit stehen sich innig nahe; sie sind nur zwei Erscheinungsweisen einer und derselben Kraft. Aus der Entsagung kommt der Arbeit jene beharrliche Energie zu, welche die Quelle ihrer Fruchtbarkeit ist; aus der Entsagung stammt die Herrschaft des Menschen über seine Bedürfnisse und jene Losschälung von momentaner Befriedigung, welche allen Ersparungen zur Unterlage dient. Noch mehr; gerade dadurch, daß sich der Mensch mit freiem Willen an die Arbeit hingibt, lernt er deren Natur besser verstehen, und gerade durch den Besitz jener Willensstärke, durch welche die Sparsamkeit er-

---

[1]) Man sehe über diesen Punkt die beachtenswerthen Ausführungen bei Leplay, les Ouvriers europeéns, pag. 111.

möglicht wird, schärft er in sich das Gefühl für deren Nothwendigkeit. Vermöge eines und desselben Antriebes in der Tiefe unserer Seele wird durch eine stets erneuerte Arbeit und eine unermüdlich ausdauernde Sparsamkeit der Reichthum in einer Gesellschaft gebildet und erhalten, ja verewigt. Die Energie im Arbeiten wird immer auch von der Energie im Ersparen begleitet sein.

So war es in der nachrömischen Gesellschaft. Die Sparsamkeit der Mönche im Verein mit ihrer Arbeit hat in Europa dem Kapital sein Entstehen gegeben, und was wir im vorigen Kapitel über den Einfluß der Mönchsarbeit auf den materiellen Fortschritt der neueren Völker gesagt haben, das läßt sich alles auch von ihrer Sparsamkeit sagen. Der Geist der Ordnung und der Nüchternheit, der sich, wie die übrigen christlichen Tugenden, in den religiösen Orden zur höchsten Blüthe entwickelt hatte, verbreitete sich von da aus über die ganze Gesellschaft, wie die Lebenskraft vom Herzen aus den ganzen Organismus beseelt und trägt. Von den Spitzen der Gesellschaft an bis hinab zu ihren tiefsten Niederungen erfuhren Familien und Individuen diesen heilsamen Einfluß.

Die Kirche hat jedoch nicht bloß im Privatleben alle die Laster und Unordnungen hinweg geraümt, die der Ansammlung von Kapitalien entgegen standen; sie hat auf das öffentliche Leben einen eben so mächtigen und eben so heilsamen Einfluß geübt. Durch die Predigt der Liebe gegen die Geringen und der Achtung gegen die Schutzlosen, durch das beständige Wachrufen der Gefühle für Recht und Pflicht legte sie jenen Begierden der Reichen, die in allen Gesellschaften, in denen das Christenthum nicht ein Gegengewicht bildet, eines von den wichtigsten Hindernissen gegen die Erwerbung von Kapitalien sind, einen wirksamen Zaum an. Im Namen des Ewigen zu den Völkern sprechend verurtheilte sie den Krieg und empfahl sie allen ihren Kindern Eintracht und brüderliche Liebe. Die weit ausgedehnten Verbindungen zur Aufrechthaltung des „Gottesfriedens", die im eilften und zwölften Jahrhundert auf die Entwicklung einen entscheidenden Einfluß übten, bildeten für die unteren Volksklassen auf dem Boden der politischen Ordnung den Ausgangspunkt für jenes immer höhere Anwachsen des Reichthums, durch welches die bürgerliche und staatliche Freiheit dieser Klassen unbestreitbar mit angebahnt wurde.[1])

Der Geist des Christenthums hat die volle Rückkehr zu jenem ungezügelten Luxus, dem die heidnischen Gesellschaften unterlagen, unmöglich gemacht; er hat die Gefühle der Mäßigung und Einfachheit, die den alten Völkern unwiederbringlich verloren gingen, sobald ihre gebrechlichen Tugenden der Prüfung des Reichthums unterworfen wurden, in Europa wieder zu Ehren gebracht. In dem Maaße aber, in welchem der Einfluß des Christenthums bei den modernen Völkern

---

[1]) Man sehe darüber: Semiohon, la paix et la trêve de Dieu. — In der deutschen Litteratur: Kluckhohn, Gesch. des Gottesfriedens, Leipzig 1857. — Die Thatsachen sprechen aus jeder Seite dieser Werke mit schlagender Evidenz.

Der Einfluß der Entsagung auf die Sammlung von Reichthum in den modernen Gesellschaften ist eine so unwiderlegbare Thatsache, daß sie ausdrücklich auch von jenen Schriftstellern anerkannt wurde, welche in unserer Zeit die sociale Wahrheit des Christenthums auf das Entschiedenste bekämpfen. Pelletan zum Beispiel drückt sich hierüber so aus: „Das Christenthum verkündete den Völkern des Nordens, die „noch auf einem jungfräulichen Boden saßen, die Lehre der Abtödtung „und der Enthaltsamkeit, und hat so gegen ihren Willen und ohne ihr „Wissen zur Uebung der Sparsamkeit und durch die Uebung der „Sparsamkeit zur Schöpfung des Reichthums beigetragen. . . Das „unbewegliche Eigenthum nahm allmälig durch den Arbeitslohn jeder „Familie zu und stieg zuletzt von Stunde zu Stunde. Wie eine Art „neuer Vegetation stieg ein Pachthof nach dem andern, eine Meierei „nach der andern, ein Wasserbau nach dem andern, eine Fabrik nach „der andern aus der Erde empor." — Profession de foi du dixneuvieme siècle, pag. 293.

Die Schriftsteller, welche tiefer in das Leben der mittelalterlichen Völker eingedrungen sind, haben unseren Satz in der bestimmtesten Weise anerkannt: Mabillon, præf. in sæcul. tert., part., §. 48 et 49. — Naudet, de l' Etat des personnes en Frances sous les rois de la première race, in den Mém. de l'Acad. des inscript. tom. VIII, pag. 556.

abnimmt, zeigt sich in den Sitten wieder etwas von jener ausschweifenden Prunksucht, der die römische Gesellschaft zur Zeit der Kaiser durch Sinnlichkeit und Stolz verfallen war.[1]) Erinnert nicht der Luxus der großen Kaufleute Englands, wenn auch nur von Ferne und in dem weiten Abstand, der eine heidnische und eine trotz ihrer Fehler doch noch christliche Gesellschaft von einander trennt: erinnert dieser Luxus durch seine Wunderlichkeit sowie durch seine Sucht nach dem Ungewöhnlichen und Unmöglichen nicht deutlich an die thörichte Verschwendung der reichen Römer? Man warte nur zu, bis sich die Leere in den Seelen durch Materialismus und Rationalismus, durch Stolz und Sinnlichkeit mehr und mehr erweitert, so werden die Menschen alsbald im Luxus, dem Zerstörer des Reichthums, eine Nahrung suchen, die doch nie genügt, weil die Sehnsucht des Herzens seiner Natur nach auf das Unendliche gerichtet ist.

Die Völker des Alterthums fanden zum Theil in ihren Sitten, zum Theil in ihren socialen Einrichtungen ein Hinderniß, das der Ansammlung von Kapitalien gewisser Massen verhängnißvoll entgegen stand. Es fehlte ihnen jener beharrliche Geist der Entsagung, der durch das Christenthum zum Besitz des neuen Europa gemacht wurde und durch dessen Vorhandensein es im öffentlichen und haüslichen Leben über die Leidenschaften triumphirt, welche das Kapital zu zerstreuen die Eigenschaft haben. Die wilde Liebe zum Kriege, die blutigen Streitigkeiten der einen Stadt mit der andern, das nie erlöschende Parteigetrieb, das die einzelnen Gemeinwesen im Innern zerriß, manchmal das Uebermaaß von Freiheit, dann

---

[1]) Vorzugsweise der Stolz war es, was dem römischen Luxus zu Grunde lag. Plinius deutet das sehr merklich an, wenn er darüber klagt, daß man mit Gold, mit Vasen aus chinesischer Erde und mit Geräthen von Krystall Ruhm suche: „Auri argentique nimium fuit. Murrhina „et chrystallina ex eadem terra effodimus, quibus pretium faceret „ipsa fragilitas. Hoc argumentum opum, hæc vera luxuriæ gloria „existimata est, habere, quod posset totum perire.“

Hist. nat. XXXIII, 2.

wieder das Uebermaaß eines Despotismus, der alles ausraubte und niederwarf; alle diese Leidenschaften und Mißbraüche mußten naturgemäß dazu führen, daß die Geldmittel in eben dem Maaße erschöpft wurden, in welchem sie zu gewinnen waren. Als später trotz so vieler Hindernisse durch den natürlichen Fortschritt der Civilisation sich ein Kapital gebildet hatte, trat die Periode des Luxus ein, der rasch alles das aufzehrte, was die Tugenden einer Zeit voll männlicher Kraft hatten ansammeln können. Dazu kommt noch, daß die Sklaverei, die natürliche Folge heidnischer Verkommenheit, eine weitere überaus ergiebige Quelle des Kapitals vertrocknen machte, indem sie den Arbeitern mit der Freiheit auch die Arbeitslust und die Vorsorge für die Zukunft benahm. Daher jene Unfruchtbarkeit des Alterthums in Betreff des Kapitals, auf welche fast alle Staatsökonomen aufmerksam gemacht haben.

Unter den Völkern der alten Welt hatte Rom am wenigsten von diesen Störungen zu leiden. Nirgends im ganzen Alterthum sind die Tugenden, die den Menschen zum Herrn seiner selbst machen und ihm dadurch die Kraft verleihen, Reichthum zu erzeugen und zu bewahren, in einem so hohen Grade hervorgetreten, als in Rom. In den großen Jahrhunderten der Republik waren die Römer eben so sparsam als emsig. Diese Sparsamkeit eines alten Römers war von der maßvollen, durch Liebe und süße Familienzuneigung geregelten Sparsamkeit, wie die christlichen Gesellschaften sie kennen, ohne Zweifel verschieden; sie war, wie jede andere Tugend des alten Rom, streng bis zu eiserner Härte; Egoismus und Familienstolz drängten sich bei ihr in den Vordergrund; sie hatte eben so viel vom Geize, als vom wirthschaftlichen Sinn. Aber so sehr sie auch durch die Laster des Heidenthums entartet war, so schuf sie doch gemeinsam mit der Arbeit den Boden, über welchem sich das ganze Gebäude der römischen Größe erhob, und verlieh den Bürgern der ewigen Weltstadt all die materielle Macht, deren eine heidnische Gesellschaft nur fähig war.

Die Macht der Cäsaren gab in dem weiten Gebiete, das sie beherrschte, dem Reichthume einen wunderbaren Aufschwung, indem sie den Völkern das verlieh, was ihnen bis jetzt gefehlt hatte: Frieden und Einheit. Unter dem Schutze dieses majestätischen Friedens im römischen Reiche, den Plinius als die größte Wohlthat der Götter preis't,[1]) haben Gallien, Sicilien, Aegypten, Kleinasien, die Küsten des schwarzen Meeres und selbst die entlegensten Gegenden des äußersten Ostens der allgebietenden Herrin der Welt mit den Producten ihres Bodens und mit den Wundern ihrer Künste und Gewerbe einen doppelten Tribut gebracht. Nie hatte die Welt eine ähnliche Entfaltung des Reichthums gesehen. Die ausgebreiteten Beziehungen der Völker unter sich, die Leichtigkeit des Verkehrs, der Fortschritt des menschlichen Geistes in allen Zweigen des Wissens hatten der Arbeit Betriebsweisen und Hilfsmittel an die Hand gegeben, die es möglich machten, allen Anforderungen des aufwandvollsten Lebens zu genügen. Die Zeugnisse der Geschichte über das Privatleben der Römer zur Zeit der Kaiserregierung und das noch schlagendere Zeugniß der Monumente, die wunderbar unter Aschenschichten erhalten blieben und durch eine Fügung der Vorsehung in unseren Tagen an das Licht geschafft werden, zeigen uns den Reichen jener Periode im Besitz von Genußmitteln, denen gegenüber der Luxus der Reichen in der Gegenwart nur armselig erscheint.

Wenn das Streben nach Wohlstand und das richtig verstandene Interesse genügen würden, den Reichthum zu erhalten, so hätte derselbe nie auf einem gesicherteren und festeren Boden beruht, als im Jahrhundert der Antonine. Der Römer war seiner Natur nach ernst, bedächtig, vorsichtig; er hatte zur Erlernung der Sparsamkeit die Traditionen seiner Ahnen und die Unterweisung von Lehrern, wie Cato und Varro, vor sich.

---

[1]) Immensa romanæ pacis majestate non homines modo diversis inter se terris gentibusque, verum etiam montes et excedentia in nubes juga partusque eorum et herbas quoque invicem ostentant. Æternum quæso sit munus istud. Adeo Romanos velut alteram lucem dedisse rebus humanis videntur. Hist. nat. XXVII, 1.

Die berühmtesten Zeitgenossen, Plinius und Tacitus, berufen sich ohne Unterlaß hierauf. Die hochstrebende Philosophie der Stoiker, deren Spuren man überall im Geist jener Zeiten entdeckt, bezweckte bei Aufstellung aller ihrer Principien, den Menschen über die Reize des Genusses zu erheben. Niemals traten im Alterthum wieder Umstände ein, welche für die Erhaltung und Erhöhung der Reichthümer in gleichem Grade günstig gewesen wären; aber gerade damals, in einer Zeit, als es schien, daß der Mensch die Bedeutung des Reichthums, an dessen Erwerbung er sein ganzes Leben setzte, besser als je erfasse; in einer Zeit, als der Geist vollkommen Herr seiner selbst geworden und daher mehr befähigt schien, das Gesetz des wohl verstandenen Interesses zu seiner Regel zu nehmen: gerade damals wuchs und vervielfältigte sich der Luxus, als durch den Geist und Reichthum, sittliche und materielle Ordnung gemeinsam ihren Untergang finden sollten, im riesigsten Maaßstab.

Es wäre überflüssig, wenn wir hier von den Thorheiten und von der Schmach des Luxus in der Kaiserzeit ein Gemälde, das ohnehin Niemanden fremd ist, vorführen wollten. Es wurde zu wiederholten Malen der Welt vor Augen gestellt, seit Chateaubriand seine historischen Studien geschrieben; ein katholischer Gelehrter unserer Zeit hat es auf's Neue mit Meisterhand gezeichnet, indem er mit schlagender, oft erschütternder Wahrheit die Aehnlichkeit mit der Gegenwart in helles Licht stellt. [1])

Prunksucht und Müssiggang haben die unermeßlichen Hilfsquellen des römischen Reiches erschöpft und dasselbe schutzlos den Angriffen der Barbaren preisgegeben. Durch den Bezug der Luxusgegenstände aus der Fremde bekam die Abnahme des Kapitals in Rom seit den Tagen des Tiberius einen Charakter, welcher für das Wohl des Reiches Besorgniß erregte, und dieser Fürst machte diese Thatsache zum Gegenstand

---

[1]) Man sehe Les Césars von de Champagny, Bd. III, Kap. 1.

seiner Klagen vor dem Senat.[1]) Durch die so zu sagen verhängnißvolle Gewalt der Leidenschaften, die sich mehr und mehr steigerte, wuchs, wie es scheint, die Liebe zum Luxus in dem Maaße, in welchem die Hilfsquellen erschöpft wurden, auf die er sich stützte. Ein Abgrund rief den andern.[2]) Selbst in dem Augenblicke, als die Germanen Städte und Provinzen plünderten, verdoppelten sich die Orgien der Verfallsperiode und vermengten ihr unreines Geschrei mit den Verzweiflungsrufen der Besiegten, die unter dem Schwerte der Barbaren fielen.[3])

[1]) Lapidum causa pecuniæ nostræ ad externas aut hostiles gentes transferuntur. Tacit. Annal. III, 53.

[2]) Verum enim vero facultates potius quam studia defuisse dicas. . . Cupedias igitur coacti neglexerunt sine maximis sumtibus haud parandas, verum ea omnia, quæ tulerunt vires, assequi studuerunt, atque omne otium studiis theatralibus subtractum deliciis conquirendis impigre navaverunt.

Mueller, de gen., morib. et lux. ævi Theod. tom. II, cap. VI, pag. 20.

[3]) Salvian entwirft uns von dieser Genußsucht in der Verfallszeit des Kaiserreichs ein ergreifendes Bild: „Fragor, ut ita dixerim, extra „muros, et intra muros prœliorum et ludicrorum. Confundeba„tur vox morientium voxque bacchantium, ac vix dis„cerni forsitan poterat plebis jaculatio, quæ cadebat in bello, et „sonus populi, qui clamabat in circo. . . . Vidi ego ipse si quidem „Treviros, domi nobiles, dignitate sublimes, licet jam spoliatos at„que vastatos, minus tamen eversos rebus, quam moribus. Quam„vis enim populatis jam atque nudatis aliquid supererat de sub„stantia, nihil tamen de disciplina: adeo graviores in semet hostes „externis hostibus erant, ut licet jam a barbaris eversi essent, a „se tamen magis everterentur. Lugubre est referre, quæ vidimus, „senes honoratos, decrepitos christianos imminente jam admodum „excidio civitatis gulæ ac lasciviæ servientes." — De gubern. Dei, lib. VI. 117 seq. In den durch eine vielhundertjährige Corruption entnervten Seelen konnte die christliche Lehre das Heidenthum nicht bezwingen noch es hindern, seine letzten Früchte, Untergang und Tod, hervorzubringen. Und Salvian redet nicht von einem Lande, in welchem aus Unwissenheit oder aus Rohheit der Sitten die geschilderten Scenen an den Tag treten, sondern von dem so geistvollen und so einsichtigen Gallien, welches mehr als irgend ein anderer Rest des Reiches den besseren Ton und das gute Gefühl eines vornehmen Lebens bewahrt hatte. — Man sehe darüber: Mueller, de genio etc., cap. VI, tom. II.

In diesen von materieller Genußsucht verwüsteten Seelen blieb kein Rest mehr von jenen Gefühlen zurück, welche die Ehre des menschlichen Herzens ausmachen und auch als eine wesentliche Kraft für die Erhaltung der materiellen Ordnung gelten müssen. Schon Tacitus klagt darüber, daß sich die Väter seiner Zeit in der Erziehung ihrer Kinder nachlässig benehmen.[1]) Das Uebel wurde mit jedem Jahre größer und das Gefühl für die Familie und die Pflichten, welche sie auferlegt, erlosch gänzlich in den Seelen, in denen es nur noch für das Getrieb des Circus und für die Freuden der Tafel einen Raum gab. Wie hätten Menschen, die sich nach dem Berichte der Augenzeugen vom Meer der Schwelgerei, von der sie weder durch die Reife des Alters noch durch das Herannahen des Todes abgezogen wurden, gleichsam hatten überfluthen lassen: wie hätten diese Menschen wohl arbeiten und Sorge für die Zukunft ihrer Kinder tragen sollen?[2]) Nicht

---

[1]) At nunc natus infans delegatur græculæ alicui ancillae, cui adjungitur unus aut alter ex omnibus servis plerumque vilissimus, nec cuiquam serio ministerio accomodatus. Horum fabulis et erroribus teneri statim et rudes animi imbuuntur. Nec quisquam in tota domo pensi habet, quid coram infante domino aut dicat aut faciat: quando etiam ipsi parentes nec probitati neque modestiæ parvulos assuefaciunt, sed lasciviæ et libertati. Tacit. de orat. XXVIII.

[2]) Patres dum divitiis tota mente inhiarent, se suo officio egregie defungi crediderunt, si filiis alimenta præberent, protervos verberibus correptos interdum admonerent, parvulosque auro diligenter ornatos secum ad spectacula sæpius traherent. Alii hanc indulgentiam magnopere vituperantes filios juvenes veluti virgines conclavi abditas custodiverunt; denique multi omnem curam puerorum a se missam uxoribus demandaverunt.

Mueller, de gen., morib. et lux. ævi Theod., Cap. II. pag. 44. seq.

Insbesonders entwirft Salvian im sechsten Buche seines Werkes de Gubernat. Dei ein erschütterndes Bild der Zügellosigkeit, in welche die damaligen Römer versunken waren. Er kennt keine andere Nation, die gleichen Ausschweifungen sich hingegeben. Ecce etiam nunc multi ex eis, licet patria careant et in comparatione præteritarum opum pauperes vivant, pejores ferme sunt, quam fuerunt. Pejores autem non uno modo, quia etsi eadem faciunt, quæ antea faciebant, hoc ipso tamen deteriores sunt, quia a scelere

mehr in Arbeit und Sparsamkeit suchte man die Mittel, seinen Rang zu behaupten und seinen Luxus zu nähren, sondern in den tausend Wegen, welche den Mächtigen durch die Organisation des despotischen Kaiserreichs geöffnet waren, auf Kosten der schwächeren Volksklassen zu leben.

Wie es immer geschieht, wenn die Sitten in Verfall gerathen, so hat man auch damals das Heilmittel im Uebel selbst gesucht. Diocletian glaubte in dem Prunk, womit er seine Person umgab und seine Beamten sich zu umgeben einlud, den Weg gefunden zu haben, der Krone die Auctorität zu sichern, die ihr mehr und mehr verloren ging, und in der Gesellschaft die Arbeitslust zu wecken, die von Tag zu Tag dem Erlöschen näher kam. Da aber der unfruchtbare Luxus des Hofes und der kaiserlichen Hierarchie nur durch höhere Anforderungen an die Staatskasse unterhalten werden konnte, so stieg die Last der Abgaben bis in's Unerträgliche. Niemals wurde die Ausbeutung der Steuerpflichtigen mit mehr Ueberlegung organisirt und mit mehr Keckheit durchgeführt.[1]) „Es „gab, sagt Lactantius, Dank jener Vermehrung von Beamten, „im Reiche mehr solche, die bezahlt werden mußten, als solche, „die bezahlten; deßhalb brachte die Größe der Leistungen den „Landmann zum Verderben. Felder blieben öde liegen und

---

non cessant. Siquidem facinora eorum, etsi majora non sunt, attamen plura sunt: ac per hoc etsi criminum novitate non crescunt, pluralitate cumulantur. Adde autem, quod hæc faciunt jam senes: adde quod pauperes: utrumque sceleris augmentum est. . . . Quæ autem in iis spes aut remedium est, qui ab usitata impuritate nec miseriarum egestate nec vitæ extremitate revocantur. . . . Nonne novum hoc monstri genus est, esse aliquos etiam in morte vitiosos? . . . Sed quid accedit insuper ad mala nostra? inter pudicos barbaros impudici sumus. Plus adhuc dico: offenduntur barbari ipsi impuritatibus nostris. . . . . Sola vitiorum nostrorum impuritate superamur: ut vere in nos venerit dictum illud, quod ait ad Judæos Dominus: Secundum immunditias suas et secundum iniquitates suas feci illis, et averti faciem meam ab illis. —

[1]) Man sehe darüber besonders Naudet: des Changements opérés dans l'administration de l'Empire romain, III. part., ch. VI, des Finances.

„einst cultivirter Boden bedeckte sich mit Wald."[1]) Statt die Macht des Reiches zu befestigen, hat dieser Prunk sie vielmehr erschöpft.[2])

Wenn die Großen ihren Luxus hatten, so hatte auch das Volk den seinen, und es war derselbe nicht weniger geldraubend und verderblich. Es war das der Luxus der öffentlichen Spenden und der Schauspiele, ein Luxus, der bis zu den äußersten Städten der Provinzen drang. Ehemals hatte die Beute bei Eroberungen und die Plünderung der Provinzen durch die Obrigkeiten die Kosten für die großartigen und ununterbrochenen Volksfeste geliefert. Als aber die Kaiser keine Eroberungen mehr machten und die Provinzen durch eine Jahrhunderte lange Aussaugung erschöpft waren, mußte das Vermögen der Senatoren mit den drückenden Ausgaben für die Volksbelustigungen belastet werden. Die alten Aemter der Republik wurden so zu sagen in eine Intendanz für Volksspiele und öffentliche Spenden umgewandelt, wodurch das Vermögen der adeligen Familien ganz und gar zu Grunde ging. Wie in Rom die Senatoren, so wurden in den Provincialstädten die Decurionen zu Beiträgen angezogen, und diese Bürde, in Verbindung mit den übrigen, welche die kaiserliche Finanzverwaltungen ihnen auferlegte, stürzte sie in ein Verderben, von dem man bei den Geschichtschreibern und ganz besonders in den Denkmälern der damaligen Gesetzgebung bei jedem Schritt die Beweise findet. Adel und Volk, Städte und Dörfer, Gewerbtreibende und Ackersleute, alle wurden vom Strudel des gleichen Verderbens verschlungen, zum Theil, weil sie alles dem eigenen Luxus geopfert hatten, zum Theil, weil sie durch die Forderungen der kaiserlichen Beamtenschaar ge-

---

[1]) Adeo major esse cœperat numerus accipientium, quam dantium, ut enormitate indictionum consumtis viribus colonorum desererentur agri et culturæ verterentur in silvam. —

(Lactantius, De mortib. persecut.)

[2]) Tunc illi pauperes magistratus opulentam rempublicam habebant; nunc autem dives potestas pauperem facit esse rempublicam.

Salvian., de Gubernat. Dei. I, 19.

zwungen waren, alles für den Luxus der Andern hinzugeben. Wir haben gezeigt, wie in der letzten Zeit des Kaiserreichs alle Arbeit aus der römischen Gesellschaft entschwunden war; wir können hinzufügen, daß ihr das Kapital eben so sehr abhanden gekommen, als die Arbeit. Weil die Tugend der Entsagung fehlte, erlosch durch den Stolz und die Sinnlichkeit, die zuletzt unumschränkt über die heidnische Welt herrschten, die Kraft zur Arbeit und die Kraft zum Ersparen. Kapital und Arbeit gingen zu gleicher Zeit und aus den nämlichen Ursachen zu Grunde.

IX. Kapitel.

Einfluß der Sitten und öffentlichen Einrichtungen auf die Productivkraft der Arbeit durch Sicherstellung der Freiheit und des Eigenthums und durch Achtung vor dem Stande der Arbeiter.

Freiheit und Eigenthum sind von einander unzertrennlich. Sie wachsen und gedeihen mit einander und werden miteinander erschüttert und in ihrem Bestand gefährdet. Der freie Mann ist von Natur aus Herr über die Früchte seiner eigenen Arbeit und über die Früchte der Arbeit jener Individuen, deren Persönlichkeit vermöge der Gemeinschaft des Blutes oder des Bandes der Freundschaft in ihm auf Erden fortlebt. Wenn man dem Menschen die Güter entzieht, die das Product seiner eigenen Arbeit oder der Arbeit seiner Vorfahren sind, so ist das ein Schlag, der die Freiheit in ihrer Vergangenheit trifft, und eine Art rückwirkender Sclaverei. Wenn man ihm die Gewißheit benimmt, daß er entweder in eigener Person oder in der Person der Seinigen die Früchte seiner Mühen werde genießen können, so ist das ein Angriff, der die Freiheit in ihrer Zukunft verletzt, da ihr so die natürlichen Vorbedingungen ihrer Entwicklung geraubt sind. Wenn man aber dem Menschen seine Freiheit, das heißt die Persönlichkeit, in welche die ganze Freiheit sich zusammenfaßt und auf welcher alles Recht beruht, gewaltsam entzieht, so entblößt man ihn dadurch zugleich auch des Eigenthums; denn ein Eigenthum kann es nur da geben, wo es einen Berechtigten gibt. Freiheit und das Recht auf gesicherten Eigenbesitz sind zwei Kräfte, die immer mit einander genannt werden müssen und sich gegenseitig voraussetzen. Ausgehend von einem gemeinsamen Principe laufen sie in ihrer Wirkung auf die sociale Ordnung wieder zusammen; sie treiben mit einem und demselben Sporne den Willen an und bringen ihn zu einer Thätigkeit, die sich im Gebiet der materiellen Dinge als Wachsen des Reichthums offenbart.

Das Interesse für sich allein reicht nicht aus, die Productivkraft des Menschen in Bewegung zu setzen. Wir haben gesagt, daß die Arbeit eine Plage sei; und nur aus der Quelle aller Tugend, aus dem Geiste der Entsagung, den der Gedanke an Gott einflößt, können wir die Kraft schöpfen, diese Last zu tragen. Die Entsagung schließt aber nicht alles Eigeninteresse aus. Wenn der Mensch die Pflicht hat, Entsagung zu üben, so hat er auch das Recht, aus der Entsagung denjenigen zeitlichen Gewinn zu ziehen, der die Unterlage für eine volle Erreichung seiner irdischen Bestimmung bildet.[1]) Es ist ihm nicht untersagt, in den Gütern dieser Welt auf eine gewisse Weise das Bild jener höheren und wahreren Güter zu sehen, zu deren Besitz er auf dem Wege der Entsagung in einem besseren Leben gelangen soll. Nur wird der Christ, der die Entsagung übt, bei dem Streben nach materiellem Besitzthum immer jene Mäßigung beobachten, ohne welche man von dessen Gebrauch bald zum Mißbrauch übergehen würde. Verbleibt man aber in den Grenzen jener weisen Besonnenheit, welche über die Verführungen des Reichthums erhebt, so ist es wohl gestattet, den Früchten seiner Arbeit zu sich selbst und zu denjenigen, mit welchen man durch Blut

---

[1]) Siehe Buch I, Kap. 10.

oder Neigung verbunden ist, eine Beziehung zu geben. Unsere Anstrengungen finden dadurch ein Ziel, dessen Aufstellung nicht nur erlaubt, sondern selbst lobenswerth ist, und das doppelte Verlangen, welches das Gesetz für den moralischen Theil des Menschen bildet: das Verlangen nämlich nach Innen, vermöge dessen man bestrebt ist, den Errungenschaften seiner Thätigkeit und Freiheit sich selbst, sein eigenes Wesen als Mittelpunkt vorzusetzen, und das Verlangen nach Oben, vermöge dessen man sich entschließt, dies sein eigenes Wesen, das ein Geschenk Gottes ist, und damit zugleich alle jene Früchte, die auf Grundlage dieses Geschenkes und unter dem Beistande des Himmels in Kraft der menschlichen Freiheit zum Keimen und zum Reifen kamen, an das wahre Centrum alles Geschaffenen als Opfer hinzugeben. — dieses doppelte Verlangen erreicht so seine größtmögliche Verwirklichung in diesem Leben.

Nichts ist inniger mit dem Organismus der Gesellschaft verknüpft, als das Eigenthum. Wenn man es unterdrückt, wenn man es in dem einen oder anderen Gesetze, auf dem es seinem Wesen nach beruht, frevelhaft antastet, so erschüttert man dadurch den Staatsbau in seinen Grundfesten und stürzt die sittliche und materielle Ordnung der Dinge zugleich um. Ohne Eigenthum ermattet die Arbeit, weil der Arbeiter nicht mehr auf den Ertrag seines Fleißes rechnen darf. Je mehr der Arbeiter fühlt, daß er seinen Schweiß nicht für Fremde vergießen müsse, desto mehr Beharrlichkeit und Kraft wendet er seinem Unternehmen zu. Das ist auch der Grund, warum bei Arbeiten auf Stücklohn mehr geleistet wird, als bei Arbeiten auf Taglohn.[1]) Man benehme der Mehrzahl von

[1]) Die Liebe zum Gewinne kann bei Arbeiten gegen Stücklohn so übermächtig hervortreten, daß sie hie und da zu einer Zerklüftung in der Gesellschaft führen dürfte. Roscher macht darauf aufmerksam und fügt bei, daß man den Geist der Entsagung wecken müsse, um dieser Ausartung vorzubeugen. „Der Stücklohn, sagt er, ist nur da anzuwen„den, wo sich die Arbeit in eine Kette einzelner Leistungen völlig auf„lösen läßt, gleichsam darin aufgeht. Also nicht in Verhältnissen, wo „eben das Continuirliche die Hauptsache bildet, wie z. B. beim Ge„sinde, welches vornemlich den Nutzen gewährt, daß man immer Je-

Menschen die Aussicht, unter dem Schutze eines unverletzbaren Eigenthumsrechtes durch redliche Strebsamkeit das Leben gegen die Wechselfälle der Zukunft schützen zu können, man mache es uns unmöglich, noch über das Grab hinaus für diejenigen, deren Wohl uns mehr als das eigene am Herzen liegt, durch unsere Hände eine feste Existenz zu begründen, und es wird sich zeigen, daß die Arbeit ihr Augenmerk alsbald nur mehr auf den gegenwärtigen Augenblick richte, über kurz oder lang erschlaffe und zuletzt gänzlich erlösche. Es ist ein großer Irrthum, wenn Manche glauben, der immer neue Stachel des momentanen Bedürfnisses könne die Menschen dazu vermögen, die Mühsal einer ausdauernden Arbeit auf sich zu nehmen. Wenn die Armuth einmal einen gewissen Grad erreicht hat, so ist sie nicht mehr der Sporn zur Arbeit, sondern der Tod derselben. Der Mensch ist so geartet, daß er mehr in der Zukunft lebt, als in der Gegenwart; soll er nicht unter der Last des Lebens erliegen, so müssen seine Gedanken immer auf die Zukunft gerichtet sein. Wenn er weiß, daß er nicht mehr auf die Zukunft rechnen darf, so wird Muthlosigkeit in seinem Herzen Platz greifen und darin auch die Sorge für die Gegenwart ersticken. Ohne das Eigenthum, das die Zukunft sicher stellt, so weit dies in menschlichen Dingen möglich ist,

---

„mand zur Verfügung habe. Je mehr sich die dauernden Verhältnisse „gegenwärtig lösen, desto mehr verbreitet sich der Stücklohn, was bei „allem materiellen Nutzen doch eine große moralische „Schattenseite hat, — den Atomismus." — Bd. I. §. 39. „Das Ideal zwischen Arbeitgeber und Arbeiter besteht darin, daß dieses „Verhältniß als ein Stück Familienlebens bethätigt wird. Also Ge„wogenheit von der einen, Ergebenheit von der anderen, Treue von „beiden Seiten: uneigennützige Sorge für das gegenwärtige und zu„künftige Interesse des anderen Theils und namentlich auch für dessen „ewige Zukunft. . . . Eine solche Gesinnung aber beruht auf beider„seitiger ununterbrochener, also schwieriger Selbstverläugnung." Ist sie indeß vorhanden, so ist das Gesindeverhältniß jedem anderen Verhältniß zwischen Arbeitgeber und Arbeitnehmer vorzuziehen; denn es lassen sich dann „die Vortheile des Stücklohnprincipes „auf eine würdige und organische Weise ohne dessen „atomistische Schattenseiten erreichen." Bd. I. §. 76.

würden niemals Fleiß und Sparsamkeit das bewegliche Kapital vermehren, das dem Werke der Gütererzeugung Kraft verleiht, niemals würde die stets erneute und immer mühsame Cultur dem Boden jenen Zuwachs von Fruchtbarkeit verschaffen, ohne welchen die Gesellschaft zu einem endlos sich gleich bleibenden Elend verurtheilt wäre.

Sowohl durch den Instinct des menschlichen Herzens als die Anforderungen des materiellen Bedürfnisses offenbart sich also bei jedem Schritte, den wir im Leben thun, die Nothwendigkeit des Eigenthums. Der Proceß der Aneignung bewerkstelligt sich aber ganz von selbst, entweder vermöge des Rechtes der productiven Arbeit, das von Allen begriffen und von Allen anerkannt ist, oder vermöge der Besitzergreifung von einem herrenlosen Gute. Die Letztere fällt hie und da mit der Arbeit in Ein's zusammen;[1]) wo das nicht der Fall ist, genießt sie wenigstens vermöge des Gefühles im Menschen für das allgemeine Interesse als eine der Hauptgrundlagen für die Fruchtbarkeit jeder Arbeit eine unwidersprochene Geltung.

Im Menschen lebt das Bewußtsein von der Nothwendigkeit des Eigenthums, wie von seiner Persönlichkeit und Freiheit; und durch die Kraft eines inneren Dranges geschieht es, daß er das Eigenthum sucht, wie es in Kraft eines inneren Dranges geschieht, daß er die Freiheit und die Gesellschaft sucht. Wollte man an dem so tief eingreifenden Gesetze des Eigenthums, das der Mensch von seiner Wiege an in Ausübung bringt, eine Aenderung vornehmen, so müßte man dazu den Anfang machen mit einer Aenderung im Wesen der menschlichen Natur.

Die Sklaverei hat die Arbeit immer mit Unfruchtbarkeit geschlagen, weil sie dem Menschen mit der Freiheit auch das Eigenthum raubte. Gerade die Sklaverei war bei den Völkern des Alterthums das Haupthinderniß gegen den materiellen Fortschritt. Sie war der Schemmel, auf welchem sich Stolz

---

[1]) So zum Beispiel die Jagd bei Völkern, die von wilden Thieren leben.

und Sinnlichkeit, die beiden Leidenschaften, deren wachsende Herrschaft zuletzt alle Kraft der Arbeit erstickte, gemeinsam stützten. Die freien Männer, die den Aristokratenstand der heidnischen Gesellschaften bildeten, waren des Glaubens, für die Bedürfnisse des Volkslebens und für die Befriedigung ihres Hanges nach Trägheit und Genüssen bestens gesorgt zu haben, wenn sie alle Last der Arbeit auf die Schultern ihrer Sklaven legten. Ohne es zu wissen, hatten sie aber damit den Uebeln, durch welche die alte Welt ihren Untergang finden sollte, nur neue Nahrung gegeben. Je mehr die Sklaverei mit dem Wachsthum der Laster, die der Grund ihrer Entstehung waren, auch selber an Ausdehnung zunahm, desto mehr beförderte sie wieder den Luxus und die Trägheit, durch die am Ende Alles gelähmt werden sollte, bei den herrschenden Klassen.

Der freie Mann arbeitete nicht, der Sklave aber arbeitete schlecht. Er erborgte vom Freien dessen Laster und gab sie ihm um das, was sklavischer Sinn dem Verderbniß noch beifügen konnte, vergrößert wieder zurück. Aus dieser gemeinsamen Theilnahme der Freien und Sklaven an einer und derselben sittlichen Verkommenheit und an den gleichen Sünden entsprang jene langjährige und schimpfliche Ermattung, an welcher Rom unterging.

Daß die Sklavenarbeit im Alterthum an Ertrag eben so tief unter der freien Arbeit stand, als sie in unserer Zeit unter ihr steht, dies ist eine Thatsache, welche in der Geschichte Griechenlands und Roms allenthalben ihre Bestätigung findet. Ist nicht dem Umstande, daß beim Ackerbau in Italien an der Stelle der freien Arbeit die Sklavenarbeit trat, zum großen Theile die Schuld beizulegen, warum diese einst so blühende Bodencultur in Verfall gerieth? Wir haben darüber das ausdrückliche Zeugniß des Plinius. „Wie Alles zum Verderben ausschlägt, sagt er, was von Verzweifelnden geschieht, so „auch der Feldbau durch Sklavenhände.[1]) Ein sachkundiger

[1]) Coli rura ab ergastulis pessimum est, et quidquid agitur a desperantibus. Hist. nat. XVIII, 7. Anderswo sagt er über den italienischen Ackerbau seiner und der früheren Zeit: „Ipsorum tunc manibus

Schriftsteller unserer Zeit, Dureau de la Malle, hat dieses Zurückbleiben der Sklavenarbeit in Zahlen dargestellt. Wenn man den Aufwand für die Arbeit mit dem Ertrag derselben in Vergleich bringt, so kommen die Ausgaben für einen zum Feldbau verwendeten Sklaven in Rom, wie de la Malle nachweis't, viel höher, als die Kosten für den besten Taglöhner in Italien, in Frankreich oder selbst in England.[1])

Die nämliche Beobachtung hat man auch im Mittelalter gemacht. Der Vorzug der freien Arbeit wurde von den Grundherrn genau gewürdigt, und es war derselbe eine von den Ursachen, aus denen sie ihren Zinsleuten mehr Rechte zugestanden.[2]) In unseren Tagen hat der russische Adel in gleicher Weise begriffen, daß es zu seinem Vortheil gereiche, die Hörigen in den Zustand einer gewissen Unabhängigkeit zu versetzen, und er fand seinen Vortheil dabei, wenn er die Bauern gegen Entrichtung einer bestimmten Abgabe auf eigene

„imperatorum colebantur agri, ut fas est credere, gaudente terra „vomere laureato et triumphali oratore. At nunc eadem illa vincti „pedes, damnatae manus inscriptique vultus exercent. . . . Sed nos „miramur, ergastulorum non eadem emolumenta esse, quae fuerint „imperatorum." Hist. nat. XVIII. 4.

[1]) Econ. pol. des Romains. liv. I, ch. 15. Malle gibt 1841 den mittleren Taglohn für einen Feldarbeiter in Frankreich auf 25 Sous an, ungefähr 30 Kreuzer unseres Geldes. In England war 1822 der Lohn verheiratheter Ackerknechte 15 Pence oder 44 Kreuzer unseres Geldes. Roscher Bd. I, 172.

[2]) Im vierzehnten Jahrhundert schreibt Hugo von Vienne, Erzbischof von Besançon, in einer Urkunde, laut deren er seine Hörigen von der todten Hand, worunter man den mildesten Grad der Hörigkeit verstand (Schäffner, Gesch. der Rechtsverfassung Frankreichs, Bd. II. S. 605), frei läßt: „Die Leute, die dem Rechte der todten Hand unterworfen „sind, bezeigen sich nachläßig in der Arbeit. Sie müßten sich doch nur „für Andere bemühen, sagen sie, und deßhalb verwenden sie keine „Sorgfalt darauf, ihre Arbeit fruchtbar zu machen. Hätten sie aber „die Gewißheit, daß sie sich zum Nutzen der Ihrigen plagen, so wür„den sie mit freudigem Herzen arbeiten und Güter sammeln." — Man sehe Dareste de la Chavanne, l'hist. des classes agricoles. ch. III. sect. II, §. 1.

Rechnung arbeiten ließ. Es ist das eine Rente, die dem Adel verloren ging, so lange er die Leibeigenen zum Dienste auf seinen eigenen Gütern verwendete und ihnen unter dem Titel von Frohnen seine Arbeit aufbürdete.[1])

Niemand hat in unserer Zeit das Unfruchtbare der zwangsweisen Arbeit und ihren verderblichen Einfluß sogar auf die Thätigkeit der freien Klassen entschiedener nachgewiesen, als Tocqueville in seinem Werke „über die Demokratie in Amerika". Tocqueville behauptet, „daß die Aufhebung der Sklaverei in „den vereinigten Staaten nicht so fast im Interesse der Neger, „als vielmehr im Interesse der Weißen selbst liege. Die Co„lonien waren gegründet, ein Jahrhundert war seitdem ab„gelaufen, da begann eine unvermuthete Thatsache alle Blicke „mit Staunen zu erfüllen. In denjenigen Provinzen, die so „viel wie keine Sklaven hatten, wuchs die Bevölkerung, der „Reichthum, der allgemeine Wohlstand weitaus schneller, als „in denjenigen, die Sklaven hatten. In den ersteren war der „Bewohner gezwungen, selbst den Boden zu bebauen oder die „Dienste Anderer zu miethen; in den zweiten konnte er über „Arbeiter verfügen, denen er für ihre Anstrengungen keinen „Ersatz leistete. Auf der einen Seite standen also Arbeit und

[1]) Man sehe darüber die Studien des Freiherrn von Haxthausen über Rußland, Bd. I, Kap. 4. Die Adeligen, sagt derselbe, seien durch eine Reihe von Versuchen bald zu der Ueberzeugung gekommen, daß der Bauer ihres Landes ein sehr schlechter Arbeiter sei, wenn er nur im Frohndienst arbeitet, daß er aber thätig und verständig sei, sobald ihm das eigene Interesse als Sporn dient. — Diese Erfahrung war nun Veranlassung, daß man die Bauern auf eigene Faust arbeiten, daß man sie als Arbeiter in den verschiedenen Fabriken sich verdingen ließ, jedoch unter der Bedingung einer bestimmten Abgabe. Zuletzt wurde die Maßregel sehr verbreitet. In einer gelehrten Untersuchung über die Frage der Leibeigenschaft in Rußland hat Wolowski den betrübenden Einfluß dieses Abhängigkeitsverhältnisses auf das Czarenreich klar an's Licht gestellt. Insbesonders zeigt sich derselbe in der langsamen Zunahme der Bevölkerung selbst unter Umständen, unter denen der Natur der Sache nach eine rasche Zunahme derselben statt haben sollte. — Man sehe: Revue des Deux-Mondes, sec. periode, tom. XVI, p. 320.

„Auslagen, auf der anderen müheloses Leben und Geldersparniß; und doch erfreut sich die erste Seite des vortheilhafteren Looses.“ In einem Gemälde von ergreifender Wahrheit hebt Tocqueville den Gegensatz zwischen der hohen productiven Kraft derjenigen Staaten, aus denen die Sklaverei verbannt ist, und der ohnmächtigen Mattigkeit der Arbeit in den Sklavenstaaten hervor. „Wenn der Wanderer auf dem „Ohio von der Mitte dieses Stromes an bis zu seiner Mündung in den Mississipi hinabfährt, so schifft er so zu sagen „zwischen der Freiheit und der Sklaverei mitten hindurch, und „er braucht nur um sich her zu blicken, um sogleich zu erkennen, was für die Menschheit vortheilhafter sei. Auf dem „linken Ufer ist die Bevölkerung sparsam ausgesäet; von Zeit „zu Zeit läßt sich ein Trupp Sklaven bemerken, der mit gleichgiltiger Miene ein halb ödes Feld durchlauft; überall zeigen „sich noch Urwälder; man möchte sagen, daß die Gesellschaft „eingeschlafen sei: der Mensch zeigt sich träge, die Natur allein „bietet ein Bild von Thätigkeit und Leben dar. Auf dem „rechten Ufer dagegen macht sich ein verworrenes Lärmen „vernehmbar, das aus der Ferne her die Gegenwart von Gewerbfleiß verkündet; reiche Saaten bedecken die Felder; „schmucke Wohnungen zeugen vom Geschmack und von der „Sorglichkeit des Landmanns; von allen Seiten offenbart sich „Wohlstand; der Mensch ist reich und zufrieden, denn er „arbeitet.“

„Auf dem linken Ufer des Ohio knüpft sich der Begriff „der Arbeit an die Vorstellung von der Sklaverei, auf dem „rechten an die Vorstellung von Wohlstand und Fortschritt; „dort ist sie entwürdigt, hier ehrt man sie; auf dem linken „Ufer kann man keine Arbeiter von der weißen Race finden; „sie würden fürchten den Sklaven zu gleichen, man muß seine „Bürde auf die Schwarzen werfen. Auf dem rechten „Ufer würde man vergebens einen Müssiggänger suchen; der „Weiße richtet seine Thätigkeit und seine Intelligenz auf jedes „Geschäft.“

„Der Amerikaner des linken Ufers verachtet nicht bloß „die Arbeit, sondern jedes Unternehmen, das nur durch Arbeit „günstigen Erfolg haben kann. In einem trägen Wohlbehagen „lebend hat er auch den Geschmack träger Leute; das Geld „hat in seinen Augen einen Theil seiner Bedeutung verloren; „er sucht nicht so fast das Glück, als vielmehr Aufregung „und Vergnügen, und entwickelt hiebei eine eben so große „Energie, wie sein Nachbar für andere Dinge. . . . . Die „Sklaverei hindert also die Weißen nicht allein, ihr Glück „zu machen, sie bewirkt, daß sie es nicht einmal machen wollen.[1])

Diese Geringschätzung der Arbeit in der öffentlichen Meinung ist eine von den schreckbarsten Folgen der Sklaverei. Soll der Arbeiter mit Energie an sein Werk gehen, damit er Geist und Herz an dasselbe setze, so genügt es nicht, daß er der Freiheit genieße und die Sicherheit habe, die Früchte seiner Mühe ärnten zu können; er muß sich überdies auch in seiner Arbeit geehrt fühlen. Der Mensch ist von Natur aus groß und trägt das Gefühl seiner angebornen Größe das ganze Leben hindurch in sich. Die Ehre ist immer sein Gesetz; man fordere von ihm keine eifervolle Anstrengung im Namen des materiellen Interesses allein. Wenn Gesellschaften, in denen der Gedanke an Gewinn die oberste Herrschaft zu führen scheint, große Dinge in der materiellen Ordnung zur Ausführung bringen, so hat dies darin seinen Grund, weil sie noch von einem Impuls aus jener schöneren Zeit her bewegt sind, in welcher der Geist Alles belebte und adelte. So verhält es sich mit den vereinigten Staaten, die bei ihren fieberartigen industriellen Anstrengungen ein viel höheres Ziel verfolgen, als einen rein materiellen Erfolg: das Ziel, durch Arbeit eine Welt zu erobern, in welcher bisher nur die Kräfte der Natur gewaltet haben.

Die Arbeit ist manchmal durch die äußere Art ihres Vollzugs an und für sich schon erniedrigend; sie bückt den Menschen zur Erde und versenkt ihn manchmal fast in Schmutz.

---

[1]) De la Democratie en Amerique, tom. II, ch. 10.

Hat man überdies noch nur ihr unmittelbares Ziel, die Befriedigung der materiellen Bedürfnisse, vor Augen, so ist sie auch von diesem Standpunkte aus darnach angethan, den Menschen zu erniedrigen, indem sie ihn an die Materie bindet. Aber man bekräftige im Menschen das Gefühl seiner sittlichen Größe durch den Hinweis auf die Größe des Zieles, zu dem er geschaffen ist, und auf die Größe des freien Willens, durch den er dieses Ziel verfolgt; man zeige, daß ihn die Arbeit zu seinem höheren Ziele erhebt, indem sie den Willen laütert und kräftigt; man führe zu der Ueberzeugung, daß der Mensch nicht groß ist durch die Genüsse, mit denen er sich umgibt, sondern durch den Fortschritt innerer Freiheit, die zur Quelle aller Größe selber führen wird; man lasse erkennen, daß die Arbeit durch die Opfer, welche sie auferlegt, und selbst durch die Erniedrigungen, welche von ihr oftmals unzertrennlich sind, den Menschen in der Bewerkstelligung jener geistigen Erlösung unterstütze, welche die erste Bedingung alles Fortschrittes ist: auf dem Grunde solcher Wahrheiten lasse man sich in der Gesellschaft feste Anschauungen und feste Gewohnheiten bilden, und man hat der Arbeit wieder ihre volle Würde zurückgegeben. Es ist zu diesem Behufe durchaus nicht nöthig, dem guten Sinn aller Völker und aller Zeiten Gewalt anzuthun und die geistige Ordnung auf die gleiche Linie mit der materiellen Ordnung herabzudrücken, wie in der That manche Staatsökonomen thun, indem sie dem Arbeiter auf dem Gebiete der geistigen und dem Arbeiter auf dem Gebiete der materiellen Ordnung sowohl in Bezug auf das Objekt selbst als in Bezug auf die Kräfte, die zur Anwendung kommen, gleiche Würde zuerkennen.[1])

---

[1]) Man hat in der Wissenschaft vom Staate wenige Irrthümer aufgestellt, die so befremdend und so gefährlich wären, als die Theorie der immateriellen Producte, wie manche materialistische Staatsökonomen dieselbe durchgeführt haben. Es genüge hier, auf einen Schriftsteller hinzuweisen, der das Verfahren der Tribunale bei einem Richterspruche mit einem industriellen Unternehmen in Vergleich setzt und dabei in den bestimmtesten Ausdrücken behauptet, daß zwischen einer Baumwollen-

Alles, was der Freiheit des Arbeiters Eintrag thut und dessen Erwartung, die Früchte seiner Mühe selbst genießen zu können, irgend wie erschüttert, das schadet in eben dem Maaße auch der Ergiebigkeit der Arbeit. Weder die politische noch die bürgerliche Freiheit ist für die Gütererzeugung gleichgiltig. Diejenigen Völker, welche sich einen hohen und dauernden Wohlstand erworben haben, sind immer auch freie Völker gewesen, und meistentheils erlosch bei ihnen mit der Freiheit auch das materielle Gedeihen. Der Mensch ist eben so wohl für die Freiheit als für die Ehre geschaffen und die eine dient ohne die andere zu Nichts. Je mehr sich der Mensch als den eigenen Meister seines Geschickes fühlt, desto mehr wird er den ganzen Schatz seiner Kräfte und seines Geistes entfalten. Die italienischen und flandrischen Städte und das gegenwärtige England sind hiefür ein unwiderlegbarer Beweis. Krieg, Revolutionen, übermäßige Steuern und gesetzliche Aussaugung untergraben das Vertrauen und lähmen die Production bald mehr, bald weniger.

Der Krieg schadet in einer doppelten Weise; einmal dadurch, daß er der Arbeit viele Hände entzieht, sodann dadurch, daß er in dem Unternehmer eine große Unsicherheit hervorruft.[1])

---

fabrik und dem, was er eine „Urtheilsfabrik" nennt, in Wirklichkeit kein Unterschied bestehe. — So Dunoyer in seinem Werke de la liberté du travail.

[1]) Wenn der Krieg nicht zu lange dauert, werden dessen materielle Verlurste, besonders bei Ackerbauern, ziemlich schnell ersetzt. Ueber diese Leichtigkeit, durch die Reproductivkraft des Kapitals und der Arbeit die Verheerungen des Krieges zu ersetzen, sehe man: Mill, principles of political economy, I, 5. — Was aber nicht so schnell wieder gut gemacht werden kann, das ist der Verlurst an Arbeitshänden. Lavergne hat über den letzten orientalischen Krieg eine Berechnung angestellt, die Staunen erregt. „Frankreich, sagt er, besitzt nur wenig über 6 Millionen wirkliche Arbeiter, und diese tragen die ganze Last der Production; beilaüfig zwei Drittheile von ihnen, also 4 Millionen, bewohnen das Land. Daraus folgt, daß jeder Feldbauer im Durchschnitt „für 10 Personen die Lebensmittel schaffen muß. Dem Boden also „100,000 Arbeiter nehmen oder geben heißt ihm die Mittel nehmen „oder geben, eine Million menschlicher Wesen zu ernähren. Wenn nun

Ein System ausplündernder Auflagen aber, vermöge dessen vom Vermögen des Privatmannes immer wieder nach dem Maaßstab des Zuwachses hinweggenommen wird, erschöpft die Arbeit und entmuthigt den Arbeiter in einem noch viel höheren Grade, als der Krieg; denn der Entzug nach dem Maaßstab des Gewinnes ist hier ein bleibendes Uebel und muß zuletzt von allen Unternehmungen abschrecken, weil dem Arbeiter nur die traurige Aussicht bleibt, durch seine Anstrengung den unfruchtbaren Aufwand einer Macht unterhalten zu müssen, für welche die Gesellschaft nur als eine Beute zur Ausnützung gilt. Was die Revolutionen betrifft, so weiß unser Jahrhundert, was sie kosten und wie sie alles Unheil, das Unheil aussaugender Auflagen, das Unheil des Krieges und das Unheil der Sklaverei in sich schließen.[1])

„wahr ist, was man sagt, daß die Russen 300,000 Mann verloren „haben, so ist die Nation für Lange geschwächt; dreißig Jahre sind „nöthig, um eine solche Lücke auszufüllen." De l'agricult. et de la popul. pag. 251.

[1]) Audiganne hat über die Februarrevolution folgende insbesonders für den Arbeiterstand sehr lehrreiche Berechnung angestellt: „Bei einem „Ueberblick über die Industrie während der Krisis nach dem allgemeinen „Inhalt der vorhandenen Documente glauben wir nicht, daß man uns „den Vorwurf der Schwarzseherei machen werde, wenn wir den Verlurst der gesammten Fabrication auf die Hälfte der Normalzahl anschlagen. Nun werden aber die Fabrikproducte im Jahre auf 2 Milliarden geschätzt, wovon auf Baumwollen-, Wollen-, Seiden- und „Leinwandwebereien nahe gegen 1600 Millionen treffen. Der Verlurst „im Bereich unserer speciellen Nationalindustrie muß also für die 10 „Monate beilaüfig auf 850 Millionen angesetzt werden."

„Welcher Antheil dieser ungeheuren Verlurstsummen fällt nun auf „die Arbeiter? — Die französischen Fabriken beschäftigen nicht weniger, „als 2 Millionen Arbeiter. Der Lohn kann im Durchschnitt für den „Tag auf 1 Fr. 25 Cent. angeschlagen werden, wenn man die Arbeit „der Weiber und Kinder mitrechnet, was für 2 Millionen Arbeiter „und 250 Arbeitstage in 10 Monaten die Summe von 615 Millionen „gibt. Hat sich aber die Arbeit auf die Hälfte verringert, so haben „auch die Lohnbezüge ein gleiches Schicksal erfahren; die Fabrikarbeiter „haben also wenigstens 312,500,000 Fr. verloren." — Bechard hat diese Berechnung in sein Werk: L' Etat du pauperisme en France, liv. I, ch. II. aufgenommen.

Unser Jahrhundert sah auf dem Gebiete des Denkens und für einen Augenblick auch auf dem Gebiete der Thatsachen unter lautem Geschrei gesellschaftliche Systeme sich zur Geltung bringen, deren unvermeidliche Folge es gewesen wäre, den Völkern der Jetztzeit jene Freiheit der Personen und des Eigenthums wieder zu rauben, die ihnen ein vierzehnhundertjähriger Bestand des Christenthums unter vielen Anstrengungen verschafft hatte. Diese unsinnigen Versuche waren nur ein weiterer Beweis für die Nothwendigkeit des Eigenthums. Man hat sich auf den Geist der Ehre und des gegenseitigen Wetteifers berufen; aber umsonst. Factisch und principiell kam man auf die alte Wahrheit zurück, daß diese Triebfedern großer Seelen nichts über jene Alltagsmenschen vermögen, welche die große Masse des Volkes ausmachen, und daß sie stets wenig Einfluß geübt haben auf eine Ordnung von Dingen, in welcher das Interesse der Natur der Sache nach die Hauptrolle spielt. An den mißlichen Folgen, zu denen die Urheber dieser thörichten und verderblichen Lehren gedrängt wurden, hat man noch einmal sehen können, wie eng das Band zwischen Freiheit und Eigenthum sei; denn was aus der neuen Organisation nothwendig hervorging, das war der Despotismus Aller über den Einzelnen und die Einmischung der Auctorität in das innerste Detail des Lebens. In dem Kampfe für die Aufrechterhaltung der Ordnung und für die sociale Wahrheit gegen die Neuerer, welche durch die Fügung der Umstände auf einige Zeit die Herrn der Ereignisse wurden, hat sich sofort all das den Geistern mit mehr Klarheit als jemals aufgedrängt.[1])

---

[1]) Jedermann kennt die eben so beredte als kraftvolle und gründliche Widerlegung des socialistischen Systems durch Mich. Chevalier in seinen Briefen sur l'Organisation du travail. Man erinnert sich auch des muthvollen Kampfes, den Wolowski in der Commission des Luxembourg gegen die Häupter der demokratischen Schule bestand, die sich zur Aufgabe machten, durch ihre unsinnige Arbeitsorganisation die Massen an sich zu ziehen.

Während dieser Zeit der Versuche konnte die Gesellschaft in dem überzeugenden Lichte der Thatsachen erkennen, welch eine große Verwirrung durch die Herrschaft dieser verabscheuungswerthen Irrthümer sowohl in der geistigen als materiellen Ordnung angerichtet werde; in diesem Lichte lernte sie verstehen, daß das Christenthum, dem die moderne Welt die Achtung vor der Freiheit und dem Eigenthum zu verdanken hat, auch die einzige Macht sei, durch welche ihr diese zwei wesentlichen Vorbedingungen jeden Fortschritts bewahrt werden.

Den innigen Zusammenhang zwischen Eigenthum und Freiheit einerseits, und zwischen Gemeinschaftsleben und Knechtschaft andererseits, sowie das Nachtheilige des Gemeinschaftslebens für die Productivkraft der Arbeit, zeigt nichts besser, als die Einrichtung des Mir in Rußland. Man stößt in den russischen Gemeinden noch heutzutage auf patriarchalische Formen.[1]) Die Bande der Verwandtschaft oder wenigstens des gemeinsamen Ursprunges, durch die alle Glieder dieser Genossenschaft verbunden waren, die Nothwendigkeit einer wechselseitigen beständigen Unterstützung zur Bestreitung der Auslagen, die Jeder zu machen hatte, die besonderen Verhältnisse einer Bodencultur, die sich auf fast unermeßlich ausgedehnte Flächen erstreckte, aber nach wenig entwickelten Betriebsarten geschah, alle diese Umstände haben beigetragen, gemeinschaftlichen Landbau unter der Leitung einer patriarchalischen Gewalt für die ersten Zeiten vortheilhaft zu machen. Als aber

[1]) Hartbausen zeigt, wie der Ursprung des Mir bis zur Bildung des ersten Familienlebens zurückreicht, wie diese Einrichtung durch das natürliche Zusammentreffen von Thatsachen aus der patriarchalischen Familie hervorging und wie sie im Denken und in der Sprache des Volkes mit all dem zusammen hängt, was im Leben als hoch und heilig gilt. In der Rechts-, in der Handels- und Umgangssprache ist „Mir" gleichbedeutend mit dem Wort „Gemeinde." Sonst ist die Bedeutung dieses Ausdrucks eine ganz andere; der ursprüngliche Sinn deutet auf etwas Heiliges und Ehrwürdiges, zugleich dient er als Bezeichnung für die Einheit des Universums, und man kann ihn nur mit dem griechischen Wort „Kosmos" wiedergeben.

Studien über Rußland, Band III, p. 121.

Vergl. Anhang III. am Ende dieses Bandes.

mit der natürlichen Entfaltung des Lebens die Betriebsverhältnisse sich im gleichen Maaße änderten, als eine ausgiebigere Weise des Anbaues nothwendig wurde, um einer zahlreicheren Bevölkerung ihren früheren Wohlstand zu sichern, als man den Boden verbessern und die Art der Arbeit vervollkommnen mußte: da gewährte das Gemeinschaftsleben nicht mehr die Vortheile der früheren Zeit, sondern stellte bei dem Mangel eines wirksamen persönlichen Interesses dem Fortschritt, der durch den Lauf der Dinge zu einer Nothwendigkeit geworden, nur schwer überwindbare Hindernisse entgegen.

Das nun ist heutzutage der Zustand der Genossenschaften, die von den russischen Bauern gebildet werden. Wolowski schildert in seiner oben genannten Abhandlung über die Leibeigenschaften in Rußland die Verhältnisse des russischen Ackerbaues auf folgende Weise: „Nach Reden's Angabe ärntet „Rußland im Durchschnitt nur das Dreifache der Aussaat. „Harthausen möchte wegen seiner vielen Kenntnisse in der „Landwirthschaft wohl für vollkommen befähigt gelten, hierüber „ein Urtheil auszusprechen. Dieser Mann nun klagt ohne „Unterlaß, daß er den Boden so schlecht ausgebeutet finde und „legt die Schuld davon dem Nationalgeist zur Last, der keine „Neigung habe zur mühsamen Bebauung des Feldes. Allein „vermöge eines Mißgriffes, der sehr häufig gemacht wird, „nimmt er hier die Wirkung für die Ursache. Die Schuld „liegt in der fehlerhaften Regelung der Bodenverhältnisse, im „Mangel des Eigenthumrechts und in der Seltenheit der „Verpachtung. Diese Dinge bilden das Hinderniß gegen eine „sorgsame und beharrliche Arbeit von Seite der Bauern. „Ueberall zeigt sich ein Mangel an Wiesengrund; künstlicher „Futterbau ist fast gänzlich unbekannt; der geringe Viehstand „gibt keinen ausreichenden Dünger. Man bearbeitet den „Boden nur leichtsinnig und erschöpft auf diese Weise in kurzer Zeit dessen Kraft. Das Gouvernement von Tula hat „einen so vortrefflichen Boden, daß er, gut gedüngt und „sorgsam bearbeitet, eine zwölffache bis fünfzehnfache Aussaat „abwerfen würde; so aber gibt er nur vier Körner für eines."

Die Leibeigenschaft und der Communismus wetteifern miteinander, um die sehr beachtenswerthe Arbeitskraft, mit welcher die russische Nation ausgestattet ist, wirkungslos zu machen; und zu gleicher Zeit gibt die Bodengemeinschaft den Banden der Leibeigenschaft, welche die Bewohner des flachen Landes umschlingen, immer neue Festigkeit, so daß deren Befreiung äußerst schwierig wird. Jener seit Jahrhunderten übliche Knechtssinn, der in Rußland allen Reformversuchen die Spitze abbricht, hat seine Wurzel, wie Wolowski sagt, in den communistischen Einrichtungen dieses Landes, die eine Vermehrung oder Verminderung der Güter und die Aneignung des Geistes wahrer Freiheit durch den bleibenden Besitz eines selbstbebauten Feldes geradezu hindern.[1])

Es ist eine bemerkenswerthe Thatsache, daß das Princip des persönlichen Eigenthums eine um so größere Herrschaft erlangt, je mehr die Civilisation fortschreitet. Die Gesetzgebung und die öffentlichen Sitten helfen zusammen, allenthalben die herkömmlichen Rechte der Genossenschaften in Rechte der Individuen umzuwandeln. Diese Bewegung ist eine natürliche Folge des sittlichen Fortschritts unter den Völkern. Je weiter man auf diesem letzten Wege vorgeht, desto mehr muß sich die Persönlichkeit des Menschen im eigenen Innern befestigen und befreien, denn der sittliche Fortschritt ist nur das Resultat des vollkommeneren Besitzes seiner selbst, in den das Individuum eingetreten, und der schrankenloseren Herrschaft, die Jemand über seinen Willen übt, oder genau gesprochen, er ist beides selbst.

Wenn nun das Individuum ein Bewußtsein von diesem Wachsthum seiner eigenen Kräfte erlangt, so ist es natürlich und ordnungsgemäß, daß es sich mehr auf sein persönliches Recht stütze. Es ist das nur eine regelrechte Entwicklung im Leben der Gesellschaft. Wir sehen dieselbe sich jeden Tag vor unseren Augen bewerkstelligen und sie geht aus dem Einfluß

---

[1]) Die Entwicklung dieser Wahrheit mit allen Beweisen für sie findet man bei Wolowski mit der Meisterschaft eines Gesetzkundigen und Staatsökonomen entwickelt: La question du servage en Russie. Man sehe Revue des Deux-Mondes. II. periode. tom. XVI. p. 595.

des Christenthums selber hervor. Das Christenthum hat beim großen Werke der socialen Neugestaltung im Mittelalter das Privateigenthum mit allen seinen Rechten stufenweise wiederhergestellt, indem es dem Individuum seine volle Eigenkraft zurückgab, und durch das Christenthum ist die Rückkehr zu den heidnischen Grundsätzen der römischen Gesetzlehrer über die Rechte des Kaisers auf das individuelle Eigenthum unmöglich gemacht. Wenn nur diese Entwickelung der individuellen Macht nicht auf Kosten anderer Principien und anderer Kräfte geschieht, die eben so natürlich und dem Staate eben so nothwendig sind, so liegt in ihr nichts, was einem Tadel Raum ließe.

Die Gefahr liegt hier darin, es möchte bei der Neigung des Menschen, dieses Wachsthum der eigenen Macht zum Zwecke einer immer engeren Abschließung auf den Kreis der persönlichen Interessen zu benützen, eine große Zerfahrenheit in das gesellschaftliche Leben eindringen. Wenn die Entwicklung des Eigenthums und einer selbstständigen Thätigkeit zu dieser Folge führen müßte, so hätte die Gesellschaft mehr verloren, als gewonnen; denn das Zusammenwirken Aller zur Arbeit und wechselseitige Unterstützung sind ein Gesetz, ohne dessen Befolgung es keinen wahren Fortschritt geben kann.

Das Christenthum, welches immer mit der Natur der Dinge im Einklang steht, hat dieser Gefahr vorgebeugt. Während es die persönliche Kraft des Einzelnen erhöht, indem es dessen Willen rechtlicher und kräftiger macht, erweckt es in ihm mit einer immer wachsenden Gewalt das Gefühl der Zusammengehörigkeit und der Einheit in Bezug auf das sociale Leben. Durch ein und dasselbe Princip, durch einen innigen Anschluß aller Seelen an Gott, die gemeinsame Quelle sowohl des individuellen als socialen Lebens, bringt das Christenthum zwei Dinge mit einander zur Ausgleichung, die ohne dasselbe immer Gegensätze bleiben müßten. Das Christenthum verpönt die Ansicht, als sei das Individuum nur durch sich und für sich groß. Das Gefühl der eigenen Kraft stützt sich immer auf das Gefühl der eigenen Schwäche, und das Gefühl der

Macht ist untrennbar von dem Gefühl der Pflichten, welche diese Macht einem Jeden seinen Brüdern gegenüber auferlegt. Während die Kirche das Gefühl der individuellen Würde und der individuellen Freiheit weckt, unterhält sie zugleich durch alle ihre Lehren und durch alle ihre Einrichtungen die andauernde Neigung zur Gemeinschaft im Leben und im Handeln. Bei denjenigen Völkern, welche für den Geist des Christenthums empfänglich sind, zeigt sich deßhalb immer eine bereitwillige Stimmung, die individuellen Kräfte, die durch Freiheit und Eigenthum zur höchsten Stufe von Energie entwickelt worden, wieder für ein gemeinsames Werk zur Verfügung zu stellen, so daß der Gesellschaft die Vortheile einer gemeinsamen Thätigkeit und die wohlthätigen Wirkungen der Freiheit zugleich für ihren Fortschritt zur Verfügung stehen.

Im Entwicklungsgang der ganzen christlichen Civilisation sieht man diese beiden Bewegungen an den Tag treten. Während die Kirche das Individuum befreit, werden auch die Verbindungen, die durch Rechtszwang bestehen, immer seltener; dagegen nimmt die freie Verbindung, die Verbindung der Familie, die durch das Band der Liebe und der Interessen besteht, und die Verbindung unter allen Formen einer politischen oder socialen Association durch den Fortschritt christlicher Ideen und christlicher Empfindung in den öffentlichen Sitten einen immer größeren Platz ein. Dieser gleichzeitige Fortschritt der Freiheit und der Association ist einer der merkwürdigsten Züge in den christlichen Jahrhunderten des Mittelalters. Und ist es nicht ein schweres Unrecht und eine von den schlimmsten Gefahren unserer Zeit, daß man nur zu oft den Fortschritt der Freiheit mit dem Fortschritt wechselseitiger Abschließung vermengt und all das durch Gesetze systematisch hindert, was für die Bildung der freien Genossenschaften, die fast allen großartigen Fortschritt im bürgerlichen und politischen Leben herbei geführt haben und für die schwierigen Fragen, denen gegenüber die Gesellschaft heutzutage machtlos zurückbebt, eine sichere Lösung bieten könnten, förderlich wäre oder ihnen Kraft und Dauerhaftigkeit verleihen würde?

X. Kapitel.

Geringschätzung der Arbeit und Uebertragung derselben an Sklavenhände bei Völkern, die sich den Trieben des Heidenthums hingaben.

In den heidnischen Gesellschaften, die den Regungen des Stolzes und der Sinnlichkeit keinen Widerstand leisten, ist die Arbeit erniedrigt, erniedrigt bis zur Sklaverei; eine Ehre wird ihr nie, die Freiheit selten zugestanden. Und je weiter die Hoffart des Geistes und das Verderbniß der Sinne in die öffentlichen Sitten eindringt, desto größer werden diese Erniedrigung und diese Knechtung. Ihre äußersten Folgen aber enthüllt die Auflehnung gegen ein Gesetz der Vorsehung über die Bestimmung des Menschen, deren man sich hiedurch schuldig macht, ohne allen Rückhalt in den Systemen der Philosophie. Im wirklichen Leben hat die Gewalt der Umstände den kühnen Theorien Schranken gezogen und oft entschließt man sich, inconsequent zu sein, um nicht das Unmögliche zu wollen. Die Spartaner allein haben es auf dem Boden Griechenlands versucht, die Sätze, welche als die letzten Resultate der heidnischen Doctrinen über die Arbeit gelten können, sowohl in ihrem öffentlichen als häuslichen Leben zur Verwirklichung zu bringen. Deßhalb wurde denn auch das Vaterland des Lykurg in diesem Punkte nicht weniger, als in vielen anderen Dingen, das Musterbild, das die Philosophen immer vor Augen haben, wenn sie das Ideal eines auf die Herrschaft der Vernunft gegründeten Staates aufstellen wollen.

Plato und Aristoteles stehen, wie immer, so auch hier durch die Kraft ihrer Gedanken und durch die Klarheit ihrer Anschauungen oben an. Aus den Schriften dieser zwei grossen Geister wollen wir Stellen vorführen, die ein schlagender Beweis für die Verachtung sind, mit welcher die Vernunft in ihrer Ueberhebung der Arbeit und den Arbeitern begegnet.

Der wahre Adel des Menschen liegt in der Tugend. Plato und Aristoteles machen diese Wahrheit zum Grundgedanken ihrer Staatslehren. Aber die Quelle der Tugend suchen sie in der Entfaltung der Vernunft, vermöge derer sich der Mensch aus eigener Kraft zum Herrn über sich und zum Gebieter seiner Leidenschaften macht. Wenn sich der Mensch, vom Stolz getrieben, in sich selber abschließt und nicht vielmehr durch Entsagung mit Gott eint, so kennt er keine andere Tugend. Wir haben in unserm ersten Buche angegeben, was Plato unter Mäßigung verstand. Sie ist jene rein natürliche Tugend, die alle anderen beherrscht und im Staate wie im Individuum das Gute bewirkt, indem sie Harmonie zwischen allen Leidenschaften herstellt[1]). Die „Republik" Plato's, welche man die Theorie der idealen Ordnung in der Menschheit durch die Herrschaft der Tugend nennen kann, beruht durchweg auf der Vorstellung, daß die Tugend ihren Bestand aus der Vernunft habe.

Wenn man dieses Princip auf die Gesellschaft anwendet, so kommt man nothwendig auf den Schluß, daß nur die höheren Klassen, bei denen die Erziehung alle Kräfte der Vernunft zu entwickeln vermag, wirklich tugendhaft sein können. Die Uebrigen, die ihren niedern Trieben überlassen bleiben, können im besten Falle einen Schatten von Tugend besitzen. „Die Seele des Menschen scheidet sich in zwei Theile, in einen „bessern und in einen minder guten. Wenn der bessere Theil „über den minder guten herrscht, so sagt man, daß der Mensch „Herr seiner selbst sei. — Von unserm Staate kannst du mit Recht sagen, daß er Herr seiner selbst sei, wenn sich anders die „Obmacht des Besseren über das minder Gute durch Mäßig„ung und Selbstbezwingung bekundet. Allerdings findet man „auch in ihm vielerlei Leidenschaften, Vergnügungen und Sor„gen bei den Weibern, bei den Sclaven und bei Manchen von „denjenigen, die zur Klasse der Freien gehören, aber für große „Dinge nicht empfänglich sind; geläuterte, gemessene, aufrich„tige Anschauungen, gegründete und von der Vernunft gelei-

[1]) Kap. 11.

„tete Gefühle dagegen findet man nur in einer kleinen Zahl „von Personen, bei denen sich zu einer vortrefflichen Natur„anlage auch eine vortreffliche Erziehung gesellt. Aber siehst „du nicht, daß in unserer Republik der Wille der großen Menge, „die aus lasterhaften Menschen besteht, von dem Willen und „von der Klugheit der Wenigeren, welche aber die Weisen sind, „beherrscht werde?"[1]) — Wenn man die Tugend so versteht, so ist sie allerdings für jene unerreichbar, denen die Bedürfnisse des Lebens keine Zeit übrig lassen, ihren Geist zu bilden. „Man braucht Muse, sagt Aristoteles, wenn man die Tugend „erwerben will."[2]) Wie könnte also der Arbeiter, der unter sein Tageswerk gebückt das Leben hinbringt, tugendhaft werden?

Die Tugend muß im Staate nicht minder herrschen, als im Individuum; das Ziel des Staates ist eben die Tugend.[3]) Die erste Erniedrigung also, die dem Arbeiter durch rationalistischen Stolz angethan wird, ist die Ausschließung aus den Reihen der Bürgerschaft. „Ein gut geordnetes Staatswesen, „wie wir es suchen, ist dasjenige, sagt Aristoteles, das dem so„cialen Körper den möglichst großen Antheil an Glück ver-

[1]) *Ἐν αὐτῷ τῷ ἀνθρώπῳ περὶ τὴν ψυχὴν τὸ μὲν βέλτιον ἔνι, το δε χεῖρον, καὶ ὅταν μὲν τὸ βέλτιον φύσει τοῦ χείρονος ἐγκρατὲς ᾖ, τοῦτο λέγειν τὸ κρείττω αὑτοῦ. — . . . Ἀπόβλεπε τοίνυν πρὸς τὴν νέαν ἡμῖν πόλιν, καὶ εὑρήσεις ἐν αὐτῇ τὸ ἕτερον τούτων ἐνόν· κρείττω γὰρ αὐτὴν αὑτῆς δικαίως φήσεις προσαγορεύεσθαι, εἴπερ οὗ τὸ ἄμεινον τοῦ χείρονος ἄρχει σῶφρον κλητέον καὶ κρεῖττον αὑτοῦ. . . . Καὶ μὴν καὶ τάς γε πολλὰς καὶ παντοδαπὰς ἐπιθυμίας καὶ ἡδονάς τε καὶ λύπας ἐν πᾶσι μάλιστα ἄν τις εὕροι καὶ γυναιξὶ καὶ οἰκέταις καὶ τῶν ἐλευθέρων λεγομένων ἐν τοῖς πολλοῖς τε καὶ φαύλοις. Τὰς δέ γε ἁπλᾶς τε καὶ μετρίας, αἳ δὴ μετὰ νοῦ τε καὶ δόξης ὀρθῆς λογισμῷ ἄγονται, εν ὀλίγοις τε ἐπιτεύξει καὶ τοῖς βέλτιστα μὲν φῦσι, βέλτιστα δε παιδευθεῖσιν. Οὐκοῦν καὶ ταῦτα ὁρᾷς ἐνόντα σοι ἐν τῇ πόλει καὶ κρατουμένας αὐτόθι τὰς ἐπιθυμίας τὰς ἐν τοῖς πολλοῖς τε καὶ φαύλοις ὑπό τε τῶν ἐπιθυμιῶν καὶ τῆς φρονήσεως τῆς ἐν τοῖς ἐλάττοσί τε καὶ ἐπιεικεστέροις.*

Platonis De republica lib. IV., 431 a. b. c.

[2]) Polit. lib. III, cap. 3.

[3]) Polit. lib. III, cap. 5.

„schafft.[1]) Das Glück aber ist untrennbar an die Tugend geknüpft. In jenem Staate, der die beste Verfassung hat, muß „die Tugend der Bürger nicht bloß beziehungsweise, sondern „in jeder Hinsicht und nach der vollen Bedeutung des Wortes „groß sein, und es werden sich deßhalb die Bürger jeder mechanischen Beschäftigung und des Handels enthalten, da dies „Arbeiten sind, welche der Tugend entgegen stehen. Auch Ackerbau werden sie nicht treiben.[2]) Nie kann es gut sein, wenn „die öffentlichen Angelegenheiten in die Hände von Ackerbauern, „Handwerkern und Kaufleuten kommen. Andererseits aber bilden nur die Krieger diejenigen, welche an den öffentlichen Berathungen Antheil haben, den eigentlichen Staatskörper. Jene „Verfassung, die wir als die beste erklären möchten, nimmt daher die Handwerker nicht unter die Zahl der Bürger auf."[3])

„Wenn die Obrigkeiten bemerken, sagt Plato, daß ein „Bürger die Uebung der Tugend vernachlässige, um sich einem „Geschäfte zu widmen, so sollen sie ihn mit Vorwürfen strafen und mit Schmach überhaüfen, bis sie ihn wieder auf den „rechten Weg zurückgebracht haben."[4])

Plato sieht in den Handwerkern nur Wesen mit der natürlichen Bestimmung zu einem sklavischen Gehorsam gegen jene, denen eine höhere Entwickelung der Erkenntniß die Gewalt zugewiesen hat. „Woher kommt es, fragt er, daß der Stand

---

[1]) Polit. lib. III, cap. 9.

[2]) *Φανερὸν ἐκ τούτων, ὡς ἐν τῇ κάλλιστα πολιτευομένῃ πόλει δικαίους ἄνδρας ἁπλῶς, ἀλλὰ μὴ πρὸς τὴν ὑπόθεσιν, οὔτε βάναυσον βίον οὔτ᾽ ἀγοραῖον δεῖ ζῆν τοὺς πολίτας· ἀγεννὴς γὰρ ὁ τοιοῦτος βίος καὶ πρὸς ἀρετὴν ὑπεναντίος. Οὐδὲ δὲ γεωργοὺς εἶναι τοὺς μέλλοντας ἔσεσθαι· δεῖ γὰρ σχολῆς καὶ πρὸς τὴν γένεσιν τῆς ἀρετῆς καὶ πρὸς τὰς πράξεις τὰς πολιτικάς.*
Polit. lib. VII, cap. 8. — Conf. lib. III, cap. 3.

[3]) Polit. lib. III, cap. 3.

[4]) *Τοῦτον δὴ τὸν νόμον ἀστυνόμοι διαπονούμενοι σωζόντων, καὶ τὸν μὲν ἐπιχώριον, ἐὰν εἴς τινα τέχνην ἀποκλίνῃ μᾶλλον ἢ τὴν τῆς ἀρετῆς ἐπιμέλειαν, κολαζόντων ὀνείδεσί τε καὶ ἀτιμίαις, μέχρι περ ἂν κατευθύνωσιν εἰς τὸν αὐτοῦ δρόμον. —*
Plato, de legib. St. 847, a.

„der Künstler und Handwerker eine Makel an sich trägt? Nicht „etwa daher, weil derselbe in dem vorzüglicheren von den drei „Theilen des Menschen[1]) eine so große Schwäche voraussetzt, „daß er, weil unvermögend, über die beiden anderen, die Thiere, „von denen wir sonst geredet haben, die Herrschaft zu gewinnen, ihnen dienen muß und nur auf Mittel denken kann, „wie er sie befriedige? Wenn wir nun solchen Leuten einen „Herrn geben, der als Gegenbild jener Macht dasteht, die in „der Seele des Tugendhaften das Scepter führt, müssen wir „dann nicht verlangen, daß sie blindlings demjenigen gehorchen, der das göttliche Princip der Herrschaft in sich trägt?"[2])

Sokrates dachte nach Xenophon hierüber ebenso, wie Plato und Aristoteles.[3]) Der weise Plutarch bewunderte das Benehmen der Spartaner, die mit Verachtung alle gewerbliche Arbeit an die Lakonier überließen und nur die Geschäfte des Krieges und der Politik sich vorbehielten. „Es war, wie er

---

[1]) Nach seiner bekannten Unterscheidung in eine vernünftige, begierliche und zornmüthige Seele. Die begierliche und zornmüthige Seele nennt er „das Thier des Menschen." De republ. lib. IX, p. 571.

Man weiß, daß Plato den Staat eben so, wie die Seele, in drei Theile ausschied, in den Staat der Regierenden, der Landesvertheidiger und der erwerbenden Klassen. Die erwerbenden Klassen entsprechen, wie er sagt, der Begierde, die Landesvertheidiger dem Zornesmuth, die Regierenden der Vernunft, die in der Seele herrschen soll. Die Tugend der Vernunft und der Regierenden ist die Weisheit, die Tugend der mittleren Seele und der Kämpfer die Tapferkeit, die Tugend der begierlichen Seele und des Gewerbestandes die Mäßigkeit; die Gerechtigkeit hat in der Seele jeden der angegebenen drei Theile, im Staate jeden der genannten Stände innerhalb der naturgemäßen Sphäre zu halten. Anmerk. d. Uebers.

[2]) *Βαναυσία δὲ καὶ χειροτεχνία διὰ τί, οἴει, ὄνειδος φέρει; ἢ δι' ἄλλο τι φήσομεν ἢ ὅταν τις ἀσθενὲς φύσει ἔχῃ τὸ τοῦ βελτίστου εἶδος, ὥστε μὴ ἂν δύνασθαι ἄρχειν τῶν ἐν αὑτῷ θρεμμάτων, ἀλλὰ θεραπεύειν ἐκεῖνα, καὶ τὰ θωπεύματα αὐτῶν μόνον δύνηται μανθάνειν; Ἔοικεν, ἔφη. Οὐκοῦν ἵνα καὶ ὁ τοιοῦτος ὑπὸ ὁμοίου ἄρχηται οἷουπερ ὁ βέλτιστος, δοῦλον αὐτόν φαμεν δεῖν εἶναι ἐκείνου τοῦ βελτίστου, ἔχοντος ἐν αὑτῷ τὸ θεῖον ἄρχον.* De Repub., lib. IX., St. 590 c. d.

[3]) Xenoph., Oecon. cap. 4.

„sagt, eine von den schönsten und glücklichsten Einrichtungen „des Lykurg, daß er den Bürgern die möglichst größte Muse „verschaffte, indem er ihnen verbot, sich in irgend einer Weise „mit Lohnarbeit zu beschäftigen.“ [1])

Selbst in unseren christlichen Gesellschaften zeigte sich jedesmal, wenn das Heidenthum wieder Herrschaft über die Sitten gewann, an der Seite desselben auch die Verachtung gegen die arbeitenden Klassen. Die Zeit der Renaissance hat bei den höheren Volksschichten die Geringschätzung gegen jene Glieder der Gesellschaft, die zur Arbeit gezwungen sind, um leben zu können, und für Geistescultur keine übrige Zeit haben, und das Bestreben, sich von ihnen durch eine weite Kluft abzuschließen, in einem sehr erkennlichen Maaße erhöht. [2]) Wie Voltaire und die Encyklopädisten von der Höhe ihrer Philosophie herab die „Canaille“ behandelt haben, das ist schon längst zur Genüge bekannt, und welche Achtung die Großherrn des Industrialismus gegen die Arbeiter hegen, wenn sie nicht durch christliche Gesinnung über die schädlichen Vorurtheile des Reichthums und des Luxus erhoben werden, das können wir täglich gewahren.

Ohnehin haben die mechanischen Beschäftigungen etwas an sich, das für die sittliche Entwicklung des Menschen nicht eben zuträglich ist. Die ganze geistige Macht des Christenthums wird erfordert, um den Menschen, der sich ihnen hingibt, in jener Vereinigung mit Gott zu erhalten, die allein der Welt eine Weihe gibt. In seinem Buche „über die Gesetze“ wundert sich Plato darüber, daß der Handel verachtet werde, während es im Gegentheil natürlich wäre, die Kaufleute als die Wohlthäter der Menschheit anzusehen, weil sie die Gebrauchsgegenstände, die an sich ungleichmäßig vertheilt wären,

---

[1]) *Καὶ γὰρ ἕν τι τούτων τῶν καλῶν ἦν καὶ μακαρίων ἃ παρασκεύακε τοῖς ἑαυτοῦ πολίταις ὁ Λυκοῦργος, ἀφθονία σχολῆς, οἷς τέχνης μὲν ἅψασθαι βαναύσου τὸ παράπαν οὐκ ἐφεῖτο.*

Plutarch. Lycurg. cap. 24.

[2]) Man sehe: Du Cellier, Histoire des classes ouvrières en France, p. 215.

durch ihre Sorge gleichmäßig und nach den jeweiligen Bedürfnissen des Einzelnen in der Gesellschaft vertheilen. Er findet den Grund für diese Geringschätzung in der Geneigtheit der Geschäftsleute, sich von der Liebe nach ungerechtem Gewinn ködern zu lassen, und empfindet die Ohnmacht der rein natürlichen Tugend den Verführungen der Habsucht gegenüber so tief, daß er im Verbot des Handels das einzige Mittel findet, die Bürger seines Staates vor Unrecht zu bewahren.[1]) Die Ueberzeugung von der Ohnmacht einer rein natürlichen Tugend war es auch, was den Plato bewog, die Gemeinschaft der Güter und der Frauen einzuführen, um so seinen Staat vor der Zwietracht zu sichern, die aus dem Eigenthum und aus der Ehe hervorgeht, und unter dem Eindruck desselben Gefühles hat er auch die Arbeit verworfen, sowohl die Arbeit, welche Reichthümer schafft, als die Arbeit, welche Reichthümer umtauscht. Das Christenthum allein konnte dem Menschen so viel Macht über sich selbst verleihen, daß trotz der Erlaubniß, sich mit den Bedürfnissen der materiellen Ordnung eben so, wie mit den Dingen der geistigen Ordnung zu befassen, die Schranken weiser Mäßigung und strenger Gerechtigkeit eingehalten wurden und die sittliche Würde ihrer Kinder keine Einbuße erlitt. Beim Christen ist die Tugend,

[1]) *Καπηλεία γὰρ κατὰ πόλιν πᾶσα γέγονεν οὐ βλάβης ἕνεκα τό γε κατὰ φύσιν, πᾶν δὲ τοὐναντίον· πῶς γὰρ οὐκ εὐεργέτης πᾶς, ὃς ἂν οὐσίαν χρημάτων ὡντινωνοῦν ἀσύμμετρον οὖσαν καὶ ἀνώμαλον ὁμαλήν τε καὶ σύμμετρον ἀπεργάζηται; . . . Ὦ φίλε Κλεινία, σμικρὸν γένος ἀνθρώπων καὶ φύσει ὀλίγον καὶ ἄκρᾳ τροφῇ τεθραμμένον, ὅταν εἰς χρείας τε καὶ ἐπιθυμίας τινῶν ἐμπίπτῃ, καρτερεῖν πρὸς τὸ μέτριον δυνατόν ἐστι, καὶ ὅταν ἐξῇ χρήματα λαβεῖν πολλά, νήφει καὶ πρότερον αἱρεῖται τοῦ πολλοῦ τὸ τοῦ μέτρου ἐχόμενον· τὰ δὲ τῶν ἀνθρώπων πλήθη πᾶν τουναντίον ἔχει τούτοις, δεόμενά τε ἀμέτρως δεῖται καὶ ἐξὸν κερδαίνειν τὰ μέτρια ἀπλησίως αἱρεῖται κερδαίνειν· διὸ πάντα τὰ περὶ τὴν καπηλείαν καὶ εμποϱίαν καὶ πανδοκείαν γένη διαβέβληταί τε καὶ ἐν αἰσχροῖς γέγονεν ὀνείδεσι· . . . Τίς οὖν δὴ τῆς νόσου ταύτης ἀρωγὴ γίγνοιτ' ἂν ἐν νοῦν ἐχούσῃ πόλει; πρῶτον μεν ὅτι σμικροτάτῳ χρῆσθαι κατὰ δύναμιν τῷ τῶν καπήλων γένει, κ. τ. λ.* De legg. lib. XI, p. 918—920.

als eine Sache der Entsagung nicht von den äußeren Verhältnissen, in denen man sich befindet, abhängig gemacht, mögen dieselben mehr oder weniger demüthigend, mehr oder weniger abhängig sein.

Während die rationalistische Tugend, die ihre Quelle in der Ausbildung des Geistes hat, nur unter der Voraussetzung bestehen und blühend gedeihen kann, daß Jemand über so viel freie Zeit gebietet, als zur Ausbildung des Geistes nothwendig ist,[1]) kann die christliche Tugend, welche auf der Vereinigung aller Seelenkräfte mit Gott beruht, auch mitten unter Mühen und Demüthigungen des materiellen Lebens gedeihen und unbegrenzt wachsen. Die himmlische Kraft des Opfers, zu welchem gerade diese Mühen und Erniedrigungen Gelegenheit bieten, rettet den Menschen vor den rohen Versuchungen des materiellen Interesses und setzt ihn, wäre ihm auch kein weiteres Licht gegeben, als das der ersten Vernunftprincipien, durch die er bei den gewöhnlichen Vorkommnissen des Lebens das Wahre vom Falschen und das Gute vom Bösen unterscheidet, dennoch zu jeder Zeit in den Stand, die Verbindung mit Gott zu bewahren. Die Tugend des Christen nimmt mit seinen Entsagungen zu, und seine ganz und gar auf Tugend gegründete Würde wird gerade durch die Prüfungen erhöht, denen sie, wie die Weisen des Heidenthums glaubten, gar nicht ausgesetzt werden darf, ohne daß sie zu Grunde ginge.

Von der principiellen Verachtung der Arbeit bis zu ihrer Herabdrückung unter das Sklavenjoch ist nur ein Schritt. Die Lehre von einer auf die Herrschaft der Vernunft sich gründenden Tugend führt nothwendig zu dem Schluß, daß jene Menschen, die eine schwach entwickelte Vernunft besitzen, nur für diejenigen da sind, denen die Vernunft in ihrer ganzen Fülle innewohnt. Diese für sich ganz allein bilden eigentlich die Menschheit, deren Bestimmung es eben ist, die Vernunft

---

[1]) *Δεῖ γὰρ σχολῆς καὶ πρὸς τὴν γένεσιν τῆς ἀρετῆς.*
Arist. de Rep. lib. IV, cap. 8. nro. 2.

zur Entwicklung zu bringen. Was die Uebrigen betrifft, so bilden sie nur eine Beigabe zur Gesammtheit derjenigen Individuen, in welchen der Begriff der Menschheit seinen wahren Ausdruck gefunden hat. Diesen Letzteren kommt es zu, im Besitze der Freiheit die Bestimmung ihres Geschlechtes auf eine vollständige Weise zu verwirklichen; die Aufgabe der Ersteren ist der passive Gehorsam und die Arbeit auf dem Gebiete der materiellen Ordnung, wodurch sie die Freien beim Streben nach der Erreichung ihres geistigen Endzieles unterstützen.

In diesem Sinne ist Aristoteles zu verstehen, wenn er sagt: „In einem gut geordneten Staate dürfen sich die „Bürger nicht mit den gemeinen Bedürfnissen des Lebens be„fassen. Ueber diesen Punkt sind Alle einverstanden; nur die „Art der Ausführung bietet Schwierigkeiten. Mehr als ein„mal ist die Sklaverei der Penesten den Thessaliern und die der „Heloten den Spartanern gefährlich geworden.[1])" Aristoteles untersucht dann, welches Benehmen man gegen die Sklaven zu beobachten habe, um einer Empörung vorzubeugen; er fragt sich, ob Milde oder Strenge bei Behandlung derselben im Interesse des Herrn den Vorzug verdiene; aber nie stellt er in Zweifel, daß der Sklavenstand für die Tugend der Herrn eine nothwendige Bedingung sei.[2]) Die Sklaverei liegt nach Aristoteles in der Natur der Dinge, weil Leute, die geistig nur wenig entwickelt und deßhalb unfähig sind, an sich selbst durch die Vernunft zum Wachsthum der Tugend etwas

---

[1]) Ὅτι μὲν οὖν δεῖ τῇ μελλούσῃ καλῶς πολιτεύεσθαι, τὴν τῶν ἀναγκαίων ὑπάρχειν σχολὴν ὁμολογούμενόν ἐστιν· τίνα δὲ τρόπον ὑπάρχειν, οὐ ῥᾴδιον λαβεῖν. Ἥ τε γὰρ Θετταλῶν πενεστεία πολλάκις ἐπέθετο τοῖς Θετταλοῖς, ὁμοίως δὲ καὶ τοῖς Λάκωσι οἱ Εἵλωτες ὥσπερ γὰρ ἐφεδρεύοντες τοῖς ἀτυχήμασι διατελοῦσιν. Arist. Politic. lib. II, cap. 6, nro. 2.

[2]) Ἔοικε δὲ καὶ εἰ μηδὲν ἕτερον, ἀλλὰ τό γε τῆς ἐπιμελείας ἐργῶδες εἶναι, τίνα δεῖ πρὸς αὐτοὺς ὁμιλῆσαι τρόπον· ἀνιέμενοί τε γὰρ ὑβρίζουσι καὶ τῶν ἴσων ἀξιοῦσιν ἑαυτοὺς τοῖς κυρίοις, καὶ κακοπαθῶς ζῶντες ἐπιβουλεύουσι καὶ μισοῦσιν· δῆλον οὖν ὡς οὐκ ἐξευρίσκουσι τὸν βέλτιστον τρόπον, οἷς τοῦτο συμβαίνει περὶ τὴν εἱλωτείαν. Polit. lib. II, cap. 6, nro. 4.

beizutragen, wohl nur dazu geschaffen sein können, dieses Wachsthum bei den Anderen zu unterstützen, denen eine höhere Erkenntnißkraft zu Theil geworden. „Wenn man so tief un„ter den übrigen Menschen steht, sagt er, wie der Leib unter „der Seele, das Thier unter dem Menschen, — und das ist „jedesmal da der Fall, wenn bei Jemand der Gebrauch des „Körpers seine einzige oder doch seine beste Leistung ist, — „dann ist man von Natur aus Sklave. Für Leute dieser Art „ist es, wie für den Körper und für das Thier, weitaus „vortheilhafter, wenn sie beherrscht werden, als wenn sie herr„schen; denn Sklave von Natur ist, wer seiner Beschaffenheit „nach Eigenthum eines Anderen sein kann. Und daß er „Eigenthum eines Anderen sein kann und sein wird, dies „kommt daher, weil er an der Vernunft nur so viel Antheil „hat, um ihre Stimme vernehmen zu können, ohne sie selber „zu besitzen. Die übrigen lebenden Wesen vermögen die Ver„nunft nicht einmal zu vernehmen, sondern sind sinnlichen „Trieben unterthan. Uebrigens ist auch der Nutzen der Skla„ven nur wenig verschieden vom Nutzen unserer Hausthiere: „die einen wie die anderen verhelfen uns durch ihren Körper „zur Befriedigung unserer Bedürfnisse. Die Natur selbst „beabsichtigt dies, da sie die Körper der freien Menschen an„ders bildet, als die der Sklaven, indem sie den letzteren für „die rohen Arbeiten der Gesellschaft Kraft verleiht, die er„steren aber unfähig macht, ihren hoch aufgerichteten Glie„derbau unter die materielle Arbeit zu beugen, für das „staatsbürgerliche Leben dagegen, das sich in Geschäfte des „Krieges und des Friedens theilt, auf das Zweckmäßigste „einrichtet.[1])

---

[1]) Ὅσοι μὲν οὖν τοσοῦτον διεστᾶσιν, ὅσον ψυχὴ σώματος καὶ ἄνθρωπος θηρίου, — διάκεινται δὲ τοῦτον τὸν τρόπον, ὅσων ἐστὶν ἔργον ἡ τοῦ σώματος χρῆσις καὶ τοῦτ᾽ ἐστ᾽ ἀπ᾽ αὐτῶν βέλτιστον —, οὗτοι μὲν εἰσι φύσει δοῦλοι, οἷς βέλτιόν ἐστιν ἄρχεσθαι ταύτην τὴν ἀρχην, εἴπερ καὶ τοῖς εἰρημένοις. Ἔστι γὰρ φύσει δοῦλος ὁ δυνάμενος ἄλλου εἶναι — διὸ καὶ ἄλλου ἐστίν —, καὶ ὁ κοινωνῶν λόγου σοσοῦτον, ὅσον αἰσθάνεσθαι,

Das ist der Preis, um welchen die Aristokratie einer bloß auf die Vernunft gegründeten Tugend möglich wird. Den größten Theil der Menschheit, denjenigen, welcher die Last der Arbeit trägt, erniedrigt sie zum Thiere. Durch Hochmuth verblendet betrachtet es der mächtigste Geist des Alterthums als eine selbstverständliche Sache, als einen durch das Naturrecht gestatteten Brauch, daß die Glieder dieses Adels der Denkkraft, die durch das Recht der Tugend über den Staat herrschen, auf ihres Gleichen, auf Menschen, denen die Schwäche der Natur und die harte Noth des Lebens nicht gestattet, zu jener Höhe von Vernunftbildung zu gelangen, aus der sie den Rechtsanspruch auf ihre übermüthige und unerbittliche Herrschaft ableiten, gerade wie auf wilde Thiere Jagd machen. „Der Krieg, sagt Aristoteles, ist gewisser Massen ein „natürliches Erwerbsmittel; denn zum Kriege gehört die Jagd, „deren man sich gegen die wilden Thiere und gegen jene „Menschen bedienen darf, die, zum Gehorchen geboren, sich „dennoch nicht unterwerfen wollen. Ein solcher Krieg ist von „Natur aus gerecht.“[1])

In der That, was war die Sklaverei der Heloten anderes, als eine Anwendung dieser empörenden Lehre? Die Tugend der Spartaner ist das Erhabenste in der Tugend des

---

ἀλλὰ μὴ ἔχειν· τὰ γὰρ ἄλλα ζῷα οὐ λόγου αἰσθανόμενα, ἀλλὰ παθήμασιν ὑπηρετεῖ. — Καὶ ἡ χρεία δε παραλλάττει μικρόν· ἡ γὰρ προς τ᾽αναγκαῖα τῷ σώματι βοήθεια γίνεται παρ᾽ ἀμφοῖν, παρά δε τῶν δούλων καὶ παρὰ τῶν ἡμέρων ξῴων. Βούλεται μεν οὖν ἡ φύσις καὶ τὰ σώματα διαφέροντα ποιεῖν τὰ τῶν ἐλευθέρων καὶ τῶν δούλων, τὰ μὲν ἰσχυρὰ πρὸς τὴν ἀναγκαίαν χρῆσιν, τὰ δ᾽ ὀρθὰ καὶ ἄχρηστα πρὸς τὰς τοιαύτας ἐργασίας, ἀλλὰ χρήσιμα πρὸς πολιτικὸν βίον· — οὗτος δε καὶ γίνεται διῃρημένος εἴς τε τὴν πολεμικὴν χρείαν καὶ τὴν εἰρενικήν.

Polit. lib. I, cap. 2, nro. 13. 14. — Cfr. lib. 1, cap. 2, nro. 20

15) *Διὸ καὶ ἡ πολεμικὴ φύσει κτητική πως ἔσται. Ἡ γὰρ θηρευτικὴ μέρος αὐτῆς, ᾗ δεῖ χρῆσθαι πρός τε τὰ θηρία καὶ τῶν ἀνθρώπων, ὅσοι πεφυκότες ἄρχεσθαι μὴ θέλουσιν, ὡς φύσει δίκαιον τοῦτον ὄντα τὸν πόλεμον.*

Arist. Polit. lib. I, cap. 3, nro. 8.

Heidenthums, und nirgends ist der Stolz despotischer und härter aufgetreten, als in der Königin der dorischen Städte. Den Spartanern ward Muße und Herrschaft zu Theil; das Loos der unterworfenen Stämme war Arbeit, Verachtung und vielstufige Sklaverei. Die Lakonier bildeten unter dem Namen der Periöken die Klasse der freien Arbeiter, jedoch ohne Theilnahme am Bürgerrechte; sie sind jene Leute, von denen Plato sagt, „daß sie zu den Freien gehören, aber für nichts Großes „fähig sind." Und was die Heloten betrifft, so ist ihr Name in der Geschichte Sinnbild der blutigsten Grausamkeit und der tiefsten Schmach, welche die Sklaverei jemals erfahren. Sie mußten Alles auf sich nehmen, was die Arbeit Rohes und Schmerzliches hat, und deßhalb ward ihnen auch von Seite der Bürger, denen der Müßiggang Würde und Tugend sicherte, die vollste Verachtung und jede Art von Unbill zu Theil. So gab es denn nach dem Ausdruck eines griechischen Schriftstellers kein Volk, bei welchem der Sklave mehr Sklave und der freie Mann mehr freier Mann war. Und gewiß, in einem Staate, der auf das Fundament einer bloßen Vernunfttugend gebaut ist, wird das Vollmaaß der Sklaverei auf der einen Seite immer die Bedingung für das Vollmaaß der Freiheit auf der anderen Seite sein.

Zur Ehre Griechenlands sind die letzten Folgerungen aus den Principien des Rationalismus glücklicher Weise nur selten in ihrer ganzen Strenge hervor getreten. Sparta allein hat sie zur vollen Wirklichkeit im Leben gemacht. In der Theorie haben selbst diejenigen Philosophen, welche für die Lehre von der Organisation des Staates durch bloße Vernunfttugend am eifrigsten einstehen, und insbesonders Plato, im Namen der Menschlichkeit das Gesetz der Sklaverei auf mannigfache Weise gelindert, und wenn sie auch entschieden dabei beharren, daß diese Erniedrigung des Menschen durch den Menschen für den Staat, so wie sie ihn auffassen, eine Nothwendigkeit sei, so scheinen sie manchmal doch sogar Schmerz über diese Nothwendigkeit zu empfinden. Plato wollte, daß sich die Griechen unter einander nicht zu Sklaven machen sollten; weiter indeß ging er nicht, und gestattet ohne Anstand, daß man dieses Joch den Barbaren auferlege.[1]) Der Spartaner Kallikratidas erklärte ebenfalls, daß während seiner Kriegführung kein Grieche in den Sklavenstand erniedrigt werden solle,[2]) und wie man sagt, war das auch die Verhaltungsregel des Epaminondas und des Pelopidas bei ihren Kämpfen für die Unabhängigkeit und Oberherrschaft Thebens.[3]) Nach ihnen aber wurde, wie Wallon bemerkt, diese Regel bald vergessen, und man befolgte einfach den Grundsatz, auf den Sokrates anspielt,[4]) wenn er es unrecht nennt, seine Freunde zu Sklaven zu machen, aber billigt, das seinen Feinden zu thun, ohne sich dabei zu erinnern, daß für den einen Griechen der andere immer ein Bruder sei.[5])

Die Athener haben sich immer ziemlich milde gegen ihre Sklaven gezeigt, und getreu der Gewohnheiten seiner Vaterstadt will Plato, daß die Freien ihren Sklaven gegenüber, wo möglich, gerechter seien, als sogar ihres Gleichen gegenüber. Allerdings fügt er dann auch bei, der Herr solle nicht so fast um des Sklaven willen, sondern vielmehr in seinem eigenen

---

[1]) *Πρῶτον μὲν ἀνδραποδισμοῦ πέρι, δοκεῖ δίκαιον Ἕλληνας Ἑλληνίδας πόλεις ἀνδραποδίζεσθαι, ἢ μηδ' ἄλλῃ ἐπιτρέπειν κατὰ τὸ δυνατὸν καὶ τοῦτο ἐθίζειν, τοῦ Ἑλληνικοῦ γένους φείδεσθαι, εὐλαβουμένους τὴν ὑπὸ τῶν βαρβάρων δουλείαν; Ὅλῳ καὶ παντί, ἔφη, διαφέρει τὸ φείδεσθαι. Μηδὲ Ἕλληνα ἄρα δοῦλον ἐκτῆσθαι μήτε αὐτούς, τοῖς τε ἄλλοις Ἕλλησιν οὕτω ξυμβουλεύειν; Πάνυ μεν οὖν, ἔφη· μᾶλλόν γ' ἂν οὖν οὕτω πρὸς τοὺς βαρβάρους τρέποιντο, ἑαυτῶν δ' ἀπέχοιντο.*

De Republ., lib. V, St. 469.

Noch ausführlicher behandelt Plato diesen Gegenstand: de legg. lib. VI, p. 776. 777. — Conf. Arist., de Polit. lib. I, cap. II, Nro. 18.

[2]) Xenoph. Hellen. lib. I, cap. 6.

[3]) Plut., Pelop. bei Wallon, tom. I, p. 163.

[4]) *Ὥσπερ τὸ ἀνδραποδίζεσθαι τοὺς μὲν φίλους ἄδικον εἶναι δοκεῖ, τοὺς δὲ πολεμίους δίκαιον.*

Xenoph. Memor. lib. II, cap. II, nro. 2.

[5]) Wallon, Hist. de l'esclavage, tom. I, p. 163.

Interesse so handeln.[1]) Auch Aristoteles, der vom Standpunkt seines Systems aus die Rechtmäßigkeit der Sklaverei mit so unerbittlicher Strenge behauptet, anerkennt gleichwohl, daß die gegentheilige Meinung etwas Wahres an sich habe. Sie wäre vollkommen begründet, meint er, wenn die Sklaverei allein in der Stärke des Herrn ihren Ursprung hätte, wie Manche glauben.[2])

Aber ist denn nicht das höhere Kraftvermögen bloß das Zeichen, an welchem sich die natürliche Berechtigung erprobt? Geleitet von dem Grundsatze, daß sich alle Herrschaft von der größeren Kraft der Vernunft in einzelnen Menschen herleite, anerkennt Aristoteles bei dieser Gelegenheit die Theorie vom Rechte des Erfolges. „Die Ursache für diese Verschiedenheit „der Ansichten und die Möglichkeit, für jede Meinung Gründe „anzugeben, liegt in der Thatsache, daß zum Siege zwei „Kräfte mitwirken: innere Tüchtigkeit und äußere Hilfsmittel. „Setzen wir den Fall, es sei irgendwo innere Tüchtigkeit vor„handen; sie wird im Streit sicherlich die Oberhand behalten, „wenn sie auch über die erforderlichen äußeren Hilfsmittel „gebietet. Nehmen wir an, es zeige sich irgendwo Fülle an

---

[1]) *Δύο δὴ λείπεσθον μόνω μηχανά, μήτε πατριώτας ἀλλήλων εἶναι τοὺς μέλλοντας ῥᾷον δουλεύσειν, ἀσυμφώνους τε εἰς δύναμιν ὅ τι μάλιστα, τρέφειν δ' αὐτοὺς ὀρθῶς μὴ μόνον ἐκείνων ἕνεκα, πλέον δὲ αὑτῶν προτιμῶντας.*

De Legg. lib. VI. St. 777.

[2]) „Daß von den Menschen, die einen von Natur aus frei, die anderen „Sclaven sind, und daß es für die letzteren zuträglich und recht ist, „Sclaven zu sein, ist einleuchtend. Daß indessen auch die Vertheidiger „des Gegentheils gewissermassen Recht haben, läßt sich ebenfalls nicht „mißkennen; denn die Bezeichnung Sklave ist doppelsinnig. Man ist „nämlich auch Sklave durch das Gesetz. Unter Gesetz verstehe ich hier „eine völkerrechtliche Uebereinkunft, wornach das im Krieg Eroberte „dem Eroberer gehöre. Dies Recht nun eben beschuldigen Viele, die „sich mit der Lehre vom Staate beschäftigen, des Unrechts; denn es sei „kaum glaublich, daß der Ueberwältigte Sklave und Unterthan dessen „sein solle, der da zu überwältigen die Macht und überhaupt mehr „Kraftvermögen hat . . . Aber äußere Uebermacht ist nicht ohne innere „Vorzüglichkeit. Arist. Polit. lib. I. cap. 2, Nro. 3.

„äußeren Hilfsmitteln; wer möchte laügnen, daß auch sie zur „Uebermacht über den Gegner führen, sofern sich ihnen die „innere Tüchtigkeit beigesellt? Die Herrschaft ist demnach „weder das Resultat der inneren Tüchtigkeit allein, noch der „äußeren Gewalt allein, sondern beider mit einander. Wenn „es sich nun um die Frage handelt: Wodurch wird die so „gewonnene Herrschaft gerecht? — so heben die Einen die „innere Tüchtigkeit hervor, die Anderen die äußere Gewalt. „Die Ersteren sagen, der Sieger herrsche mit Recht, weil dies „der Gesellschaft zum Frommen gereicht,[1]) die Zweiten, weil „es eben dem stärkeren Arme zusteht, den Schwächeren zu ge„bieten. Diese letztere Meinung aber, die indirect besagt, daß „nicht der Bessere vermöge seiner Tüchtigkeit herrschen solle, „hat offenbar weder Halt nach Ueberzeugungskraft.“[2])

Wenn bei dieser Untersuchung die Beweise des Aristoteles nicht bindend erscheinen, so geschieht es nicht deßwegen, weil es ihm an Denkkraft gebräche, und eben so wenig hat er Unrecht, wenn er den übrigen Philosophen Fehler gegen die Logik und Mangel an Sachverständniß vorwirft. Waren einmal die Grundsätze des heidnischen Rationalismus über den Menschen und über die Gesellschaft angenommen, so mußte

---

[1]) Lib. I, cap. 2, Nro. 13. 15. 20 sagt Aristoteles, daß dem Tüchtigeren fromme zu herrschen, dem Manne mit so zu sagen halber Vernunft aber, zu gehorchen — *συμφέρει τῷ μὲν τὸ δουλεύειν τῷ δὲ δεσπόζειν.*

[2]) *Αἴτιον δὲ ταύτης τῆς ἀμφισβητήσεως καὶ ὃ ποιεῖ τοὺς λόγους ἐπαλλάττειν, ὅτι τρόπον τινὰ ἀρετὴ τυγχάνουσα χορηγίας καὶ βιάζεσθαι δύναται μάλιστα, καὶ ἔστιν ἀεὶ τὸ κρατοῦν ἐν ὑπεροχῇ ἀγαθοῦ τινός, ὥστε δοκεῖν μὴ ἄνευ ἀρετῆς εἶναι τὴν βίαν, ἀλλὰ περὶ τοῦ δικαίου μόνον εἶναι τὴν ἀμφισβήτησιν. Διὰ γὰρ τοῦτο τοῖς μὲν εὔνοια δοκεῖ τὸ δίκαιον εἶναι, τοῖς δ' αὐτὸ τοῦτο δίκαιον, τὸ τὸν κρείττονα ἄρχειν. Διαστάντων δὲ χωρὶς τούτων τῶν λόγων οὔτ' ἰσχυρὸν οὐθὲν ἔχουσιν οὔτε πιθανὸν ἅτεροι λόγοι, ὡς οὐ δεῖ τὸ βέλτιον κατ' ἀρετὴν ἄρχειν καὶ δεσπόζειν.* — De Polit. lib. I, cap. II, nro. 17.

Uebrigens empfiehlt Aristoteles, daß man die Sclaven mit vernünftiger Güte behandle, wie die eigenen Kinder. Polit. lib. I, cap. 5, Nro. 11.

man nothwendig inconsequent werden, um noch gerecht und menschlich bleiben zu können.

Aber Gott sei Dank! Die natürlichen Gefühle des Menschen, das Bewußtsein von den Pflichten des Einen gegen den Andern und die Erinnerung an die ursprüngliche Verwandtschaft konnten durch dies Verderbniß und die Verirrung des Heidenthums niemals vollständig vertilgt werden. Man würde weder die Geschichte der Doctrinen noch die Geschichte der Thatsachen in den Gesellschaften des Alterthums verstehen, wenn man nicht darauf Rücksicht nähme, daß sich zwischen das Falsche immer das Wahre, zwischen das Böse immer das Gute von selbst eindrängt und daß gerade dieß einer von den vorherrschenden Zügen im geistigen Leben ist. Die Wahrheiten, welche Gott dem Gewissen der Menschheit anvertraut hat, überlebten wenigstens theilweise den großen Abfall zum Götzendienst. Ueberall wird der Irrthum durch die Wahrheit gemäßigt und bekämpft, selbst dann, wenn er sich in den Theorien der Philosophen mit der ganzen Macht und Verführung der Logik ausstattet. Vornehmlich im praktischen Leben erhebt die lautere Gesinnung und die Tugend edler Seelen energischen Widerspruch gegen ihn, mag er sich auch eine noch so tyrannische Gewalt angemaßt haben.

So verhält es sich auch mit der Arbeit. Die Systeme der Philosophen konnten dieselbe mit Schmach überhaüfen; aber in eben dem Augenblicke protestirte deren Gewissen eben so laut, als das Gewissen des gemeinen Volkes gegen diese Theorien, manchmal durch zaghafte Fassung in der Ausdrucksweise, manchmal durch Zugeständnisse, zu denen die Gewalt der Verhältnisse und das Bedürfniß des Lebens nöthigten.

In seinem Buche über den Staat weis't Plato sogleich Anfangs bis in das Einzelnste nach, daß derselbe auf der Arbeit beruhe.[1]) Xenophon rühmt den Landbau; „Landbau

[1]) *Πρῶτον οὖν σκεψώμεθα, τίνα τρόπον διαιτήσονται οἱ οὕτω παρασκευασμένοι· ἄλλο τι ἢ σῖτον τι ποιοῦντες καὶ οἶνον καὶ ἱμάτια καὶ ὑποδήματα, καὶ οἰκοδομησάμενοι οἰκίας, θέρους μὲν τὰ πολλὰ γυμνοί τε καὶ ἀνυπόδητοι ἐργάσονται, τοῦ δὲ*

„müsse man treiben, sagt er, wenn man ungetrübtes Glück „genießen will. Die Mühe, die man auf ihn verwendet, ge„währt reines Vergnügen, sagt er, erhöht den Wohlstand, „stärkt den Körper und macht es möglich, die Pflichten eines „freien Mannes zu erfüllen.[1]" Anderswo schlägt Xenophon vor, „jenen Kaufleuten oder Schiffsführern, die durch Handel „oder durch größere Schiffsrüstungen dem Staate einen Dienst „erwiesen haben, im Theater einen Ehrenplatz anzuweisen oder „sogar das Staatsgastrecht einzuraümen.[2]" Thukydides läßt den Perikles sagen: „Bei uns ist es für Niemand schimpflich, „sich als arm zu bekennen; aber die Armuth nicht durch Arbeit „heben, das ist schimpflich. Ein und derselbe Mann befaßt „sich mit seinen Privatgeschäften und mit der Regierung des „Staates, und jene, welche die Hausarbeit betreiben, bleiben „deßungeachtet der Politik nicht fremd.[3]" Solon machte die Arbeit zu einem besonderen Element in der Staatsverfassung Athens, indem er Gliederungen bildete, welche ganz auf die industriellen Güter gegründet waren. Seine Gesetze bestraften den Müssiggang als ein Verbrechen, befahlen jedem Bürger, ein Gewerb zu üben, und schrieben jedem Familienvater vor, seine Söhne in einem solchen unterrichten zu lassen, wofern er nicht das Recht auf die Pflege verlieren wolle, die er nach dem Gesetze im Greisen=

χειμῶνος ἠμφιεσμένοι τε καὶ ὑποδεδεμένοι ἱκανῶς; θρέψονται δὲ ἐκ μὲν τῶν κριθῶν ἄλφιτα σκευαζόμενοι, ἐκ δὲ τῶν πυρῶν ἄλευρα τὰ μὲν πέψαντες, τὰ δὲ μάξαντες κ. τ. λ.

De Republ. lib. II, p. 369—373.

[1]) *Καὶ ἀρίστους δὲ καὶ θεοφιλεστάτους, ἔφη, εἶναι, ἐν μὲν γεωργίᾳ τοὺς τὰ γεωργικὰ εὖ πράττοντας.*

Memorab. Socrat. III, 9. Conf. Oeconom. cap. 5.

Es ist wohl zu bemerken, daß es sich hier nicht um eine bloße Taglöhnerarbeit handelt, sondern vielmehr von einer planmäßig geführten Ausbeute des Bodens die Rede ist.

[2]) De Vectigal. III.

[3]) *Καὶ τὸ πένεσθαι οὐχ ὁμολογεῖν τινὶ αἰσχρὸν, ἀλλὰ μὴ διαφεύγειν ἔργῳ, αἴσχιον, ἔνι τε τοῖς αὐτοῖς οἰκείων ἅμα καὶ πολιτικῶν ἐπιμέλεια, καὶ ἑτέροις, πρὸς ἔργα τετραμμένοις, τὰ πολιτικὰ μὴ ἐνδεῶς γνῶναι.* Thucyd. lib. II, cap. 40.

alter erwarten konnte.[1]) Ungetreu dem dorischen Geiste ehrte Corinth die Arbeit und erlangte durch Handel die unermeßlichen Reichthümer, durch die es eine der blühendsten Städte Griechenlands wurde.[2]) In Elis, wohin die Uebel des Krieges nie drangen, weil das Land dem Jupiter heilig war, widmeten sich die freien Männer dem Werke der Bodenkultur und der Feldbau war dort blühend und geachtet bis zur Zeit des achäischen Bundes. Zur Zeit des achäischen Bundes befaßte sich, wie Plutarch erzählt, Philopömen, der von vornehmer Geburt war, aus ganzer Kraft mit der Landwirthschaft. „Er legte mit seinen Winzern und Ackersleuten selbst die Hand „an's Werk; dann ging er zurück in die Stadt und verhan„delte mit seinen Freunden und mit den Magistraten die Ge„schäfte des Staates. Er war bemüht, durch Feldbau, das „gerechteste Bereicherungsmittel, sein Besitzthum zu vergrößern, „und es galt ihm das nicht als ein untergeordnetes Geschäft; „denn er war der Ansicht, wenn man sich des fremden Gutes „enthalten wolle, so sei die Bestellung eines eigenen guten „Haushalts hiezu das geeignetste Mittel."[3])

---

[1]) Unter Drakon wurde Faulheit mit Verlurst der Bürgerrechte bestraft.
Poll. VII. 6.

Solon befahl den Areopagiten, *ἐπισκοπεῖν, ὅθεν ἕκαστος ἔχει τὰ ἐπιτήδεια, καὶ τοὺς ἀργιοὺς κολάζειν. Πρὸς τὰς τέχνας ἔτρεψε τοὺς πολίτας, καὶ νόμον ἔγραψεν, υἱῷ τρέφειν τὸν πάτερα μὴ δεδαξάμενον τέχνην ἐπάναγκες μὴ εἶναι.*

Plut. Solon, cap. 22.

Nach Herodot — Lib. II, cap. 177. conf. Diodor. I, 77. — hätte Solon sogar angeordnet, Jeden mit dem Tode zu bestrafen, der nicht eine industriöse regelmäßige Lebensweise trieb.

Vergl. Wallon, l'hist. de l'esclavage. p. I, chap. 4. Grote, hist. of Grece, part II, ch. 11. (der deutschen Uebers. Bd. II, Seite 106).

[2]) *Ἥκιστα δὲ Κορίνθιοι ὄνονται τοὺς χειροτέχνας. Γέρεα δέ σφι ἦν τάδε ἐξαραιρημένα μούνοισι Αἰγυπτίων πάρεξ τῶν ἱρέων· ἄρουρα ἐξαίρετοι δυώδεκα ἑκάστῳ ἀτελέες.*

Herod. lib. II, cap. 167.

[3]) Plut. Philopoem. cap. 4.

Uebrigens muß man hiebei zwischen den verschiedenen Zeiträumen der Geschichte unterscheiden. Wir haben in einem früheren Capitel gezeigt, daß die Arbeit in dem Maaße, in welchem die Gesellschaft durch Stolz und Sinnlichkeit corrumpirt wird, ihre innere Kraft verliert. Daselbst ist nachgewiesen, daß die Menschen gerade deßhalb, weil sie die Mühe der Arbeit nur mit Widerwillen auf sich nehmen, mehr geneigt werden, dieselbe als niedrig zu verachten. Die wachsende Abneigung gegen die Arbeit erzeugte auch eine wachsende Geringschätzung gegen den Arbeiter; diese Geringschätzung führte zur Sklaverei, und beide nahmen mit den Lastern, aus denen sie entsprungen waren, fortwährend an Ausdehnung zu. Man kann bei den vorchristlichen Völkern den stufenweisen Fortgang der sittlichen Entartung an der stufenweisen Entwicklung des Sklavenwesens genau erkennen. Je mehr sich die Gesellschaft verschlechtert, desto ausgedehnter, drückender und entehrender wird der Sklavenstand. Und es mußte so kommen; denn hatte das Sklaventhum seinen Ursprung in jenem Verderbniß des gefallenen Menschen, das von der Kirche Begierlichkeit genannt wird und sich mit den zwei Worten „Hoffart" und „Sinnlichkeit" bezeichnen läßt, so müßte, wenn die Ursache an Stärke zunahm, auch die Folge in entsprechend größerer Ausdehnung hervortreten.

Die Quelle der Sklaverei ist in der Unbotmäßigkeit der Großen und in den Lastern der Kleinen zugleich zu suchen.

Der Reiche flieht die Erniedrigung und Mühe der Arbeit und benützt seine Macht, um die Bürde, zu deren Ertragung er nur in der Selbstverläugnung die nöthige Kraft finden könnte, auf die Schultern derjenigen zu wälzen, die durch ihre Schwäche seiner Willkür preisgegeben sind. Mit Verstand die Güter dieser Welt zu genießen, sowohl die Güter des Geistes als die Güter des Leibes; sie in voller Freiheit und Muße und in jener vermeintlichen Würde zu genießen, die keine Erniedrigung durch die Arbeit kennt: dies ist das Lebensideal der Alten. Dieses Ideal aber läßt sich nur verwirklichen, wenn es Sklaven gibt.

Andererseits erforderten die rohen und zügellosen Leidenschaften der Niedrigen eine Handhabung einer Auctorität, die so streng und so ununterbrochen thätig war, daß dadurch die Freiheit der Massen völlig vernichtet wurde. Wie hätte man ferner den Menschen bei seinem Hang zur Trägheit, der durch den Geist des Heidenthums noch genährt wurde, zur Arbeit bewegen können, wenn man seine Zuflucht nicht zum Zwang der Sklaverei genommen hätte?[1]) Nur wenn man genau Rücksicht darauf nimmt, wie sich die Zustände des socialen Lebens durch das Heidenthum gestaltet haben, wird man die Theorie des Aristoteles über die Sklaverei begreifen. Mit einem gerade für die thatsächliche Seite der Dinge immer offenen Auge wandelte dieser mächtige Geist dasjenige, was nur für die verkommene Gesellschaft nothwendig war, in deren Mitte er lebte, zu einem allgemein giltigen Gesetze um.

Die gleichen Verhältnisse werden aber wieder nothwendig werden, sobald in den öffentlichen Sitten die Verderbtheit der gefallenen Natur sich neuerdings zeigt. Die einzige Macht, durch welche das Verderbniß der Welt wirksam bekämpft werden kann, ist die Entsagung. Man darf wohl behaupten, daß der Menschheit jedesmal, wenn sie den Geist der Entsagung verloren hatte, zur Strafe für den Abfall von diesem ihrem natürlichen Gesetze das Joch der Sklaverei auferlegt worden.

---

[1]) Wenn Einige die Behauptung aufstellen, daß die Sklaverei im Alterthum eine Nothwendigkeit war wegen der vorhandenen geringen Kapitalien, so macht Metz-Noblat dazu die Bemerkung, die Sklaverei sei von ökonomischem Standpunkte aus nur deßhalb nothwendig gewesen, weil die heidnischen Arbeiter, deren Leidenschaften durch den Polytheismus eher genährt als unterdrückt wurden, allen ihren Gewinn vergeudet haben würden, sofern sie frei darüber hätten verfügen können, während der Herr Ersparnisse machte, indem er die Ausgaben für die Sklaven, wie der Eigenthümer eines Rossegespanns, auf das geringste Maaß beschränkte. — Phénomènes économiques, tom. I, p. 306. Diese ganz wahre Bemerkung dient als Beweis für die Richtigkeit unserer Ansicht, daß man die Ursachen der Sklaverei eben sowohl in der Corruption der unteren, als in den Lastern der höheren Klassen suchen müsse.

Nur werden nach der Verschiedenheit der Zeiten auch die Formen der Sklaverei verschieden sein. Die Sklaverei der Arbeiter in unseren gegenwärtigen Fabriken ist nicht mehr die Sklaverei der Arbeiter in Griechenland und Rom, aber im Grunde herrscht doch überall die gleiche Ungerechtigkeit: Ausbeutung des Menschen durch den Menschen, sowie Niedertretung des Armen und Schwachen durch den Reichen und Mächtigen. Dagegen wird das Joch der Sklaverei überall da erleichtert und zuletzt ganz zerbrochen werden, wo der Geist der Entsagung den entsprechenden Einfluß auf die Sitten übt.

Anfänglich waren die Sklaven sowohl in Griechenland als in Rom nur wenig zahlreich; ihre Lage war sehr erträglich und scheint sich nur wenig von der Lage des freien Arbeiters unterschieden zu haben. Sklave und Herr führten unter einem und demselben Dache ein gemeinsames Familienleben. In Rom hieß der Herr Familienvater, der Sklave Familienglied.[1]) Sowohl bei der Landwirthschaft als bei den Geschäften innerhalb des Hauses betheiligten sich beide neben einander an der gleichen Arbeit. Und die Frauen der griechischen Heroen, sowie die Matronen der beginnenden Weltstadt an der Tiber leiteten die Thätigkeiten ihrer Sklavinen ebenfalls nicht als müßige Zuschauerinen. Diese Gemeinsamkeit der Arbeit in Verbindung mit der Einfachheit der Sitten und mit der Erkenntniß dessen, was dem Herrn zum wahren Vortheil gereicht, sicherte den Sklaven eine sehr gelinde Behandlung. Ihrerseits entsprachen die Sklaven diesem Wohlwollen durch die Gefühle einer Anhänglichkeit, von welcher uns die Poesie des Heroenalters eine Menge von Beispielen aufbewahrt hat.[2]) Ohne Zweifel war auch das noch immer Sklaverei d. h. Ausnützung eines Menschen durch Verachtung seiner freien Persönlichkeit; aber die Sitten waren kräftig und rein

---

[1]) Pater familias und familiaris.

[2]) Man sehe Wallon, hist. de l'esclavage, part. I, chap. 2.; part. II, ch. 6. Ferner Grote, history of Grece, tom. II. p. 131 (der deutschen Uebersetz. Bd. I, S. 467.) Dezobry, Rome au siecle d'Auguste I, p. 437.

genug, um den Herrn bei der Ausübung einer Macht, für welche es keine gesetzliche Schranke gab, innerhalb gewisser Linien zu halten.

Vom peloponnesischen Kriege an neigte sich Griechenland jenem Abgrund entgegen, in den es zuletzt durch die Ausartung des Heidenthums verhängnißvoller Weise gestürzt wurde, und gerade von dieser Zeit an nimmt auch das Sklavenwesen im Leben der Griechen eine immer bedeutsamere Stelle ein. Diese Umänderung ist besonders in Athen fühlbar, wo die Arbeit noch mehr in Ehre geblieben war, als in den übrigen Staaten. Die Sklaven erfüllten das platte Land und die Stadt. Zuerst hörte der Bürger auf, selber zu arbeiten; er ließ arbeiten und suchte in dem Gewinn, den er aus der Arbeit seiner Sklaven zog, die Mittel für seinen Luxus. Als der Luxus in der Folgezeit größer wurde, wuchs verhältnißmäßig auch die Zahl der Haussklaven, die dessen Diener und Opfer sind. In den Lustspielen des Aristophanes sind Sklavenrollen noch eine Seltenheit; in der späteren Komödie werden sie zu einer unvermeidlichen Erscheinung. Aber erst unter den Nachfolgern Alexanders, als die Gemeinheit und das Verderbniß keine Grenzen mehr kannte, entfaltete sich der Luxus in dem freien und einst arbeitsamen Athen völlig ungestraft und nahm dort auch das Sklavenwesen eine größere und betrübendere Ausdehnung an.[1])

Das Umsichgreifen des Stolzes und der Verweichlichung führte auch in Rom zu den nämlichen Folgen.

Wir haben weiter oben angegeben, daß dort bei der Landwirthschaft Sklavenarbeit an die Stelle der freien Arbeit getreten sei. Wenn die Zahl der Sklaven in den Städten nach dem Maaße wuchs, in welchem der Luxus zunahm, so wuchs sie auf den Landgütern nach dem Verhältniß der Ausdehnung, welche die Besitzungen der Vermöglichen nach und nach erhielten. Das Schicksal wollte es, daß den Römern ihre Eroberungen gerade in dem Augenblicke, in welchem dieselben ver-

[1]) Wallon, hist. de l'esclavage, tom. I, p. 180. 147.

möge ihrer Berührung mit den Lastern Griechenlands und des Orients auch einer äußeren Versuchung zur Sünde ausgesetzt waren, neue Sklavenmärkte eröffneten, welche erst nach Jahrhunderten und erst, nachdem eine aus dieser Sünde und diesem Sklavenwesen hervorgegangene Ohnmacht das Cäsarenreich den einst unterjochten Völkern zum Spielballe hingeworfen hatte, keine Waare mehr sollten liefern können.

Man hat bisweilen die Zahl der Sklaven in Rom zu hoch angeschlagen. Indeß darf man, wie Wallon bemerkt, die Zweifelsucht nicht zu weit treiben und mit den oberflächlichen oder erdichteten Berechnungen nicht auch die für einzelne Fälle genau bestimmten Angaben verwerfen.[1]) Mit dem nämlichen Schriftsteller kann man behaupten, daß sich in der Zeit von Cato dem Aelteren bis auf Cato den Jüngeren die Zahl der Sklaven wenigstens in den Haüsern der Vornehmen mehr als vervierfacht hat. Es liegt uns übrigens das ausdrückliche Zeugniß des Tacitus vor, daß Rom in Schrecken gerathen sei über die Menge der Sklaven, die maßlos anschwoll, während sich die freie Bewohnerschaft Tag für Tag verringerte.[2]) Ein ferneres Zeugniß läßt sich aus Seneca entnehmen, der die oftmals nacherzählte Thatsache berichtet, daß im Senat der Vorschlag gemacht worden sei, den Sklaven eine besondere Kleidung zu geben, daß aber die Senatoren ihre Zustimmung verweigert hätten, aus Furcht, es möchten dieselben sonst gewahr werden, um wie viel ihre Zahl die Zahl der freien Männer übersteige.[3]) Ein eben so sprechender Beweis ist die Vermehrung der Haussklaven oder, was das Nämliche ist, die Unzahl verschiedenartiger Verrichtungen, welche den Sklaven in der Familie eines

---

[1]) Hist. de l'esclavage, p. II, chap. 3.

[2]) Staius tribunus ducem ipsum (Curtium) in urbem traxit, jam trepidam, ob multitudinem familiarum, quæ gliscebat in immensum, minore in dies plebe ingenua. Tacitus, Annal. IV, 27.

[3]) In Senatu dicta est aliquando sententia, ut servos a liberis cultus distingueret: deinde apparuit, quantum periculum immineret, si servi nostri numerare nos coepissent.
Seneca, de Clement. I, 24.

Reichen übertragen waren. Für jede Forderung eines hochstrebenden, verwöhnten Luxus bestand ein eigener Dienst, und ein einzelner derartige Dienst beschäftigte häufig mehrere Personen, manchmal eine ganze Schaar von Sklaven. Es war das eine Theilung der Arbeit, die man bei den kunstvoll ausgesonnenen Formen des Stolzes und der Sinnlichkeit bis auf's Äußerste getrieben hatte. Die Sklaven bildeten im Besitz der Großen eine Menschenmasse, welche man das gemeine Volk des Hauses nannte, und dieses Volk ist, wie eine Armee, in Decurien eingetheilt, von denen jede ihr Haupt und ihr besonderes Amt [1]) hatte.

Was sollen wir nun sagen von der Erniedrigung dieser Leute, die zum Behuf der Vergnügungen und der nichtsthuerischen Würde ihrer Herrn mit dem Thiere gleichgestellt wurden? Was von all der Unbill, mit welcher man sie auf grausame Weise nur so zum Spiele überhaüfte? Man hat in unsern Tagen ohnehin schon zu oft ein Gemälde hievon entworfen: es ist deßhalb nicht nothwendig, daß wir uns länger bei diesem Gegenstande aufhalten. Wenn sich der Mensch von Gott trennt, wenn er den Weg der Selbstentsagung gänzlich verläßt und sich in seinem Stolze selbst zum Mittelpunkt der Dinge macht, so kann er in den übrigen Menschen, die doch vollkommen Seinesgleichen sind, nur mehr die Werkzeuge für seine Größe und für seine Genüsse finden. Die Schmach, womit er, von Stolz und Sinnlichkeit getrieben, dieselben überschüttet, wird ihm um so gerechter erscheinen, je tiefer er schon das Kniee vor sich gebeugt hat, und das Gefühl der Selbstvergötterung wird um so höher steigen, je ungehinderter er mit den Launen seiner Eitelkeit und Fleischlichkeit die Anderen quälen

---

[1]) Provincia ist der Ausdruck des Plautus. Uebrigens sehe man das interessante Detail bei Wallon, Bd. I, S. 108 bis 138 — und bei Dezobry, Brief 22.

Das Gemälde, das diese zwei gelehrten Schriftsteller entwerfen, stützt sich durchgehends auf unwiderlegbare Texte und läßt keinen Zweifel bestehen über die beklagenswerthe Ausdehnung des Sklavenwesens in Rom zur blühendsten Zeit der Republik und der Kaiserherrschaft.

kann. Je mehr das Gottesbewußtsein aus der Gesellschaft entschwindet und je lauter der Mensch aus eigener Machtvollkommenheit in ihr zu herrschen verlangt, desto drückender wird das Joch der Sklaverei.

Man kennt die Verhältnisse und die Verwendung jener Jonierinen, welche zur Zeit des Perikles als Sklavinen die Stadt der Minerva erfüllten. Die Namen der weisesten Philosophen Griechenlands sind mit der unlautern Erinnerung an dieselben verknüpft; die griechische Rechtsgeschichte hat die Spur von jenen schimpflichen Verhandlungen aufbewahrt, deren Gegenstand sie waren, und das große Leben des Demosthenes bestätigt nicht bloß die Thatsächlichkeit der Entwürdigung, welche sich die menschliche Natur mußte gefallen lassen, sondern läßt überdies deren schmutzige Häßlichkeit in einem sehr grellen Lichte erscheinen. Die griechische Sprache drückte mit kurzen Worten die Verachtung aus, die man gegen einen Sklaven hatte; man nannte ihn einen Körper, eine belebte Maschine.[1])

Dem entsprechend war auch die Behandlung, die er fand; man sorgte nicht für seine Seele, und für seine geistige Bildung nur dann, wenn es etwa zum Dienst des Herrn nothwendig war. Bloß Eines verlangte man von ihm, den Gehorsam: hierin lag die ganze Tugend des Sklaven. Der alte vertraute Umgang zwischen Sklaven und Herrn war verschwunden, und Theophrast, der in seinen Charakterbildern[2]) die Ansicht seines Jahrhunderts aussprach, zählte diejenigen, welche bei der Arbeit unter ihren Sklaven weilten, wie einst Ulysses, zum ungebildeten Volke. Der Sklave gehörte nicht mehr zur Familie, wie in früheren Zeiten; er blieb ihr sogar auch dann fremd, wenn er in ihrer Mitte geboren war. Ja gerade der Sklave, der im Hause seines Herrn für persönliche Bedienung erzogen worden, war unter allen der verachtetste; das Wort, mit welchem man ihn benannte, wurde zu einem Schimpfworte.[3])

---

[1]) *Σῶμα* — und *ὄργανον ἔμψυχον.*

[2]) *Ἠθικοὶ χαρακτῆρες.*

[3]) *Οἰκοτριβής,* der im Haus Geborne und zugleich: der Aufreiber des Hauses. — Pape, griech. Handwörterb. s. h. v.

Ausschweifung war der Kern seines ganzen Wesens. Und wie hätte es anders sein sollen, da er von Jugend auf nichts weiter war, als ein Werkzeug für die Lüste seines Herrn?[1]) Die Sklaven in den Werkstätten hatten nicht weniger zu leiden unter der Gewalt eines despotischen Aufsehers, der oft genug für das, was er selbst vom Herrn erfahren, Rache an ihnen nahm. Was die Feldsklaven betrifft, so war ihre Lage noch härter. „Oft legte man den Arbeiter in Ketten, sagt Wallon, „aus Furcht, er möchte seiner Knechtschaft vergessen und auf „dem freien Felde die Freiheit seiner eigenen Natur inne wer„den. Seine Arbeit und seine Behandlung war die Arbeit „und Behandlung eines Lastthieres; nur kam noch ein Maaß „von Vorsicht hinzu, das bei dem zum Dienen gebornen Thiere „nicht nothwendig ist."

„Je mehr man sich die verschiedenen Stufen der Arbeit „betrachten wollte, desto nackter würde das allgemeine Wesen „der Sklaverei als ein Bild voll Elend und Schmerz vor un„sere Augen treten."[2])

In Rom, wo alle Dinge über die gewöhnlichen Verhältnisse hinausgingen, stieg das Sittenverderbniß und im Zusammenhang damit die Verachtung und Härte gegen den Sklaven bis zu jener Höhe, auf welcher das Wüthen der verkehrten Triebe an Wahnsinn grenzt.[3]) Der Sklave, der auf den Feldern arbeitete und diese Arbeit nicht mit seinem Herrn theilte, kam in Italien ebenso, wie in Griechenland, unter die

---

[1]) Wallon, Hist. de l'esclavage, tom. I, p. 301, 406 bis 413; 187 bis 193.

[2]) Wallon, tom. I, p. 311.

[3]) Ueber die Sklaverei in Rom zur Blüthezeit der Republik und der Kaiserregierung sehe man: Wallon, l'Histoire de l'esclavage, II, part. ch. 6. — Die Thatsachen, an denen sich der Charakter der antiquen Sklaverei zeigt, sind in diesem Buche mit einer so großen Ueberlegenheit des Wissens und mit einem so reichen Schatze von christlicher Gesinnung behandelt, daß man sagen kann, der gelehrte Akademiker habe über diesen Gegenstand nunmehr das letzte Wort gesprochen.

Aufsicht eines Villicus zu stehen, der nicht mit dem Herrn die gleichen Gründe hatte, für das Fortkommen der ihm Unterstellten Sorge zu tragen.

Als für den Anbau der großen Grundbesitzungen die Zahl der Sklaven erhöht wurde, kannte man die einzelnen weniger und betrachtete sie darum mit desto größerem Argwohn. Die Folge dieses Argwohns war ein größeres Maaß von Vorsicht und eine strengere Behandlung. Bei Nacht waren die Unglücklichen in ihrem Behälter, am Tag bei der Arbeit und immer in Ketten. Als der alte Cato jenen Herrn, denen er rathen durfte, die Aufforderung gab: „Seid kluge Hauswirthe und „verkaufet eure Sklaven und eure Pferde, wenn sie alt geworden;" als er jenen Sklaven, denen er gebieten konnte, die Ehe verbot und aus ihren thierischen Leidenschaften Gewinn zog; als er über die Ernährung dieser Menschenklasse Regeln aufstellte, die wir heutzutage nicht einmal bei unseren Verurtheilten zur Anwendung bringen: damals war die Lage der landwirthschaftlichen Arbeiter gewiß drückend und entwürdigt genug. Cato jedoch lebte noch unter seinen Sklaven und theilte ihre rohe Kost. Damals verweilte überhaupt noch jeder Grundherr fast das ganze Jahr auf seinen Gütern und der Villicus leitete unter seinen Augen und nach seinem Willen die Arbeit. Als aber die Leidenschaft des Müssiggangs und des Luxus den Besitzer vom Land entfernte, fiel der Arbeiter ganz und gar der Willkür des Villicus anheim; er war in der That nur der Sklave eines Sklaven und die Last seines Standes wurde doppelt schwer. Den Aufenthalt auf dem Lande betrachtete die Sklavenwelt als eine Art Verbannung; von der Familie in der Stadt zur Familie auf dem Lande versetzt zu werden, das galt als Strafe.

Wenn aber der Sklave in der Stadt eine weniger harte Arbeit auf sich zu nehmen hatte, so mußte er gleichsam zum Ersatz hiefür mehr Demüthigungen ertragen und mehr üble Laune sich gefallen lassen. Nur das verderbte Herz des Sklaven war im Stande, in der Uebersiedlung vom Lande in die Stadt einen Vortheil zu finden. Bei Verwendung zu hauslichen Diensten konnte derselbe zu seinem Herrn einen Vedius Pollio erhalten, der seine Sklaven für das Zerbrechen eines Gefäßes den Fischen zum Fraß vorwerfen ließ. Für den geringsten Fehler, für ein unzeitiges Wort, für ein schlecht zubereitetes Gericht verfiel er den grausamsten Strafen: der Fesselung, dem Kerker, dem Halsblock, der Peitsche, der Ruthe, der Brandmarkung, der Folter, vielleicht sogar der Kreuzigung.[1]) Dem Thiere gleichgesetzt muß er vielleicht vor der Pforte eines Reichen wie ein Hund an die Kette gelegt sein Leben als Thürhüter hinbringen. Wenn er behend und kräftig ist, wenn er in den Tagen seiner Freiheit die Waffen geführt hat, so wird er im Amphitheater mit kaltem Blute entweder selber todtschlagen oder muß sich todtschlagen lassen, um dem königlichen Volke der Stadt einiges Vergnügen zu verschaffen. Wenn aber in dem Sklaven nur noch ein Funke sittlichen Gefühls zurückgeblieben ist, so achtet er diese Quälereien und Grausamkeiten für Nichts im Vergleich zu den täglichen Beschimpfungen, denen er bei der zügellosen Leidenschaft eines heidnischen Herrn ausgesetzt ist. Die Ueberbleibsel der römischen Literatur und Kunst bieten reichliche Beweise von der empörenden Niedertretung des Edelsten und Werthvollsten in der Natur des Menschen. „Durch eine ungünstige Fügung „des Schicksals, sagt Florus, sind die Sklaven jedem Ungemach „ausgesetzt; sie sind gleichsam ein anderes Geschlecht von Men-„schen, das unter uns steht."[2])

Indeß hatte auch die Stadt Arbeitssklaven, und deren Loos war noch trauriger, als das Loos der Sklaven für den Landbau. „Die Winzer und landwirthschaftlichen Arbeiter, „welche das Leid des Kerkers mit sich auf das Feld hinaus-„trugen, hatten wenigstens freie Luft und freie Sonne. Aber „für die Uebrigen erweiterte sich ihr Gefängniß nie; sie trugen „alle Last der Arbeit innerhalb der Mauern ihres Behälters.

---

[1]) Man sehe: Rome au siècle d'Auguste, par Dezobry, Lettre XXII.

[2]) Nam et ipsi per fortunam in omnia obnoxii et quasi secundum hominum genus sunt. Florus, epit. lib. II. cap. 20.

„— Der Esel in den Metamorphosen des Appulejus fand nur „wenig zu loben, als er von der Mühle in die Bäckerei kam. [1]) „Welches Schauspiel bot sich nicht an diesem schrecklichen Orte „seinem Auge dar! Welche Mißgestalten von Menschen traten „nicht da vor ihn! Die ganze Haut war in Folge der Peitschen„hiebe mit schwarzen Striemen überzogen, der Rücken blutig „geschlagen, und von den letzten Resten der Kleidung mehr „beschattet, als bedeckt. Einige trugen nur eine schmale Um„gürtung, bei Allen aber sah man durch die Lappen hindurch „das Nackte. Auf der Stirne war ein Merkzeichen eingebrannt, „das Haupt halb geschoren, um die Füße ein eiserner Reif ge„zogen; krankhafte Blässe machte ihr Angesicht häßlich, die „Augen aber hatten sich in dieser von Rauch und finsterem „Dunst angefüllten Atmosphäre stark entzündet, so daß sie „nur mit Mühe ihren Dienst leisten konnten." [2])

„Es fehlt in diesem Gemälde von Elend noch ein Zug. „Man erfand eine Vorrichtung in der Form eines Rades, die „Pollux ganz einfach unter den Mahlwerkzeugen erwähnt [3]) „und deren Gebrauch er so beschreibt: Man legte sie an den „Hals des Sklaven, damit er nicht während der Arbeit seine „Hand zum Mund bringen und so vom Mehle kosten könne . . . „Das Gesetz des Moses dagegen sagt: Du sollst dem Ochsen,

---

[1]) In den Metamorphosen des Appulejus tritt ein Mann auf, der zuerst durch seine Laster in einen Esel, dann durch die Mysterien wieder in einen Menschen verwandelt wird. — Anmerk. d. Uebers.

[2]) Dii boni! quales illis homunculi vibicibus livedinis totam cutem depicti, dorsumque plagosum scissili centunculo magis inumbrati quam obtecti; nonnulli exiguo tegili tantummodo pubem injecti: cuncti tamen sic tunicati, ut essent per pannulos manifesti; frontes literati, et capillum semirasi et pedes annulati: tum lurore deformes, et fumosis tenebris vaporosae caliginis palpebras adesi atque adeo male luminati . . . Appulej. Metamorphos. lib. IX.

[3]) *Τό γε μὴν τοῖς οἰκέταις τοῖς ἔνδον ἐργαζομένοις ὑπὲρ τοῦ μὴ κάπτειν τῶν ἀλφίτων περιτιθέμενον παυσικάπη ὀνομάζεται, τροχοειδὲς μηχάνημα ὂν τῷ τραχήλῳ περιαρμοζόμενον ὡς ἀδυνατεῖν τῷ στόματι τὰς χεῖρας προσάγειν.* Pollux VII, 20.

„der auf deiner Tenne deine Früchte austritt, das Maul nicht „verbinden." [1])

Was liegt nun Befremdendes darin, wenn der so mißhandelte und entwürdigte Sklave für die Schmach und den Druck seines Standes durch eine unergiebige Arbeit Rache an seinem Herrn nimmt. Will man richtig sprechen, so ist das nicht mehr eine Arbeit, das heißt, nicht mehr die Anstrengung einer menschlichen Person, die Natur zu bezwingen und ihre feindlichen Kräfte zu Dienerinen für unsere Bedürfnisse umzuwandeln. Zum Sklaven herabgedrückt ist der Arbeiter kein Mensch mehr; er ist nur noch eine Kraft, die sich nicht von selbst bewegt, sondern durch den Anstoß ihres Herrn bewegt werden muß; er ist eine beseelte Maschine, das ἔμψυχον ὄργανον der Griechen, ein rein materieller Gebrauchsgegenstand, der mit der menschlichen Würde auch all das verloren hat, was den Menschen schöpferisch und seine Arbeit ergiebig macht. So, wie die Sklaverei in den letzten Jahrhunderten des Alterthums war, setzt sie den Menschen auf die Stufe des Thieres herab. Aber ein derart entwürdigter Mensch wirft für seinen habsüchtigen Herrn nicht so viel Gewinn ab, als man aus der Nutzung eines Thieres ziehen kann.[2]) Selbst in der Tiefe seines Nichts bewahrt nämlich der Sklave noch Bewußtsein genug von seiner natürlichen Würde, um den Ungerechtigkeiten dessen, der sich von seinem Marke mästen zu dürfen glaubt, durch Trägheit Widerstand zu leisten.

Als die arbeitende Masse der Menschheit auf diese Weise unter dem Joche der Sklaverei seufzte, da war der Gedanke von Gott, das Bewußtsein von einem ewigen Gesetze und den

---

[1]) Non ligabis os bovis terentis in area fruges tuas. Deuteron. XXV, 4. Wallon, aus dem obige Stelle entnommen ist: tom. II. p. 227 — fügt in einer Anmerkung bei: „Der Philosoph Anaxagoras gab dem Sklaven, der sein Brod fertigte, einen solchen Maulkorb, jedoch nicht aus „Sparsamkeit, sondern weil er fürchtete, es möchte derselbe, mit seinem „Athem den Teig besudeln." Vergl. Athenaeus noctes Attic. XII.

[2]) Nach dem Gesetzbuch der Burgunder IV, 1. galt ein Sklave so viel, als vier Pferde.
Anmerk. d. Uebers.

Pflichten, die es auferlegt, und der Glaube an ein künftiges Leben in der Welt nur mehr dem Namen nach vorhanden. Wo die Religion den Herzen nicht ganz und gar fremd geworden, da war sie auf abergläubisch eitle Beobachtungen und auf einen äußeren Cult ohne alle Gewalt über die Geister zusammengeschrumpft.

In Rom schieden sich damals diejenigen, welche sich über die Dinge Rechenschaft zu geben suchten, nach zwei philosophischen Schulen auseinander: sie waren entweder Stoiker oder Epikuräer. Aber sowohl die Einen als die Andern wollten den Fortbestand der Sklaverei, die ersteren aus Stolz, die letzteren aus Sinnlichkeit. Beherrscht vom Princip des Fatalismus waren die Schüler des Zeno der Ansicht, daß sich der Mensch dem Sklavenjoche ebenso, wie jedem anderen Uebel des Lebens, mit der geringschätzigen Gleichgiltigkeit eines Willens, der stets sein eigener Meister ist und über Allem steht, unterziehen müsse. Nach Zeno verdient derjenige, welcher sich als Sklave nicht in sein Schicksal zu fügen weiß, gerade deßhalb ein Sklave zu sein. Die Lehre der Stoiker näherte sich übrigens der Lehre des Aristoteles; denn auch die Stoiker nennen den Sklaven völlig nichtswürdig; auch nach ihnen gehört derjenige unter das Joch, der zu schwach ist, sich selbst zu leiten, und bei einem Kräftigeren zum Ersatz für geleistete Dienste die Führung erhält, die ihm mangelte.[1]) Was die Schüler des Epikur betrifft, welche aus der Lehre ihres Meisters die logischen Folgerungen zogen und die Bestimmung des Menschen in den Genuß setzten, so forderten sie in ihrer Verderbtheit die Dienste der Sklaven um der Vergnügungen ihres Privatlebens willen, wie die Spartaner dieselben forderten um der strengen Tugenden des öffentlichen Lebens willen.

So lange die Welt noch unter der Herrschaft dieser zwei Leidenschaften und unter der Herrschaft von Lehren, welche diesen Leidenschaften als Evangelium dienten, widerstandslos

---

[1]) Man sehe: Diog. Laërt. VII, §. 121 — und Posidon. bei Athen. VI, 2. Wallon hat die betreffenden Stellen gesammelt: tom. I, p. 394.

dahin lebte, konnte die Sklaverei keine ernstliche Erleichterung erfahren. Erst als die morgendlichen Strahlen des Christenthums die Finsternisse der heidnischen Welt zu durchbrechen begannen, erwachte das Gefühl für die allgemeinen Rechte der Menschheit in einigen über das Gewöhnliche erhabenen Seelen. Seneca diente mit seiner vom Christenthum tief durchdrungenen Philosophie diesem Gefühl zur mächtigen Stütze. [1]) Auch die Gesetzgebung empfand etwas von der heilsamen Einwirkung der christlichen Wahrheit und Gerechtigkeit. [2]) Aber die öffentlichen Sitten widerstanden noch lange Zeit. So lange die Gesellschaft heidnisch, das heißt, so lange sie durch Stolz und Genuß von Gott getrennt blieb, blieb sie auch durch die Sklaverei entnervt und geschändet. Sie fand die Ehre und die Fruchtbarkeit der Freiheit erst, als sie durch die Macht der Entsagung wieder zu Gott zurückgeführt war.

XI. Kapitel.

Durch den Einfluß der Entsagung wurde die Arbeit in der christlichen Gesellschaft wieder zur Achtung gebracht und zur Freiheit erhoben.

Je mehr Schmach und Knechtung die Arbeit bei den heidnischen Völkern des Alterthums erfahren hatte, desto mehr Ehre und Freiheit genießt sie im Christenthum. Diese Verschiedenheit zwischen der alten und neuen Zeit, vielleicht die bedeutsamste von allen, steht in einem innigen Zusammenhang mit den Grundsätzen, die jedesmal zur Geltung kamen.

Die Herrschaft des Stolzes und der Sinnlichkeit hatte, wie im vorigen Kapitel dargelegt worden, die nothwendige Folge, daß die Arbeit verachtet und der Arbeiter zum Sklaven gemacht wurde. Die Uebung der Entsagung, welche den Stolz und die Sinnlichkeit gleichmäßig bekämpft, brachte die Arbeit

[1]) Wallon, tom. III, pag. 22.

[2]) Man sehe: Troplong, de l'influence du Christianisme sur le droit civil des Romains, part. II, ch. 2.

wieder zu Ehren und machte den Arbeiter frei. Galt die Arbeit einmal in der Anschauung der Menschen und im öffentlichen Leben als eine achtungswerthe Sache, so kam die Freiheit ganz von selbst, und an dem Fortschritt der Freiheit kräftigten sich wieder jene Lehren, durch deren Wirkung der Arbeiter ursprünglich die ihm gebührende Ehrenstellung erlangt und sich im eigenen Innern für die Freiheit befähigt hatte.

Betrachten wir die Arbeit zuerst in ihrem Zwecke, so läßt sich leicht einsehen, wie sie gerade durch die Entsagung ihre Würde wieder erhielt. Wenn die Arbeit nur ein Mittel zum Genusse ist, so kann sie weder in den Augen derjenigen, welche sich ihr widmen, noch in den Augen derjenigen, zu deren Gunsten sie gepflegt wird, einen hohen Werth besitzen. Der Mensch ist zwar im Stande, auf seinen natürlichen Adel zu vergessen und das Ziel seines Lebens im Genusse zu suchen, aber er ist nicht im Stande, dem Genusse den Charakter der Größe beizulegen; das Gewissen behauptete in diesem Punkte jederzeit eine höhere Gewalt, als alle Leidenschaften. Hat die Arbeit keinen anderen Beweggrund, als den Genuß, so kann der Arbeiter dieselbe seinem natürlichen Gefühle nach nur für eine harte und demüthigende Nothwendigkeit ansehen, da ja seine Bemühungen zu nichts Anderem führen sollen, als zur Befriedigung des Thierischen im Menschen. Und wer zur Sättigung seiner Begierden fremde Hände aufbietet, kann den Arbeiter nur als ein Werkzeug betrachten, dessen Bedeutung die Bedeutung der geleisteten Dienste nicht übersteigt.

Immerhin ist die Arbeit auch für den Christen ein Joch, aber ein Joch, das man mit Liebe annimmt, weil man unter seiner Bürde einem menschenwürdigen Ziele entgegen geführt wird. Der Christ gebraucht die Güter nicht bloß zum Behuf der Genüsse, welche er durch dieselben erreichen könnte; seine Bestimmung, die ganz einer geistigen Ordnung angehört, schließt sogar die Liebe zu einem Genusse, der nur Genuß sein will, geradezu aus. Die Reichthümer, das Resultat der Arbeit, können ihm nur als Mittel dienen zur Erreichung einer Bestimmung, die höher steht, als das Leben der Sinne, und die Arbeit, die Schöpferin der Reichthümer, nimmt Antheil an der Erhabenheit des Zieles, zu dessen Anstrebung die irdischen Güter mitwirken. Wenn die christlichen Völker der Arbeit eine weitere Ausdehnung und eine höhere Vervollkommnung geben, so bezwecken sie dabei für möglichst viele ihrer Mitglieder die Herbeiführung jenes Wohlstandes und jener Unabhängigkeit, welche die Uebung der Tugend erleichtern, während sie zugleich die menschliche Würde vor den Erniedrigungen der Noth bewahren. Auf diese Weise übernimmt die Arbeit ein Geschäft von so großer socialer Bedeutung, daß sie dadurch ein Anrecht auf die Achtung Aller gewinnt.

Der edelste Gebrauch, den ein Christ vom Reichthum machen kann, seine unbedingt erhabenste Verwendung für die Gesellschaft liegt in den Werken der christlichen Nächstenliebe. Daher hat man auch in der Kirche seit den ersten Zeiten des Christenthums die Arbeit durch dieses Ziel geheiligt. Champagny hat diese Erhebung der Arbeit durch den Charakter der Liebe nachgewiesen. „Die Arbeit, sagt er, ließ nicht allein „die Einkünfte der Reichen in die Hände der Gewerbetreibenden „fließen, sie machte es den Ersteren möglich, dem armen Mit„bruder beizuspringen, indem sie Mittel zum Almosen schaffte. „Es ist das eine von den schönsten und rührendsten Thatsachen „im christlichen Leben. „Auch ihr, sagt der Apostel[1]), die ihr „ausreichend besitzet, arbeitet dennoch, nicht zwar für euch, „sondern für euren Nebenmenschen; verdoppelt eure Anstreng„ung, erhöhet euer Vermögen, damit ihr etwas für die Armen „verwenden könnet. Arbeitet, damit ihr in der Lage seid, den „Schwachen beizustehen; arbeitet mit eigener Hand, damit ihr „demjenigen Hilfe bieten könnet, der leidend ist.“ — „Aus „diesem Beweggrunde arbeitet in jener ersten Zeit auch der

---

[1]) Omnia ostendi vobis, quoniam sic laborantes oportet suscipere infirmos ac meminisse verbi Domini Jesu, quoniam ipse dixit: Beatius est magis dare, quam accipere. Act. XX, 35.

Qui furabatur, jam non furetur: magis autem laboret, operando manibus suis, quod bonum est, ut habeat, unde tribuat necessitatem patienti. Ephes. IV, 28.

„Klerus, um die Kirche nicht zu belasten und jenen Schatz „nicht zu vermindern, der die Armen ernähren soll.[1]) Der „Mönch arbeitet sogar mehr, als für seinen einfachen Unterhalt nothwendig ist, damit er den Dürftigen um so mehr „mittheilen könne.“[2])

Dieses Ziel, das die Kirche von Anfang an der Arbeit gab, wurde während des Mittelalters fortwährend von den religiösen Orden im Auge behalten; denn dieselben verwendeten den größten Theil ihrer Arbeitsfrüchte zum Almosen.[3]) Und überall, wo die Liebe, die Seele des Christenthums, ihre Herrschaft bewahrt hat, ganz besonders aber in den religiösen Orden, bildet das Almosen noch heutzutage einen der vorzüglichsten Beweggründe zur Arbeit.

Mehr aber, als alles Andere, haben zur Neubelebung der Arbeit die Grundsätze des Christenthums über das Verhältniß derselben zur Tugend beigetragen.

Die bloß der Vernunft angehörige Tugend der heidnischen Weltweisen konnte sich in keiner Weise mit der Niedrigkeit der Arbeit vertragen. Nun allerdings, wo keine Tugend ist, da ist auch keine Würde; Heidenthum und Christenthum stimmen in diesem Punkte mit einander überein. Aber das Christenthum versteht unter der Tugend etwas ganz Anderes, als der heidnische Rationalismus darunter verstand. Das Princip der christli-

---

[1]) . . . *Ταῖς ἰδίαις χερσὶ ἐργάζεσθαι τὸ ἀγαθὸν, ἵνα ἔχωμεν μεταδιδόναι τῷ χρείαν ἔχοντι, τὸ μὲν, ὅτι χρὴ ἐργάζεσθαι σπουδαίως, δῆλόν ἐστιν αὐτόθεν. Οὐ μόνον διὰ τὸν ὑπωπιασμὸν τοῦ σώματος χρησίμου οὔσης ἡμῖν τῆς τοιαύτης ἀγωγῆς, ἀλλὰ καὶ διὰ τὴν εἰς τὸν πλησίον ἀγάπην, ἵνα καὶ τοῖς ἀσθενοῦσι τῶν ἀδελφῶν δι' ἡμῶν ὁ Θεὸς τὴν αὐτάρκειαν παρέχῃ.*

S. Basilius Reg. fus. tract. XXXVII.

Man sehe daselbst Reg. breves XX. Ferner Julius Pomerius de Vita contempl., II, 10. Constitut. apostol., II, 63.

[2]) De la charité chretienne dans les premiers siècles de l'Eglise. p. 45.

[3]) Man sehe darüber einen Artikel Guérard's in der Biblioth. de l'ecole des chartes, 3. ser. tom. II, sur la formation de l'état sociale de la France.

chen Tugend ist die Entsagung; die Uebung der Entsagung aber ist für die einfachsten Seelen und für die wenigst cultivirten Geister eben sowohl möglich, als für die stärksten Denker und für die mit dem ganzen Vorrath der Wissenschaft ausgestatteten Gelehrten. Ohne Zweifel wird durch die Entwicklung des Geistes die Uebung der Tugend erleichtert und ihr Einfluß auf das sociale Leben erhöht; aber das, was den Kern der Tugend und ihr Wesen ausmacht, der Sieg über sich selbst durch Entsagung um Gottes willen, dieser wesentliche Act der Tugend liegt in der Kraft Aller, auch derjenigen, die am wenigsten unterrichtet sind. Damit man hiefür befähigt werde, genügt jene Erkenntniß und jene Liebe Gottes, die ein von der Gnade getragener Glaube ebenso dem Ungelehrten als dem Gelehrten mittheilt. In diesem Sinne ist die Arbeit durchaus kein Hemmschuh für die Tugend, sondern vielmehr eines ihrer mächtigsten Beförderungsmittel, weil sie einer von den verdienstlichsten Acten der Entsagung ist, zu denen uns das Leben auf der Welt Gelegenheit bietet.

Die Arbeit ist unter denjenigen Verhältnissen, in welchen ihr die Mehrzahl der Menschen nothwendiger Weise obliegen muß, gewiß erniedrigend. Sie versetzt den Arbeiter in die Unmöglichkeit, sich über die Schranken des alltäglichsten Lebens zu erheben; sie zwingt ihn, sich den materiellen Dingen, die den natürlichen Aufschwung des Gefühls am meisten hindern, unterzuordnen und ihnen zu dienen. Aber gerade dadurch, daß sie den Menschen im Bereiche der zeitlichen Dinge erniedrigt, gibt sie ihm ein Mittel an die Hand, auf geistigem Gebiete groß zu werden. Die Demuth ist unter allen Werken der Entsagung das erste; je mehr sich der Mensch bei der Arbeit demüthigt, desto mehr nähert er sich Gott, der Quelle aller wahren Würde. Wenn in einer Gesellschaft einmal diese Ueberzeugung herrscht, so wird die Arbeit eben so geehrt und der Arbeiter eben so geachtet sein, als beide unter jenen Völkern, bei welchen die Vorstellungen des heidnischen Nationalismus über die menschliche Bestimmung herrschten, erniedrigt und verachtet waren.

Daß sich die katholische Kirche die Würde des Arbeiters stets in dieser Weise gedacht habe, dafür bürgen eben so zahlreiche als unwiderlegbare Zeugnisse. Wallon in seiner „Geschichte des Sklaventhums" und Champagny in seinem Buche über „die christliche Liebe in den ersten Jahrhunderten der Kirche" haben hierüber völlig entscheidende Stellen gesammelt.

Der heilige Chrysostomus faßt die ganze Anschauung des Christenthums über die Arbeit in wenig Worten zusammen: „Preisen wir nicht zu sehr das Glück der Reichen, sagt er; „verachten wir die Armen nicht, erröthen wir über die Gewerbe nicht und glauben wir nicht, daß die Handarbeit etwas „Schimpfliches an sich habe; schimpflich ist vielmehr der Müssiggang und die Geschäftslosigkeit. Wenn es entehrend wäre zu „arbeiten, so hätte sich der heilige Paulus nicht mit eigener „Hand seinen Unterhalt verdient und noch weniger hätte er „sich dessen in seinen Briefen gerühmt; wenn die Gewerbe ein „Brandmal wären, so hätte dieser Apostel nicht gesagt, daß „diejenigen, die nicht arbeiten, auch nicht essen sollen." [1])

Die Achtung vor der sittlichen Größe, zu welcher der Sklave sich durch Demuth beim niedrigen Dienste der Arbeit erhebt, ließ den heiligen Paulinus in einem Briefe, in welchem er dem Sulpitius Severus für die Zusendung eines jungen Mannes dieser Art dankt, die folgenden Worte schreiben: „Er „hat mir gedient; er hat mir gedient, sage ich, und wehe „mir Unglücklichen, daß ich es geduldet habe! Er, der nicht „mehr der Sünde dient, hat einem Sünder gedient. Und ich „Unwürdiger ließ mir Gehorsam leisten von einem Diener der „Gerechtigkeit. Jeden Tag wusch er mir die Füße, und wenn

---

[1]) . . *Καὶ μήτε τοὺς πλουτοῦντας ἁπλῶς μακαρίζωμεν, μήτε τοὺς πτωχοὺς ἐξευτελίζωμεν, μηδὲ ἐπαισχυνώμεθα τέχνας μηδὲ ὄνειδος εἶναι νομίζωμεν ἐργασίαν, ἀλλὰ ἀργίαν καὶ τὸ μὴ ἔχειν τι ποιεῖν· εἰ γὰρ ὄνειδος ἦν τὸ ἐργάζεσθαι, οὐκ ἂν αὐτὸ μετῆλθεν ὁ Παῦλος, οὐκ ἂν ἐπ᾽ αὐτῷ μεῖζον ἐφρόνησεν. εἰ δὲ τέχνη ὄνειδος ἦν, οὐκ ἂν τοὺς μὴ ἐργαζομένους ἐκέλευσε μηδὲ ἐσθίειν.*

S. Jo. Chrysost. Homil. in illud: Salutate Priscillam et Aquilam I, 5.

„ich es angehen ließ, reinigte er mir die Schuhe, eifrig bereit „zu allen körperlichen Diensten, voll Begierde nach der Herr„schaft des Geistes. O, ich verehre Christum in diesem jun„gen Menschen; denn jede treue Seele kommt von Gott und „jeder demüthige Mensch geht aus dem Herzen Jesu Christi „hervor." [1])

Der arme Arbeiter, der unter Erhebung seines Herzens zu Gott sein Geschäft verrichtet und bei den Mühen seines Tagewerkes jener sittlichen Würde nachstrebt, die das Heidenthum vergebens vom Triumphe des Stolzes und der Sinnlichkeit erwartete, ist für den Christen das lebendige Bild des Heilandes, des Mannes der Schmerzen, der Entsagung und der Sühne. Wenn er sich durch die Tag um Tag fortgesetzte Sühne der Arbeit mit der Sühne auf dem Kalvarienberg vereinigt, so macht er sich dadurch zum lebendigen Gliede Christi und wird an dessen Herrlichkeit eben so Antheil nehmen, wie er Antheil nimmt an dessen Leiden und Erniedrigungen. Mit dem Geiste Christi lebt auch die Würde Christi in ihm auf, und so weit die Gesellschaft christlich ist, neigt sie sich vor dieser Würde und bekennt, daß die Kirche allererst für die Armen gegründet worden und daß die Reichen nur durch Nachahmung der Armuth am Reiche des Gottmenschen Theil haben können. „Jene, die der Händearbeit pflegen, mögen sich freuen, sagt „Bossuet, denn Christus gehört zu ihnen."

Vermöge des Opfers, das durch die Verdienste Christi geheiliget worden, stehen sich Alle an Würde gleich; das war von jeher die Lehre der Kirche. Und der Lehre entsprachen

---

[1]) Servivit ergo mihi, servivit inquam; et vaeh mihi misero, quod passus sum; servivit et peccatori, qui non serviebat peccato; et ego indignus a servo justitiae ministrabar . . . Ipse vero quotidie non solum pedes meos lavare, sed et calceamenta, si paterer, tergere cupiebat, avarus dominationis internae, et idcirco corporeae servitutis impiger . . . Et ego Jesum Christum in fratre Victore veneratus; quia omnis anima fidelis ex Deo est et humilis corde cor Christi est. S. Paulin. Ep. XXIII. ad Severum.

die Sitten[1]). Beide stimmten mit einander überein, als nach dem Einbruch der Germanen die Verachtung gegen die Arbeit aus allem dem Nahrung zog, was die Gewohnheiten der Barbaren Stolzes und Rohes an sich hatten. Ganz besonders aber wurden die Sitten der mittelalterlichen Gesellschaft durch den Einfluß der religiösen Orden umgewandelt. Man weiß, daß die Schüler des heiligen Benedict die Arbeit zu einer der Hauptregeln für den geistigen Fortschritt gemacht haben. Die Arbeit ging im Leben der verehrtesten Heiligen mit den höchsten Tugenden und manchmal auch mit dem umfassendsten Wissen Hand in Hand. Oftmals haben Männer aus den berühmtesten Geschlechtern unter dem Gewande eines Ordensbruders gerade die beschwerlichsten und verächtlichsten Verrichtungen auf sich genommen. Wie hätten da die Menschen jener Zeit, so stolz sie auch auf ihre Geburt und auf ihre Reichthümer sein mochten, nicht zuletzt ihr Auge für die geistige Größe öffnen sollen, die in der Arbeit liegt! Lenormant hat in seinen „historischen Fragen" den Einfluß der religiösen Orden bei dem so schwierigen Werk der Regeneration der Händearbeit gut dargestellt und bei einem interessanten Zuge aus der Geschichte des heiligen Benedict gibt er zu verstehen, welch' energische Entsagung die Klöster üben mußten, um Sitten bewältigen zu können, die noch mit dem Sklavenwesen zusammenhingen. „Im Leben des heiligen „Benedict kommt vor, sagt Lenormant, daß ein junger „Novize, der Sohn eines Beamten von hohem Rang, nach „Sitte der früheren Sklaven die Fackel hielt, um dem Heiligen „während der Mahlzeit zu leuchten. Benedict, dem es gegeben „war, die Herzen zu durchschauen, bemerkte den Gedanken, „der diese noch stolze Seele quälte. Der junge Mann sagte „zu sich selbst: „Wer ist jener, daß ich ihm so leuchte, wäh„rend er ißt? Und wer bin ich, daß ich zu solchem Dienst „gezwungen werde?" In diesem Augenblicke wendete sich der

[1]) Man sehe die Thatsachen, die darüber von Wallon berichtet werden: l'histoire de l'esclavage, tom. III, p. 408 u. 409. — Man sehe auch, was wir im sechsten Kapitel dieses Buches hierüber gesagt haben.

„Heilige zu ihm und sprach: „Mein Bruder, der Stolz leitet „dich irre; mache das Kreuzzeichen auf dein Herz. Signa cor „tuum, frater!" [1]) — Hier zeigt sich die ganze Größe des „inneren Kampfes, den Männer von freier und oft berühmter „Abstammung durchzumachen hatten, wenn sie sich einer Ge„nossenschaft anschlossen, in welcher Händearbeit und körper„liche Dienstleistung, ein bis dahin erniedrigendes Werk, allen „Gliedern der Verbindung als unerläßliche Pflicht auferlegt „wurde. Im Allgemeinen kann man sagen, daß in der Regel „des heiligen Benedict diejenigen Bestimmungen, die so sehr „in's Kleine gehen, gerade zu der Reform im Arbeitsbetrieb, „welche für eine an Sklaven gewöhnte Gesellschaft der Ge„genstand eines ganz besonderen Widerspruchs war, in Be„ziehung stehen." [2])

Von welchem Einfluß mußte nicht auf den Lebensstaat des eilften Jahrhunderts das Beispiel des heiligen Bernhard sein, der die Regel von der Arbeit wieder in ihrer ganzen Strenge durchführte! „Er grub die Erde um, hieb Holz ab „und trug es auf seinen Schultern heim; wenn dann seine „schwache Natur hiefür nicht mehr ausreichte, so übernahm „er leichtere Dienste der niedrigsten Art und ergänzte durch „seine Demuth, was seine Ermattung nicht vermochte. Dieser „große Lehrer, dieses Licht der Welt, dieser allgewaltige Frie„densstifter in der Kirche und in den weltlichen Reichen fand „ein unaussprechbares Vergnügen an dieser edlen Erniedrig„ung." [3])

---

[1]) Dialog. II. 20.

[2]) Lenormant, tom. II, p. 199.

[3]) Gaillardin, Hist. de la Trappe, t. I, p. 23. — Guill. de Saint-Thierry, livre I, ch. IV, 23.

Michelet, ein Schriftsteller, den man keiner Parteilichkeit zu Gunsten des Mönchthums zeihen wird, hebt den Einfluß des Lebens der Benedictiner auf die Wiederherstellung der Arbeit nachdrucksam hervor. „Der Orden des heiligen Benedict, schreibt er, gab der Welt, welche „durch die Sklaverei machtlos geworden war, das erste Beispiel einer „mit freien Händen unternommenen Arbeit. Durch den Fall der Stadt „gedemüthigt, wendet der Bürger zum ersten Male seinen Blick wieder

Wenn der Grundsatz, daß Alle in Christus gleiche Würde haben, sowie die Lehre und die Uebung der Selbstentsagung im Leben der Gesellschaft zur Geltung gekommen sind; wenn die Liebe kraft der Selbstentsagung die Gewalt des Herrn gemildert und an die Stelle der übermüthigen und grausamen Herrschaft heidnischen Stolzes eine so zu sagen väterliche Autorität gesetzt hat; wenn der Sklave durch das Christenthum aus seiner Tiefe empor gehoben und durch den nöthigen Unterricht zur Treue und zum Gehorsam gegen seinen Herrn angeleitet wird: dann mag die Sklaverei allerdings rechtlich noch bestehen, in Wirklichkeit besteht sie nicht mehr. Aber die Freiheit, die bloß von den öffentlichen Sitten anerkannt war, strebte mit unauslöschlichem Verlangen auch nach rechtlicher Anerkennung. Der Drang war so lebhaft, daß es manchmal schwer hielt, ihn zu bemeistern, und der Sklave war so sehr vom Gefühle seiner Würde erfüllt, daß von jetzt an, wie Ozanam bemerkt, „keine Gefahr mehr bestand, er „werde sich selbst mißachten, sondern im Gegentheil zu befürch„ten war, er werde seinen Herrn mißachten. In der That „ermahnt der heilige Ignatius schon in den ersten Jahrhun„derten die Sklaven, ihren Herrn nicht geringschätzig zu be„gegnen und sich nicht vom Stolze hinreißen zu lassen, weil „die Kette, die sie tragen, nunmehr gereinigt ist.“ [1])

Als beim Auftreten des Constantin das Kreuz über die römische Welt triumphirte, waren die Erleichterungen für die Freilassung der Sklaven so vielfach und war der Eifer der

---

„jenem Boden zu, den er zuvor verachtet hatte. Er erinnert sich wie„der an die Arbeit, welche beim Anfang der Welt in dem Urtheils„spruch gegen Adam gefordert worden war. Die neue großartige „Thatsache einer freien und selbstgesuchten Arbeit ist die Grundlage „für die moderne Welt. Hist. de France, tom. I, p. 112.

[1]) Ozanam, la Civilisation au cinquième siècle, t. II, p. 51. — *Δούλους καὶ δούλας μὴ ὑπερηφάνει· ἀλλὰ μηδὲ αὐτοὶ φυσιούσθωσαν, ἀλλ᾽ εἰς δόξαν Θεοῦ πλέον δουλευέτωσαν, ἵνα κρείττονος ἐλευθερίας ἀπὸ Θεοῦ τύχωσιν. Μὴ ἐράτωσαν ἀπὸ τοῦ κοινοῦ ἐλευθεροῦσθαι, ἵνα μὴ δοῦλοι εὑρεθῶσιν ἐπιθυμίας.*

Ad Polyc. cap. IV.

Christen, von denselben Gebrauch zu machen, so groß, daß daraus eine ernstliche Verlegenheit für die staatliche Ordnung hervorging.[1]) Hätte sich eine derartige Umwandlung zu schnell vollzogen, so wäre die Gesellschaft in Verwirrung gerathen und die Freiheit selber durch den Mißbrauch, den ein in ihrer Verwendung noch unerfahrenes Geschlecht gemacht haben würde, bedenklich bloß gestellt worden. Die Kirche hat dieser Gefahr vorgebeugt. Heutzutage ist es eine allgemein anerkannte Sache, daß sie eben so viel Weisheit aufbot, um das Werk der Befreiung zu leiten, als sie Kraft aufgeboten hatte, um das Recht auf Freiheit zur Anerkennung zu bringen.[2]) Indem sie laut das Recht der menschlichen Freiheit predigte, achtete sie doch die Thatsache der Sklaverei. Sie richtete sich hiebei nach der Lehre, die der heilige Paulus schon vom Anfange an vorgetragen hatte. „Es gibt, sagt derselbe, unter euch keinen Juden „und keinen Heiden, keinen Herrn und keinen Sklaven mehr; „ihr Alle seid nur ein Leib in Christus.“[3]) Und anderswo befahl er: „Ihr Sklaven, gehorchet euren zeitlichen Herrn „mit Furcht und mit Einfalt des Herzens, wie ihr Christo „gehorchen würdet. . . . Und ihr Herrn, behandelt eure Sklaven „in eben so gottgefälliger Weise; lasset ab von Drohungen „und erinnert euch, daß ihr im Himmel einen Herrn habt, „der ihr und euer Meister ist und vor dem kein Ansehen der „Person gilt.“[4]) Besonders wunderbar aber zeigt sich uns die

[1]) Man sehe: Troplong, de l'influence du christianisme part. II, ch. 1.

[2]) Ueber den Einfluß der Kirche zu Gunsten der Freiheit in der römischen Welt sehe man die eben so bündige als vollständige Auseinandersetzung Champagny's: de la Charité chrétienne, part. II, chap. 20, Nro. 3.

[3]) Non est Judaeus neque Graecus, non est servus neque liber, non est masculus neque femina. Omnes enim vos estis unum in Christo Jesu. Ad Galat, III, 28.

[4]) Servi obedite dominis carnalibus cum timore et tremore, in simplicitate cordis vestri, sicut Christo . . . . Et vos domini eadem facite illis, remittentes minas, scientes, quia et illorum et vester dominus est in coelis: et personarum acceptio non est apud eum.

Ad Ephes, VI, 5. 9.

Kirche im Mittelalter, während dessen Verlauf sie, nachdem sie durch die Bekehrung der Barbaren in der neuauftauchenden Welt zur Herrin der Gewissen geworden war; unter fortwährender Berufung auf das Princip der Entsagung und der Liebe die Befreiung der Arbeiter zur vollständigen Durchführung brachte.

Ohne Zweifel schloß der Nationalcharakter der Germanen ein sehr lebendiges Gefühl für Freiheit in sich, und es mußte dieses Gefühl das Befreiungswerk wesentlich fördern. Schon die Thatsache der germanischen Eroberung trug viel zur Auflösung des Sklavenwesens bei, weil durch dieselbe die Sklaven in Gallien mit ihren früheren Herrn auf gleiche Linie zu stehen kamen. Der Germane, dessen Leben einfach war, bediente sich zu dem eigenen Hause nur weniger Sklaven, und diejenigen, welche für die Landwirthschaft verwendet wurden, unterschieden sich nur unbedeutend von den Colonen. Sie wurden Leibeigene und waren an den Boden geknüpft, ihre Dienstpflicht aber wurde dadurch erleichtert, daß sie statt willkürlich geforderter Dienste nur mehr eine fest bestimmte Arbeit zu verrichten hatten. Gleichwohl bestand die Knechtung und Ausnützung der Arbeit auch nach dem Einbruch der Barbaren noch eben so zu Recht, wie vorher; an die Stelle der alten Herrn traten neue, dies war im Grunde der ganze Wechsel auf diesem Gebiet, und das Christenthum mußte noch Jahrhunderte lang gegen die Sitten des Heidenthums und der Barbarei kämpfen, bevor die Freiheit endgiltig für die Arbeiter errungen war,

Bei diesem Kampfe hatte die Kirche nie einen anderen Beweggrund, als ihren Glauben an die gleiche Würde Aller vor Gott und ihr Verlangen nach dem Heile der Seelen. Unter Anderem gibt ein Beschluß der Synode zu Chalons vom Jahre 650, bei welcher sich vier und vierzig Bischöfe eingefunden hatten, hiefür einen unwidersprechbaren Beweis. Dieselbe verbietet, christliche Sklaven nach Orten, die außer dem Reiche Chlodwigs liegen, zu verkaufen, damit sie nicht etwa in die Gefahr des Götzendienstes gebracht würden.[1]) So ist also die Sorge für das ewige Wohl der Sklaven der entscheidende Grund für eine Bestimmung, durch welche deren irdisches Loos gemildert wurde. Diesem Beschlusse fügt das Concil noch einen für jene Zeit höchst beachtenswerthen Wunsch bei: „Es wäre ein Werk der höchsten Frömmigkeit, sagt es, und „eine That ächt religiöser Gesinnung, wenn die Christen die „Bande der Sklaverei gänzlich lösen würden."[2]) Im Jahre 1167 erklärte Papst Alexander III., daß alle Christen vom Sklavenjoche frei sein sollen. Diese nämliche Gesinnung spricht sich in einem Gesetze Ludwig's des Jüngern vom Jahre 1152 aus, das mit den Worten beginnt: „Die göttliche Güte, die „alle Menschen schuf und ihnen einen gemeinsamen Ursprung „gab, hat auch alle mit einem gewissen Maaße natürlicher „Freiheit ausgestattet.[3])"

Guérard, einer von jenen Männern, die in unserer Zeit über die socialen Zustände des Mittelalters die ausgedehntesten Kenntnisse besitzen, schildert den durchgreifenden Einfluß der christlichen Lehre auf die Befreiung der niederen Klassen in folgender Weise: „Was bei den Staatsumänderungen des Mit„telalters am meisten Staunen erregt, ist die hervorragende „Wirksamkeit der Religion und der Kirche. Das Dogma von „dem gemeinsamen Ursprunge der Menschen und von der Gel„tung einer und derselben Wahrheit für Alle, das durch die „mächtige Stimme der Bischöfe und Prediger überall verkün„det wurde, war eine beständige Aufforderung zur Emancipa„tion des Volkes; es brachte alle Stände einander nahe und „beschleunigte den Gang der modernen Civilisation. Obgleich

[1]) Sancta synodus censuit, ut nullus mancipium extra fines vel terminos, qui ad regnum Chlodovei regis pertinent, penitus debeat venundare: ne, quod absit, per tale commercium aut captivitatis vinculo, vel quod pejus est, judaica servitute mancipia christiana teneantur implicita. Can. IX.

[2]) Pietatis est maximae et religionis intuitus, ut captivitatis vinculum omnino a Christianis redimatur. Ibid.

[3]) Man sehe Guérard, préf. de Cartulaire de Notre-Dame de Paris, p. 198.

„die Einen die Unterdrücker der Anderen waren, so betrachteten „sich die Menschen doch als Glieder einer und derselben Fa„milie und gelangten vermöge ihrer religiösen Gleichheit zur „bürgerlichen Freiheit; aus Brüdern vor Gott wurden sie „gleichberechtigte Leute vor dem Gesetze und christliche Bürger."[1])

Macaulay, ein berühmter protestantischer Schriftsteller unserer Tage, anerkennt ebenso, daß die katholische Kirche durch ihren Einfluß auf die Gewissen schon vor der Reformation „den Unterschied zwischen Herrn und Sklaven (Leibeigenen) „in England vollständig beseitigt hatte."[2]) Kurz, wenn man den Verlauf des großen Befreiungswerkes, das im Mittelalter vor sich ging, beim Lichte der gegenwärtigen Wissenschaft betrachtet, so kann man mit dem gewandten Geschichtschreiber der arbeitenden Klassen in Frankreich, dessen Werk von der Akademie der moralischen Wissenschaften gekrönt worden ist, unbedenklich sagen, daß „die geschichtlichen Zeugnisse „einstimmig dem Geiste des Christenthums die Ehre zusprechen, „diese Thatsache herbeigeführt zu haben."[3])

Die Kirche, welche zuerst das Princip der Gleichheit aussprach, ließ auch zuerst im Zustande derjenigen, auf welchen der Druck der Leibeigenschaft lastete, thatsächlich jene Milderungen eintreten, welche nach und nach zur Freiheit führen mußten. Ein von Guizot erwähntes Schreiben des heiligen Gregor des Großen an den Diakon Petrus, welcher Verwalter der kirchlichen Güter auf der Insel Sicilien war, kann zum

---

[1]) Prolég. du Polyptique d'Irminon, p. 209.

[2]) History of England from the accession of James the second, ch. 1. (in der Uebers. vom Beseler S. 23). — Während Macaulay der katholischen Kirche hier Gerechtigkeit widerfahren läßt, gibt er sich doch zugleich wieder seinem protestantischen Vorurtheile hin, da er in den Bemühungen der Kirche zu Gunsten der Freiheit nur Umtriebe sieht, sich die Oberherrlichkeit über die Gesellschaft zu sichern. Uebrigens gesteht er zu, daß der Protestantismus, weil ihm die streng gegliederte priesterliche Macht der katholischen Kirche fehlt, weniger einflußreich gewesen wäre auf die Aufhebung der Sklaverei.

[3]) Dareste de la Chavanne, hist. des classes agricoles en France, p. 75 et 76.

Beweis dienen, mit welcher Sorgfalt die Päpste seit dem sechsten Jahrhundert darüber wachten, daß die Grundsätze der Gerechtigkeit und der Liebe gegen die Leibeigenen beobachtet würden. Nach diesem Citate fügt der berühmte Historiker bei: „Ich übergehe andere Aufforderungen, die vom gleichen Geiste „des Wohlwollens und der Gerechtigkeitsliebe eingegeben waren. „Man begreift es, wenn die unteren Volksstufen damals Ver„langen zeigten, unter die Herrschaft der Kirche zu kommen; „die weltlichen Besitzer waren ganz gewiß weit davon entfernt, „für das Befinden derjenigen, die auf ihren Grundstücken wohn„ten, in gleich freundlicher Weise zu sorgen." [1])

Was Gregor der Große für die Leibeigenen des sechsten Jahrhunderts gethan hatte, das that Gregor IX. für die des dreizehnten, wenn er es in seinem Schreiben an die Großen Polens „einen verabscheuungswürdigen Frevel nennt, daß sie „das Leben ihrer hörigen Leute, die durch das Blut Christi „erkauft und geadelt sind, dazu mißbrauchen, ihre Falken oder „andere Raubvögel bewachen zu lassen." [2])

Guérard macht die Bemerkung, daß das Gesetz der Kirche im Sklaven den Menschen schätzte, während das bürgerliche Gesetz in ihm nur die Sache des Herrn wahrte. [3]) „Ueberhaupt „wurden die Menschenrechte, sagt der nämliche Schriftsteller, „in der Person der Leibeigenen von der Kirche am meisten „erkannt und am meisten geachtet. Nicht nur eröffnete sie „ihnen nach dem Vorbild des Heidenthums gegen den Zorn „ihrer Herrn heilige Asyle, aus denen sie nur nach erlangter „Verzeihung wieder hervorgingen, sondern sie verkündete auch „von ihren Kanzeln herab, daß dieselben ihrer Natur nach den „Reichen und Mächtigen gleich seien. Sie wies von ihren „Altären die Opfergaben unmenschlicher Herrn zurück; sie schlug „die Beamten, welche die Angehörigen eines Bischofs oder „Klosters unterdrückten, mit dem Bann; sie verbot, diese Un„glücklichen zu verstümmeln, sie mochten auch was immer für

---

[1]) Guizot, l'hist. de la civilisat. en France, leçon. 8.

[2]) Montalembert, Vie de sainte Elisabeth, introd.

[3]) Proleg. du Polypt. d'Irminon, p. 328.

„ein Verbrechen begangen haben.“ [1]) Zwischen der Lage der Leibeigenen im Besitz der Kirche und der Lage der Leibeigenen im Besitz der Laien war der Unterschied so groß, daß die letzteren oft nur dazu ihre Freiheit suchten, um sich in die Abhängigkeit von der Kirche zu begeben. [2]) Die Milde der Kirche gegen die ihrer Macht Unterworfenen und ihre Sorge für die Achtung der natürlichen Menschenrechte in deren Person ist eine Thatsache, welche von den protestantischen Schriftstellern eben so unumwunden anerkannt wird, als von den katholischen. [3])

Diese Milde und diese Achtung vor der menschlichen Würde trug sich manchmal auf symbolische Gebräuche über, in denen sich der Geist der Gerechtigkeit und Liebe, der die Kirche des Mittelalters beseelte, mit seiner ganzen kindlichen Einfachheit zeigt. Guérard berichtet eine derartige Thatsache. Man kann in seiner Erzählung sehen, wie der christliche Geist mit Macht an der Befreiung der niederen Klassen arbeitete, ohne daß die Grundlagen für die Einheit und Macht der christlichen Gesellschaft, die Bande wohlwollenden Schutzes nämlich auf der einen und achtungsvoller Anerkennung auf der anderen Seite, im Mindesten wären verletzt worden. „Im Jahre 615 gab Bertram=

[1]) Proleg. du Polypt. d'Irminon, p. 331.

[2]) Proleg. du Cartulaire de Saint-Père de Chartres, par Guérard, p. 56. — Man vergleiche darüber auch: Préface du Cartulaire de Notre-Dame de Paris, p. 429. — Sodann l'Histoire du droit francais par Laferrière, tom. III, p. 387. sq.

Ueber das Asylrecht sehe: Proleg du Polypt. d'Irminon, p. 346. — Delisle führt eine Entscheidung der römischen Synode von 1096 an, welche „unter den strengsten Strafen verbot, die Arbeiter zu „beunruhigen, welche sich beim Pfluge oder bei der Egge befanden, „oder die Rinder und Pferde zu berühren, die sie für ihre Arbeit „verwendeten. Noch mehr, bedrohte Landleute konnten zum Pfluge „fliehen, der für sie ein Asyl wurde.“ Études sur la condition de la classe agricole en Normandie.

[3]) Guizot, den berühmtesten unter den protestantischen Geschichtschreibern, haben wir bereits angeführt. Seinem Ausspruche kann man noch beifügen das Zeugniß Macaulay's: History of England (in der Uebersetz. von Besseler, S. 25) — und Hurter's Gesch. des Papstes Innocenz III. Bd. III, S. 587.

„nus, Bischof von Mans, testamentarisch mehreren Leibeigenen, „sowohl Römern als Barbaren, die Freiheit und stellte sie „unter den Schutz der Abtei Saint-Pierre de la Couture. „Dabei aber schrieb er ihnen vor, sich jedes Jahr an seinem „Todestage in der Klosterkirche zu versammeln, und damit sie „Gelegenheit zu einem Opfer hätten, sollten sie vor den Stu„fen des Altares von dem Geschenke der Freiheit, das ihnen „zu Theil geworden, und von den übrigen Wohlthaten, die „man ihnen erwiesen hatte, demüthigen Bericht geben; sodann „sollten sie diesen Tag über wieder die Verrichtungen über„nehmen, mit denen sie vor ihrer Freilassung belastet gewesen, „und dem Abte ihre Dienste widmen. Am folgenden mußte „dieser sie entgegen zu einem Mahle einladen, nach dessen Be„endigung sie heimkehrten, um unter dem Schutze der Kirche „in Frieden fortzuleben. Es war das eine fromme und rüh„rende, eine der christlichen Liebe, die allein den Gedanken „dazu geben konnte, würdige Ceremonie. Ihr Zweck war nicht, „mit Prunk die Ungleichheit der socialen Verhältnisse auszu„sprechen, sondern die Erkenntlichkeit des einstigen Sklaven und „die Erinnerung an die Wohlthaten des früheren Herrn zu „verewigen. Sie verband auf diese Weise den Schutzwalt und „den Freigelassenen nicht mit beschwerlichen Ketten, sondern „mit den Banden der Hochachtung und einer religiösen An„hänglichkeit.“ [1])

Als die katholische Gesellschaft des Mittelalters unter der Regierung Ludwigs des Heiligen auf ihrem Glanzpunkt angekommen war, gab es auf dem Boden Frankreichs keine Haussklaven mehr, und nur kurze Zeit dauerte es noch, bis die Völker, welche dem Wirkungskreis der katholischen Kirche am nächsten standen, von diesem beschämenden Erbthum aus den Tagen des Heidenthums und der Barbarei völlig gereinigt waren. Die Hörigkeit, welche trotz vieler Härten dennoch auf dem Wege der Freiheit ein großer Schritt vorwärts war, kam nur mehr spärlich vor. Im dreizehnten Jahrhundert bestand

---

[1]) Prolég. du Polypt. d'Irminon. p. 220.

die überwiegende Menge der ländlichen Bewohnerschaft aus Leuten, die den Rechten der todten Hand unterworfen waren, bei Heirathen und bei allenfallsigen Veränderungen ihres Wohnsitzes einige Beschränkungen erfuhren, sonst aber als frei galten und nur ihre Zinsen und Gilten zu entrichten hatten. Die landwirthschaftlichen Sklaven verschwanden eben so, wie zuvor die Haussklaven verschwunden waren.

Im dreizehnten Jahrhundert mehrten sich die Massenfreigebungen. Wurden Einzelne aus ihrer Gebundenheit entlassen, wie das früher gewöhnlich war, so erhielten sie nur eine beschränkte Freiheit; die Massenfreilassungen, welche auf den Besitzungen der Kirche und auf den Ländereien der Krone statt fanden und sich über ganze Dörfer, manchmal über ganze Provinzen erstreckten, gestatteten den betreffenden Volkshaufen den Uebertritt von der „todten Hand" zu den Rechten der Vilains oder freien Grundbesitzer, denen das volle und ungeschmälerte Verfügungsrecht über ihr Eigenthum zustand.

In Folge dieser Umänderung der gesellschaftlichen Verhältnisse wurde auf dem Lande eine verschiedenstufige Gemeindeverwaltung eingeführt, wodurch den persönlich frei Gewordenen in einem gewissen Maaße auch eine politische Verfassung gesichert wurde.[1])

Während sich so die Freiheit nach Innen erhöhte und nach Außen erweiterte, gewann auch das Eigenthum durch eben jene Kraft, aus welcher die Freiheit hervorging, in den Händen der befreiten Volksklassen einen bestimmten Charakter und einen verlässigen Bestand. Guérard erörtert diesen gleichzeitigen Fortschritt der Freiheit und der Eigenthumsverhältnisse mit seiner gewöhnlichen Tiefe und Bündigkeit. Nachdem er ausgesprochen, daß die Kirche den Anstoß zum Befreiungswerke des Mittelalters gegeben habe, fügt er bei: „Diese Umwandlung der Gesell-

[1]) Ueber die Leibeigenschaft — servitude — vermöge deren der Mensch als Sache gilt, die Hörigkeit — servage —, durch welche er zur Person wird, die Freilassungen und die politische Verfassung der Landgemeinden — siehe Schäffner, Geschichte der Rechtsverfassung Frankreichs, Bd. II, S. 514. ff.

„schaft vollzog sich langsam durch die stetige und gleichzeitige „Befreiung der Personen und der Grundstücke. Der Sklave, „den das Heidenthum bei seinem Verschwinden in den Händen „der christlichen Religion zurückgelassen hatte, ging zuerst von „der Sklaverei zur Hörigkeit über; sodann von der Hörigkeit „zum Rechte der „todten Hand", zuletzt vom Rechte der todten „Hand zur Freiheit. Anfangs gehört dem Menschen aus der „dienenden Klasse nur sein Leben, und selbst dieses Leben be„sitzt er nur auf eine sehr unsichere Weise. Dann wird aus „dem Sklaven ein Colone oder Pächter; er pflügt und arbeitet „für seine eigene Rechnung, nur muß er bestimmte Zinsen „und Dienste entrichten. Sein Feld wird ihm nicht hinweg „genommen, oder vielmehr, er wird nicht von seinem Felde „hinweg genommen und er sowohl als seine Kinder gehören „für immer mit dem Boden zusammen. Darauf wird der „Pächter zum Eigenthümer; das, was er inne hat, wird sein „eigen Gut, nur muß er sich einige Verpflichtungen oder „Lasten, die übrigens immer leichter werden, gefallen lassen; „er benützt und genießt die Dinge als selbstständiger Herr, „kauft und verkauft, wie es ihm gefällt, und ändert auch seinen „Wohnsitz nach Gutdünken." [1])

Der erste Anstoß zur Freiheit entstammt ganz dem Gebiete der geistigen Ordnung; er ging hervor aus dem Princip der Gleichberechtigung Aller, das von der Kirche ohne Unterlaß den neueren Völkern gepredigt wurde. Nicht darum, weil dem Arbeiter größere Kapitalien und vollkommenere Werkzeuge zur Verfügung standen, ist derselbe, wie Einige wollen[2]), immer mehr frei geworden, sondern umgekehrt, weil er frei war, deßhalb hat seine Arbeit fortwährend an Fruchtbarkeit zugenom-

---

[1]) Prolég. du Polypt. d'Irminon, p. 210.

[2]) Wir bedauern, dieser ganz materialistischen Anschauung auch bei Roscher zu begegnen. „Es ist ganz besonders der immer steigenden Geschicklichkeit aller Werkzeuge, Maschinen, Operationen beizumessen, sagt er, wenn der Sclav des Alterthums zuerst in den Leibeigenen des Mittelalters, dann in den Taglöhner der neueren Zeit umgewandelt wurde."
System der Volkswirthsch. Bd. I, §. 70.

men und seine Sicherheit im Genusse jener Güter, welche die materielle Unterlage für die Würde und Freiheit des Lebens bilden, durch das Eigenthumsrecht von Jahrhundert zu Jahrhundert eine wandellosere Festigkeit erlangt. Nach einer sehr richtigen Bemerkung Guérard's „theilte sich die Freiheit, die „zuerst für den Menschen errungen worden, immer mehr und „mehr auch dem Boden mit.“[1]) Allerdings, der Fortschritt der dienenden Klassen im Reichthum ist nicht ohne jeden Einfluß auf ihre Emancipation geblieben; aber er ist ihr nur als eine Ursache zweiten Ranges und als eine Rückwirkung der Folge auf ihr eigenes Princip zu statten gekommen. Die Zunahme des Reichthums kann dem Werke der Freilassungen die nöthige Stütze und mitunter einen rascheren Gang geben, ist aber nie die erste Ursache desselben. Der materielle Fortschritt hat selber seinen wahren Grund in einer höheren Thatsache, in dem Fortschritte nämlich auf dem Gebiete des Geistes. Und aus diesem sittlichen Fortschritt geht nun auch jenes regelmäßige und immer kräftigere Wachsthum der Freiheit hervor, welches man für das wichtigste Ereigniß der mittelalterlichen Geschichte ansehen darf. Erst aus der höheren Freiheit entwickelte sich sodann in unmittelbarer Folge die höhere Productivkraft der Arbeit, die einen wesentlichen Vorzug unserer Zeit vor dem Alterthum bildet.

Während aber die Kirche so durch ihr wohlthätiges Wirken dem gemeinen Volke zur Freiheit und zum Eigenthum verhalf und dem Individuum durch diese wesentliche Umgestaltung der Gesellschaft eine Stelle anwies, die es sonst zu keiner Zeit besessen hatte, weckte und nährte sie zugleich die Neigung zu freiwilligen Verbindungen und trieb in dieser Hinsicht zu einer Kraftentfaltung, die der Welt ein noch ungewohntes Schauspiel bot.

---

[1]) Vorrede zum Cartul. de Saint Père de Chartres. p. 109. — Man vergleiche Laferrière. l'histoire du droit français. part. II, p. 527 und part. IV. p. 436. woselbst ebenfalls die Uebereinstimmung zwischen dem Zustand der Personen und des Eigenthums hervorgehoben wird.

Eine freiwillige Verbindung im großartigsten Maaßstab war der Gottesfriede, durch welchen die Kirche das gesellschaftliche Leben aus dem Chaos des zehnten Jahrhunderts rettete, wie das in einem der merkwürdigsten neueren Werke über das Mittelalter nachgewiesen ist. „Vom zehnten bis zum Ende „des zwölften Jahrhunderts umschlangen Bündnisse und „Bruderschaften die Hände, den Willen und die Herzen Aller „mit einem gemeinsamen Bande und erneuten dadurch die „Welt. . . . Die Kirche ermunterte die Schwachen zur Ein„gehung von Associationen, die ihnen eine unwiderstehliche „Kraft verliehen, und empfahl ihnen zu gleicher Zeit, diese „Kraft nur zur Wahrung des Friedens und ihrer eigenen „Rechte zu gebrauchen". So Sémichon.[1]) Nachdem aber der Associtationsgeist einmal Eingang in das öffentliche Leben gefunden hatte, so nahm er alle Gestalten an, die zum Schutz und zur Entwicklung der neuen durch die Freiheit geschaffenen Kräfte nöthig waren; man griff die Formen der alten Corporationen, so weit sie in der Gesellschaft noch vorhanden waren, insgesammt wieder auf, erweiterte sie und belebte sie mit dem frischen Hauche eines christlichen Geistes. Die Gemeinden sogar, deren Macht die Freiheit des Arbeiters schützte und den Fortschritt der Arbeit wesentlich förderte, verdanken ihr erstes Entstehen dem Gottesfrieden.

In welche Stellung die Gemeinden auch immer der kirchlichen Gewalt gegenüber später gekommen, so bleibt es doch unumstößlich wahr, daß sich ihr Ursprung von dem Geiste der Freiheit, des Friedens, der Gerechtigkeit und des Aneinanderschließens herleitet, den die Kirche überall verbreitet hatte.[2]) Das Gleiche

---

[1]) La paix et la trêve de Dieu. chap. 15.

[2]) Oft sieht man eine Gemeinde, nachdem sie reich und mächtig geworden, die Stütze des Klerus von sich stossen und sogar in Kampf mit den Bischöfen treten. Aber wie oft haben nicht auch sonst menschliche Leidenschaften und widersprechende Einflüsse diejenigen, die durch das gleiche Blut und die gleichen Principien zusammengehalten werden sollten, von einander getrennt und gegen einander bewaffnet! — Diese späteren Thatsachen beweisen nichts gegen die Thatsachen, auf Grund deren Sémichon behauptet, daß „die Bildung von Gemeinden nur eine

läßt sich von den „geistlichen Gilden" und den Zünften sagen. Diese Anstalten, ein anderes Mittel, um in der Zeit der ersten Freiheit dem Arbeiter Macht und der Arbeit Aufschwung zu verleihen, gewannen an Zahl und innerer Ausbildung, als die Sklaverei ein Ende nahm.[1]) Blanqui behauptet nun in seiner Geschichte der politischen Oekonomie, daß die eigentlich industriellen Vereine ihren Ursprung auf die Organisation der Arbeit in den Klöstern zurückzuführen haben.[2]) Die „geistlichen Gilden" aber waren, wiewohl sie sich von den Gewerbsinnungen wesentlich unterschieden, dennoch auf das Innigste mit denselben verbunden[3]) und haben ihre Quelle in der liebevollen Gesinnung und tiefen Religiosität der mittelalterlichen Arbeiter. Die Kirche sah sich zwar anfangs genöthigt, gegen diese Verbrüderungen aufzutreten, weil sie mitunter den Charakter geheimer Gesellschaften annahmen; aber gleichwohl waren sie in ihrem Princip wesentlich religiös und man darf mit einem Geschichtschreiber der arbeitenden Klassen sagen, daß sie sich im Schatten der Kirche bildeten.[4])

Uebertragung der Bruderschaft, die unter dem Namen des Gottesfriedens anfangs eine bestimmte Gegend oder eine ganze Diözese umfaßte, auf den Bezirk einer Stadt sei." Sur la paix, pag. 295 und 256. Vergleiche chap. 12 und 13.

[1]) Biot, de l'abolition de l'esclavage ancien en Occident, pag. 334.

[2]) Blanqui, Histoire de l'économie politique, chap. 9.

[3]) „Die weltlichen Gilden sind nur Erweiterungen des geistlichen Gildenwesens," sagt Wilda, das Gildenwesen im Mittelalter, S. 344. Jede weltliche Gilde schloß eine geistliche in sich, alle Schutzverbrüderungen, die Hansen der Kaufleute, die Zünfte der Handwerker standen unter dem Schutze der christlichen Gottheit oder eines Heiligen, hatten neben ihren geselligen Vereinen religiöse Zusammenkünfte, besaßen zu dem Zwecke oft besondere Altäre, unterhielten darauf Lichter und schafften dafür anderen Schmuck und besoldeten einen besonderen Geistlichen; denn sie sorgten für das Seelenheil der Brüder, wie für ihre irdische Wohlfahrt. Anmerk. des Uebers.

[4]) Man sehe das gelehrte Werk Levasseur's: Histoire des classes ouvrières en France, liv. III, chap. 3; liv. IV, chap. 5.

Ohne Zweifel hatten die Zünfte und Brüderschaften, was ihre Form betrifft, eine Verwandtschaft mit den Arbeiterverbindungen bei den Römern, mit den sogenannten Collegien;[1]) aber welcher Unterschied besteht nicht zwischen ihnen hinsichtlich ihres Geistes! Bei den einen ist der Geist ein heidnischer und ihr Hauptziel das Vergnügen und das Interesse; bei den andern ist der Geist ein wahrhaft christlicher und ihr vorzüglichster Zweck ist Gebet, liebevolle Einigung und gegenseitige Unterstützung. Ehrbare Vergnügungen sind keineswegs von den Verbindungen der christlichen Arbeiter ausgeschlossen, denn der Mensch und ganz besonders der Mensch der Plage, hat das Bedürfniß, im Umgang mit seines Gleichen einige Zerstreuung von den Uebeln zu finden, die sein Leben anfüllen. Aber in den Körperschaften, in denen christliche Gesinnung herrscht, folgt das Vergnügen erst auf das Gebet und auf die Werke der Liebe und dient nur zum Mittel, um die Bande der Verbrüderung noch enger zu schließen. Wenn Ozanam von den verschiedenartigen Innungen Italiens redet, sagt er: „Ein Beweis für ihre christliche Gesinnung liegt in der That„sache, daß bei ihren Berathungen ein viel höherer Gedanke, „als der Gedanke an Vergnügungen, den Ausschlag gibt. „Was sie dazu bewegt, auf dem Schlachtfelde zu sterben, wenn „es sich darum handelt, die Einfälle der Germanen abzuwehren „oder die welfischen Freiheiten, welche die Freiheit der Reli„gion sind, zu vertheidigen, das ist der Geist christlicher Auf„opferung. Später erkenne ich noch den civilisatorischen und „christlichen Charakter, der ihnen aufgeprägt ist, an der „Begeisterung der florentinischen und anderen italienischen „Gilden für die Künste, für das Schöne, für die Poesie, für „alles Das, was erhaben ist. In der That, die Kirche des „heiligen Michael in Florenz, dieses edle Monument republi„kanischer Größe, haben Arbeiterzünfte erbaut.“[2])

---

[1]) Wilda, das Gildenwesen im Mittelalter, S. 3, sucht auch ein germanisch-heidnisches Element bei diesen Verbindungen nachzuweisen. Anmerk. d. Uebers.

[2]) Ozanam, la Civilisation au cinquième siècle, leçon 13. — Ebenso spricht sich Levasseur in seinem eben citirten Werke aus: Hist.

Das vorige Jahrhundert brachte die Emancipation der Arbeit durch die Zerstörung der letzten Spuren, welche die Leibeigenschaft auf dem Boden des westlichen Europa noch zurückgelassen hatte, endlich zur vollen Durchführung, nachdem das Mittelalter schon das Wesentlichste und Schwierigste an diesem großen Werke gethan hatte. Die Abschaffung der „todten Hand" auf den Domänen der Krone[1]) war eine höchst ruhmvolle Handlung in der Regierung desjenigen Monarchen, der unter allen Königen Frankreichs sein Volk am Aufrichtigsten geliebt hat. Und sieht man ab von den schimpflichen Gewaltthätigkeiten, so sind die Bemühungen für die volle Freierklärung der Arbeit und Wiederherstellung ihrer Würde, welche das Ende des achtzehnten Jahrhunderts kennzeichnen, nur die letzte und selbstverständliche Folge der Principien, welche von der katholischen Kirche schon vom Anfange waren aufgestellt worden.

Wohl war das, was sich in dieser Bewegung Gerechtes und Edles findet, mit vielen Leidenschaften, vielen Irrthümern und vielen Fehlern untermengt. Unter dem Einfluß der Revolution vor sich gegangen trug sie nur zu oft jenen Geist des Hasses und der Zerstörungswuth an sich, der die Revolution eben immer auszeichnet. Aber sie war in ihrem Princip denn doch christlich und in einer auf das Christenthum gebauten

---

des classes ouvrières en France. liv. IV, chap. 5. und Mounier, de l'action du clergé dans les sociétés modernes, tom. II, chap. 8.

[1]) Am 8. August 1779. — Wie Erzbischof Hugo von Besançon im vierzehnten Jahrhundert sagt, daß die Leute der todten Hand schlecht arbeiten, so auch Ludwig XVI. „Des dispositions pareilles ne sont propres, qu' à rendre l'industrie languissante et à priver la société des effets de cette énergie dans le travail, que le sentiment de la propriété la plus libre est seul capable d'inspirer." — Der trostlose Zustand der französischen Finanzen gestattete es dem edlen König nicht, die Ablösung auch der übrigen Grundholden aus Staatsmitteln zu bewerkstelligen und seine unbegrenzte Achtung vor dem Eigenthumsrechte verbot ihm jeden Zwang.

Anmerk. des Uebers.

Gesellschaft mußte der natürliche Verlauf der Dinge zu einer derartigen Bewegung führen. Im thatsächlichen Leben wurden die wohlthätigen Folgen dieser vollständigen Emancipation durch die Ueberstürzung geschwächt, mit welcher man dieselbe herbeigeführt hatte. Was aber diese an sich heilsame Reform mehr als alles Andere an der wirklichen Entfaltung ihrer sämmtlichen Früchte hinderte, war der Umstand, daß vermöge des überhandnehmenden Unglaubens in demselben Augenblicke, in welchem die Arbeit ihrer Bande auf das Vollständigste entledigt wurde, an die Stelle der Liebe und der Neigung zu gegenseitigen Verbindungen, wodurch sich die katholischen Völker gegen die mit einer zu großen Ausdehnung der Freiheit immer verbundenen Gefahren zu sichern gewußt hatten, der Geist einer allgemeinen Zersetzung trat. Die natürliche und gerechte Liebe zur Unabhängigkeit schlug durch die Gottlosigkeit des achtzehnten Jahrhunderts um in den Geist der Trennung und oft sogar der Feindseligkeit, der hie und da selber denjenigen, zu deren Gunsten man den freien Gebrauch und die freie Entwicklung aller Kräfte mit so viel Sorgfalt sicher gestellt hat, schwere Verlegenheiten bereitet. Von daher stammen die Angriffe, welche man in unseren Tagen so oft gegen die Freiheit der Arbeit selber gerichtet hat. Auf so lange, bis unsere Gesellschaften den Geist freiwilliger Unterordnung, gegenseitiger Hilfeleistung und ungezwungener Association, der die mäßigende Kraft und nothwendige Ergänzung der Freiheit ist, wieder gewonnen haben, werden jene Angriffe fortwährend in den Zuständen selber eine gewisse Rechtfertigung finden.

Diesen Geist kann uns nur die katholische Kirche geben. Er ist der Geist des christlichen Lebens selbst; er ist der Geist, welcher das Grundelement in der Gesittung der christlichen Völker ausmacht, und er hat, wie die Freiheit, seine Wurzel im Gehorsam gegen das Gesetz der Entsagung. Die Kirche liebt und verbreitet die Freiheit heutzutage noch eben so sehr, wie sie dieselbe im römischen Reiche und im Mittelalter liebte und verbreitete. Sie kennt hierüber zu allen Zeiten nur *eine* Lehre und *eine* Handlungsweise. Als im sechszehnten und siebenzehnten Jahrhundert die Habsucht der Spanier die Sklaverei in der neuen Welt wieder einführte, wurde das verdammende Urtheil des Papstes gegen Jeden ausgesprochen, „der „verstockt genug wäre, die Bewohner entweder von Ostindien „oder von Westindien zu Sklaven zu machen und als Sklaven „zu verkaufen, zu vertauschen, zu verschenken, von Weib und „Kindern zu trennen, von ihren Gütern zu verjagen, in ein „fremdes Land zu führen oder zu schicken, oder auf irgend eine „andere Weise ihrer Freiheit zu berauben." Benedikt XIV. wiederholt im achtzehnten Jahrhundert die nämliche Strafandrohung.[1]) Noch mehr, damit die neue Zeit eben so alle mächtigen Kräfte der Kirche beim Kampf betheiligt sehe, wie man

[1]) Statt vieler kirchlichen Bestimmungen in dieser Beziehung, wie sie namentlich unter Paul III. (20. Mai 1537) und Urban VIII. (22. April 1639) erlassen worden sind, begnügen wir uns, aus der Bulle Benedikts des XIV. (Immensa vom 20. Dezember 1741) die Worte anzuführen, mit denen der heil. Stuhl sich der armen Indier annimmt: „Non sine gravissimo paterni animi nostri moerore accepimus, post tot inita a Praedecessoribus nostris Apostolicae providentiae concilia . . . . adhuc reperiri homines Orthodoxae fidei cultores, qui miseros Indos aut in servitutem redigere, aut veluti mancipia aliis vendere, aut eos bonis privare, eaque inhumanitate cum iisdem agere praesumant, ut ab amplectenda Christi fide potissimum avertantur et ad odio habendam maximopere obfirmentur. — Hisce malis quantum cum Domino possumus, occurrere satagentes . . . Nos auctoritate Apostolica tenore praesentium unicuique fraternitatum vestrarum vestrisque pro tempore successoribus committimus et mandamus, ut unusquisque vestrum vel per se ipsum vel per alium seu alios omnibus Indis assistentes universis et singulis personis, tam saecularibus, etiam ecclesiasticis, quam cujusvis ordinis sub excommunicationis latae sententiae per Contravenientes eo ipso incurrenda poena, a quo nonnisi a Nobis, praeterquam in mortis articulo constituti, et satisfactione praevia, absolvi possint, destrictius inhibeant; ne de cetero praedictos Indos in servitutem redigere, vendere, emere, commutare, vel donare, ab uxoribus et filiis suis separare, rebus et bonis suis spoliare, ad alia loca deducere et transmittere, aut quoque modo libertate privare, in servitute retinere, nec praedicta agentibus consilium, auxilium, favorem et operam quocumque praetextu et quaesito colore praestare, aut id licitum praedicare, seu docere, ac alias quomodolibet praemissis cooperare audeant seu praesumant.

das im Mittelalter geschehen hatte, so widmet ein Ordensmann, ein Sohn des heiligen Dominicus, Bartholomäus de Las Casas, sein ganzes Leben der Frage über die Freiheit der Indianer und macht es sich zur ausschließlichen Aufgabe, die Sklaven in Amerika gegen ihre herzlosen Unterdrücker zu beschützen.[1]) Und hat nicht auch unser Jahrhundert die Stimme der Päpste gehört, um das Recht der Freiheit für Alle zu fordern, wie das in anderen Zeiten der heilige Gregor der Große und Alexander III. gethan haben?[2])

Wenn aber die Kirche Freiheit predigt, so predigt sie nicht minder auch Liebe und Vereinigung, um die individuel-

---

[1]) Robertson, ein protestantischer Geschichtsschreiber, spricht sich über die Bemühungen der Mönche aus dem Orden des heiligen Dominicus für die Befreiung der Indianer aus der Sklaverei so aus: „Von „dem Augenblick an, da Priester nach Amerika kamen, die Natur„menschen des Landes zu unterrichten und zu bekehren, waren sie sich „bewußt, daß die Strenge, womit man dieses Volk behandelte, ihre „Bemühungen nahezu erfolglos mache. In Uebereinstimmung mit dem „Geiste der Milde und der Religion, die sie zu verkündigen gekommen „waren, erhoben sich die Missionäre sogleich gegen die Grundsätze ihrer „Landsleute in Betreff der Wilden und verwarfen die espartimientos „d. h. die Vertheilungen, durch welche die Eingebornen ihren Siegern „als Sklaven zuerkannt wurden, als Handlungen, die der natürlichen „Billigkeit und den Vorschriften des Christenthums ebenso entgegen „wären, als einer gesunden Politik. Die Dominikaner, denen die „Unterwerfung der Amerikaner zuerst übertragen worden, waren die „heftigsten Bekämpfer dieser Vertheilungen. Im Jahre 1511 sprach „Montesino, einer ihrer berühmtesten Prediger, in der großen Kirche „von Sanct Domingo mit aller Gewalt einer volksthümlichen Bered„samkeit gegen diesen Mißbrauch. Don Diego Colomb, die vorzüg„lichsten Beamten der Colonie und alle Laien, welche diese Rede gehört „hatten, beschwerten sich über den Mönch bei seinen Obern; aber weit „entfernt ihn zu verurtheilen, billigten diese vielmehr die Lehre des „Angeschuldigten als fromm und angemessen."

„Die Dominicaner achteten nicht auf politische Erwägungen und „persönliches Interesse, wollten von der Strenge ihrer Lehre in Nichts „abstehen und weigerten sich sogar, jene von ihren Landsleuten, welche „Sklaven hielten, zu absolviren oder zur heiligen Communion zu „lassen." Robertson, hist. of America.

[2]) Litt. apost. Gregorii XVI. (3. November 1839.)

len Kräfte, welche durch die Freiheit in den vollen Besitz ihrer selbst gekommen sind, auf einem Punkte zu sammeln. Jenen Individualismus, der in unseren Zeiten der Freiheit schadet und dessen Triumph die Kräfte unserer Gesellschaften unfruchtbar machen würde, kann nur sie durch die Tugenden heben, welche sie einpflanzt, damit so die hohen Erwartungen erfüllt werden, zu denen man durch den natürlichen Fortschritt der christlichen Freiheit berechtigt ist. —

XII. Kapitel.

Einfluß der freien Concurrenz auf die Productivkraft der Arbeit.

Betrachtet man die Arbeit bloß vom Standpunkte des Ertrags und der Ertragsfähigkeit, so möchte es schwer sein, die Vortheile der freien Concurrenz für unsere Zeit in Abrede zu stellen. Die Zünfte hatten im Mittelalter die Tage ihres Gedeihens und ihrer Größe; wollte man sie aber mit jenen Begünstigungen und Zwangsrechten, welche sie früher besaßen, wieder herstellen, so hieße das einen hoffnungslosen Kampf gegen die herrschenden Bestrebungen unserer Zeit wach rufen. Die Zünfte waren in der Zeit, in welcher sie entstanden, eine große Wohlthat für die arbeitenden Klassen und gingen ganz aus dem freien Entschlusse derselben hervor. Durch sie schützten sich die Städte gegen die Gewaltthätigkeiten, deren Opfer sie in den ersten Zeiten des Lehensstaates nur zu oft geworden waren.[1]) Durch Bildung von Gewerbegilden und gegen-

[1]) Hüllmann, das Städtewesen des Mittelalters, Bd. I, S. 315, legte dieser Seite des Zünftlerwesens große Bedeutung bei. „Als in den Zeiten allgemeiner Umgriffe und Gewaltthätigkeiten, sagt er, die Bürgerschaften zur Selbsthilfe genöthigt waren, behaupteten diese ihr Eigenthum und ihre Sicherheit mit den Waffen. Hierdurch bekam das Zunftwesen eine ganze neue, seiner Ursprünglichkeit fremde Richtung: eine kriegerische. Freilich wenn die Bürgergesammtheit in dieser Beziehung in gewisse Abtheilungen gebracht werden mußte,

seitige Hilfeleistung trafen ferner die Handwerker zu einer Zeit, als die Industrie noch wenig ausgebildet, das Leben noch roh, die Rechtspflege noch unvollkommen und ungenügend war, Vorkehr gegen den Mißbrauch einer Freiheit, die nur den Starken genützt und für die Anderen nothwendig zum Unheil geführt hätte. Durch die Vereinigung und gleichberechtigte Nebeneinanderstellung aller Kräfte wurden endlich Mittel zur Vervollkommnung der Arbeit an die Hand gegeben, deren man immer beraubt ist, wenn man vereinzelt dasteht und ausschließlich auf sich angewiesen bleibt. Die Abschließung von seines Gleichen ist eine der gefährlichsten Klippen für die erst entstehende und ebenso auch für die auf ihrem Höhepunkte bereits angelangte Freiheit. Die Zünfte schützten den Arbeiter gegen diese Gefahr. Während sie aber einerseits alle Gewerbetreibenden zum gemeinsamen Schutz und zur höheren Vervollkommnung der Arbeit unter einander verbanden, schieden sie dieselben andererseits wieder nach der Verschiedenheit der Producte in verschiedene Gruppen aus einander, wodurch die eigentliche Arbeitstheilung wesentlich vorbereitet wurde.

---

so waren die Zünfte der Kunstarbeiter und Handwerker als schon bestehende Körperschaften am meisten geeignet. Auf den Grund dieser Einrichtung wurden dann die neueren Zünfte errichtet, aus den Mitgliedern derjenigen Handwerke, die bisher noch nicht zünftig gewesen; verschiedene darunter wurden zusammengesetzt aus zwei bis drei Gewerken. In dieser Hinsicht müssen demnach im spätern Mittelalter die Zünfte als Abtheilungen des städtischen Kriegsheeres betrachtet werden; und es lag also da, wo diese bürgerschaftliche Grundverfassung Statt hatte, wesentlich in derselben, daß jeder weltliche Stadtbewohner zu einer Zunft gehören mußte: die Waffenpflichtigkeit schloß die Zunftpflichtigkeit in sich. Da erachteten in den großen Städten der Lombardie, namentlich in Florenz, seit dem Anfange des dreizehnten Jahrhunderts, die Bürger von gleichartigem wissentschaftlichen Geschäft für angemessen, eine eigene Zunft zu errichten, besonders die richterlichen Personen in Verbindung mit den Sachwaltern, eben so die Aerzte in Verbindung mit den Kraüterhändlern. Auf den Zustand der Gesellschaft hatte die Benützung des Zunftwesens zur Stadtvertheidigung großen, wenn auch langsam und geraüschlos wirkenden Einfluß." Anmerk. d. Uebers.

Als Ludwig der Heilige von seinem Streben nach Ordnung und Gerechtigkeit, sowie von seinem Wohlwollen gegen die Arbeiter gleichmäßig geleitet dem Vorstand von Paris, Stephan Boyleau, den Auftrag gab,[1]) das Gewerbewesen zu reguliren, da war nur mehr eine ergänzende Hand nothwendig; der Grund zu diesem Werke war ohne jeden Gesetzeszwang und ganz von selbst gelegt worden.[2]) Boyleau ertheilte den Gebräuchen, welche schon seit langer Zeit in den Zünften üblich und durch die Erfahrung bewährt waren, die Gutheißung der Krone; mehr war für ihn nicht übrig geblieben.

Anfangs also enthielten die Satzungen, welche für die Gewerbe aufgestellt wurden und die Verhaltungsweise beim Betrieb eines Geschäftes sowie die Vorbedingungen für denselben regelten, im Allgemeinen nur das, was die Betheiligten selbst als die beste Bürgschaft für die Blüthe, Ordnung und Sicherheit der Arbeit erkannt hatten. Später schlichen sich Selbstsucht und Eigennutz in das Gildenwesen ein; der Zunftgeist erstickte nur zu oft den Aufschwung des industriellen Geistes. Die Lehrzeit wurde in eine Knechtschaft umgewandelt, die man zum Vortheil der Gewerbeherrn über alles billige Maaß hinaus verlängerte. In Folge der erfinderischen, nie ruhenden Eifersucht der Meister gab es Gesellen, welche bei den untergeordneten Verrichtungen ihrer Profession alt geworden waren, ohne daß sie jenen höheren Handwerksgrad hätten erlangen können, durch den man allein in den Genuß aller Innungsrechte eintrat. Ohne Verständniß und ohne Schranke erweitert wurden die Zunftgesetze zu einer Fessel für den Fortschritt; die übertriebene Trennung der Gewerbe hinderte die Einführung der einfachsten und folgenreichsten Erfindungen; und ebenso wurden die Standesprivilegien für die Mehrzahl der Producenten ein Grund, zum Nachtheil der Consumenten bequem bei den gemächlichen und leicht erlernbaren alten Hand-

---

[1]) Etwa um das Jahr 1260.

[2]) Depping, introduction au livre des Métiers d'Étienne Boyleau, dans les documents sur l'histoire de France, pag. 79.

werksbräuchen stehen zu bleiben. Die Streitigkeiten, denen Ludwig der Heilige durch die Aufstellung von Statuten ein Ende machen wollte, tauchten in den letzten Zeiten des Innungswesens häufiger und verderblicher als je wieder auf und verursachten der Arbeit eine fruchtlose Ausgabe, deren Last den Producenten und Consumenten gleichmäßig drückte. Am Anfange des siebenzehnten Jahrhunderts, im Jahre 1614, erhoben die französischen Stände Klage über die bestehende Ordnung der Dinge, und die Vertreter der Städte baten den König, seinen armen Unterthanen die freie Ausübung der Gewerbe zu gestatten; erfahrene und kluge Männer möchten indeß ihre Werke und Waaren in Augenschein nehmen. Etwa anderthalb Jahrhunderte nachher enthielt der Eingang zu dem Edicte, durch welches Ludwig XVI. die Arbeit von einem nutzlos und unmöglich gewordenen Zwange erledigen wollte, neuerdings eine strenge Kritik über die Mißstände der industriellen Gesetzgebung.[1])

---

[1]) Fand ein junger Mensch in der Zeit vor der Revolution Zutritt zu einer Werkstätte, so mußte er sich dem Meister vor einem Notar durch Unterzeichnung einer Urkunde, die man Brevet nannte, zu gänzlichem Dienste verpflichten. Diese Lehrdienstzeit dauerte z. B. bei einem Bäcker fünf Jahre, in der Regel sieben bis acht Jahre. Wurde der Meister während dieser Zeit krank, so konnte er seinen Lehrling an einen zweiten Meister verkaufen; starb er, so fiel der Lehrling der Gilde zu und mußte sich von derselben einen neuen Meister erbitten. Frei werden vor Ablauf der Lehrzeit konnte der Lehrling nur durch Loskauf.

Für die Aufnahme in die Lehrlingsschaft mußte der Handwerkszögling bei den untergeordneten Gewerben eine Taxe von wenigstens 500 Livres bezahlen; die Taxe der Tuchmacher belief sich auf 1270 Livres. Bei der Einregistrirung des Brevets auf der Kanzlei der Innung hatte der Lehrling für den Willkomm und als Beitrag zur Honorirung der Vorstände, zur Unterhaltung der Zunftkapelle, zur Beischaffung für Kerzen auf den Zunftaltar u. s. w. wieder eine festgesetzte Summe zu erlegen. Kam er in die Hände eines zweiten Meisters, so kostete die Umschreibung des Brevets 30 Livres. Ueberdieß mußte er seinem Herrn eine jährliche Steuer zahlen. Einen Lohn aber bekam er für seine Arbeit nie, und den Unterhalt erst, wenn er seinem Meister schon einige Jahre gedient hatte.

Man kann es der Gewerbereform dieses Königs zum Vorwurf machen, daß sie zu hastig und rücksichtslos verfuhr; man

Der Geselle erhielt zwar einen Lohn, mußte aber in der Regel zweimal oder dreimal so lange, als der Lehrling zuwarten, bis er wieder um einen Schritt vorwärts kam.

Die Kosten für die Erlangung des Meistergrades belaufen sich wenigstens auf 2000 Livres.

In der Werkstätte saß der Meister auf einem höheren Stuhle als der Geselle; die Gesellen hatten wieder je nach der Dauer ihres Dienstes oder nach der Größe ihres Lohnes höhere oder niederere Sitze. Der Meister trug eine hohe Perrücke, der erste Gesell eine niedere; die Köpfe der übrigen Gesellen waren geschoren. Schuster- und Schneidermeister trugen an ihrer Perrücke eine Locke, Juweliere und Uhrmacher zwei, Apotheker drei u. s. w.

Die Handwerksreglements machten aber auch den Meister zum Sklaven. Heinrich III. hatte gesagt, ein Recht auf Arbeit zu verleihen sei Sache des Königs; Colbert handelte nach dem Grundsatz, auch die Bestimmung des Verfahrens, welches bei der Arbeit eingehalten werden muß, sei Sache des Königs. So erschienen nun unzählige Reglements, die bis auf das Genaueste beibehalten werden mußten. Wenn man im Ausland eine Neuerung machte, wenn sich auch in Frankreich der Geschmack änderte, so verboten doch die Reglements den Fortschritt. Wollte ein Weber mehr Fäden nehmen, als vorgeschrieben war, oder seinem Stoffe eine größere Breite geben, als die normale, wollte ein Färber ein im Reglement nicht approbirtes Färbeholz verwenden, verfertigten Tuchfabrikanten mehr, als zweierlei Sorten von Tüchern, so wurden sie strenge bestraft und mußten sich die Confiscation ihres Products und die Zerstörung ihrer Werkstätte gefallen lassen. Jede Abweichung vom Herkommen war ein Verbrechen. Auch durfte kein Meister billiger arbeiten, als das Reglement bestimmte.

Die Schöpfung neuer Gewerbe trug dem Staate Geld; man that deßhalb in dieser Beziehung das Möglichste. So wurde z. B. die Profession der Hutmacher in fünf Gewerbe getheilt; das Recht, ein Messer zu verfertigen, wurde von dem Rechte getrennt, auch den Griff dazu zu fabriciren; die Anfertigung neuer Schuhe und das Flicken alter waren ebenfalls zwei verschiedene Professionen. Jeder derartigen Profession war für den Fall, daß Andere in ihren Geschäftskreis eingreifen würden, der nachdrucksame Schutz des Gesetzes zugesagt. Jeder Arbeitszweig wurde ein Monopol der betreffenden Zunft.

Ludwig XIV. schadete dem Gewerbe noch in anderer Weise. Die Zünfte hatten das Recht, ihre Vorstände und Syndici selbst zu wählen. Ludwig der XIV. aber schuf vermöge seiner königlichen Macht

kann es ihr zum Vorwurf machen, daß sie die arbeitenden Klassen sich selbst überließ, bevor sie gelernt hatten, von der dargebotenen Freiheit den rechten Gebrauch zu machen: aber ihrem eigentlichen Wesen nach war sie denn doch ein neuer Schritt auf dem Wege zur Freiheit, zu welchem die Entwicklung der christlichen Civilisation nothwendig drängen mußte.

---

erbliche Vorstände und erbliche Syndici, ließ sich aber dafür von den Begünstigten Geld zahlen.

Von 1691 bis 1709 wurden in dieser Weise 40,000 neue Aemter geschaffen.

Die Kosten für die Prozesse, welche die einzelnen Gewerbe gegen einander führten, hat Forbonnais auf eine Million Livres für das Jahr berechnet. Die Tröbler z. B., die nur Kleider verkaufen durften, bei denen alles alt war, stritten mit den Schneidermeistern, die nur Kleider verkaufen durften, bei denen alles neu war, den einzigen Fall ausgenommen, wenn sie für das Kleid eines Bürgers, das nicht zu sehr abgetragene Kleid eines Edelmanns zur Fütterung verwenden konnten, von 1530 bis 1770 fast fortwährend. Dieser Kampf veranlaßte in der angegebenen Zeit 20,000 Verfügungen des Parlaments und 4 bis 5000 Verurtheilungen. So Engländer, Gesch. d. Arbeiter-Associationen.

Am 12. März 1776 erzwang Ludwig XVI. auf Betrieb Turgot's vom Pariser Parlament durch einen Spruch vom Throne die Eintragung eines Edicts, wodurch er alle Zünfte aufhob. Allein Turgot wurde darüber so angefeindet, daß er schon zwei Monate darnach, am 12. Mai, sein Ministerium niederlegen mußte; die Zünfte wurden wieder hergestellt. Im Jahre 1779, unter Necker's erstem Ministerium, gestattete Ludwig XVI., daß neben den Producten, welche nach dem Reglement fabricirt wären, auch andere nach freier Methode fabricirt werden dürften, doch müßten sich die freien Producte von den reglementsmäßigen durch eine Marke unterscheiden. Allein schon im folgenden Jahre kehrte in Folge von Gegenbefehlen alles wieder zum Alten zurück.

Am 15. April (Decret vom 20. April) 1791, gerade dreizehn Monate nach der gänzlichen Aufhebung der Hörigkeit und der Feudalrechte, entfernte die constituirende Versammlung von 1789 auch das Zunftwesen vom Boden Frankreichs. Ein Artikel der constitution française von 1791 lautet: „il n'y a plus ni jurandes, ni corporations de professions, arts et métiers.“ Am 14. Juni (Decret vom 17. Juni) 1791 ward weiter bestimmt, daß die Bürger desselben Handwerkes nicht einmal mehr das Recht haben sollten, über ihre angeblichen gemeinsamen Interessen sich zu berathen. Anm. d. Uebers.

In jenen Staaten, in welchen die alten Innungen noch bestehen, wirken heutzutage der Umschwung, der in der Art und Weise des Gewerbebetriebs vor sich gegangen ist, und der Geist der Freiheit, der sich in den öffentlichen Sitten allenthalben geltend gemacht hat, mächtig zusammen, um jede Ordnung der Arbeit nach solchen Grundsätzen zum Sturze zu bringen.[1])

Heutzutage haben die Vereine unter den Arbeitern die Aufgabe, ihren Mitgliedern eine brüderliche Unterstützung in der Weise zu sichern, daß die Association auf den ursprünglichen Zweck der Gilde zurückgeführt und von den alten Satzungen derselben diejenigen getilgt werden, welche mit den Sitten unserer Zeit im Widerspruch stehen. Weiter unten, wenn wir von den Mitteln gegen den Nothstand handeln, der gegenwärtig schwer auf einem großen Theil unserer industriellen Bevölkerung lastet, müssen wir die Bethätigung der christlichen Liebe zum Behuf einer gegenseitigen Unterstützung, welche für die arbeitenden Klassen von den heilsamsten Folgen sein kann, näher charakterisiren. In wie weit aber die Arbeiterverbindungen das Monopol und die statutenmäßige Regulirung des Betriebs zur Grundlage hatten, in so weit ist ihre Herrschaft für immer gebrochen. Das einzige Gesetz, dem die Gesellschaft der Gegenwart huldigen kann, ist das Gesetz der freien Concurrenz.

Allerdings hat auch die freie Concurrenz ihre schwachen und sogar gefährlichen Seiten. Eine Tochter der Freiheit und mit derselben so innig verbunden, daß beide oftmals ganz mit einander verwechselt werden, versetzt die Concurrenz die ihrer Bande erledigten Kräfte sammt und sonders in die regste Thätigkeit. Indem sie Jeden nöthigt; sein Möglichstes zu leisten, damit er günstigen Erfolg habe, gibt sie der Arbeit

[1]) Leplay, les ouvriers européens, monog. 11. — hat gezeigt, daß die Anwendung neuer Verfahrungsweisen beim Betrieb der Großindustrie nach dem natürlichen Lauf der Dinge unvermerkt eine Lockerung und über kurz oder lang die Auflösung der Innungen herbeiführen müsse.

einen Aufschwung, den sie durch die künstlichen Förderungsmittel der staatlichen Auctorität nie erlangt hätte. Durch die Einwirkung der freien Concurrenz wächst die Productivkraft der Arbeit, vervollkommnen sich die Verfahrungsarten und verdoppelt sich das Bestreben nach Ersparungen bei der Gütererzeugung; alles wird nutzbar verwendet und keine Arbeitskraft geht verloren; mit einem Worte, Jedermann bemüht sich, seinem Producte bei den Kaüfern den Vorzug zu verschaffen, was sich nur durch bessere Qualität und billigeren Preis erreichen läßt.

Das ist die empfehlenswerthe, in den Schranken des Rechtes verbleibende Concurrenz. Eine Concurrenz solcher Art kann man eine fortgesetzte Steigerung der Productivkraft der Arbeit nennen und Producent und Consument ziehen aus ihr gleichmäßigen Gewinn. Aber besitzt der wechselseitige Wetteifer der Gewerbe immer diesen reinen, mannhaft ernsten Charakter? Wird die freie Concurrenz nicht oft dazu benützt, die Kaüfer anzuziehen, ohne daß man sein Product verbessert? Bietet sie nicht haüfig genug schwindelhaften Unternehmungen die Mittel an die Hand, ehrenhaften Geschäften den Boden zu unterwühlen oder dieselben sogar gänzlich zu verderben und so die Gesellschaft des großen Vortheils zu berauben, den man von solchen Geschäften haben könnte? Wird uns noch etwas Anderes übrig bleiben, als Werkstätten, die rasch das genossene Zutrauen wieder verlieren und für deren Verfall durch den ungerechten Gewinn jener schamlosen Geschicklichkeit, die es verstand, sich zur rechten Zeit vorzudrängen und zur rechten Zeit wieder zurückzuziehen, nicht einmal in materieller Hinsicht ein Ersatz geboten ist?

Es ist nur zu wahr, die freie Concurrenz der Gewerbe unter einander führt in unseren Tagen zu beklagenswerthen Folgen. Aber muß man denn diese Folgen der Concurrenz selber zuschreiben, und nicht vielmehr den Umständen, unter denen sie auftritt? Die Concurrenz ist die Freiheit. Wer möchte nun laügnen, daß die Freiheit eine gute Sache sei? Wer könnte indeß auch in Abrede stellen, daß ihr rechter Gebrauch einen Geist voraussetzt der eine geradsinnige Denkungsweise bewahrt hat, von den Grundsätzen einer thätig wirksamen und ernsten Moral beherrscht wird und sich von aufrichtiger Nächstenliebe leiten läßt?

Der Geist der Mäßigung beim Streben nach den Gütern des Lebens, die gewissenhafte Hochachtung vor jedem Rechte und das Gefühl der Liebe lassen auch da, wo der Buchstabe des Gesetzes schweigt, noch mächtig ihre Stimme vernehmen. Mäßigung im Verlangen, Heilighaltung des fremden Rechtes und Liebe, das sind die Saülen, auf die sich sowohl im Bereich der materiellen als im Bereich der geistigen Ordnung jede wahre und fruchtbringende Freiheit stützen muß. Auf einer anderen, als dieser Unterlage, wird die Freiheit zur Unbotmäßigkeit, zur Unordnung und zum Raub am Nebenmenschen; ohne diese dreifache Voraussetzung führt sie zuletzt zur Ausbeutung des Schwachen durch den Starken und öffnet gerade jenen Uebeln, gegen welche sie das sicherste Mittel zu sein schien, der Ungerechtigkeit und der Unterdrückung, mit eigener Hand von einer neuen Seite her den Weg.

Wenn wir unser Herz mit Aufrichtigkeit befragen, müssen wir dann nicht gestehen, daß der Grund von jenen Uebeln, welche man der freien Concurrenz zuschreibt, in dem Abfall der gegenwärtigen Völker von dem Gesetze der Selbstentsagung und in dem Geiste eines habsüchtig engherzigen Sonderthums, welcher aus dem Mangel an Entsagung hervorgeht, gesucht werden müsse. Wenn man sich auf den Boden der Abstraction stellt und die Schuld einer Form des socialen Lebens beimißt, die vortrefflich wäre, wenn man sich ihrer würdig zu machen verstünde, so ist das ein bequemes Mittel, um sich seine Fehler vor seinen eigenen Augen zu verbergen und die Nothwendigkeit einer mühesamen Besserung zu ersparen. Aber vergessen wir nicht, daß eine große Freiheit nur bei einer großen Tugend möglich sei.

Auf verschiedenen Wegen sucht die Gesellschaft immer ein und dasselbe Ziel: die stets wachsende Vervollkommnung des Menschen auf dem Gebiete der geistigen Ordnung, und als Folge davon sowie als Mittel dazu, eine stets wachsende Verbesserung in den Verhältnissen der materiellen Lebens. Nehmen wir nun an, daß die Freiheit in einem gegebenen Augenblicke allen schlechten Leidenschaften das Feld offen lasse, statt zum Fortschritt des Geistes nur mehr zu dessen täglich größerer Erniedrigung führe und folglich auch die unheilvollste Zerrüttung des materiellen Lebens erzeuge: wäre die Gesellschaft unter dem Drohen einer solchen Gefahr nicht verpflichtet, das Gut der Freiheit, für Jene, die weise genug sind, deren Früchte pflücken zu können, das kostbarste Gut, sich freiwillig entziehen zu lassen? Und deuten nicht gewisse Zeichen, die mitunter auch das kurzsichtigste Auge bemerkt, auf das Nahen und die Schrecken eines Tages, an welchem die freie Concurrenz durch eine Verbindung der Vermöglichen und unter der Herrschaft eines wilden Verlangens nach Luxus und nach materieller Größe möglicher Weise dahin gelangt, die Productionskraft der kleineren Arbeiter gänzlich zu lähmen, so zwar, daß sich dieselben bei ihrer Verlassenheit auf keine Weise mehr im Stande fühlen, den Kampf gegen die Leidenschaften aufzunehmen, die mit einander in den Bund getreten sind, dem Schwachen unter dem Schutze einer trügerischen Gesetzlichkeit die Früchte der Freiheit zu entziehen? Für was würde sich wohl die öffentliche Gewalt entscheiden, wenn ihr nur mehr die Wahl verbliebe zwischen der Achtung, die ein Princip für sich in Anspruch nehmen kann, und der Nothwendigkeit, die berechtigte Freiheit Aller gegen die mißbräuchliche Freiheit Einiger zu beschützen?

Es genügt nicht, mit lauter Stimme die Größe der Freiheit zu rühmen; man muß auch die innere Kraft besitzen, sich zu ihr zu erheben und in ihrer Höhe zu halten. Wenn die Vorbedingungen der Freiheit, die Mäßigung, die Gerechtigkeit und die Liebe, welche ihre Quelle in der Selbstverlaügnung haben, einer Gesellschaft abhanden gekommen sind, dann mag man über den Verlurst der Freiheit selber allenfalls klagen, darf sich aber nicht zu dem Wunsche erkühnen, dieselbe eine

Herrschaft einnehmen zu sehen, aus welcher die Laster der Zeit ein allgemeines Unglück machen würden.

Ist nun das unsere Lage? Ich gebe mich gerne dem Glauben hin: Nein. Wird es aber nicht über kurz oder lang mit uns bis zu diesem Äußersten kommen, wenn die Gesellschaft auch in Zukunft noch auf dem Wege der Leidenschaft und der Selbstsucht, auf den sie durch den Mangel an Glauben gerathen ist, mit der bisherigen überstürzenden Eile fortwandelt? Wir haben Vertrauen genug zu der Güte Gottes, um an der Erwartung festzuhalten, daß die Schmach und die Schmerzen, von denen ein solcher Fall nothwendig begleitet sein müßte, uns erspart bleiben werden.

Führen wir uns aber wohl zu Gemüthe, daß Gott nur denjenigen seine Hilfe angedeihen läßt, die sich derselben würdig machen, und benützen wir die Freiheit, um die Uebel, welche aus ihrem Mißbrauch hervorgegangen sind, mit Nachdruck zu bekämpfen. Es können sich vielleicht nach der jetzigen Weltlage Zwangsmaßregeln als nothwendig herausstellen, und es werden dieselben für einige Zeit zum Heilmittel gegen die Uebel und zur Buße für die Sünden der Gesellschaft dienen. Aber das Christenthum hat uns zu einer solchen Höhe des geistigen Lebens erhoben, daß wir fortan nicht mehr ohne die Freiheit bestehen können. Wenn nun dieselbe durch den Gang der Ereignisse unglücklicher Weise zur Unmöglichkeit geworden wäre, so hätte für uns die Stunde eines unvermeidlichen und raschen Verfalles geschlagen. Nur Eines könnte dann die Freiheit und mit der Freiheit die moderne Gesellschaft noch retten, eine christliche Revolution im Gebiete der Sitten, durch welche die Menschheit wieder zur Erkenntniß und Uebung der Selbstentsagung zurückgeführt würde.

Wenn wir weiter unten vom Pauperismus und seinen Quellen handeln, werden wir die Gefahren, welche sich aus der freien Concurrenz ergeben, und die Mittel, welche gegen diese Gefahren zur Anwendung kommen müssen, genauer prüfen.[1])

---

[1]) Buch VI, Kap. 4.

Was den rein materiellen Theil der Gütererzeugung betrifft, so ist hier das Uebel noch nicht in so hohem Grade und in so großer Nähe zu befürchten. Gleichwohl ist es wichtig, daß man sich gegen Mißbraüche, die jedenfalls ernstlich und dem Wohlbefinden der Gesellschaft hinderlich sind, energisch zur Wehr setze. Wir glauben, man könne den verdrießlichen Folgen dieser Mißbraüche am Erfolgreichsten dadurch vorbeugen, daß diejenigen Producenten, welche ihr Geschäft fleißig und redlich betreiben wollen, unter einander Verbindungen schließen.

Von Vorne herein und ganz im Allgemeinen zu bestimmen, welche Form diese Verbindungen annehmen sollen, das ist eine unmögliche Sache. Es kann diese Frage nur durch die Versuche derjenigen, die am Meisten dabei betheiligt sind, und durch die Beihilfe der öffentlichen Gewalt erledigt werden. Denn die öffentliche Gewalt muß, wie ich denke, wohl in's Mittel treten, darf aber dabei keinen Zwang anwenden und nur in der Weise auftreten, daß sie den freien Beschlüssen der Producenten die Stütze ihres Armes leiht.[1])

Mögen unsere Gesellschaften den Geist des Christenthums und mit ihm auch seine Früchte, den Sinn für selbstständiges Handeln und für gegenseitiges Aneinanderschließen, wieder er-

[1]) Es sind hierüber Versuche gemacht worden, die eine ernste Erwägung verdienen. Die freie Verständigung der Producenten untereinander, von einer Commission mittels verabreichter Marken den Werth des Productes bestimmen und die Güte der Arbeit verbürgen zu lassen, hat manchmal glückliche Resultate erzielt. Werden solche Verbindungen vom Staate unterstützt, der ihre Freiheit pflegen, ihre Wirksamkeit fördern und ihre Dauer sichern sollte, ohne sich jemals eine Gewaltmaßregel zu erlauben, so werden sie, wenn sie einmal im Publicum Wurzel gefaßt haben, sehr viel dazu beitragen, die freie Concurrenz zu ihrer wahren Bestimmung zurückzuführen, welche in einer durch den Wetteifer der Producenten herbeigeführten Vervollkommnung der Producte zu suchen ist.

Auch de Lasarella hat einen Plan zur neuen Regelung der Arbeit entworfen — Plan d'une réorganisation disciplinaire des classes industrielles —, die man zwar vom Standpunkte der praktischen Durchführbarkeit aus in einigen Stücken tadeln kann, dessen Grundgedanke aber eine Beherzigung wohl werth ist.

langen, und mögen die Arbeiter heutzutage, wie im Mittelalter, für den Schutz ihrer Thätigkeit die geeignetste Form zu finden verstehen!

XIII. Kapitel.

Erhöhung der Productivkraft durch die Theilung der Arbeit.

Die Theilung der Arbeit ist eben so ein allgemeines Gesetz des Lebens, wie die Arbeit selber. Jedes Glied im großen Ganzen der Menschheit übernimmt bei dem Werke, welches die Vorsehung dem Geschlechte der Erdgebornen als Aufgabe zugewiesen hat, die besondere Rolle, zu welcher es durch die Art seiner inneren Befähigung und durch den Gang seiner aüßeren Verhältnisse hingeleitet wird. Mannigfaltigkeit in der Einheit ist ein allgemeines Gesetz in der Ordnung der Welt; auf dem Boden des socialen Daseins gestaltet sich dieses Gesetz zur Theilung der Arbeit.

Obschon in eine Vielheit von verschiedenen Verrichtungen gespalten laüft indeß die Arbeit wieder zu einem einheitlichen Endresultat zusammen. Die Sonderfunctionen nämlich, in welche sich die Thätigkeit der Gesellschaft ausgliedert, verbinden sich wieder auf die Weise mit einander, daß sie in ihrer gegenseitigen Ergänzung das volle Gemeinleben eines Volkes bilden. Deßhalb hat man die Gesellschaft nicht ohne Grund mit einem Organismus verglichen, der aus dem Princip einer inneren alle Theile mit einander verknüpfenden Einheit Leben und Bewegung erhält.

Durch das Ineinandergreifen der mannigfachen Anstrengungen, welche die Individuen in ihrem persönlichen Berufe auf sich nehmen, wird die Mission erfüllt, die von der Vorsehung einem ganzen Volke ist übertragen worden, und aus der Treue eines jeden Volkes gegen seine Aufgabe geht jene weltumspannende Thätigkeit hervor, durch welche die Gesammtmenschheit ihrer von Gottes Finger vorgezeichneten Bestimmung entgegen geht. Die sociale Ordnung beruht demnach ganz und gar auf der Mitwirkung Aller zu einem gemeinsamen Ziele. Würde der Kraftaufwand, mit welchem jeder Einzelne zu diesem Ziele beiträgt, ohne Anschluß an fremde Arbeit bleiben, so wäre er ohne Zweifel zur Unfruchtbarkeit verurtheilt; er kann nur erfolgreich werden, wenn er mit den Bemühungen Anderer in Verbindung kommt und sich ihnen organisch eingliedert.

Die materielle Ordnung, die in allen Stücken ein Abbild der geistigen Ordnung ist, rechnet also unter ihre ersten und allgemeinsten Gesetze auch das Gesetz von der Einigung und Theilung der Arbeit.

Erfährt die Arbeit eine Theilung, so gewinnt sie dadurch an Ausgiebigkeit. Je bestimmter und enger bei der Gesammtproduction der Güter, welche für die Noth des materiellen Lebens dienen, der Geschäftskreis des einzelnen Arbeiters ist, desto beträchtlicher wird die Masse der Güter sein, die sich produciren lassen, und desto vollendeter werden sich die einzelnen Gegenstände dieser Masse erweisen.

Diese Wirkung ist immer sicher; die Art der Theilung jedoch kann eine sehr verschiedene sein. Man kann theilen zwischen Volk und Volk, zwischen Provinz und Provinz, zwischen Gemeinde und Gemeinde, zwischen Familie und Familie, so daß Jeder von den vielen Industriezweigen, in welche die menschliche Thätigkeit zerfällt, denjenigen für sich auswählt, welcher seinen persönlichen Zuständen sowie der Beschaffenheit seines Bodens und Klima's und allen jenen Umständen, welche entweder als Resultat der providentiellen Ordnung oder als Ergebniß freier menschlicher Bestimmung den Charakter und die Neigungen der verschiedenen Völker auf Erden und der verschiedenen Familien bei einem und demselben Volke zu bestimmen vermögen, am meisten entspricht.[1])

---

[1]) „Die internationale Arbeitstheilung," sagt Roscher, Grundlagen der Nationalökonomie, §. 50, „bietet oft das einzige Mittel, sich die Erzeugnisse fremder Gegenden und Klimate zu verschaffen. Wollten die Engländer ihren Theebedarf unmittelbar gewinnen, so würde vielleicht die ganze Landbaupopulation hiezu nicht hinreichen, während es jetzt die Fabrikarbeit von etwa 45,000 Männern thut."

Auch bei der Anfertigung eines einzigen Gegenstandes kann die Theilung eintreten, wenn man nämlich die verschiedenen Umwandlungen, die das beabsichtigte Produkt nach und nach erleiden muß, an eben so viele Gruppen von Arbeitern vertheilt, und die verschiedenen Stückarbeiten, welche für die Umwandlung innerhalb einer jeden Gruppe nothwendig sind, an eben so viele einzelne Arbeiter überläßt, so daß jeder Arbeiter nur eine und immer nur dieselbe Operation vorzunehmen hat.[1]) Eine Theilung der Arbeit in diesem Sinn steigert die Productivkraft so mächtig, daß man sich bei der ersten Betrachtung des Staunens nicht erwehren kann, und ist eigentlich immer gemeint, wenn die Schriftsteller die große Bedeutung dieses Productionsgesetzes in's gehörige Licht stellen.

Besser, als sonst Jemand, hat Adam Smith die Gründe entwickelt, in Folge deren die Arbeit durch die Vornahme einer Theilung ausgiebiger wird. Es liegen dieselben nach seiner Meinung, die durch die Darstellungen späterer Schriftsteller vervollständigt wurde, in einer größeren Fertigkeit des Arbeiters, die aus der beständigen Wiederholung einer und derselben Operation hervorgeht; in einer größeren Fixirung der Aufmerksamkeit auf den zu fertigenden Gegenstand, da kein Wechsel der Beschäftigung eine Zerstreuung hervorruft; in einer strengeren Sonderung der Arbeiter nach ihrer speciellen Tüch-

England bietet auch ein sehr schlagendes Beispiel von der Theilung der Arbeit nach Provinzen. „So liegen, sagt Roscher wieder, §. 49, fast alle Leinenfabriken um Leeds und Dundee concentrirt, die Wollfabriken um Leeds, die Baumwollfabriken um Glasgow, die Töpfereien um Strafford, die Anstalten für grobe Eisenwaaren in Südwales, für hardwares um Birmingham, für cutlerywares um Scheffield .... Von den Wollfabriken sind wieder die für Flanelle fast sämmtlich in Halifax, die für Decken zwischen Leeds und Huddersfield." Anmerk. d. Uebers.

[1]) Um 1797 war der Bauer in Hochschottland noch Weber, Walker, Färber, Gerber, Schuster u. s. w. in einer Person. Im heutigen England hingegen theilt sich das Uhrmachergewerbe in 102 verschiedene Zweige, die besonders gelernt werden. In Wolverhampton mag es vorkommen, daß ein Schlossergeselle nach zehnjähriger Dienstzeit keinen Schlüssel verfertigen kann, weil er immer nur gefeilt hat.

Roscher a. a. O.

tigkeit, so daß immer die aufgewendeten Kräfte zu der nöthigen Anstrengung in's Verhältniß gebracht werden können.[1]) Das sind die drei Hauptquellen für das Wachsthum der Productivkraft, das der Arbeit durch Theilung zugeht.

Es ist jedoch nicht möglich, sich dieses Mittels zur Fruchtbarmachung der Arbeit überall zu bedienen. Das erste Hemmniß gegen seine Anwendung liegt in der Beschaffenheit mancher Arbeitszweige selber; so gestattet z. B. der Ackerbau dasselbe in viel geringerem Grade, als ein Manufacturgeschäft.[2]) Ferners begreift man wohl, daß eine größere Arbeitstheilung, wornach ein Arbeiter immer nur ein einziges Product oder sogar nur einen Bruchtheil eines einzigen Productes anfertigt, durchaus unmöglich ist, wofern nicht auch ein Güterverkehr zwischen so viel Producenten statt hat, daß nach den Producten eines jeden durch die Arbeitstheilung neu entstandenen Industriezweiges auch die entsprechende Nachfrage geschieht. Ein Fortschritt in der Theilung der Arbeit ist nur in dem Maaße möglich, in welchem sich die Absatzwege vermehren; die Ausdehnung des Marktes ist demnach eine zweite Schranke dieser Theilung.[3]) Aber Dank den fortwährenden Anstrengungen des Menschen, diese Schranke rückt immer mehr in die Ferne; die Theilung der Arbeit wird von Jahrhundert zu Jahrhundert immer mehr

---

[1]) „Selbst Kinder und Greise können dadurch ihren angemessenen Platz in der Production erhalten. Hauptsächlich aber ist es nun ausführbar, Talente höherer Art von gemeinen Arbeiten zu befreien und zur vollen Entwicklung ihrer eigenthümlichen Fähigkeit in den Stand zu setzen."

„Endlich gibt es eine Menge von Operationen, die mit derselben Anstrengung auf viele, wie auf wenige Bearbeitungsgegenstände gerichtet werden, so bei Hirten, Boten u. s. w. Fast dieselbe Mühe, die ein Brief erfordert, kann durch die Post für tausend genügen, und das ganze Leben eines Großhändlers würde zu kurz sein, um persönlich die Briefe zu bestellen, die er jetzt an einem Tage zur Post sendet."

Roscher §. 50.

[2]) „Der geschickteste Säemann oder Schnitter kann nicht das ganze Jahr bloß mit Säen oder Schneiden beschäftigt werden. Roscher §. 51.

[3]) Roscher §. 52.

in's Einzelne durchgeführt und dadurch die Macht der Industrie immer mehr gehoben werden.[1])

Auch wäre es ein großer Irrthum, wenn man die allenfalls mögliche Theilung der Arbeit zu einer Regel machen wollte, von der man unter keinen Umständen und in keinem Falle abgehen dürfe. Vor Allem werden auf geistigem Gebiete hervorragende Talente sich immer über eine derartige Bewegung erheben. Je kräftiger der Geist ist, der sich den Wissenschaften widmet, desto erhabener dürfen die Gegenstände sein, an welche er sich wagt, und desto mehr wird die Sammlung verschiedenartiger Kenntnisse und Durchdringung aller Gebiete zum Gesetze seiner Studien werden. Sodann gibt es auf dem Gebiete des materiellen Lebens Verhältnisse, unter denen gerade dadurch, daß einem Wechsel der Arbeit nichts entgegen steht, die Productivkraft derselben erhöht wird. Wenn es möglich ist, zwei verschiedene Geschäfte mit einander zu vereinigen und zur Vermeidung aller müßigen Zeit in der Weise gegenseitig zu ordnen, daß immer das eine gerade dann Hände und Dienste in Anspruch nimmt, wenn das andere es nicht thut: ist das nicht ein Mittel, um einen Kräftenverlurst zu verhindern, und deßhalb ein Mittel, größere Arbeitsresultate zu erzielen? Rossi berichtet die Thatsache, daß in Frankreich und in der Schweiz häufig Ackerbau und Manufacturarbeit auf die angegebene Weise neben einander betrieben werden, und daß diese Verbindung verschiedenartiger Dinge für die Betreffenden ihre unbestreitbaren Vortheile habe, weßhalb sie auch ihre Producte gegen einen geringeren Preis ablassen können. Wollte man in einem solchen Falle die Theilung der Arbeit zur Anwend-

---

[1]) Häufig bildet, nach Roschers Bemerkung §. 51, auch das Kapital eine Schranke für die Arbeitstheilung. „Je getheilter die Arbeit wird, ein um so größeres Kapital wird sie erfordern. Wenn zehn isolirte Arbeiter 10,000 Nadeln täglich verfertigen, so reichen 40 Unzen Eisen zu ihrer täglichen Beschäftigung hin, für das ganze Jahr etwa 12,000 Unzen. Machen sie aber mit Hülfe einer künstlichen Arbeitstheilung jeden Tag 50,000 Nadeln, so muß auch der Rohstoff bis auf 200 und 60,000 Unzen vermehrt werden."

ung bringen, so wäre das, wie Rossi beifügt, eine Uebertreibung und Fälschung des Princips.[1])

Auch Gründe der sittlichen Ordnung können das Hinderniß gegen eine größere Arbeitstheilung sein. Da dieselbe einen leichten und ausgedehnten Güterverkehr zur Voraussetzung hat, so wird alles, was die Völker und Familien zu einem in sich abgeschlossenen Leben bewegt und noch im engsten Kreis den Menschen vom Menschen trennt, zur Erschwerung einer vollständigen Arbeitstheilung dienen.

Man hat oftmals im Sklavenwesen den Grund gesucht, warum dieselbe im Alterthum nur wenig zur Durchführung kam; und in der That, die Sitte der Reichen, diejenigen Verbrauchsgegenstände, welche sie nicht etwa aus fernen Ländern bezogen, durch ihre eigene Sklaven herstellen zu lassen, hat wesentlich zu dem bezeichneten Mangel im Zustande der alten Industrie beigetragen. Aber hatte nicht jene Gewohnheit ihren Grund gerade in der Sucht nach Lostrennung von den übrigen Menschen, einer Tochter jenes heidnischen Stolzes, der auch die wahre Ursache der Sklaverei war und ohne Unterlaß den Herrn dazu antrieb, alles um sich her, die Personen eben so, wie die Dinge, auf sich zu beziehen und an seine eigene Individualität zu ketten? Ueberdies hat der Geist, der das alte Staatswesen durchdrang und in den Bewohnern eines fremden Landes nur Barbaren und Feinde sah, zwischen den verschiedenen Völkern Schranken aufgestellt, die einer Weiterentwicklung der Arbeitstheilung fortwährend im Wege standen. Eine Arbeitstheilung nach größerem Maaßstabe trat erst in den letzten Jahrhunderten ein, als die griechische Welt durch die Eroberungen Alexanders an Umfang gewonnen und Rom alle civilisirten Nationen der Welt seinem Schwerte unterworfen hatte. Im Vergleich zu dem, was später von christlichen Völkern erreicht wurde, war das allerdings nur ein schwacher Fortschritt; deßungeachtet genügte er, um den Ländern, die zur griechischen und römischen Herrschaft gehörten, eine im Alterthum sonst nie gesehene Blüthe zu verschaffen.

[1]) Cours d'économie politique, tom. III, 25 leçon.

Indem die katholische Kirche die verschiedenen Länder Europas zu einer geistigen Einheit mit einander verbindet und vermöge ihres Bekehrungseifers die so geeinte Völkermasse dieses Erdtheils mit den entlegensten Reichen der übrigen Welt in Verkehr zu bringen sucht, eröffnet sie mit siegreicher Macht für die Theilung der Arbeit ein neues Feld, dessen Ausdehnung alles, was den mächtigsten Reichen des Alterthums möglich war, bei Weitem übertrifft. Niemals wird man die Dienste, welche der modernen Civilisation durch die Kreuzzüge und der kirchlichen Missionen in dieser Beziehung geleistet worden sind, hoch genug anschlagen können.

Was indeß der Geist des Katholicismus für die Theilung der Arbeit nach Nationen leistete, das leistete er auch für die Einführung derselben bis in die engsten Geschäftskreise. Während die Freiheit des Individuums fortwährend im Zunehmen begriffen war, umfingen die sich selbst Gegebnen sogleich immer wieder neue Bande, die von der Hand christlicher Bruderliebe geschlossen und vervielfältigt wurden, durch die allgemeine Ordnung aber, diese Frucht der Gerechtigkeit in der Gesellschaft, ihre Festigung erhielten. Bei einer derartigen Gestaltung der socialen Verhältnisse fand der Einzelne, wenn er seine speciellen Anlagen nach eigener Neigung entwickelte, bei seiner ganzen Umgebung, die ebenfalls auf eine nach persönlichem Gutdünken gewählte Weise dem Gesetze der Arbeit huldigte, ein Entgegenkommen, das sich unter dem segensreichen Walten der Freiheit ganz von selbst ergab.

Wir begegnen hier wieder dem großen Gesetze der Solidarität, das man überall im menschlichen Leben antrifft und von dessen Bedeutsamkeit wir schon auf den ersten Blättern dieses Werkes gesprochen haben.[1]) Mit der Weiterbildung der Arbeitstheilung wird die Thätigkeit des Arbeiters immer mehr und mehr auf einen und denselben Gegenstand oder sogar auf nur einen Theil eines und desselben Gegenstandes beschränkt. Die Summe von Anstrengungen, die ein einzelner

[1]) Buch I. Kap. 6.

Mensch beim Werke der allgemeinen Arbeit übernimmt, kann gleich groß bleiben; betrachtet man aber die Gütermasse, welche zur Befriedigung unserer Bedürfnisse erfordert wird, nach ihrer unendlichen Mannigfaltigkeit, so wird die Leistung eines jeden Arbeiters für sich allein um so beschränkter, je mehr das Princip der Theilung zur Anwendung kommt. Nur in Folge der Arbeit Anderer kann ein Jeder auf dem Wege des Güteraustausches sich mit jenen Dingen versehen, deren er für sein Dasein bedarf, und die Arbeit der Anderen wird für ihn um so mehr zur Nothwendigkeit werden, je mehr gerade durch die Theilung seine eigene Arbeit auf eine engere Bahn geleitet wird. Mit jeder neuen Theilung wird sich die Abhängigkeit eines Jeden von Allen und Aller von einem Jeden vergrößern und werden sich die Bande der Solidarität, welche die ganze Menschheit zu einer einzigen Familie verknüpfen, immer enger zusammen ziehen.

Jeder Fortschritt der Gesellschaft auf dem Gebiete des materiellen Lebens ist durch eine neue Ausdehnung der Arbeitstheilung gekennzeichnet. Dieselbe nimmt ihren Anfang in der Familie. In der Familie besteht sie seit dem Uranfang der Menschheit und trat da ganz von selbst in's Leben, wie dies immer bei Gesetzen der Fall ist, die in der Natur selbst liegen und dem menschlichen Dasein so zu sagen eingeboren sind. Sehr schnell erweiterte sie sich zu einer Theilung zwischen Familie und Familie, sodann zu einer Theilung zwischen Stadt und Stadt, endlich zu einer Theilung zwischen Volk und Volk. Je größere Fortschritte die Civilisation unter der Menschheit macht, desto mehr wird der eine der fünf Welttheile vom andern abhängig werden; es wird den Anschein gewinnen, als hätten die Menschen die Bestimmung, in der Ordnung der materiellen Arbeit nur eine einzige Familie zu bilden. Die Maßregeln aber, welche die Völker treffen werden, um durch die Theilung der Arbeit ihre Herrschaft über die Natur zu erhöhen, werden zu jener Einigung auf dem Gebiete der geistigen Ordnung führen, zu welcher, wie man glauben darf, die Menschheit von der Vorsehung als dem letzten Ziele irdischen

Ringens und erlaubten Ehrgeizes berufen ist. Deßhalb können wir an dieser Stelle noch einmal Kenntniß nehmen von dem Einfluß der geistigen auf die materielle, und von der Rückwirkung der materiellen auf die geistige Ordnung, die überall im socialen Leben hervortreten. Werden Gerechtigkeit, Brüderlichkeit und Eintracht unter Allen zum herrschenden Grundsatz, so begünstigt das eine ausgedehnte Arbeitstheilung, und die Arbeitstheilung wird hinwieder dazu beitragen, dem Bande der Solidarität, das von Gott zum allgemeinen Gesetze des menschlichen Lebens gemacht worden, eine höhere Kraft zu verleihen.

Das nun sind die Wohlthaten der Arbeitstheilung. Wie aber überall im menschlichen Leben, so steht auch hier das Böse dem Guten an der Seite. Wenn die Arbeitstheilung die Productivkraft des Menschen so unbestreitbar vergrößert, daß von diesem Standpunkte aus ein Einwurf gegen sie nicht erhoben werden kann, so kann sie doch in ihrer besonderen Anwendung auf den moralischen und physischen Zustand des Arbeiters schaudererregende Wirkungen hervorbringen. Wenn wir später von dem wundesten Punkte der gegenwärtigen Gesellschaft handeln,[1] müssen wir die Folgen der Arbeitstheilung auch von dieser Seite in Erwägung ziehen.

XIV. Kapitel.

Einfluß des Christenthums auf die Entwicklung des Associationswesens.

Zwei Dinge sind nothwendig, damit eine Association in ihrer vollen Kraft wirke: für's Erste entsprechende Energie bei den Individuen, welche ihre Thätigkeit einer gemeinsamen Sache zuwenden; sodann der Geist der Zucht und Hingabe, der die einzelnen Willen auf eine dauernde Weise an die Ein-

[1] Buch VI. Kap. 5.

heit des gesellschaftlichen Unternehmens kettet. Beides gibt uns die Uebung der christlichen Entsagung.

Wie wir schon zu wiederholten Malen gesagt haben, sammelt die Entsagung unser ganzes Wesen zur höchsten Energie, indem sie uns Herrschaft über uns selbst verleiht und ohne Unterlaß zu Gott, der Quelle aller Kraft, hinführt. Während sie aber durch eine gewohnheitsmäßige Hinwendung zu einem ungetheilten Ziele und durch Selbstaufopferung das Maaß unserer Stärke erhöht, ladet sie uns zugleich auch unaufhörlich ein, alles, was uns zu Gebote steht, dem Dienste des Nächsten zu widmen; sie treibt uns, gemeinsam mit Anderen jene Unternehmungen in Angriff zu nehmen, zu denen wir inneren Muth besäßen, auf deren Durchführung wir aber so lange wir allein stehen, nicht von Ferne hoffen dürfen. Die nämliche Entsagung also, die unserem Willen eine so umfassende Kraft verleiht, zeigt ihm auch ein Feld für sein Handeln; sie lehrt ihn, dem Bedürfnisse gemeinsamer Thätigkeit geneigt entgegen zu kommen. Und da ein Jeder die Gesinnung, die er selbst in sich trägt, zu gleicher Zeit auch bei allen Anderen antrifft, so verschwindet alles abstossende, spröde Wesen aus der Gesellschaft und die individuellen Willen verbinden sich sammt und sonders zu einem einzigen Willen. Da, wo die Entsagung wahrhaft das Gesetz der Sitten ist, da wo sie die Gewohnheiten des Lebens bis in ihre Tiefen durchdrungen hat, da ergibt sich das Zusammenwirken der Willen ganz von selbst. Taucht auf dem Boden der geistigen oder materiellen Ordnung irgend ein Hinderniß auf, das überwunden werden muß, so bildet sich unverzüglich und unwillkürlich eine Association, um dem Fortschritte mit einem Kraftaufwand zu dienen, der nicht bloß vorübergehender Natur und nur für Augenblicke wirksam ist, sondern zu einer bleibenden Macht wird, weil er auf einem Grundsatz beruht, der die höchste und wandellose Regel der Gewissen ist.

In der katholischen Kirche ist die Entsagung so geeigenschaftet, daß sie sowohl auf die Ueberzeugungen als auf die Handlungen einen tief ernsten und fortwährend andauernden

Einfluß zu üben vermag; deßhalb hat auch die Macht des Associationswesens in der katholischen Kirche ihren Gipfelpunkt erreicht und aus ihrer Hand haben es die modernen Gesellschaften überkommen.

Allerdings findet sich diese Macht auch bei Völkern, welche sich vom Mittelpunkt der Einheit losgerissen haben. Wenn man sich aber die Sache näher betrachtet, so wird man die Erfahrung machen, daß diese Völker einstmals vielleicht die Einwirkung der Kirche auf die öffentlichen Sitten mit mehr Gelehrigkeit angenommen und das Gepräge der ursprünglichen Erziehung mit mehr Beharrlichkeit bewahrt haben, als irgend eine andere Gesellschaft; man wird finden, daß sie vermöge der conservativen Gesinnung und der Achtung vor der Ueberlieferung, welche den Kern ihres nationalen Wesens ausmachen, mit nachhaltigerer Kraft auf den Wegen weiter geführt wurden, auf welche sie einmal durch die Thätigkeit der Kirche gebracht waren. Von ihrem conservativen Geiste und praktischen Sinne geleitet, haben diese Völker trotz ihres Bruches mit der Vergangenheit auf dem Boden der geistigen Ordnung doch auf dem Boden der materiellen Ordnung die hergebrachte Denkart ihrer Ahnen treu geehrt, so daß sie, was das politische und industrielle Leben betrifft, mitten im Schooße der Häresie vieles von dem Charakter und den Sitten der glaubensinnigsten Jahrhunderte gerettet haben. Ueberdies wird man überall da, wo sich die katholiche Hinneigung zum Associationswesen bewahrt hat, das Gefühl für den eigenen Werth und für die persönliche Geltung innerhalb der gesetzlichen Schranken nachdrucksamer hervortreten sehen, als anderswo. Es ist das ein neuer Beweis von dem beharrlichen Fortwirken katholischer Anschauungen und Staatseinrichtungen in diesen Ländern, da eben nach katholischer Gesellschaftsordnung persönliche Freiheit und Associationswesen immer mit gleichem Schritte einander an der Seite gehen.

Persönliches Recht und Associationswesen sind die beiden Grundlagen, aus denen sich die ganze Entwicklung der mittelalterlichen Gesellschaft erklärt. Für einen Augenblick schien es, als sollte eine überschwengliche Ausdehnung des persönlichen Rechtes alles zu Grunde richten: aber die Kirche lenkte durch das Associationswesen schnell alles wieder auf die Bahn der Ordnung und schaffte Frieden und Harmonie. Die Geschichte des Gottesfriedens, über welche Sémichon ein so helles Licht verbreitet hat, ist nichts Anderes, als die Geschichte der Kirche in ihrer Thätigkeit, die individuellen Kräfte, denen sie die Freiheit gebracht hatte, durch das Associationswesen zu regeln und in Schranken zu halten. An der hohen Bedeutung, die jeder einzelne Mensch durch die Verkündigung der Lehre erhielt, daß Alle zum gleichen Heile berufen seien, brach sich die unnatürliche, nichts Selbstständiges neben sich duldende Einheit des altheidnischen Staates; der Despotismus des römischen Kaiserthums, das alle Rechte in einer einzigen Person zusammenfaßte, war für immer zu Boden geworfen und die christliche Freiheit erschien. „Es gibt, sagt Sémichon, im eilften „und am Anfang des zwölften Jahrhunderts keinen allherr„schenden Kaiser, ja selbst keinen König mehr. Man darf fast „sagen, es gibt keine einheitliche Oberherrschaft mehr; sie ist „vervielfältigt und jeder große Grundbesitzer ist ein Oberherr. „Der Fürst, der Gutsherr, die Gemeinde, die Bürgerschaft, die „Kirche, die Klöster, alles beruft sich auf Gott, als auf die Grund„lage und gemeinsame Quelle der Rechte und Pflichten eines Je„den.. Der Uebergang von einem Rechte, das ausschließlich auf „dem Staatsganzen beruhte, d. h. von dem Aufgehen des Indivi„duums in der Gesellschaft, zu dem neuen, zu dem christlichen „Rechte, zu dem Rechte der menschlichen Person, begann unter „schmerzlichen Gährungen mit dem Nachrücken des Lehenswe„sens an die Stelle des alten Cäsarenthums... Die Kirche „allein besaß die Macht, diese für die neuere Gesellschaft so „gefährliche Krisis zu beschwören. Im zwölften Jahrhundert „war der Grundzug des alten Rechtes, das völlige Hingegeben„sein der Personen an den Staat, überall verschwunden und „ein neues Recht zur Geltung gekommen, ein Recht, das die „Achtung vor dem Gewissen und vor der menschlichen Person „unverletzt bewahren und mittels einer langsamen, aber un-

„unterbrochenen Bewegung dahin gelangen sollte, die ächte „Freiheit und Brüderlichkeit der späteren Tage zu schaffen.“ [1])

Jene gefährliche Krisis nun, welche im zehnten Jahrhundert die Gesellschaft mit einer allgemeinen Auflösung bedrohte, hat die Kirche durch die Macht der Association überwunden. Niemals sah man die Association staunenswerthere Wunder hervorbringen, als in der Zeit, in welcher die ungeregelte Ausdehnung aller individuellen Kräfte für jedes gemeinsame Handeln ein Hinderniß zu werden schien. Bei dem Mangel einer einheitlichen Obergewalt, die stark genug gewesen wäre, den verschiedenen Stückherrschaften Achtung vor dem Rechte und vor der Freiheit zu gebieten, sorgte die Freiheit durch die Kraft der Association selbst für ihre Sicherstellung. Durch die große Association des Gottesfriedens, welche sich unter der ganz geistigen Einwirkung der Kirche gebildet hatte, vollzog sich das Wunder einer Wiederherstellung der Ordnung mitten im Chaos des zehnten Jahrhunderts. Diese höchst beachtenswerthe und in der Geschichte einzig dastehende Thatsache hat uns Sémichon mit einer so großen Fülle von Beweisen vor Augen gestellt, daß man heut zu Tage genöthigt ist, sie als den entscheidenden Punkt in der Geschichte der bürgerlichen und politischen Wiedergeburt des Mittelalters anzuerkennen. Die Menschheit zählt wenig Epochen, welche jeden früheren Fortschritt so weit hinter sich zurückließen und eine freie, allseitige und harmonische Entwicklung sämmtlicher Lebensgüter so sehr förderten, wie das dreizehnte Jahrhundert. Anknüpfend an die mächtige Wirksamkeit des Associationswesens, das von der Kirche in's Leben gerufen war und von ihr fortwährend ermuthigt und geleitet wurde, schildert uns Sémichon jenes Jahrhundert als eine Zeit voll außerordentlicher Erscheinungen. „Es findet sich in der Geschichte jener Zeit, sagt er, eine „großartige Thatsache, auf die man, sei es aus bewußter Absicht, sei es aus Leichtsinn, sein Augenmerk viel zu wenig „gerichtet hat; unsere Geschichtschreiber, selbst die neuesten unter

[1]) Semichon, la Paix et la Trêve de Dieu, chap. 15, Résumé et conclusions.

„ihnen, widmen derselben kaum einige Seiten, und gleichwohl „war diese Thatsache, das Institut des Gottesfriedens, der „Damm gegen die großen Bedrängnisse jener Zeit. Der „Gottesfriede lehrte die Völker, in Verbindungen zusammen „zu treten, um sich so gegen Unterdrückung zu wehren, den „Handel, das Eigenthum und die Industrie zu schützen, „und die Rechte sowie das Herkommen eines jeden Standes „kraftvoll zu verfechten. Auf diese Weise war jene Thatsache „die wahre Quelle der beneidenswerthen Blüthe Frankreichs „in der Zeit Philipp August's und Ludwig's des Heiligen, „die Quelle aller jener Wunder des dreizehnten Jahrhun„derts, die man anstaunt, ohne sie zu begreifen, weil man sie „betrachtet, ohne ihren Ursprung zu kennen .... Die Asso„ciation, das Bruderschaftswesen, vereinigte Arme, Willen „und Herzen zu einem engen Bunde, erneute die Gesell„schaft und schuf jenen Zustand, den wir die erste und „wahre Renaissance nennen wollen. Ungehindert durch irgend „welche Eingriffe der Staatsgewalt oder durch die Vorrechte „einer einzelnen die ganze Bewegung leitenden Hand entwi„ckelten sich in jener zweihundertjährigen Periode die mitt„lere und unterste Schichte des Volkes unter dem friedlich wir„kenden Einfluß der Kirche mit einer Kraftfülle und Freiheit, „die von keiner anderen Zeit wieder erreicht wurden. Der Grund„satz, daß Jeder sich selbst regieren möge, erfuhr im ganzen „Verlauf der Geschichte niemals eine großartigere Anwendung."[1])

Niemand kann sagen, bis zu welcher Macht sich das Associationswesen entwickelt hätte, wenn die Kirche auch in der neueren Zeit jenen Einfluß auf die Sitten besäße, den sie im Mittelalter übte. Die Rückkehr zum Heidenthum in der modernen Renaissance, die Reformation mit dem Gallicanismus und Jansenismus in ihrem Gefolge, das übermäßige Hinaufschrauben der königlichen Gewalt und die Centralisation in der

---

[1]) Sémichon, la Paix et la Trêve de Dieu, p. 6. et 315. — Das merkwürdige Buch Sémichon's ist nur eine Entwicklung der historischen Beweise für die im Texte ausgesprochenen Behauptungen.

Verwaltung, all das hat den Geist der Association in Europa und namentlich in Frankreich auf das Tiefste verwundet. Das aber, was uns von ihm noch übrig ist, verdanken wir dem Hauche katholischer Gesinnung, der auch heutzutage unsere Sitten beseelt.

Uebrigens hat die Kirche trotz der vielfachen Hindernisse, welche eine unterdrückungssüchtige und unweise Regierung ihrer Wirksamkeit entgegensetzte, doch nie einen Augenblick aufgehört, in ihren religiösen Orden und Wohlthätigkeitsanstalten von der Association thatsächlichen Gebrauch zu machen. Gegenwärtig wird dieselbe, und zwar in der ausgedehntesten Weise, zum Behufe materieller Gütererzeugung angewendet und führt in dieser Hinsicht zu staunenswerthen Resultaten. Ihre Leistungsfähigkeit bei industriellen Unternehmungen ist unter uns eine zu bekannte Thatsache, als daß wir nothwendig hätten, uns bei diesem Punkte länger aufzuhalten. Aber auch die Uebel, welche manchmal mit der Association verbunden sind, stehen nur zu grell vor unseren Augen. Die Schauspielkunst hat sich ihrer bemächtigt und hat sie in einem jener häßlichen Charakterbilder dargestellt, die uns in den Zeiten des Verfalls begegnen und den Völkern unter Eckel und Schrecken auf der Bühne die Laster zeigen, welche mit frecher Stirne auf allen Strassen einhergehen und an der Ausartung der Gesellschaft selber Entschuldigung, ja sogar Ermuthigung finden.[1]) Die edle und heilige Macht der Association ist heutzutage unter die Herrschaft von Geldmenschen jeden Ranges und jeder Abstammung gerathen, und wir wissen, wie viel Kapital, Arbeit und Productivkraft unter ihren zugleich habsüchtigen und verschwenderischen Händen verloren geht.

Wenn die Association im Gebiet der Industrie ihre frühere Würde und Fruchtbarkeit noch einmal erlangen soll, dann muß uns Gerechtigkeit, Treue und Mäßigkeit, die zur Sicherheit und zum gegenseitigen Vertrauen führen, durch den Geist der christlichen Entsagung wieder zur Gewohnheit werden. Der Einfluß katholischer Sinnesweise auf die Art des Benehmens

---

[1]) Wir meinen hiemit den Robert Macaire.

beim Betrieb eines Geschäftes tritt gerade rücksichtlich des Associationswesens so klar hervor und die Uebel der herrschenden Sucht nach Gewinn um jeden Preis, welche sich an die Stelle der segensvollen geistigen Zucht früherer Tage eingedrängt hat, werden für unser Jahrhundert selbst in Bezug auf die materiellen Interessen allmälig so greifbar, daß an dieser Stelle ein einziges Wort der Hindeutung auf die Nothwendigkeit christlicher Gesinnung ausreichend ist.

Indem wir aber die unermeßliche Bedeutsamkeit und die fruchtbaren Folgen des Associationswesens auch ganz und gar anerkennen, müssen wir uns andererseits doch hüten, ihm eine zu große Ausdehnung geben zu wollen.

Zunächst muß hervorgehoben werden, daß sich nicht alle Arbeiten gleich gut für die Association eignen. Bergbau, Manufactur und Handel eröffnen ihr ein weites Feld. Hier nimmt sie alle Formen an und bietet sie den verschiedenen Productivkräften bald in den Schranken einer gesellschaftlichen Verbindung, deren Glieder strenge für einander nach Außen haftbar sind, bald auf dem Wege einer engeren oder loseren Betheiligung, die den Träger jener Kräfte vermöge einer nur geringeren Verantwortlichkeit in seiner vollen Ungebundenheit beläßt, eine bequeme Gelegenheit, sich zu einer gemeinsamen Thätigkeit zu vereinigen. Unglücklicher Weise eröffnet aber die Unvollkommenheit des Bandes, das bei gewissen Associationsformen den Actionär an das Unternehmen knüpft, einer Fülle von Mißständen den Zugang, und wenn irgendwo, so werden gerade hier jene sittlichen Garantien, welche der Geist der christlichen Entsagung auf eine so genügende Weise leistet, mit unerläßlicher Nothwendigkeit gefordert.

Für die Landwirthschaft ist die Association nur in geringem Maaße anwendbar. Man legt die Grundstücke nicht eben so, wie die Kapitalien, in eine einzige Masse zusammen. Zwischen dem Menschen und seinem Grundbesitz besteht ein Band, das mit den innersten Neigungen unseres Herzens im Zusammenhang steht und bei aller Aussicht auf eine beträchtliche Vermehrung des Ertrags den kleinen Landeigen=

thümer dennoch abhält, sein Feld an eine Gesellschaft hinzugeben, in deren Händen es mitten unter einer großen Gütermenge so zu sagen verschwinden würde.[1]) Die landwirthschaftlichen Verbindungen, die einst mit Erfolg wirkten, bestanden fast immer aus Gliedern einer und derselben Familie. Gemeinsam das Gut bebauend, das der Familie überlassen worden, fanden sie in demselben die Gewähr für ihre Unabhängigkeit und das beste Mittel, dem Rechte der „todten Hand" zu entgehen. Das waren die Verbindungen der Parsonniers,[2]) die uns so häufig im alten Rechte begegnen. Leplay hat uns in einer seiner Monographien eine Bauernfamilie des Lavedanthales[3]) geschildert, die seit vielen Geschlechtern nach diesem Gemeinschaftssystem gelebt hatte. Wenn derartige Genossenschaften unter Sprossen desselben Blutes errichtet sind und mit religiösem Sinn behandelt werden, so können sie, wie aus den von Leplay beobachteten Thatsachen hervorgeht, heutzutage noch eben so die Quelle des Wohlstandes und der Sittlichkeit für die Landleute sein, als sie das im Mittelalter gewesen.[4]) Aber ächte Frömmigkeit, brüderliches Wohlwollen unter den Mitgliedern und aufrichtige Unterwerfung unter das Haupt der Verbindung, drei Eigenschaften, für welche nur die thatsächliche Ausübung der religiösen Wahrheiten volle Sicherheit gewährt, müssen hier als eine unabänderliche For-

[1]) Raudot, ein Schriftsteller, der bei Fragen dieser Art als eine Auctorität gelten kann, sagt über die landwirthschaftliche Association: „Ich „glaube, daß man hier Unmögliches träumt. Der kleine Grundbesitzer „will nicht bloß von seinem Gute ein Einkommen beziehen, er will „es auch fortwährend unter seinen Augen und Händen haben, er will „es genießen. Wenn seine Felder mit anderen Gründen zu einem „Großwirthschaftsbetrieb vereinigt würden, so würde er sich für exproprüirt halten." Correspondant. nouv. série, tom. V, p. 291.

[2]) Parsonniers nannte man eben die Mitglieder landwirthschaftlicher Associationen. Anmerk. d. Uebers.

[3]) In dem Departement Hautes-Pyrénées, im Bezirk von Argelès. Anmerk. d. Uebers.

[4]) Les ouvriers des deux mondes, monogr. III, Paysans en communauté du Lavedan.

derung festgehalten werden. Weil Gerechtigkeit, Liebe und arglose Rechtschaffenheit früher eine Gewohnheit waren, welche durch das Christenthum allen Familien eingepflanzt war, darum konnten die landwirthschaftlichen Associationen im Mittelalter eine so große Ausdehnung erlangen; und wenn dieselben heutzutage fast gänzlich außer Anwendung gekommen sind, so liegt der Grund ihres Verfalls in der Verschlechterung der Sitten, die aus der Abnahme des Glaubens auch bei der Landbevölkerung naturgemäß hervorging. Das anerkennen selbst diejenigen, welche sich von Vorneherein gegen diese Art von Wirthschaftsbetrieb ungünstig aussprechen.[1])

Eine von denjenigen Formen der Association, welche in unseren Tagen sowohl bei den Schriftstellern als bei der armen Volksklasse die größte Aufmerksamkeit erregt haben, sind die Arbeitervereine. Zu wiederholten Malen und namentlich in den nächsten Jahren nach der Februarrevolution manchmal auf eine ziemlich umfassende Weise in Angriff genommen scheiterten sie gewöhnlich an Hindernissen, welche aus den zu ihrer Bildung beigezogenen Elementen selber hervorgegangen waren. Wir glauben nichts desto weniger, daß es voreilig wäre, wenn man sie im Princip und absolut verdammen wollte.

Sollen Associationen dieser Art einen guten Erfolg haben, so müssen die Theilnehmer vor allen anderen Dingen im Besitz von Eigenschaften sein, welche man bei dem jetzigen Sittenzustand der Arbeiter nur selten antrifft. Verbindungen, deren Mitglieder die nothwendigen Eigenschaften besaßen, haben ganz befriedigende Resultate erzielt.[2])

Die Bedingungen, welche für das Gedeihen solcher Associationen unerläßlich nothwendig sind, hat ein Nationalökonom

---

[1]) Dareste de la Chavanne, histoire des classes agricoles. chap. 3, sect. II. §. 3. — Ueber den Verfall dieser alten Genossenschaften berichtet Leplay Thatsachen, die jede weitere Besprechung unnöthig machen: Les ouvriers européens. monogr. XXXI, not. B, §. 2.

[2]) Man vergleiche die sehr interessante Arbeit des Vicomte Anatole Lemercier: Études sur les associations ouvrières.

unserer Tage, der über diese Frage sehr richtige Anschauungen besitzt, im Einzelnen dahin bestimmt:

1) eine Arbeiterassociation kann nur dann den gewünschten Erfolg haben, wenn ihre Mitglieder insgesammt Leute von auserlesener Natur sind;

2) sie muß das größte Gewicht auf Einheit in der Leitung legen, das heißt, sie muß darauf sehen, daß die oberste Führung einem einzigen mit hinreichender Macht ausgerüsteten Manne übertragen werde;

3) sie muß bei der Bestimmung des Lohnes Rücksicht nehmen auf die Ungleichheit der geleisteten Dienste;

4) sie muß ein Kapital besitzen, das hinreicht, um industrielle Krisen überstehen zu können;

5) eine fernere höchst wichtige Bedingung für den Erfolg jeder Association liegt darin, daß sie vermöge ihrer ganzen Einrichtung darauf abziele, die Individualität des Theilnehmers, seine Kräfte, seine Verstandesbildung, seinen Eifer, seine Pünktlichkeit, seinen Ordnungsgeist, seinen Billigkeitssinn, sein Wohlwollen gegen Andere, seine Vorsorge für die Zukunft nicht zu schmälern, wie man das so oft sieht, sondern zu erhöhen, mit einem Worte, dem Arbeiter einen über die Mittelmäßigkeit hinausgehenden sittlichen und industriellen Werth zu verleihen.[1])

Es wird immer eine schwierige Aufgabe bleiben, diesen Forderungen im Volksleben eine thatsächliche Verwirklichung zu geben; in Folge der menschlichen Schwachheit wird sich jedem Versuche eine Fülle von Hindernissen in den Weg stellen und man begreift es wohl, warum die gewiegtesten Nationalökonomen sich nur mit Rückhaltung über die Zukunft der Arbeiterassociationen aussprechen. Sollten aber jemals diese Associationen eine beachtenswerthe Ausdehnung und eine ernste Bedeutung gewinnen, müßte es dann nicht gerade in einer Zeit geschehen, in welcher die Uebung der christlichen Tugenden wieder unter den arbeitenden Klassen zu einer allgemeinen Ge-

[1]) Baudrillart, Manuel d'économ. polit. p. 102.

wohnheit geworden ist? Unterordnung unter eine stufenartig aufsteigende Auctorität, deren Gewalt sich die menschliche Thätigkeit bei der Production der Reichthümer eben sowohl, wie bei jedem anderen Geschäfte nothwendig unterwerfen muß; Ergebung auf Seite derjenigen, welche bei der Vertheilung der Productivkräfte in eine minder günstige Lage versetzt wurden, als manche Andere, denen die Natur verschwenderisch ihre Gaben austheilte; Nüchternheit und Sparsamkeit, ohne welche Tugenden die Arbeiter niemals die für ihre Unternehmungen erforderlichen Kapitalien ansammeln und bewahren können; der Geist der Mäßigung und Ablegung alles selbstsüchtigen Wesens, ohne die eine Association nicht bestehen kann, in Verbindung mit der gehörigen Geltendmachung der eigenen Persönlichkeit jedes einzelnen Arbeiters durch das Gefühl der Freiheit und der Selbstverantwortlichkeit, das den Produktivkräften Wachsthum verleiht: kann dieser Complex von so vielen und oftmals so schwer vereinbarten Eigenschaften anders erworben werden, als durch eine verständige und beharrliche Uebung der christlichen Selbstverlaügnung in allen Lagen des Lebens? Und keine Association verlangt diesen ganzen Complex von Tugenden in einem höheren Maaße, als gerade die Arbeiter-Association, weil keine andere ihre Glieder in eine so directe und innige Verbindung zu einander bringt, als sie. Keine andere Association stellt übrigens auch die Nothwendigkeit einer aus innerer Lust stammenden Thätigkeit und eines nur durch christliches Vergessen auf sich selbst erreichbaren Zusammengehens aller Willen und Gefühle in so klares Licht, als die Arbeiterassociation. Thätigkeit aus innerer Arbeitslust und Einigung der Willen, das sind zwei Mächte, die durch den Geist des Katholicismus allenthalben in den Sitten des Mittelalters wirksam hervortraten und nur durch den Geist des Katholicismus neuerdings aufleben können.

XV. Kapitel.

Die einzelnen Geschäfte vom Standpunkte der Ertragskraft aus betrachtet.

Die materiellen Arbeiten, mit welchen sich eine Gesellschaft zu befassen hat, theilt man gewöhnlich in vier Klassen: in die thatsächliche Besitzergreifung von den zahlreichen und mannigfaltigen freien Naturproducten[1]), wobei jedoch diese Producte so, wie sie sind und ohne Vornahme einer Umwandlung an ihnen in die Hand des Menschen gelangen; in die Landwirthschaft, welche die Kräfte des pflanzlichen und thierischen Lebens in Bewegung setzt und vermittels dieser Kräfte Rohstoffe, namentlich Lebensmittel erzeugt; in die Manufactur, welche durch die zwei vorausgegangenen Arbeitszweige in den Besitz von Rohstoffen kommt und dieselben so umformt, daß sie den menschlichen Bedürfnissen entsprechen; und endlich in den Handel, welcher den Umsatz der Producte bewerkstelligt und dieselben dahin bringt, wo man sie zum Verbrauche nothwendig hat.

Vom Handel reden wir an dieser Stelle nicht; wir werden im nächsten Buche auf ihn zurückkommen. Die Unternehmungen zur thatsächlichen Aneignung der einzelnen freiwilligen Naturproducte bieten, so weit die allgemeine Einrichtung der Betriebsweise und die Bedingungen eines günstigen Erfolges in Frage kommen, ihrem Hauptbestandtheile, dem Bergbau nach, viele Aehnlichkeit mit der Manufactur. Wir können deßhalb den Bergbau und die Manufactur mit einander zusammenstellen und bedienen uns demgemäß für Jetzt der in den Volkssprachen allgemein üblichen Eintheilung der Arbeit in Industrie und Landwirthschaft.

---

[1]) Hieher gehört die Ausnützung von Bergwerken, Steinbrüchen (Marmorbrüchen), von Urwäldern, die Sammlung von Wässern, die Mineralien und Salz in sich führen u. s. w. Die französische Sprache hat hiefür seit Dunoyer den Namen industrie extractive.

Anmerk. d. Uebers.

Wir betrachten in diesem Kapitel die Industrie und den Ackerbau einzig von Seite der Productivkraft der Arbeit und wollen zu diesem Ende untersuchen, welcher Betrieb am Meisten für eine mächtige Entfaltung beider geeignet ist. Das könnte zu vielen Detailfragen führen. Unsere Absicht ist es aber nicht, auf dieselben insgesammt einzugehen; wir werden den vorwürfigen Gegenstand nur insofern einer näheren Erwägung unterziehen, als er Gesichtspunkte darbietet, welche mit den wesentlichen Interessen der Gesellschaft in Beziehung stehen, und als die Schwierigkeiten, auf welche man bei seiner Behandlung stößt, ihre Hebung durch Hilfsmittel der geistigen Ordnung finden; denn unsere Arbeit will vor Allem den Einfluß der geistigen Ordnung auf die materielle klar machen.

Ohne Zweifel kann sowohl bei der Landwirthschaft als Industrie die zur Anwendung kommende Art des Betriebes sehr wichtige Folgen für den geistigen und materiellen Zustand des Arbeiters haben. Wir werden das weitläufiger betrachten, wenn wir von den Quellen des Elends in der Gesellschaft handeln. Was den moralischen Theil dieser Frage betrifft, so gehen wir für Jetzt nicht umständlich darauf ein, sondern führen eben nur das an, was nothwendig ist für die Erkenntniß der Art und Weise, in welcher die Principien der geistigen Ordnung dadurch, daß sie jeder Productionsgattung die angemessensten Voraussetzungen sichern und wesentlich zu einer ebenmäßigen Vertheilung der nationalen Kraft an die verschiedenen Arbeitszweige beitragen, mächtig auf die Productivkraft einzuwirken vermögen. Eben so wenig befassen wir uns in diesem Kapitel mit dem Unterschied, der in Bezug auf die Grenzen, die der Entwicklung der Productivkräfte gesteckt sind, zwischen der Industrie und der Landwirthschaft besteht. Diese Frage, eine der interessantesten unserer ganzen Untersuchung, soll eigens geprüft werden und den Gegenstand eines besonderen Buches in unserem Werke bilden. [1])

Die Frage, ob bei der Industrie Großbetrieb oder Kleinbetrieb vorzuziehen sei, läßt sich nicht so im Allgemeinen entscheiden; es

[1]) Buch V, besonders Kap. 2.

kommt hiebei alles auf die Umstände an. Ueberall da, wo Intelligenz und Geschicklichkeit mehr in's Gewicht fallen, als die Kraft, wird die Kleinindustrie mehr an ihrem Platze sein. Sie wird demnach bei allen Arten von Weberei und bei den Operationen, welche dem Holz und Metall die letzte Zubereitung geben, die Oberhand behalten; das Spinnen dagegen, die Production der Rohmetalle und mancherlei weniger feine Arbeiten in Holz und Metall gehören seit der Einführung mächtiger mechanischer Apparate der Großindustrie zu. Die Entfaltung der Großindustrie nahm überhaupt in der Mitte des vorigen Jahrhunderts ihren Anfang und hängt mit den wunderbaren wissenschaftlichen Entdeckungen zusammen, welche damals das Verfahren bei der Arbeit so wesentlich umgestaltet haben.

Wenn es ferner möglich ist, in ausgedehnten Werkstätten einen größeren Complex von Arbeiten unter eine und dieselbe Leitung zu stellen und das Ganze durch eine und dieselbe bewegende Kraft in Thätigkeit zu setzen, so ist diese Arbeitsconcentration für die Ergiebigkeit des Unternehmens wiederum von unbestreitbarem Vortheil.

Dieser Vortheil hat verschiedene Gründe. Der eine liegt darin, daß sich leichter eine Theilung der Arbeit vornehmen läßt, wenn man über größere Massen gebietet. Sodann macht es ein weiterer Umfang des Geschäftes möglich, diejenigen, welche bei demselben dienen, ohne Unterbrechung auf eine nützliche Weise in Thätigkeit zu erhalten, so daß man aus der Arbeitskraft eines Jeden allen Gewinn ziehen kann, den dieselbe überhaupt abzuwerfen vermag. So wird ein gewandter Mechaniker, den man auch beim Betrieb eines einzigen Geschäftes zur Ueberwachung nothwendig hätte, leicht noch zehn oder sogar mehr als zehn anderen Arbeiten vorstehen, ohne daß für diese neuen Dienstleistungen der Lohn verhältnißmäßig erhöht werden müßte. Ueberhaupt werden die allgemeinen Ausgaben, die man auf die Beischaffung der Einrichtung, auf die Bewegung der Triebkraft, die Leitung, die Buchhaltung und Correspondenz zu verwenden hat, nach dem Maaße der

Geschäftserweiterung für jeden Producttheil beziehungsweise geringer. Wenn man die Wirkung aller dieser Ursachen zusammenfaßt, so kann man sagen, daß sich bei einem industriellen Unternehmen die Auslagen nicht im Verhältniß zu der Productenmenge vergrößern, sondern im Gegentheil in eben diesem Verhältnisse vermindern.

Daraus folgt, daß bei der Großindustrie jedes Product oder jeder Producttheil eine beträchtlich geringere Summe von Opfern erfordert, als bei der Kleinindustrie; mit anderen Worten: daß bei gleichem Müheaufwand die Großindustrie mehr leistet, als die Kleinindustrie, kurz, daß durch die Erweiterung eines Geschäftes die Productivkraft der Arbeit wächst.

Nimmt man daher bloß auf diese Productivkraft der Arbeit an und für sich Rücksicht, so darf man sich zu dem häufigeren Auftreten der Großindustrie nur Glück wünschen. Aber gleichwohl ist man genöthigt, in mancher Hinsicht einen Vorbehalt zu machen. Wenn es die Großindustrie durch die Thätigkeit der Maschinen und durch die Macht der Association dahin bringen würde, gewisse Arten der Production so sehr an sich zu ziehen, daß sie alle Einzelnunternehmungen, die mit ihr zu concurriren vermöchten, zu Grunde richtet, so könnte sie der Gesellschaft wesentlich schaden, statt ihr Vortheil zu bringen. In der That, ist es ihr nicht kraft des Monopols, in dessen Besitz sie factisch sich befindet, sehr leicht möglich, das Product für egoistische Habsucht auszubeuten und dessen Reinertrag durch Steigerung des Verkaufspreises beliebig zu erhöhen? Wünschen wir vielmehr, daß neue Fortschritte irgend einer Art in der Betriebsweise der Industrie das Industriewesen selbst in vielen seiner Zweige jener Decentralisation entgegenführen, welche auf diesem Gebiete ebenso wünschenswerth ist, als auf dem Gebiete der Politik: — und manche ernsten Geister, die eben so praktisch als hochgesinnt denken, wagen es in der That, dieser Hoffnung sich hinzugeben.[1])

---

[1]) Man sehe: Leplay, les Ouvriers européens, monog. XVIII. not. B.

Es gehört übrigens diese Frage mehr zur Studie über die Quellen des Elends als zur Studie über die Quellen der Productivkraft der Arbeit; wir werden uns mit ihr weiter unten ausführlich befassen. Unter der Voraussetzung, das Centralisationssystem müsse in der Industrie endgiltig zum Uebergewicht kommen, werden wir im sechsten Buche dieses Werkes sehen, wie der Geist des Christeathums, die Befolgung seiner Gebote und die Uebung der Liebe in einem gewissen Maaße den Uebeln abhelfen können, die aus einem schaarenweisen Zusammenleben von Arbeitern hervorgehen, und wie die Gesellschaft, Dank dem heilbringenden Dazwischentreten der katholischen Wahrheit, jede Vergrößerung der Productivkraft, die ihr durch das Umsichgreifen der Großindustrie zugeht, ohne irgend welche bedenkliche Gefahr sich zu Nutzen machen kann.

Man hat gesagt, daß bei der Landwirthschaft der Großbetrieb weniger von Wichtigkeit sei, als bei der Industrie, weil die Landwirthschaft weniger für die Theilung der Arbeit und für die Anhaüfung gütererzeugender Thätigkeiten in einer einzigen Hand geeignet ist. Es liegt in dieser Bemerkung wohl ein wahrer Gedanke; allein man würde Unrecht haben, wenn man dies übertrieben betonen und die glücklichen Erfolge grosser Landgüter mißkennen wollte. Wenn auch die Theilung der Arbeit bei der Landwirthschaft nicht in dem Maaße statthaft ist, wie bei der Industrie, so findet sie doch auch hier eine mannigfache und sehr bedeutsame Anwendung. Besonders aber wird auf umfassenden Besitzungen die Viehzucht mehr einheitlich betrieben und regelmäßig von erfahrenen und verständigen Menschen geleitet, was bei diesem so wichtigen Zweige der Landwirthschaft dem Großbetrieb einen wesentlichen Vorzug vor dem Kleinbetrieb verschafft. Und wenn es sich um die Bebauung des Bodens selbst handelt, so kann hier noch weniger ein Zweifel obwalten. Der Gebrauch von Maschinen, welcher gegenwärtig auch bei der Landwirthschaft von Tag zu Tag allgemeiner wird, ist nur beim Großbetrieb möglich, indem bei den kleinen Grundbesitzern über den wechselseitigen

Gebrauch einer und derselben Maschine nur sehr schwer ein gutes Einverständniß bestehen könnte. Die bessere Construction der Ackergeräthschaften, die jedesmal auf großen Gütern ihrem Zweck kunstvoller angepaßt werden, als auf kleinen, die vielen Mastungen, die bei ausgedehntem Betrieb an dem zahlreichen selbstgezogenen Viehe vorgenommen werden, die Leichtigkeit, bei Bebauung der Flurtheile entsprechende Abwechslung eintreten zu lassen, die Forterhaltung von Wiesen und Weideplätzen, welche für den Viehstand nothwendig sind, von den Kleinbauern aber gerne in Ackerfeld umgewandelt werden: das sind die weiteren Vortheile der großen Gütercomplexe. Was aber unbestreitbar das Meiste wirkt, das ist wohl die bessere Methode der Bebauung; denn die größere Einsicht, die ausgebreitetere Erfahrung und das höhere Kapital derjenigen, welche an der Spitze einer großen Landwirthschaft stehen, machen es eher möglich, neue Methoden der Bebauung einzuführen. Und gerade die bessere Methode der Bebauung ist der Grund, der den Großbetrieb für den Fortschritt der Agricultur zu einer wahren Nothwendigkeit macht.[1])

Die Resultate des Großbetriebs sind bei der Landwirthschaft dieselben, wie bei der Industrie, und fassen sich in den Satz zusammen, daß durch ihn der Reinertrag vermehrt werde; eine und dieselbe Kapitalsumme, welche man auf den Landbau verwendet, wird einen um so höheren Gewinn eintragen, je ausgedehnter der Betrieb ist. Hierin liegt der Vorzug der großen Güter vor den kleinen.

Dagegen bieten aber die kleinen Güter andere Vortheile, durch welche sie den großen Gütern gegenüber bis zu einem gewissen Maaße wieder Ersatz finden. Das richtige Gefühl, das sich der Kleinbauer durch eine ununterbrochen fortgesetzte, von dringenden und directen Interessen geleitete und durch scrupulös genaue Beobachtungen aufgeklärte Uebung erwirbt; seine bis in's Kleinste eingehende und niemals ruhende Achtsamkeit; jene Liebe, die er zu seinem Boden trägt und die ihn

[1]) Roscher, Bd. II, §. 49.

Mühen auf sich nehmen heißt, welche mit den mehr allgemeinen und auf Verschiedenartiges gerichteten Sorgen der Großwirthschaft nie vereinbar sind: diese Gründe in Verbindung mit einander verleihen der Kleincultur eine sehr mächtige Productivkraft. Durch Eifer und hingebende Arbeit gewinnt man von einem Grundstück irgend welcher Größe mehr Früchte, als der Großbetrieb von eben diesem Grundstück gewinnen würde, so daß der letztere allerdings mehr Reinertrag, die erstere aber mehr Rohertrag bezieht.[1]) Wenn man nur Rücksicht nimmt auf die Zahl der aufgebotenen Arme, so wird die Großwirthschaft ein beträchtlich höheres Resultat liefern, als die Kleinwirthschaft; wenn demnach in einem Lande die Zahl der Einwohner bestimmt ist, so ist nach dem System des Großbetriebs eine namhaft geringere Menge von Arbeitern nothwendig, um Alle mit den nothwendigen Nahrungsmitteln zu versehen, als nach dem System des Kleinbetriebs. Daraus folgt, daß diejenigen Völker, bei denen im Landbau der Großbetrieb vorherrscht, nach der Production der Nahrungsmittel für die übrigen Zweige der socialen Thätigkeit noch über eine größere Anzahl von Menschen zu verfügen haben, als jene, bei denen der Kleinbetrieb das Uebliche ist; da aber andererseits die Kleincultur im Verhältniß zum Boden einen reichlicheren Ertrag liefert, so ergibt sich hieraus, daß bei kleineren Gütercomplexen eine zahlreichere Bevölkerung ihr Unterkommen findet. In diesem Falle wird die Menge derjenigen, welche nach Bestellung des Feldes noch für andere Arbeiten übrig bleiben, im Verhältniß zur Gesammtbevölkerung beträchtlich geringer sein, wiewohl sich die Gesammtbevölkerung an sich gerade nicht zu ändern braucht. Die Gesellschaft wird auf diese Art in Bezug auf die Arbeiten der Industrie und des Handels oder in Bezug auf die Arbeiten der geistigen Ordnung ihre Lage wohl nicht verbessern, hat jedoch den Vortheil, einen zahlreichen und kräftigen Bauernstand, der immer eines von den ersten Machtelementen der Staaten gebildet hat, auf ihren Feldern zu besitzen.

[1]) Vergl. Roscher, Bd. II, §. 51.

Damit indeß die Kleincultur der Gesellschaft diese glücklichen Resultate zu sichern vermöge, muß sie sich in gewissen Schranken halten, und sie darf nach einem häufig gebrauchten Ausdruck nicht so weit gehen, daß sie den Boden pulverisirt; es ist nothwendig, daß sie mit großen und mittlern Gütern untermischt sei.

Das übermäßige Umsichgreifen der Kleincultur führt zu einer Schwächung der Productivkräfte und kann mit Gefahr für den Staat verbunden sein. Gewöhnlich ereignet es sich in diesem Falle, daß die Grundstücke nicht mehr Umfang genug haben, die ganze Zeit ihres Besitzers für sich in Anspruch zu nehmen. Die Nothwendigkeit, einen Theil seiner Kräfte unbenützt ruhen zu lassen, wird für den Bebauer unvermeidlich die Verarmung zur Folge haben, und diese Verarmung wird fortan mit rückwirkender Kraft Unfruchtbarkeit über die Arbeit bringen, weil die Ausgaben nicht mehr gemacht werden können, welche für eine wahrhaft productive Cultur nothwendig sind. Wohl mag dann hartnäckiger Fleiß auf den Boden verwendet werden, aber derjenige, welcher die Last dieser Arbeit trägt, wird dadurch gleichwohl nichts Anderes finden, als eine immer wachsende Noth. [1])

Eine Thatsache, welche man nicht übersehen darf, ist hiebei, daß sich die Art der Bebauung nicht willkürlich bestimmen lasse. Das Meiste hängt vom Klima und von der Beschaffenheit des Bodens ab. Im Allgemeinen sind die Feldtheile im Süden kleiner als im Norden, weil im Norden nur Getreide, sowie einige Webestoffe und Gemüse bekannt sind, während in den südlichen Gegenden, die eine große Mannigfaltigkeit von Culturgegenständen nachweisen, sich immer auch solche Bodenproducte finden, die bei der ununterbrochenen und auf's Einzelne achtenden Pflege der Kleincultur einen hohen Gewinn eintragen. Auf schwerem und hartem Boden ist der Großbe-

[1]) Der, wie Roscher sagt, klassische Boden für Zwergwirthschaft ist Irland. Daselbst gab es im Jahre 1845 135,314 Pächter, die nicht einen vollen Acre Landes besaßen, 181,950 andere, deren Boden nicht über 5 Acres ging u. s. w. Bd. II, §. 52.

trieb vorzuziehen, während bei lockerem und leichtem Boden die mittlere und kleine Wirthschaft mit mehr Erfolg zur Anwendung kommen.

Auch die socialen Verhältnisse üben auf die Bebauungs-Art einen Einfluß. Wo die Kapitalien nur unbedeutend und zerstreut sind und wo das Verständniß industrieller Verfahrungsarten nur wenig Verbreitung gefunden hat, da ist die Kleincultur an ihrem Platze; dagegen in Ländern mit sehr entwickelter industrieller Bildung und mit gesammelten großen Kapitalien wird die Großcultur zu empfehlen sein und von selbst auch Eingang finden. Stets aber sind die Extreme zu vermeiden: einerseits eine so weit getriebene Zerbröckelung der Besitzthümer, daß dadurch die Productivkraft der Arbeit beeinträchtigt wird, und andererseits eine so umfassende Anhäufung in einzelnen Händen, daß hiedurch dem größeren Theile der Landbevölkerung jenes selbstständige Leben und jene edle Unabhängigkeit, welche für den Staat eine Quelle der Macht und der Ehre sind, entzogen wird.

Es muß beim Landbau ebenso, wie im Staate selbst, eine gewisse stufenartig aufsteigende Ordnung geben. Diejenigen, die auf der höchsten Spitze stehen, müssen dem Ganzen Anstoß und Beispiel geben, während die in der Mitte den Einfluß von Oben her unmittelbar fühlen werden, aber durch die Gegenwirkung ihrer eigenen Kraft gegen denselben jene Mischung von Fortschrittsdrang und maßvoller Hemmung herbeiführen, die es leichter macht, von der Mitte aus auf die unten stehende zwar wenig beachtete, aber gleichwohl den Hauptheil der Bevölkerung bildende Menschenklasse eine Anregung zu üben. Diese untere Volksklasse endlich muß in ihren bescheidenen Verhältnissen noch jenes selbstständige, hinreichend energische Leben bewahren, dessen sie nicht beraubt werden darf, wenn nicht die Gesellschaft selbst ihre Kraft und ihren Wohlstand verlieren will. Auch wenn man nur auf die Productivkraft der Arbeit und auf die Entwicklung des materiellen Volkslebens Rücksicht nimmt, kann man unmöglich in Abrede stellen, daß es eine Sache von vieler Wichtigkeit sei, dieses richtige Gleichgewicht beim Ackerbau ebenso, wie überall einzuhalten. Ganz aber tritt die große Bedeutsamkeit dieser Frage erst dann hervor, wenn es sich um die geistigen Zustände des Volkes, um dessen sittliche Würde und um dessen Energie in Anstrebung der höheren Lebensziele handelt. Nach dieser Seite hin werden wir den vorliegenden Gegenstand näher in Betracht ziehen, wenn wir von dem Elend handeln und von den Mitteln, die sich dagegen anwenden lassen.[1]

Stehen nun die Großcultur und Kleincultur unserer modernen Staaten zu einander in diesem Verhältnisse richtigen Gleichgewichtes? Selbst die entschiedensten Vertheidiger der gegenwärtigen Landbauverhältnisse wagen nicht, das zu behaupten. Passy anerkennt, „daß Mittelbetrieb und Zwergbetrieb „vorzugsweise um sich gegriffen haben und noch fortwährend „um sich greifen."[2]) Ebenso gibt er zu, „daß da, wo der Boden seinen Bebauern als Eigenthum angehört, die Theilungen bei Erbanfällen und die Güterzertrümmerungen der Grund dieses Mißstandes sein können. Endlich pflichtet er auch der Behauptung bei, daß die Landeigenthümer möglicher Weise nicht aus eigenem Antriebe von ihrem verkehrten System abstehen und lieber das ihnen geläufige Verfahren zu seiner letzten Ausartung gelangen lassen, als zu einem besseren sich entschließen. Man hat schon viele Klagen über diesen Punkt gehört; man hat auf Felder hingewiesen, die zu sehr zerstückt sind, als daß man ihnen noch eine nutzbare Sorge zuwenden könnte, und viele Landwirthe verschwenden mit eiserner Hartnäckigkeit ihren Schweiß auf Grundstücke, die zu zerstreut, oder auf Erbtheile, die zu gering sind, als daß nicht ein großer Theil der Zeit unbenützt verloren gehen sollte. Dadurch geschieht es, daß diese Leute widerstandslos einer Noth anheimfallen, der sie leicht entgehen könnten.

„Gewiß, diese Uebel haben eine sehr ernste Seite, fügt „Passy bei, und es wäre zu wünschen, daß sie nicht weiter

---

[1]) Buch VI, Kap. 5.

[2]) Système d'agriculture.

„mehr vorkämen. Sie können jedoch, man mag sagen, was „man will, nicht lange andauern, wenn sie nur einmal allge„mein genug geworden sind, und die Liebe zu eigenem Besitz, „deren Uebermaaß manchmal zum Umsichgreifen falscher Cultur„arten führt, kann Bewirthschaftungsformen nicht beibehalten, „deren wachsende Unvollkommenheit den Grundbesitzern eine „Concurrenz mit anderen Producenten nicht möglich macht.[1]" Man darf indeß wohl zweifeln, ob das Uebel sich hebt, bevor die gesetzlichen Bestimmungen und die öffentlichen Sitten, welche dessen Quelle sind, zum Bessern umgeändert worden, und es ist gerechter Grund zu der Befürchtung vorhanden, daß die fortdauernde Wirksamkeit der nämlichen Ursachen nur zu einer Steigerung des Uebels führt.

Naudot, welcher für die Erörterung solcher Fragen sehr ausgebreitete Kenntnisse und eine gründliche Erfahrung besitzt, macht ebenfalls auf die unaufhörlich wachsende Zahl der Grundstücke und insbesonders auf die maaßlose und noch immer sich steigernde Theilung in Güter kleinster Ausdehnung aufmerksam. Aus seinen Angaben geht hervor, daß unter den 100 Millionen Zwergwirthschaften, die Frankreich besitzt, 30 Millionen bei weitem nicht den Umfang eines halben Hectars erreichen.[2] Baudrillart spricht sich in dem nämlichen Sinne aus: „Hervorgerufen durch die Neigung der Bauersleute und unter„halten durch händlerische Gewinnsucht, sagt er, hat die Güter„zertrümmerung seit der Revolution eine, man muß es zuge„stehen, ganz ungebührliche Ausdehnung angenommen."[3]

Wenn nun auch die Theilung der Grundstücke nicht nothwendiger Weise auch eine Theilung der Bewirthschaftung zur Folge hat, so muß man gleichwohl sagen, daß nach jetziger Uebung beide größtentheils mit einander zusammen fallen. Ebenso ist die Noth der Landbewohner, die nur Zwerggüter bebauen, eine stets wiederkehrende Thatsache. „Aus der allge-

[1]) Systéme de culture, p. 68.

[2]) Décadence de la France, pag. 111 sq.

[3]) Manuel d'économie politique, pag. 149.

„meinen Zählung, welche im Vollzug des Gesetzes vom 7. August „1850 statt hatte, sagt Raudot, geht hervor, daß unter 7,846,000 „in die Steuerregister eingetragenen Grundbesitzern 3,000,000, „das heißt, fast die Hälfte, keine persönliche Steuern zahlten. „Der Grund für diese Ausnahme lag bei den Meisten von „ihnen einzig in ihrer von der Gemeindebehörde anerkannten „Armuth. Neben diesen zählt man 600,000 Andere, deren „Steuer sich im Jahre nicht höher als auf 5 Centimes be„läuft." [1])

Aus diesen Zahlen ergibt sich, daß es in Frankreich fast für die Hälfte der Grundbesitzer völlig unmöglich ist, die Ausgaben zu machen, welche eine fortschreitende Cultur wesentlich verlangt. Es ist wahr, diese Hälfte von Eigenthümern, welche durch Armuth in eine so traurige Ohnmacht versetzt ist, hat allerdings nur einen geringen Theil des Bodens in ihren Händen; aber eben so wahr ist es auch, daß auf diesem Bodentheil die Productivkraft der Arbeit eine sehr beklagenswerthe Schwächung erfahre.

Deßgleichen läßt sich nicht in Abrede stellen, daß eine übermäßige Zerstreuung der Grundstücke selbst für die mittelgroßen Güter gewichtige Uebelstände verursache und daß eine Bewirthschaftung, zu der wohl Gründe genug gehören, wenn man das Ganze als einheitliche Masse zusammenfaßt, viel von ihrer Productivkraft verliert, wenn die einzelnen Theile zu klein sind und zu weit auseinander liegen.

Für eine große Zahl von Ackerbauern ist indeß das Kleingüterwesen nicht die einzige Ursache des Elends. Die Fehler des Finanzsystems und die Gesetze über das Creditwesen sind hiebei ebenfalls von großem Belang; aber immerhin bleibt jener Splitterbetrieb, die Folge einer bis zum Uebermaß gesteigerten Bodentheilung, der vorzüglichste Grund des Uebels,

---

[1]) Man sehe den Artikel Raudot's im Correspondant vom 25. Mai 1857. — Raudot schließt seine Abhandlung mit den Worten: „Es ist „herausgestellt, daß wenigstens zwei Drittheile vom cultivirbaren Boden „Frankreichs in Zwerggüter zerstückt sind. Die Besitztheilung über„steigt bei uns alle Begriffe."

das durch die Gesetze und durch die öffentlichen Sitten bis zu einem erschreckenden Grade anwächst. Es liegen uns darüber Aussprüche vor, an denen sich nicht rütteln läßt. Passy macht, wie wir gesehen haben, das Zugeständniß, daß da, wo der Boden seinen Bewirthschaftern als Eigenthum angehört, die Erbtheilung zu einer übermäßigen Verkleinerung der Güter führe. De Lavergne bietet uns eine noch eingehendere Besprechung der Gesetze, welche in Frankreich dieses unbegrenzte Zerreißen der Hinterlassenschaftsmassen erzeugen. Indem er die französische Gesetzgebung mit der englischen vergleicht, bemerkt er: „Ich kann es mir nicht ausreden, daß das Recht „der Erstgeburt wesentlich zum Reichthum der Bodenbesitzer „in England beitrage, weil es eine gezwungene Theilung der „Ländereien verhindert. . . . Es ist sehr vom Uebel, daß „ein Gut wieder aus den Händen komme, die es als Erbe „inne hatten, und bei der großen Beweglichkeit des Grund„eigenthums liegt besonders in unseren Fiscalgesetzen, die bei „jeder Besitzveränderung eine Abgabe erheben,[1]) einer der „größten Fehler unseres landwirthschaftlichen Systems. Bei „Nachfolgeschaften ist die pflichtmäßige Theilung der unbeweg„lichen Güter ein unbestreitbarer Mißstand und wie ich hoffe, „wird einst der Tag kommen, an welchem man im Interesse „der Vermögensverhältnisse das verbessern wird, was in dieser „Beziehung über das rechte Maaß hinausgeht.“[2])

Damit die Gesetzgebung gegen das Uebel, welches sie angerichtet hat, ein Gegenmittel biete, macht Naudot folgende Vorschläge:

1) wie in England und in den vereinigten Staaten, so soll es auch in Frankreich dem Familienvater frei stehen, sein

[1]) Von 1841 bis 1847 betrugen nach Funke: Die Folgen der Bodenzersplitterung, S. 94 — die Gebühren für die Eintragung von Besitzveränderungen in die Flurbücher jährlich 95,079,000 Francs; im Jahre 1840 wurden über 5 Millionen Besitzveränderungsacte aufgenommen. Anmerk. d. Uebers.

[2]) Économie rurale de l'Angleterre. ch. VII.

Besitzthum unter seine Kinder nach eigenem Gutbefinden zu vertheilen;

2) das Recht, das nur Familienvätern, Onkeln oder Tanten zusteht, das Ganze oder einen Theil ihrer unbeweglichen Habe durch Nacherbseinsetzung an Enkel, Neffen oder Nichten zu übertragen, solle jedem Grundbesitzer übertragen werden, jedoch so, daß man hiebei noch um einen Verwandtschaftsgrad weiter greift und überdies auch den Artikel 1050 des Gesetzbuches aufhebt, der eine solchartige Nacherbseinsetzung nur zu Gunsten aller schon gebornen oder erst künftigen Kinder gestattet;[1])

[1]) Der Uebers. erlaubt sich, die im Texte erwähnten Gesetzesstellen hier mitzutheilen.

Die Nacherbseinsetzungen sind durch den Artikel 896 des Code-Napoléon verboten.

„Jede Verfügung, wodurch dem Geschenknehmer, dem eingesetzten „Erben oder dem Legatar auferlegt wird, für einen Dritten etwas „aufzubewahren und ihm zurückzuliefern (auszuliefern), ist ungül„tig, selbst in Hinsicht des Geschenknehmers, des eingesetzten Erben „oder des Legatars." Uebers. von Daniels.

Von dieser Bestimmung ist nur in zwei Fällen eine Ausnahme gestattet. Den ersten dieser Ausnahmsfälle bilden gewisse Vererbungen von Großeltern auf Kindeskinder, den zweiten gewisse Vererbungen von Oheimen und Tanten an Neffen und Nichten.

In Bezug auf den ersten Fall wolle man sich erinnern, daß bei verheiratheten Leuten nach dem französischen Gesetze genau bestimmt ist, wie viel dieselben von ihrem Vermögen zu Geschenken und der Gleichen frei verwenden dürfen und wie viel sie nothwendig beim Tode ihren rechtlichen Erben hinterlassen müssen.

„Freigebigkeiten durch Acte unter Lebenden oder durch Testamente „dürfen nicht die Hälfte des Vermögens des Disponenten über„steigen, wenn er bei seinem Hinscheiden nur ein eheliches Kind „zurückläßt; nicht das Drittheil, wenn er zwei, nicht das Vier„theil, wenn er drei oder mehrere solcher Kinder zurückläßt." Art. 913. Daniels.

Derjenige Vermögenstheil nun, über welchen die Gesetze eine freie Verfügung gestatten, also beim Vorhandensein nur eines Kindes die Hälfte, beim Vorhandensein zweier Kinder ein Drittheil u. s. w., kann in der Weise einem ersten Erben übertragen werden, daß derselbe die

3) wenn so viel bewegliches Vermögen vorhanden ist, daß es dem Antheil der Töchter an der Hinterlassenschaft entspricht,

---

Verpflichtung hat, das Erhaltene für einen zweiten Erben, einen Nacherben, aufzubewahren und es ihm seiner Zeit ungeschmälert auszuliefern.

„Eltern können das Vermögen, worüber sie zu verordnen berechtigt sind, ganz oder zum Theile durch Acte unter Lebenden oder „durch Testament einem oder mehreren ihrer Kinder unter der „Bedingung schenken, daß die Geschenknehmer dieses Vermögen „ihren schon geborenen und zukünftigen Kindern, jedoch nur ihren „Nachkommen im ersten Grade, überliefern sollen — avec la „charge, de rendre ces biens aux enfants nés ou à naître, au „premier degré seulement, des dits donataires.“ — Artikel 1048.

Für das übrige Vermögen aber gibt es keine Nacherbseinsetzung; es erhalten von ihm alle dem Erblasser gleich nahe Stehenden gleich viel an Werth und es kann jeder Erbe seinen Antheil in Natur verlangen.

„Die Kinder oder ihre Abkömmlinge succediren ihren Eltern, „Großeltern oder übrigen Ascendenten ohne Unterschied des Geschlechtes oder der Erstgeburt, selbst dann, wenn sie aus verschiedenen Ehen herstammen. Sie succediren zu gleichen Theilen.“

Artikel 745. Daniels.

„Jeder Miterbe kann seinen Antheil an den Mobilien und Immobilien der Hinterlassenschaft in Natur verlangen. —

Artikel 826. Daniels.

Also auch von den Feldern des Vaters kann jedes Kind den entsprechenden Theil verlangen. Zwar stünde es den Erben frei, die Grundstücke bei einander zu lassen und sich gegenseitig auf eine andere Weise abzufinden. Die Erfahrung zeigt aber, daß fast Jeder, der einen Acker verlangen kann, ihn auch wirklich verlangt. Deßhalb schlägt Raudot vor, daß die Entscheidung darüber, ob eine Theilung der Grundstücke eintreten soll oder nicht, fortan dem Erblasser zustehen solle und nicht mehr den Erben.

Die französische Regierung beantragte schon im Jahre 1826 eine Aenderung der Artikel 745 und 826; allein der bezügliche von dem Minister Villéle eingebrachte Gesetzentwurf wurde in der Pairskammer mit 120 gegen 93 Stimmen verworfen.

Der zweite Fall, der eine Nacherbschaftseinsetzung gestattet, ist dann gegeben, wenn Jemand selbst kinderlos ist, aber Geschwisterte mit Kindern besitzt. Die Geschwisterte werden die nächsten Erben, die Kinder der Geschwisterte die Nacherben.

„Gültig ist ebenfalls, wenn der Verstorbene keine Kinder zurückläßt, die Verordnung, die er in einem Acte unter Lebenden „oder in einem Testamente zum Vortheile eines oder mehrerer

so soll es den Söhnen gestattet sein, das unbewegliche Gut für sich in Besitz zu nehmen, oder auch, die Söhne sollen das Recht haben, den Antheil ihrer Schwestern am unbeweglichen Vermögen gegen Jahresgelder mit längeren Verfallsfristen auszulösen;

4) wenn den Ansprüchen Aller nur dadurch genügt werden könnte, daß man Mittelwirthschaften und kleine Güter zerstückt, so soll jeder Erbe befugt sein, den Verkauf der unbeweglichen Güter zu verlangen.

„Die Bestimmungen, für welche ich in die Schranken trete," fügt Naudot bei, „werden vortheilhafter noch sein für den

---

„seiner Brüder oder Schwestern über sein ganzes Vermögen oder „über einen Theil desselben, insoweit es bei seiner Succession (seinem Tode) keinem gesetzlichen Vorbehalte unterworfen ist, unter „der Bedingung gemacht hat, daß dieses Vermögen den wirklich „gebornen und zukünftigen Kindern der besagten Geschwister als „Geschenknehmer, jedoch nur im ersten Grade, zurückgeliefert (ausgeliefert) werden soll. Artikel 1049. Daniels.

Wie sich gezeigt hat, erleiden selbst die gesetzlich gestatteten Nacherbseinsetzungen einige Beschränkungen.

Die erste ist: nur die wirklichen Kinder, die unmittelbaren Sprößlinge des ursprünglichen Erben können Nacherben sein. Die zweite: von diesen Kindern darf aber auch keines von der Nacherbschaft ausgeschlossen werden. Dies besagen die Artikel 1048 und 1049.

Dazu aber kommt noch als Drittes: jedes dieser Kinder muß einen Antheil bekommen, der mit dem Antheil eines jeden anderen Miterben vollkommen gleich ist. Also steht es auch hier nicht frei, dem Einen alle Grundstücke oder wenigstens einen größeren Theil derselben zu übertragen und den Uebrigen durch eine größere Geldsumme oder überhaupt durch bewegliche Güter einen allenfallsigen Ersatz zu leisten. Dies besagt der im Texte erwähnte Artikel 1050:

„Les dispositions permises par les deux articles précédents ne „seront valables, qu'autant que la charge de restitution sera au „profit de tous les enfans nés et à naître du grevé, sans ex„ception ni préférence d'age ou de sexe — die Verfügungen, „welche in den beiden vorhergehenden Artikeln erlaubt werden, „sind nur insofern gültig, als dem Beschwerten zum Vortheil aller „seiner wirklich gebornen oder zukünftigen Kindern ohne Aus„nahme und ohne Vorzug des Alters oder des Geschlechtes die „Restitution (Extradition) auferlegt ist." — Anmerk. d. Uebers.

„Kleinbesitz, als für den Großbesitz, vortheilhafter für den „Landmann, dem sein Gut eben einträgt, was zum Leben „nothwendig ist, als für den Herrn einer ausgedehnten Wirth„schaft. Ich verlange kein Gesetzbuch mit besondern Rücksichten, „ich verlange keine Bevorrechtung für Einzelne; ich will nur, „daß das Gesetz billig und daß Allen ihre Freiheit gewähr„leistet sei. Ich verlange nicht, daß man den Eltern die Ver„pflichtung auferlege, ihre Güter in der Familie zu erhalten; „aber ich will, daß man es dem freien Willen der Familien „überlasse, das väterliche Anwesen, wie es war, fortbestehen zu „lassen und so ergiebigen Feldbau zu treiben. Ich rufe nicht „nach einem Zwang, ich begehre blos ein Mittel, wodurch der „Noth des Volkes um so besser vorgebeugt werden kann."[1])

Diese Freiheit im Erbrechte wäre nicht nur für die kleinen Güter vortheilhaft, denen sie festen Halt geben und die nöthigen Grundlagen für eine fortschreitende Ergiebigkeit verschaffen würde, sondern sie würde zugleich auch in den meisten Fällen den großen und mittleren Gütern ihren unversehrten Bestand sichern; sie würde die Mittel bieten, nach Ablauf einer längeren oder kürzeren Frist jene Stufenordnung im Landbau, ohne welche die Arbeit auf den Weg eines steten Verfalles und einer fortschreitenden Erfolglosigkeit gerathen muß, entweder für immer zu befestigen oder aber neu herzustellen.[2])

Jedoch nicht vom Gesetze allein darf man die Besserung der öffentlichen Zustände erwarten; die Macht der Sitten ist

[1]) Siehe den Correspondant vom 25. Juni 1857, neue Serie, Bd. V, Seite 279.

[2]) Coqueville und die beiden de Fontaines, Rupert und Xaver, haben im Univers erstmals auf die Nothwendigkeit hingewiesen, die Artikel, welche das Verfügungsrecht des Grundeigenthümers beschränken, aus dem Gesetzbuche zu streichen. Wir werden weiter unten Gelegenheit haben, auf die im Univers über diesen Gegenstand mit eben so viel Schwung als Muth ausgesprochenen Ideen zurückzukommen. Die Artikel Coqueville's bieten höchst interessante Thatsachen darüber, welchen Einfluß die Bestimmungen des alten Rechtes über Bodenbesitz auf den Wohlstand der unteren Volksklassen übten.

hier noch größer, als die Macht der Gesetze. Vom Gesetze kann man nur fordern, daß es dem Grundbesitzer das Recht zugestehe, frei über sein Eigenthum zu verfügen, das man ihm unter dem Vorwand des Fortschrittes hartnäckig verweigert. Soll aber diese Freiheit ihre Früchte tragen, so müssen die öffentlichen Sitten so geartet sein, daß der Eigenthümer von seinem Rechte jenen Gebrauch mache, den das Beste der Gesellschaft verlangt.

Mehr noch in den Sitten, als in den Gesetzen, wurzelt das Uebel. Unter der Herrschaft von Bestimmungen, die gewaltsam zur Theilung der Erbschaften führen, werden sich allerdings die Söhne, welche nur den dritten oder vierten Theil des väterlichen Gutes erhalten, in der moralischen Unmöglichkeit befinden, noch ferner jene Stätte zu bewohnen, die ihr Vater bewohnt hatte; ihre Eigenliebe müßte zu schwer leiden bei der Vergleichung ihres geringen Vermögensstandes mit dem Reichthum des Vaters. Deßhalb wird fast Jeder das Land verlassen und in die Stadt ziehen. Allein es können auch noch andere Beweggründe hiezu beitragen.

Zu was nützt die Befugniß des Eigenthümers, die Ländereien, welche seine Hinterlassenschaft bilden, an seine Kinder ohne die Pflicht der Theilung übertragen zu können, wenn die Liebe zu den lärmenden Zerstreuungen der Stadt, wenn Lüsternheit und Eitelkeit und eine gewisse Unruhe des Geistes, die aus der Lüsternheit und Eitelkeit hervorgeht, denselben eine Abneigung gegen das Leben auf dem Lande beibringt und sie bewegt, den heimatlichen Boden zu verlassen, wenn die glänzenden, aber trügerischen Aussichten industrieller Unternehmungen in ihnen Verachtung gegen den langsamen Gewinn des Feldbaubetriebes weckt, wenn die Sklaverei des Luxus sie in die Unmöglichkeit versetzt, Kapitalien zum Zweck der Felderverbesserung zu sammeln?

Die übermäßige Zersplitterung der Grundstücke ist ein Uebel, weil sie den Boden in die Hand von Leuten gibt, die zu seiner Ausbeutung und Fruchtbarmachung nicht die nothwendigen Mittel besitzen. Aber umsonst bemüht man sich, diesem Uebel durch die Verbindung kleiner Güter zu steuern. Wenn sich die Kapitalien auch in Zukunft von der Bodencultur fern halten, um sich der Industrie zuzuwenden; wenn sie auch in Zukunft, wie bis jetzt, vom Luxus verschlungen werden, so wird der Landbau trotz seiner allenfalls angemessenen Ausdehnung gleichwohl darnieder liegen, fast eben so, wie er darnieder lag in Folge der fortgesetzten Zerstückelung. Die Einsicht des Bebauers mag sich erweitern, in der Verwendung der Zeit mag weniger Verschleppung eintreten: wenn aber das Kapital fehlt, so wird die Arbeit nie das höchste Maaß der Ausgiebigkeit erreichen. Und wo findet sich nur ein Heilmittel gegen die Eitelkeit, die Begierde nach schnellem Reichwerden, die Leidenschaft des Luxus, den Eckel an dem ruhigen und bescheidenen Leben auf dem Lande und gegen alle jene Verkehrtheiten und Leidenschaften, die dem Boden sowohl die Menschen als die Kapitalien entziehen? Wo anders, als in einer allgemeinen Umkehr zu den alten Vorschriften, welche von der praktischen Weisheit des christlichen Geistes aufgestellt werden?

Die Entfernung von den angehörigen Grundstücken, um in der Stadt zu leben, ist heutzutage eine der schwersten Wunden des Ackerbauwesens, und gerade in ihr faßt sich alles das zusammen, was beim schlechten Zustand landwirthschaftlicher Arbeiten dem Grundherrn persönlich zur Last fällt. Umsonst setzt man der Zerreißung der Grundstücke einen Damm und umsonst rettet man ihnen einen angemessenen Umfang; wenn man den Grundherrn nicht dazu bestimmen kann, daß er auf seinem Gute bleibe, daß er sich Mühe gebe, demselben Werth zu verschaffen, oder daß er wenigstens darauf die für besseren Betrieb nöthigen Summen verwende, so hat man nur gegen einen geringen Theil des Uebels Rettung gefunden. Mit sehr viel Wahrheit hat man deßhalb gesagt: „Der Grundherr auf seinem Gute, das ist der größte Fortschritt.“[1]) Uebrigens ist es nicht allein den Großbesitzern eigen, sich

[1]) Raudot, de la grandeur possible de la France, pag. 150.

ihrem Grund und Boden zu entziehen, sondern auch die Inhaber mittlerer Güter überlassen sich dieser Gewohnheit. Bei mittleren Gütern geschieht es zudem meistentheils in der Weise, daß sie in Stücken verpachtet an Andere zur Ausnützung überlassen werden, ein Verfahren, das unter die vorzüglichsten Ursachen der Befürchtungen gehört, zu denen der gegenwärtige Zustand der Agricultur Veranlassung gibt.

Das Hinweggehen eines Grundbesitzers von seiner Wirthschaft hat nicht nur den Mißstand, daß es der Wirthschaft die verständige Sorge des Herrn entzieht, sondern auch den, daß es, wie wir bereits hervorgehoben haben, den Kapitalien, die zur Steigerung der Ertragsfähigkeit nothwendig wären, ein anderes Ziel anweis't.

Schon von Vorne herein ist der Eigenthümer durch die gezwungene Zerstückelung seines Gutes davon abwendig gemacht, seine Gelder auf den Boden zu verwenden. In der That, wenn es ihm nicht frei steht, sein Anwesen jenem Kinde zu übergeben, dem er es übergeben will, so wird der Gedanke, daß die Nothwendigkeit künftiger Theilungen zuletzt vielleicht zu einer gänzlichen Veräußerung seines Besitzthums führt, oftmals ein Hinderniß sein, an dem Boden Verbesserungen von irgend einer Bedeutung vorzunehmen. Erst nach Verlauf einer geraumen Frist werden diese Verbesserungen ihre Frucht bringen; wenn nun das Gut veräußert wird, so können die eigenen Nachkommen von aller Mühe nur sehr wenig Vortheil ziehen, sondern der Gewinn fällt einem Fremden zu.

Wenn man aber überdies noch erwägt, daß sich durch die Abwesenheit des Herrn von seinem Gute das frühere innige Band zwischen beiden gänzlich lös't, so wird man überzeugt sein, daß der Landwirthschaft die Kapitalien gänzlich fehlen, die zur Entfaltung der betreffenden Arbeiten nothwendig wären. [1])

Das Zurücktreten der Grundherrn von der Selbstverwaltung hat überdies auch für diejenigen, welche noch auf dem flachen Lande zurückgeblieben, sehr bedenkliche Folgen. Ohne

[1]) Vergl. Roscher, Bd. II, S. 154.

Leitung und ohne Ermuthigung sich selbst überlassen, und angespornt durch das Beispiel derjenigen, deren geistige Ueberlegenheit ihre Achtung erweckt, werden auch diese Volksklassen das Land mit der Stadt vertauschen und wie der Grundherr, nur mehr in der Tiefe, daselbst Gewinn und Vergnügungen suchen. Gewiß, wenn der Grundherr sein Gut verläßt, so ist der Bauersmann in eine Art Nothwendigkeit versetzt, es ebenfalls zu verlassen und in die Stadt zu ziehen. In Ermangelung der Kapitalien wird der Landbau nicht mehr alle Arme beschäftigen können, die zur Verfügung wären; die Gewerbe, welche mit dem Ackerbau in Verbindung stehen, werden ebenfalls darniederliegen; die Arbeit, die der Grundherr dem Dorfe übertragen könnte, wenn er beständig auf dem Lande wohnen und dort die Rente verzehren wollte, die ihm das Dorf für seine Felder bezahlt, diese Arbeit läßt er nun in Folge des Gebrauchs, den er von seinem Einkommen macht, durch die Stadt herstellen. Bei solcher Lage der Dinge ist es nun wohl natürlich, daß auch die Arbeiter des Dorfes in die Stadt übersiedeln, um dort den Lohn zu suchen, den die Arbeit auf dem Lande nicht mehr abzuwerfen vermag.

So werden nun durch Ursachen im Gebiete der materiellen wie durch Ursachen im Gebiete der geistigen Ordnung die Auswanderungen vom Lande in die Stadt zu einer Thatsache, die von Tag zu Tag an Umfang wächs't und höhere Besorgniß erregt. Diejenigen Landbewohner aber, die den heimathlichen Heerd nicht verlassen wollen, werden in Folge dieses Hinwegziehens der Anderen des heilsamen Einflusses beraubt, den das Beispiel und die Rathschläge der Grundherrn geübt hätten; und gerade diesen Grundherrn hätte Kapital und höhere Einsicht die Mittel geboten, bei der Landwirthschaft in allen Stücken mit gutem Erfolg voranzugehen. Ganz auf sich selbst angewiesen wird der Bauersmann nur zu oft bei dem Herkömmlichen verharren und mitten unter den Arbeiten einer Cultur, die, besser verstanden, für ihn selbst und für die ganze Gesellschaft eine unversiegbare Quelle des Wohlstandes wäre, in harten Entbehrungen leben.

Das Uebel tritt übrigens gegenwärtig nicht zum ersten Male in der christlichen Gesellschaft auf. „Nach den Angaben „Vauban's in seinem Project zu einem Königszehent[1]), sagt „Dareste de la Chavanne, und nach anderen Documenten, die „uns aus der Zeit Ludwig XIV. übrig geblieben sind, zeigt „sich der Adel ganz gleichgiltig gegen seine Interessen als „Grundbesitzer, und in allen Provinzen übergibt er die Ver„waltung seiner Güter an fremde Hände.“[2]) Von dem Jahrhunderte Ludwig's XV. enthüllt uns Tocqueville ganz die gleiche Wunde. „Im achtzehnten Jahrhundert war der fran„zösische Bauer nur selten mehr die Beute kleiner feudalistischer „Despoten; er erlitt nur selten offenbare Gewaltthätigkeit von „Seiten der Regierung; er genoß bürgerliche Freiheit und be„saß einen Theil vom Boden des Reiches: aber alle Glieder „der anderen Stände hatten sich von ihm abgesondert und er „lebte einsamer, als man ihn je anderswo auf der Welt ge„sehen hatte. Es war das eine neue und ganz seltsame Unter„drückung, deren Folgen eine eigene sehr aufmerksame Betrach„tung verdienen. — Schon im Anfang des siebzehnten Jahr„hunderts beklagte sich Heinrich IV., wie Pérésir sagt, daß die „Adeligen das platte Land verließen. In der Mitte des acht„zehnten Jahrhunderts ist diese Abwesenheit des Adels von „seinen Gütern eine allgemeine Thatsache. Alle Documente „aus jener Zeit geben davon Zeugniß und klagen darüber: die „staatswirthschaftlichen Schriftsteller in ihren Büchern, die In„tendanten in ihrer Correspondenz, die landwirthschaftlichen „Vereine in ihren Abhandlungen. Den unumstößlichsten Be„weis aber findet man in den Registern der Kopfsteuer. Die „Kopfsteuer wurde am Orte des wirklichen Aufent„haltes erhoben; die Erhebung nun beim gesammten „hohen Adel und einem Theile des mittleren Adels „geschah in Paris.“[3])

[1]) Erschien 1707, im Todesjahre des Verfassers, herausgegeben von Daire.
Anmerk. d. Uebers.

[2]) Histoire des classes agricoles, pag. 255.

[3]) Tocqueville. l'ancien régime et la révolution. l. III. ch. 12. — in der Uebersetzung von Boscowitz S. 41. — Lavergne entwirft

Dieses Verlassen des Landes ging hervor aus dem Abfall von christlicher Gesittung und wird mit dem Fortgang dieses Abfalls immer mehr wachsen.

---

ein ergreifendes Gemälde von dem Verfall, in den die Landwirthschaft durch die Entfernung der Grundherrn von ihren Gütern im achtzehnten Jahrhundert gerieth: de l'économie rurale de l'Angleterre, chap. 10. — Darest de la Chavanne, der von einem Fortschritt der Agricultur in der zweiten Hälfte des neunzehnten Jahrhunderts redet, führt die Aussage eines Zeitgenossen an, der darüber Bericht erstattet, wie sehr die Kraft der Arbeit durch die im siebenzehnten und achtzehnten Jahrhundert eingetretenen Umwandlungen der Sitten verfallen sei. „Der genannte Verfasser des Berichtes über die Be„wirthschaftung der Güter, der im Jahre 1759 veröffentlicht „wurde, sagt Chavanne, erzählt eine Thatsache, die sehr beachtenswerth „ist und mit dem Vorausgegangenen in Einklang steht; die nämlich, „daß in Poitou bei guten Feldern der Ertrag auf das Neunfache, bei „schlechten auf das Fünftehalbfache der Aussaat angesetzt wurde, während „Sachverständige und Bevollmächtigte, die man zur Abschätzung des „Bodenertrages gewählt hatte, zwei oder drei Jahrhunderte früher, als „man die Gewohnheitsrechte dieser Provinz sammelte, das Zwölffache „oder Sechsfache annahmen. Muß man daraus nicht schließen, daß die „Productivkraft sich vermindert habe? Der angegebene Berichterstatter „thut es und gibt für diese Thatsache auch sehr einleuchtende Gründe „an. Dieselben sind: Die Entfernung der Grundherrn von ihren „Gütern, die Verlassenheit der Bauersleute, die so auf sich allein an„gewiesen, sowie ohne Kapitalvorschuß und überhaupt ohne Hilfe blei„ben, das Hinwegziehen des Landvolkes selbst, wodurch die Dörfer „zum Vortheil der Städte entvölkert werden, und der geringere Pro„ductenverbrauch an Ort und Stelle selber sammt allen daraus hervor„gehenden Folgen, wie z. B. in Betreff der Viehmästung."

Histoire des classes agricoles, chap. III, sect. 3.

Sybel, der in seiner Geschichte der französischen Revolution gerade die staatsökonomischen Fragen gründlicher, als irgend ein anderer Schriftsteller würdigt, gibt über die Stellung der Optimaten in Frankreich zu den von ihnen abhängigen Leuten vor 1789 folgende Darstellung:

„Die erste Thatsache, welche uns hier begegnet, ist eine traurige. Es „war nur eine verschwindende Minderheit der großen Besitzer, welche „sich selbst um ihre Güter und deren Insassen kümmerte. Wer es ir„gend vermochte, eilte zu den Genüssen des Hofes oder der Hauptstadt, „und kehrte erst auf seine Güter zurück, um hier die liederlich ausge„leerte Börse wieder zu füllen. Da lebten sie in knauseriger und zu-

Dem Fortschritt in der Landwirthschaft stellen sich also heutzutage vorzüglich zwei Hindernisse entgegen. Das erste von

„sammenscharrender Zurückgezogenheit, in elend eingerichteten Schlössern, „oder auch mitten in Wald und Wüstung, um die Freuden der Jagd „in nächster Nähe zu genießen. Von geistigen Interessen war so wenig, „wie von landwirthschaftlicher Thätigkeit die Rede.... War dann der „Zweck des Fastens vorüber, so stürzten sie begierig wieder zu den lo„ckenden Tafeln nach Paris und Versailles." Bd. I. S. 20.

„Nur der Edelmann, sagt Tocqueville, dessen Vermögen zu klein „war, lebte noch auf dem Lande; aber er war gleichsam abwesend mit „dem Herzen, eine Abwesenheit, die noch anhaltender und wirksamer „war, als die eigentliche.... Das Volk, das oft mit einem Wort die „Sache scharf bezeichnet, gab so einem Edelmann den Namen des klein„sten unter den Raubvögeln: es nannte ihn Baumfalke." —

Das alte Staatswesen und die Revolution. S. 142.

„Während nun die Adeligen den Ertrag ihrer Güter in vornehmem „Glanze aufgehen ließen, waren die Aecker in Parcellen von etwa zehn, „höchstens fünfzehn Hektaren an sogenannte Meier ausgethan, welche „nicht im festen jährlichen Geldzins, sondern in der Regel die Hälfte „des Rohertrags als Pacht entrichteten und dafür von dem Herrn die „erste Saatfrucht, Vieh und Geräth empfingen. Dies ergab ein jammer„volles Dasein für sie selbst, einen kümmerlichen Zustand für die Güter „und eine hohe, aber unsichere Einnahme für die Herrn. Die Letzteren, „welche ihr Gut fast nur als Reisende sahen, pflegten die Erhebung der „Gefälle zu verpachten, gewöhnlich an einen Notar oder Advokaten, „welcher die Bauern mit unbarmherziger Härte behandelte. Diese ver„nachlässigten den Kornbau, von dem sie die Hälfte abzugeben hatten, „um jeden Nebenverdienst, der ihnen allein zufiel, brauchten die Ochsen „lieber zu Fuhren, als zum Pflügen, mästeten im eigenen Weizenfelde „die Gänse, vor Allem aber führten sie mehr und mehr die Zweifelder„wirthschaft ein, um eine große Hutung und dadurch eine Vermehrung „des Viehstandes zu gewinnen, der ihnen persönlichen Vortheil, dem „Acker aber in solcher Weise offenbar keinen Nutzen brachte. Es war „also eine Landwirthschaft ohne Fleiß, ohne Wissenschaft und vor Allem „ohne Kapital. Man hat gefunden, daß damals in den französischen „Meiereien durchschnittlich ein Kapitalaufwand von 40 bis 50 L. auf „die Hektare verwandt wurde, während in England schon in jener Zeit „der Durchschnitt auf 210 stieg. So war denn das Ergebniß erbärm„lich. Man rechnete beim Waizen eine Ausbeute von 7 bis 8 Hekto„liter auf die Hektare, bei fünf- bis sechsfachem Ertrag der Aussaat, „während der Engländer damals den zwölffachen erzielte. Der Bauer „konnte dabei nicht bestehen; die Ausbeute von 10 Hektaren reichte

ihnen ist die Erbschaftstheilung, die häufig zu einer Bodenzersplitterung führt und immer der Ertragsfähigkeit schadet; das

„kaum hin, seine Familie zu ernähren; an Verkauf und Gewinn war „nicht zu denken. Wer auf solche Art sein Leben lang zum Hunger „verurtheilt ist, pflegt bald die Hände in den Schooß zu legen. All„mälig blieben immer weitere Ackerstrecken wüst liegen, ein Viertel des „pflugfähigen Bodens, sagt Quesnay 1750, mehr als 9 Millionen Hek„taren, Arthur Young 1790. Millionen ländlicher Wohnhäuser hatten „keine Oeffnung, als die Thür, oder doch nur ein Fenster; es gab „keine Kleidung, als ein selbstgefertigtes grobes und doch nicht dichtes „Wollentuch; in vielen Provinzen ging alle Welt barfuß, in anderen „waren nur Holzschuhe bekannt.... Die geistige Entwicklung entsprach „diesen materiellen Verhältnissen. Lesen und Schreiben war unbekannt. „Nur die Kirche warf einige geistige Funken in dieses elende Leben; „für allen Unterricht waren die Bauern an den Pfarrer und Küster „gewiesen."... Sybel, Bd. I, S. 20.

„Der Pfarrer war der einzige gebildete Mann, oder wie die Eng„länder sagen würden, der einzige Gentleman, der fortwährend unter „den Bauern lebte und in unaufhörlicher Berührung mit ihnen stand. „Darum wäre er auch, trotz Voltaire, über die ländliche Bevölkerung „Herr gewesen, wenn er nicht selbst auf so enge und sichtbare Weise „der politischen Hierarchie angehört hätte. Indem er viele Privilegien „derselben besaß, fiel noch auf ihn ein Theil des Hasses, die jene „Hierarchie einflößte."

„Der Bauer des vierzehnten Jahrhunderts war vielleicht mehr ge„drückt als der des achtzehnten, aber zugleich auch mehr unterstützt; die „Aristokratie tyrannisirte ihn manchmal, aber verließ ihn nie.... Der „Bauer des achtzehnten Jahrhunderts aber war von allen höheren Stän„den völlig losgetrennt, was sonst bei keinem großen, civilisirten Volke „in Europa wieder in so hohem Grade der Fall war." —

Tocqueville, S. 145.

„Darum blieb auch dem Adel und den Bauern, diesen beiden so „eng auf einander angewiesenen Klassen, nichts mehr auf der Welt „gemein: sie standen sich nach Bildung, Interessen, Genüssen, wie Be„wohner verschiedener Erdtheile, hier mit Verachtung, dort mit Ingrimm „gegenüber. Wenn der Bauer die Thürme des Herrnhauses erblickte, „so hatte er keinen lieberen Gedanken, als daß er einmal das Schloß „mit den Schuldregistern darinnen verbrennen könnte." —

Sybel, S. 23.

„Man hat oft die Entfernung des Adels vom Lande dem besonde„ren Einflusse einzelner Minister und einzelner Könige zugeschrieben; „die Einen dem Richel eu, die Andern Ludwig XIV. Und allerdings

zweite ist die Auswanderung der Grundeigenthümer nach den Städten. Das erste hat seine Wurzel in den Vorurtheilen,

„war es ein Vorhaben, das die Fürsten während der drei letzten Jahr„hunderte der Monarchie unausgesetzt verfolgten, die Adeligen vom „Volke zu trennen .... Unter den Fragen, die man an die Inten„danten zu richten pflegte, befand sich stets diese: Bleiben die Edelleute „der Provinz gern auf ihren Gütern oder verlassen sie dieselben häufig? „Ich fand unter Anderm die Antwort eines Intendanten, der sich be„schwert, die Edelleute verkehrten mit ihren Bauern, statt ihre Pflichten „am Hofe des Königs zu erfüllen. Man muß sich jedoch hüten, alles „dem unmittelbaren Einfluß einiger Könige zuzuschreiben; die vorzüg„lichste und dauerndste Ursache lag in der allmäligen und unausgesetz„ten Wirkung der Landeseinrichtungen .... Man brauchte den Adel „nicht mehr aus seinen Gütern herauszulocken; er hatte selbst keine Lust „mehr zu bleiben und das Landleben war ihm unerträglich geworden."
Tocqueville S. 143.

Tocqueville fügt bei, der Beamte, welcher die Edelleute anklagte, zu gerne mit den Bauern verkehrt zu haben, befand sich in der Provinz Anjou, der nachherigen Vendée. Sybel charakterisirt diese Provinz so: „Nieder„poitou war die einzige Provinz, aus der sich der Adel nicht in den „Strudel des Hoflebens hatte hineinlocken lassen. Der Edelmann saß „auf seinem Schlosse, in Wahrheit der Herr seiner Güter, der Ver„walter seiner Aecker, der Pfleger seiner Bauern. Er gab ihnen Vor„schuß zur Anschaffung, Lehre zur Erhaltung ihres Viehes; die Aus„weisung eines Meiers war unerhört, der Knecht war auf dem Gute „geboren, der Gutsherr der Pathe aller Kinder auf den Colonaten. „Oft sah man ihn mit den Bauern zusammen auf den Markt ziehen, um „auf diesem die Rinder möglichst vortheilhaft zu verkaufen .... Mochte „deßhalb auch in Anjou die Meierwirthschaft herrschen, so waren gleich„wohl dort die Bauern wohlhabend und die Edelleute beliebt." —
Bd. I, S. 23.

Wie aber immer, so hing auch hier die sociale Frage mit der politischen auf das Innigste zusammen. „Diese Edelleute, welche dem „Könige, wie man sagte, die schuldigen Pflichten verweigerten, sind die „einzigen gewesen, welche mit den Waffen in der Hand die Monarchie „in Frankreich vertheidigen konnten; und sie verdankten diese rühmliche „Auszeichnung nur dem Umstande, daß sie jene Bauern um sich sam„meln konnten, unter welchen gern zu leben man ihnen vorwarf."
Tocqueville, S. 143.

Noch in unseren Tagen ist die Entfernung der Grundherrn von ihren Gütern eines von den größten Hindernissen für die Entfaltung der Landwirthschaft in Rußland. Haxthausen weis't kraftvoll auf die

die der revolutionäre Geist seit einem Jahrhundert unter den Völkern verbreitet; das zweite reicht, wie sich gezeigt hat, weiter zurück, ist aber eben so schwer zu überwinden. Gegen beide bedarf es nämlich nicht bloß einer Reform in der Gesetzgebung, sondern zugleich auch einer Reform in den Sitten.

Soll den Verheerungen der Landflucht und einer unabsehbaren Erbschaftszerstückelung Einhalt gethan werden, so muß man vor Allem in dem Landeigenthümer den Sinn für das Familienleben und jenen seinem tiefsten Wesen nach christlichen Sinn für das Beharrliche und Traditionelle, der dann, wenn die Religion wirklichen Einfluß auf die Sitten ausübt, in allen Volksklassen vorhanden ist, zu einem neuen Leben wecken. Wenn man die Menschen beständig auf die ewigen Dinge hingerichtet hält, wenn man es zu Stande bringt, daß sie einen ununterbrochenen Verkehr mit dem unterhalten, was auf der Erde das Größte und Beständigste ist, mit der Kirche, so gibt man ihnen dadurch Verständniß und Liebe für Alles, was sonst noch Großes und Dauerndes um uns und unter uns lebt. Wer von Jugend auf von solchen Gefühlen durchdrungen ist, der wird von ihnen in allen Lebensverhältnissen gleichsam instinctmäßig getragen werden. Und eine derartige Verfassung des Geistes und Herzens wird den Vater bewegen, seinen Namen und sein Werk durch jenen aus seinen Söhnen fortsetzen zu lassen, dem er hiezu die meiste Tüchtigkeit zutraut.

Aber die natürliche Zartheit, durch welche sich der Vater auf gleiche Weise zu allen seinen Kindern hingezogen fühlt, könnte für den Gebrauch des freien Vererbungsrechtes eine ernstliche Klippe bilden, wenn nicht ein richtiges Verständniß von dem wahren Wesen des christlichen Lebens begreiflich machen würde, daß das Glück nicht nothwendig auf großem Reichthum beruhe, daß Fülle an Gütern ebensowohl eine Bürde, als ein

---

verderblichen Wirkungen hin, welche die fast allen Adeligen des Landes eigene Gewohnheit, in der Stadt den Ertrag ihrer Ländereien oder den Obrok zu verzehren, immerwährend hervorbringt, und er betrachtet die Anwesenheit der Edelleute auf ihren Gründen als unerläßlich, wenn man der Landescultur von ihrem Verfall aufhelfen will. (Anm. d. Übers.)

Vortheil ist, und daß die Arbeit, wenn man sie als ein von der Vorsehung gebotenes Hilfsmittel zur sittlichen Vervollkommnung hinnimmt, oftmals tiefere und angenehmere Freuden habe, als der Reichthum. Wenn überdies noch der Geist des Christenthums allen Gliedern in der Familie eines Bodenbesitzers die Arbeit zur Gewohnheit gemacht hat, so ist der Vater zu der Hoffnung berechtigt, daß diejenigen von seinen Kindern, denen der geringere Theil seiner Hinterlassenschaft zufällt, in ihrer sittlichen Kraft einen Ersatz für die minder günstige Lage ihrer materiellen Verhältnisse finden werden. Und in der That, in den Familien der großen Grundbesitzer Englands trifft es gewöhnlich zu, daß sich die jüngeren Söhne vermöge ihrer Umsicht gleichen Wohlstand mit den älteren verschaffen.

Jedoch, man muß nicht bloß das Gut ungetheilt erhalten, sondern man muß auch die Eigenthümer an dasselbe fesseln. Der nämliche Sinn für Beharrendes und Traditionelles, der bei letztwilligen Verfügungen als Führer dient, wird auch die Liebe zum ererbten Grund und Boden wach rufen. Jene Erde, die mit der Existenz einer Familie auf die innigste Weise zusammenhängt, wird für ihren Besitzer etwas Heiliges haben und es wird ihr derselbe mit innerer Neigung zugethan sein. Sie ist für ihn nicht bloß eine Quelle des Erwerbs, sondern auch eine Quelle der Pflicht und der Würde. Dieser Pflicht hängt manches Harte an, sie hat aber auch ihre Süßigkeit; und überdies ist der Mensch so geartet, daß er durch das Opfer, das ihm die Dinge auferlegen, eben so fest an dieselben gefesselt wird, wie durch die Freude, die sie ihm verschaffen. Hat sich der Reiche nur einmal seinen Obliegenheiten als Grundbesitzer ernstlich hingegeben, so mehren sich die Bande zwischen ihm und dem Boden; er wird in den truglosen Erfolgen der Gutsbewirthschaftung mehr Anziehendes finden, als ihm sein nichtiges Glück in den Prunksälen der Stadt bieten konnte. Sein Herz wird sich öffnen gegen Jene, deren Arme für ihn arbeiten, sowie gegen Jene, die auf einem engeren Eigenthum ebenso, wie er auf einem weiteren, ihre Mühe darauf verwenden, den Boden fruchtbar zu machen. Er wird sich mit ihnen und sie werden sich mit ihm durch eine Liebe vereinen, die ihre erste Wurzel in christlicher Gesinnung hat und sich durch das Bewußtsein gemeinsamer Bestrebungen sowie einer eben so aufrichtig anerkannten als edelmüthig geleisteten Unterstützung fortwährend stärkt und immer wieder neu anknüpft.

Alsdann wird man auch auf dem Lande wieder jene stufenartig auf- und niedersteigende Vertheilung der Gütermassen und Beschäftigungen finden, welche für das sociale Leben ein überall geltendes Gesetz ist. Die Eigenthümer der Grundstücke und die Arbeiter auf denselben, die Großbesitzer und die Kleinbesitzer, alle werden zusammen nur ein einziges Volk bilden; Alle werden, Jeder nach seinem Range, für die landwirthschaftlichen Arbeiten Geschmack und die entsprechenden Eigenschaften besitzen; Alle werden den Boden lieben, weil Alle auf ihm jenen Reichthum, den sie nach ihrer Lage begehren können, und jene beharrliche, ruhige Thätigkeit, welche sich durch das Bewußtsein erfüllter Pflicht in die Quelle der reinsten und dauerndsten Freuden umwandelt, zu finden vermögen.

Möchte doch der Geist des Christenthums wieder unter die Volksklassen auf dem Lande zurückkehren! Es würden dann die Qualen gewaltsamer Gährungen und jener unersättliche Durst nach Gewinn, der heutzutage die Städte aufsuchen heißt, ein Ende nehmen. Die herrschende Unzufriedenheit und die Laster, aus denen sie hervorgehen, würden der Liebe zu einem arbeitsamen und stillen Leben, der Geduld, der Nüchternheit und der Sparsamkeit, welche die Tugenden des Landmannes sind, den Platz räumen. Glaubt ihr nicht, daß der Mensch, wenn er einmal seine Bestimmung recht begriffen und an dem Maaßstab der ewigen Interessen die Vortheile des gegenwärtigen Lebens recht zu schätzen gelernt hat, wie das der schlichteste Bauersmann mit Hilfe des Katechismus und der Predigt zu thun vermag, dem ruhigen und bescheidenen Aufenthalte auf dem Lande bereitwilligst den Vorzug geben werde vor dem Drängen und den immer gefährdeten Hoffnungen des industriellen Lebens? Glaubt ihr nicht, daß er sich alsdann entschließen werde, die Gefahr einer allenfallsigen Entchristlichung in der Stadt, die noch schlimmer ist, als die Gefahr der materiellen Interessen, sowohl von sich selbst als auch von Jenen fern zu halten, über welche er eine Vollmacht besitzt? Die Einflüsse der Religion werden ihm ein inneres Leben, womit die Arbeiten auf dem freien Felde vortrefflich übereinstimmen, zur Gewohnheit machen. Wenn der Arbeiter oftmals mitten im Schauspiel der Natur allein dasteht, so richtet sich sein Geist ernstlich nach Innen und sein gesammeltes Denken steigt mit Leichtigkeit bis zu Gott auf. Wer je unter Landleuten gelebt hat, der weiß, wie vertraut in Gegenden, in denen noch der christliche Geist heimisch geblieben, diese großen Gedanken sogar den einfältigsten Seelen geworden sind.

Wenn sich nun mit dieser auf die höchsten Triebe der menschlichen Natur gegründeten Liebe zum Landleben noch jene Befriedigung des persönlichen Interesses verbindet, die man in einer genügenden Belohnung seiner Bemühungen findet, so werden die Auswanderungen vom Lande nach den Städten aufhören und die Landwirthschaft, die sogar vom Standpunkt des materiellen Vortheiles aus unter allen Betriebsgegenständen die erste Stelle einnimmt, hat wieder alle Elemente des Fortschritts gewonnen.

Alle Zweige der Arbeit sind solidarisch mit einander verknüpft; man kann deßhalb den Ackerbau nicht fördern, ohne daß man zugleich in einem gewissen Maaße auch die Industrie hebt, da sich beide gegenseitig als Markt dienen. Aber immerhin ist zu wünschen, daß in einem für den Ackerbau geeigneten Lande die Bodencultur ihr natürliches Uebergewicht behalte, daß die industrielle Bevölkerung sich nicht zum Nachtheil der baüerlichen vermehre, und insbesonders, daß die Entwicklung der Manufactur nicht zu einer Anhaüfung der Einwohnerschaft an einzelnen großen Mittelpunkten führe, die oftmals nicht nur die Mittelpunkte der Industrie, sondern auch die Mittelpunkte leiblicher und geistiger Ansteckung sind.

Da der eine Grundbesitzer diese, der andere jene Producte baut, so dient sich die Landwirthschaft haüfig selber als Absatzstätte. Dies gilt insbesonders von denjenigen Ländern, welchen die Vorsehung eine große Verschiedenartigkeit der Bodenverhältnisse und des Klimas verliehen hat; denn dadurch besitzen sie eben die Vorbedingungen für eine große Verschiedenartigkeit ländlicher Arbeiten in einem um so höheren Grade. Eine zweite Absatzquelle eröffnet sich für die Producte des Ackerbaues in den Bedürfnissen jener Gewerbe, die mit demselben direct und wesentlich zusammenhängen. Diese Gewerbe, die zum großen Theile an Ort und Stelle betrieben werden und denjenigen, der sich mit ihnen beschäftigt, fast in die gleiche Lage mit dem Bauersmann versetzen, werden durch die Entwicklung des landwirthschaftlichen Lebens eine wachsende Bedeutung erlangen und für die Producte des Bodens einen guten Verkaufsort abgeben. Und wird endlich ein Volk, das sich vorzugsweise für den Ackerbau eignet, nicht im Austausch seines Ueberflusses an Bodenerzeugnissen gegen die Manufacturarbeiten anderer Länder, die sich zunächst mit der Industrie beschäftigen, einen lohnenden Markt finden, so daß es in die glückliche Lage versetzt ist, über alle Werke der Industrie verfügen zu können, während es sich doch zugleich die in materieller und geistiger Hinsicht günstigere Stellung der Landwirthschaft wahrt? Es ist also nicht nothwendig, alle Völker in die Erregtheit des industriellen Lebens hinein zu schleudern, um ihnen ihre materielle Macht und insbesonders die Entfaltung ihrer Landwirthschaft zu sichern, wie das die Partheigänger des in England üblichen Industrialismus glauben und die staatsökonomischen Schriftsteller dieses Landes predigen. Ein Volk kann durch Reichthum, durch jenen wahren und gesunden Reichthum, der unseren ersten und wahren Bedürfnissen entspricht, groß und blühend sein, auch wenn es seine Kräfte vorzugsweise der Landwirthschaft zuwendet und wenn die Mehrzahl seiner Einwohner sich mit dem Anbau des Bodens befaßt. Man darf von einem Volke nicht glauben, daß es auf einer niederen Entwicklungsstufe stehe, weil bei ihm die Neigung zum Ackerbau das Uebergewicht behauptet über die Neigung zum Industriebetrieb; gerade umgekehrt sollte man jene Verhältnisse, durch welche die Nationalthätigkeit von Vorne herein auf die Landwirthschaft hingewiesen wird, für einen hohen Segen des Himmels, vielleicht sogar für ein Zeichen ansehen, daß Gott von diesem Volke große Dinge verlange.

Wir wollen hier bei den geistigen und materiellen Vortheilen der Landwirthschaft nicht länger verweilen; wir werden noch einmal auf sie zurück kommen, wenn wir im sechsten Buche über die Lage der verschiedenen Volksklassen handeln. Für jetzt genügt uns die Bemerkung, daß der Ackerbau schon durch die Natur seiner Producte in der Nationalarbeit zu jeder Zeit den ersten Platz einnehmen wird. Wenn ein Volk nicht durch die Natur und Lage seines Landes gezwungen ist, vorzugsweise die Industrie zu pflegen und die Mittel seines Unterhaltes genügsam im Ausland zu suchen; wenn es in einem schönen Ebenmaaße sowohl die Voraussetzungen für den Ackerbau als für den Betrieb der Industrie besitzt, dann wird man immer sehen, daß es sich weit mehr mit dem Ackerbau als mit der Industrie befaßt. In der That, das Leben der meisten Menschen verlangt die Nahrungsmittel in einer weit größeren Menge, als die übrigen Producte. Die Producte der Landwirthschaft sind jene Verbrauchsgegenstände, die ihrer Natur nach am einfachsten sind, mehr als die übrigen nützen und den Consumenten körperlich stark machen, ohne ihm an seiner geistigen Kraft etwas zu benehmen. Die Industrie dient häufig nur Bedürfnissen von untergeordneter Bedeutung; sie entspricht mehr den Launen des Luxus, als den wahren Forderungen des Lebens.

In Frankreich vertheilt sich die Nationalarbeit nach den Gesetzen dieses Ebenmaaßes; denn Frankreich ist vorzugsweise ein Ackerbau treibendes Land. Nach den Angaben Schnitzler's bilden die Producte der Landwirthschaft zwei Drittheile vom materiellen Ergebniß der Nationalthätigkeit, und nur ein Drittheil kommt auf die Industrie und den Handel mit einander.[1]) Die Verhältnisse Frankreichs sind gewiß für den Handel sehr geeignet; allein für die Landwirthschaft sind in

[1]) Statistique de la France. tome III, p. 20.

der Ergiebigkeit des Bodens noch günstigere Vorbedingungen gegeben, und der Charakter der Einwohner sichert dem Landbau sein glückliches Uebergewicht. Wäre es gut, wenn man unter dem Vorwande, den Landbau durch die Industrie zu heben, Frankreich aus seinem natürlichen und traditionellen Wege reißen wollte? Wäre es gut, wenn man in diesem Lande jene unbeschränkte Ausdehnung der Industrie herbeiführen wollte, die für England ein Gebot der Nothwendigkeit sein mochte, aus der aber so viele Uebel hervorgegangen sind?

Auf englischem Boden ist die Zahl der Ackerbauern im Verhältniß zur Zahl derjenigen, welche sich anderen Arbeitszweigen widmen, im fortwährenden Abnehmen begriffen. Im Jahre 1811 beschäftigte die Landwirthschaft Großbritanniens 35 Procent der ganzen Bevölkerung; im Jahre 1831 noch 31 im Jahre 1841 nur mehr 26 Procent.[1]) Die Ackerbau treibenden Völker dürfen England um diesen Zustand nicht beneiden; sie sollen sich vielmehr glücklich preisen, weil sie in ihrem Boden und in den Sitten ihrer Einwohner das Mittel besitzen, ähnlichen Verhältnissen zu entgehen und ihre Kinder von der Entnervung und Verthierung zu bewahren, zu denen die Industrie nur zu oft dieselben verdammen würde.

Möge man indeß nicht glauben, daß wir der Industrie ihre wahre Bedeutung bestreiten wollen. Die christlichen Nationen sind nicht, wie das Heidenthum, gezwungen, die Industrie von sich abzuhalten, um die Sitten zu retten. Gewiß, für die Wahrung der Tugend, aus welcher die Größe und das Glück der Völker quillt, ist das industrielle Leben weniger geeignet, als der Aufenthalt auf dem Lande. Aber gleichwohl ist ein frommes Herz und eine edle Sinnesart mit dem Betrieb der Industrie nicht unvereinbar; nur erfordert deren Bewahrung einen muthigeren Kampf gegen die größeren Gefahren, denen die Arbeiter durch ihren Aufenthalt in der Stadt und bei den Gewohnheiten des Fabriklebens ausgesetzt sind. Man stelle der katholischen Kirche ihren ganzen Einfluß auf das Leben

---

[1]) Porter, Progress of the nation, pag. 52.

wieder zurück; man lasse sie mit voller Freiheit den Dienst der Liebe übernehmen; man gestehe ihr jene Hilfsmittel zu, die aus einer ungehemmten und allumfassenden Anwendung des gemein geltenden Rechtes hervorgehen; man gebe ihr die Erlaubniß, Genossenschaften zu bilden, und all das, was mit dieser Erlaubniß in bürgerlicher Ordnung naturgemäß zusammenhängt: und bald hat sie die Atmosphäre der Großindustrie von ihren Krankheitsstoffen gereinigt. Wie sie vor achtzehn Jahrhunderten die Barbaren Germaniens zum Christenthum und zur Civilisation bekehrte, so wird sie auch die Barbaren der Werkstätten, die uns manches Mal einen Augenblick lang für die Zukunft unserer Bildung zittern machen, durch die Predigt und durch das Beispiel der Entsagung zu den Tugenden des öffentlichen Lebens nicht minder, als zu denen des haüslichen bekehren. Die Kirche hat seit achtzehn Jahrhunderten Werke vollbracht, die noch schwieriger waren, als das eben besprochene. Wie immer, so verlangt sie auch heutzutage nur die Freiheit, die Civilisation von ihren eigenen Gefahren retten zu dürfen. Indem sie am Heile der Seelen arbeitet, arbeitet sie am Heile der Gesellschaft, und es wird sich zeigen, daß dasjenige, was sie zum Fortschritt auf dem Gebiete der geistigen Ordnung gethan hat, auf dem Gebiete der materiellen Ordnung zu einer besseren Vertheilung der Productivkräfte führen wird. Getreu ihrer Vorliebe für die Arbeiten des Landbaus und stets bemüht, die Völker zur ausgedehntesten Uebernahme derselben zu bewegen, wird sie zugleich auch alle Schäden der Industrie heilen. Durch sie wird die Landwirthschaft immer die Arme finden, die ihr nothwendig sind, und man wird jenes ungeordnete Zuströmen der Arbeiter zur Industrie, das heutzutage für jedes ungetrübte Auge ein Gegenstand der Beunruhigung ist, wieder verschwinden sehen. Durch sichere Leitung wird sie mächtig dazu beitragen, zwischen Industrie und Landbau jenes richtige Gleichgewicht herzustellen, das für den geregelten Zustand der Gesellschaft eine Nothwendigkeit und für das Wohlbefinden der Völker immerhin eine der wichtigsten Grundlagen ist.

Drittes Buch.

Vom Umtausch des Reichthums.

I. Kapitel.

Tausch und Werth.

Die Thatsache des Güterumtausches steht mit der Thatsache des socialen Daseins im innigsten Zusammenhange und ist die unmittelbare Folge der Arbeitstheilung, welche die Principien der Gegenseitigkeit und Einheit, vermöge deren auf dem Gebiete der geistigen Ordnung immer das eine Individuum einer Gesellschaft auf das andere und die eine Gesellschaft der grossen Menschenfamilie auf die andere angewiesen ist, auch im Bereiche der materiellen Ordnung auf eine nachbildliche Weise zur Verwirklichung bringt. Durch die Arbeitstheilung geschieht es, daß jeder Einzelne von der Gesammtmasse der Dinge, welche selbst die einfachste Lebensweise erfordert, nur einen einzigen Gegenstand oder sogar nur einen einzigen Theil eines Gegenstandes hervorbringt; nur durch wechselseitigen Tausch können wir demnach zum Besitz aller derjenigen Güter gelangen, die uns nothwendig sind. Da aber die Arbeit sich bis in's Unendliche getheilt hat, und die Arbeiter, deren Producte gegen einander umgesetzt werden sollen, oftmals durch weite Länder getrennt sind, so führt das an sich sehr einfache Geschäft des Tausches zu Verwicklungen, deren Fäden ein minder geübtes Auge beim ersten Anblick kaum zu verfolgen im Stande ist. Mögen indeß die Formen, unter denen der Tausch vollzogen wird, auch noch so verschiedenartig sein, so hat derselbe gleichwohl sein allgemeines Gesetz. Jede Bewegung in der Ordnung der materiellen Güter beherrschend bietet dieses Gesetz in Verbindung mit den Principien der geistigen Ordnung und dem Einfluß, den diese Ordnung auf die niederen Gebiete ausübt, den Schlüssel zur Lösung aller Fragen, welche man in Betreff des Reichthums aufzuwerfen pflegt.

Die Staatsökonomen haben die Gesetze des Tausches auf das Sorgfältigste geprüft und mit Umsicht festgestellt. Wir werden die Resultate der einschlägigen Untersuchungen, so weit sie allgemeine Anerkennung gefunden haben, in Kürze anführen und nur auf das umständlicher eingehen, was zum Verständniß der socialen Frage, der eigentlichen Frage vorliegenden Werkes, unerläßlich nothwendig ist.

Die Dinge sind uns auf eine doppelte Weise nützlich, nämlich entweder direct oder indirect. Direct nützen sie uns, wenn sie durch ihr Leistungsvermögen unsere persönlichen Bedürfnisse befriedigen. Dies ist zum Beispiel für den Landmann der Nutzen des Getraides, welches er mit eigener Hand gepflanzt hat und zum eigenen Gebrauch verwendet. Da aber die Arbeitstheilung zur Folge hat, daß wir von dem einzelnen Gegenstande, den wir produciren, nur wenige Stücke, vielleicht überhaupt gar keines selber verbrauchen, so müssen wir uns bemühen, durch den Umtausch unserer Erzeugnisse gegen die Erzeugnisse Anderer uns die Gesammtsumme jener Güter zu verschaffen, welche für die Befriedigung unserer Bedürfnisse nothwendig sind. Dadurch wird nun die Bedeutung der Dinge, die wir unser nennen, eine viel ausgedehntere, als sie sein konnte, so lange dieselben nur als Mittel zur Befriedigung unserer persönlichen Bedürfnisse in Betracht kamen; sie haben nunmehr auch einen indirecten Nutzen, der darin besteht, daß wir durch ihre Abtretung an Solche, die ihrer bedürfen, Gegenstände gewinnen, welche direct zu unserem Gebrauch verwendbar sind.

Der Begriff des Werthes beruht demnach auf dem Begriffe der Nützlichkeit. Werth im allgemeinsten Sinne des Wortes ist die Bezeichnung für das Verhältniß unserer Bedürfnisse zu den Dingen, die man Reichthum nennt. Das will sagen: Der Werth drückt die Nützlichkeit der Dinge aus, und die Nützlichkeit bildet den eigentlichen Inhalt des Begriffes von Reichthum. Weil sich indeß die Nützlichkeit der Dinge von einem doppelten Gesichtspunkte darstellt, je nachdem sie eine directe oder

indirecte ist, so muß auch der Werth nach diesem doppelten Standpunkte betrachtet werden. Dadurch gelangen wir nun zu der von Adam Smith aufgestellten Unterscheidung zwischen Gebrauchs- oder directem und Tausch- oder indirectem Werth. Der erste Werth ist jener, den die Dinge durch ihre Beziehung zu den Bedürfnissen desjenigen haben, der sie unmittelbar für sich verwendet. Der zweite, der Tauschwerth, drückt die Fähigkeit der Dinge aus, als Kaufspreis zu dienen und entspricht der indirecten Nützlichkeit. [1])

---

[1]) Will man genau sein, meint Schäffle (Staatswörterbuch von Bluntschli, Bd. VIII. S. 202 flg.), so müsse man in den Begriff von „Werth" auch das subjective Culturbewußtsein als wesentliches Moment aufnehmen. Demnach unterscheidet er zuerst zwischen freien und wirthschaftlichen Gütern, das heißt zwischen solchen, die dem Menschen „ohne sein „Zuthun, ohne seine vernünftige Bethätigung zufließen, wie die Luft, „die er athmet, das Licht, bei welchem er sieht, und solchen, die er „mit bewußter Thätigkeit zu Mitteln seiner Existenz zugerichtet hat und „verwendet, wie das Gaslicht, das Licht der Talgkerze, die Luft, die „er in den Hochofen pumpt."

„Das Wirthschaften nun," fährt er weiter, „wird objektiv betrachtet „als ein Herstellen der Außendinge zum Mittel menschlicher Zwecke „(Produciren), als Vermittlung der producirten Außendinge, an die Ein„zelnen, welchen sie dienen sollen (Umlauf und Vertheilung der Güter), „endlich als Verwendung derselben für die menschlichen Zwecke (Kon„sumtion) sich darstellen Dieser objectiv gegebene Stufengang des „Wirthschaftslebens muß aber, wie alles Kulturleben, auf jedem Punkte „von einem leitenden subjectiven Princip erfüllt, vom wirth„schaftlichen Vernunftbewußtsein beseelt und beherrscht sein, „welches Richtung, Ziel und Ordnung in jener millionenfach verschlun„genen Bewegung bestimmt.... Dieses ökonomische Kulturbewußtsein „auf die einzelnen Güter sich beziehend, gleichsam an sie geheftet, ergibt „den Werth. Der Werth ist die Nützlichkeit der Güter in „das ökonomische Zweckbewußtsein erhoben, die subjectiv er„wogene, die bewußt gewordene Nützlichkeit. Werth ist nicht Nützlich„keit des Gutes schlechthin, sondern die dem ökonomisch bewußten Men„schen erscheinende Nützlichkeit, die Bedeutung der letzteren für den „Wirthschafter.... Nützlich sind dem Menschen alle Dinge der Außen„welt, welche seiner Existenz dienen, auch die freien Güter: Luft, Licht „u. dgl. Werth sind ihm, Bedeutung für ihn als Kulturmenschen „haben, in sein ökonomisches Zweckbewußtsein treten nur diejenigen „Güter der Außenwelt ein, welche er mit vernunftbewußtem Handeln,

Der Gebrauchswerth hängt einzig von der Nützlichkeit einer Sache ab; soll aber auch ein Tauschwerth sich bilden, so

„als Kulturmensch, erst zu Mitteln seiner Lebenszwecke (wirthschaftend, „werthschaffend) bestimmen muß. Die nicht wirthschaftlichen Güter, der „Lichtstrahl, welcher ihm in's Auge fällt, die Luftmenge, welche ihm „in die Lungen dringt, sind ihm bis zur Unentbehrlichkeit nützlich, aber „sie sind ihm nicht werth, weder zum unmittelbaren Gebrauche noch „zum Tausche, oder um in der Sprache der Nationalökonomen zu reden, „sie haben weder Gebrauchs- noch Tauschwerth .... Wenn „man sagt, Licht, Luft haben einen großen Gebrauchswerth und finden „keinen Tauschwerth, so ist dies irrig; sie sind sehr nützlich, aber in „der Regel nicht nützlich zum Gebrauche."

Damit glaubt Schäffle eine geeignete Waffe gegen die Angriffe der Socialisten gefunden zu haben. Die Socialisten sagen, daß Gebrauchswerth und Tauschwerth miteinander im Widerspruch stehen; „je höher „die Leistungen der Arbeit quantitativ und qualitativ, Dank dem Er„findungsgeiste und dem Fleiße der arbeitenden Klasse wachsen, desto „geringer werde der Tauschwerth der gleichen Quantität von Produc„ten, während der Gebrauchswerth nicht abnehmen, ja sich durch Zu„nahme der Qualität zu steigern pflege." Das nennt man nun eine Ungerechtigkeit, weil der Arbeiter nicht mehr nach Verdienst belohnt werde.

Schäffle erwidert, daß diese „Antinomie zwischen Gebrauchswerth und Tauschwerth" nicht bestehe; es sinken vielmehr beide Werthe miteinander, und der Fortschritt der Industrie habe zur Folge, daß die wirthschaftlichen Güter immer mehr und mehr den freien werden gleich geachtet werden. „Der Werth, der Gebrauchswerth wie der Tausch„werth der Güter steigt im Bewußtsein der Menschen um so höher, je „intensiver seine Bethätigung zur Ergänzung seiner Persönlichkeit „mit den betreffenden Außendingen sein muß; diese Intensität aber „hängt sachlich von der Schwierigkeit des Erlangens, persönlich „von der Stärke des Bedürfens ab. Alles daher, was die Schwie„rigkeit des Erlangens (oder die Stärke des Bedürfens) mindert, min„dert den Werth, und zwar den Gebrauchswerth, wie den Tausch„werth.... Aller Fortschritt bewirkt eine Annäherung der sorgenrei„chen Welt wirthschaftlicher Güter an den Charakter des freien Güter„reiches, und daß der Mensch auf der Spitze der Gesittung über mehr „und im höheren Sinne brauchbare, und doch zugleich weniger ge„brauchs- und tauschwerthe Dinge verfügt, ist eben der Triumph der „ökonomischen Kultur und höchste Harmonie an Stelle einer die Ge„rechtigkeit der socialen Weltordnung anfechtenden Antinomie."

Anmerk. d. Uebers.

muß zu der Nützlichkeit, dem ersten und allgemeinen Erforderniß, noch ein zweiter Umstand hinzutreten, eine gewisse Schwierigkeit nämlich, auf einem anderen Wege in den Besitz des Fehlenden zu gelangen. In der That, Niemand wird es sich je beikommen lassen, für ein Ding, das in unbegrenzter Menge vorhanden ist und von aller Welt ganz nach freiem Belieben benützt werden kann, etwas Anderes als Entgelt zu geben. Uebrigens kann diese Schwierigkeit theils in der natürlichen Seltenheit des Gegenstandes ihren Grund haben, wie beim Diamanten und bei den edlen Metallen, theils in der Mühe, welche für dessen Hervorbringung nothwendig ist, in dem grösseren oder geringeren Aufwande, den man auf sich nehmen muß, um die Dinge für den täglichen Gebrauch tauglich zu machen, wie das bei den reichen und kostbaren Gefäßen, deren Hauptwerth in der Arbeit liegt, der Fall zu sein pflegt.

Daraus ergibt sich, daß der Tauschwerth das Eigenthum zu seiner wesentlichen Vorbedingung hat. Diejenigen Güter, welche sich in einer unbegrenzten Ausdehnung vorfinden, sind nie Gegenstand des Eigenthumsrechtes gewesen; sie sind Allen gemeinsam, und wer sich die Mühe gibt, nach ihnen zu greifen, der kann sie benützen.

Dieser Thatsache entspricht die geistreiche Unterscheidung Bastiat's in eine unbelastete oder belastete Erzeugung der Nützlichkeit eines Dinges. Diese letztere, die belastete Nützlichkeit, ist das Resultat von persönlichen Anstrengungen und verschiedenartigen Opfern, die zur Erzeugung des Gegenstandes nothwendig waren; die unbelastete Nützlichkeit ist die Wirkung von Productivkräften, deren Gebrauch allen Menschen gemeinsam freisteht, deren Thätigkeit aber die für eine Güterproduction erforderlichen Opfer und Anstrengungen verringert, so daß der Tauschwerth um so tiefer sinkt, je größeren Antheil diese allgemeinen Naturkräfte bei der Production haben. Durch die ausgedehntere oder besser geordnete Verwendung der Naturkräfte erzielt ein und derselbe Kraftaufwand eine weit beträchtlichere Summe von Producten, woraus sich eine Erhöhung der Productivkraft der Arbeit ergibt, die zu einer Verringerung im Tauschwerth der Producte führt. Bastiat hat für die Wirkungen, welche der Gebrauch der freien Naturgüter bei der Production mit sich führt, eine strenge Formel aufgestellt: „Damit ein Ding, sagt er, zu dem Zustande „seiner ausgedehntesten Nützlichkeit (das heißt, zu „seinem vollen Gebrauchswerth) erhoben werde, muß die „Arbeitsthätigkeit des Menschen im umgekehrten „Verhältnisse zur Thätigkeit der Natur stehen." Wenn die Natur alle zum menschlichen Leben erforderlichen Dinge durch ihre alleinigen Kräfte in einer beziehungsweise unendlichen Menge hervorbringen würde, dann hätte die Nutzbarkeit, das heißt der Gebrauchswerth derselben in der Welt seine größte Höhe erreicht, während zugleich der Tauschwerth auf Null herabsinken würde. In seinem gegenwärtigen Zustande darf der Mensch, der dem Gesetze mühesamer Arbeit unterworfen ist, auf etwas Derartiges nicht hoffen; denn es ist die Art der Natur, in der Sphäre der für das Leben nothwendigsten Arbeiten sich nur mit Widerstreben und allmälig dem vernünftigen Willen zu fügen. Jedoch bleibt es wahr, daß er in jenen Industriezweigen, worin er sich leichter zum Herrn der Natur macht, das Resultat, das den Lohn seines Schweißes bildet, bei gleicher Anstrengung beträchtlich vergrößern kann. Daraus ergibt sich, daß der Tauschwerth der Producte, welche zusammen dieses Resultat ausmachen, im Verhältnisse zum Werthe jener Producte, bei deren Herstellung der Gebrauch freier Naturkräfte den Umständen nach nur in einem beschränkteren Maaße möglich ist, bedeutend herabsinken muß.

Aus diesen Betrachtungen ist ersichtlich, wie wichtig die genaue Feststellung des Begriffes von Gebrauchswerth sei, weil es nur-mittels dieses Begriffes und seines Zusammenhaltes mit dem Begriffe von Tauschwerth möglich wird, den Fortschritt der Völker im Bereich der materiellen Ordnung richtig zu schätzen. Würde man, wie dies von vielen Staatsökonomen geschah, von dem Gebrauchswerth absehen und nur den Tauschwerth in Betracht ziehen, so würde man sich über das Wesen des Fortschrittes völlig täuschen und dürfte man etwa eine Erhöhung des Tauschwerthes, die ihren Grund nur in einer Verringerung der Productivkraft der Arbeit haben könnte und folglich nicht ein Fortschritt, sondern ein Rückschritt wäre, gleichwohl für ein Zeichen höherer Blüthe halten.

Da übrigens der Reichthum nie an und für sich allein betrachtet werden darf, sondern immer in seiner Beziehung zum ganzen Wesen des Menschen aufgefaßt werden muß: wozu sollen Untersuchungen nützen, die sich nur mit dem Tauschwerth der Dinge beschäftigen und in Formeln aussprechen lassen, die allerdings das Verdienst mathematischer Genauigkeit haben, aber die Hauptfrage der materiellen Ordnung, die Frage, auf welche Weise der Reichthum dem Menschen zur Verwirklichung seiner höchsten Bestimmung behilflich werde, gänzlich auf die Seite setzen? So betrachtet fällt die Nützlichkeit gleichfalls in den Kreis dessen, was wir Gebrauchswerth nennen.[1])

Was wir weiter oben schon gesagt haben, macht ohne weitere Erwägung klar, daß der Tauschwerth eines Dinges gemeiniglich im Verhältniß steht zu der Summe von Opfern, die nothwendig waren, um demselben ein solches Dasein zu

[1]) Decoux hat in seinen Essais d'économ. politique, Louvain 1831 pag. 59. die Nothwendigkeit, den Gebrauchswerth mit dem Tauschwerthe zugleich zu besprechen, mit Nachdruck hervorgehoben. Bastiat hat durch seine Betrachtungen über die unbelastete Nützlichkeit diese Nothwendigkeit immer klarer in's Licht gestellt. Auch Baudrillart zollt den Gedanken Bastiat's seine Anerkennung, wiewohl er sich des Ausdruckes „Gebrauchswerth" nicht bedienen will. Er spricht ebenfalls aus, daß nicht der Tausch der erste Grund des Werthes sei und daß er, wenn er auch auf ihn einwirkt, ihn doch nicht ursprünglich schaffe. Kann man übrigens widersprechen, daß sich der Tauschwerth der Dinge, wie Rossi andeutet, verschieden gestalte, je nachdem auch der Gebrauchswerth ein anderer ist und daß bei Gütern höherer Nothwendigkeit, wie zum Beispiel beim Getraide, die Schwankungen im Preise weit rascher und weit fühlbarer hervortreten, als bei Gegenständen, die sich eben auch leicht entbehren lassen oder gar bloß dem Vergnügen dienen? Nur wenn man den Gebrauchswerth mit berücksichtigt, kann man sich über diese Abweichungen Rechenschaft geben.

geben, daß es für die menschlichen Bedürfnisse nutzbar wurde. Dadurch wurde Bastiat zu dem Ausspruche bestimmt, daß „der Werth die verhältnißmäßige Abwägung zweier wechselseitig gegen einander umgetauschter Dienste sei.“ In der That, wenn wir eine Sache, deren Herstellung eine bestimmte Mühe erforderte, von Jemand Anderem erwerben, dann leistet uns derjenige, der uns diese Sache anbietet, einen Dienst, weil so unsere eigenen Kräfte für diesen Zweck nicht mehr beansprucht werden, und die Größe des geleisteten Dienstes steht im Verhältniß zu der Größe der uns ersparten Mühe. Nach diesem Maaßstabe schätzen wir das Gut, das uns dargeboten wird, und derjenige, mit welchem wir den Tausch abschließen, wird den Werth dessen, was wir ihm entgegen bieten, ebenfalls von diesem Gesichtspunkte aus betrachten, so daß bei Eingehung eines Tauschgeschäftes die Verständigung von dem Belang der Dienstleistungen abhängt, die wechselseitig sowohl angeboten als gefordert werden. Mit anderen Worten will dies sagen, daß der Tauschwerth der Dinge meistentheils von den Productionskosten bestimmt wird. Gleichwohl gibt es Fälle, und sie sind häufig genug, in denen bei Feststellung des Tauschwerthes nicht allein die für die Production erforderliche Mühe in Ansatz kommt, sondern auch die Schwierigkeit, bei der natürlichen Seltenheit des fraglichen Gutes in den Besitz desselben zu gelangen. Aus diesem Grunde stehen der Diamant und die edlen Metalle mitunter so hoch im Werthe. Der Dienst, der uns durch das Angebot eines solchen Gutes erwiesen wird, wächs't, wie von selbst einleuchtet, in dem Verhältniß, in welchem je nach der Seltenheit des Gegenstandes die Schwierigkeit wächs't, denselben zu erwerben. Aber eben so einleuchtend ist es auch, daß hier nicht mehr die Productionskosten den Werth bestimmen, sondern jene Thatsachen, die als dessen ursprüngliche Gründe anzusehen sind, die Nützlichkeit und das beschränkte Vorhandensein, jene Thatsachen also, ohne die es einen Werth überhaupt gar nicht gibt.

Da es bei der Frage über die Nützlichkeit und entsprechende Vorrathsmenge eines Dinges immer auf die jeweiligen

Bedürfnisse des Menschen ankommt,[1]) so unterliegen diese zwei wesentlichen Eigenschaften aller Tauschgegenstände einem fortwährenden Wechsel, aus welchem wieder nothwendig Veränderungen im Tauschwerthe hervorgehen. Diese Veränderungen können sich in den einzelnen Fällen auf das Mannigfaltigste gestalten, beruhen indeß gleichwohl auf einem sich stets gleich bleibenden Princip und haben deßhalb ihr festes Gesetz. Soll dieses Gesetz für das Steigen und Fallen des Tauschwerthes allgemein giltig ausgesprochen sein, so müssen in ihm jene Thatsachen, welche hier wesentlich den Ausschlag geben und der erste Grund alles Werthes sind, wieder zur Darstellung kommen, und es kann die Formel, in welche dasselbe gebracht wird, nur die Uebertragung dieser Thatsachen in die Sprache sein. So gefaßt bezeichnet es indeß genau den Standpunkt, welchen man bei den Verhandlungen über ein Tauschgeschäft im wirklichen Leben einzunehmen pflegt.

Diese Formel der Werthbestimmung aber, deren Ausdrücke wir fast unwillkürlich anwenden, so oft wir im Bereiche der materiellen Ordnung miteinander in Verkehr treten, ist die Formel des Ausgebotes und der Nachfrage. Man muß zugestehen, daß sie eine tiefe Philosophie und eine hohe praktische Weisheit in sich schließe: eine tiefe Philosophie, weil sie ohne irgendwelche Umwege auf die eigentlichen Ursachen des Werthes zurückführt: eine hohe praktische Weisheit, weil sie in der That jede Werthbewegung beherrscht und regelt. Es scheint uns deßhalb, daß sie sowohl vom Standpunkte der Wissenschaft als des Lebens den Vorzug vor jeder anderen verdiene.

Das Gesetz des Ausgebotes und der Nachfrage läßt sich in zwei Worten darstellen: „Der Tauschwerth der Güter wird zur Nachfrage im geraden, zum Ausgebot im umgekehrten

[1]) „Mit dem Wechsel unserer Bedürfnisse, unserer Einsichten verändern sich bald die Grenzen, bald die Höhenverhältnisse des Güterreiches. So hat die Tabakspflanze seit Jahrtausenden existirt; ein Gut aber ist sie erst geworden, seitdem man ihre Brauchbarkeit zum Schnupfen, Rauchen u. s. w. erkannt und bedürfen gelernt hat." — Roscher, System der Volkswirthschaft, §. 1. — Und erst seitdem man ihre Brauchbarkeit bedürfen gelernt hat, besitzt sie einen Tauschwerth. Anmerk. d. Uebers.

Verhältnisse stehen." Je größer in Rücksicht auf das Ausgebot die Nachfrage ist, desto höher steht der Werth eines Dinges, und eben so, je geringer die Nachfrage ist, desto tiefer sinkt der Werth. Je größer hingegen in Rücksicht auf die Nachfrage das Ausgebot ist, desto niedriger stehen die Preise, so zwar, daß die Dinge, wenn das Ausgebot unendlich wäre, allen Werth verlieren würden; je beschränkter aber das Ausgebot ist, in desto höherem Grade werden durch die umgekehrte Wirkung derselben Ursache die Werthe gesteigert. Da aber das nur seltene oder reichliche Vorhandensein der Tauschgegenstände seinen Grund meistentheils in der Schwierigkeit oder Leichtigkeit der Production hat, so wird das Gesetz des Ausgebotes und der Nachfrage fast immer darauf hinausführen, daß der Werth der Dinge nach dem Verhältniß ihrer Productionskosten angesetzt wird. Gleichwohl wird es in Folge natürlicher oder gesetzlicher Monopole immer Ausnahmen hievon geben, so daß das Gesetz des Ausgebotes und der Nachfrage das allgemeine Regulirungsgesetz des Tauschwerthes bleibt. Man kann mit einem unserer Staatsökonomen sagen, „daß sich der „Werth der Dinge nach dem Gesetze des Ausgebotes und der „Nachfrage bestimmt und im Allgemeinen nach den Produ„ctionskosten normirt." [1])

Man hat in Bezug auf den Werth der Dinge die folgende sehr beachtenswerthe Bemerkung gemacht: „Wenn der „Ausdruck „Werth," sagt ein bekannter Staatsökonom, nur „als die Bezeichnung für das Tauschverhältniß zweier Dinge „gilt, so ist es eine Unmöglichkeit, daß alle Werthe zugleich „miteinander steigen oder fallen. Betrachtet man die Sache, „wie sie ist, so nimmt der Werth eines Tauschgegenstandes nur „deßhalb zu, weil der Werth eines zweiten Gegenstandes ihm „gegenüber eine Abnahme erleidet. Sobald zum Beispiel der „Werth des Weines dem Brode gegenüber ein geringerer wird, „ist der Werth des Brodes dem Weine gegenüber ganz von „selbst ein größerer geworden, und das Nämliche läßt sich eben

[1]) Baudrillart. Manuel d'économie politique, part. III, chap. 2.

„so unwidersprechlich von allen anderen Dingen sagen. Was „demnach den Umtausch verschiedener Producte gegen einander „betrifft, so gibt es weder ein allgemeines Steigen noch ein „allgemeines Fallen der in Frage kommenden Werthe. Ein „ganz anderes Ansehen aber gewinnt die Sache, wenn man sie „vom Standpunkte der Arbeit aus betrachtet. Der industrielle „Fortschritt besteht seinem Wesen nach darin, daß ein bestimm„tes Maaß von Arbeit im Stande sei, eine größere Anzahl „von Producten jeder Art hervorzubringen. In Betracht die„ser Thatsache sinken alle Werthe in dem Verhältnisse, in wel„chem sich die Arbeit vervollkommnet. Jedoch straft dieser „zweite Satz den ersteren nicht Lügen, sondern bestätigt ihn viel„mehr; denn die Arbeit hat eben selber auch im Verkehre einen „Werth und zwar einen Werth, der sich, wie jeder andere, „darnach bemißt, wie viel sich durch eine bestimmte Summe „von Aufwand gewinnen lasse, und sagen, daß man mit we„niger Mühe eine größere Productenzahl erreiche, heißt unter „einer anderen Form die Thatsache bestätigen, daß nicht alle „Werthe zugleich steigen können."

In der That, jeder Zuwachs, den die Productivkraft der Arbeit erfährt, hat zur Folge, daß ein und dieselbe Werthsumme einer höheren Summe von Nutzbarkeit entsprechen könne. Und würde nicht die Natur der Dinge bei einzelnen Productionszweigen der dauernden und raschen Zunahme der Productivkraft Hindernisse in den Weg legen, so müßte eben durch diese Tag für Tag weiter entwickelte Hervorbringung von unbelasteten Gebrauchsgegenständen jeder Art der Wohlstand bis zu einer unbegrenzten Höhe anwachsen, ohne daß sich an dem wechselseitigen Werthe der Dinge, das heißt, am Tauschwerthe, irgend Etwas geändert hätte. Was man in der Sprache des gewöhnlichen Verkehres „Werth" nennt, das wäre alles beim Alten geblieben; der Preis der Dinge stünde noch genau auf jener Höhe, auf welcher er stand, bevor der Fortschritt der Arbeit dem Zustande des materiellen Daseins eine so günstige Gestalt gegeben hatte. Die ganze Gesellschaft würde in den

[1]) Baudrillart, Manuel d'économie politique. part. III. ch. 2.

Besitz unbelasteter Nutzungsobjecte gelangen, ohne daß man den fortschreitenden Zuwachs derselben in irgend einer Werthberechnung zu erkennen im Stande wäre; nicht die Größe der Werthe, über welche die Einzelnen zu verfügen hätten, sondern die Stufe des Wohlbefindens, auf welcher sich dieselben befinden, ist der rechte Maaßstab, wenn man die innere Kraft dieser Fortschrittsbewegung berechnen will.

Uebrigens bewerkstelligt sich der Aufschwung, zu dem die Beihilfe der Natur führt, nicht immer so unmerklich, daß er gar keine Spur im Gebiet der Werthbestimmungen zurückläßt.[1]) Wenn nämlich die Naturkräfte, welche diesen Zuwachs an Gebrauchsgegenständen verursachen, nicht Gemeingut Aller sind, sondern nach der Natur der Sache oder durch die Wirkung eines Gesetzes Eigenthum einiger Weniger werden, so ist der Gebrauch dieser Kräfte nicht mehr ein für die Gesellschaft unentgeltlicher und die auf solche Art erzeugten Güter werden zu belasteten, die nur mehr den ausschließlichen Inhabern der beihelfenden Naturmächte einen Gewinn bringen. Diese Bewandtniß hat es zum Beispiel mit dem Ackerbau. Wo der Bodenvorrath nur gering und die Productivkraft eine beschränkte ist, da kann der Grundbesitzer ohne irgend eine weitere Ursache von Vorne herein auf die gesammte Getraideproduction jenen Zuschlag legen, der durch die Differenz zwischen den Productionskosten der durch die Landwirthschaft gewonnenen Lebensmittel und ihrem Verkaufspreis dargestellt wird. Hier ist die Seltenheit der Naturerzeugnisse, die sich von dem nur sparsamen Vorhandensein der zu ihrer Hervorbringung mitwirkenden elementaren Kräfte herschreibt, der Grund, weßhalb sich der Tauschwerth zu einer die Productionskosten übersteigenden Höhe erhebt. Ganz dieselbe Wirkung tritt ein, wenn die Ausbeutung einer bestimmten Naturkraft durch gesetzliche Anordnungen ausschließlich den einen oder anderen Producenten vor-

[1]) Wir glauben, den Leser aufmerksam machen zu sollen, daß wir, wenn wir einfach „Werth" sagen, unter diesem Ausdruck den Tauschwerth verstehen, indem wir uns hiebei dem gangbaren Sprachgebrauche anschließen.

behalten ist, der sonach die Zahl der bezüglichen Producte wesentlich verringern und dadurch ihren Absatzpreis weit über die Herstellungsauslagen hinauftreiben könnte. In allen diesen Fällen sind die betreffenden Gebrauchsgüter nicht mehr ein unentgeltliches Product, weil die Production in Folge irgend einer Thatsache oder irgend einer gesetzlichen Bestimmung nicht mehr unbeschränkt geübt werden kann. Der Nutzen fällt nicht mehr mittels einer Verminderung im Tauschwerth der Dinge der ganzen Gesellschaft zu, sondern geräth ausschließlich in die Hände derjenigen, welche im Besitz der nöthigen Productionsquellen sind.

Nur wenn die Production an Vervollkommnung zunimmt, ohne zugleich eine unentgeltliche zu werden, führt sie zu dem, was man im strengen Sinne des Wortes einen Reingewinn nennt; nur dann tritt dieser Ertrag als eine besondere Form des Einkommens auf. Versteht man indeß diesen Ausdruck in seiner ganzen Allgemeinheit und in seiner vollen Wahrheit, so ist ein Reingewinn nicht nur dann vorhanden, wenn Einzelne beim Tausche in ihrem Interesse einen größeren Vortheil erzielen können, sondern eben so gut auch dann, wenn zum Besten Aller in der Gesellschaft leichter erreichbare Nutzungen geschaffen werden. Ein Unterschied liegt aber darin, daß sich im zweiten Falle der Reingewinn dem mathematischen Calcul entzieht und nur nach den verschiedenen Zuständen des thatsächlichen socialen Lebens beurtheilt werden kann, während er im ersten Falle durch Zahlen darstellbar erscheint. Wenn wir vom Eigenthum handeln, werden wir auch auf den Satz eingehen, daß wohl die Verbreitung des Reingewinnes auf alle Volksklassen den eigentlichen Fortschritt im Bereich der materiellen Ordnung bilde, daß aber deßungeachtet dieser nämliche Reingewinn in Folge der Principien über das Eigenthum und der Monopole auch unter der Form eines besonderen Einkommens seine Berechtigung und sogar eine Art nothwendigen Daseins habe.

Was wir über die Wirksamkeit des Gesetzes, das den gegenseitigen Werth der Dinge bestimmt, bisher gesagt haben, setzt immer voraus, daß man auf den Geschäftsverkehr zwischen den verschiedenen Producenten die Grundsätze strengen Rechts und strenger Gerechtigkeit, wie dieselben im Gebiet des Eigenthums und der freien Concurrenz gelten können, wirklich auch zur Anwendung bringe. Allein es können, wie ein ausgezeichneter Staatsökonom unserer Tage bemerkt, bei der Bestimmung des Tauschwerthes noch andere, der mathematischen Regel, auf welcher das Gesetz des Ausgebotes und der Nachfrage beruht, fremde Einflüsse wesentlich mitthätig sein. Mill, der erwähnte Lehrer der Nationalwirthschaft, führt diese Einflüsse auf die Macht der Gewohnheit und der Sitten zurück,[1]) eine Macht, die oft dem Trieb des eigenen Interesses vollkommen das Gleichgewicht hält und durch Gründe einer anderen Art uns dazu bestimmt, im Verkehre mit dem Nebenmenschen auf einen Theil der Forderung, die wir nach der Strenge des Rechtes stellen könnten, freiwillig Verzicht zu leisten. Hier werden die den Markt beherrschenden Thatsachen des materiellen Lebens durch Thatsachen des geistigen Lebens in ihrer Wirksamkeit aufgehoben oder wenigstens in einem gewissen Maaße gemildert und umgewandelt, und die mathematische Formel, in welcher man den Erfolg jener Thatsachen darzustellen pflegt, verliert ihre unbeugsame Starrheit.

Dieser Einfluß einer höheren Ordnung von Dingen auf den Geschäftsverkehr ist ausgedehnter, als manche Staatsökonomen glauben. Indem er sich demjenigen entgegenstellt, was das Gesetz des Mein und Dein in seiner unerbittlichen Durchführung Hartes und mitunter sogar Unbilliges haben würde, äußert er auf die Vertheilung des Reichthums höchst wohlthätige Folgen. Uebrigens kann derselbe bald in der natürlichen und oftmals sehr heilsamen Anhänglichkeit des Menschen an die Stätte der Geburt; bald in der Vorliebe für das Gewerbe, bei welchem Jemand auferzogen worden und das auch die Beschäftigung seiner Ahnen gebildet; bald in wenig beachteten landesüblichen Gebraüchen oder in einer natürlichen Ge-

[1]) Principles of polit. economy. II, 4.

schicklichkeit für eine bestimmte Industrieart seinen besonderen Ursprung haben. Eben so kann er selbst da, wo das Interesse und der Egoismus vollständig die Oberhand gewonnen haben, aus dem Gefühle für die fremde Noth und aus der Macht eines angebornen Gerechtigkeitssinnes, die beide selbst bei der tiefsten Verderbtheit nie gänzlich in der Brust des Menschen unterdrückt werden, als segensreiche Blüthe hervorgehen. Endlich kann er noch in den erhabensten und fruchtbarsten Triebfedern des menschlichen Lebens seinen Ursprung finden und findet ihn auch in der That haüfig in denselben. Oftmals ist er nämlich die Frucht der Liebe, welche zu gegenseitiger Hilfeleistung antreibt und zum Besten Solcher, die nach der Ordnung strenger Gerechtigkeit als stiefmütterlich behandelte Brüder erscheinen, auf das eigene Interesse vergessen läßt.

Wer vermag zu sagen, wie vielmals und bis zu welchem Grade die wohlthätige Wirksamkeit der Liebe in den vom Geiste christlicher Liebe durchdrungenen Gesellschaften die Uebel linderte, die aus dem Princip der freien Concurrenz bei der Herrschaft des strengen Gesetzes und beim Egoismus der persönlichen Interessen aus dem unabänderlichen Lauf der Dinge noch nothwendig hätten hervorgehen müßen? Wer vermag zu sagen, wie oft diese Dazwischenkunft der im Schooße christlicher Gesittung zuverlässig sich vorfindenden Liebe die Producte, welche der Arme verkaufte, über den Preis bezahlt wurden? wie oft man den Lohn, welchen er zu fordern hatte, nach einem billigeren Ansatz berechnete und den Preis für den Ertrag des Bodens, welchen er mit seinem Schweiße tränkte, wohlgesinnt in der Höhe billiger Schranken hielt? Wenn wir weiter unten von der Vertheilung des Reichthums reden, werden wir auch den mächtigen Einfluß der christlichen Gesittung und insbesonders den Einfluß der Liebe, die das hervorspringendste Merkmal christlicher Gesittung ist, auf die verschiedenartige Gestaltung der einzelnen Einkommenszweige näher in's Auge fassen.

Wir haben nun dargestellt, wornach sich die Werthe bestimmen; zur Ergänzung der wesentlichen hieher einschlägigen

Begriffe müssen wir noch beifügen, daß dieselben zwar nicht mit mathematischer Schärfe, aber doch mit einer für die Vorkommnisse des täglichen Lebens ausreichenden ungefähren Genauigkeit meßbar seien. Man mißt jedes Ding durch ein entsprechendes andere, Werth also durch Werth, wie Gewicht durch Gewicht und Linie durch Linie. Hat man demgemäß eine bestimmte Menge von Getraide oder Silber und vergleicht man dieses Quantum bezüglich seines Werthes nach und nach mit den verschiedenen anderweitigen im Verkehr umlaufenden Dingen, so ist dadurch der bezügliche Werth aller dieser Gegenstände herausgestellt; denn je mehr oder weniger man von einem jeden für das dargebotene Getraide oder Silber erhält, einen desto größeren oder geringeren Werth hat derselbe.

Diese Bemessung des relativen Werthes der Dinge wird im wirklichen Leben für einen und denselben Ort und auf eine bestimmte Zeit so viel Genauigkeit bieten, als man nur fordern kann. Handelt es sich aber um verschiedene Orte und um Zeiten, die sich mehr oder weniger ferne stehen, so wird sie unrichtig und man würde arge Rechnungsverstösse begehen, wenn man sie auch in solchen Fällen anwenden wollte. Der Werth ist, wie wir gesagt haben, unbestreitbar etwas seiner Natur nach Wandelbares. Daraus folgt, daß die Sache, welche man zum Vergleichungsglied nehmen will, bei ihrer Uebertragung von einem Land zum andern oder von einer Zeit zur andern allen sonstigen Tauschgegenständen gegenüber selber eine Aenderung erleiden könne. Würde man sie deßungeachtet bei der Abschätzung der übrigen Güter zur Grundlage nehmen, so müßte sich jede so veranstaltete Berechnung als gänzlich falsch erweisen. Wohin würde man zum Beispiel gelangen, wenn man den Werth, den die Wollenstoffe gegenwärtig haben, mit dem Werthe, den sie vor hundert Jahren hatten, vergleichen und das Gold zum Maaßstabe nehmen wollte? Bekanntlich ist der Werth des Goldes seit hundert Jahren um Vieles gesunken; deßhalb wäre eine auf dieses Mittelglied gestützte Vergleichung schon in ihrer Grundlage fehlerhaft.

Da es sich mit allen übrigen Dingen eben so verhalten kann, so muß man sagen, daß es keine absolut geltende Werthbestimmung gebe. Eine Uebertreibung aber wäre es, wenn man behaupten wollte, es fehle auch für Vergleichungen, die an einem und demselben Orte geschehen, und für Zeiten, die nur wenig von einander abstehen, ein genügender Maaßstab.

Da gewisse Gegenstände, die überall und immer im Gebrauche sind, am gleichen Orte und zu der gleichen Zeit nur unbedeutende Werthschwankungen erfahren, so können dieselben, ohne daß man einen großen Irrthum befürchten müßte, zum Vergleichungsgliede genommen werden. Und man thut das auch ganz von selbst jeden Tag, und zwar sowohl bei jenem Kalkul, der das Privatinteresse Einzelner zu seinem Gegenstande hat, als bei jenen umfassenderen und höheren Berechnungen, die sich auf das allgemeine Interesse der Gesellschaft beziehen.

Da jeder Verkehr im Gebiete der materiellen Ordnung unter dem Gesetze der geltenden Werthverhältnisse stattfindet und da wir alle durch die Thatsache der Arbeitstheilung auf den Tausch angewiesen sind, um das zum Leben Nothwendige uns zu verschaffen, so kann man die Gesammtproduction eines Volkes als eine gemeinsame Werthmasse betrachten, und der dem Einzelnen gebührende Antheil entspricht genau der grösseren oder geringeren Wichtigkeit der Dienste, mit denen er zu der die gemeinsame Theilungsmasse schaffenden Nationalarbeit beigesteuert hat. Das Maaß, nach welchem Jeder von diesem Productenvorrath empfängt, wird durch das Gesetz der Werthe bestimmt.

Dieses Gesetz ist nicht nur auf diejenigen anzuwenden, welche zur Erzeugung der diese Theilungsmasse bildenden Reichthümer unmittelbar mitgewirkt haben, sondern muß auch auf Dienstleistungen im Gebiete der höheren Ordnung ausgedehnt werden, die nicht weniger das Anrecht auf einen der Gesammtmasse nationaler Production entnommenen Lohn verleihen. Da indeß diese Arbeiten eben einer höheren Ordnung angehören, als diejenigen, durch welche der materielle Reichthum hervorgebracht wird, und da sie häufig unter dem Einfluß eines Beweggrundes geschehen, der über dem Bereich der Interessen liegt, so steht der materielle Lohn für sie größtentheils in keinem Verhältnisse zu der Größe der wohlthätigen Folgen, die aus ihnen hervorgegangen. Jener Einfluß sittlicher Beweggründe, von dem wir schon gesagt haben, auf welche Weise er die Werthe verrücken könne, kommt gerade bei der Berechnung dieser Remuneration in Anschlag; gerade hier regelt er beides mit einander, die geistige Ordnung und das Gesetz der Werthe, das Verhältniß zwischen Leistung und Gegenleistung. Unter diesem Zusammenwirken zweier Gebiete bildet sich jedoch für alle Arten von Diensten eine feste Lohnestare, und diese Taxe bestimmt das Maaß, nach welchem den Einzelnen von der Gesammtproduction des Volkes hinweg jener Gütertheil überlassen wird, auf den sie, da nach den Worten der heiligen Schrift der Arbeiter von seinem Lohne lebt,[1]) einen begründeten Anspruch haben.

Es bleibt sonach in allen Fällen wahr, daß ein Jeder das Bruchstück, das ihm von der Masse der durch die nationale Arbeit producirten Güter zukömmt, unter der Herrschaft des Gesetzes vom Werthe erhält. Statt einer directen Theilung der erzeugten Reichthümer bildet sich eine Werththeilung, vermöge deren Jeder von der Gesammtmasse der durch die gesammte Volksthätigkeit geschaffenen Werthe so viel erhält, als die von ihm geleisteten Dienste nach dem Gesetze des Ausgebotes und der Nachfrage in Verbindung mit dem Einfluß der sittlichen Ordnung verdienen. Vergessen wir indeß nicht, daß das Gesetz des Werthes nur zur Bestimmung des Maaßes dienen kann, nach welchem die Theilung zu geschehen hat. Was die zu vertheilende Gütermasse selbst betrifft, so ist sie von der grösseren oder geringeren Productivkraft der Arbeit abhängig, so daß dort, wo die Productenmasse durch die Verwendung unentgeltlicher Naturkräfte zur Production einen Zuwachs erfährt, jeder Theilnehmer eine viel beträchtlichere Anzahl nutz-

[1]) Luc. X, 7.

barer Gegenstände zu seiner Verfügung erhalten kann, während jedoch zugleich das Besitzthum des Einen dem Besitzthum des Anderen gegenüber in seinem Werthverhältniß gänzlich unverändert bleibt. Dies ist das Ziel, dem aller industrielle Fortschritt entgegen strebt, und wir werden im vierten Buche angeben, welche Hindernisse die Natur der Dinge in seiner vollen Erreichung entgegen stellt.

II. Kapitel.

Von den Mitteln zur Erleichterung des Tausches im Allgemeinen und vom Geld und Credit im Besonderen.

Der Tausch wird ein um so verwickelteres Geschäft und begegnet um so zahlreicheren Hindernissen, je mehr die Arbeitstheilung zunimmt, je weiter die Orte von einander abliegen, über die er sich erstreckt, und je verschiedenartiger die Güter sind, die er in seinen Kreis zieht. Da die einzelnen Producte erst dann für den menschlichen Gebrauch thatsächlich nutzbar werden, wenn sie in die Hände der Consumenten gelangt sind, so haben die Hindernisse, welche sich dem Tausche entgegen stellen, jedesmal die Wirkung, daß sie die Productivkraft der nationalen Arbeit vermindern.

Ihre Ueberwindung erfordert nämlich eine Summe von Kräften, durch welche, wenn sie unmittelbar auf Güterproduction verwendet würden, die Summe der Gebrauchsgüter, in deren Besitz die Gesellschaft durch Arbeit gelangt, zu einer größeren Höhe gebracht werden könnte. Deßhalb fördern auch alle Veränderungen im bürgerlichen Leben und alle Einrichtungen, welche zu einer Vereinfachung und Erleichterung des Tauschgeschäftes führen, je nach ihrer Weise die Macht der nationalen Arbeit.

Die erste Folgerung aus diesem Principe betrifft die Mittelspersonen, die sich nach dem nothwendigen Lauf der

Dinge zwischen den Producenten und Consumenten stellen. Wie könnte zum Beispiel eine Manufactur, die in großer Menge die gewöhnlichen Kleidungsstoffe für das Volk bereitet, jedem Einzelnen unmittelbar dasjenige Quantum von ihrem Producte in die Hände geben, das seinem bescheidenen Bedarfe entspricht? Wer sich mit Großindustrie befaßt, könnte sich vor Allem schon deßhalb nicht in diesen Detailhandel einlassen, weil ihm so die Zeit verloren ginge, deren er zur Leitung seiner Fabrik bedarf; sodann auch deßhalb nicht, weil er bei der Unmöglichkeit, auf einen weiteren Umkreis hin die Zahlungsfähigkeit jedes einzelnen Kaüfers zu beurtheilen, haüfigen Rechnungsstörungen ausgesetzt wäre. Hier ist unumgänglich nothwendig, daß wenigstens eine Mittelsperson, der Detailhändler, ihre Hand biete, um den Verkehr zwischen dem Producenten und Consumenten herzustellen. Nur durch diese Vermittlung wird der Letztere die Gegenstände, welche die Großindustrie producirt, nach dem Maaße seines Bedarfes und im Augenblicke der Benöthigung in unmittelbarer Nähe vorfinden. Die Thätigkeit der Mittelsperson ist in diesem Falle für beide Theile gleich nützlich und die Gesellschaft zieht daraus einen unbestreitbaren Gewinn.

Vermehren sich aber die Mittelspersonen übermäßig und theilen sich da, wo ein einziger Händler, der das Product unmittelbar aus der Fabrik beziehen und im Detail an die Consumenten abgeben könnte, vollkommen hinreichend wäre, zwei oder drei auf die Weise in das Verschleißgeschäft, daß die Waare nach und nach durch alle ihre Hände geht, so erfährt das Product bei jedem Absatz einen Kostenzuwachs, den Gewinn der bezüglichen Mittelsperson nämlich; und dieser Zuwachs ist um so beträchtlicher, je mehr sich der Wirkungskreis der verschiedenen Mittelspersonen einengt. Augenscheinlich erleidet dadurch die Gesellschaft an ihrer Productivkraft einen Verlurst, der sich zum Nachtheil der Consumenten auch in dem künstlichen Emportreiben der Productenpreise aüßern wird. Alles demnach, was eine directe und erleichterte Verbindung des Consumenten mit dem Producenten bezweckt, bildet wegen der Ersparung von Kräften, deren man nun einmal weder bei der Production noch bei der Zustellung der Producte an die Consumenten entbehren kann, einen Fortschritt der materiellen Ordnung. Wir werden sogleich angeben, in welcher Weise auch die Vervollkommnung der Verkehrsmittel und die Ausdehnung des Creditwesens zur Erzielung dieses Resultates beitragen.[1])

Eines von denjenigen Hindernissen, welche bei einem Volke ohne fortgeschrittene Cultur einem regen Gütertausch am meisten im Wege stehen, ist der Mangel an guten Verkehrsmitteln. Bietet der Transport Schwierigkeiten, so ist der Productenumlauf flau und umständlich, und selbst kleine Versendungen auf wenige Meilen erfordern schon eine beträchtliche

[1]) Die Frage über die Mittelspersonen gab den Socialisten Veranlassung zu Systemen, welche, wie überhaupt alle Theorien dieser Leute, die Freiheit des Handels zu Gunsten des Staates aufheben würden. Indem wir derartige Uebertreibungen und die Folgerungen aus denselben mit aller Entschiedenheit von uns weisen, gestehen wir gleichwohl zu, daß diese Frage ihre sehr ernste Seite habe. Ein ausgezeichneter Staatsökonom, Chevalier, drückt sich darüber in dem Berichte der internationalen Jury über die Weltausstellung im Jahre 1855 folgender Massen aus:

„Wenn man die verschiedenen Erzeugnisse der Industrie auf dem „Wege verfolgt, welchen sie aus den Werkstätten des Fabrikanten hin„weg einschlagen, bis sie in die Hände des Consumenten gelangt sind, „so erschrickt man über eine Thatsache, die auf den ersten Augenblick „schwer zu erklären ist. Es besteht nämlich ein sehr großer Unterschied „und manchmal ein ungeheures Mißverhältniß zwischen dem Preise „der Verkaüfer im Großen, und dem Preise der Verkaüfer im Detail. „Die Besichtigung der einunddreißigsten Abtheilung führte zu diesem „staatswirthschaftlichen Phänomen. Man versuchte es, dasselbe in „seinen Ursachen und Wirkungen zu erkunden, und so stellte sich denn „heraus, daß der Knotenpunkt der Frage in dem liege, was man „Mittelspersonen nennt, in der Rolle, welche sie spielen und in den „Bedingungen, unter welchen sie der Gesellschaft ihre Dienste leisten."

Siehe über diese Frage die zahlreichen, von Chevalier in seinem Cours d'économie politique. tom. II, lec. 26, aufgeführten Thatsachen. Um die Schwierigkeit zu lösen, verweis't der gelehrte Staats-Ökonom vor Allem auf die Macht der Association.

Mühe. Deßhalb bleibt Jeder auf die Güter angewiesen, die an Ort und Stelle producirt werden oder doch nur aus naher Entfernung kommen, da die Fracht so viele Kräfte in Anspruch nehmen würde, daß die Kosten dafür bei einer gewissen Distanz die Zahlungsfähigkeit der Consumenten übersteigen müßten. Dazu kommt nun noch, daß unter Umständen, die den Transport verzögern und die Communication erschweren, ein unmittelbarer Verkehr zwischen dem Producenten und Consumenten unherstellbar ist und deßhalb jene Vielzahl von Mittelspersonen nothwendig wird, deren Unzweckmäßigkeit wir bereits angedeutet haben und die erst verschwinden wird, wenn in Folge eines erleichterten Waarenbezuges der Detailverkaüfer selbst den Fabrikanten aufsuchen kann.

Jede Verbesserung im System der Verkehrsanstalten ist die Beseitigung oder wenigstens die Schwächung eines Hindernisses im Bereich des Waarenumsatzes. Durch die Leichtigkeit und Schnelligkeit des Verkehrs einander nahe gerückt, werden die Producenten mit weniger Mühe zu einer Einigung über die Bedingungen des Tausches kommen und sich jene Kenntniß des Marktes verschaffen, welche zu den wesentlichen Bedingungen eines erhöhten Geschäftslebens gehört. Der regere Markt aber, der eben so die Folge der Preisermäßigung ist, wie die Preisermäßigung eine Folge des leichteren Transportes, macht es möglich, daß auch die Arbeitstheilung eine größere Ausdehnung annehme. Die Naturkräfte, die zuvor aus Mangel an Abflußwegen zum großen Theil unangewendet blieben, werden ohne Ausnahme mit voller Macht wirken und die Production unentgeltlicher Nützlichkeit muß nicht allein durch die Beseitigung der Hindernisse, welche den Transport mühesam machen, sondern auch durch die Entfaltung der verschiedenen Natur-Anlagen, welche die höchste ihnen erreichbare Summe von Producten liefern und sich gegenseitig als Absatzquelle dienen werden, an Umfang wesentlich gewinnen. Alle Epochen großen materiellen Fortschritts gingen mit großen Fortschritten im Verkehrswesen Hand in Hand. So war es im dreizehnten Jahrhundert, dessen materieller

Aufschwung zum größten Theile aus der eingreifenden Bewegung der Kreuzzüge entsprang; so war es im sechszehnten Jahrhunderte, das durch die Entdeckung neuer Welttheile eingeleitet worden; so ist es in unserer Zeit, in welcher die Dampfkraft allen Handelsbeziehungen einen unbemeßbar wirksamen Anstoß gegeben hat. Wollte man indeß heutzutage noch versuchen, weitlaüfiger über die Vortheile zu reden, welche die Gesellschaft aus der Verbesserung der Verkehrsmittel ziehen kann, so wäre das eine durchweg überflüssige Arbeit; denn Thatsachen solcher Art kann Jeder mit Händen greifen.

Die erste Stelle unter den Mitteln zur Erleichterung des Waarenumsatzes nimmt aber das Geld ein. Wir werden hier nicht eingehen auf die zahlreichen gewichtigen Fragen, zu denen der Geldumlauf Veranlassung gibt; man könnte über diesen Gegenstand, und es ist das auch in der That geschehen, ganze Bände schreiben.[1]) Nur das wollen wir hervorheben, was nothwendig ist, um in der Ordnung der allgemeinen Thatsachen die Bedeutung des Geldes für den Waarenumsatz zu bestimmen und den Begriff „Preis" in's Klare zu stellen.

Die Function des Geldes im socialen Verkehr wurde von Baudrillart mit eben so viel Klarheit als Kürze erlaütert. Es dürfte wohl das Geeignetste sein, seine eigenen Worte hier anzuführen. „Alle Werthe, sagt er, werden gegenseitig „an einander gemessen. Wenn man darauf eingeht, für eine „Sache das doppelte Quantum zu geben, um sich dieselbe „zu verschaffen, so ist das ein handgreiflicher Beweis, daß „man die erste zweimal so hoch schätzt, als die zweite. Auf „diesem Wege regelt sich das Verhältniß der beiderseitigen „Werthe und man könnte nunmehr auf diesem Boden mit „den bezüglichen Gütern Tausch und Geschäftsverkehr treiben,

[1]) Man sehe den dritten Band des Cours d'Economie politique von Chevalier und das später veröffentlichte Buch dieses ausgezeichneten Staatsökonomen über das wahrscheinliche Fallen des Goldes. Beide Werke in Verbindung mit einander bieten eine allseitige Behandlung der vorwürfigen Materie und die vollständigste Sammlung einschlägiger Thatsachen, die es bis jetzt gibt.

„ohne daß man nöthig hätte, zu einem Vermittlungswerkzeug „seine Zuflucht zu nehmen. Man kann Futter für Getraide, „Getraide für Holz, Tuch für Seide, Felle für Steine geben. „In diesem Sinne hat Turgot mit Recht gesagt, daß jede „Waare Geld ist, wie er mit eben so viel Recht auch hinzufügt, „daß jedes wahrhafte Geld eine Waare sei. Aber es leuchtet „von selbst ein, daß der Tausch etwas sehr Unbequemes sei, so „lange er unter solchen Umständen zu geschehen hat. Ich „besitze so und so viel Kilogramm Wolle, so und so viel „Metres Baumwolle und möchte Getraide dafür erhalten. Ich „bringe meine hochgethürmten Waarenballen unter Gott „weiß wie viel Beschwerden und Unkosten zu einem Land„wirthe. Er hat in der That Getraide, verlangt aber von „mir Wein. Ich suche mir Wein zu verschaffen, um damit „ein Angebot machen zu können. Der Weinproducent erklärt „jedoch, daß er meiner Wolle und Baumwolle nicht bedürfe. „Der Fabrikbesitzer, der dieselben annehmen wollte, kann mir „weder Wein noch Getraide dafür geben. Wie viele peinliche „Verlegenheiten! wie viel Zeitverlurst! wie viele Rathlosigkeiten! „Wie viele Waare wird zu Grunde gehen, bis der Tausch „bewerkstelligt ist! Wie soll ich überdieß das Verhältniß des „einen Befriedigungsmittels meiner persönlichen Bedürfnisse „zum andern genau kennen! Gewiß, beim Mangel eines all„gemein giltigen Werthmaaßstabes werden Kaufgeschäfte nur „mühesam abgeschlossen. Dazu kommt noch, daß mancher „Tauschartikel nicht in der Weise, wie es eben entsprechend „wäre, oder auch überhaupt gar nicht theilbar ist . . . Diese „und noch vielerlei andere Mißstände, die wir kaum vermuthen, „würden bewirken, daß die Industrie matt, der Verkehr be„schränkt und die Versorgung des Consumenten eben so un„genügend als schwerfällig wäre. Deßhalb sann der Instinct „der Völker überall auf eine Weise, in welcher sich das Ge„schäft des Waarenumsatzes rascher und leichter bewerkstelligen „ließe, und eben dieser Instinct hat nach verschiedenen Ver„suchen überall auf ein und dasselbe Zahlungsmittel geführt. „Dem Golde und dem Silber kommen jene Eigenschaften zu,

„durch welche ein Gegenstand wahrhaft zum Gelde geeignet „wird. Deßhalb hat man sich da, wo einmal eine gewisse „Stufe von Civilisation erreicht war, einstimmig und aus „freier Wahl für Gold und Silber entschieden. Zwar waren „die Völker auch vorher nicht ganz ohne Geld bei ihrem Ver„kehr; aber dies Geld war sehr verschiedenartig und sehr un„vollkommen. So kam es vor, daß Eisen, Kupfer, Getraide, „Salz und Muscheln als solches dienten. Pelze wurden bis „auf Peter den Großen zu diesem Zwecke verwendet und noch „vor weniger als zwei Jahrhunderten war in Neuengland der „Tabak das Tauschwerkzeug. . . . Die edlen Metalle kamen „Anfangs, und es geschieht das in manchen Ländern noch „heutzutage, als Barren, als Stangen oder als Goldstaub „zum angegebenen Gebrauch. Haben sich die gesellschaftlichen „Verhältnisse aber weiter entwickelt, so nimmt die zuständige „Obrigkeit diese Angelegenheit in die Hand und gibt dem „anerkannten Tauschmittel eine höhere Bequemlichkeit. Sie „theilt nämlich die kostbaren Metalle in Stücke, wie sie für „den gewöhnlichen Gebrauch angemessen sind, und prägt ihnen „ein Zeichen auf, durch welches das Gewicht der Münze, wie „sie vorliegt, und damit auch das Gewicht der fremden Stoffe, „die man der leichteren Prägung und der Haltbarkeit wegen „beizumischen für zweckmäßig fand, die aber nicht als wahrer „Werth gerechnet werden, für Jedermann constatirt ist. Dies „ist es, was darunter verstanden wird, wenn man vom Ge„wicht und Feingehalte redet. — In diesem Zustande circu„lirt nun die Münze so zu sagen mit der Signatur des „Staates, der sie garantirt. Hierauf aber beschränkt sich auch „die Gewalt der öffentlichen Auctorität. Sie bezeugt den Werth „der Münzen, bestimmt ihn aber in keiner Weise; man kann „nur sagen, daß das Vertrauen, das der Staat genießt, durch „sein Gepräge auch Vertrauen auf die Münze einflößt. Wie „aber alle anderen Werthe, so bestimmt sich auch der Werth „des Goldes und des Silbers nach den Produktionskosten und „nach dem Gesetze des Ausgebotes und der Nachfrage. Vermin„dern sich die Productionskosten, so sinkt ihr Werth; geschieht

„das Ausgebot vielfach, das heißt, kommen große Mengen auf „den Markt, so sinkt dieser Werth wiederum.[1])"

Ist einmal der Gebrauch des Geldes eingeführt, so geschieht der Waarenumsatz durch Verkauf, und an die Stelle des Tauschwerthes tritt im Geschäftsleben der Preis. Es ist aber zu beachten, daß der Verkauf keinen vollständigen Tausch bildet; er ist nur die Hälfte eines Tausches. Wenn ich mein Getraide verkaufe, so geschieht das nicht wegen der Münzen, die ich bei diesem Verkauf als Preis dafür erhalte, sondern wegen der Nutzungsgegenstände, die ich mir mit Hilfe dieser Münzen verschaffen werde, und erst dann, wenn zum Verkauf auch der Einkauf hinzugekommen ist, hat der zuvor nur unvollendete Waarentausch seinen Abschluß gefunden.

Ist nun das Geld allgemein als Tauschmittel im Gebrauch, so müssen nach und nach alle Dinge mit ihm in Vergleichung kommen und eben dadurch wird es von selbst zum Maaßstabe aller Werthe. Von der vermittelnden Wirksamkeit des Geldes hängt es demgemäß ab, wie groß der Antheil sein wird, den der einzelne Producent je nach dem Verhältniß seiner Opfer, das heißt seines reellen Beitrages zur Güterproduction aus der durch die Gesammtarbeit der Nation erzeugten Productenmenge für sich zurückerhält. „Der Productenumsatz aber kann, „wie Bastiat sagt, in Folge des Geldgebrauches eine wahrhaft „unbegrenzte Entfaltung annehmen. Jeder bringt die Nutz„ungsgegenstände, die er producirt hat, in den Volksverkehr, „ohne zu wissen, wem sie die Befriedigung bringen werden, „die sie ihrer Natur nach gewähren können. Eben so em„pfängt er von der Gesellschaft nicht unmittelbar Nutzungs„gegenstände, sondern Geld, und mit dem Gelde kauft er sich „schließlich seinen Bedarf, wann, wo und wie es ihm gefällt. „Auf diese Weise zieht sich ein Waarengeschäft durch Zeiten „und Räume hin und kommt bei Personen zum Stillstand, „die von einander nichts mehr wissen; in den meisten Fällen „vermag Niemand zu sagen, durch wessen Arbeit seinem Mangel

---

[1]) Baudrillart, manuel d'économie nationale. pag. 225.

„abgeholfen wird oder wem das Erzeugniß seines eigenen „Schweißes wohl dienen mag. Der Waarenumsatz wird durch „den Gebrauch des Geldes zu einer unbestimmbaren Menge „von Tauschverkettungen, und bei keiner derselben kennt sich „die Reihe der contrahirenden Parteien.“[1])

Durch die Beseitigung der Hindernisse, die dem Güterumsatz entgegen ständen, sofern man ihn ohne Vermittlungsglied bewerkstelligen müßte, erhöht der Gebrauch des Geldes, wie man leicht begreift, auch die Macht der Arbeit. „Es gibt „wohl keine Maschine, sagte Jemand, die uns so viel Arbeit „ersparte, wie das Geld;[2])“ „das Geld hat, fügt Roscher bei, „in der Volkswirthschaft die Bedeutung, welche das Blut im „Leben des thierischen Körpers hat; es ist gleichsam das all„gemeine Gebilde, worin die Nahrungsmittel erst aufgelöst „und woraus hernach die Bildungs- und Erhaltungselemente „der einzelnen Organe ausgeschieden werden.“[3])

Aus der höheren Leichtigkeit und größeren Regsamkeit des Verkehrs durch den Gebrauch des Geldes folgt, daß die Bande der Gesellschaft im Bereiche der materiellen Ordnung immer zahlreicher und inniger werden. Es ist aber der Verkehr, wie Bastiat bemerkt, „eine so große Wohlthat für die „Völker, daß sich dieselben bei Einführung des Geldes nicht „darauf beschränkten, ihn bloß zu erleichtern und zu verviel„fältigen. Mit naturgemäßem Stufengang folgte auf den „einfachen Tausch der zweiactige, das heißt jener Tausch, der „aus Verkauf und Einkauf zusammengesetzt ist; auf den zwei„actigen Tausch aber folgte jene andere von den Schranken „des Raumes und der Zeit fast ganz emancipirte Verkehrsweise, „die sich auf Credit, Pfandverschreibungen, Wechselbriefe oder „Bankscheine u. s. w. gründet. Vermöge dieser bewunderns„werthen Einrichtungen, die eine Frucht der Civilisation sind „und die Civilisation und mit ihr auch sich selbst immer mehr

---

[1]) Harmonies économiques, pag. 134. prem. édit.

[2]) Lauderdale.

[3]) Die Grundlagen der Nationalökonomie, §. 117.

„vervollkommnen, kann eine heute in Paris gefertigte Arbeit „erst jenseits des Meeres oder erst nach Jahrhunderten irgend „einen unbekannten Consumenten finden, und nichts desto „weniger wird der Arbeiter durch die Vermittlung dritter „Personen, die zu diesem Zwecke einen Vorschuß machen und „die Vergütung desselben von fernen Ländern oder fernen „Zeiten erwarten, den Lohn für seine Bemühung sogleich in „die Hand erhalten." [1])

Hüten wir uns indeß, daß wir die Macht und die Wohlthaten des Credites nicht allzu hoch anschlagen. Dadurch, daß er das Kapital Leuten zur Verfügung stellt, die es fruchtbringend machen können, gewinnt unstreitig die Productivkraft der Arbeit. Wenn aber durch eine unüberlegte und übertriebene Ausdehnung desselben das Geld in die Hände von Unwürdigen oder Unfähigen kommt, so ist der Schaden, welcher dadurch der Gesellschaft verursacht wird, eben so groß und vielleicht noch größer, als der Nutzen, den man bei einer gesetzlichen und mäßigen Anwendung aus ihm zu ziehen vermocht hätte. Bevor wir aber angeben, welches die Vortheile des Credits sind und welches seine Nachtheile sein können, müssen wir uns zuvor mit einigen Worten über die wesentlichen Grundlagen desselben aussprechen.

Durch den Credit geht das Kapital aus den Händen Solcher, welche es nicht fruchtbar machen können oder wollen, in die Hände von Solchen über, die es auf die Production verwenden. Man hat Credit, wenn man durch das Zusammenwirken verschiedener Bedingungen, die theils der materiellen, theils der geistigen Ordnung von Dingen angehören, über die Reichthümer eines Anderen verfügen kann. An die Stelle von Verträgen mit der sofortigen Ausbezahlung einer dem abgetretenen Gegenstande an Werth gleichkommenden Geldsumme tritt durch den Credit die Ueberlassung des fraglichen Gegenstandes oder wenigstens der Mittel zu seinem Ankauf gegen das bloße Versprechen, den Werth seiner Zeit

[1]) Harmonies économiques, pag. 135.

einmal und in der zwischen dem Creditgeber und Borger vereinbarten Weise zu erlegen. Der Credit beruht also ganz und gar auf der Ueberzeugung des Darleihers, daß der Borger allen Bedingungen des Darlehens gewissenhaft nachkommen werde, und diese Ueberzeugung wird gewonnen theils durch die Sicherheit, welche die bekannte materielle Lage des Creditforderers bietet, theils durch die geistigen Eigenschaften desselben, namentlich durch dessen Rechtschaffenheit, Einsicht und Thätigkeit. „Der Credit setzt, wie Baudrillart sagt, wenigstens „zum großen Theile das moralische Pfand gegenseitigen Ver„trauens an die Stelle materieller Pfänder: eine Münze, die „ihre Gewähr in sich selber trägt. Gibt man Credit, so wird „bei Geschäftsverträgen, die man dann auf spätere Zahlung „schließt, immer der muthmaßliche Werth der Person als ein „Element der Berechnung mit in Anschlag gebracht. Will ich „auch dem Rechtsgrundsatz, daß ein Unterpfand größere Sicher„heit gewähre, als die persönlichen Eigenschaften eines Bor„gers[1]), nicht widersprechen, so bleibt es doch wahr, daß ein „Land, welchem es im Allgemeinen an Rechtschaffenheit gebre„chen würde und an jenem stolzen Gefühle der Jetztzeit, das „man Handelsehre nennt, darauf Verzicht leisten müßte, den „Credit in seiner Mitte blühen zu sehen. Nichts gibt, wenn „ich so sagen darf, von der sittlichen Haltung eines Volkes „eine ungünstigere Meinung, als die Nothwendigkeit, bei „jedem Geschäfte sogleich das Geld bereit zu halten. Der „Credit besteht, wie die Erfahrung beweis't, nur da auf die „Dauer, wo die Bevölkerung moralisch tüchtig ist, die Borger „der großen Zahl nach Rechtschaffenheit und Einsicht besitzen „und die Wuth nach Aufhaüfung und Vergrabung von Schä„tzen, die das Kapital lähmt, jener rührigen Emsigkeit, die „vor Allem darauf ausgeht, dasselbe fruchtbar zu machen, den „Platz geräumt hat. Gewissenhaftigkeit, Sachverständniß, ‚Arbeitsamkeit und Sicherheit, das sind immer und überall „Bedingungen des Credits.“[2])

[1]) Plus cautionis in re, quam in persona.

[2]) Manuet d'économie polit. pag. 249.

Der Credit vermehrt das Kapital nicht, er bringt es bloß in Umlauf. Ihm ist es zu danken, daß Kapital und Arbeit, die in ihrer Trennung unausgiebig bleiben würden, mit einander in Vereinigung kommen und sich gegenseitig befruchten; aber aus sich selbst schafft er nichts. Was er leisten wird, das hängt ganz von der Verwendung der Kapitalien ab, die durch ihn in Bewegung kommen. Ohne den Credit könnte es geschehen, daß der Gesellschaft alle aus dem Kapitale zu ziehenden Vortheile entgingen, da der Kapitalist nicht nothwendig die industriellen Fähigkeiten besitzt, durch welche sich sein Reichthum nutzbar machen ließe. In diesem Falle gäbe es statt eines neu schaffenden Gütergebrauches, vermöge dessen sich der Reichthum trotz seiner Verwendung für die Bedürfnisse der Arbeiter dennoch verewigt, nur mehr einen unproductiven Güterverbrauch, durch welchen aller Vorrath unwiederbringbar zerrinnt.

Wenn aber der Credit den Vortheil hat, daß er strebsamen Händen die Reichthümer zubringt, die von einem unfähigen oder trägen Besitzer unbenützt gelassen würden, so dürfen wir gleichwohl nicht vergessen, daß dieser Vortheil nur als Mittel dienen kann, um für etwas Anderes, das wenigstens in gewissen Fällen an sich ein Uebel ist, für die Unthätigkeit der Kapitalisten, wieder Entschädigung zu erhalten. Das Zweckdienlichste für den festen Bestand und regelmäßigen Fortschritt der Gesellschaft im Bereiche der materiellen Ordnung wäre es gewiß, wenn die Kapitalisten selber Gebrauch von ihrem Besitzthum machen wollten und eben sowohl Arbeiter als Kapitalisten wären. Verwerthet der Eigenthümer sein Kapital selbst, so liegen darin für eine kluge und ernste Leitung des Unternehmens so viel versprechende Garantien, wie sie bei Producenten, die mit fremdem Gelde arbeiten, nicht immer geboten sind. Und ist überdies das Gesetz der Arbeit nicht ein für die Menschheit allgemein geltendes Gesetz? Oder verträgt es sich mit diesem Gesetze, wenn die Reichsten, folglich diejenigen, welche die Einsichtsvollsten und Geschäftserfahrensten sein sollten, vermöge des Credites ohne eine andere

Sorge, als die, sich zahlungsfähige Borger auszusuchen, die Früchte ihrer Kapitalien genießen könnten?

Es ist schon manches Wort voll der tiefsten Gerechtigkeit über diese Seite des Credites geschrieben worden. „Der „Credit ist," sagt ein Schriftsteller, „nur eine Ausdehnung „des Reichthums auf denjenigen, der ihn nicht producirt hat. „Gerade jene Familien aber, deren Glück sich von dieser Aus„dehnung des Reichthums herschreibt, sind diejenigen, aus „deren Mitte im Geschäftsleben die ärgsten Dinge hervor„gehen."[1]) In der That, wer kein Kapital besitzt, aber von dem unersättlichen Verlangen getrieben wird, sich ein solches um jeden Preis zu verschaffen, der ist am meisten geneigt und am meisten geeignet, Unternehmungen, deren Grundlage der Credit und deren Zweck nicht geduldige, aber fruchtbare Arbeit, sondern schmählicher Geldwucher ist, verführerisch zu organisiren und in Ruf zu bringen. Ferne sei von uns der Gedanke, daß allgemein in diesem Sinne gehandelt werde. Wenn es aber unter denjenigen, welche ausschließlich mit Hilfe fremder Kapitalien arbeiten, rechtschaffene und ernstlich fleißige Leute gibt, ist es dann minder wahr, daß ihre Thätigkeit oftmals den Charakter abenteuerlicher Bestrebungen und einer blinden Erwerbbegierde annimmt, die sogar bei redlichem Willen zu einem mißlichen Ausgang führt?

Unsere Zeit sah nur zu oft schon die Wiederkehr der Uebel, die mit der Ueberlassung von Kapitalien an dritte Personen Hand in Hand gehen können. Diese Uebel sind um so bedenklicher, je zusammengesetzter sich die Formen gestalten, unter denen das Creditwesen auftritt. Der einfache Schuldbrief, das heißt, ein Schriftstück, kraft dessen der Borger seine Verpflichtung anerkennt, ist die erste Form des Credits. An und für sich gibt er zu keiner Complication Anlaß, kann aber auch nur dann zu einer großen Ausdehnung des Credits dienen, wenn er unter der Form einer Verschreibung auf den Inhaber zur Bildung großer industrieller Gesellschaften aus-

[1]) Blanc Saint-Bonnet, de la réstauration française, pag. 294.

gegeben wird. Der Schuldbrief auf Ordre[1]), der es dem Darleiher möglich macht, statt seiner einen zweiten Darleiher aufzustellen und durch eine Vereinbarung mit demselben seinen Gewinn sogleich zu percipiren, fördert die Weiterentwicklung des Credits, ohne schweren Mißständen Raum zu gestatten, und da er, von Hand zu Hand gehend, zur Ausgleichung von Rechnungen für eine der Geldsumme, zu deren Erhebung er ermächtigt, an Werth gleich kommende Productenmenge dienen kann, so erspart er Zahlungen in Münze und vereinfacht eben dadurch den Handelsverkehr. Ganz besonders aber befördert der Wechsel durch den Austausch von Schuldforderungen zwischen den entlegensten Plätzen das kaufmännische Leben, und ist eine Ausgleichung der von verschiedenen Geschäftsleuten abgetretenen Werthe in der Weise, daß bei diesem Verfahren die Münze nur als Werthmesser in Anwendung kommt. Seiner Natur nach hat daher der Wechsel eben so, wie jedes andere im Handel vorkommende Papier, nur die Bestimmung, den eigentlichen Waarenverkauf zu erleichtern, und erhöht die Macht der Arbeit sehr wesentlich.

Operiren große Creditanstalten, namentlich Umlaufsbanken, mit solchen Crediturkunden, so erweitert dies das Creditwesen ganz außerordentlich, öffnet aber zu gleicher Zeit den verderblichsten Uebelständen Thor und Riegel.

So wohlthätig die Banken für die Befestigung des Credits und eine ergiebige Ausdehnung der Geschäfte zu wirken vermögen, wenn sie weise und gesetzlich verfahren und darauf bedacht sind, die Kapitalien den geordneten Unternehmungen einer wahrhaft productiven Arbeit zuzuwenden, eben so schädlich können sie werden, wenn sie den thörichten Versuchen bloßer Speculationswuth ihre Unterstützung bieten.

Der Credit einer Bank kann durch eine jener unerklärbaren Stimmungen der öffentlichen Meinung, wie sich solche manchmal in Sachen des finanziellen Vertrauens geltend

[1]) Das heißt, mit der Bestimmung, daß die Zahlung an eine von dem Darleiher erst noch zu bezeichnende Person geschehen müsse.

Anmerk. d. Uebers.

machen, durch eine jener Geschmacksrichtungen, die nur zu oft gerade in Speculationen von bedenklicher Art Nahrung und Steigerung finden, rasch begründet werden. Besteht er aber einmal, so kann die Bank dadurch, daß sie die Werthpapiere eines schwindelhaften Unternehmens discontirt, diesen Unternehmungen ein erkünsteltes Leben einhauchen. Ein listiger Geschäftsmann wird diesen Augenblick benützen, um Gewinn aus dem Geschäfte zu ziehen, und dadurch, daß er dasselbe in die Hände von Unerfahrnen hinüberspielt, den unseligen Ausgang der Sache klüglich auf die Schultern dieser Betrogenen wälzen. Durch die Discontirung von Werthpapieren setzt die Bank ihren eigenen Credit an die Stelle des Credits derjenigen, unter deren Namen die fraglichen Werthpapiere ausgegeben sind. Dadurch wird es denselben gelingen, jene Kapitalien, welche sie auf ihren eigenen Namen nicht erhalten hätten, auf die Garantie der Bank hin zu erhalten; denn in den Bankscheinen, die ihnen bei Discontirung anstatt ihrer Papiere übergeben werden, ist die Garantie der Bank ausgesprochen.

Was wird nun geschehen, wenn die Unternehmungen, welche die Bank mit ihrem Credite deckt, schwindlerische Unternehmungen sind? Nach Verlauf einiger Zeit werden sie die Kapitalien, die der Credit zu ihren Gunsten flüssig gemacht, verbraucht haben; bald wird der Augenblick kommen, in welchem ihre Producte, nach denen man kein Bedürfniß hatte, keinen Absatz mehr finden, und sie gezwungen sind, ihre Thätigkeit einzustellen. Die Bank wird alsdann keine andere Garantie für die Einlösung ihrer Scheine mehr aufweisen können, als die Papiere des fraglichen Unternehmens, dessen Kapital verschwunden, und dessen Nichts aller Augen enthüllt ist. Von da an ist der Credit der Bank verloren. Ist aber einmal der Credit der Bank verloren, so ist damit auch der Credit aller derjenigen erschüttert, welche auf die Bank vertrauten, selbst der Credit derjenigen, die nur bei fest begründeten Unternehmungen Gewinn suchen wollten. Der Stoß wird sich überall fühlbar machen, alle Geschäfte werden stocken und die Ueberschreitung des rechten Maaßes beim Creditgeben zu Gunsten der Habsucht und Genußsucht einiger Wenigen wird zu einem allgemeinen oftmals über die ganze Gesellschaft verbreiteten Unglück. Und es sind nicht einmal immer schuldbare Manövers und ungesetzliche Speculationen die Ursache der beklagenswerthen Ausschreitungen des Credits. Schon das übertriebene Streben nach Gewinn und der Geist der Abenteuerlichkeit, die in einer den Trieben der materiellen Ordnung anheim gefallenen Gesellschaft oft genug Hand in Hand miteinander gehen, sind im Stande, zu den angegebenen Schäden des Creditwesens zu führen und das gleiche Unheil zu erzeugen, das leichtsinnige Unternehmungen und ungesetzliche Speculation erzeugen.

Möge die Enthaltsamkeit im Streben nach den materiellen Gütern, die aus der Geringschätzung der Reichthümer hervorgeht und eine stete Begleiterin der Liebe zu den Gütern des Geistes ist, durch die Einwirkung des Christenthums auf die Seelen in der Gesellschaft wieder zur herrschenden Gesinnung werden, so wird man jene großen finanziellen Unordnungen, an denen unsere Zeit schon zu oft litt, nicht mehr zum zweiten Male auftreten sehen. Wenn man den Banken an sich diese Unordnungen zur Last legt, so thut man daran gewiß Unrecht: sie sind nur neue Werkzeuge, die man nach Belieben zum Guten oder zum Bösen wenden kann, je nachdem man sich ihrer in guter oder böser Absicht bedient. Wenn an die Stelle jener ungestümen Habsucht, die in wenig Zeit und ohne große Mühe ein großes Glück zu machen verlangt, der Geist einer ernsten und geduldigen Arbeit tritt; wenn jene unbefriedigbare Eitelkeit und jene gierige Genußsucht, die heutzutage das ganze Volksleben durchdringen, dem Gefühle, daß auch eine bescheidene Stellung keine Unehre sei, und einer das Einfache liebenden Sinnesart den Platz räumen, so wird, wie anderswo, so auch beim Tausch und bei Geldgeschäften, alles ganz von selbst auf seinen naturgemäßen Gang zurückgeführt werden; die Vervollkommnungen im Mechanismus des Tausches und die verschiedenen Creditinstitute, die eine den Begierden ungezähmten Stolzes und schrankenloser Habsucht preisgegebene Gesellschaft als verderbliche Geschenke von sich zu stossen versucht sein möchte, werden fürder nur mehr wohlthätige Mächte sein.

Nicht eigentlich im Credit liegt also das Uebel, sondern in der schlechten Anwendung des Credits; die Banken erhöhen nur vermöge ihrer centralisirenden Kraft die Macht des Credites. Gut geleitet tragen sie wesentlich bei, denselben in den Schranken der Ordnung und Mäßigung zu halten, und können eben so gut ein Zügel wider die Auswüchse der Speculation sein, wie ein Hebel zur Beförderung derselben. In Folge ihres wirksamen und kunstvollen Mechanismus geschieht es, daß sich die Operationen zur Auszahlung der umgesetzten Waaren um einen Punkt sammeln und einfacher regeln, so zwar, daß die Producte des einen Weltendes gegen die des anderen ausgetauscht werden und jedes Volk und in jedem Volke jedes Individuum aus der gesammten Productenmasse in Gegenständen, die unmittelbar zur Befriedigung seiner Bedürfnisse dienen, gerade jene Summe von Werthen erhält, als es nach dem Maaßstabe seiner Betheiligung bei der Erzeugung dieser Masse verdient. Der Credit ist demnach für jene Gemeinschaft, zu welcher Alle gehören, die auf der Erde leben, im Bereiche der materiellen Ordnung ein weiteres und zwar sehr enges Band. So hoch man auch die Vortheile anschlagen mag, welche dem Handel durch das Geld zugehen, so wäre dasselbe doch unvermögend, ihn mit so großer Raschheit und Ausdehnung wirken zu lassen, wie das durch Creditscheine und durch die Banken geschieht.[1]) Man kann sagen, daß ein gutes Creditsystem eine von den ersten Bedingungen für die materielle Entwicklung der Völker sei. Daher muß man hier nicht den Gebrauch, sondern den Mißbrauch bekämpfen; der Mißbrauch aber wurzelt im Boden der geistigen Ordnung,

[1]) Mich. Chevalier hat im dritten Bande seines Cours d' économie politique, sect. IX, chap. 3. [de la monnaie die Vortheile dieser Centralisation des Handels durch die Banken sehr umfassend dargestellt.

gegen deren Uebel nur das Christenthum die rechten Heilmittel besitzt.

Da jedes selbst nur einiger Massen entwickelte Handelssystem zum Credit zu greifen genöthiget ist, so kann man behaupten, daß die Handelsblüthe immer mit der Sittlichkeit, die dem Creditwesen Bestand sichert, auf einer entsprechenden Stufe stehe. Schon die einfachste Form des Credits zwischen Personen, die durch einen täglichen Geschäftsverkehr an einander gebunden sind, der Kauf auf Zeitzahlung oder das Darlehen auf kurze Frist, beruht wesentlich auf der Garantie, welche die Rechtschaffenheit des Borgers dem Darleiher bietet. Die Nothwendigkeit dieser Garantie wird um so größer, je mehr sich das Credifwesen entfaltet und je weiter die Personen von einander entfernt wohnen, die bei seinen Operationen betheiligt sind. In diesem Falle ist Sinn für Handelsehre eine unerläßliche Nothwendigkeit; denn nur unter ihrer Herrschaft kann das Vertrauen ein! allgemeines werden. Was ist aber dieser Sinn Anderes, als eine Frucht christlicher Gesittung? Was vermag den Herzen im gleichen Grade, wie die Furcht Gottes und die auf Gottes Gebot gegründete Verpflichtung, fremdes Eigenthum heilig zu halten, jenen Charakter einer so zu sagen ängstlichen Treue bei Handelsgeschäften einzuflößen, aus welcher die Zuversicht Aller auf Alle, die Seele eines jeden Unternehmens, hervorgeht?

Der Mensch, dessen sämmtliche Handlungen im Hinblicke auf Gott geschehen, ist übrigens nicht nur ängstlich bemüht, allen eingegangenen Verpflichtungen zu genügen, sondern nimmt auch aus Furcht, er möchte mit dem, was er vorgestreckt erhalten, die Rechte seiner Glaübiger in Frage stellen, gewissenhaft darauf Bedacht, daß er nichts tollkühn wage; er bietet also alle moralischen Garantien des Credites im vollsten Maaße.

Sind solche Anschauungen in einer Gesellschaft verbreitet, dann gewinnen die Geschäfte in ihr den blühendsten Aufschwung und der Waarenumlauf wird sich bis zur höchsten Regsamkeit und Fruchtbarkeit entfalten. Mit Recht kann man sagen, daß eine derartige Gesellschaft ächte Handelssitten besitze, und diese Sitten sind nichts Anderes, als eine von den verschiedenen Formen der christlichen Tugend.

III. Kapitel.

Von den wohlthätigen Wirkungen des Handels und dem Einflusse christlicher Principien auf die Entwicklung der Handelsbeziehungen.

Die socialen Folgen des Waarenumsatzes, die Wohlthaten, zu denen er führt, gehören theils in das Gebiet der materiellen, theils in das Gebiet der geistigen Ordnung und treten in der einen mit gleich unwidersprechlicher Klarheit an den Tag, wie in der andern.

Hinsichtlich der materiellen Ordnung bestehen sie in einer Vermehrung der Productivkraft, die mit der Arbeitstheilung, wie man weiß, stets Hand in Hand geht, und in dem ausgedehnteren Vorhandensein unbelasteter Nutzungsgegenstände. Vergleicht man die Summe der Güter, die sich Jemand durch den Handel verschafft, mit der Summe derjenigen, die er, wenn er sich allein überlassen wäre, durch eigene Arbeit produciren könnte, so bemerkt man hier unschwer jenen ganzen Unterschied, welcher das Leben des Wohlstandes vom Leben des Elends trennt. Man wird überzeugt sein, daß Bastiat keine Uebertreibung ausspricht, wenn er behauptet, daß in einer Gesellschaft, in welcher ein großer Güterumsatz stattfindet, jeder einzelne Mensch, selbst derjenige, dem das Schicksal eine sehr bescheidene Stellung angewiesen, an einem einzigen Tage mehr verbrauche, als er für sich allein in Jahrhunderten produciren könnte. Dies ist zumal dann wahr, wenn man in Erwägung zieht, wie sehr dadurch, daß die freien Naturproducte der einen Gegend gegen die einer anderen umgetauscht werden, die dem Menschen zu Verfügung gestellten Reichthümer vermehrt werden. Es gleicht einem Wunder, bis zu welchem Maaße die Gebrauchsmittel der gemäßigten Zonen durch die Producte der Tropenwelt, die uns der Handel über das Meer her zuführt, ohne ihren Preis über die Zahlungskraft der niedersten Volksklassen zu erhöhen, Tag für Tag vor unseren Augen anwachsen. Oder um nicht gerade Producte von so großer Verschiedenartigkeit und aus so weit ab liegenden Ländern mit einander zusammen zu stellen: wie vervielfältigen sich nicht durch die Leichtigkeit des Handels die Nutzungsgegenstände überall, wenn man auch nur ein einziges Land, Frankreich zum Beispiel, aber dieses eine Land nach seiner ganzen Ausdehnung von Norden gegen Süden, von jenen Gegenden, die Flachs und Getraide bauen, bis zu jenen, die den Weinstock, den Maulbeerbaum und den Oelbaum pflegen, in's Auge faßt! *)

Vorzüglich jedoch in Hinsicht der geistigen Ordnung bietet die Frage über den Tausch ein tief eingreifendes Interesse. Es lohnt sich im hohen Grade der Mühe, gerade hier die wohlthätigen Folgen jener Gemeinschaft, die der Waarenumsatz unter den Menschen herbeiführt, klar in's Licht zu stellen. Die großen Fragen der materiellen Ordnung hängen sämmtlich mit den Fragen der geistigen Ordnung auf das Innigste zusammen. Schon als wir von den Vorbedingungen für die Productivkraft der Arbeit handelten, konnten wir uns davon überzeugen, und wir werden es noch mehr können, wenn wir nunmehr vom Tausche handeln.

Die Menschheit strebt nach Einheit. Wird sie je zu derselben gelangen? Gott allein weiß es. Aber die Bewegung, welche dazu führt, wird heutzutage mehr und mehr sichtbar. Dieses Streben nach Einheit hat seine Quelle in den innersten Trieben des christlichen Geistes: es entspricht dem Gefühle der Brüderlichkeit und Zusammengehörigkeit, das sich aus der Lehre des Christenthums über den gemeinsamen Ursprung und das gleiche Ziel aller Glieder der großen Menschenfamilie herleitet. Nun aber bringt nicht allein die Gemeinschaft der Principien im Bereiche der geistigen Ordnung, sondern auch die Gleichartigkeit der äußeren Lebensweise und der Geschäftsverkehr im Bereiche der materiellen Ordnung die Menschen zur Annäherung und die verschiedenen Völker zur Durchdringung. Gemeinschaftlichkeit in den Verhältnissen des materiellen Daseins und die Bande des gegenseitigen Interesses sind eine Vorbereitung und ein Mittel zu jener wahrhaften Vereinigung, die erst in der moralischen Ordnung durch den ungestörten Zusammenklang der Geister und Herzen ihren Abschluß finden kann.

An und für sich bietet keine Gegend alle Producte, welche eine höhere Stufe von Civilisation verlangt. Je weiter die Entwicklung voranschreitet, desto mehr Bedürfnisse machen sich geltend, und desto lauter wird namentlich das Verlangen nach Verschiedenheit in den Verbrauchsgegenständen, ein Verlangen, das durch den größeren Umfang der geistigen Bildung in den Seelen wach gerufen wird. Um diesen neuen Bedürfnissen abzuhelfen, muß man in neuen Gegenden noch ungekannte Producte suchen. Das ist der Grund jener Nachforschungen, Entdeckungen und Waarenumtausche, welche die entferntesten und ungleichförmigsten Länder mit einem engen Bande umschlingen, sie vermöge der verschiedenen Art ihrer Producte für einander unentbehrlich macht, und Völker, die durch ihre Sitten nicht minder, als durch ihre Entfernung dazu angethan schienen, auf ewig von einander getrennt zu bleiben, durch ein gewisses Wechselverhältniß der materiellen Lebensordnung einander nahe bringt. So bildet sich denn in Folge einer an und für sich nur unbedeutenden Zunahme der materiellen Befriedigungsgegenstände zwischen den Menschen jenes gegenseitige Wohlwollen, oder, um die wahre Sprache des Christenthums zu reden, jene gegenseitige Liebe, die das erste und allgemeine Gesetz des menschlichen Lebens ist. Graf Maistre macht die Bemerkung: „Es gibt keinen Zufall in der Welt „und ich hege schon lange die Vermuthung, daß der Austausch „der Nahrungsmittel und Getränke unter den Menschen näher „oder entfernter mit irgend einem verborgenen Werke zusam„menhängt, welches in der Welt, jedoch ohne unser Bewußt„sein, im fortgehenden Werden ist. Für den Menschen, der

„ein gesundes Auge hat und sehen will, liegt nichts näher, „als der Zusammenhang der beiden Welten; man könnte, „strenge genommen, sogar sagen, daß es nur eine Welt gebe; „denn die Materie ist nichts.[1])"

Wenn durch eine neue Thatsache im Handelsverkehr ein Product, das aus einer fernen Gegend stammt, unter die gewöhnlichen Nutzungsgegenstände eines Volkes aufgenommen wird, dann findet zwischen jenem Lande, das dieses Product erzeugt, und jenem, das es bei sich einbürgert, eine vielseitige Beziehung, eine häufige Berührung statt, die anfangs nur rein materielle Interessen zum Zwecke hat, aber durch die Macht der Dinge über kurz oder lang in irgend einer Weise auch Beziehungen und Einflüsse höherer Art mit sich führen muß. In den Jahrhunderten, in welchen die großen Gedanken des Glaubens die Haupttriebfeder der menschlichen Handlungen ausmachte, war es insbesonders der religiöse Bekehrungseifer, der dem Handel die Wege bahnte, und wir werden bald sagen, mit welchem Erfolge. Jedenfalls aber verstand es der Handel selbst in diesen Zeiten der edelsten Begeisterung für religiöse Zwecke von jenen Strassen, welche ihm der Glaube und der Geist des Opfers geöffnet hatte, geeigneten Gebrauch zu machen und aus den Erfolgen des christlichen Predigtamtes Vortheile zu ziehen, an welche die Missionäre nicht gedacht hatten. Der Handel befestigte sodann die Beziehungen zwischen den schon christlichen Ländern einerseits und jenen Ländern andererseits, in denen das Apostolat erst seine Siege suchte; er verkörperte gewissermassen diese Beziehungen und machte die Unternehmungen der Missionäre sicherer und leichter, indem er denselben im Bereich der materiellen Ordnung für die rohen Geister, an welche sich ihr Eifer wandte, ein greifbares Interesse an die Hand gab. Die Geschichte der Missionen liefert auf jeder Seite einen neuen Beweis von dieser Thatsache und zugleich auch von der heiligen Geschicklich-

[1]) Nächte von St. Petersburg, zweite Unterhaltung, S. 68. der deutschen Uebersetzung.

keit, mit der es die Missionäre verstanden, die Seelen auf Wegen, die dem irdischen Interesse ganz ferne liegen, für die Lehre der Armuth und des Opfers zu gewinnen.

Stets hat der Handel den Frieden aufgesucht, welchen ihm die Nachbarschaft der Heiligthümer verschafft, wie sich auch ihrerseits die Religion der Ausbreitung der Handelsbeziehungen immer günstig gezeigt hat. Diese Verknüpfung des Handels mit der Religion war im Alterthume so groß, daß Heeren bei Bestimmung der Handelsstrassen, die damals im Orient vorhanden waren, sich nur an die Angaben zu halten brauchte, die er in der Geschichte über die Lage der vorzüglichsten Heiligthümer Asiens und Aegyptens vorfand.[1]) Scherer macht die nämliche Bemerkung und fügt bei, daß „diese Wechselwirkung „des Handels auf die Religion sich noch jetzt im Orient nach„weisen lasse. Alle Messen und Märkte werden an heiligen „Orten gehalten. Die großen Pilgerzüge, die jährlich aus „Asien und Afrika Mekka besuchen, sind zugleich vollkommene „Handelskarawanen. Alle Lastthiere sind voll mit Waaren „bepackt.[2])" Und warum dies? Weil die Religion dadurch, daß sie die Menschen in einem und demselben Glauben einander näher bringt, den sichersten Grund zu den Beziehungen des bürgerlichen Lebens legt und im Frieden der Gottesverehrung und des Gebetes alle jene vereinigt, die ohne ihn in Folge weiter Entfernung oder noch mehr in Folge verschiedenartiger Rivalitäten, die ihrer Natur nach zur Absonderung führen, ohne Verbindung mit einander bleiben würden.

Im Alterthume besaß kein Cult den Charakter der nothwendigen Allgemeinheit, um jene Völkergruppen, die von der Vorsehung dadurch, daß sie ihnen an den Ufern des Mittelmeeres ihre Wohnungen anwies, für ein gemeinsames Leben bestimmt waren, zu einer Annäherung oder gar zu einer Einigung zu bringen. Griechenland allein hatte in seinem Orakel zu Delphi und in der periodischen Wiederkehr seiner

---

[1]) Man sehe besonders in dem fünften Band seiner Untersuchungen über Politik und Handel der alten Völker.

[2]) Scherer, Geschichte des Handels Band I, Seite 31.

Festspiele ein religiöses Band, das freilich unvollkommen und schwach genug, aber doch ausreichend war, um inmitten aller Zwietracht der griechischen Städte den Gedanken einer gewissen Brüderlichkeit und gewisser gegenseitiger Pflichten bei allen Gliedern der hellenischen Raçe lebendig zu erhalten, und das die erste Quelle der so zahlreichen und fruchtbaren Handelsbeziehungen zwischen den Städten wurde, mit denen der griechische Colonisationsgeist fast alle Ufer des mittelländischen und schwarzen Meeres übersäet hatte.

Unterstützt von einer quellenmäßigen und sehr eingehenden Kenntniß der Thatsachen, sowie von einer glücklichen Divinationsgabe hat Curtius, ein gelehrter deutscher Geschichtschreiber, das ganze Handelssystem Griechenlands, wie sich dasselbe durch die allgemeine Verbreitung des Apollonischen Cultus und den Einfluß des Delphischen Orakels gebildet hatte, wissenschaftlich wieder hergestellt. In Delphi reichten sich, von dem unantastbaren Frieden des heiligen Bodens geschützt, der Norden und Süden Griechenlands die Hand; in der unmittelbarsten Nähe des Heiligthums Appollo's befanden sich die ersten Anfänge des Marktes; auf den Strassen, welche die delphischen Priester bauten, um den Pilgern den Zutritt zum Heiligthum zu erleichtern, wurden auch die Waaren befördert. Delphi war der ursprüngliche Mittelpunkt für die colonisatorischen Auswanderungen der Griechen; von Delphi aus wurden die ersten griechischen Waarenniederlager in der Fremde erbaut, in deren Nähe sich die Colonisten niederließzen. Die Götter sind die Schützer der Handelsleute, so zwar, daß keiner von ihnen an Delos vorüberfährt, ohne anzuhalten und ein Gebet an Apollo zu verrichten.

Die Götter waren nach der treffenden Bemerkung des Geschichtschreibers Curtius die ersten Capitalisten Griechenlands. Ihre Tempel, namentlich der zu Delphi, waren die ersten Geldinstitute und ihre Priester die Ersten, welche die Macht des Kapitals kannten und in Wirksamkeit setzten. Die edlen Metalle, welche als Weihegeschenke zum Heiligthum gebracht wurden, bildeten die ersten Fonds, mit welchen die Bank in

Griechenland arbeitete. Je weiter sich die Verehrung irgend einer Gottheit verbreitete, desto zahlreicher sind die Gaben, welche man ihr darbringt, und desto ausgedehnter sind auch die Beziehungen, welche die Thätigkeit der Bank nunmehr einzugehen vermag. Immer behauptete Delphi in dieser Hinsicht den ersten Platz. Die Kaufleute, welche an den Priestern des Apollo moralisch und materiell eine Gewähr finden, wie sonst nirgends, legen in den Tempelschatz das Geld, das sie für den Augenblick nicht verwenden können. Der Geldwechsel wird in Delphi durch Hilfe der Priester unter Fremden aus allen Theilen der griechischen Welt betrieben. Dank den Priestern Delphi's ist Griechenland im Besitze einer Depositenbank und genießt alle Vortheile, welche die Einführung einer Bankmünze mit allgemein giltigem und bleibendem Werthe den Handelsgeschäften sichert.

Endlich hatte der Cult des Apollo, der von Asien her nach dem Archipel, namentlich aber nach Euböa und von da nach dem griechischen Festlande verpflanzt wurde, in seinem Gefolge auch noch den Gebrauch des Euböischen Talentes, das für alle Handelsgeschäfte der hellenischen Welt zum gemeinschaftlichen Preismaaß wurde und so dem begabtesten Volke des Alterthums den unschätzbaren Vortheil eines einheitlichen Tauschwerkzeuges bot.

Dies waren die Vortheile, welche der Friede, der Schutz und die Einheit des Cultus nach dem Maaßstabe ihres Vorhandenseins im Heidenthum den Griechen in Betreff des Handels gewährten. Diese Vortheile sprangen um so deutlicher in die Augen, je weiter sich in Folge der Eroberungen Alexander's der Einfluß Griechenlands auf den Orient geltend machte. In der Zeit Alexander's drang der Handel Griechenlands sammt seiner Religion, seiner Sprache und seinen Einrichtungen bis an die äußersten Enden Asiens vor. Die Macht Griechenlands, die ganz geistiger Natur war, gewann damals eine Ausdehnung, die in der alten Welt nur durch die Macht Roms, die ganz und gar politischer Art war, übertroffen wurde und, wie das immer zu geschehen pflegt, auch im Bereich der materiellen Ordnung eine entsprechende Erhöhung der Regsamkeit und Blüthe mit sich führte.[1])

Im letzten Jahrhunderte vor Augustus, als die Oberherrschaft der ewigen Stadt über das ganze Ufergebiet des Mittelmeeres unzweifelhaft feststand, wurde Rom der Mittelpunkt einer weitverzweigten Handelsbewegung. Die großen Staatsmänner dieser Epoche, namentlich aber Pompejus in seinem Kampfe gegen die Seeraüber und Cäsar bei seiner Gesetzgebung und seinen Verwaltungsmaßregeln, gaben sich viel Mühe für die Sicherstellung dieses Handels, der den Italienern nicht bloß den nothwendigen Getreidebedarf lieferte, sondern auch die Luxusproducte herbeischaffte, die man bei dem wachsenden Verderben der Sitten in immer größeren Mengen begehrte.[2]) Was den Handel betrifft, so machten sich die Wirkungen des Friedens im römischen Gebiete bis an die aüßersten Gränzen desselben hinaus, vom Ocean bis zum Euphrat, augenscheinlich fühlbar. Strabo berichtet, daß unter der Herrschaft der Römer selbst in Gegenden, in denen man sonst von einem Waarenumsatze nur sehr wenig wußte, eine große Handelsthätigkeit entstanden sei, und Plinius erzählt uns, namentlich in Betreff Aegyptens, ganz das Gleiche.[3]) Während die großen Handelsflotten das rothe Meer durchfürchten und bis nach Indien und den südlichsten Küstenstrich Aethiopiens vordrangen, brachten die römischen Strassen das Kapital der alten Welt in Circulation durch alle, auch die entferntesten Provinzen des Reiches. „Von Mailand auslaufend verbreiteten sich Wege durch alle Alpenpässe und erstreckten sich bis Arles, Lyon, Mainz, Tyrol und Istrien.

[1]) Man sehe über den Einfluß der Religion und namentlich des Apollodienstes auf die Handelsinteressen Griechenlands die Griechische Geschichte von Curtius, Bd. I, S. 410 ff. Ueber die Thatsache, daß der delphische Schatz als Depositenbank diente, redet auch Blanqui, hist. de l'écon. polit. chap. 2.

[2]) Man sehe Arendt, Antiq. rom. lib. III, c. 2.

[3]) Man sehe Naudet, des changements opérés dans l'administration de l'empire romain, tom. I, p. 22.

„Bei Arles hatte das weitverzweigte von Augustus vollendete „Strassennetz, das Nismes, Narbonne, den ganzen Süden „von Frankreich und Spanien bis Cadix mit einander ver„band, seinen Knotenpunkt. In Lyon kreuzten sich die vier „Linien, welche diese Mutterstadt der celtischen Völker mit vier „Meeren in Communication setzten: mit dem Mittelmeere über „Marseille, mit dem Ocean über Saintes, mit der Meerenge „über Boulogne, mit der Nordsee über Mainz und durch den „Rhein. Neben diesen Wegen aber, auf denen die Provinzen „mit Rom verkehrten, gab es andere, welche die einzelnen „Provinzen des Reiches unter sich verknüpften. Von Trier „aus lief eine große Strasse der Donau entlang bis Sirmium, „einigte Rhätien und Vindelicien und erschloß Gallien und „Pannonien für einander. Von da aus vollendete das rö„mische Strassensystem, in Mösien zu den Scythen abzwei„gend, über Thracien aber nach Kleinasien, über Kleinasien nach „Syrien, Palästina und Aegypten hinziehend und den Nor„den von ganz Afrika durchschneidend seinen Kreislauf durch „die Welt und führte zuletzt über das reiche Cadix, über Ma„laga und Carthagena bis an den Fuß der Pyrenäen zurück.[1])"
Was waren jedoch diese rein politische Einheit und dieser reine politische Friede im Vergleich mit der Einheit und dem Frieden, welche der Welt durch die geistige Macht der katholischen Kirche zu Theil werden sollten? Der Friede unter Rom's Scepter bestand eigentlich nur darin, daß die Besiegten dem Sieger zur Ausbeute preisgegeben waren. Aber diese Ausbeutung der Welt durch eine Stadt von Müssiggängern mußte damit enden, daß dem Handel seine Nahrung entzogen wurde, indem man den Provinzen jene Reichthümer raubte, denen nur ein auf allgemeine Arbeit gegründeter wechselweiser und gleichmäßiger Güterumtausch Bestand hätte sichern können. Die katholische Kirche gab der Welt den Frieden und mit dem Frieden auch die Gerechtigkeit und die Liebe zur Arbeit, und indem sie alle

---

[1]) Champagny, les Césars, tableau du monde romain, liv. I, chap. 3. §. 1.

Nationen in der Einheit eines und desselben Glaubens und einer und derselben Liebe mit einander verband, öffnete sie dem Handel im Bereiche der materiellen Ordnung eben so wohl, wie im Bereiche der geistigen das weiteste Feld, das jemals der menschlichen Thätigkeit offen stand.

Aber auf welche Hindernisse stieß nicht die Kirche bei der durch römisches Sittenverderbniß gleichsam zur zweiten Natur gewordenen Ohnmacht und bei der wilden Eigenthümlichkeit der Barbaren! Es mußte die ganze Macht einer durch die Uebung der Strenge gegen sich und der Liebe gegen Andere, dieser zwei Grundbedingungen des christlichen Lebens, fortwährend unterstützten und neu belebten Entsagung aufgeboten werden, um jenes Werk zu vollbringen, dessen Früchte wir heute pflücken, ohne daß wir uns immer genaue Rechenschaft über den Einfluß geben, der es zu Stande gebracht hat.

Vergebens hatte sich Karl der Große bei seinem Versuche zur Wiederherstellung des Kaiserreiches bemüht, dem Handel neues Leben einzuhauchen. Vergebens hatte er zu diesem Zwecke Verfügungen getroffen, deren Weisheit von einem Staatsöconomen der neueren Zeit belobt worden, und die dem Handel außer der Sicherheit der Verträge auch noch Leichtigkeit in der Communication boten.[1]) Das Genie des großen Kaisers scheiterte an dem Hange der damaligen Gesellschaft zu einer bis in's Unendliche gehenden Zerbröckelung und die Frucht seiner großartigen staatsmännischen Anschauungen in Sachen des Handels verlor sich inmitten der endlosen Kriege und Zwistigkeiten, welche das Auseinanderfallen seines unabsehbaren Reiches begleiteten. Kaum waren seit dem Tode Karls fünfzig Jahre verflossen, so gingen die Einrichtungen wieder unter, durch welche er es versucht hatte, die der römischen Verwaltungsgeschicklichkeit entlehnten Communicationsmittel

[1]) Ueber die Versuche Karls des Großen, das System der römischen Posten, die mutationes und stationes des cursus publicus wieder herzustellen, siehe: Blanqui, hist. de l'écon. polit. chap. XII. Guérard, polypt. d'Irmin. pag. 813.

zum zweiten Male in's Leben einzuführen.[1]) Unordnung, Gewaltthat, Raub, allseitige Unterdrückung traten in kurzer Zeit an die Stelle der Ordnung, des Friedens und der Gerechtigkeit, die Karl der Große der neuen Welt zu sichern bestrebt gewesen und deren Gepräge alle seine Capitularien an sich tragen. Gegen das Ende des neunten Jahrhunderts breitet sich allmälig jene schaurige Nacht über die Gesellschaft aus, die während des ganzen zehnten Jahrhunderts das Leben Europas umdunkelte. Mit allen übrigen Dingen verfällt auch der Handel; er wird rein örtlicher Natur, wie die Existenz der Menschen selbst, und reducirt sich auf ein bloßes Hausiren von wenig Bedeutung. Und selbst in dieser beschränkten Gestalt bewegt er sich nur mit großer Mühe in Mitte der Kriege, die von Provinz zu Provinz, von Stadt zu Stadt, von Burg zu Burg ohne Unterbrechung fortwüthen.[2]) Erst nachdem die Bemühungen der Kirche die mittelalterlichen Völker der Verwirrung und den Leiden der Barbarei entrissen und ihnen mit neuem Lichte und regelmäßiger Arbeit die Ordnung wieder gebracht hatte, erstand auch der Handel zu neuem Leben.

In Folge des weiteingreifenden Gesetzes, daß jedes Princip der geistigen Welt in der Welt der sichtbaren Dinge einen Ausdruck und so zu sagen einen Körper zu erhalten trachtet, konnte die Einheit des Glaubens, der die katholischen Völker mit einander verknüpfte, nicht verfehlen, auch im Bereiche der materiellen Interessen unter ihnen eine Vereinigung herbeizuführen. Von den ersten Zeiten an offenbarte sich dieser Einfluß des mit Vorliebe gepflegten geistigen Lebens auf die Thatsachen des materiellen Lebens in den Pilgerfahrten. Aus Beweggründen reiner Frömmigkeit unternommen stellten sie die Communication mit Gegenden wieder her, welche der Einbruch wilder Horden durch eine unausfüllbare Kluft von uns getrennt zu haben schien. Man begreift, welche Folgen jene

---

[1]) Man sehe Guérard, Vorrede zur Polyptique de Saint-Remy. pag. 45.

[2]) Mignet, De la formation territoriale de la France, Acad. des sciences morales, 2e série, tom. II.

Lebensfülle, vermöge deren Rom durch die Vermittlung seiner Missionäre fortwährend mit den Glaübigen selbst der entferntesten Länder im Verbande blieb, für den Völkerverkehr haben mußte.

Dieser Völkerverkehr bildete und befestigte sich aber nicht blos durch die Missionen; auch die Pilger, welche das Grab der Apostel besuchten, trugen sehr wesentlich dazu bei. Wie der römische Stuhl, eben so war auch das Grab Christi, das die Glaübigen vom aüßersten Westen her nach Jerusalem zog, der sichtbare Ausdruck der Glaubens- und Liebeseinheit der katholischen Welt; es lockte unausgesetzt zu Wanderungen in die Weite hinaus. Aus diesen Wanderungen ergaben sich Folgen für die Entwicklung des Handels, von denen die Wallfahrter im Voraus keine Ahnung hatten. Die Pilger suchten geistige Gnaden an den verehrten heiligen Orten, zu denen sie ihre Huldigungen und Gebete mitten durch tausend Gefahren hintrugen. Der materielle Gewinn, die Ausdehnung des Handels, war nur eine Beigabe, kam aber in solcher Weise, daß selbst die vorurtheilsvollsten Geister in ihm eine Wirkung höherer Lebenstriebe anerkennen müssen. [1])

---

[2]) Scherer, dem man gewiß keine Parteilichkeit zu Gunsten der katholischen Lehre vorwerfen darf, anerkennt ausdrücklich diesen Einfluß der Pilgerfahrten auf den Handel.

„Frühzeitig hatten italienische Schiffe, sagt er, die Hin- und „Rückfahrt der frommen Pilger nach und aus Palästina zu besorgen. „Die Araber, welche Jerusalem gleichfalls als heilige Stadt verehrten, „legten diesen friedlichen Pilgerzügen kein Hinderniß in den Weg. . . „War nun Jerusalem auch kein Mekka, so war doch das heilige Grab „in ähnlicher Weise von einem Waarenbazar umgeben, wie Mekka. „Die Pilger kaüften da in reicher Auswahl morgenländische Waaren „und brachten sie in die Heimat zurück.“ — Allgem. Gesch. des Welthandels, Bd. I, S. 274. — Ebenso spricht sich Ozanam aus: hist. de la civilis. au cinquième siècle, tom. II, p. 304.

Wenn Scherer von dem Einflusse des Christenthums auf den Handel im Allgemeinen spricht, so sagt er: „Das Christenthum verdient auch „in einer Handelsgeschichte seine ausgezeichnete Stelle. Durch seine Mis- „sionen zu den Heiden hat es die Kenntnisse der Erdkunde unmittelbar „bereichert und damit die Wege zu einem internationalen Verkehr

Auf dem nämlichen Wege gelang es dem Christenthume, in Sachen des Verkehrs zwischen den einzelnen Provinzen und den einzelnen Bezirken unter einander, sowie bei Wiedereröffnung der nachbarlichen Beziehungen, welche durch die Barbarei so sehr gelitten hatten, die größten Schwierigkeiten zu überwinden. Es war dieser Sieg für das Christenthum ein Werk der Entsagung und Liebe. Die Reisen waren mühsam, die Strassen unsicher und unbequem, die Bergschluchten gefährlich und öde; über Flüsse und Waldbäche aber konnte man nur mit Lebensgefahr gelangen. Aller Orten jedoch, wo es galt, Leiden zu lindern, ein Opfer, eine Anstrengung auf sich zu nehmen, um Andern beizustehen, fand sich die christliche Liebe ein, und die christliche Entsagung, die in ihren Unternehmungen eben so klug als thatkräftig ist, fand stets die geeigneten Mittel, um den Widerstand der Natur nicht weniger, als den bösen Willen der Menschen zu brechen. Bei Ermangelung jeder Ordnung und jeder politischen Einheit machten so einzelne vom Geiste der Kirche durchdrungene Individuen den Anfang dazu, der Gesellschaft das zu bieten, was ihr in unsern Tagen die geregelte Organisation der Verwaltung sichert. Cibrario hebt mit beredten Worten derartige von den Brückenbrüdern und Tempelherren geleistete Dienste hervor und zeigt uns, „wie die christliche Charitas auf den gefahrvollen Wegen „der Apenninen und Pyrenäen, in den wilden und eisigen „Schluchten der Alpen über den Wanderer wacht, und von den „schwindelnden Höhen des St. Bernhard und des Mont-Cenis „der Welt ihre Arme entgegenstreckt.[1])“

„wieder geöffnet. Die Stiftung von Klöstern und Abteien hat in den „ersten Zeiten reiner Zweckerfüllung den friedlichen Beschäftigungen des „Handels, Ackerbaus und der Gewerbe Stütze und Sicherheit gewährt „und sie von ihrem langen Verfalle aufgerichtet. Und zuletzt ist die „in Folge der Kreuzzüge wieder hergestellte Verbindung mit dem „Osten dem frommen Eifer zu verdanken, welchen damals die christliche Lehre ihren Bekennern einflößte.“ — Ebendas. S. 120.

[1]) Della Econ. polit. del medio evo, libro II. cap. III. — Man weiß, daß die Päpste für Unterhaltung von Brücken Ablässe verliehen. — Siehe darüber den nämlichen Autor, lib. VII, cap. 1.

Als später in der Gesellschaft eine geregelte Ordnung wieder hergestellt war, als die bürgerliche Auktorität wieder kräftig, einig und frei wirken und in Folge dessen das öffentliche Wohl mit Nachdruck vertreten konnte, da gab der vollkommenste unter den christlichen Fürsten das Beispiel der lebhaftesten Sorge für den Schutz der Handelsinteressen. „Der heilige Ludwig „baute den Hafen von Aigues-Mortes am Mittelmeere und „verlieh den Umwohnern sehr wichtige Vorrechte; er setzte es „bei dem Herzog der Bretagne durch, daß er dem Strandrechte „entsagte, einem gehässigen Privilegium, das ihm die Güter „der Schiffbrüchigen überantwortete. Die Gesetze von Oléron „oder die Gerichtsentscheidungen über das Seewesen stellten ein „Seemannsrecht auf. Die Kreuzzüge des heiligen Ludwig, der „Aufschwung, welchen sie der Schifffahrt gaben, die weiten Rei„sen des Rubruquis und Plan-Carpin, die er beide aus reli„giösem Eifer zu ihrem Unternehmen aufmunterte, eröffneten „dem Handel Frankreichs neue Wege. Vorzüglich aber hob der „heilige Ludwig den Handel dadurch, daß er die Sicherheit „auf den Strassen herstellte, daß er die Barone für den Raub „verantwortlich machte, der auf ihrem Gebiete verübt wurde, „daß er die zu Gunsten der Feudalherrn so zahlreichen Zölle „aufhob, und daß er die Städte zwang, die Hindernisse zu „beseitigen, welche ihre Privilegien manchmal dem Handel ent„gegenstellten. [1])“

Bevor indeß die christliche Gesellschaft zu diesem Zustande der Ordnung und des Friedens, in welchem durch die staatliche Auctorität jedes Recht gesichert und jedes gesetzliche Interesse geschützt wird, gelangt war, hatte sie eine Periode der Verwirrung und des Kampfes, in welcher der Mangel an Sicherheit für Personen und Güter den friedlichen Verkehr des Handels nahezu unmöglich machte, durchlaufen müssen. Während dieser Periode nun vollbrachte, wie wir schon anderswo nachgewiesen haben, die rein geistige Wirksamkeit der Religion das Wunder,

[1]) Chéruel, Histoire de l'administration monarchique en France, tom. I. p. 38.

daß beim Mangel jeder einheitlichen Gewalt und jeder Kraft in der Verwaltung der Gottesfriede durch vollkommen freie, unter der Oberhand und auf den Antrieb der Kirche gebildete Verbindungen der Welt Sicherheit gab.

Schon die ersten Documente, kraft deren sich ein Gottesfriedensbund constituirte, enthalten Verfügungen, welche die Freiheit des Handels in Schutz nehmen. „Niemand halte die „Kaufleute an und raube ihre Waaren," sagt eine Urkunde der Art vom Jahre 998. Der vierte Canon der Bestimmungen des Concils von Clermont [1]) zur Aufrechthaltung dieses Friedens lautet: „Wenn Kaufleute an einen vorbehaltenen „Platz kommen und dort bleiben, so können sie auf den Gottesfrieden Anspruch machen. Greift Jemand sie an, sie oder „ihre Güter, so soll er als ein Feind des Gottesfriedens gelten." Nach dem Wortlaute des Decrets des Papstes Calixtus II. „müssen die Kaufleute, ihre Güter und ihre Begleiter zu jeder Zeit den Frieden haben."

Ein zu Saint-Omer gehaltenes Concilium bestimmte, „daß „die Kaufleute zu keiner Zeit angehalten werden dürfen, es sei „denn, man könne sie überführen, daß sie den üblichen Zoll „nicht entrichtet haben. Sind sie der Schuld wirklich über„führt, so müssen sie nach dem Landesbrauch dem Landesherrn „eine Geldbuße zahlen; aber mehr fordere man nicht von ih„nen." Das allgemeine lateranensische Concil von 1139 verkündigte deßgleichen einen ewigen Frieden „zu Gunsten der „Priester, Kleriker, Mönche, Reisenden, Kaufleute und der „Bauern, mögen sich diese nun auf dem Wege oder bei ihrem „Geschäfte befinden." [2])

Die Messen, welche in dieser Zeit das vorzüglichste und fast einzige Mittel waren, Kaufleute aus verschiedenen Gegenden an einem und demselben Orte zusammen zu führen, hatten sich eines ganz besonderen Schutzes der kirchlichen Gesetzgebung

---

[1]) Vom Jahre 1095. — Dieser Bestimmungen wurden zwölf aufgestellt.

[2]) Man sehe Sémichon, La Paix et la Trêve de Dieu, pages 12, 118, 132, 184. 189.

zu erfreuen. „Eine alte Rechtsaufzeichnung enthält, wie Sémichon „angibt, die Bestimmung, daß wegen der Menge des Volkes, „die zur Feier eines Festes in die Stadt strömte, ein Jahr„markt gehalten wurde. Ein fester und unverletzlicher Friede „wurde in der ganzen Stadt zu Gunsten Jener verkündet, die „sich, sei es des Gebetes, sei es des Handels halber acht Tage „vor und acht Tage nach dem Feste dorthin begaben. Hier „ward ein und derselbe Schutz der Andacht und dem Han„del zu Theil. Das nämliche Verfahren wurde in einer „Unzahl von Städten eingehalten. Vielleicht muß man diesem „Privilegium, das von Seite gewisser Prälaten oder einsichts„vollerer und mehr denn andere vorangeschrittener Fürsten „dem Handel zu Theil wurde, den Wiederbeginn des Wohl„standes in den Städten, selbst in einer großen Anzahl ganz „unbedeutender Marktflecken zuschreiben."[1]) Der nämliche Schriftsteller sagt anderswo: „Die Sicherheit des Handels und „der Schutz der Märkte zogen in hohem Grade die Aufmerk„samkeit der Bischöfe auf sich." Daher lesen wir in der Gesetzes„rolle des Erzbischofes Richard von Bourges aus dem Jahre „1065 sogar folgende Stelle über den Bruch des Gottesfrie„dens: „„Wird Jemand während der Dauer des Gottesfriedens „„angegriffen und beraubt und flüchtet sich der Schuldige auf „„einen Markt, so kann er nicht verhaftet werden ...."" Diese „Anordnung ist eine Bekräftigung der Synodalbeschlüsse, welche „von den zu Gunsten des Handels und der Märkte getroffenen „Maßregeln reden. Nur heißt es vielleicht etwas zu weit „gehen, die Märkte als Asyl mit den Kirchen und heiligen „Orten auf gleiche Linie zu stellen."[2])

Die Märkte fielen meistentheils mit den großen kirchlichen Festen zusammen. Jerusalem hatte seinen Markt zur Zeit, als die Pilger sich dorthin begaben. Unsere Liebe Frau von Loretto hatte den ihrigen im Monat September nach dem Feste Mariä Geburt; Pavia am Feste des heili-

---

[1]) De la Trêve de Dieu, p. 41.
[2]) De la Trêve de Dieu. p. 97.

gen Augustin; Beaucaire am Feste der heiligen Magdalena; Saint-Denis im Oktober am Feste seines Stadtpatrons. Beim zweiten Jahrmarkte von Saint-Denis, der im Februar am Feste des heiligen Mathias gehalten wurde, konnten diejenigen einen Ablaß gewinnen, welche die Klosterkirche besuchten, die gerade an diesem Tage das Jahresgedächtniß ihrer Einweihung beging.[1])

Im Mittelalter war es die Kirche, was die öffentliche Meinung bildete; deßhalb darf man nicht übersehen, daß während desselben dem Handel gerade wegen der Begünstigung, die ihm die Kirche zu Theil werden ließ, auch sonst die schuldige Sorgfalt zugewendet wurde. Mehrere Geschichtschreiber machen die Bemerkung, daß zu dieser Zeit gerade in den Ländern, die sich dem Einflusse der Kirche am meisten hingaben, der Adel für den Großhandel durchaus keine Abneigung an den Tag legte.[2])

Diese Thatsachen beweisen hinlänglich, welch große Theilnahme die Kirche dem Handel widmete. So bedeutsam dieselben aber auch sein mögen, so wurden sie doch von den unermeßlichen Folgen weit übertroffen, welche die durch und durch religiöse Bewegung der Kreuzzüge für die Entwickelung des Handels hatte. Dadurch, daß der Gottesfriede den Privatkriegen und den daraus hervorgehenden Verheerungen ein Ende machte und die Strassen von ihren gefährlichen Raüberbanden reinigte, hatte er die Verbindung der einen Gegend mit der andern möglich gemacht; aber es gelang ihm nicht, die Völker zu einem gemeinschaftlichen Handeln und Streben einander nahe zu bringen und gewissermassen mit einander zu vermengen, ein Resultat, das nur aus großen, in Folge einer und derselben Idee gemeinsam unternommenen Thaten hervorgehen konnte. Der Gottesfriede war überdieß nicht im Stande, die Hindernisse zu beseitigen, welche noch im eilften Jahrhunderte den Orient vom Occident trennten. Dank dem Frieden und der Ordnung im Innern, welche die Kirche den Völkern zu geben sich be-

[1]) Monnier, Histoire de l'assistance p. 263.

[1]) Cibrario, tom. I, p. 75. — Sismondi, Rep. ital. chap. XCI.

mühte, hatten es diese auf dem Gebiete der nationalen Arbeit zu großer Entwicklung gebracht; aber gerade damit war für sie der Augenblick gekommen, einen noch weiteren Schritt dadurch zu thun, daß sie einer Thätigkeit, die sich bereits nicht mehr auf die engen Grenzen des europäischen Festlandes einzuschränken vermochte, durch das Mittel kühner Unternehmungen in die Ferne neue Wege eröffneten. Die Kreuzzüge gaben dem Werke des Gottesfriedens Vollendung und feste Dauer. Während sie nämlich die Veranlassung zu großartigen Handelsunternehmungen wurden, verschafften sie zu gleicher Zeit auch der europäischen Gesellschaft im Bereiche der bürgerlichen Ordnung jenen Zusammenhalt und jene Macht zu einem einheitlichen, gemeinschaftlichen und planmäßigen Handeln, woraus die bewundernswerthe Blüthe des dreizehnten Jahrhunderts hervorging.

Die Kreuzzüge sind mit Vorzug ein Werk christlicher Entsagung. Die Begeisterung, welche die Menschen zu ihnen entflammt, ist nichts Anderes, als der im öffentlichen Leben bis zur äußersten Stufe seiner Kraftäußerung erhobene Geist der Entsagung. Aus den Worten der Kreuzzugspredigten hauchte der Geist Gottes die Gesellschaft an und führte sie im geistigen Leben zu einem Wachsthum, das auch innerhalb des materiellen Lebens seine natürlichen Folgen haben mußte. Ueber das Meer zu segeln und in unbekannte Länder zu ziehen, um wilden Feinden, die lange Zeit der Schrecken von ganz Europa gewesen waren, den Krieg zu erklären, das erforderte gewiß ein großes Maß der Entsagung. Man mußte sein Vaterland, seinen haüslichen Heerd verlassen, um sie erst nach vielen Jahren, vielleicht niemals wieder zu sehen. Sicher hätte weder das berechnende Interesse, noch die Aussicht auf die größten Vortheile des Handels, noch die glänzendsten Hoffnungen auf eine Zukunft voll materieller Wohlfahrt die Völker bestimmen können, solchen Gefahren zu trotzen. Aber die christliche Entsagung verleiht eine Schwungkraft, welche dem Interesse unbekannt ist. Sie ist einer Ausdauer in ihren Anstrengungen fähig, wie eine solche das Verlangen nach Reichthum, so heftig es auch sein mag, niemals einflößen wird. Die Kreuzzüge sind der augenfälligste Beweis, welcher der Welt jemals für diese Wahrheit gegeben wurde. „Während des Winters (1095—1096) beschäf-„tigte man sich nur mit Vorbereitungen zur Fahrt in das hei-„lige Land. Jede andere Sorge mußte weichen und jede wei-„tere Arbeit wurde in den Städten sowohl als auf dem Lande „eingestellt. In Mitte der allgemeinen Begeisterung wachte „die Religion, die Alle beseelte, über die öffentliche Ord-„nung.[1]) Eine unerwartete und plötzliche Begeisterung nimmt „mit einem Male alle diese bewaffneten Arme in ihren „Dienst und führt sie in den fernen Orient. Mit einem „Male, sagt Otto von Freising, ein Geschichtschreiber der da-„maligen Zeit, wurde es stille auf der ganzen Erde. Der „Gottesfriede konnte niemals eine Ruhe schaffen, ähnlich der-„jenigen, welche auf den Abmarsch der Kreuzfahrer folgte.[2])"

Es ward eine unermeßliche Anstrengung erfordert, um Länder, welche durch so viele Hindernisse der geistigen und materiellen Ordnung getrennt waren, wieder mit einander zu verbinden. Dem bis zur Leidenschaft gesteigerten Verlangen, sich für die Sache Gottes zu opfern, wurde es möglich, diese Anstrengungen in einem Maaße zu leisten, das alles übertraf, was die menschliche Voraussicht erwarten konnte. In den grossen Feldzügen, zu welchen die Kreuzfahrer den Anstoß gaben, findet man beständig die Unternehmungen des Handels mit den Unternehmungen des religiösen Eifers Hand in Hand. Heeren zeigt dies in folgender Stelle, in welcher er von Zeit zu Zeit seine Vorurtheile gegen die Kirche durchblicken läßt, aber sich dennoch der Evidenz der Thatsachen nicht verschließen kann: „Die Kreuzzüge öffneten dem Westen den Orient und mach-„ten das Reisen dahin, selbst bis zu den fernsten Ländern, „möglich. Die Aussicht auf Gewinn war ein Sporn, den „Gefahren der weiten Reise zu trotzen; und italienische Kauf-„leute waren es, welche bis zum fernsten Orient drangen. Aber „mit dem Handel wetteiferte die Religion. Die Hoffnung,

[1]) Michaud, Histoire des croisades, tome I, p. 125.

[2]) Heeren, Folgen der Kreuzzüge.

„mogolische Fürsten zum Christenthum zu bringen, zuweilen „falsche Nachrichten, daß sie es angenommen hätten oder an„nehmen wollten; auch die sich allgemein verbreitende Sage von „einem mächtigen christlichen Monarchen im fernsten Orient, „der unter dem Namen des Priesters Johann in ganz Europa „bekannt war, ohne daß Jemand bestimmt seinen Sitz angeben „konnte: so viele Hoffnungen, Fabeln, Taüschungen erhitzten „die Geister und zogen eine Menge Missionäre nach dem Orient; „und die Päpste ließen dieses neue Mittel, ihre Herrschaft zu „fördern, keineswegs außer Acht.[1])"

Wurden die Geister durch die Kreuzzüge an weite und gefahrvolle Unternehmungen gewöhnt, so wurden ihnen dadurch auch die materiellen Mittel geboten, sie zu vollführen. Aus den Kreuzzügen schreiben sich die unverkennbarsten Fortschritte in der Schifffahrtskunde her. Am Ende des zwölften Jahrhunderts landete Richard Löwenherz auf englischen Schiffen in Palästina. Ein glänzender Kampf dieses Fürsten mit einem großen saracenischen Schiffe auf dem Tyrischen Meere war der erste Sieg der brittischen Seemacht. Die Kenntnisse, welche die alten Chronikschreiber in ihren Schilderungen und Erzählungen an den Tag legen, sind ein Beweis, daß sich in der Geographie und Seekunde allmälig richtigere Anschauungen Bahn brachen.[2]) In der zweiten Hälfte des dreizehnten Jahrhunderts bereis'te der berühmte Marco Polo China und besuchte die Inseln des indischen Oceans. Wenn man vielleicht Tibet und einige abgelegene Provinzen Indiens ausnimmt, wurden fast alle Länder von ihm durchzogen und beschrieben: die große Tartarei, die weiten Wüsten, die im Norden und Westen an China gränzen, und sogar das himmlische Reich.[3]) Die Missionäre wußten zur Verbreitung des Evangeliums die Hilfsquellen, welche ihnen durch die Kreuzzüge erschlossen wurden, so gut zu benützen, daß um die Mitte des dreizehnten Jahrhunderts, zwanzig Jahre nach der Gründung des Ordens des

[1]) Folgen der Kreuzzüge, S. 290.

[2]) Michaud. Histoire des croisades, tome II, p. 528.

[3]) Heeren, Vom Einfluß der Kreuzzüge, S. 292.

heiligen Dominicus, Innocenz IV. „seinen theuren Söhnen, „den Predigerbrüdern, die im Lande der Cumanen, Aethiopier, „Syrier, Gothen, Jacobiten, Armenier, Indier, Ungaren und „anderer ungläubiger Nationen des Orients sich befinden," den apostolischen Segen senden konnte. „Die Grenzen der „damals bekannten Welt, sagt ein ausgezeichneter Schriftsteller „unserer Zeit, erweiterten sich vor dem apostolischen Eifer."[1])

In Folge der Kreuzzüge traten der Norden und Süden Europas mit einander in eine sehr enge Verbindung; die in einem und demselben Gedanken religiöser Begeisterung überstandenen Gefahren einerseits, andererseits die Gemeinschaft der Interessen und die geschäftlichen Berührungen im Handel waren das doppelte Band dieser Einigung. England hatte an den Küsten Syriens seine ersten Trophäen zur See errungen. Auch die Bewohner der Hansastädte wollten ihren Antheil an den geistigen Verdiensten der Kreuzzüge haben. Sie landeten in Syrien und Palästina, wo sie den Deutschritterorden gründen halfen. Im Laufe dieser Unternehmungen gewann ihre Seemacht an Wachsthum und Stärke und erweiterten sich auch bei ihnen die Kenntnisse in der Geographie und im Seewesen. Der nämliche religiöse Eifer der Kreuzfahrer trieb sie an, auch gegen die Völker nördlich vom baltischen Meere Kriegszüge zu unternehmen, und das gab zur Entstehung von Colonien Veranlassung, die zur Bekehrung Lieflands mächtig beitrugen. Auch hier sieht man, wie die Religion dem Handel die Wege öffnet, und wie hinwieder der Handel der Religion seinen Beistand leistet. Gerade der Mithilfe, welche die hanseatischen Schiffe den Missionären angedeihen ließen, ist es zu danken, daß sich jene fernen und noch halbwilden Gegenden der allgemeinen Bewegung der christlichen Civilisation Europas anschlossen.[2])

Der Anstoß, welchen die Kreuzzüge selbst im Bereich der materiellen Ordnung zum Fortschritt der Völkerentwicklung

---

[1]) Carné, Etudes sur les fondateurs de l'unité nationale en France, tome I, p. 187.

[2]) Man siehe hierüber Mallet, de la Ligue hanséatique, chap. II.

gaben, ist etwas Bewunderungswürdiges. „Vor den Kreuzzügen, sagt Heeren, glich der Handel einem mäßigen Flusse; „aber er schwoll durch sie zu einem mächtigen Strome an, der „in mehrere Arme sich theilend, Ueberfluß und Fruchtbarkeit „allenthalben hin verbreitete .... Diese neue Thätigkeit, die „mehrere Länder umfaßte, und mehr Communicationswege zwischen den Völkern aufschloß, hatte unmittelbaren Einfluß auf „die Civilisation, der sich seinerseits auch auf uns verpflanzte; „sie gab Veranlassung zur Gründung oder zur Blüthe von „Städten, Republiken, Liguen, die lange Zeit die Grundlagen des großen socialen Gebaüdes in Europa waren und theilweise heute noch sind.“ [1]) Vor den Kreuzzügen holten sich die Uferstädte des mittelländischen Meeres die Waaren des Orients in Constantinopel und Alexandrien; nach denselben ward Syrien den Europäern geöffnet und der Handel mit dem Orient wuchs ins Erstaunliche. „Wenn vor den Kreuzzügen nur einzelne Schiffe den Handel trieben, so kamen jetzt schon ganze „Flotten. Wenn vorher kaum ein paar Häfen jene aufnahmen, so standen diesen jetzt alle Seeplätze des Byzantinischen „Reichs sowie Syriens offen. Wenn vorher die Ankömmlinge „als schüchterne Fremde erschienen, so trafen sie jetzt allenthalben Niederlassungen, in denen sie gleichsam das Vaterland „mit seinen Sitten und Rechten wiederfanden.“ [2])

Die italienischen Städte waren nicht die einzigen, die mit der Levante Handel trieben: die Bewohner der Provence und der Languedoc sowie die Catalonier nahmen gleichmäßigen Antheil, und in den Städten, welche um den Meerbusen von Lyon her entstanden, mehrte sich die Wohlfahrt zusehends. Marseille, Arles, Saint-Gilles, Montpellier, Narbonne, Barcelona folgten auf den Wegen, welche durch die Handelsstädte Italiens eröffnet worden waren. Die Erweiterung der Absatzquellen hatte, wie immer, auch den Fortschritt des Ackerbaues und Handels im Gefolge. An der Seite der Handelsstädte ent-

[1]) Heeren, Folgen der Kreuzzüge, S. 238.
[2]) Heeren, Folgen der Kreuzzüge, S. 249.

standen Agricultur- und Manufacturstädte und die Hebung des Ackerbaues in Verbindung mit dem gleichzeitigen Aufschwung der Gewerke führte jene Wohlfahrt des dreizehnten Jahrhunderts herbei, worüber noch heutzutage alle Jene staunen, die sich die betreffenden Zeugnisse ernstlich anzusehen die Mühe geben.[1])

Während der Seehandel diesen wunderbaren Aufschwung nahm, öffnete sich auch der Landhandel ausgedehntere Strassen, fesselte an gewisse Mittelpunkte den Waarenverkehr der verschiedenen Länder und schlang um sie alle ein immer engeres gemeinschaftliches Band der Interessen. Seit dem dreizehnten Jahrhundert tritt das Streben nach einheitlichen Sammelpunkten und nach Ausbreitung der Handelsthätigkeit mächtig in den Vordergrund. „Großes und allgemeines Interesse, „sagt Depping, erregte das Kaufhaus in Paris . . . Viele „Manufakturorte Frankreichs waren dort durch Fabrikanten „vertreten, die in diesem Bazar ihre bestimmten Plätze besaßen. „So hatten Beauvais, Cambray, Amiens, Duay, Pontoise, „Lagny, Gonesse ihre eigenen Abtheilungen in der Halle. Ohne „es zu ahnen, genossen die Pariser so ziemlich das Schauspiel „einer nationalen Industrieausstellung.“[2]) Im Süden wurden Avignon und Lyon die Mittelpunkte eines lebhaften Handels mit den Städten Italiens und den Häfen von Marseille und Aigues-Mortes. Desgleichen standen Lyon und Avignon in bedeutendem Verkehr mit Deutschland, namentlich mit Nürnberg. In Lyon wurden jährlich vier Märkte gehalten. Geschäftsleute von Nürnberg und einigen andern Städten Deutschlands kamen in so großer Zahl dorthin, daß sie ein beständiges Waarenlager und eine deutsche Compagnie gründen konnten. Die italienischen Kaufleute unterhielten ebenfalls directe Beziehungen mit Frankreich und durch Privilegien,

[1]) Mignet. Mémoire sur la formation territoriale et politique de la France. — Acad. des sciences morales. 2e série, tom II. p. 627.

[2]) Introduction au Livre des Métiers d'Etienne Boyleau. pag. L.

die aus dem Anfange des vierzehnten Jahrhunderts stammen, war es ihnen ausdrücklich gestattet, die Märkte der Champagne und der Landschaft Brie, sowie die von Nismes und Narbonne zu besuchen und in Paris und einigen andern Städten feste Wohnsitze anzulegen. Von Genua wurden die Waaren Asiens und des Südens durch Frankreich bis nach Brügge verführt, von wo aus sie sich im Norden ausbreiteten. Zum größten Theil durch italienische Kaufleute wurde Mittel- und Nordeuropa mit den Producten des Orients versehen. Diese Gegenden bezogen allerdings auf dem Wege des Continentalhandels, der schon seit Langem an der Donau betrieben und durch das Auftreten von Kreuzheeren in diesen Gegenden noch vielfach erleichtert wurde, über Wien und Regensburg her ein gewisses Maaß von asiatischen Waaren; aber den größten Theil derselben bezogen sie von Venedig her über Tyrol. Durch die Wälder hindurch, die am Rhein hinliefen, wurden diese Güter bis nach Köln befördert. Hier trafen die Venetianer mit den hanseatischen Kaufleuten zusammen. Auf diesem nämlichen Wege durch Deutschland drang der italienische Handel auch nach dem Osten von Frankreich vor, legte auf den Märkten der Champagne zum Verkaufe aus und nach dieser Richtung hin Brügge als letzten Stapelplatz; von Brügge aus verbreiteten sich die Producte aus dem entferntesten Indien durch Vermittelung hanseatischer Kaufleute bis in die Gegenden nahe am Nordpol." [1])

Das war seit dem Ende des dreizehnten Jahrhunderts, bevor noch die Schiffe des Südens über die Meerenge von Gibraltar sich hinauswagten, der Lauf der Handelswege, wie sich dieselben durch die Kreuzzüge in Europa gebildet haben. Die Einheit der alten Welt wurde allerdings nicht im Bereich der politischen Ordnung, aber doch im Bereiche der socialen

---

[1]) Heeren, Folgen der Kreuzzüge, Zweiter Abschnitt, 2. Verbreitung des Landhandels S. 294. — 277— Hallam, l'Europe au moyen âge ch. IX. 2e partie. — Mignet, Memoire sur la formation territoriale de la France.

Beziehungen durch den religiösen Enthusiasmus für die Kreuzzüge wieder hergestellt.

Ein ähnlicher religiöser Antrieb sollte der alten Welt die neue enthüllen und dem Handel ein Feld erschließen, dessen Reichthümer er bei Weitem noch nicht alle ausgebeutet hat.

Die Beweggründe, welche den Columbus dazu bestimmten, eine neue Strasse nach Indien zu suchen, waren vorzugsweise religiöser Natur. Das Interesse galt ihm nur als untergeordneter Beweggrund; es war nur ein Mittel, seinem Vorhaben bei den Mächtigen der Erde Eingang zu verschaffen. Sein eigentlicher Plan bestand darin, die materiellen Erfolge seines Unternehmens zur Verwirklichung der hoffnungsvollen Wünsche seines glaübigen Herzens zu benützen. Gewiß, der religiöse Eifer besaß allein Macht genug, um die Menschen zu einer so gefahrvollen Entdeckungsreise zu vermögen, und er war thatsächlich der einzige Beweggrund, woraus der Entschluß des Columbus und der königliche Wille hervorging, der diese Fahrt gebot.

Zwei Gedanken beherrschten den Columbus. Vor Allem wollte er die Völker Indiens und ihren Großchan zum katholischen Glauben bekehren.[1]) Darum hatte er sogleich nach seiner Landung an den Ufern der neuen Welt und nach seinem ersten Zusammentreffen mit den Eingebornen keine angelegentlichere Sorge, als die Auffindung der geeignetsten Mittel, durch welche sich dieselben für den Glauben gewinnen ließen. Sodann hoffte er, die Ergebnisse der Expedition würden ihm die nothwendigen Mittel bieten, das Grab Christi den Ungläubigen, welche es zu zerstören drohten, wieder zu entreißen. Der Gedanke, für das, was seinem Glauben als das Theuerste galt, Alles zu wagen, wirkte so gewaltig auf Columbus, daß er sich durch ein Gelübde verbindlich machte, die Erträgnisse seiner künftigen Entdeckungen auf die Befreiung des heiligen Grabes zu verwenden. Während seiner ganzen Fahrt war er von dem

[1]) Dies beweis't der Eingang zum Tagbuch seiner ersten Reise, das Las Casas aufbewahrt hat.

Gedanken an den göttlichen Beistand beherrscht und getragen. Als er das Meer in Bewegung sah, ohne daß es der Sturm aufgeregt hatte, machte er, nachdem er die Bemerkung niedergeschrieben, daß diese ungestüme Fluth ihm zu seiner Fahrt nothwendig sei, in sein Tagebuch den Zusatz: „Dies war nur noch „einmal zu Zeiten der Juden der Fall, als die Aegyptier zur „Verfolgung des Moses, der die Hebräer vom Joch der Skla„verei befreite, aus ihrem Lande aufbrachen."

In den bedrängtesten Augenblicken nahm er zum Gebete seine Zuflucht und eben am Vorabende des großen Ereignisses, das sein Genie herbeigeführt hat, versammelte er die Seeleute am Bord seines Schiffes, um das Salve Regina zu singen. Wenn er niedergebeugt von Alter, von Beschwerden und vom Undanke derjenigen, denen er eine Welt geschenkt hatte, zum vierten Male die Reise nach Amerika unternimmt, dann geschieht es aus Verlangen, das Gelübde zu erfüllen, welches ihm vor seiner ersten Reise schon seine Liebe zu Christus eingegeben hatte. Während dieser letzten Reise hörte Columbus, niedergedrückt von den Qualen einer fast verzweifelten Lage, eine Stimme, die ihn tröstete, ihm Vorwürfe machte ob seines schwachen Vertrauens auf die Vorsehung, ihm die Wunder in's Gedächtniß zurückrief, welche Gott für ihn gewirkt hatte, und ihn ermuthigte, sich auf dessen Barmherzigkeit zu verlassen und nichts zu fürchten, weil seine Plagen in Marmor eingegraben seien. Bei seiner tief religiösen Ueberzeugung nimmt Columbus keinen Anstand, in dieser Stimme die Stimme Gottes zu erkennen.[1]) Endlich nach einem Leben voller Begeisterung für den Glauben, mit der Doppelkrone des Ruhmes und Unglücks gekrönt, starb Columbus unter dem Habit des dritten Ordens des heiligen Franziskus. Wer wollte es läugnen, der Geist der Kreuzfahrer lebte auch in Columbus und erschloß den katholischen Völkern durch diesen Mann Amerika, wie er ihnen zuvor den Orient eröffnet hatte.[2])

[1]) Brief des Christoph Columbus aus Jamaika, 7. Juli 1503.

[2]) Man sehe über diese Thatsachen die Lebensbeschreibung des Columbus in der Biographie générale de Firmin Didot.

Bei diesem Ereignisse von unermeßlicher Bedeutsamkeit beherrscht der religiöse Geist Alles, nicht allein, weil er den ersten Gedanken eingegeben, sondern auch, weil er die Mittel zur Ausführung geboten hat. Wenn Columbus von allen Seiten abgewiesen, arm und muthlos und fast vor Hunger sterbend an der Pforte des Klosters Santa Maria da Rabida ankommt, so war es die Religion in der Person des Paters Juan Perez de Marchena, welche das Genie des berühmten Bettlers sogleich errieth, seinen Entwürfen Beifall zollte und ihm durch ein Empfehlungsschreiben an den Beichtvater der Königin Isabella die Möglichkeit verschaffte, zu dieser großen Fürstin zu gelangen, deren tiefer Glaube dem Unternehmen zur Stütze dienen sollte. Welch sonderbarer Zufall! Ein Ordensmann, der nach dem Vorbilde des heiligen Franz von Assisi die Armuth bis zum Wahnsinn liebte, führt denjenigen am spanischen Hofe ein, der die Schätze der neuen Welt entdecken sollte. Als später bei der Berathung im Kloster St. Stephan zu Salamanka die Gelehrten und Hofherren den Columbus kaum einer zerstreuten Aufmerksamkeit würdigten, hörten ihn die Religiosen dieses Ordens allein mit Ernst an und begriffen besser, als die Gelehrten und Staatsmänner, die Tragweite seines Vorhabens. Ein Dominikaner, Diego de Deza, Professor der Theologie im Kloster zu St. Stephan und später Erzbischof von Toledo, setzte es mit Hilfe seiner Brüder durch, daß Columbus mit weniger Vorurtheil gehört wurde. Dank dem directen Eingreifen des Franziskanerpriors Juan Perez von Santa Maria, und Dank der Wärme, womit derselbe für die Sache des Columbus eintrat, entschloß sich endlich Isabella, das Project zu begünstigen. So lange man nur auf die Interessen der Politik und des Handels hinwies, wurde das Unternehmen des Columbus standhaft abgewiesen. Bis zum letzten Augenblick blieb der König Ferdinand, aus Furcht vor den Kosten, womit er den Staatsschatz belasten müßte, der Sache abgeneigt. Zu dergleichen Unternehmungen bedarf es anderer Dinge, als des Sporns der Interessen. Das Interesse ist sehr geschickt, die großen Entdeckungen auszubeuten, aber ohnmächtig, sie durchzuführen. Soll man sich derartigen Gefahren unterziehen, so ist die Schwungkraft der Begeisterung, so ist ein in jener Liebe, die aus Gott stammt und aus der jede Begeisterung Dasein und Nahrung hat, die unerläßliche Voraussetzung. Isabella gewann aus ihrem Glauben die nothwendige Kraft zur Ausführung der großen Absichten des Columbus und zur Uebersteigung aller Hindernisse, welche Unwissenheit, Schwachheit und böser Wille von allen Seiten entgegenstellten. Mit dem Widerstreben Ferdinands brechend und einer Art göttlicher Eingebung sich fügend, rief sie aus: „Ich „nehme dieses Werk auf mich allein als Trägerin der Krone „von Castilien, und müßte ich auch meine Kleinodien versetzen, „um die erforderlichen Gelder aufzubringen.“[1]) So wurde also die neue Welt durch den Eifer für die Sache Gottes, für die sich ein armer und ungekannter Seefahrer begeisterte, und durch den Glauben einer großen Königin, die ihn zu begreifen und zu unterstützen verstand, den Völkern Europa's aufgethan.

Die neue Zeit vermag nichts Großartigeres und Schwierigeres aufzuweisen, als die Kreuzzüge und die Entdeckung Amerikas. Zu diesen heldenmüthigen Werken bedurfte es der

---

[1]) Selbst unter denjenigen, die am meisten darauf versessen sind, in den Thatsachen der materiellen Ordnung die Grundlagen des Fortschritts der Civilisation finden zu wollen, kann Niemand in Abrede stellen, daß religiöser Eifer für die Königin Isabella der Grund ihrer Entscheidung gewesen. Wir können als Beweis folgende Stelle Scherers anführen: „Der große Mann (Columbus nämlich), in dessen Seele „allein die Ueberzeugung der Wahrheit lag, die er verkündete, wandte „sich an die Königin Isabella im Augenblick, wo sie, heiliger Begeiste„rung voll, Granada, das letzte Bollwerk der Ungläubigen, belagerte. „Der Gedanke der Erhöhung des Kreuzes in den fernen Ländern des „Westens und der Wiedereroberung des heiligen Grabes — man ver„gesse nicht, daß Columbus immer nur Asien zu erreichen trachtete — „zündete in dem frommen, gottergebenen Gemüth. Ihr Gatte Ferdi„nand hatte den Genuesen kalt abgewiesen. — „So will ich, sprach sie, „„für mein Kastilien allein das Unternehmen fördern.“ Den Glau„benseifer der Fürstin theilte ihr Volk in vollen Maßen.“ — Allg. Gesch. des Welthandels. Bd. II, S. 213.

heldenmüthigen Tugenden des Christenthums. So lange diese Tugenden in Europa herrschend waren, erwiesen sie sich auch fruchtbar an wohlthätigen Wirkungen sowohl im Bereich der materiellen als im Bereich der geistigen Ordnung. Wir ziehen heutzutage bei der wunderbaren Ausdehnung unseres Handels den Nutzen aus dem, was unsere Väter nicht im Hinblick auf irdische Interessen, sondern aus Liebe zu Gott vollbracht haben. Wir wären eben so thöricht, als strafbar, wenn wir, irregeleitet durch einige Jahre günstigen Erfolges, während deren die Menschen nur aus menschlichen Trieben zu handeln schienen, dem Wahne uns hingeben wollten, daß der Geist des Glaubens und des Opfers nicht nothwendig seien, große Dinge im Leben zu schaffen und für die Zukunft zu sichern. Wer in den Ereignissen zu lesen versteht, dem ist es klar, daß Gott heutzutage noch eben so, wie im Mittelalter, seine Werke in der Welt gerade durch solche Mittel vollbringt, die davon am weitesten abzuliegen scheinen. Es ist eine Täuschung, wenn die Menschen glauben, daß sie nur für sich und durch sich selbst wirken; sie wirken für Gott und auf die Eingebung Gottes hin. In den großen Jahrhunderten des Glaubens erwuchsen die Vortheile des Handels aus den großen Hinopferungen für den Glauben; in unserem materialistischen Jahrhunderte verschlingen die Menschen, getrieben vom Durst nach Gewinn, jene Raüme, welche ihnen der Glaube geöffnet und jene engherzige Ehrsucht strebt nach einer die Welt umspannenden Handelseinigung. Aber mitten unter ihnen, vor ihren Füßen und selbst mit Benützung der wunderbaren Verkehrsmittel, welche der Handelsgeist unaufhörlich erweitert, gehen arm und bescheiden und ungekannt und mit der Aufgabe betraut, alle jene Völker und Länder, die der Handel miteinander zusammen führen, aber nicht dauerhaft einigen kann, zur wahren, zur geistigen Einheit zu sammeln, die Arbeiter des Evangeliums ihren Weg.

IV. Kapitel.

Freihandels- und Nationalitätsprincip.

Diese Frage hängt mit dem Gegenstande unserer Arbeit nur nach ihren allgemeinsten Prinzipien zusammen. Wir werden uns darauf beschränken, die über diesen Punkt als giltig angenommenen Wahrheiten anzuführen und dabei zu zeigen, wie die Lehre des Christenthums über die Natur und Aufgabe der menschlichen Gesellschaft in Sachen des freien Handels jene Lösung, der heutzutage die besten Geister insgesammt huldigen, ganz von selbst an die Hand gibt.[1])

---

[1]) In Bezug auf die Gebundenheit oder Nichtgebundenheit des Handels unterscheidet man drei Systeme:

a) das Freihandelssystem;

b) das Protections- oder Schutzzollsystem, wornach die Einfuhr fremder Artikel zwar gestattet ist, aber für diese Erlaubniß in jedem einzelnen Falle eine hohe Abgabe gefordert wird, wodurch der inländischen Industrie die Concurrenz mit der ausländischen ermöglicht werden soll.

Da man aber nach jenem Lande, aus dem man Waaren erhielt, auch Waaren sandte, so führte dies zu den Differentialzöllen.

Die einfachste Art der Differentialzölle ist die, daß man von dem eingeführten Producte eines bestimmten Landes einen gerade so hohen Zoll forderte, als man selbst für das gleiche Product bei der Sendung in das entsprechende fremde Land bezahlen mußte.

Damit konnte man aber den eigentlich beabsichtigten Zweck nicht immer erreichen; denn die ausländischen Fabrikanten kaufen vielleicht die Rohstoffe billiger, zahlen weniger für die Fracht und als Arbeitslohn u. s. w. Deßhalb verlangte man zu der Summe, die man selbst im Auslande als Zoll zahlen mußte, noch den Betrag hinzu, um welchen der Industrielle des Auslandes sein Product billiger herstellen oder transportiren konnte.

Für den Zoll beim Getreidhandel hatten die Engländer noch das System der gleitenden Scala. Es wurde nämlich ein Mittelpreis des Getreides aus dem Umsatz mehrerer Jahre gesucht und ein Zollsatz bestimmt, der für die Einfuhr fremden Getreides zur Zeit, da der gefundene Durchschnittspreis galt, erhoben werden sollte. Stieg

Das Prinzip der Handelsfreiheit im Innern eines Landes kann keine Gegenrede erleiden; es ist ganz in unsere Sitten übergegangen und begegnet heutzutage kaum einigem Widerstand. Die Thatsachen, auf welche es sich stützt, sind so klar, die Vortheile, die sich für die materielle Ordnung aus ihm ergeben, so handgreiflich, daß Niemand daran denken kann, sie zu bestreiten. Nur wenn dies Problem mit einem höheren Elemente in Verbindung gebracht wird, nur wenn zugleich die Vorbedingungen für die Existenz einer besonderen Gesellschaft inmitten der großen Völkerfamilie in Frage kommen, nur dann kann es einige Schwierigkeit bieten. Sieht man aber ab von der Ausscheidung in eine Vielheit von Nationalitäten und betrachtet man die Menschheit als ein einziges Volk, so gibt es nichts Einfacheres als die Frage über die Freiheit des Verkehrs. Es kehrt hier nur die Frage über die Verallgemeinerung der unbelasteten Gebrauchsgegenstände unter einer anderen Form wieder.

Die Naturbeschaffenheit der verschiedenen Völker und des Bodens, auf dem sie leben, ist eine sehr vielartige. Manchmal sind diese Abweichungen in einem und dem nämlichen Lande in der Richtung von Norden nach Süden sehr auffallend. So erzeugt der Norden Frankreichs Flachs in Menge, während im Süden die Seide gedeiht, zu deren Production das Klima des Nordens nicht geeignet ist. Ein und dasselbe Land treibt in dieser Provinz hauptsächlich Ackerbau, während in jener hauptsächlich die Industrie in Blüthe steht. Unter den Ländern, in welchen der Landbau vorherrschend ist, pflegt das eine mit Erfolg den Weinstock; ein anderes, unfähig zu dieser Culturgattung, liefert reichliche Getreideärnten.

Begnügt man sich nun, von jedem Boden das zu fordern, was er am leichtesten hervorbringt, so wird die Mühe, welche zur

das Getreide über den Mittelpreis, so wurde der Zoll entsprechend erniedrigt; sank es unter den Mittelpreis, so wurde der Zoll entsprechend erhöht.

c) Das Prohitivsystem, wornach die Einfuhr gewisser fremder Producte ganz und gar verboten ist.

Beschaffung eines jeden Productes nothwendig ist, auf so enge Grenzen zurückgeführt, als es die Natur der Dinge gestattet; das, was man „unbelastete Nutzbarkeit" nennt, kommt zu seiner möglichst umfassenden Anwendung und die Arbeit erreicht das Maximum jener Productivkraft, deren sie in einem mit Kenntnissen über die beste Art des Betriebs ausgerüsteten Staate fähig ist. Die Theilung der Arbeit unter die verschiedenen Bezirke eines und des nämlichen Länderstriches wird bei gehöriger Durchführung die gleichen Vortheile mit sich bringen, wie die Theilung derselben unter die verschiedenen Individuen eines und des nämlichen Ortes. Jedes Land und jede Provinz, worin sich die Arbeit nach den natürlichen Anlagen richtet, producirt mittels eines bestimmten Kraftaufwandes mehr Gegenstände, als ein anderer District, der nicht die gleiche Natur hat, bei einem eben so großen Kraftaufwand produciren würde. Werden nun alle diese Erzeugnisse gegen einander umgetauscht, so wird sich bei einer gleichen Summe von Anstrengungen jedes Land eine weit größere Menge von Gütern verschaffen, als es sich verschaffen könnte, wenn es hartnäckig darauf bestünde, alle zum Lebensbedarf erforderlichen Gegenstände der eigenen Hand allein verdanken zu wollen. Um ein mäßiges Geld wird der Norden die Seide, die er selbst nur mit so großen Opfern produciren könnte, daß der Kaufspreis die Zahlungskraft der weitaus meisten Consumenten übersteigen müßte, vom Süden erhalten; dagegen wird der Süden vom Norden den Flachs beziehen, welchen der letztere in bester Qualität producirt.

Was von der verschiedenartigen Natur des Bodens gilt, das gilt auf gleiche Weise auch von den verschiedenartigen persönlichen Anlagen der Völker. Wenn sich jede Volksgruppe vorzugsweise jener Productionsart zukehrt, wozu sie am meisten Gewandtheit besitzt, dann producirt eine jede in höherem Grade und vermag den andern Producentengruppen eine beträchtlichere Anzahl von Producten anzubieten, während diese ihr ebenfalls eine reichlichere Gütermenge entgegenzugeben vermögen. In dieser Ordnung der Dinge liegt eine große Wohlthat für die

Welt, weil das durch die Arbeit anzustrebende Ziel, wenn es mit den Naturanlagen des Arbeiters genau im Verhältniß steht, durch die möglichst geringe Anstrengung erreicht werden kann.

Immer wird es von dieser Uebereinstimmung der verschiedenen Productionszweige mit der natürlichen Beschaffenheit des Bodens und der Menschen abhängen, wie viel oder wie wenig an einem Producte „unbelastete Nutzbarkeit" sei. Ein Waarenumsatz, der auf Grundlage dieser Voraussetzungen betrieben wird, muß ohne Zweifel bei allen Jenen, die sich an ihm betheiligen, die Productivkraft der Arbeit erhöhen. Wollte man verlangen, daß jede Gegend alle Gegenstände, die sie consumirt, selbst producirt, so hieße das mit der Natur der Dinge selbst in Widerspruch treten; es hieße jene lastenfreie Nutzbarkeit, welche uns die göttliche Vorsehung bietet, muthwillig von der Hand weisen und für die Arbeit Hindernisse heraufbeschwören, welche ihr von Natur aus nicht innewohnen; es hieße dem Ziele entgegenarbeiten, dessen Erreichung die Menschen in der materiellen Ordnung anstreben: denn es wäre eine Schwächung und nicht eine Kräftigung der Productivkraft der Arbeit.

Auf diese Form zurückgeführt ist die Frage ganz einfach. Nicht minder ist dies der Fall, und ihre Lösung drängt sich uns mit noch überraschenderer Evidenz auf, wenn man, statt eine Vergleichung zwischen den verschiedenen Provinzen eines Landes anzustellen, lieber die verschiedenen Länder der Erde gegen einander hält. Wer wollte zum Beispiel den Vortheil in Abrede stellen, den Europa dadurch hat, daß es aus den Tropenländern die Colonialwaaren bezieht und dagegen die Gegenstände dorthin liefert, zu deren Production sich sein Klima und der Stand seiner Civilisation eignet? Die hieher bezüglichen Thatsachen sind so schlagend, daß man sagen kann, sie seien allzeit von Jenen anerkannt worden, die ihre Aufmerksamkeit dieser Ordnung von Dingen zugewendet haben. Um nur ein Beispiel anzuführen, so finden wir in der Lobrede des Isokrates auf Athen eine Bemerkung, die auf das Genaueste den ganzen Inhalt der Frage in sich schließt. „Kein Land, sagt dieser Redner, das an gewissen „Producten bis zum Ueberfluß fruchtbar, dagegen an andern „unfruchtbar ist, konnte sich je selbst genügen. Andere Völker „wußten nicht, wie sie ihren Ueberfluß in der Fremde absetzen „und dagegen den Ueberfluß fremder Städte sich verschaffen „sollten. Wir jedoch haben auch diesem Mißstande abgeholfen. Im Mittelpunkt der Nation erhebt sich ein gemeinsamer Stappelplatz; der Piräus wurde für Griechenland ein „Weltmarkt, auf welchem die Früchte der verschiedenen Länder, „sogar solche Früchte, die anderswo nur sehr selten sind, in „reichster Fülle angetroffen werden."[1])

Wenn aber die Frage über das materielle Interesse in Zusammenhang mit der Frage über das Dasein verschiedener selbstständiger Nationalitäten und über deren Rolle in der allgemeinen Bewegung der Welt behandelt wird, so erheben sich in der That manche Schwierigkeiten. List, ein berühmter deutscher Staatsökonom, hat auf den Grundsatz, daß jedes Volk ein besonderes Ganze bilden solle, eine Theorie des internationalen Handels gebaut, welche alle absolut lautenden Freiheits-Ideen nicht unerheblich beschränkt.[2]) Vorausgesetzt, daß

[1]) Ἔπι δὲ τὴν χώραν οὐκ αὐτάρκη κεκτημένων ἑκάστων, ἀλλὰ τὰ μὲν ἐλλείπουσαν τὰ δὲ πλείω τῶν ἱκανῶν φέρουσαν καὶ πολλῆς ἀπορίας τὰ μὲν ὅπου χρὴ διαθέσθαι τὰ δ' ὁπόθεν εἰσαγαγέσθαι καὶ ταύταις ταῖς συμφοραῖς ἐπήμυνεν· ἐμπόριον γὰρ ἐν μέσῳ τῆς Ἑλλάδος τὸν Πειραιᾶ κατεσκεύσατο, τοσαύτην ἔχοντ' ὑπερβολήν, ὥσθ' ἃ παρὰ τῶν ἄλλων ἓν παρ' ἑκάστων χαλεπόν ἐστι λαβεῖν, ταῦθ' ἅπαντα παρ' αὐτῆς ῥᾴδιον εἶναι πορίσασθαι.
Paneg. I. 42.

[2]) Die Theorie List's nimmt zur herrschenden Unterlage, sagt Schäffle, Staatswörterbuch von Bluntschli, Bd. 4, S. 649, den zur Zeit besonders zündenden Begriff der Nationalität, aus welchem zugleich die Glückseligkeit der Individuen und eine Weltcivilisation durch Universalunion der Völker hergeleitet wird. Aus dieser Grundvoraussetzung heraus stellt sich die Forderung nationaler Arbeitstheilung und nationaler Conföderation der Productivkräfte in den Vordergrund. . . Der Repräsentant der nationalen Einheit, der Staat, muß die nationale Conföderation der Productivkräfte auferziehen nach einem bestimmten Plane. Zur Vollheit des nationalen Productivorganismus gehört die

man den einzelnen Sätzen dieser Theorie nicht ihren wesentlich relativen Charakter benimmt und nicht mehr in sie hineinlegt, als wirklich in ihnen enthalten ist, namentlich nicht das Princip eines allumfassenden und unabänderlichen Schutzes der nationalen Arbeit, so wird man anerkennen müssen, daß das System List's auf einer unbestreitbaren Wahrheit beruhe.

Gewiß ist die große Verschiedenartigkeit unter den Völkern bezüglich ihrer geographischen Lage, ihres Bodens, ihres Klimas, ihrer Sprache, ihres Charakters und ihrer politischen Verfassung ein weiser Plan der göttlichen Vorsehung. Wie das Leben einer Gesellschaft das Ergebniß der Thätigkeit aller Individuen ist, aus denen die Gesellschaft besteht; wie die Gesellschaft durch das harmonische Zusammenwirken ihrer Individuen ihrem Ziele mehr und mehr entgegen geführt wird: so wird auch durch das harmonische Zusammenwirken aller verschiedenen Völker das Werk Gottes in der gesammten Menschheit vollbracht. Eine Gesellschaft, die ein organisches Ganze bildet, muß in sich all das besitzen, was sowohl im Bereich der materiellen als der geistigen Ordnung für ihr Collektivleben erforderlich ist, und darf niemals unter dem Vor-

---

gleichmäßige Entwicklung der Agricultur, der Manufacturkraft und des Handels. Am wichtigsten für die ethische und materielle Entwicklung der Nation ist die feste Grundlage der Manufakturkraft, wozu aber nur die Länder der gemäßigten Zone berufen sind. Bis zum Ziele der gleichmäßigen Ausbildung jener drei Kräfte ist ein stufenweiser Erziehungsgang von Seite des Staates nothwendig, sofern bei den ausgebildeten Nationen geschichtlich nach einander folgen die Stufe des Hirtenlebens, des Ackerbaues, die Agricultur-Manufacturperiode, endlich die Agricultur-Manufactur-Handelsperiode. Ist eine Nation durch freien Absatz der Agriculturproducte auf der Uebergangsschwelle zur Agricultur-Manufacturperiode gelangt, so muß ein Schutzsystem eintreten, wodurch die Manufacturkraft und der nationale Handel zur Entwicklung gelangen, und ist diese Entfaltung erzielt, so muß wieder zum Freihandelssystem zurückgekehrt werden. Die Schutzzölle sind, theoretisch betrachtet, ein Opfer an Tauschwerthen zu Gunsten nachhaltiger Productivkräfte, durch deren schließliche Concurrenz nach List die durch Schutzzölle anfänglich vertheuerten Manufacturen auf die Dauer wohlfeiler werden. Anmerk. d. Uebers.

wande, dadurch die materiellen Genüsse ihrer einzelnen Glieder zu erhöhen, auf diese allgemeine Vorbedingung für die Erfüllung ihrer Bestimmung Verzicht leisten. Müßte die Handelsfreiheit diese Wirkung haben, so wäre sie im Namen der wesentlichen Principien allen socialen Lebens und, da sich das individuelle Leben nicht unabhängig vom socialen Leben entfalten kann, auch im Namen der Principien des individuellen Lebens von Vorne herein verwerflich. Wenn es sich nach genauer Prüfung der Thatsachen herausstellt, daß der freie Verkehr wenigstens hinsichtlich gewisser Productionszweige und in gewissen Perioden der socialen Entwicklung den Erfolg haben würde, die Gesellschaft jener Macht- und Fortschrittselemente zu berauben, deren sie nicht entrathen kann, ohne ihre Existenz oder wenigstens ihre Größe in der Zukunft in Frage zu stellen, so müßte man zu dem Schluß gelangen, daß das allgemeine Gesetz der Handelsfreiheit Ausnahmen zu erleiden habe. Mit Genugthuung führen wir die Worte eines berühmten Staatsökonomen an, dessen Zeugniß gewiß nicht der Parteilichkeit zu Gunsten des Schutzzollsystems beschuldigt werden kann. Chevalier spricht sich über vorliegende Frage also aus:

„Hat man sich einmal zu dem Princip der Nationalsoli„darität bekannt, so muß man sich auch darüber Auskunft zu „geben wissen, welche weiteren Grundsätze folgerichtig aus den„selben hervorgehen und ob unter diese Grundsätze auch das „Schutzzollsystem gehöre, namentlich das Schutzzollsystem in „derjenigen Gestalt, die ihm heutzutage von seinen Vertheidi„gern gegeben wird."

„Die Staatsökonomen, welche sich auf das Princip der „Nationalsolidarität fußen, führen zu Gunsten des Schutzzoll„systems an, daß es für jeden großen zur Entwickelung der „Reife gelangten Volkskörper im Interesse seiner Civilisation „dringend geboten sei, die wichtigeren Unternehmungen der „Volkswirthschaft alle ohne Ausnahme bei sich einheimisch zu „machen. Der Ackerbau für sich allein, sagen sie, genüge „nicht, sondern man müsse auch den Handel und die Industrie

„pflegen, und zwar die Industrie nicht bloß in besonderen einzelnen Zweigen, sondern in allen ihren größeren Gliederungen; man müsse sich mit Schafzucht und Flachsbau, mit „Baumwolle- und Seidenwebereien befassen; man müsse sich „auf Metall- und Bergwerksarbeiten sowie auf Maschinen- „construction verlegen; man müsse die Schifffahrt betreiben."

„Bis hieher ist das Programm über allem Zweifel erhaben. Ja, jedes Land, das eine starke Bevölkerung aufweis't „und ein weites ausgebreitetes Gebiet besitzt, ist durch die „Natur der Dinge darauf hingewiesen, bei der Erzeugung des „Reichthums nach Vielartigkeit zu streben, und ein Volk thut „gut daran, sich für den Gang auf verschiedenen Wegen „anzuschicken, wenn es einmal die Zeit der Reife erreicht „hat, und wollte es das nicht, so wäre die Unterlassung ein „großer Fehler. Diese Theilung der Arbeit oder, um nach der „Bemerkung List's und Mill's einen passenderen Ausdruck „zu gebrauchen, diese Vereinigung ganz verschiedener Kräfte „ist der nationalen Wohlfahrt sehr förderlich und eine von „den Grundbedingungen des Fortschrittes. Sie ist ganz zweifellos einer in Bezug auf die Mannigfaltigkeit der vorhandenen persönlichen Anlagen sowie auf den reichen Wechsel der „Naturverhältnisse und der vielfachen Erleichterungen, die „ausgedehnte Länderstrecken darbieten, nur einförmigen Production um Vieles vorzuziehen."

„Es hat aber gleichwohl auch die Mannigfaltigkeit der „Production ihre von der Natur selbst vorgezeichneten Grenzen. „So wäre es für England oder für das nördliche Deutschland unvernünftig, den Wein, den man dort trinkt, selbst „produciren zu wollen; unvernünftig für uns wie für Deutschland, die Baumwolle bauen zu wollen, die wir spinnen, „weben und in Druckereien abliefern; unvernünftig für Italien, an Ort und Stelle das Eis gewinnen zu wollen, womit man sich unter jenem Himmelsstrich während der Hitze „des Sommers erfrischt. Hätte die Natur in ihrer Laune „einem Lande, das eben so ausgedehnt ist, wie das britische „Reich, ausgiebige Eisen- und Kohlenminen versagt, so wäre

„es eine Thorheit, wenn die Bewohnerschaft hartnäckig darauf „bestünde, ihre Industrie mit dem Bischen Steinkohlen oder „den spärlichen ihr beschiedenen Eisenlagern unterhalten zu „wollen. Die Schranken jedoch, welche der Ausbreitung der „Industrie von der Natur selbst gesetzt sind, und der Bann, „welcher den Unternehmungsgeist jeder großen Nation auf „einen bestimmten Kreis einschränkt, lassen noch ein unermeß„liches Gebiet, den größeren Theil vom Bereich der Gewerbe „nämlich, für die Bestrebungen der menschlichen Hand offen.... „Uebrigens muß noch hervorgehoben werden, daß diese Schran„ken nicht durchaus unveränderlich sind und daß der Fort„schritt in den Wissenschaften und höhere Geschicklichkeit un„aufhörlich daran arbeiten, dieselben weiter hinauszurücken. „Europa war so glücklich, Gegenstände auf seinen Boden ver„pflanzen zu können, von denen man zuvor wähnte, daß sie „ausschließlich den Tropenländern vorbehalten seien. Der „Zucker ist davon das schlagendste Beispiel; der Indigo ein „zweites ebenfalls erwähnenswerthes. Die Geister aber, die „klar urtheilen, sagen insgesammt, daß es jedes Mal das Wei„seste ist, die Schranken der Industrie so hinzunehmen, wie „sie sich in einem gegebenen Augenblicke der menschlichen Be„obachtung darstellen."

„Unter diesen Voraussetzungen läßt sich durchaus nicht „zweifeln, daß es für jeden Volkskörper, für eine Menschen„gruppe, wie sie Frankreich, Großbritannien, Deutschland, die „italienische, die iberische Halbinsel, Rußland, oder die verei„nigten Staaten innerhalb ihrer Grenzen aufweisen, von „wesentlichem Vortheile ist, nach der Aneignung wenigstens der „meisten wichtigen Industriezweige zu streben und sich that„sächlich auf dieselben zu verlegen."

„Von diesem Standpunkte aus finde ich auch das Ver„langen Colbert's in Frankreich und Cromwell's auf bri„tischem Boden, ihrem Vaterlande eine mächtige Handelsflotte „zu verschaffen, durchaus nicht tadelnswerth. Und für ganz „vortrefflich halte ich den Gedanken, den später ausgezeichnete „Staatsmänner bei allen großen Völkern Europas hegten,

„die verschiedenen Industriezweige in ihrem Lande einzufüh-„ren, ohne daß ich damit zugleich alle Maaßregeln loben „wollte, zu welcher sie griffen, um ihr Vorhaben zu erreichen.“

„Ich gehe sogar auch weiter auf dem Wege der Zuge-„ständnisse, und ich kann das ohne das geringste Bedenken thun. „Wenn es sich um die Zeit handelt, in welcher Colbert und „Cromwell oder auch andere uns viel näher stehende Fürsten „und Minister auftraten bis herab auf die der Gegenwart „unmittelbar vorausgehende Periode, so kann man mit Fug „behaupten, die Anwendung des Schutzzolles habe damals ihre „Berechtigung und ihre Vortheile gehabt, ohne daß man, was „von der Vergangenheit gilt, deßhalb auch auf die Jetztzeit „anwenden dürfte.“ [1])

Wissen wollen, welches Maaß von Handelsfreiheit dieses oder jenes Volk in einem gegebenen Augenblicke vertragen oder wie viel Schutz der Stand seiner Industrie noch beanspruchen kann, das ist eine das Gebiet des Thatsächlichen berührende Frage, die nur durch eine bis auf das Einzelne gehende Untersuchung des industriellen Lebens eines jeden Landes im Besondern beantwortet werden kann; eine Behandlung derselben würde die Grenzen überschreiten, die wir uns gezogen haben. Wir wollten blos durch den Ausspruch einer Autorität in derlei Fragen feststellen, daß im Bereich des internationalen Handels eine Mitte zwischen dem absoluten Schutz und der absoluten Freiheit eingehalten werden müsse.

Vor Allem darf die Freiheit nicht so weit gehen, daß man den Auflagen entsagt, die auf der Einfuhr fremder Producte ruhen, insofern diese Auflagen nach eben denselben Grundsätzen, wie jede andere indirecte Abgabe, eine Einnahmsquelle für den Staatsschatz bilden. Noch mehr, die Zölle sind ein indirectes Mittel der Industrie, die man befähigen will, mit

[1]) Examen du systéme commercial connu sous le nom de systéme protecteur, par Michel Chevalier chap. VII. — Mit Chevalier stimmen alle bedeutenderen Schriftsteller überein, namentlich Mill, Bd. II, S. 528 der französischen Ausgabe.

der ebenartigen, aber älteren und deßhalb ergiebigeren Industrie des Auslandes sich zu messen, eine Prämie und dadurch eine in Geld bethätigte Anerkennung zukommen zu lassen. Statt diese Prämie aus dem Staatsschatze zu nehmen, wird sie im Voraus auf die Consumenten der betreffenden Einfuhrsartikel vertheilt; es ist das weiter nichts, als eine besondere Art, die Auflage zu erheben, durch welche sich die zur Ertheilung der Prämie nöthigen Hilfsmittel gewinnen lassen. Und erhebt man diese Auflage zum Vortheil einer Industrie, die fähig ist, nach längerer oder kürzerer Zeit in dem Lande, das sie beschützt, zu voller Productivkraft zu gelangen, so ist sie nur gerecht und vortheilhaft. Sie ist ein Opfer, das man im Hinblick auf einen Gewinn, den die Zukunft bringen wird, von der Gesellschaft in der Gegenwart fordert. Ganze Völker, die in der Zukunft nicht minder, als in der Gegenwart leben, haben haüfig dergleichen Opfer zu bringen, und man darf ungescheut behaupten, daß eine Gesellschaft, die sich derselben weigern wollte, damit unmittelbar den Weg zum Verfall einschlagen würde.

Mit der Gerechtigkeit aber und einer gesunden Politik läßt es sich nie vereinbaren, wenn man unter dem Vorwande, die nationale Arbeit zu heben, gewissen Industriearten auf einige Zeiten einen so ausgedehnten Schutz zuwenden wollte, daß derselbe zu einem Privilegium würde, unter dessen Schatten diese Arbeitszweige den herkömmlichen ihrer Trägheit sehr zusagenden, der Gesellschaft aber eben so nachtheiligen Handwerksbrauch für immer beibehalten könnten. So verstanden führt der Schutz zu einer Verringerung der Productionskräfte in der Gesellschaft ohne daß hiedurch diejenigen, zu deren Gunsten er geleistet wird, außer der Möglichkeit, auf den Namen verständiger, denkender und fleißiger Arbeiter verzichten zu können, noch einen anderen Vortheil hätten. Denn die Concurrenz, welche die unter Staatsschutz gestellten Producenten einander machen, wird sicherlich, wie überall, so auch bei der privilegirten Arbeit, den Verkaufspreis auf die Höhe der Herstellungskosten herabdrücken, und dann wird man die Wohlthaten der eingeführten Ausnahmsstellung bald verschwinden sehen. Die Gesellschaft ihrerseits aber erlitte auf diesem Wege einen Verlurst, für den ihr in gar keiner Weise ein Ersatz geboten wird, und mit Ausnahme der glücklicher Weise nur seltenen Fälle, in welchen die Sicherheit oder Vertheidigung des Landes ein derartiges Opfer erfordert, wäre es unrecht, das von einem Volke zu verlangen.[1]) Ein Schutzzollsystem in diesem Sinne verwirft Jedermann, wie dagegen jeder Vernünftige einen Schutz gutheißt, der sich innerhalb der Schranken des Rechtes hält und nicht dazu beihilft, die nationale Arbeit im Zustand einer unfruchtbaren Angewöhnung zu belassen, sondern nur zu dem Zwecke geleistet wird, um den Fortschritt der Industrie zu befördern. Mit einem Worte: Der Schutz als Mittel, die Freiheit als Ziel, dies ist der Satz, in welchem heutzutage alle weisen und geschäftserfahrenen Geister mit einander übereinkommen.

Aber in unseren Tagen der Tollköpfigkeit oder, um es näher zu bezeichnen, der Maaßüberschreitung auf dem Gebiete des socialen Lebens hat sich eine Schule gebildet, die nach der Einführung einer allseitigen und völlig unumschränkten Handelsfreiheit verlangt. Die Principien dieser Schule sind der Art, daß sie, wenn sie jemals in der Geschäftswelt zur Anwendung kämen, zu einer gänzlichen Auflösung auf dem Felde der Production und zum Ruin aller Volksklassen, die von der Arbeit ihrer Hände leben, führen müßten. Diese Schule steht den Theorien des Materialismus und den Principien eines Lebens für die eigene Persönlichkeit ganz allein, die mit einander den Hauptkern aller revolutionären Lehren unserer Zeit ausmachen, viel näher, als man gewöhnlich glaubt.

Der Materialismus sieht in der Gesellschaft nur Individuen und kann nur Individuen in ihr sehen. Und gewiß, die sinnliche Empfindung, der Genuß und die materiellen In-

[1]) J. S. Mill behauptet ohne Bedenken, daß die Schifffahrtsacte Cromwells zur Zeit, da sie erlassen wurde, ein Erforderniß zur Vertheidigung Englands und das einzige Mittel war, ihm die zu dessen Vertheidigung nothwendige Seemacht zu verschaffen.

teressen, das sind ihrem Wesen nach rein persönliche und individuelle Dinge. Wenn der Endzweck des menschlichen Lebens im Genusse zu suchen ist, so kann man die Menschheit nur mehr nach Individuen betrachten, von denen die einen leiden und die anderen genießen. Der Gedanke von einem höheren und allgemeinen Ziele, das der ganzen Menschheit in ihrer Verbindung vorgezeichnet ist; der Gedanke von einer untergeordneten, aber in einem gewissen Maaße ebenfalls allgemeinen Bestimmung, der jene Menschengruppen, die wir Nationen nennen, entgegen zu streben haben: diese mit unseren angestammten Gefühlen auf's Innigste verwachsenen, weil der objectiven Wahrheit entsprechenden Gedanken müßten zum Schweigen gebracht werden, um einer einzigen Idee, oder sagen wir, einem einzigen Wahne Platz zu machen, dem Grundsatze nämlich, es seien die Genüsse, die einem jeden Individuum zu Theil geworden, sogleich im Flug des gegenwärtigen Augenblickes bis zu den äußersten Grenzen des Möglichen auszudehnen. Und in der That, wie es sich nicht laügnen läßt, daß der Genuß eine wesentlich persönliche Sache sei, so kann man auch nicht in Abrede stellen, daß er nur im Augenblicke vollständig gesichert und wirklich greifbar erscheine. Deßhalb ist die Ungeduld, mit welcher er ohne Rast und Ruhe realisirt werden will, nur die naturgemäße Folge aus den Principien, die seine Erlaubtheit vertheidigen.

Geht man übrigens auf die Anschauungen des Materialismus ein, so können einerseits das Princip eines allgemeinen Weltbürgerthums und andererseits der Individualismus das heißt der Grundsatz eines Lebens für die eigene Persönlichkeit ganz allein, zwei Dinge, die sich zu widersprechen scheinen, auf die ungezwungenste Weise mit einander vereinbart werden. Fürwahr, wenn man im Sein des Menschen nichts Anderes findet, als eine gewisse Macht zu genießen, dann gibt es in der Welt nur noch ein einziges Interesse: das Interesse des Individuums, das dem Genusse nachjagt. Neben der Thatsache des Genusses, der wesentlich persönlich ist, existirt in der Gegenwart nur noch die Thatsache des Zusammenwohnens vieler unter sich ähnlicher Individuen, deren jedes ganz das gleiche Ziel verfolgt und die in ihrem Nebeneinandersein die Menschheit ausmachen. Der allgemeine Zustand der Menschheit stellt sich dieser Auffassung zufolge in der Summe dar, die sich aus der Addition der persönlichen Genüsse aller Individuen ergibt. Die dem Einzelnen zukommenden Genüsse bilden das individuelle Interesse; die Summen aller individuellen von irgend Jemand empfundenen Genüsse bildet das allgemeine Menschheitsinteresse. In der Welt der Materialisten gibt es und kann es nur zwei Dinge geben: das Individuum und die Menschheit. Es kann in ihr nur zwei Interessen geben: ein individuelles Interesse und ein Interesse der Gesammtmenschheit. Genau betrachtet fallen diese beiden Interessen in eines zusammen; sie sind immer eine und dieselbe Sache und unterscheiden sich nur der Zahl nach von einander. Zwischen den Individuen und der Menschheit gibt es für das Vaterland keinen Raum in der Mitte und das Nationalinteresse wird zu einem hohlen Begriffe, der nur eine Abstraction ausdrückt und keiner Wirklichkeit im Leben entspricht.

Aus Theorien dieser Art ergibt sich denn eine unbeschränkte Anwendung des berühmten Grundsatzes: Gehen lassen, gewähren lassen. Da der Genuß wesentlich persönlich ist, so steht es dem Individuum zu, über die geeignetsten Mittel zur Erreichung desselben ohne jede Beeinflußung von Außen zu urtheilen. Man lasse es den Weg zu seinem Ziele sich selber bahnen. Gelangt Jemand dahin, wohin er, vom Sporn des eigenen Interesses getrieben, gelangen will, so befördert er damit zugleich, ohne auch nur daran zu denken, das Interesse der Menschheit, das eben aus der Addition aller individuellen Interessen hervorgeht. Man lasse Jeden sich selber Bahn brechen, so gut er es in der allgemeinen Bewegung der Welt vermag; hütet euch, ihm durch ein Prohibitivsystem im Bereich des Handels oder durch directe Ermuthigung einen Anstoß zu geben, der nie auf einem so geraden und so sicheren Wege vorwärts führt, wie ein Anstoß des allgemeinen Bewegers der Menschheit, des eigenen Interesses.

Namentlich in Sachen des Verkehrs gewähre man Jedem volle Freiheit, sich die Gegenstände, die seinen Genuß nähren sollen, von jenem Punkte der Erde herzuholen, an welchem er sie auf die vortheilhafteste Weise zu finden glaubt. Bereitet Niemanden Hindernisse, die dadurch, daß sie den Genuß mindern, den Menschen von seinem Ziele abwenden würden und deßhalb dem natürlichen Rechte desselben geradezu entgegen wären; lasset ihn in allen Stücken das thun, was am meisten mit seinen Anlagen oder auch mit seinen Launen übereinstimmt. Gewähret den Erzeugnissen der menschlichen Arbeit an jedem Orte und auf jede Weise ungehinderten Umlauf! Vielleicht stürzet ihr die Welt um; vielleicht versetzet ihr Länder, die heutzutage städtereich und glücklich sind, in den Zustand kümmerlicher Anfangsvölker. Allein daran kann nichts gelegen sein; dem individuellen Interesse sowohl als dem allgemeinen Weltinteresse, die übrigens beide nur eine und dieselbe Sache sind, ist genügt und die Bestimmung des Menschen erreicht.[1])

[1]) Man könnte glauben, daß wir durch eine derartige Schilderung der Principien, denen die Schule des Freihandels huldigt, das Individualistische in den Theorieen dieser Schule übertreiben. Zur Stütze unserer Behauptungen berufen wir uns auf Texte aus Schriftstellern der angegebenen Richtung, die in Roscher's Grundlagen der Nationalöconomie, §. 12, Note 2. angeführt sind. Der gelehrte Staatsöconom sagt daselbst:

„Die Volkswirthschaft ist mehr, als ein bloßes Nebeneinander „vieler Privatwirthschaften; gerade so, wie ein Volk mehr ist, als ein „bloßer Haufe von Individuen, und das Leben des menschlichen Kör„pers mehr, als ein bloßes Gewühl chemischer Wirkungen. Solches „verkennen auf mehr oder weniger atomistische Weise die unbeding„ten Freihandelstheoretiker. Nach Th. Cooper Lectures on the „elements of political economy (1826) p. 1, 15 ff. 117 ist „der Reichthum der Gesellschaft nichts anderes, als das Aggregat des „Reichthums aller Einzelnen. Jeder Einzelne sorgt für sich selbst am „besten. Daher muß dasjenige Volk am reichsten sein, bei welchem „der Einzelne am meisten sich selbst überlassen bleibt. (Dann wären „die wilden Völker ohne Zweifel die reichsten.) Cooper mißbilligt „sogar die Beschützung des Seehandels durch eine Staatsmarine; kein „Seekrieg ist seiner Kosten werth, die Kaufleute mögen sich selber „schützen. Freilich nennt er auch das Wort Nation eine Erfindung

Fußen sich demnach die Protectionisten häufig auf eine irrige Auffassung des socialen Lebens, auf eine zu überschwängliche Idee des nationalen Interesses, wodurch sie gezwungen werden, den Mitgliedern der Gesellschaft auch bei ihren gerechten Forderungen entgegen zu treten, so verfallen die Vertheidiger eines unbeschränkten Freihandels in das zweite Extrem und nehmen den Begriff von Existenzen, die es ausschließlich mit sich zu thun haben, und von dem Eigeninteresse, das die Quelle dieser Existenzen ist, zu ihrem Ausgangspunkte, womit das Princip selbstständiger Nationalitäten geradehin in Abrede gestellt ist.

Zwischen diesen beiden Extremen gibt es eine Mitte, auf welche der gesunde Verstand hinweis't und die in nichts Anderem besteht, als in der thatsächlichen Uebertragung der christlichen Wahrheit auf den Menschen und das menschliche Leben. Unter allen Lehren, die sich in der Welt geltend machten, verstand es das Christenthum allein, das individuelle Interesse mit dem socialen und eben so das nationale Interesse mit dem der Gesammtmehrheit in Einklang zu bringen und Allen Gerechtigkeit widerfahren zu lassen.

Durch den Grundsatz, daß Alle gleichmäßig zum Heile berufen seien, hat das Christenthum dem Individuum eine

---

„der Grammatiker, blos gemacht, Umschreibungen zu ersparen, ein „Nichtwesen, das keine Existenz habe! Von solchen Thorheiten ist „Ad. Smith natürlich fern (vergl. Wealth of nations, IV. Ch. 2 „und zu Ende des IV. Buches). Doch meint auch er, daß die Menschen „durch das Anstreben ihres Privatnutzens „natürlich oder vielmehr „nothwendig" zu derjenigen Thätigkeit geführt werden, die für die „Gesellschaft am nützlichsten ist. (IV. Ch. 2.) Hier übersieht er also „z. B., daß jedes Volk nach irdischer Unsterblichkeit trachtet und dadurch „oft gezwungen wird, augenblickliche Opfer um der fernen Zukunft „willen zu bringen, was doch niemals im Privatinteresse der sterblichen „Einzelnen liegen kann. Man kennt das Wort Bentham's: „Die „individuellen Interessen sind die einzig wahren Interessen." (Traités „de législation I. p. 229.)"

Man ersieht aus diesen Citaten, ob wir bei Darstellung der Principien und Folgen der Nützlichkeitsdoctrin in Beziehung auf das nationale Leben zu weit gegangen sind.

Bedeutung gegeben, die demselben im Alterthume niemals zukam. Nach den Anforderungen der alten Philosophie sowohl als der alten Politik ging der Einzelne im Staate auf, in welchem unter der Herrschaft eines stets mehr oder weniger vom Pantheismus durchdrungenen Rationalismus das als ächt menschlich betrachtete Leben auf einen Umkreis von nur Wenigen beschränkt und hier auf seine höchste Höhe gebracht wurde. Nach der Lehre des Christenthums ist jeder Mensch für Gott gemacht und zu einem innigen, aber gleichwohl die eigene Persönlichkeit nicht schmälernden Besitze Gottes berufen. Das gegenwärtige Leben ist in seinem letzten Grunde nur dazu da, den Menschen durch Tugendübungen und Opfer jenem höchsten Ziele entgegenzuführen, das allen seinen Fortschritt und all sein Glück in sich befaßt. Ist aber dies das Ziel des Menschen und des menschlichen Lebens, so ist wesentlich das Individuum der Punkt, auf welchen sich alles im Leben und in der Ordnung, die das Leben regelt, beziehen muß. Auf diesen Punkt zielt zuletzt alles ab, und das Individuum hat Rechte, die Niemand verachten kann, ohne zugleich die menschliche Natur und den höchsten Willen, der sie geordnet hat, zu verachten. Dieser allgemeinen Ueberzeugung vom eigenen Werthe des Individuums ist es zu danken, daß jener großartige Prozeß materieller und geistiger Befreiung, dessen Ursachen und Folgen wir früher schon betrachtet haben und weiter unten noch einmal betrachten werden, unter den christlichen Völkern zu Stande kam.

Während uns aber das Christenthum sagt, daß der einzelne Mensch durch sich und für sich lebe, zeigt es uns denselben auch durch die Gemeinschaft des Ursprungs und der Bestimmung in der innigsten Verbindung mit Allen seines Gleichen. Aus Gott selbst leitet er seinen Ursprung her und nach dem Urbilde seines Schöpfers wurde er gestaltet. Die Liebe der Menschen zu einander ist, in so weit das Unendliche durch das Endliche und das Ungeschaffene durch das Geschaffene dargestellt werden kann, eine Nachahmung jener unaussprechlichen Einheit, die zwischen den drei göttlichen Personen besteht und das Product der unendlichen Fruchtbarkeit des unendlichen Wesens ist. Der Mensch, der im Anfange einer war, konnte sich vermöge der Fruchtbarkeit, womit sein Schöpfer auch ihn ausgestattet hat, bis in's Endlose vermehren, ohne daß er aufgehört hätte, in einem gewissen Sinne als Einheit fortzubestehen. Er ist geeint durch jene enge Solidarität, die stets den einen Sohn Adam's an den anderen knüpft und das Zusammenwirken aller derjenigen in sich schließt, die an der gleichen Natur Antheil haben und zu einander wahre und eigentliche Brüder sind. Hier haben alle Bande des haüslichen sowohl als des öffentlichen Lebens ihren Ursprung, und man darf dieselben keineswegs als eine willkürliche Schöpfung menschlicher Laune betrachten, sondern muß sie für eine von Gott selbst angeordnete Unterlage für die Existenz und den Fortschritt des Menschen ansehen. Alles in der Schöpfung ist Einklang und hierarchische Ordnung, weil Einklang und hierarchische Ordnung den Charakter des göttlichen Wesens bilden und die Vollkommenheiten des geschaffenen Seins nur ferner Widerschein der göttlichen Vollkommenheit sind. Während es also in der Menschheit ein individuelles Leben gibt, gibt es in ihr zugleich auch ein gemeinschaftliches, durch die verschiedenen Stufen des socialen Daseins geregelt auf- und niedersteigendes Leben. Ueber den besondern Gesellschaften, die aus Individuen mit einem und demselben Mittelpunkte und einem und dem nämlichen Leben bestehen, existirt noch jene große Gesellschaft, deren Glieder die Nationen sind. Die Vorsehung hat diese Gesellschaft nach einem Plane geordnet, dessen Geheimniß uns, als zu erhaben für unser Auge, größtentheils verborgen bleibt, der sich uns aber doch durch die überwältigende Klarheit der Thatsachen und nach Hindeutungen der christlichen Offenbarung in besonders erhabenen und epochemachenden Augenblicken der Weltgeschichte erkennbarer darlegt.

Dieser Plan der Vorsehung, der die gesammte Thätigkeit der Menschheit umfaßt und den Nationen wie den Individuen ihren besonderen Platz und ihre besondere Aufgabe zuweis't, hat zum letzten Zwecke die Verherrlichung seines Urhebers, und kann kein anderes Endziel haben. Gleichwohl sieht er es auf das Beste der Individuen ab, die zu seiner Erfüllung mitwirken. Die fortschreitende Entwicklung dieses Planes in der Welt ist für achtsame Geister eine Offenbarung der Macht Gottes und der Wahrheit seiner Kirche, der Zurückführerin jener Seelen, die durch ihre Leidenschaften dem ewigen Gesetze abtrünnig geworden, auf die rechten Wege.

Seinen Hauptzügen nach haben diesen Plan alle großen christlich denkenden Geister bei der Betrachtung der Weltregierung erkannt. Die heiligen Bücher selbst geben oft einen Fingerzeig, wenn sie uns bemerklich machen, daß Gott zur Erfüllung seiner Absichten bei dem großen Werke der Erhaltung seines Gesetzes in der vorchristlichen und der Verbreitung seiner Kundgebungen in der neuen Welt sich der Völker je nach den Eigenschaften bedient, die er ihnen selbst von Vorne herein verliehen hat.

Wenn man es als unumstößlich gelten läßt, daß der Mensch für Gott und für sich, für sein eigenes Wohl und für die Verwirklichung des göttlichen Planes zugleich da ist; wenn man zugibt, daß der Mensch weder seine eigene Bestimmung noch den Plan Gottes erfüllen könne, sofern er nicht in Rücksicht auf Gott und zum Wohle derer, die mit ihm wesensgleich sind, sich selbst entsagt, so wird man unschwer auch nicht nur die Berechtigung, sondern sogar die Nothwendigkeit jener Collectivexistenzen zugeben, welche mit ihren allgemeinen und dauernden Interessen und mit einem Auge, das hinter sich eine Vergangenheit und vor sich eine Zukunft sieht, die Nationen bilden. Dann begreift man leicht, daß der Mensch, obgleich er in einem gewissen Grade das Recht hat, diese Collectivexistenzen als Mittel zu seinem eigenen Wohle zu betrachten, deßungeachtet auch ihnen in einem gewissen Grade das Opfer seines persönlichen Interesses schuldet. Für den Menschen, der nur einen Augenblick auf der Erde lebt, hätte die Zukunft keinen Werth, wenn er sich nicht durch die Bande der geistigen und äußeren Gesellschaft an etwas Erhabeneres und Dauernderes, als er ist, gebunden wüßte. Und sogar die Gegenwart hat, wenn der Mensch für sich allein dasteht, keine Bedeutung, die über den engen Umkreis seiner eigenen Existenz und seiner persönlichen Bedürfnisse hinausgriffe. Nur weil er in der Zeit und in dem Orte, die ihm angewiesen sind, den allgemeinen Absichten Gottes mit der Welt dienen muß, eröffnet sich ihm ein Feld, das weiter ist, als er selbst und der Augenblick reicht. Hingegeben an einen Willen, der für ihn das Gesetz des socialen Lebens ist, unterwirft er sich in dem Bewußtsein, daß auch seinem individuellen Interesse eine unantastbare Berechtigung zukomme, freiwillig den Anforderungen dieses socialen Lebens durch Opfer, die ihn in Bezug auf sein eigenes Leben in der Zeit nur größer machen, und in Bezug auf jenes höhere Leben, in welchem die menschliche Persönlichkeit in Gott selbst ihre volle Erweiterung finden soll, würdig vorbereiten. Hier wurzelt das ächte Nationalitätsprincip; nur auf diesen Grundlagen kann eine Vielheit von Nationalitäten ihren rechtmäßigen Bestand nachweisen. Wenn die Völker ihre ausgeschiedene und social selbstständige Existenz in einer und derselben Zeit neben einander und ihre Aufeinanderfolge im Laufe der Jahrhunderte hinter einander rechtfertigen wollen, so finden sie hier den Grund. Hier läßt sich auch eine Ausgleichung und Harmonie herstellen zwischen den Interessen des Individuums und den Interessen der besonderen Gesellschaft, welcher er angehört.

Diese Principien bilden den Inhalt der Ideen und Regeln, nach welchen die Beziehungen des Individuums zur Gesellschaft in der christlichen Welt geordnet sind. Die bezüglichen Wahrheiten des Christenthums sind so tief in unsere Sitten eingedrungen, daß wir ihnen instinktmäßig beipflichten, und daß sie trotz aller seit einem Jahrhundert mit so viel Hartnäckigkeit erneuerten Angriffe der materialistischen Schule den heiligen über jede Streitfrage erhabenen Boden bilden, auf welchem diejenigen, die sich an die öffentlichen Anlegenheiten wagen, nothwendig stehen müssen, wenn sie nicht Gefahr laufen wollen, ohne Beachtung und Ansehen in den Augen der Völker zu bleiben.

Innerhalb der angedeuteten Grenzen läßt sich nun eine Regelung der beziehungsweisen Rechte der Gesellschaft und des Individuums hinsichtlich des Waarenumsatzes wenigstens den allgemeinsten Grundzügen nach auf die leichteste Art finden. Den Traümereien eines abstracten Weltbürgerthums ist eben so, wie dem Suchen nach persönlichen Privilegien, das einen übertriebenen und mißverstandenen Begriff vom nationalen Interesse zum beschönigenden Vorwand nimmt, von Vorne herein vorgebeugt; das Gleichgewicht zwischen den beiden Interessen ist hergestellt, weil das Gesetz, das mit unumschränkter Gewalt die Willen leitet und die Sitten beherrscht, beide gleichmäßig anerkennt und gewährleistet. Durch eine naturgemäße und instinctartige Wirksamkeit der öffentlichen Sitten bewerkstelligt sich eine Ausgleichung zwischen dem wohlbegründeten Verlangen des Individuums nach Verbesserung seiner materiellen Lage und zwischen der Nothwendigkeit gesicherter Grundlagen für die Macht, die Dauer und den Fortschritt des ganzen Volkes, ohne welche das Individuum selbst an seinem rein persönlichen Interesse und am Interesse derjenigen, die vermöge des Erbrechtes seine Person gewissermassen fortsetzen sollen, Schaden erleiden müßte. Einem Gesetze ihrer Natur zufolge, das Niemand ändern kann, ohne diese Natur bis zum Nichts zu entwürdigen, leben die Menschen in der Zukunft nicht weniger, als in der Gegenwart. So lange sie der Materialismus nicht vom hohen Rang eines vernünftigen Geschöpfes zur Stufe des Thieres hinabdrückt, werden sie immer mit Bereitwilligkeit, oftmals sogar mit eiservoller Freudigkeit Opfer bringen, deren Resultate, die Größe ihres Landes, sie nur in der Hoffnung schauen und für welche sie nur in dem mehr oder weniger klaren, aber fast nie dem Bewußtsein ganz entrückten Gefühle, aus freiem Entschlusse zum großen Werke Gottes in der Welt beigetragen zu haben, einen Ersatz finden. Es ist dies jedoch ein Gefühl, das viel mächtiger wirkt, als jede materielle Befriedigung, und zur Wohlfahrt der Völker nicht weniger beiträgt, als ihr die leidenschaftliche Sucht nach Genüssen schadet.

V. Kapitel.

Von den Handelsstockungen und den nachtheiligen Folgen derselben für die Gesellschaft.

Das Wachsthum der Production ist eine Wohlthat für die Gesellschaft, aber es muß in allen Zweigen der Arbeit einen regelmäßigen und gleichzeitigen Gang einhalten. Nur unter dieser Voraussetzung entspricht der Ueberschuß, den die größere Ergiebigkeit des Bodens zur Folge hat, einer wirklichen Nachfrage nach diesen Producten und erleidet das Gleichgewicht des Verkehrs keine Störung. Da immer nur Product gegen Product ausgetauscht und ebenso in letzter Instanz nur Product mit Product gekauft wird, so findet, wenn die Menge und Güte der Leistungen bei allen Industriearten zunimmt, durchaus keine Veränderung des Marktes statt und Angebot und Nachfrage bewegen sich in ebenmäßigem Verhältnisse; alle Producenten sind in der gleichgünstigen Lage, sich gegenseitig entweder mehrere oder bessere Producte anbieten zu können, als zuvor. Die Summe der unmittelbaren Gebrauchsgüter wächs't überall übereinstimmend, und ohne daß im allgemeinen Gleichgewichte des Verkehrs irgend eine Störung eintritt, wird Jeder reicher, weil Jeder über eine beträchtlichere Anzahl lastenfreier Nutzungsgegenstände verfügt.

Wenn die Gesellschaft von den Grundsätzen des Christenthums durchdrungen ist, hat diese Verbesserung keine nachtheiligen Folgen für die Sitten. Hinsichtlich der untern Klassen, welche den hauptsächlichsten Bestandtheil der menschlichen Gesellschaft bilden, weiß man, wie groß der Abstand ist zwischen ihrer gegenwärtigen Lage und jenem Zustande der Wohlhabenheit, der ihnen ohne nachtheilige Einwirkung auf die innere Gesittung jene Freiheit und Würde des bürgerlichen Lebens, die in einer christlichen Anschauung der Dinge ihre erste Quelle, in der Unabhängigkeit eines vermöglichen Hausstandes aber ihre Stütze finden, auf die Dauer sichern könnte. Dieser Abstand ist so groß, daß ihn kein Zuwachs von Gütern, so groß man sich denselben nur immer denken mag, wirklich aufzuheben im Stande wäre. Was die wohlhabenden und reichen Klassen betrifft, so werden sie, wenn ihre Sinnesweise eine christliche ist, die erhöhte Macht der Arbeit keineswegs dazu ausbeuten, um auf Kosten der sittlichen Schwungkraft ihre materiellen Genüsse zu erweitern, sondern sich vielmehr jene Genüsse im weitesten Maßstabe verschaffen, welche aus der Verwendung des irdischen Besitzthums auf die Befriedigung der höheren menschlichen Bedürfnisse hervorgehen, indem sie sich bemühen, die Geister zu veredeln und der Gesellschaft mehr Glanz und Größe zu verleihen. Tritt unter diesen Umständen eine sich nach allen Richtungen hin erstreckende Vervollkommnung der Industrie ein, so wird sie allerdings einen Umschwung des Industriewesens zur Folge haben, der zu einer neuen Ordnung der verschiedenen Productionsarbeiten unter einander führen muß. Da aber diese Erhöhung der Schaffungskraft nur mit einer gewissen Langsamkeit von statten geht, so wird auch diese Neuordnung nur allmälig und ohne Störung an die Stelle der früheren Gewerbsorganisation treten, so daß am Ende der Entwicklung das Gleichgewicht des Güterumsatzes nicht gelitten hat.

Wenn sich aber die Production, statt überall gleichzeitig und ebenmäßig zu wachsen, bei gewissen Erzeugnissen übermächtig erhöht, so bewirkt das eine Störung im Gleichgewichte des Handels. Die Industriezweige, bei denen kein Fortschritt eingetreten ist, werden denjenigen Producenten, welche ihre Producte über das rechte Verhältniß und über die vom jeweiligen Stand der Nachfrage bedingten Schranken hinaus vermehrt haben, keinen hinreichenden Markt mehr bieten können. Deßhalb werden sich diese Letzteren im Besitze eines Vorrathes sehen, für den sie in keiner Weise einen Absatz finden können und der Umlauf geräth in Stockung. Die Kapitalien, die unter der Form fertiger, aber aufgestapelter Producte in den Händen der Producenten unbeweglich wurden, vermögen fürder nicht mehr der Arbeit jene Nahrung zu bieten, die sie ihr ehedem verschafften; deßhalb muß dieselbe überall da eingestellt werden, wo eine Ueberproduction stattgehabt hat.

Die gleichen Wirkungen müßten zu Tage treten, wenn ein oder mehrere Industriezweige plötzlich aufhören würden, die Summe von Gebrauchsgegenständen hervorzubringen, die sie gewöhnlich hervorbrachten. Dieß ist zum Beispiel der Fall in den Jahren einer Mißärnte. Die Manufacturproducte überflügeln dann verhältnißmäßig die Producte des Ackerbaues, so daß die Verwicklungen, welche aus einem Productenmangel hervorgehen, mit den gleichen Uebeln verbunden sind, wie diejenigen, die auf einem unverhältnißmäßigen Productenvorrath beruhen.

Die Störungen nun, die einzelnen Industriezweigen entweder in Folge einer übermäßigen oder unzureichenden Production zustoßen, führen nicht selten dahin, daß alle Geschäfte einen Ueberschuß an Erzeugnissen haben. Nehmen wir den Fall, daß in einem Lande mehrere große Fabriken ihre Production über das rechte Maß erhöht haben und sich deßhalb genöthigt sehen, die Arbeit plötzlich einzuschränken, so werden auch die Arbeiter, denen nun ihr Lohn ganz oder wenigstens theilweise verloren geht, sich genöthigt sehen, ihre Ausgaben zu verringern. Da aber diese Arbeiter für die Producte fast aller andern Gewerbe Consumenten sind, so werden die Industriezweige, in welche sich die nationale Arbeit theilt, insgesammt aus Mangel an Absatz mehr oder weniger in ihrer regelmäßigen Bewegung gestört werden. Das Uebel wird sich von einem Arbeitszweige auf alle andern übertragen und schließlich eine Verwirrung in der Gesellschaft anrichten, die um so größer sein muß, je größer die erste das Gleichgewicht des Güterumsatzes störende Unebenheit gewesen.

Auch kann es sich, jedoch nicht so häufig, ereignen, daß Ueberfluß an allen Producten vorhanden ist, ohne daß irgend eine Unverhältnißmäßigkeit in der Production eingetreten wäre.

Dies ist jedesmal dann der Fall, wenn der gewöhnliche Güterverbrauch der Gesellschaft plötzlich eine Unterbrechung erleidet. So geschah es, als durch den Triumph der Demagogie plötzlich der Schrecken der Februarrevolution über eine Gesellschaft kam, die in der tiefsten Sicherheit lebte. Der Güterverbrauch gerieth sogleich dermassen in Stockung, daß alle Producte, sogar die des Landbaues, ihren Werth verloren und bei den arbeitenden Klassen eine schauerliche Noth an Stelle des Wohlstandes trat, dessen sie sich noch wenige Wochen vorher erfreut hatten.

Auf die eine oder andere Weise treten derartige Störungen sehr häufig in der menschlichen Gesellschaft auf. Ist ihre Wirkung nur eine theilweise, so können sie gewisse Klassen einem Mißgeschicke preisgeben, das man ohne Zweifel abzukürzen und zu mildern bestrebt sein muß, das aber gleichwohl kein Uebel ist, wegen dessen sich die Gesellschaft zu beunruhigen brauchte. Bei dem Ineinandergreifen von tausenderlei Dingen, das ein ausgedehnter Handel mit sich bringt, wird es, da die Handelsleute nicht mehr in unmittelbarer Gegenwart, sondern aus weiter Ferne her mit einander verkehren, zur völligen Unmöglichkeit, die Production an allen Orten und in allen Arbeitszweigen genau nach dem Bedarfe des Marktes einzurichten. Bezüglich der meisten Productionsarten findet fast fortwährend ein gewisses Schwanken zwischen Ueberfluß und Mangel statt, woraus für die Betheiligten bald mehr, bald weniger ernste Verlegenheiten entstehen. Halten sich diese Verlegenheiten innerhalb gewisser Grenzen, so kann man sie als eine unabtrennbare Beigabe des menschlichen Lebens betrachten, in dem nichts gewiß und absolut sicher ist, da die Vorsehung nicht wollte, daß sich der Mensch auf dieser Erde, seiner Wohnstätte für nur wenige Tage, irgendwie einer unerschütterlichen Zuversicht erfreuen könne. Zweifel, Schwierigkeiten und Hindernisse begegnen sich allenthalben in unserm Dasein. Sie gewinnen sogar an Größe und Ausdehnung in dem Maaße, in welchem sich die Macht vergrößert und ausdehnt, über welche wir hienieden zu verfügen haben. So geschieht es denn, daß gerade durch den Fortschritt des Handels die Verwicklungen, zu denen er Anlaß gibt, zahlreicher und bedrohlicher werden. Man kann nur dadurch, daß man seine Wachsamkeit und Klugheit verdoppelt, ihrem Eintreten zuvorkommen oder wenigstens ihre traurigen Folgen in etwas mildern. Fehlt diese Wachsamkeit und Klugheit, so gewinnt das Uebel den Umfang eines Unglücks und man gibt ihm alsdann in der Sprache unserer Zeit einen Namen, der seine Schwere nachdrucksam ausspricht; man bezeichnet es als eine Krisis.

Die Krisen sind nicht immer eine Folge menschlicher Fehler; auch Ereignisse, die von unserem Willen völlig unabhängig sind, können dieselben verursachen. So führt zum Beispiel eine schlechte Aernte, wie schon gesagt worden, zu einer Complication, deren Wirkungen für die Volksmasse lange fühlbar bleiben. Aber selbst dann, wenn die Krisis ohne das Zuthun von Geschäftsleuten entstanden ist, übt die Richtung, welche die Industrie im Augenblick der Katastrophe unter der leitenden Hand des Menschen verfolgt, einen wesentlichen Einfluß auf den schmerzlicheren oder gelinderen Verlauf. Kommt demgemäß etwa eine Hungersnoth über ein Land, in welchem die Arbeiten gut vertheilt, die Geschäfte sicher begründet und alle Unternehmungen von künstlichem Getriebe und tollkühnem Wagen frei sind, so geht diese Krisis wohl nicht ohne schmerzliche Eindrücke vorüber, allein die Uebel, welche sie verursachte, werden sich in den meisten Fällen wieder gut machen lassen. Sucht dagegen ein derartiges Mißgeschick eine Gesellschaft heim, deren Industrie auf schlechten Grundlagen beruht, so wird die eingetretene Erschütterung Verheerungen anrichten, die in langer Zeit nicht mehr auszubessern sind.

Die Krisen, deren Wunden am Tiefsten gehen und am Qualvollsten schmerzen, gehen aus jener bodenlosen Abenteuerlichkeit hervor, die eine verblendete Gewinnsucht zum charakteristischen Merkmal mancher Unternehmungen macht. Krisen dieser Art treten nach gewissen Zwischenraümen in unseren

Gesellschaften immer wieder ein und das Gleichgewicht des Handels wird durch sie so sehr verletzt, daß es oft erst nach langen Jahren härtester Noth unter den arbeitenden Klassen allmälig wieder hergestellt werden kann.

Hat sich die Sucht nach materiellem Genusse der Geister bemächtigt und wenden die Menschen jene Kraft des Herzens und der Hände, womit sie Gott für ein höheres Ziel ausgestattet hat, dem Gebiete der irdischen Dinge zu, so wird es zur drängenden Nothwendigkeit, sich um jeden Preis und in der kürzesten Frist Reichthümer zu erjagen, damit die Reichthümer das verschaffen, was man nun einmal als Idol des Lebens betrachtet, Genüsse eben und äußeren Glanz. Zu diesem Zwecke will man gerne Anstrengungen auf sich nehmen, nur müssen dieselben kurz und der Gewinn lockend genug sein. Es eignen sich indeß nicht alle Arten von Arbeit für einen so überstürzten Gang und eine so rasche Erweiterung der productiven Thätigkeiten, daß sich dabei auf einen leichten und unbeschränkten Gewinn rechnen ließe. Die Landwirthschaft, welche die sichersten und zuletzt doch auch beträchtlichsten Vortheile gewährt, bietet ihre Erträgnisse nur allmälig, nur gegen eine unaufhörliche, langwierige Arbeit und nur bei einem stillen, bescheidenen Leben, zu dem sich die habsüchtigen Leidenschaften, die im Reichthume ein Mittel zu Genuß und Glanz suchen, nicht einmal halbwegs verstehen würden. Deßhalb wendet sich die krankhafte Ungeduld des herrschenden Materialismus dem Fabrikwesen zu. Während sie aber ihre Bestrebungen auf diesem besonderen Gebiete entfaltet, bringt sie Verwirrung über die ganze materielle Ordnung der Dinge und verursacht Leiden, deren unglücklichste Opfer gerade diejenigen werden, die ihr als Werkzeuge gedient hatten; denn das Volk büßt mit den Verlust seines Lohnes für die Fehler, welche die Fürsten der Speculation begingen. Das Volk stirbt vor Hunger, während die Großen der Industrie und der Banken in neuen Unternehmungen neue Mittel für die Fortführung eines Luxus aufsuchen, der unter Hohn die Noth des Arbeiters fortwährend erhöht.

Was kann uns nun befreien von der periodischen Wiederkehr dieses Industrie- und Speculationsfiebers, aus dem so viel Uebel entspringt? Was kann uns retten vor diesen Krisen, die alle Verhältnisse der materiellen Ordnung bis auf den Grund erschüttern, alle Existenzen in Frage stellen und selbst diejenigen, ja gerade diejenigen, die vermöge der Niedrigkeit ihres Standes den Ursachen des Uebels am Fernsten stehen, in ihrer Lebenslage auf das Betrübendste angreifen?

Wohlan, die Quelle des Verderbens liegt im Bereich der geistigen Ordnung; im Bereich der geistigen Ordnung muß daher auch das Heilmittel gesucht werden. An die Stelle jenes blinden Haschens nach Reichthum, jenes unruhigen und unersättlichen Arbeitens, die beide so viel Unheil über die Gesellschaft bringen, setze man eine christlich bescheidene und entsagunsbereite Sinnesart, und die Aufgabe ist gelöst. So sehr unser Jahrhundert am Genusse und an den Eitelkeiten des Reichthums hängt, so beginnt es doch peinlich die Leere zu empfinden, die eine rückhaltlose Hingabe an rein materielle Interessen in den Seelen zurückläßt. Es fühlt, daß jene fieberhafte Kraftspannung, durch welche es zu einem unbegrenzten Wohlstand zu gelangen sucht, den Menschen erschöpft und tödtet, und ihn doch weit hinter seinem Ziele zurückläßt. Man höre hierüber einen englischen Nationalökonomen; seine Meinung hat in der vorwürfigen Frage um so mehr Gewicht, da Niemand behaupten kann, daß sie aus den Grundsätzen des Christenthums über den Widerstand gegen die Sucht nach Reichthum hergenommen sei.

„Ich bin, gesteht Mill, sehr wenig für das Lebensideal „derjenigen eingenommen, welche sich dem Glauben überlassen, „daß ein fortgesetzter Kampf, um sich in der Welt behaupten „zu können, der Normalzustand des Menschen sei, und daß man „das Gewühl, in welchem man sich fortwährend tritt, stößt, er„drückt, verdrängt, und welches ein getreues Bild von der ge„genwärtigen Gesellschaft gibt, nicht für eine von den unan„genehmen Uebergangsstufen des industriellen Fortschrittes, son-

„dern für das wünschenswertheste Ziel der Menschheit betrachten „müsse. Die Staaten von Nord- und Mittelamerika stellen „uns diese Culturepoche unter den günstigsten Verhältnissen an „einem einzelnen Beispiele dar. Augenscheinlich sind diese Völ- „ker frei von jenen Ungerechtigkeiten und socialen Ungleichhei- „ten, welche unter den kaukasischen Stämmen selbst Männern „einen Hemmschuh anlegen, und zugleich versprechen die Bevölker- „ungsverhältnisse sowohl in den Hauptstädten als auf dem flachen „Lande jedem kräftigen Menschen, der sich nicht durch schlechtes „Benehmen unwürdig macht, sichern Ueberfluß. Man hat dort „die sechs von den Chartisten verlangten Artikel[1]) und ist frei „von unserem Elend: und trotz aller dieser Vortheile besteht, „abgesehen von einigen Anzeichen besserer Bestrebungen, das „Endergebniß so vieler Vortheile darin, daß das ganze eine „Geschlecht sein Leben damit hinbringt, nach Dollaren zu ja- „gen, das andere aber damit, Dollarenjäger zu erziehen. Das „ist keine Vervollkommnung des gesellschaftlichen „Zustandes, „deren Verwirklichung in Zukunft als der Zielpunkt wahrer „Menschenfreude gelten könnte." [2])

Der Schluß aber, den wir hieraus ziehen, lautet nicht, wie der Schluß Mill's, zu Gunsten eines Stillstandes in der Gesellschaft, sondern im Gegentheil zu Gunsten eines ununterbrochenen Fortschrittes der großen Volksmassen in einem wohlhäbigen, würdigen und freien Leben, das eine Frucht christlicher Einflüsse ist. Und diesem Fortschritte nun stehen keine größeren Hindernisse im Wege, als jener fortwährende Wandel der Dinge und jene periodischen Schläge, unter denen die Gesellschaft in Folge von Gewerbs- und Handelskrisen leidet. Wenn wir weiter unten vom Elend handeln, werden wir zeigen, wie die Bemühungen der arbeitenden Klassen, ihre Lage zu sichern und zu verbessern, beim besten Willen unfruchtbar bleiben müssen, wenn solche Krisen häufig wiederkehren. Man

[1]) Mill, Principes d'Economie politique, liv. IV, ch. 6, §. 2.

[2]) Siehe Beilage 1.

pflanze dagegen jenem Volkstheile, aus dessen Hand die Geschäfte ihre Bewegung erhalten, christliche Mäßigung im Leben ein; das Streben nach Luxus und Genüssen, in welchem heutzutage die meisten Existenzen ganz und gar aufgehen, ersetze man mit Anschauungen und Gefühlen einer höheren Art; man entflamme die Herzen für das, was oben ist; man lehre die Menschen, den Reichthum zu verachten und in ihm nur das zu suchen, was das Christenthum in ihm sieht, ein Mittel zur Erreichung eines über der materiellen Ordnung gelegenen Zieles; mit einem Worte, man mache die Triebfeder eines christlichen Privatlebens zur Triebfeder des socialen Lebens, man mache die Entsagung zur Regel der öffentlichen Volksgesittung, und die Industrie ist damit ganz von selbst auf den Weg eines regelmäßigen Fortschrittes gebracht, den zwar Unglücksfälle und vorübergehende Verirrungen, wie man solche bei menschlichen Dingen niemals ganz außer Ansatz lassen darf, manchmal stören, nie jedoch traurige Zerrüttungen jeden Augenblick gänzlich aufhalten können. Man wird vielleicht langsamer, aber jedenfalls sicherer vorangehen, und der Fortschritt wird nicht, wie das häufig geschieht, zum Nachtheil, sondern zum Vortheil der Arbeiter ausfallen. Bei einer mit Besonnenheit und Maaß in Gang gesetzten Bewegung der Reichthümer wird die Arbeiter nicht mehr, wie heutzutage, zwischen einem Vermögensstande, der zu groß ist und verführerisch wirkt, und einer Noth, die den Muth raubt und würdelos macht, hin- und hergeschleudert werden. Und eben so wenig werden diejenigen, welche in Sachen der Industrie den ersten Schritt zu thun haben, jenem Wechsel zum Opfer fallen, der nicht gestattet, daß Glücksgüter oder Familien irgendwo eine feste Stätte finden oder sich etwas bilde, das als Gegenstand einer Uebererbung dienen könnte; der aus dem Leben einen Tummelplatz macht, innerhalb dessen der Kampf für den persönlichen Vortheil und das Interesse der Gegenwart Jedermann ganz in Anspruch nimmt, über den leidenschaftlichen Aufregungen des Augenblickes der Hinblick auf die Zukunft mehr und mehr unterbleibt, gieriges Haschen nach Gewinn alles beherrscht und vermöge der besonderen Umstände, die fort und fort das ganze Dasein in Frage stellen, der Erfolg im Handel und in der Industrie zur größten, ja einzigen Aufgabe wird. Durch eine ruhige, und regelmäßige Thätigkeit, so wie sie durch die Wirksamkeit christlicher Denkungsart in der Gesellschaft zur Uebung kommen muß, werden Alle, der Große und der Kleine, der Kapitalist und der Arbeiter, jeder nach dem Maaße seiner Verhältnisse, zu jenem fest begründeten, mäßigen Reichthume gelangen, der allerdings dem nie satten Verlangen und der ziellosen Unruhe des von Gott getrennten Menschen nicht genügt, wohl aber dann ausreicht, wenn man, stark durch den Gedanken an das Ewige, mit beständigem Ringen und unter edelmüthigen Opfern der wahren, der sittlichen Größe nachstrebt.

Beilagen.

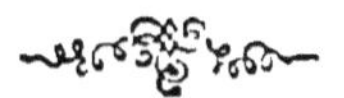

Beilage I.

Communismus, Socialismus und Socialdemokratie.

Die Frage über Besitz und Sondereigenthum sowie über die Gegensätze oder Beschränkungen des letztern im Communismus und Socialismus hat von jeher die Geister bewegt und theils ein höchst ideales Leben hervorgerufen, theils siechende Schöpfungen erzeugt, theils die Welt mit Blutströmen übergossen. Gesetzgebungen und Religionssysteme, gedrückte Volksschichten des klassischen Alterthums und der Feudalzeit, Barbaren und umsichtige Arbeiter unter weit fortgeschrittenen Völkern, die Mönche und das Laienthum der Kirche, die Secten des Mittelalters und der Reformationsperiode, politische Dichtung und streng begriffliche Philosophie: alles tritt in der Geschichte dieser Bewegungen zu einem drastischen Bilde zusammen.

Nur diejenigen Gesellschaftssysteme dieser Art, die sich seit der Revolution von 1789 gebildet haben, können zunächst unser Interesse in Anspruch nehmen. Stein, welchen Mohl in Dingen dieser Gattung den Hauptschriftsteller nennt, [1]) hat dieselben eingehend dargestellt, [2]) weßhalb ihm hier gefolgt werden soll.

Erste Periode des Communismus.

Der Communismus ist die absolute Verneinung jeder Ungleichheit in der Gesellschaft. Er stützt sich auf die Gleichheit

[1]) Geschichte und Literatur der Staatswissenschaften I. 81.

[2]) Geschichte der socialen Bewegung in Frankreich: Bd. I. Begriff der Gesellschaft. Bd. II. die industrielle Gesellschaft. Bd. III. Königthum und Republik. Leipzig 1855.

der Natur in jedem menschlichen Individuum und folgert aus ihr auch eine Gleichheit der Rechte Aller auf Alles, mithin die Gütergemeinschaft des Ganzen und die Eigenthumslosigkeit des Einzelnen. Trotz seiner Nivellirung führt er jedoch selbst wieder zur Ungleichheit und Unfreiheit.

Gerade die Idee der Gleichheit beherrschte, wie man weiß, während der französischen Revolution alle Klassen mit unwiderstehlicher Gewalt. Nicht ohne Rücksichtnahme auf Helvetius, welcher der „Psycholog,“ [1]) und auf Rousseau, welcher der glänzendste Rechtsphilosoph dieser Idee gewesen war, hatte man den Staat als den Herrn des Rechtes auf Eigenthum anerkannt, Verbannung des Elendes verlangt, [2]) die möglichste Gleichstellung Aller im Leben als das Ziel jener gewaltsamen Aenderungen erklärt [3]) und der Geistlichkeit sowie dem Adel ihre Güter durch ein Gesetz entrissen. Eingriffe in das Eigenthumsrecht waren nicht minder die bis ins Ungeheure gehenden Zwangsanlehen, Requisitionen und Confiscationen und die Festsetzung des Maximalpreises für alle wichtigeren Bedürfnisse. Ueberdies hatte man auch schon geradezu den Grundsatz ausgesprochen, daß sich nur durch die Vertheilung der Güter eine volle Gleichheit herstellen lasse. Da trat plötzlich Ebbe ein, zuerst durch den Sturz Robespierre's (27. Juli 1794), dann durch die Niederwerfung der Terroristen am 20. Mai 1795 und durch die Verfassung vom 17. August desselben Jahres. Das war gerade noch zur rechten Zeit ein Sieg der Besitzenden über die Besitzlosen.

Babeuf aber wollte mit seinem Anhang auf der Bahn des Communismus, die man nun einmal zu betreten angefangen hatte, mit dem alten Fanatismus vorwärts dringen.

Babouvismus. Der 20. Mai des Jahres 1795 brachte viele von den Vertretern des streng revolutionären Princips in die Kerker von Paris. Hier holten sie nach, was sie im Kampf auf der öffentlichen Tribüne, im Aufruhr der Strassen, im Lärm der Clubbs und im Toben eines europäischen Krie-

[1]) Stein, I, 30. [2]) Condorcet. [3]) Robespierre.

ges versäumt hatten: sie prüften den Inhalt ihrer Begriffe und bildeten im Gespräch mit Meinungsgenossen fertige Systeme. Man hielt die Revolution für überwunden; aber gerade damals wurde systematischer auf sie losgesteuert, als je.

Diesen Männern wurde bald auch Babeuf beigesellt. Gracchus Babeuf war 1762 in Saint Quentin geboren. „Schon im Beginne der Revolution schrieb er mit kühner und gewandter Feder für die Prinzipien der äußersten Demokratie, was ihm eine Untersuchung zuzog, von der er nur durch Marat's Verwendung befreit wurde. Darauf ward er Sekretär eines Districts-Commissärs; seine Feinde brachten ihn auch hier in Anklagestand und er ward als Fälscher verurtheilt. Das Urtheil ward jedoch aufgehoben und Babeuf erhielt eine Stelle in der Commune von Paris. Nach dem Sturze Robespierre's stand er zuerst auf der Seite der Sieger; unbestimmte Gründe veranlaßten ihn aber, sich gegen dieselben zu erklären, so daß er in Haft gebracht wurde. Hier verbündete er sich mit mehreren der kühnsten Republikaner und zog die Idee einer Verschwörung im Sinne der absoluten Gleichheit in sich groß.“ [1])

Kaum hatte man die Kerker geöffnet, so war Babeuf das allgemein anerkannte Haupt dieser Leute, sowohl derjenigen, welche bei der Verfassung Robespierre's von 1793 stehen bleiben wollten, als auch derjenigen, die sie nur als einen Durchgangspunkt betrachteten, um zur absoluten Gütergemeinschaft und allen Folgen derselben zu gelangen. Der Name der Letzteren war damals nicht Communisten, sondern Egalitärs. Ungefähr 2000 Mann schaarten sich um ihn, die öffentliche Versammlungen hielten und die Verbindung des Pantheon bildeten. Die Zeitschrift „Le Trubun du Peuple“ verkündete in weiteren Kreisen die Principien der absoluten Gleichheit; das Volk wurde überreizt und schien geneigt zu neuen entsetzlichen Thaten.

Da wurden die Versammlungen des Pantheon verboten. Aber im Geheimen wirkte Babeuf um so rühriger fort, berief die

[1]) Stein, I, 169.

ergebensten unter seinen Anhängern, unter denen Darthé, Silvain Maréchal und Filippo Buonarotti obenan standen, und bildete mit denselben eigenmächtig ein Directorium, das die Leitung der ganzen Bewegung in seine Hand nahm und sich die „insurrectionelle Gewalt" des Volkes nannte.

Darthé war ein ernster, starrsinniger Mann, engherzig, aber von unerschütterlicher Ueberzeugung; einige Zeit hatte er dem berüchtigten Joseph Lebon als Sekretär gedient. Maréchal war der Cyniker unter den Communisten, ohne Rücksichten, ohne Glauben, ohne Anstand, geistesverwandt mit Diderot und Holbach. Im Jahre 1781 veröffentlichte er anonym eine Dichtung, die Graf Bastard eine donnernde Anklage gegen die Meinung, daß es einen Gott gebe, und eine beredte Vertheidigung des Materialismus nennt. Auch gab Maréchal unter dem Titel „Almanach des honnêtes gens" eine kleinere philosophische Schrift heraus, in welcher er mit Absicht den Namen Christi zwischen den des Epikur und der Ninon de Lenclos stellte. Buonarotti wurde 1761 in Pisa geboren, 1789 auf Corsika angestellt, aber bald darauf verbannt; 1793 ging er nach Paris, wo ihm der Nationalconvent das Bürgerrecht ertheilte. Nach Robespierre's Sturz kam er als vertrauter Freund desselben in den Kerker, aus dem er 1795 wieder entlassen wurde.

Im Mai 1796 sollte in Verbindung mit der Bergpartheì ein Aufstand zum Zweck der Wiederherstellung der Verfassung von 1793 und eines Anfangs der Gütergemeinschaft unternommen werden. Schon zählte nach Buonarotti's Angabe die Verbindung 16,000 Mitglieder; die Artillerie des Forts von Vincennes, die Invaliden, das Sicherheitscorps, die Grenadiere des gesetzgebenden Körpers, waren entschieden gewonnen; auch sonst zeigten sich unter den Truppen Symptome der Auflösung; auf die Masse der Arbeiter konnte man mit Sicherheit rechnen; am 10. Mai traten die Häupter zusammen, um den Tag des Kampfes genauer zu verabreden. Da verlautete etwas von dem Umsturzplane und es gelang, noch zur rechten Zeit, den Babeuf, Darthé und Buonarotti nebst 62 Anderen gefangen zu nehmen.

„Keiner von ihnen," sagt Mignet, [1]) „verlaügnete seine Grundsätze. Zu Anfang und zu Ende jeder Gerichtssitzung stimmten sie die Marseillaise an. Dieses alte Siegeslied und ihre zuversichtliche Haltung setzte in Erstaunen und schien sie noch furchtbarer zu machen. Die Frauen waren ihnen vor Gericht gefolgt. Am Schlusse seiner Vertheidigung wandte sich Babeuf gegen sie und erklärte der Versammlung, sie dürften nicht erröthen über ihre Hinrichtung und würden ihnen deßhalb bis auf den Calvarienberg folgen."

Babeuf und Darthé wurden zum Tode verurtheilt, den sie nach einem erfolglosen Selbstmordversuch am 26. Mai 1796 durch die Guillotine erlitten; sieben wurden zur Deportation verurtheilt, die Anderen entlassen. Unter den zur Deportation Verurtheilten befand sich Buonarotti, der anfangs nach Genf, dann nach Brüssel ging. Napoleon nannte ihn einen hirnverbrannten Mann, von dem keine Gefahr drohe.

Politische Entwicklung Frankreichs von 1800—1840.

Mit dem 26. Mai 1796 endete die erste Periode des modernen Communismus in Frankreich. Im Jahre 1799 erfolgte das Consulat; im Jahre 1804 das Kaiserthum Napoleon's, im Jahre 1814 durch das Einschreiten des Auslandes die Restauration der Bourbonen mit der Charte vom 4. Juni, im Jahre 1830 durch eine neue Revolution das Bürgerkönigthum Louis Philipp's mit der Charte vom 9. August.

Unter Napoleon entwickelte sich nun, nachdem seine starke Hand Sicherheit gebracht hatte, die neugeschaffene volkswirthschaftliche (industrielle) Gesellschaft, deren Wesen darin besteht, daß sie nicht mehr, wie die feudale Gesellschaft, Rechtsbestimmungen, die Monopole schaffen, Adelsprivilegien anerkennen, Frohnden fordern, Zünfte schützen u. s. w., sondern den freien Erwerb, bei dessen thatsächlichem Betrieb die

[1]) Geschichte der französischen Revolution, Bd. II, 176.

Arbeit indeß nur die schwächere, das Kapital dagegen die stärkere, daher ausschlaggebende Macht ist, zum herrschenden Principe hat.

Mit dem Eintritt der Restauration wurde aus der volkswirthschaftlichen Gesellschaft eine staatsbürgerliche, was dadurch geschah, daß das Volk, in so weit es aus wirklich frei erwerbenden, das heißt, Kapital besitzenden Persönlichkeiten bestand, vermöge der Verfassung im Parlamente Antheil an der Regierung erhielt. Der Census bestimmte, bei welchem Kapitalbesitz man als wirklich frei erwerbende Persönlichkeit anzusehen sei. [1])

Durch die Aufhebung der feudalen Gesellschaft hielt man den Grundsatz der Gleichheit, durch die Theilnahme an der Festsetzung dessen, was als Staatswille gelten sollte, den Grundsatz der Freiheit für realisirt.

Allein die Charte von 1814 stellte auch eine Pairskammer auf, was ein Nachbild der Adelszeit war, wiewohl es keinen wahren Adel mehr gab; die Krone vergaß nie auf die Macht, die sie in der vorrevolutionären Zeit besessen, und die Emigrirten, die wieder heimkehrten, sannen auf die Wiederherstellung der feudalen Gesellschaft und feudalen Verfassung; der Constitutionalismus wurde zum Schein und das Staatsbürgerthum sah sich in seinem Bestande bedroht. Da entschloß sich Frankreich wieder zu einer entscheidenden That und nahm in den Julitagen von 1830 die Krone vom Haupte Karls X.

Alle Volksklassen hatten zu dieser Revolution mitgewirkt; das Volk glaubte, die Gewalt wieder in seinen Händen zu haben, das Staatsbürgerthum aber setzte sich in der Person Louis Philipp's rasch einen neuen König und gab demselben eine neue Charte.

Das erregte Ingrimm bei zwei Gruppen von Franzosen.

Woher hatte die Bourgeoisie das Recht, die Revolution zu enden, die das ganze Volk begonnen? Ist die Bourgeoisie das Volk? War auch nur eine vollständige Kammer berufen?

---

[1]) Die französische Verfassung von 1814 verlangte eine directe Steuer von 300 Francs, damit man für die Volksvertretung wahlberechtigt, und von 1000 Francs, damit man wählbar sei (Bourgeoisie).

Oder haben wenigstens die anwesenden Trümmer alle zugestimmt? Ist also Louis Philipp der Mann der Volkswahl? So fragten die Einen. Sie waren früher schon damit unzufrieden gewesen, daß sie unter einem durch fremdländische Gewalt aufgedrängten König leben mußten, und hatten sich deßhalb bereits vor Jahren unter der Führung des Bazard, Buchez und Flotard zum Bunde der Carbonari vereinigt. Ganz Frankreich umfaßte dieser Bund; selbst Männer, wie Lafayette, nahmen daran Antheil, und man verschwor sich, wie Louis Blanc sagt, mit einem unendlichen Feuer. Man wollte der französischen Nation das Recht zurückgeben, diejenige Regierung sich zu wählen, die ihr passend scheinen würde. Das war noch ein ziemlich unbestimmtes Ziel; deßhalb fand im Bund der Carbonari Alles einen Platz: Bonapartisten, Orleanisten, Republikaner. Seit der Julirevolution nun, in welcher man das angestrebte Recht neuerdings schnöde verletzt hatte, traten diese Leute als erklärte Republikaner auf.

Was haben die Kämpfer aus dem niederen Volke mit ihrem Blute gewonnen? Welche Besserung ihres Zustandes erhalten die Arbeiter durch die neue Charte? So fragten sich die Arbeiter, die den Vermöglichen schon seit Bildung der industriellen Gesellschaft durch den Mangel an Kapital in socialer und durch den Census auch in politischer Beziehung gegenüber standen.

Republikaner und kapitallose Arbeiter verbanden sich, und aus dieser Verbindung gingen die geheimen Gesellschaften der Volksfreunde, der Menschenrechte und der Familien, sowie die Aufstände vom 5. und 6. Juni 1832 in Paris, und vom April 1834 in Paris und Lyon, und nicht minder das Attentat des Fieschi vom 28. Juli 1835 hervor. Ihren geistigen Mittelpunkt hatten die Republikaner an der Zeitschrift „National".

Dem gegenüber sicherte sich die herrschende Klasse durch die Errichtung einer Nationalgarde, durch die Bestimmung über die Cautionsleistung der Journale, durch eine Wahlreform, durch eine neue Gemeindeordnung, durch das Gesetz über Zusammenrottungen, durch das Gesetz über geheime Verbindungen und durch die Septembergesetze von 1835, welche die Vertheidigung des Republikanismus in der Presse und die öffentlichen Versammlungen zu einem Verbrechen machten. Hiemit war der Republikanismus vorläufig als äußere Macht vernichtet.

An der Seite dieser Bewegungen, aber gleichgiltig gegen alle Fragen über die Person des Regenten und über die Form der Regierung erscheinen nun anfangs eine Reihe socialistischer Systeme, sodann eine neue Periode des Communismus.

Der Socialismus in Frankreich.

Der Socialismus gründet seine Forderungen nicht, wie der Communismus, auf die Gleichheit der Natur in Allen, und macht nicht, wie die industrielle Gesellschaft, den freien Erwerb, zu dem außer der Arbeit auch das Kapital mitwirkt, sondern bloß die persönliche Arbeit zum ordnenden Princip der Gesellschaft. Darum will er der Arbeit die Oberhand über das Kapital verschaffen, verlangt, daß nur die Arbeit Eigenthum gebe, und daß der Besitz mit der Arbeit proportionirt sei. Er gestattet ein Sondereigen, negirt aber häufig das Erbrecht. Unterschiede im Leben läßt er nur in so weit bestehen, als sie aus der eigenen Thätigkeit der Einzelnen hervorgegangen.

Die Stifter socialistischer Schulen waren Saint Simon und Charles Fourier, der Erste ein Graf, der Zweite ein Kaufmann.

Der Saint-Simonismus. — Claude Henri de Saint Simon, am 17. Oktober 1760 geboren und Erbe eines Vermögens, das ihm ein jährliches Einkommen von 500,000 Francs brachte, ging mit 17 Jahren nach Nordamerika, um als Adjutant Lafayette's für die Unabhängigkeit der dortigen englischen Colonien vom Mutterland zu kämpfen. Die Revolution entriß ihm ziemlich Alles. Durch Handel mit den confiscirten Gütern des Clerus und Adels wieder zu einem Vermögen von 144,000 Francs gelangt, verheirathete er sich im Jahre 1801, um, wie er sagte, die Ehe und die vornehme Welt, zu deren luxuriösen Bewirthung ihm der Reichthum seiner Frau die Mittel bot, aus Erfahrung kennen zu lernen, also des experimentalen Studiums wegen. Schon nach 12 Monaten zum zweiten Male arm, verließ er seine Frau und trat 1802 als Schriftsteller auf, wozu er sich seit 1797 ausschließlich vorbereitet hatte; im März 1823 machte er einen Selbstmordversuch, wobei er jedoch nur ein Auge verlor; am 19. Mai 1825 starb er.

Statt der bisherigen Religion und Philosophie, die nicht mehr genügend wären, wollte Saint Simon der Welt ein besseres Mittel des Fortschritts bieten, das er physico-politische Wissenschaft nannte. Er brachte es jedoch zu keinem fertigen System und seine Schriften enthalten häufig widersprechende Gedanken; aber er gab den Anstoß zu weiteren Entwicklungen und zu philosophischen Untersuchungen über die Geschichte der Gesellschaft. Das Eigenthum oder die Familie griff er nirgends geradezu an; er sagt nur, daß das erstere modificirt werden könne, und unterscheidet außer dem Adel und Klerus noch scharf drei Klassen des Volkes von einander: diejenigen, die arbeiten, (die Industriellen), diejenigen, die bloß besitzen (Banquiers), und die Legisten (Advokaten, Richter, Beamte). Die Banquiers und Legisten, die eine Mittelklasse zwischen dem Könige und den Industriellen bilden, sagt er, hätten sich der Sitze in der Kammer bemächtigt und ließen sich die Liberalen nennen; ihr Liberalismus sei aber nur Egoismus und ihr Grundsatz laute: „Tritt hinweg, damit ich Platz finde.“ [1]) Die Gesellschaft müsse noch weiter geführt und der Stand der Industriellen über die Besitzer und Rechtskundigen gesetzt werden. „Das nun,“ fügt er bei, „ist eben unser Ziel; wir unternehmen es, die Industriellen zur ersten Stufe der Achtung und Macht zu erheben.“ [2])

Die Besitzer (Banquiers) und Rechtskundigen stellt er als Bourgeoisie den Industriellen als Volk (peuple) gegenüber und sprach damit zuerst einen Gegensatz aus, der fortan die Geschichte erfüllt.

---

[1]) Ote-toi, de là, que je m'y mette.

[2]) Stein, II, 168.

Erst Bazard, ein Zögling der polytechnischen Schule, der früher mit Buchez den Bund der Carbonari gestiftet hatte, und Enfantin, der aber weniger gründlich, als Bazard dachte und immer einen Vorarbeiter nöthig hatte, gaben dem Saint-Simonismus Bedeutung. „Bazard ist der wahre Saint-Simonist; was man am Saint-Simonismus am höchsten gepriesen und am meisten gefürchtet hat, gehört nicht Saint-Simon, sondern ihm.“ [1]) Im Jahre 1828 begann er, in der Rue Taranne zu Paris Vorlesungen über die Lehre seines Meisters zu halten, die zahlreich besucht wurden, und Männer, wie Carnot, Michel Chevalier, Dugied, Barrault u. s. w. bewogen, sich dem gewandten Dialektiker anzuschließen.

Zwei Kräfte, sagt Bazard, die Kraft der Individualität und die Kraft der Einheit, bilden in ihrem Widerstreit gegen einander das Leben der Welt. Die Kraft der Individualität treibt den Einzelnen, sich geltend zu machen unter den Vielen und sein Dasein als Mittelpunkt des Daseienden überhaupt zu setzen. Ihm tritt aber der andere Einzelne mit demselben Anspruch, mit derselben Kraft, ja mit derselben inneren Nothwendigkeit entgegen. Die Kraft der Einheit dagegen verbindet, damit nicht ein ewig resultatloser Zwiespalt entstehe, die Individuen zu Familien, die Familien zu Gemeinden, die Gemeinden durch irgend ein Mittelglied zu Staaten.

In dem Kampfe zwischen der Kraft der Individualität und der Einheit tritt aber zu wiederholten Malen ein Wechsel ein zwischen organischen und kritischen Zeiten.

Die organische Zeit vereinigt, bildet Staaten, gibt der Obrigkeit eine höhere Sanction und macht Staat und Obrigkeit unantastbar. Sie thut es auf Grundlage des Glaubens, so daß es den Zeiten des Aufbaues wesentlich eigen ist, religiös zu sein. Die kritische Zeit zweifelt an dem überlieferten Dogma; der Zweifel aber löset die Bande, das Alle zusammen hält, und setzt in Staat, Wissenschaft, Kunst und Erziehung an die Stelle des Gemeinsinns einen tödten-

---

[1]) Stein, II, 185.

den Individualismus. Damit wird diese Epoche zu einer irreligiösen; aus dem Staate verschwindet Liebe und Gehorsam, die ächte Legitimität gilt als Chimäre und zwischen das Staatsoberhaupt und die Unterthanen tritt Feindschaft.

Ein solcher Periodenwechsel hat bis jetzt zweimal stattgefunden.

Die erste organische Zeit trat ein durch „das Dogma des griechischen Polytheismus, jene Religion, die an den Jupiter Olympius und den Styx glaubte und den herrlichen Staat Griechenlands, seine Kunst und seine Siege hervorrief. Sie endet mit dem Beginne der griechischen Philosophie, in Folge deren sich mit dem Dogma auch die Staaten auflösten. . . . Unter den Trümmern der alten Welt erscheint sodann die zweite organische Periode, deren Inhalt das Christenthum bietet. Sie schließt mit dem fünfzehnten Jahrhundert, wo die ersten Zweifel an der absoluten Wahrheit des Katholicismus zu einer Parteiung führen. . . . Die ganze europäische Welt ist gegenwärtig zerrissen und ohne gemeinsamen Glauben, ja ohne Religion.“ Ueberall zeigt sich das Ringen nach einer neuen organischen Zeit, und man darf wohl glauben, daß das Gefühl von ihrer Nothwendigkeit ihre Nähe ankünde. Niemand Anderer, als Saint Simon, ist der Anbahner der neuen Aera.

Der Widerstreit der Einzelnen gegen einander hat nun in diesen verschiedenen Perioden sehr verschiedene Formen angenommen. Anfangs tödtet der Sieger den Besiegten; dann läßt er ihm das Leben und macht ihn, um damit Herrscher zu werden, zum Sklaven; das Christenthum macht aus dem Sklaven einen Leibeigenen; seit der Revolution ist aus dem Leibeigenen ein Arbeiter (ouvrier) geworden. Damit ist aber die Gleichheit noch nicht verwirklicht; denn hat auch das Gesetz dem Ouvrier die Freiheit gegeben, so ist er doch noch immer Sklave seines Elends, Sklave der Armuth. „Der Antagonismus in der Industrie ist es, der diese Wirkung mit sich bringt; es ist in ihr so wenig wie in der Religion eine Einheit, ein gemeinsamer Gedanke und Plan, der Allen Weg und Ziel angibt, sondern statt dessen erscheint in der Concurrenz die vollkommenste Zerrüttung, der Kampf des Reichen mit dem Armen, des Stärkeren mit dem Schwachen, und die Benützung des Menschen durch den Menschen ist ihrem vollen Umfange nach wieder da." [1])

Durch diese Deductionen wird Bazard auf das Gebiet des Besitzrechtes geführt und formulirt nun seinen Grundsatz dahin, daß nur das erworbene Eigenthum wahres Eigenthum sei. Was der Einzelne sich erworben, fällt nach seinem Tode an den Staat, und an die Stelle der Vererbung nach dem Rechte der Blutsverwandtschaft tritt das Erbrecht des Verdienstes, vermöge dessen die Kapitalien, in deren Besitz der Staat kommt, unter die Bürger nach dem Maaße ihres thatsächlichen Werthes vertheilt werden müßten. Verwirft man durch die Abschaffung des Adels das Privilegium im staatlichen Leben, wie will man es dann noch vertheidigen, daß es durch das Erbthum des Besitzes ein Privilegium der Geburt im Gebiete der Gesellschaft gebe? Banken, die nach dem Umfang ihres Wirkens Orts-, Kreis- und Provincialbanken heißen und unter einer Centralbank stehen sollten, hätten zum Behuf der Vertheilung über die Würdigkeit der Einzelnen zu entscheiden. Die Art und die Intensität der Arbeit werden als die Gesichtspunkte bei dieser Beurtheilung festgehalten. „Jedem nach seiner Fähigkeit, sagte man, und jeder Fähigkeit nach ihrer Arbeit."

Auf diese Weise hielt Bazard das Princip der Gleichheit, die Emanicipation der Arbeit vom Kapital und die Idee der Moral für verwirklicht.

Die Idee der Moral ist das Bewußtsein des Wirkens für das Allgemeine; der Widerspruch gegen diese Idee ist das Wirken für die eigene Persönlichkeit. Wird nun das Erbrecht aufgehoben, so arbeitet der Einzelne immer zugleich für sich und für das Allgemeine, und jede Collision zwischen Interesse

---

[1]) Stein, II, 195.

und Pflicht oder zwischen Individualismus und Association ist für immer unmöglich.

Zu dieser Moral suchte nun Enfantin mit Benützung der Schriften Fourier's das Dogma und die Kirche.

Außer dem Widerstreit zwischen Individualität und Einheit, sagt Enfantin, gibt es noch zwei andere: Im einzelnen Menschen den zwischen Geist und Fleisch, im großen Weltganzen den zwischen Staat und Kirche. Den ersten Widerstreit hat das Christenthum geheiligt, indem es auffordert, das Fleisch zu bekämpfen; den zweiten hat es selber gesetzt, indem sich der Papst dem Kaiser und sein Reich dem weltlichen Reiche gegenüber stellte. Das Fleisch also, das nach Enfantin mit dem Geiste gleich gute Rechte, weil gleich göttlichen Ursprung hat, ist ein Element, das in der Kirche keinen Platz findet. Und der Staat ist ein Element, dessen Widerspruch mit der Kirche auf dem Widerspruch des Fleisches gegen den Geist beruht.

Das ist eben das Falsche an allen Kirchen, daß sie irgend eine Kraft, die im Leben vorhanden ist, nicht zu ihrem Rechte kommen ließen, weßhalb sie auch den wahren Frieden nicht bringen konnten. Ueber dem Fleische und dem Geiste sowie über dem Papste und dem Kaiser muß eine höhere Einheit gesucht werden, die dann der letzte Fortschritt der Menschheit ist. Enfantin fand sie darin, daß er für das Individuum an die Stelle des, wie er sagte, katholischen Wahlspruchs: „Haltet das Fleisch in Zucht," den anderen setzte: „Heiliget euch durch Arbeit und Vergnügen," und für die höheren Gebiete der Weltordnung den Satz aussprach: „Es gibt weder einen Kaiser noch einen Papst, sondern einen Vater."

Moses, Orpheus und Numa, sagte man, haben die materielle Arbeit geordnet; Jesus Christus that es mit der geistigen Arbeit; Saint Simon organisirte die religiöse Arbeit, und da die religiöse Arbeit die Einheit der materiellen und geistigen Arbeit ist, so hat Saint Simon, Moses und Christus zusammengefaßt.[1])

[1]) Stein, II, 207. — Die Theodicee des Saint-Simonismus faßt sich in die Worte zusammen: Dieu est tout ce, qui est. Vergl. Reybaud, Etudes sur les Réformateurs, II, 107.

Praktische Versuche der Saint-Simonisten. — Kaum war der allererste Lärm des Revolutionskampfes von 1830 verstummt, so ließen Bazard und Enfantin durch öffentliche Placate in Paris das Volk auffordern, zu einer industriellen und theokratischen Gemeinschaft der Güter und des Lebens zusammen zu treten, und wenn sich auch Bazard vergebens zu Lafayette begab, um die Staatsgewalt für seine Pläne zu gewinnen, so strömten doch Geld und Anhänger von allen Seiten zu. Die erklärten Theilnehmer ordnete man nach drei Graden; die unteren zwei Stufen bildeten das Noviziat; die Glieder der ersten Stufe constituirten sich zu der saint-simonistischen Familie, die in der Rue Monsigny nach Zusammenlegung ihrer Kapitalien einen gemeinsamen Haushalt führten (also mit eigentlicher Gütergemeinschaft). In Toulouse, Montpellier, Lyon, Metz und Dijon wurden fünf saint-simonistische Kirchen, in den einzelnen Vierteln von Paris zwölf saint-simonistische Schulen errichtet; in der Rue Monsigny anfangs wöchentlich, später täglich, wie man sich ausdrückte, gepredigt, und da trotzdem der Raum nicht mehr ausreichte, so eröffnete die Secte in der Rue Taranne, in der Rue Taitbout und im Athenäum noch drei andere Hörsäle.

Da kam unvermuthet schnell der Verfall. Enfantin bildete die Theorie von der Emancipation des Fleisches, die dem Saint Simon fremd und dem Bazard ein Gegenstand des Anstoßes war, weiter aus und verlangte anfangs Gleichstellung der Frau mit dem Manne, dann aber sogar völlige Aufhebung der Ehe, zu welchem Standpunkte er trotz des heftigsten Widerspruchs in einer öffentlichen Versammlung vom 19. November 1831 die ganze Schule erheben wollte. Bazard erschien nicht mehr und starb bald darnach gebrochenen Herzens; Pierre Leroux, der später als Communist auftrat, Reynaud, Cazeaux, Pèrreire und eine große Zahl andere angesehene Männer schieden aus der Secte; die Beiträge minderten sich, beim Jahresschluß zeigte sich ein Deficit von 30,000 Francs und die 4,000 Arbeiter, welche als Anhänger Saint Simon's auf Rechnung der Schule arbeiteten, mußten wegen Mangels ihre Werkstätten verlassen.[1]) Enfantin aber suchte die Idee des Doppelpriesters, der aus Mann und Weib besteht, zur Verwirklichung zu bringen.

Am 13. Februar 1832 trennte sich auch Olinde Rodrigues, neben Bazard und Enfantin der dritte Führer der Saint-Simonisten, mit seiner Fraction von Enfantin, den er noch kurz zuvor für den tugendhaftesten Menschen erklärt.

Mit 42 Anhängern, den Resten der Schule, begab sich nun Enfantin noch im nämlichen Monate Februar nach seinem väterlichen Gute Menilmontant, organisirte hier neuerdings die Familie und gebrauchte allerlei Sonderbarkeiten, um die verlorne Aufmerksamkeit noch einmal auf sich zu ziehen. Hacke, Pflug und Spaten wurden geführt, saint-simonistische Lieder zur Arbeit gesungen, besondere Trachten eingeführt und die Mahlzeiten unter zwecklosen Förmlichkeiten eingenommen. Das Publicum aber sah entweder gleichgiltig oder lachend zu, bis nach etwa einem halben Jahre, am 27. August, Enfantin nebst Michel Chevalier, Duveyrier und Barrault als Gefangene eingezogen wurden, um sich wegen der Uebertretung eines Gesetzes, das die Vereinigung von mehr als zwanzig Personen verbot, vor den Assisen zu verantworten. Damit war auch der Familie von Menilmontant ein Ende gemacht.

Im Jahre 1858 gab Enfantin, damals Sekretär einer Eisenbahn-Verwaltung, unter dem Titel: „P. Enfantin, 1858. St. Simon, 1813. Science de l'Homme. Physiologie religieuse“ ein prachtvoll ausgestattetes Buch heraus, mit einer hochachtungsvollen Widmung an Napoleon, die nach der Absicht des bejahrten Schriftstellers mit dem Titel eines Senators hätte belohnt werden sollen. Im August 1864 wurde der einstige Vater der Familie von Menilmontant in Paris ohne kirchliche Ceremonie beerdigt.

Der Fourierismus. — Charles Fourier, am 7. April 1772 zu Besançon geboren, war der Sohn wohlhabender Kaufleute,

---

[1]) Engländer, Geschichte der französischen Arbeiter-Associationen, I, 299.

deren Stand er auch selbst ergriff. Durch die Revolution ähnlich, wie Saint Simon, seines Vermögens beraubt, trat er als Comptoirist in den Dienst eines Marseiller Hauses, in welcher Stellung er bis zu seinem Tode (10. Oktober 1837) einfacher Handelsdiener bleiben mußte, ohne sich je über sein Unglück zu beklagen.

Als Kind von fünf Jahren gab er einst einem Fremden, der ihn nach der Güte einer Waare fragte, die Antwort, die sich gebührte. Sein Vater strafte ihn dafür. Dieß hatte aber zur Folge, daß Fourier, sobald er selbstbewußt denken konnte, auch schon die socialen Zustände seiner Zeit zu hassen begann. Einen nicht minder tiefen Eindruck machte auf ihn ein zweites Vorkommniß in Marseille. Während des Jahres 1799 war in der dortigen Gegend großer Mangel an Lebensmitteln; gleichwohl befahl ihm sein Kaufherr, eine Masse schadhaften Reises heimlich in das Meer zu werfen, damit sich des größeren Gewinnes wegen der Preis auf das noch übrige Korn aufrecht halten ließe. Das brachte in Fourier den Vorsatz zur Reife, gleichzeitig mit Saint Simon auf der Grundlage einer Philosophie, welche nicht nur im Allgemeinen praktisch, sondern speciell auf die Industrie anwendbar wäre, die Erneuerung der Gesellschaft anzustreben. Im Jahre 1808 veröffentlichte er seine erste, im Jahre 1835 seine letzte Schrift. Seine vorzüglichsten Mitarbeiter waren Just Muiron, Lechevalier, Abel Transon, Baudet-Dulary, Hyppolite Renaud, ganz besonders aber Victor Considérant.

Wie Cartesius bei seinen Untersuchungen von der Thatsache des Denkens ausgeht, so Fourier von der Idee des Glückes, die in ihrer Verwirklichung zu einer Thatsache des Herzens wird. Das Glück ist, sagt er, des Lebens Kern und Blüthe und Grundton und höchste Entfaltung, darum aber auch der Punkt, von dem aus der Mensch das All am würdigsten verstehen lernt.

Worin besteht nun das Glück? Die Philosophie bleibt stumm auf diese Frage; Fourier macht es ihr zum Vorwurfe, daß sie alles zu entwickeln, zu begreifen, zu gestalten suchte, nur das Glück nicht. Und wenn uns der Glaube auf das Paradies verweist, so klagt Fourier, daß die Hoffnung auf ein künftiges Leben nicht das Glück des jetzigen sei. Glück ist die Befriedigung der Triebe, sagt er; indeß nicht jene Befriedigung, die zur reinen Ruhe geworden ist und den Trieb aufhebt, sondern jene, bei welcher der Trieb noch ungeschwächt fortdauert. Glück ist der ewig auf's Neue entstehende und stets auf's Neue in der Bewegung zu seinem Ziele hin befriedigte Trieb; Trieb, Bewegung und Ziel sind die drei Elemente des Glückes.

Bewegung aber herrscht überall; darum ist auch überall ein bewegendes Princip, das man als Trieb, im Menschen als Leidenschaft, sonst auch mit einem allgemeinen Ausdruck als Angezogensein bezeichnet (attraction), sowie überall ein Ziel, wofür Fourier den Namen „Bestimmung" gebraucht (destinée). „Alles, was ist, ist attraction und destinée."

Die Triebe sind dazu da, um erfüllt, die Ziele dazu, um erreicht zu werden; Vollendung eines jeden Triebes durch Erreichung seines Zieles ist das allgemeinste Gesetz alles sich Bewegenden. Damit dieses Gesetz sich vollziehe, wird jeder Trieb zur Bewegung, und erreicht jede Bewegung ihr Ziel. Das Ziel ist nur dasjenige, was der Trieb als seine nothwendig zur Verwirklichung kommende Zukunft in sich trägt. So viele Triebe, so viele Ziele, und wo es ein Hinderniß der Bewegung gibt, stammt dasselbe nicht von Gott, sondern von den Menschen.[1]) Fourier nennt das den Einklang der Triebe und Ziele und spricht die Wirklichkeit dieses Einklangs als sein erstes Princip aus.[2])

Daraus folgt, daß es keine Sünde, keinen Schmerz und keine Familie mehr geben könne. Die Vereinigung der Attraction mit der Bestimmung in der Weise, daß man sich die Bewegung nunmehr als eine ruhende denkt, ist die ver-

[1]) Stein II. 244. 270. 276. Reybaud II, 194.

[2]) Les attractions sont proportionelles aux destinées.

wirklichte Harmonie; Harmonie ist die ruhende Bewegung als Resultat.

„Indem wir aber dieselbe als solche betrachten, löst sie sich uns auf in eine Reihe von Resultaten, von einzelnen Punkten, die die Bewegung schrittweise durchwandert. Setzt man irgend einen bestimmten Trieb oder eine bestimmte Attraction, so ergibt dieselbe, mit ihrer Bestimmung als vollendetes Ganze gedacht, eine fortschreitende Reihenordnung, die nichts Anderes ist, als die vollzogene Bewegung oder die wirkliche Harmonie. Der Inhalt der Harmonie ist mithin auf diesem Punkte uns entwickelt; sie ist die Reihenordnung der Resultate der Bewegung, die Serie, und damit ist der zweite Grundsatz Fourier's gewonnen: Die Serie vertheilt die Totalität der Harmonie in einzelne Harmonien." [1])

Harmonie und Serie bilden das Gesetz der Bewegung. Jede Bewegung muß harmonisch sein, wird es aber nur dadurch, daß sie in der durch Attraction und Bestimmung bedingten Reihenfolge (Serie) fortschreitet.

Vom Absoluten und Ewigen redend nennt uns Fourier wieder nur Dinge, die wir schon kennen. Die Natur, sagt er, besteht aus drei unerschaffenen und unzerstörbaren Principien: Das eine von ihnen ist Gott oder der Geist, das zweite die Materie, das dritte die Gerechtigkeit oder Mathematik; Gott ist das thätige oder bewegende, die Materie das leidende oder bewegte, die Mathematik das jede Bewegung ordnende Princip. „Um die Harmonie zwischen diesen drei Principien aufrecht zu halten, muß Gott, indem er die Materie bewegt und ändert, in Uebereinstimmung sein mit dem mathematischen Gesetz." [2])

Durch Gott besteht im ganzen Universum eine Attraction, deßhalb ist auch das ganze Universum in Bewegung, und es

---

[1]) La série distribue les harmonies. — Vergl. Bluntschli, Staatswörterbuch VIII, 517. — Die beiden Sätze: „Les attractions sont proportionelles aux destinées" und „la série distribue les harmonies" wurden dem Fourier als Grabschrift gegeben.

[2]) Stein II, 273.

theilt sich dieselbe in vier Hauptzweige, in die sociale (passionelle), animale (instinctive), organische und materielle. [1])

Später fügte Fourier noch die aromale Bewegung hinzu. Die sociale Bewegung führt die Menschheit durch verschiedene Mittelstufen zur Einheit; die animale ist die der Instincte und Triebe in der Thierwelt; die organische geht aus der emblematischen Attraction hervor und erzeugt die Eigenschaften, Formen und Farben der Dinge; die materielle enthält das Gesetz der Gravitation, dessen Theorie Newton darlegte; die aromale ist die der Imponderabilien, der Elektricität, des Magnetismus u. s. w.

Die Dinge, die zu der einen dieser vier Bewegungen gehören, stehen mit den Dingen, die zu der anderen gehören, in jenem Verhältniß der Gleichartigkeit und Symmetrie, das man Analogie nennt. Fourier machte aus der Analogie ein Erkenntnißprincip.

Die Gesellschaft nun soll dadurch das Glück begründen, daß in ihr jeder Trieb zur Befriedigung kommt.

Der Mensch, der die sociale Bewegung bewerkstelligt, hat dreierlei Triebe: die Triebe des Luxus, die Triebe der Gruppe und unter Wiederkehr eines schon gebrachten Ausdruckes, die Triebe der Serie.

Unter Luxus versteht Fourier die Befriedigung des sinnlichen Bedürfnisses. Der innere Luxus sättigt das unmittelbar persönliche Bedürfniß und hängt zusammen mit der Art unserer körperlichen Beschaffenheit; der äußere Luxus besteht in dem Besitz der erforderlichen Mittel, also im Reichthum. Legt man diesen Trieb in seine Elemente auseinander, so gibt das die sonst bekannten fünf Sinne.

Gruppe nennt Fourier die kleineren socialen Körper. Der Triebe, die solche Körper bilden, gibt es vier: Freundschaft, Liebe, Ehrgeiz und Familiensinn.

Die Serie ist eine Vereinigung von mehreren Gruppen. Die serienbildenden Triebe haben bei Fourier die Namen pas-

[1]) Daher der Titel der ersten Fourierischen Schrift: Théorie des quatre mouvements. 1808.

sion papillonne, passion cabaliste und passion composite. Die passion composite einigt, die passion papillonne sucht schmetterlingsartigen Uebergang von der einen Arbeit zur andern; die passion cabaliste, die man sonst Intrigue nennt, reißt unsere Kraft aus dem gleichmäßigen Zusammenleben mit ganzen Reihen von Verhältnissen heraus, lenkt auf ein einseitig bestimmtes Ziel hin und spornt zu dem Bemühen an, die Uebrigen zu übertreffen.

Die Triebe des Luxus nennt Fourier auch sensuell, die der Gruppe affektiv, die der Serie distributiv.

Die höchste Einheit, die Verwirklichung aller Bestimmungen, die verwirklichte Harmonie des ganzen inneren und äußeren Menschen mit sich selbst und mit der Welt ist der Uniteismus.

Besitz nun der materiellen Mittel ist die erste Unterlage für die Realisirung des Glückes. Die Welt aber ist arm; nicht einmal jenes geringste Maaß von Gütern, das zur Befriedigung unumgänglich nothwendig ist, kann Jedem zugesichert werden. Darum muß bei allen jenen Factoren, die zur Production mitwirken, eine Aenderung eintreten. Zuerst bei der Natur.

Der Widerspruch, in welchem die Natur durch ihre Kargheit mit der absoluten Berechtigung der Triebe steht, führt Fourier auf eine sehr utopische Kosmogonie. Er berechnet, daß die Erde 80,000 Jahre stehen und immer neue Formen annehmen werde, bis alle ihre Theile bewohnbar sind, die Orangen am Nordpol blühen, nur mehr nutzbare Thiere leben und das Meerwasser zu einem gaumenschmeichelnden Getränke geworden.

Aber auch so, wie die Erde jetzt ist, könnte sie mehr Früchte tragen, als sie wirklich trägt. Der Grund der verhältnißmäßig geringen Leistung liegt zumeist in der ungeeigneten Vertheilung des Bodens. Damit nun hier Abhilfe geleistet werde, verlangt Fourier eine neue Ordnung des Besitzes, und es hat dieselbe darin zu bestehen, daß mehrere Eigenthümer ihre ausgeschiedenen oft nur geringen Güter zu einem gemeinsamen landwirthschaftlichen Betrieb zusammen=

legen (association agricole). Die Einzelnwirthschaft ist kostspielig und zeitraubend und gestattet nicht, daß man jedes Grundstück je nach seiner besonderen Eigenschaft als Acker, Garten, Waldung, Fischteich u. s. w. verwende. Ueberdieß muß man wohl im Auge behalten, daß nach dem Gesetze der Analogie die Erde nur in ihrer Totalität mit der Totalität der menschlichen Triebe, nicht aber ein zufälliges Stück Land mit den Trieben eines zufälligen Besitzers harmonisch zusammenstimmt.

Nicht Gewalt jedoch, sondern die handgreifliche Thatsache des besseren Erfolges sollte nach Fourier zu dieser Gesellschaftung bewegen. Die einzelnen Grundstücke bleiben indeß auch nach der Verkoppelung wahres Sondereigenthum und werden Jahr für Jahr nach einem billigen Schätzungspreise verzins't.

Der zweite Factor der Production ist die Arbeit. Die Einen nun, die ohnehin reich genug sind, arbeiten gar nicht; die Anderen aber nicht mit der gehörigen Hingabe und empfinden ihr Tagewerk durch den jetzigen Zustand der Gesellschaft als bittere Last. Deßhalb ist erforderlich, auch eine neue Ordnung der Arbeit zu suchen, und zwar eine so beschaffene, daß durch sie die Arbeit nicht nur in ihren Producten, sondern in sich selbst zur Quelle des Glückes wird.

Dieses Ziel wird man erreichen, wenn vor Allem Jeder sich nur derjenigen Beschäftigung zuwendet, zu welcher ihn seine Triebe für den Augenblick oder für immer geneigt machen. Hiebei ist nun vorausgesetzt, daß es Niemanden gibt, der nicht gerade in irgend einer Thätigkeit seine Lust suchen würde. Der Trieb des Luxus vertheilt also die einzelnen Arbeiten an die einzelnen Arbeiter und wird dadurch befriedigt.

Die Triebe der Gruppe vereinigen sodann diejenigen, welche sich der gleichen Beschäftigung ergeben, so daß die Arbeit in diesem Stadium außer dem sinnlichen Genuß des Luxus auch den geistigen des Aneinanderschlusses gewährt. Die Triebe der Freundschaft, der Liebe, des Ehrgeizes u. s. w. müssen demnach von Natur aus ganz ebenmäßig mit den Trieben des Luxus vertheilt worden sein, denn sonst würden wohl Menschen zu einer Gruppe zusammengebracht werden, die eine verschiedene Arbeit pflegen.

Ueber den Trieben der Gruppe stehen ordnend und gegenwirkend die Triebe der Serie. Durch die passion composite entsteht die harmonische Arbeit größerer Gemeinschaften, die Serien heißen; durch die passion papillonne wird die Genußfähigkeit erhalten.

Die Serien verbinden sich zu Phalangen. Jede Phalange besteht aus etwa 1800 bis 2000 Personen, das heißt aus 24 bis 32 Gruppen, hat nach der Annahme Fourier's für jeden Arbeitszweig eine hinreichende Anzahl von Liebhabern und bildet ein ökonomisches Ganze. [1])

Fourier's Ziel ist also die Association, die jedoch nur schrittweise zur Verwirklichung kommt. Den Anfang macht der gegenseitige Schutz bei Verfolgung oder Wahrung bestimmter Interessen. Das ist die Periode des Garantismus. Auf den Garantismus folgt die einfache Association (séries debauchées); darauf die Phalange, und wiederum sollen hier die Grundbesitzer voran gehen. Die einfache Association ist das Morgenroth, die Phalange der Sonnentag des Glücks.

Dabei werden die fortschreitenden Formen der Gesellschaft mit den Umgestaltungen der Erde ganz gleichen Schritt halten und nicht minder wird sich auch die Art unserer körperlichen Constitution vervollkommnen. [2])

Jede Phalange erhält ungefähr eine Quadratmeile Landes und ein Gebaüde, das groß genug ist, alle Familien aufzunehmen, für sich angewiesen. Fourier nennt dieses Gebaüde Phanlansterium und beschreibt es bis in das minutiöseste Detail. Der Arbeitsbetrieb in der Phalange sollte ein ge-

---

[1]) Reybaud II, 201.

[2]) Fourier traümt von Menschen, die sich mit dem Vogel in die Lüfte, mit dem Fische in's Wasser begeben, 144 Jahre leben und täglich sieben Mahlzeiten einnehmen, wobei selbst der Mann aus dem gemeinsten Volke ein Dutzend Getränke und dreißig bis vierzig Gerichte vor sich hat.

meinschaftlicher sein, der Reinertrag aber jährlich vertheilt werden, und zwar so, daß hiebei nicht bloß das Talent und die Arbeit in Anschlag käme, wie nach dem System des Saint Simon, sondern auch das Kapital, das allenfalls Jemand in die Phalange mitgebracht hatte und nun von der Phalange verwendet wird. Auf das Kapital werden $^{4}/_{12}$, auf die Arbeit $^{5}/_{12}$, auf das Talent $^{3}/_{12}$ des ganzen Gewinnes ausgeschlagen. Die mitgebrachten Kapitalien aber und die treffenden Gewinnantheile wollte Fourier eben so, wie die überlassenen Grundstücke, als bleibendes Sondereigen betrachtet wissen.

Die Bedürfnisse, die Jeder hat, kann er in der Phalange selbst beziehen; denn die Phalange hat auch eine vollkommen eingerichtete Hauswirhtschaft und vermittelt allen Güterumsatz, ohne für ihre Waaren Procente zu nehmen. Der gegenwärtige Handel ist einer von den wesentlichsten Mißständen in der Welt.

Für jeden Arbeitszweig ist in der Phalange ein eigener Obere gewählt. Die ganze Phalange steht unter dem Unarchen; über zwei Phalangen gebietet der Duarch, über die ganze Welt der Omniarch. Die ganze Welt aber wird dem Systeme Fourier's beitreten, wenn die erste Phalange 1620 Mitglieder zählt. Dem Omniarchen wird Constantinopel als Sitz zugewiesen. Waffen und Garden gibt es nicht.

Die Kinder werden gemeinsam erzogen; Arbeitsunfähige auf Kosten der ganzen Phalange verpflegt und unterhalten. —

Considérant veröffentlichte im Jahre 1836 das folgende klar sprechende Glaubensbekenntniß: „Ich glaube an eine höchste Vorsehung, die der allgemeinen Ordnung vorsteht und sie regiert. Ich glaube, daß nach dem Plane dieser höchsten Weisheit alle Wesen, deren Leben das allgemeine Leben bildet, Aufgaben (fonctions) zu erfüllen und Gesetze zu befolgen haben; daß die besondere Bestimmung jeden Wesens der Bestimmung des Ganzen, von dem es ein Theil ist, nebengeordnet ist. Ich glaube, daß jedes Wesen, welches seine Bestimm=

ung erfüllt, genießt, und daß jedes Wesen, das seine Bestimmung nicht erfüllt, leidet. Ich glaube, daß die Gewalten des Vergnügens, des Genusses, des Glückes die Gewalten sind, welche Gott anwendet, um die Welten zu regieren, und um seine Gesetze allen Wesen zu offenbaren und vorzuschreiben. Das Leiden ist das Zeichen der Abweichung von der Bestimmung des Menschen. Der Mensch, welcher leidet, erfüllt nicht die Bestimmung des Menschen; die Menschheit, welche leidet, steht außer der Bestimmung der Menschheit. Das Wesen, welches leidet, steht außer seiner Bestimmung, außer der allgemeinen Harmonie; es ist außer der Gemeinschaft mit Gott. Je mehr das Wesen von seiner Bestimmung abweicht, desto lebhafter ist sein Leiden; denn das Leiden, vorgeschrieben, um die Wesen vom verkehrten Wege abzuhalten, muß um so mehr Gewalt über die Wesen haben, je weiter sie in die Abweichungen hineingerathen. Der Schmerz ist mithin das Zeichen des Falschen, der Charakter der zerstörenden Dinge (choses subversives); er trifft die verirrten Wesen, die getrennt sind von der allgemeinen Ordnung, getrennt von Gott. Jedes Wesen flieht das Leiden und bewegt sich nach dem Genuß; das ist das allgemeine Gesetz. Das Leiden ist mithin die natürliche oder göttliche Offenbarung von dem, was der Ordnung entgegensteht; der Genuß die natürliche oder göttliche Offenbarung der Wege der Ordnung. Die Wesen haben Gesetze zu erfüllen; Gott gibt ihnen einen Reiz, der diesen Gesetzen entspricht (des attraits proportionels à ces lois). Wenn Gott, der die Gaben der Wünsche und der Anziehungen den von ihm geschaffenen Wesen vertheilen kann, wie er will, ihnen einen anziehenden Reiz für die verbotenen Dinge gäbe, so wäre er abscheulich, hassenswerth, das Geschöpf müßte ihn hassen; denn ein solcher Gott wäre boshafter, tausendmal hassenswürdiger, als der Satan der christlichen Mythologie. — Wie! Gott, der mich geschaffen hat, der meine Leidenschaften geschaffen hat, der mich hat zur Welt kommen lassen mit Neigungen, Wünschen, Reizen, die er in mich gelegt, die die Consequenz der Organisation sind, die er mir gegeben und der Natur meiner Seele; Gott, der mir diese unauslöschliche Liebe der Freuden und des Glückes gegeben hat, die mein Leben ist, Gott sollte mich so ausgestattet haben, um mich zu verführen und zu verderben? Er gebietet mir unmittelbar durch die Stimme meiner Leidenschaften, Leidenschaften einer Natur, die er gemacht, — denn gewiß bin ich es nicht, der meine Natur gemacht hat, — und dieser Gott soll mir zur Aufgabe geben, den Neigungen zu widerstehen, welche sein Werk sind? Ich sollte, um ihm zu gefallen, auf meine Natur verzichten? — — Nein, mein Gott ist nicht böse und hat kein Gefallen an Grausamkeit, und nicht einen solchen grausamen Gott bete ich an. — — Das ist mein Gedanke über Gott, das ist mein Glaube. — Wer es übernehmen will ihn zu widerlegen, komme es zu thun: ich höre ihn. — Wer einen schöneren Glauben, einen höheren und gottesfürchtigeren (religieuse) weiß, komme, mir ihn zu sagen: ich höre ihn." [1])

Praktische Versuche der Fourieristen. — Baudet-Dulary, in der ersten Zeit Louis Philipp's Deputirter der französischen Kammer, ließ sich von den Ideen Fourier's allmälig derart durchdringen, daß er im Jahre 1832 die ausgedehnten Besitzungen, die er in Condé-sur-Vesgre im Déparement Seine-et-Oise ererbt hatte, zur Errichtung eines Phalansteriums verwendete. Die Theilnehmer sollten mit Kapitalien beitragen; wer zu arm hiezu wäre, sollte so lange gegen Bezahlung eines Taglohnes arbeiten, bis er die nöthige Summe erspart hätte. Nur Leute der letzten Art stellten sich, staunten aber in hohem Grade, als sie nach Forderung der passion papillonne bald die Hacke in die Hand bekamen, bald den Pflug führen oder an der Esse arbeiten sollten, bald zur Musik angehalten wurden. Schon im nächsten Jahre mußte das Unternehmen wieder aufgegeben werden.

Ein zweiter Versuch wurde in der Bourgogne gemacht, in welcher der Engländer Arthur Young das Gebaüde und die

---

[1]) Stein, II, 257.

Grundstücke der einst so berühmten Abtei Citeaux zu diesem Zwecke an sich brachte. Als in acht Monaten 800,000 Francs verbraucht waren, zerstreute sich auch diese Colonie.[1])

Auf amerikanischem Boden wurden in den vereinigten Staaten von 1840—1846 sechszehn Phalangen gestiftet; schon 1855 waren sie aber sämmtlich wieder eingegangen.[2])

Zweite Periode des Communismus.

Babouvismus. — Im Jahre 1828 veröffentlichte Buonarotti[3]) in Brüssel seine Geschichte Babeuf's, um so nach dem Sinne desselben weiter zu wirken; nach der Julirevolution von 1830 ging er zum zweiten Male nach Paris, aber erst seit 1835 gewann er einen größeren Anhang, namentlich unter den früheren Republikanern. Bald entstanden zwei Zeitschriften der wildesten Art: „le Moniteur républicain" und „l'Homme libre" und unter dem Namen der „Jahreszeiten" eine weitere geheime Gesellschaft, die ein eigenes Revolutionscomité hatte; Ad. Blanqui, Bruder des bekannten Nationalökonomen, Barbés und Martin Bernard waren die hervorragendsten Wortführer.

Der Prospect des Moniteur républicain erklärte: „Unsere Aufgabe ist es zunächst, Louis Philipp anzugreifen; dann kommen die Personen seines Gefolges an die Reihe. Der König, der Hof, die Minister, die Liberalen, die Besitzer, alles soll ermordet werden; kein Gott hat Rechenschaft über das zu fordern, was die Gleichheit gebietet." — Anderswo sagt die Partei der Jahreszeiten: „Es ist gewiß schön, Atheist zu

[1]) Engländer, Geschichte der französischen Arbeiter-Associationen I. 263 ff. — Im Jahre 1837, unter dem Ministerium Soult, nahmen 20—30 Officiere des zweiten Regimentes des Geniecorps das System des Phalanstére an, erhielten aber ihre Entlassung, da sie auch politisch agitirten

[2]) Deutsche Vierteljahrsschrift, Oktbr. 1855.

[3]) Buonarotti starb als Musiklehrer unter dem Namen Rémond 1837 in Paris.

sein, aber das ist nicht genug. Man ist kein Mann des Blutes, um schuldiges Blut sparsam fließen zu lassen."

Leute dieser Art erregten, nach dem Attentate des Alibaud vom 25. Juni 1836 und des Meunier vom März 1837 auch den Aufstand vom 12. Mai 1839; die Folge des letzteren war, daß sich die Republikaner ganz entschieden von den Arbeitern trennten.

Sich selbst überlassen, schlossen die communistisch Gesinnten unter den Arbeitern den Bund der travaîlleurs égalitaires, der den Materialismus, die Aufhebung der Ehe, die Zerstörung der Städte, die Unterdrückung der Künste und die gewaltsame Einführung des Communismus zum Ziele nahm. Pillot forderte in einer eigenen Schrift 1840 die gewaltsame und rücksichtsloseste Einführung des Communismus; Darmès machte am 15. Oktober desselben Jahres einen neuen Mordversuch auf Louis Philipp;[1]) die ganze Secte rief in dem Journal „l'Humanitaire", ihrem speciellen Organ, einmüthig nach dem Umsturz des Thrones, nach nationalen Werkstätten mit achtstündiger Arbeit des Tags und nach wechselseitigen Schulen.

Die Gesellschaft der Egalitaires, ist eine Fortsetzung der Gesellschaft der Jahreszeiten, wie die Gesellschaft der Jahreszeiten eine Fortsetzung der Gesellschaft der Familien und diese wieder eine Fortsetzung der Gesellschaft der Menschenrechte ist.

Lamennais. — Dem materiellen Communismus des Babeuf trat seit 1834 der religiöse des Lamennais[2]) gegenüber, der das Eigenthum im Namen evangelischer Liebe aufheben will.

---

[1]) Am 11. September 1841 erregten die Republikaner einen neuen Aufstand in Paris, dessen Führer der fanatische Socialist Quenisset war. Bei dieser Gelegenheit wurde auf Louis Philipp's vierten Sohn, den damals neunzehnjährigen Herzog von Aumale, geschossen. Menzel, die letzten 120 Jahre V, 170.

[2]) Lamennais war der Sohn eines Schiffsrheders aus St. Malo; geboren 1782 trat er 1808, kurze Zeit, nachdem er zum Priester geweiht worden war, als Schriftsteller auf. Seit 1833 entfremdete er sich der Kirche und starb von ihr geschieden am 27. Februar 1854, nicht ganz 72 Jahre alt.

Darauf folgte der theosophische Communismus des obscönen **Constant**, den man Abbé nennt, wiewohl er schon während seiner Vorbereitung auf den Priesterstand aus dem Seminar entlassen wurde; sodann des würdevolleren **Esquiros**, des **Pecqueur**, des **Dumesnil**, des **Didier** und **Terson**.

Weiter greifend war wieder die Wirksamkeit des Cabet.

Cabet war 1788 in Dijon geboren und wurde Advokat. Um einem Preßprozesse zu entgehen, flüchtete er 1834 nach England, kehrte aber in Folge der Amnestie von 1839 wieder in sein Vaterland zurück. Im Jahre 1840 veröffentlichte er in einem zweibändigen Werke unter dem Titel: „Reise in Ikarien" seine socialpolitischen Gedanken. Im Gegensatz zu Constant läßt Cabet die Ehe bestehen, verlangt aber Gemeinschaft der Güter, der Arbeit und der Kindererziehung; das Evangelium, glaubt er, ziele geradezu auf Gütergemeinschaft ab. Ein Feind der Gewalt, will Cabet den glücklichen Zustand, von dem er traümt, durch Unterweisung herbeigeführt und durch Uebergangsstufen angebahnt wissen. Als Mittel zur Verbreitung seiner Anschauungen dienten ihm ein auf Aktien gegründetes Journal, „Le Populaire," das in den Dachstuben der Arbeiter mit Spannung gelesen wurde, und regelmäßige Zusammenkünfte, welche Cours icariens hießen.

Von allen Seiten, selbst von den Communisten anderer Richtung auf das Heftigste angefeindet, und ohne Aussicht auf einen praktischen Erfolg, veröffentlichte er an seine Anhänger, die sich Ikarier, ihn aber vertrauensvoll Vater nannten, 1847 im „Populaire" einen Aufruf zur Auswanderung; wer sich betheiligen wolle, müsse die Summe von 600 Francs einbezahlen. Der Drang nach Aenderung lag so brennend in den Seelen, daß dieser Vorschlag Cabet's vielseitig mit Enthusiasmus aufgenommen wurde. Wer nicht Geld besaß, lieferte andere Werthgegenstände; die Frauen beraubten sich ihres Schmuckes; ein Correspondent bot 30,000 Francs, ein zweiter 110,000, eine Wittwe wieder 30,000; sechs Ikarier versprachen 160,000 Francs; zuletzt schenkte die englische Compagnie

„Peters" eine Million Joch Landes in Texas, wofern Cabet's Colonie bis zum 1. Juli 1848 davon Besitz nähme.

Sully, ein Engländer, wurde mit 3,400 Francs als Agent vorausgeschickt. Im Schreveport angekommen, erfährt er, daß der rothe Fluß, auf dem er nach Ikarien kommen wollte, gerade nicht schiffbar sei, und kaufte eine Wirthschaft von 300 Joch in Sulphur prairie.

Am 2. Februar 1848, zwei Monate nach Sully's Abreise, schiffte sich in Havre die erste, am 3. Juni die zweite Avant-Garde ein.

Schon die erste Avant-Garde trennte sich, als sie in Schreveport ankam; ein Theil blieb längere Zeit mit Sully zurück, ein Theil bahnte sich sogleich mit der Axt in der Hand einen Weg am Ufer des Flußes nach den Ländereien, die Peters zum Geschenk gegeben. Sie erkrankten aber an Fiebern oder durch den Sonnenstich. Von zwei Aerzten, die mitgezogen waren, hatte der eine die Apotheke entwendet und sich geflüchtet, der andere beging im Wahnsinn Selbstmord. Nach Ankunft der zweiten Avant-Garde in Texas tritt zur Entmuthigung auch Streit hinzu und man beschließt die Auflösung der Gesellschaft und Heimkehr.

Unterdeß hatte am 12. August eine Commission von fünf Mitgliedern mit 25,000 Francs und am 28. September eine dritte Avant-Garde den Weg angetreten. Die nun erst auswandernden und die bereits wieder zurückkehrenden Ikarier treffen sich unterwegs, verbinden sich größtentheils wieder und kaufen von dem Gelde, das so zusammenkommt, in New-York ein Haus.

Vom Oktober an verlassen sodann die eigentlichen Expeditionen der Ikarier ihr Vaterland. Alles sammelt sich in New-York, woselbst am 29. Dezember auch Cabet anlangt.

Auf einer Generalversammlung in New-York erklärt wieder ein Theil der Ikarier, den Communismus aufgeben zu wollen; die Anderen gehen mit Cabet nach Illinois, um in der Stadt Nauvoo am Mississippi eine Gemeinde einzurichten. Nauvoo, das erst seit etwa fünfzehn Jahren zur Stadt geworden war, bot viele leere Haüser, weil die Mormonen ihrer

Polygamie wegen von dort hatten auswandern müssen. Nach den ersten Anordnungen verließ Cabet seine Colonie auf einige Zeit, um sich in Paris gegen die Anklage, als habe er 200,000 Francs der übergebenen Gelder unterschlagen, zu vertheidigen. Damals lernte man ihn in Nauvoo entbehren; er kam dennoch wieder und traf eine Unzahl von Verordnungen. Dieß und die Monotonie des Lebens erregte Unzufriedenheit; der Sinn der Brüderlichkeit kam trotz aller Theorien nicht zum Durchbruch; man hatte Sehnsucht nach einem höheren Culturleben und wollte wieder sein eigener Herr werden.

Als Cabet über jene, die beim Verkauf der Colonieproducte sich betranken, zu grollen anfing, wurde er vertrieben. Gebrochenen Herzens starb er am 9. November 1856 in St. Louis als Opfer des Hungers. Nur Wenige blieben in Nauvoo als Communisten zurück. [1])

Mit Cabet war einige Zeit Theodor Dezamy verbunden; seit 1843 jedoch predigte derselbe den Diebstahl in der gemeinsten Form.

Pierre Leroux schließt sich an die Anschauungen des Lamennais und an Saint Simon, dessen Schüler er einst ganz gewesen war, zugleich an. Die Kosmogonie Saint Simon's gestaltet er zu einer Art chiliastischer Erwartungen um; eine Gesellschaft ohne Privateigenthum aber leitet er, wie Lamennais, aus „religiösen Axiomen" her.

Was Leroux philosophirte, fand an George Sand eine Vertreterin in Gebiete der Poesie.

Die Demokratie.

Unter dem Ministerium Guizot gelang es dem Könige Louis Philipp immer mehr, die Constitution zu einem Scheine zu machen und an die Stelle derselben eine persönliche Regierung zu setzen.

[1]) Deutsche Vierteljahrsschrift, Oktober 1855. — Engländer, Geschichte der Arbeiter-Associationen II, 101 ff.

Da verlangte die Opposition eine Umänderung des Wahlgesetzes. Die noch vorhandenen Ueberreste des Republikanismus schlossen sich, bis andere Zeiten kämen, diesen Bestrebungen sogleich an (1840); man hielt es aber für nothwendig, auch das Volk der Arbeiter beizuziehen.

Die Arbeiter hatten sich damals den Reichen gegenüber als ein eigener Stand fühlen gelernt und boten ihre Hand nur unter Bedingungen. Gerade die Aenderung des Wahlgesetzes, die in einer Verminderung oder völligen Aufhebung des Census bestehen sollte, diente als Mittel der Verständigung. Man konnte so der dienenden Klasse in der Ferne die Theilnahme an dem Rechte der Volksvertretung zeigen und versprach auch sonst Besserung der Zustände durch allmälige Regierungsmaßregeln. Wie sich bald zeigte, hatte man dabei vorzugsweise die Association im Auge. Politische Reform und sociale Reform verbanden sich von der Zeit an auf's Innigste mit einander und es bildete sich so neben den Socialisten und Communisten noch eine dritte Partei, die der Demokraten.

Stein schildert die Tendenzen derselben in folgender Weise: „Die Demokratie unterscheidet sich wesentlich vom Republikanismus. Der Republikanimus will nur principielle Gleichheit, die aber eine wirkliche Ungleichheit recht wohl zuläßt. Er will ein Recht, das es Jedem möglich macht, in der Gesellschaft wie im Staate zu den allerhöchsten Stellungen zu gelangen, aber er will nicht mehr; ob der Einzelne und in wie weit er diese Stellung erlangt, das ist nicht seine Sache. Er nimmt mit einem Worte die Gesellschaft, wie sie sich unter der Herrschaft der rechtlichen Gleichheit von selber macht, mit all ihren socialen Unterscheidungen und ohne dem Rechte des Staates eine höhere Aufgabe zu geben, als die der abstracten Gleichheit, der Privilegiumslosigkeit, der gleichen Anrechte auf jeden Erwerb. Der politischen Demokratie ist dagegen das Recht nicht der Zweck, sondern es ist ihr einerseits nur das Mittel, andererseits nur der Ausdruck ihrer Principien. Sie will die principielle Gleichheit durch die Gewalt des Staates und durch die thatsächliche Hebung der niederen Klasse verwirklichen." [1])

Der Advokat Ledru-Rollin war der Erste, der durch die öffentliche Anerkennung dieses Programms im Jahre 1841 im Departement der Sarthe seine Wahl in die Kammer der Abgeordneten durchzusetzen suchte, erreichte aber sein Ziel nicht vor dem Jahre 1846, das zwei neue Mordanfälle auf den König sah, den des Lecomte und des Henry. Bücher von größerem oder geringerem Werthe erschienen in Unzahl; am meisten aber wirkten die beiden Zeitschriften „l'Atelier" und „la Réforme". Die erstere, das Organ der socialen Bestrebungen, war im September 1840 gegründet worden, hatte gewöhnlich nur Artikel aus der Feder von Arbeitern, sagte sich vom Communismus und Socialismus entschiden los und verlangte zunächst Verbindungen zu gegenseitiger Unterstützung in Krankheits- und Unglücksfällen; vollständige Associationen, die es den Reichen unmöglich machen würden, künftig noch von der Arbeit Anderer zu leben, und Creditbanken, die eine allmälige Verminderung des Zinsfußes herbeiführen könnten, sollten folgen; der Staat aber müsse all das in's Werk setzen. Die Reform, die mehr zum Zweck politischen Wirkens 1843 begonnen worden, bekannte sich in socialer Beziehung mit dem Atelier zu den gleichen Grundsätzen: „Alle Menschen sind Brüder, sagt sie. Wo die Gleichheit nicht existirt, ist die Freiheit eine Lüge. Allerdings kann die Gesellschaft nicht bestehen ohne Ungleichheit der Fähigkeiten; aber größere Fähigkeiten dürfen nicht größere Rechte verleihen, sie legen nur größere Pflichten auf. — Die nothwendige Form der Gleichheit ist die Association. Der Endzweck der Association ist, zur Befriedigung der intellectuellen, moralischen und materiellen Bedürfnisse Aller durch die Anwendung ihrer verschiedenen Fähigkeiten und durch Vereinigung ihrer Anstrengungen zu gelangen. — Die Arbeiter sind Sklaven gewesen, sie sind Leibeigene geworden, sie sind jetzt Lohnarbeiter; man muß darnach trachten, sie in

[1]) Stein II, 475.

den Stand der Associées zu erheben. — Dieses Resultat kann nicht anders erreicht werden, als durch die Wirksamkeit der demokratischen Regierung. Eine demokratische Regierung aber, fährt die Reform weiter, ist diejenige, welche die Volkssouverainetät zum Princip, allgemeines Stimmrecht zu ihrem Ursprung und zu ihrer Aufgabe die Verwirklichung der Freiheit, Gleichheit und Brüderlichkeit hat. Die Regenten in einer richtig construirten Demokratie sind nur Mandatare des Volkes; sie müssen also verantwortlich und abberufbar sein. Die öffentlichen Functionen sind keine Auszeichnungen und dürfen keine Vorrechte sein; sie sind Pflichten. Das Gesetz ist der Wille des Volkes, formulirt durch seine Mandatare. Alle müssen dem Gesetze gehorchen, aber Alle haben das Recht, es öffentlich zu beurtheilen, damit es geändert werde, wenn es schlecht ist. — Die Erziehung der Staatsbürger muß gemeinschaftlich und unentgeltlich geschehen. — Der Staat muß die Initiative ergreifen in industriellen Reformen, welche geeignet sind, eine solche Organisation der Arbeit, wodurch der Arbeiter zu dem Stande der Associirten erhoben wird, herbeizuführen. Dem kräftigen und gesunden Bürger schuldet der Staat Arbeit, dem alten und schwachen Hilfe und Schutz." [1])

Die vorzüglichsten Mitarbeiter dieser gut redigirten Zeitschrift waren außer Ledru-Rollin noch Godefroy Cavaignac, der Bruder des bekannten Generals, Dupoty, Flocon, die beiden Arago, Schölcher, Joly, Baune und Louis Blanc.

Louis Blanc wurde 1813 in Madrid geboren, wohin seine Eltern mit dem Heere des Joseph Buonaparte gekommen waren. [2]) Seit 1830 lebte er in Paris, zuerst als Advokatenschreiber, dann als Journalist. Höhere Aufmerksamkeit erregte er, als die Revue du progrès, ein im Jahre 1839 gegründetes Blatt, aus seiner Feder einen Artikel über die „Organisation der Arbeit" brachte. Diese Abhandlung, die 1841 als

[1]) Stein II, 478.

[2]) Der Vater Louis Blanc's begleitete die Stelle eines General-Inspectors der Finanzen.

eigene Brochüre gedruckt wurde, entwickelt ein System, das man gouvernementalen Socialismus genannt hat.

Louis Blanc geht von dem Grundsatze aus, daß die freie Concurrenz der Verderb der gegenwärtigen Gesellschaft sei und deßhalb beseitigt werden müsse. Dieß kann nur dadurch geschehen, daß gegen die Kapitalien, aus denen sie entsteht, andere Kapitalien aufgeboten werden. Wer aber ist so mächtig, daß er mit seinem Kapitale alle anderen Kapitalien überwindet? Wer ist überhaupt der größte Kapitalist? Wohl nur der Staat. Und zugleich hat der Staat, sagt Louis Blanc, das höchste Interesse dabei, die Arbeiter zum Wohlstand zu erheben. Der Staat also soll den Privatproducenten gegenüber ebenfalls als Producent auftreten und zu diesem Zwecke Werkstätten übernehmen oder errichten (Nationalwerkstätten), Arbeiter bestellen und anfangs auch selber die Arbeit leiten. Da im Vergleich zu seiner Geldmacht jede andere Geldmacht zu gering ist, so wird er zuletzt der ausschließliche Producent werden und hat die Concurrenz durch die Concurrenz vernichtet. Ist aber das einmal geschehen, so hat man bei der Einrichtung der Arbeit dem demokratischen Element die Oberhand einzuraümen, so daß sich die einzelnen Fabriken von da ab ihre Vorsteher selbst wählen können.

Der Ertrag wird in drei Theilen verrechnet. Der eine dient, um Maschinen, Werkzeuge u. s. w. anzuschaffen; der zweite wird Kranken und Altersschwachen als Unterstützung zugewiesen; der dritte wird zur Ausbezahlung von Löhnen verwendet.

Ueber die Löhne gelten die zwei Grundsätze, daß immer der eine Arbeiter gerade so viel bekommt, wie jeder andere, und daß die verabreichten Summen hoch genug sein müssen, um eine behäbige Existenz zu sichern.

Mehr, als Jemand vor ihm, hat Louis Blanc das Proletariat darauf hingewiesen, sich nicht mit einer demokratischen Verfassung zu begnügen, sondern auch eine Staatsverwaltung zu verlangen, die gerade zum Vortheil der Arbeiter wäre. Dadurch wurde das System dieses Schriftstellers zum Beginn der socialen Demokratie.

Einen ganz eigenen Weg ging Pierre Joseph Proudhon.

Proudhon, der im Jahre 1809 in Besançon von armen Eltern geboren wurde, war zuerst Schriftsetzer, dann Corrector. Später ging er nach Paris, um sich den Wissenschaften zu widmen, was ihm durch ein Stipendium seiner Vaterstadt möglich wurde. Er wollte alle Disciplinen kennen lernen, bevor er sich einer speciellen auf die Dauer ergäbe. Sein letzter Entschluß war, nach den Mitteln zu suchen, durch welche sich die physische, moralische und intellectuelle Lage der ärmsten und zugleich zahlreichsten Volksklasse verbessern ließe. Im Jahre 1839 begründete er in Besançon eine Buchdruckerei; im nämlichen Jahre begann er auch die Ausarbeitung einer Preisaufgabe der dortigen Akademie: „Ueber die Folgen, die bisher in Frankreich das Gesetz über die gleiche Theilung der Güter unter den Kindern hervorgebracht hat und in Zukunft noch hervorbringen wird." — Proudhon verallgemeinerte das Thema und ließ die Beantwortung im folgenden Jahre unter dem Titel: „Qu' est-ce que la Propriété? ou recherches sur le principe du droit et du gouvernement" durch die Presse veröffentlichen.

Bei seinen Untersuchungen nun gelangte Proudhon zu dem Satze, daß das Eigenthum Diebstahl sei, und er ist stolz auf seine Entdeckung.[1] „Es wird ein solches Wort, sagt er, in tausend Jahren nicht zweimal gesprochen. Ich habe kein anderes Gut auf Erden, als diese Definition des Eigenthums, aber ich halte sie für kostbarer, als die Millionen Rothschild's, und ich wage zu sagen, daß sie das bedeutendste Ereigniß in der Regierungszeit Louis Philipp's sein wird. Mein ganzer Ehrgeiz besteht darin, zu beweisen, daß ich ihren Sinn und ihre Tragweite begriffen habe."

Gleichwohl ist Proudhon nicht Communist; er verwirft den Communismus als Ausbeutung des Starken durch den Schwachen, wie er das Privateigenthum als Ausbeutung des

[1]) Proudhon's Vorgänger war Brissot, Recherches philosophiques sur le droit de propriété et le vol. 1780.

Schwachen durch den Starken verwirft. Um auszudrücken, was er wolle, bedient er sich Hegelianischer Redeweisen. Die Gütergemeinschaft nennt er Thesis und sagt, sie sei die erste Form der Gesellschaft gewesen; das Privateigenthum, die zweite Form der Gesellschaft, nennt er Antithesis; das Dritte, das der Zukunft ihren socialen Charakter geben soll, nennt er Synthesis. Diese Synthesis ergibt sich aus der Correction der Thesis durch die Antithesis.

Es soll also auch nach Proudhon ein Privateigenthum geben. Man muß unterscheiden, sagt er, zwischen den Wirkungen der Occupation und den Wirkungen der Arbeit. Durch die Occupation besitzt man die Gegenstände, die man bearbeitet, und die Mittel, durch deren Hilfe man arbeitet. Die Gegenstände nun, die man bearbeitet, und die Mittel, durch deren Hilfe man arbeitet, werden nie Privateigenthum. „Dennoch läßt es sich nicht laügnen, daß der Einzelne der einzelnen Sache bedarf, und daß sich mithin um jede einzelne Persönlichkeit ein Kreis von Sachen bildet, die sich dem Leben derselben einverleiben und deren Wegnehmen mithin dieses Einzelleben stören oder gar zerstören würde. Diese Sachen soll nun freilich der Einzelne haben und behalten, aber nur im Besitze und nur zu seinem Gebrauche; sobald er sie nicht gebraucht, sind sie nicht sein, sondern gehören wieder Allen." [1]) Die Erzeugnisse der Arbeit dagegen werden zum wirklichen Privateigenthum.

Uebrigens hat sich Proudhon selbst nicht vollkommen zum Bewußtsein gebracht, welchen Gegner er überwinden wolle. „Nicht das Eigenthum als solches ist es, was er angreift, sondern das arbeitlose Einkommen. Er will, daß es kein Eigenthum geben soll, was nicht einerseits Gegenstand, andererseits Resultat der Arbeit sei; nur die Arbeit hat Recht, nur die Arbeit gibt Recht. Der Besitz ist ihm das Eigenthum, insofern es Object der Arbeit ist; der Genuß das Eigenthum, insofern es Resultat ist. Ein drittes Eigenthum, das Eigenthum, das

[1]) Stein III, 369.

ich weder persönlich verarbeite noch auch verzehre, mithin das rentetragende Eigenthum, gibt es nicht; wo es als Thatsache existirt, da ist es ein Diebstahl." [1])

Die Lehre Proudhon's ist also eine besondere Form des Socialismus, wiewohl er sich den Namen „Socialist" nicht gefallen lassen will.

Auf dem Titel seines Buches versprach Proudhon, daß er auch über die Regierung sprechen werde (sur le principe du gouvernement). Er glaubt, daß die gerechte Ordnung des Besitzes ein Aufhören des Staates und die Anarchie zur Folge haben werde, aber nicht jene Anarchie, die Verwirrung ist, sondern jene, vermöge deren beim Mangel jeden Herrschers die methodisch anerkannte und dargelegte Vernunft der Gesetzgeber und das Volk die ausübende Gewalt ist. —

Nachdem diese Schrift bekannt geworden, ließ sich Proudhon im Jahre 1843 auf einige Zeit bei dem großen Speditionsgeschäfte der Gebrüder Gauthier in Lyon anstellen. Im Jahre 1846 gab er sein zweites größeres, vielleicht sein bedeutsamstes Werk heraus: Système des contradictions économiques ou Philosophie de la misère. Hier den Nationalökonomen ebenso gegenübertretend, wie in seinem ersten Werke den Juristen, spricht er namentlich auch den Satz aus, daß sich Nutzwerth und Tauschwerth vernichten, indem die Vermehrung der Nutzwerthe den Tauschwerth vermindert (vergl. Seite 418), und daß der fortschreitende Wohlstand der Einen das fortschreitende Elend der Andern zur Folge habe. Das Jahr 1848 führte ihn wieder nach Paris.

Die Februarrevolution von 1848.

Louis Philipp schien vollständig gesiegt zu haben; da zwang ihn im Jahre 1848 der 23. Februar, das Ministerium Guizot zu entlassen, und der 24., sogar die Krone niederzulegen. Die industrielle Gesellschaft hatte die Souverainetät an sich ge-

---

[1]) Stein III, 381.

bracht; Dupont de l'Eure, Larmartine, Arago, Marie, Garnier-Pagès, Ledru-Rollin, Cremieux, Marrast, Louis Blanc, Flocon und Albert, der sich noch Tags zuvor in einer Werkstätte beschäftigt hatte, bildeten in provisorischer Weise eine eilfhaüptige Regierung.

Schon am 25., als diese Regierung noch nicht allgemein anerkannt war und schutzlos im Stadthause residirte, erschien vor ihr ein verhältnißmäßig kleiner, aber offenbar höchst entschlossener Haufe von Arbeitern unter Marche, einem Führer aus ihrem eigenen Stande. Mit einer Büchse bewaffnet, wie es auch alle anderen waren, trat Marche in das Sitzungszimmer und verlangte unter wilden Geberden die Anerkennung des Rechtes auf Arbeit. Lamartine wollte ihn beschwichtigen. „Keine Phrasen, genug Poesie," rief Marche. „Das Volk ist Herr und befiehlt Euch." Nicht mit Kanonen, entgegnete Larmartine, werde man ihn zwingen, ein Gesetz dieser Art zu unterzeichnen, und zwar aus zwei Gründen. Der eine sei, weil er, obwohl seit zwanzig Jahren mit Studien über das Wesen der industriellen Gesellschaft beschäftigt, doch nie diese zwei Worte habe verstehen können; der andere, weil keine menschliche Macht, wenn sie dem Volke Organisation der Arbeit verspricht, ihr Wort werde halten können. Marche wurde bewegt.

Unterdeß hatte sich aber Louis Blanc mit Flocon und Ledru-Rollin in eine Fensternische gestellt und folgendes Decret entworfen: „Die provisorische Regierung der französischen Republik verpflichtet sich, dem Arbeiter seinen Unterhalt durch die Arbeit zu garantiren. Sie verpflichtet sich allen Bürgern Arbeit zu garantiren. Sie erkennt an, daß sich alle Arbeiter associiren müssen, um den rechtmäßigen Ertrag ihrer Arbeit zu erhalten." Ledru-Rollin, welcher das Volk nie begriffen hatte, setzte rasch noch hinzu. „Die provisorische Regierung gibt den Arbeitern, denen sie gehört, die Million der Civilliste zurück, die bald fällig sein wird."

Alle gaben ihre Unterschrift, selbst Larmartine, dem es genügte, daß Louis Blanc die Worte: „Recht auf Arbeit" und

„Organisation der Arbeit" nicht aufgenommen hatte. Damit war aus der politischen Bewegung eine sociale geworden und die Regierung selbst ging voran.

Wollte aber die Regierung Arbeit garantiren, so mußte sie selbst dieselbe geben können. Deßhalb erschien schon am 26. Februar ein Decret des folgenden Inhalts: „Die provisorische Regierung verordnet die unmittelbare Errichtung von Nationalwerkstätten. Der Minister der öffentlichen Arbeiten ist mit Ausführung dieser Verordnung beauftragt."

Wenn übrigens hier von Werkstätten geredet ist, so darf man nicht an Gewerbe denken; es waren zunächst Nivellirungen und grobe Erdarbeiten in's Auge gefaßt.

Am 28. Februar erschienen die Arbeiter wieder vor dem Stadthause und verlangten durch eine Deputation ein eigenes Ministerium, das sie Ministerium des Fortschrittes nannten, und Organisation der Arbeit. Larmartine widersprach mit allem Nachdruck, Louis Blanc aber drohte, aus der Regierung auszutreten, sofern man nicht willfahre.

Unterdessen waren Garnier-Pagès und Marrast auf die Seite getreten und hatten sich über einen Ausweg verständigt. „Statt eines Ministeriums wollen wir eine Commission in's Leben rufen, welche die Frage studiren soll." Erst nach neuer Weigerung gab Louis Blanc nach und entwarf dann selbst folgendes Decret: „In Erwägung, daß die Revolution, durch das Volk gemacht, auch für das Volk gemacht sein muß; daß es Zeit ist, den langen und unbilligen Leiden der Arbeiter ein Ziel zu setzen; daß es für eine republikanische Regierung keine höhere, keine würdigere Beschäftigung gibt, als die Arbeiterfrage; daß es namentlich Frankreichs Aufgabe sein muß, ernstlich ein Problem zu studiren und zu lösen, das gegenwärtig allen industriellen Nationen Europas gestellt ist; daß man Maaßregeln treffen muß, um dem Volke die rechtmäßigen Früchte seiner Arbeit zu garantiren: verordnet die provisorische Regierung der Republik, eine permanente Commission unter dem Namen „Regierungscommission für die Arbeiter" zu ernennen, damit dieselbe die Lage dieser Volksklasse prüfe. Zum

Präsidenten dieser Commission ernennt sie Luis Blanc, zum Vicepräsidenten den Arbeiter Albert. Arbeiter werden berufen, um an den Berathungen Theil zu nehmen. Der Sitz der Commission wird im Palais Luxembourg sein."

Am 1. März wurden die Nationalwerkstätten und zugleich die Versammlung im Luxembourg eröffnet.

Die Nationalwerkstätten. — Wer Zulaß zu den Nationalwerkstätten begehrte, mußte in Paris oder seinem Stadtgebiet ansäßig sein und hatte sich in irgend einem Quartiere an dessen Vorstand zu wenden. Der tägliche Arbeitslohn bestand in 2 Francs. Der Zustrom war ein ungeheurer; man wußte nicht mehr, wo man die Angemeldeten unterbringen könne. Da beschloß die Regierung, um Aufruhr zu vermeiden, auch jene sollten Geld erhalten, für die sich keine Beschäftigung vorfindet, 1 Francs und 50 Centimes des Tags. Die Arbeiter aber sagten sich: 1½ Francs ohne Arbeit ist besser, als 2 Francs mit Arbeit, und entschlossen sich zum Nichtsthun. Manchen Anderen gelang es, sich in zwei Stadtvierteln eine Ausbezahlung zu verschaffen. Die Zahl der Hände vermehrte sich und die Arbeit wurde trotzdem weniger.

Das war die Lage der Dinge, als ein junger Civil-Ingenieur, Emil Thomas, sich bereit erklärte, diese Staatswerkstätten auf anderen Grundlagen einzurichten. Nicht mehr die Stadtvorstände ertheilten die Aufnahme, sondern ein Centralbureau; analog den Serien und Gruppen Fourier's wurden Brigaden und Compagnien geschaffen, jede mit eigenen Vorstehern und eigener Bezahlung; Marie, der Minister der öffenlichen Arbeiten, sollte täglich mittheilen, wo es an Wegen, Brücken, Bauten u. s. w. etwas zu thun gebe. Jeder Angemeldete sollte an Privatmeister überwiesen werden, wenn sich irgendwo ein Ort für ihn fände. Den Oberaufsehern wurden für den Tag 3 Francs, den Unteraufsehern 2½ Francs angewiesen.

Seine Ernennung zum Director der Nationalwerkstätten erhielt Thomas am 6. März. Wenn er aber glaubte, dem Privatgewerbe in Fällen des Bedürfnisses Leute zuführen zu können, so täuschte er sich; vielmehr verließ man die Privatgewerbe und wandte sich ihm zu, so daß Meister um Meister, Fabrik um Fabrik die Arbeit einstellen mußte. Eines Tages kamen sogar sechshundert Mann, die Schauspieler, Maler oder sonst Künstler waren. Schon am 11. März waren es der auf dem Bureau Eingetragenen so Viele, daß die tägliche Ausgabe 20,000 Francs betrug; einige Tage später, um die Mitte des Monats, zählte Thomas 49,000 Mann; am 19. Mai 87,942 Mann; an diesem Tage war die Ausgabe 182,879 Francs. Und doch stieg die Zahl noch immer, so daß sie erst in den Tagen vom 17. Mai bis 10. Juni bei einer Tagesausgabe von 208,127 Francs ihre größte Höhe erreichte. Man kam zuletzt nicht bloß aus den Provinzen, sondern sogar aus dem Auslande; denn bei einem derartigen Anschwellen war es nicht mehr möglich, eine genaue Controlle über die Ansäßigkeit zu führen.

Für so Viele mangelte die Arbeit; Thomas mußte deßhalb jetzt ebenso, wie früher die Stadtquartiere, den Müssiggang honoriren. Viele wurden zum Gespötte der Vorübergehenden, weil ihr Dienst ein zu niedriger war; aber auch da, wo es ein ernstes Geschäft gegeben hätte, zog man sich von demselben zurück. Lesend, lachend, trinkend, erzählend, mit Spielkarten in der Hand, ohne Muth und ohne Kraft standen diese Leute um die Fahne her, die jede Truppe besaß, und suchten nichts, als ein leichtes Brod. Das Zeichen, das ihnen vorangetragen wurde, war keine Fahne der Ehre.

Die Regierungs-Commission im Luxembourg. — Louis Blanc erkannte recht wohl, daß mit einer Commission viel weniger erreicht sei, als mit einem eigenen Ministerium, wie er es gewünscht hatte. Ein Ministerium hätte, wie er selbst sagt, Bureaux, Agenten, ein Budget, die Hilfsquellen der Verwaltung und eine wirkliche Gewalt gehabt; die Commission hatte nur eine theoretische Aufgabe und man sollte Vorlesungen halten über den Hunger vor einem hungernden Volke. Später tröstete er sich damit, daß denn doch im

Luxembourg die sociale Revolution zum ersten Male in der Geschichte eine Tribüne erhielt.[1])

Nach mehreren vorbereitenden Sitzungen war am 10. März die Versammlung vollständig constituirt; 88 Gewerke der Stadt Paris waren in diesen Generalstaaten des Volkes, wie Louis Blanc diese Zusammenkünfte nannte, durch 250 Gesellen und 3 Arbeiterinen vertreten; am 20. März hatte man die Zahl der Theilnehmer durch neue Wahlen auf 500 erhöht. Sie ließen sich mit viel Selbstgenügsamkeit auf die Sammtsessel nieder, welche früher den Pairs von Frankreich gedient hatten.

Louis Blanc wollte auch die Meister beiziehen; nur 77 Gewerke entsprachen durch Sendung von 150 Bevollmächtigten.

Die ersten Resultate waren die Herabsetzung der täglichen Arbeitszeit und die Abschaffung der Marchandage. Nach der einen dieser Maßregeln sollte des Tags nicht mehr 11, sondern nur 10 Stunden gearbeitet werden, was indeß, wenn man die Zahl der Arbeiter auf 10 Millionen und den Ertrag einer Stunde auf 25 Centimes berechnet, einen täglichen Ausfall von 2,500,000 Francs verursachte.[2]) Nach der anderen sollte der Inhaber eines Geschäftes die Bestellungen nicht mehr bei einem Einzelnen seiner Leute, einem Werkmeister, machen, der dann diese Arbeit in der Weise durch seine Kameraden ausführen kann, daß er selbst die volle Bezahlung für dieselbe erhält, den Lohn seiner Kameraden aber herabdrückt, um den eigenen Gewinn zu erhöhen.

Die Verhandlungen waren ohne Ordnung; deßhalb schlug Louis Blanc vor, zwei Comités niederzusetzen, eines von Meistern und eines von Gesellen, jedes aus 10 Personen bestehend. Wer in diese Comités treten solle, das wurde nicht durch eine Wahl, sondern nach dem Grundsatze, daß Alle vollkommen gleich seien, durch das Loos bestimmt. In diesen engeren Kreisen sollte nun Louis Blanc seine Verbesserungspläne entwickeln; die Generalversammlung berieth erst nachträglich.

---

[1]) Engländer II, 243.

[2]) Engländer II, 260.

Während der Debatten „nahm nun Louis Blanc die Idee der Association, die ihm früher ferne gestanden, in sein System auf, und statt daß er früher eine sofortige Einrichtung der Staatswerkstätten forderte, wollte er jetzt die Gesellschaftung der Arbeiter eines und desselben Gewerkes in gemeinschaftlichen Werkstätten, mit selbstgewählten Aufsehern, gleichem Lohne und namentlich mit einem Vorschusse des Staates zur Gründung des ersten Unternehmungskapitals. Die Hebung der Arbeit soll hier innerlich durch das Gefühl der Brüderlichkeit, das diese Werkstätten hervorrufen werden materiell aber auch dadurch geschehen, daß die Arbeiter den Unternehmungsgewinn selber beziehen. Dazu traten nun die Ideen der übrigen Socialisten hinzu, die zugleich eine Organisation des Landbaues forderten und auch den Handel demselben Princip unterworfen wissen wollten. So entstand der allgemeine Plan der Commission, der im Wesentlichen durchaus die Voraussage der Regierung bestätigte, indem er jede theilweise Einführung der neuen Ideen für etwas Verfehltes erklären und zugestehen mußte, daß ein Zusammenwirken gleichartiger, durch lange Zeit hindurch consequent verfolgter Maßregeln, die in demselben Geiste der Organisation der Arbeit angeordnet und gleichzeitig Industrie, Ackerbau und Handel umfassen würden, die absolute Voraussetzung alles Gelingens dieser Pläne wäre. Das Proletariat aber begriff von alle Dem wesentlich nur Eines: — daß ihm mit der Theorie in keiner Weise geholfen sei, und daß die Erlösung von der gesellschaftlichen Unfreiheit auch von den Besten unter den Socialisten in eine künftige, schwer zu erreichende Zeit hinausgeschoben werde." [1])

Kämpfe vom März bis Juni. — Im März 1848 traf die provisorische Regierung die ersten Voranstalten zur Berufung einer Kammer, welche unter dem Namen „constituirende Versammlung" dem Lande nach Entfernung des Königthums eine neue Verfassung geben sollte. Man sah bald, daß die sociale Demokratie unterliegen werde; deßhalb war es der Plan

[1]) Stein III, 294.

der Arbeiter, eine Aufschiebung der Wahl zu erlangen, damit sich ihre Parthei unterdeß noch kräftige. Das war die Absicht der beiden Aufstände vom 17. März und 16. April, von denen der erste durch 150,000, der zweite durch 40,000 Blousenmänner aus den Nationalwerkstätten und der mancherlei Clubbs [1]) bewerkstelligt wurde.

Am 24. April wurde die Wahl gleichwohl vorgenommen; am 4. Mai wurde die constituirende Versammlung eröffnet, am 10. Mai statt der bisherigen provisorischen Regierung eine Regierungscommission (commission exécutive) niedergesetzt, zu der Arago, Garnier-Pagés, Marie, Lamartine und Ledru-Rollin berufen wurden. Nur Ledru-Rollin gehörte zur Parthei der Arbeiter.

Deßhalb veranstalteten dieselben, 100,000 Mann stark, am 15. Mai unter dem Vorwande einer Demonstration zu Gunsten Polens einen dritten Aufstand. Man verlangte von den Deputirten eine Milliarde für die Armee, Abstellung der Ausbeutung des Menschen durch den Menschen und eine neue Regierung.

Da dachte die Regierung an eine Schwächung der Nationalwerkstätten; am 25. Mai nahm man ihre Leitung dem Ingenieur Thomas ab und übertrug sie dem Lalanne; am 22. Juni entließ man auf einmal 7000 Arbeiter als überflüssig oder unbrauchbar. Eine derartige Katastrophe hatte der Hause längst erwartet und war vortrefflich geschult, mit Munition aber sogar besser versehen, als die Truppen und Nationalgarden. Am 23. Juni versammelten sich die Blousenmänner im Pantheon und ergoßen sich von da unter dem Rufe „zu den

---

[1]) Es gab damals einen Clubb du salut du peuple, de la régeneration sociale, des Prévoyans, de Quinze-Vingt, de l'unité, républicaine, des intérêts populaires, des Indépendonts, de la Montagne, des droits de l'home, einen Clubb central du travail und einen Clubb des Clubbs. Blanqui und Barbès waren besondes rege Agitatoren in diesen Versammlungen; der Clubb des Clubbs, der unter Ledru-Rollin's Leitung von Sobrier errichtet wurde, vereinigte die Führer aller Clubbs.

Waffen“ durch die Straßen von Paris. General Ludwig Eugen Cavaignac, der im Jahre 1828 in Griechenland, und von 1833—1848 in Afrika gekämpft hatte, wurde zum Dictator ernannt und mit Vertheidigung der Ordnung beauftragt. Erst am 27. Juni endete der Streit; 10,000 Todte lagen in der Stadt; die Regierung siegte, der Communismus und Socialismus war vernichtet, Louis Blanc mußte in's Ausland flüchten, die Nationalwerkstätten und das Arbeiterparlament im Palais Luxembourg gingen ein.

Als Cavaignac am 28. seine Dictatur wieder niederlegen wollte, wurde er unter dem Titel Conseilpräsident bis zur Feststellung der neuen Verfassung zum Staatsoberhaupt ernannt.

Proudhon's zweite Periode. — Cavaignac war ein aufrichtiger Republikaner, aber ein eben so entschiedener Gegner aller socialistischen Bestrebungen. Proudhon blieb damals der einzige Vorkämpfer der Arbeiter. Seit der Februarrevolution in Paris anwesend, betheiligte er sich an der Redaction des Représentant du peuple; am 15. Mai war er unter den Aufständischen, am 4. Juni wurde er durch eine Nachwahl mit 77,000 Stimmen in die constituirende Versammlung berufen; schon am 31. März aber hatte er auch den positiven erst fertig gewordenen Theil seines Systems, das nicht mehr die Arbeit, sondern den Credit [1]) organisiren sollte, unter dem Beifall Lamennais [2]) publicirt.

Damit dem Kapitale, sagt Proudhon, jene Macht, wodurch es verzehrend wirkt, wie das Feuer, statt schöpferisch zu sein, wie das Sonnenlicht, für immer benommen werde, ist ein Doppeltes nothwendig: Das Ausgeben unverzinslicher Darlehen und die Errichtung einer auf besonderen Gesetzen beruhenden Volksbank (banque d'échange). Die unverzinslichen Darlehen sollen den kapitallosen Arbeiter in den Stand setzen, als selbstständiger Producent aufzutreten; die Volksbank aber

---

[1]) Organisation du crédit et de la circulation et solution du problème social.

[2]) Im Représentant du peuple.

hat zunächst den Zweck, einen directen Austausch der fertigen Producte ohne Dazwischenkunft des Handels möglich zu machen.

Die Summen, welche die Bestimmung haben, als Darlehen zu circuliren, sollten dadurch gewonnen werden, daß alle Gehalte und Zinsen, die der Staat zu bezahlen hat, so wie alle Einkünfte, welche die Privaten aus industriellen Unternehmungen, als Rente, als Miethe oder sogar als Lohn beziehen, einer gesetzlichen Reduction unterworfen werden. Was die Staatsgehalte betrifft, so solle man bei einer täglichen Einnahme von 1$^3/_4$ Francs 4 Procent, bei einer täglichen Einnahme von 100 Francs 66 Procent fordern; ein Gehalt, der mehr als 100 Francs für den Tag beträgt, solle nicht mehr verliehen werden. Proudhon berechnete, daß auf diese Weise 2,500 Millionen gewonnen würden.

Uebrigens erachtete es Proudhon noch für nothwendig, daß die Preise aller Waaren und Leistungen nach der Höhe, die sie an einem bestimmten Tage haben, gesetzlich festgestellt werden, denn sonst würde die Macht des Verkehrs dieses neue Verhältniß wieder ändern.

Am 3. Juli, nur kurze Zeit nach seinem Eintritt in die Kammer, trug Proudhon diesen Theil seines Programms mit nur geringen Abänderungen [1]) der constituirenden Versammlung vor. Thiers wurde zum Berichterstatter ernannt und gab eine vernichtende Kritik; am 31. Juli wurde mit 691 gegen 2 Stimmen (die des Proudhon selbst und seines Freundes Greppo) der Uebergang zur Tagesordnung beschlossen. Dagegen hatte man am 6. Juli auf Antrag des Deputirten Alcan 3 Millionen zur Unterstützung der Associationen bewilligt, was ganz gegen den Sinn Proudhon's war; denn Proudhon hielt die Association für zu monarchisch.

---

[1]) Nach diesem modificirten Plane sollte der Miethzins für Immobilien und die Rente für Schulden auf Handschein sowohl als auf Hypotheken um $^1/_3$ herabgesetzt werden, wovon $^1/_6$ dem Miether oder Schuldner, $^1/_6$ dem Staate zu Gute käme; die Staatsrente sollte um $^1/_3$ zu Gunsten des Staates reducirt und alle Besoldungen nach einer Scala von 5—50 Procent vermindert werden.

Nun kämpfte man um das Recht auf Arbeit. Dieß war unter einer neuen Form die alte Forderung. Denn wann ist das Recht auf Arbeit in voller Geltung? Nur dann, wenn man ihr Stoff und Kapital gibt. Im September wurde auch dieses Recht verworfen.

Am 10. Dezember 1848 hatte die Präsidentenwahl statt. Ledru-Rollin war der Candidat der Socialisten, erhielt aber nur ½ Million Stimmen. Cavaignac, der Candidat jener Republikaner, die den Socialismus haßten, hatte 1½ Million Zettel für sich; Napoleon, der Candidat der conservativen Wohlhabenden, wurde von 5,472,590 Votanten gewählt. [1])

Als nun Napoleon durch einen Gesetzvorschlag das Wahlrecht wieder so beschränkte, daß ungefähr 3 Millionen Franzosen davon ausgeschlossen wurden, ein härteres Deportationsgesetz für politische Gefangene u. s. w. verlangte, vereinigten sich gegen ihn alle Häupter der Bewegung, Republikaner, Demokraten und Socialisten und bildeten die Parthei der starren Socialdemokratie.

Unterdeß hatte es Proudhon unternommen, den zweiten Theil seiner Reformpläne auf eigene Faust zu verwirklichen und am 31. Januar 1849 sich zu dem Notar Dessaignes in Paris begeben, um seine Volksbank für eröffnet zu erklären.

Dieselbe hatte die Verpflichtung, ihren Theilnehmern gegen ein eingeliefertes Product den Stoff zu weiterer Unternehmung oder einen Schein, der auf den Werth des Productes lautete, auszuhändigen. Diese Bankscheine mußten von allen Genossen an Zahlungsstatt angenommen, aber nie gegen Geld ausgelöst werden. Mangelte Jemanden das Material, um einen Anfang zu machen, so konnte er unter Zuziehung von zwei Zeugen einen Vorschuß erhalten. Immerhin war aber

---

[1]) Im Jahre 1844 schrieb Napoleon: „Gegenwärtig muß es Zweck jeder weisen Regierung sein, sich dahin zu bemühen, daß man bald sagen kann: Der Sieg des Christenthums hat die Sklaverei verdrängt; der Sieg der französischen Revolution hat die Leibeigenschaft verdrängt; der Sieg der demokratischen Ideen hat den Pauperismus verdrängt."

nicht die Production, sondern die Gütercirculation der eigentliche Zweck dieses Institutes.[1])

Proudhon steht dadurch namentlich zu Louis Blanc und Pierre Leroux in einem eigenthümlichen Verhältnisse. „Der Mensch ist Producent oder Consument oder Vermittler der Circulation. Dem entsprechen drei Formeln, in denen socialistische Schulen die Lösung des Problems, aus Arbeitern Besitzende zu machen, ausgesprochen glaubten. Louis Blanc hatte die Formel: Recht auf Arbeit oder Recht auf Production; die Formel Proudhon's war: Recht auf Credit oder Förderung der Circulation; Pierre Leroux sagte: Recht auf Consumtion.“ [2])

Proudhon's Volksbank sollte nach der Absicht ihres Begründers die ganze Gesellschaft in ihren Kreis ziehen und dann ohne Geld operiren. Um sich aber Bahn zu brechen und dem Gesetze zu genügen, mußte mit Kapitalien begonnen werden. Deßhalb gab Proudhon Actien aus von 1—25 Francs; 4 Millionen sollten zusammen gebracht werden. Uebrigens mußte man sich gerade nicht eine Actie kaufen, um Bank-Mitglied werden zu können.

Ein Verzeichniß vom 23. März 1849 führte 10,307 Theilnehmer auf, 1613 Meister und 8694 Arbeiter; am 26. März enthielt ein Ausweis die Angabe, daß die Zahl der Adhärenten in Paris 11,355, in Lyon 1,054, in Rheims 168, in Besançon 82 betrage. Ende April ging das Unternehmen in Folge einer Verurtheilung Proudhon's zu einer Gefängnißstrafe von 3 Jahren und einer Geldbuße von 3000 Francs wegen Beleidigung Napoleon's durch einen Zeitungsartikel wieder ein. Der Plan dieses Reformers, den Credit zu demokratisiren, konnte von da an als völlig gescheitert betrachtet werden.

---

[1]) Dem Proudhon gingen die Gebrüder Mazal voran, deren Bank von 1830—1845 bestand, ungefähr 50,000 Arbeiterfamilien als Theilnehmer zählte und nicht einmal Werthscheine ausgab, wie Proudhon, sondern nur Waare gegen Waare umsetzte.

[2]) Engländer IV, 88.

Unversöhnt mit Gott, dem er eben so wenig, als der Rente und dem Fürsten eine Existenz zugestehen wollte und den er das Uebel nannte, starb Proudhon am 19. Januar 1865, nachdem er 1858 wegen seines Werkes „De la justice dans la révolution et dans l'église“ noch einmal zu einem dreijährigen Kerker, vor dem ihn indeß Flucht und Amnestie rettete, verurtheilt worden war.

Arbeiterbewegungen in England.

Die Lage der Arbeiter in England war ohne Zweifel schlimmer, als die der Arbeiter in Frankreich. Owen machte auf brittischem Boden die ersten Versuche und Vorschläge zur Besserung.

Robert Owen wurde 1771 zu Newtown in der Grafschaft Montgomery geboren. Seiner Armuth wegen mußte er schon als Knabe von 10 Jahren in fremde Dienste treten und wurde Commis; mit 13 Jahren kam er nach London und erwarb sich bald einiges Vermögen. Nachdem er verschiedene Fabriken geleitet hatte, kam er in die Dienste des reichen Schotten Dale, der in Neu-Lanark an den Ufern des Clyde eine große Baumwollspinnerei mit einer Maschine von Arkwright besaß. Im Jahre 1800 gab Dale dem Owen seine Tochter zur Frau und machte ihn selbst zum Associé, bald sogar zum einzigen Inhaber des Geschäftes. Nach 4 Jahren war die Fabrik von Neu-Lanark, die in's Stocken zu gerathen drohte, wieder zur höchsten Blüthe gebracht. Er baute kleine Haüschen mit einem Garten um dieselben und vermiethete das Ganze, ohne Vortheil für sich; er legte Waarenlager an und gab die geforderten Gegenstände um den Einkaufspreis ab. Neu-Lanark war eigentlich eine Association von 2400 Menschen, die so gedieh, daß sie die allgemeine Aufmerksamkeit auf sich zog. Als das Parlament 1817 über die in Fabriken verwendeten Kinder verhandelte, wurde Owen amtlich um seinen Rath angegangen und bewirkte, daß deren Arbeitszeit auf zehn Stunden des Tages reducirt wurde. Kaiser Nikolaus besuchte seine Anstalt; mehrere Souveraine, darunter der König von Preußen, schrieben ihm eigenhändig Briefe; Tausende besuchten ihn jährlich.

Seit 1812 arbeitete Owen auch als Schriftsteller und erst in dieser Eigenschaft enthüllte er die Ziele seines Strebens vollständig.

Er schlägt vor, alles Land solle in Districte von je 1000 Acres zertheilt werden; jeder dieser Districte solle eine besondere Commune von etwa 1000 Seelen und ein Dorf enthalten. In jeder Commune werden Ackerbau und Gewerbe betrieben, und zwar ist sowohl Production als Consumtion eine gemeinsame. Arbeiten müssen Alle; die verschiedene Abstufung der Arbeit und des Alters bedingt die Stellung in der Gesellschaft. Privatbesitz ist überflüßig.

Die Erziehung geschieht von Gemeinde wegen und gemeinsam. Mit 15 Jahren hört man auf, Zögling zu sein, tritt als Arbeiter in die Commune und kann eine eheliche Verbindung treffen; ist sie unglücklich, so steht einer Lösung derselben nichts im Wege.

Reichthum ist die materielle Grundbedingung für eine heilsame Organisation der Gesellschaft; Moralität wird die nothwendige Folge dieser Organisation eben so sehr, als die einer guten Erziehung sein; denn der Mensch ist nach seinem Denken und Wollen das nothwendige Resultat der Wechselwirkung zwischen seiner äußeren Umgebung und inneren Natur, die sich wieder aus sinnlichen Trieben, sittlichen Eigenschaften und Verstandeskräften zusammensetzt. Die äußeren Verhältnisse aber haben sich gegenwärtig so ungünstig gestaltet, daß sie in hundert Fällen neun und neunzigmal verderblich wirken. Deßhalb ist kein Mensch verantwortlich für das, was er thut und geworden ist, und verdient weder Lohn noch Strafe; denn er ist eben so, wie er nach dem Gesetz der Nothwendigkeit sein muß. Besserung ist deßhalb nur durch Belehrung oder Aenderung der äußeren Verhältnisse bewirkbar. Und in der That hatte Owen schon in Neu-Lanark alle Strafe aus den dortigen Schulen verpönt.

Die Erziehung sollte nun so sein, daß man nichts Ueberflüßiges lernt. Sodann sollten alle Speculationen über das Wesen Gottes und über ein künftiges Leben fern gehalten werden; denn nur dadurch könne man vom Aberglauben und Todesfurcht befreit bleiben. Die bisherigen Religionen sind nicht nur falsch, sondern geradezu verderblich; die wahre Religion ist Bethätigung des Wohlwollens. „Der Mensch war bisher Sklave einer fluchwürdigen Trinität, die positive Religion, persönliches Eigenthum und unlösbare Ehe heißt.“ Das solle geändert werden.

Vorerst solle die Regierung provisorisch damit beginnen, daß sie außerhalb der Städte große Familien von 500—2000 Mitgliedern bildet. An der Spitze einer jeden derselben sollte ein Generalrath stehen, der auch den Verkehr nach Außen vermittelt und der ganzen Gemeinde für seine Regierung verantwortlich ist. Bei allgemeinen Angelegenheiten stimmt Jeder mit, der 16 Jahre zählt. Streitigkeiten werden durch ein Schiedsgericht, das aus den drei ältesten Mitgliedern besteht, unapellirbar entschieden.

Eigenthümlich war der Gedanke des Owen, eine Bank in der Art zu errichten, das alle Werthe auf Arbeitsstunden reducirt und die geringste Fraction des neuen Geldes auf eine Stunde angesetzt werden sollte.

Im Jahre 1818 besuchte Owen Frankreich, Deutschland und die Schweiz. Bald nach seiner Heimkehr verhandelte in London eine Versammlung von Staatsmännern und Nationalökonomen über die Mittel, das Loos der Arbeiter zu bessern. Owen trat vor sie und legte seine Pläne vor; im Jahre 1822 überreichte er sie sogar dem Parlament, aber ohne Erfolg.

Im Jahre 1823 ging er nach Amerika und suchte in Indiana am Wabash nach dem Muster von Neu-Lanark eine zweite Arbeitercolonie, Neu-Harmony, zu gründen. Das Unternehmen scheiterte und wurde zuletzt eine gewöhnliche Fabrik. Ein Antrag der Regierung von Texas an Owen, einen Theil des Landes zur Verwaltung zu übernehmen, erfuhr von Seite der Geistlichkeit so viel Widerspruch, daß davon Abstand genommen wurde.

Auch in England hatte sich die Lage der Dinge geändert, als Owen wieder dorthin zurückkam. Neu-Lanark war in Verfall gerathen, und die Arbeiter erwarteten wenig Heil mehr von dem Manne ihrer bisherigen Verehrung. Im Jahre 1824 hatten sie das Recht erlangt, Verbindungen unter einander einzugehen, und die Association wurde nun auch in England das Tagesgeschrei. Im Jahre 1829 bildete sich in London die erste Association dieser Art; im Jahre 1830 gab es deren bloß in dieser Stadt 42. Ihre Waffe war die Arbeitskündigung in Masse (strike).

Owen starb am 17. November 1858 in Newtown.

An der Seite Owen's suchten auch die Luddites einige Jahre zu reformiren, aber mit den Fäusten.

Luddites hießen jene Arbeiter, die zur Zeit der Continentalsperre durch Napoleon anfingen, den Grund ihrer Noth in den Fabriken zu suchen und daher denselben den Krieg erklärten. Durch geheime Eide verbunden, waren sie bemüht, ihren Anschlag durch Einschüchterungen, Gewaltthaten, Morde und Brandstiftungen auszuführen, so daß Leben und Eigenthum in gleichem Maaße gefährdet waren.

Nun ging im Jahre 1815 im Parlamente die Kornbill durch, deren Zweck es war, die Einfuhr fremden Getreides zu hemmen, damit die Lords, welche im Besitze fast allen Grundes und Bodens waren, für ihre Producte einen desto höheren Markt fänden. Schon das erregte Unruhen in der Hauptstadt.

Auf das Korngesetz von 1815 folgte aber der Mißwachs von 1816. Da verbreiteten sich die Brodtumulte weit über das Land; in Nottingham, Manchester, Birmingham und Merthyr-Tydvil gab es Zusammenrottungen; an manchen Orten wurden die Kornwucherer gewaltsam ihrer Vorräthe beraubt, an manchen anderen die Fabriken zerstört, deren Besitzer den Arbeitslohn nicht erhöhen wollten. Der Schauplatz der gefährlichsten Unruhen aber war London selbst, in dessen Nähe die Arbeiter auf der weiten Wiese von Spafields unter Leitung des Demagogen Hunt eine große Berathung hielten. Da man genug gesprochen, drang ein beträchtlicher Volkshaufe mit dreifarbigen Fahnen in die Altstadt ein und plünderte einen Waffenladen, wurde aber durch Militär wieder auseinander gesprengt.

Am 1. Januar 1817 versammelten sich die Abgeordneten von 23 Arbeiterclubbs in Middletown, einer Vorstadt von Manchester, und faßten den fünffachen Beschluß, daß jeder steuerzahlende Mann bei den Wahlen mitwirken solle, sobald er das achtzehnte Jahr vollendet habe; daß die Wahlen jährlich zu erneuern seien, daß kein Staatsbeamter oder vom Staate Pensionirter im Unterhause sitzen dürfe, daß jede Gesammtheit von 20,000 Einwohnern das Recht der Vertretung habe, und daß die einzigen Bedingungen der Wählbarkeit Talent und Tugend sein dürften.

Am 28. Januar wurde nun das Parlament durch den Prinzregenten, den späteren König Georg IV., feierlich eröffnet. Als derselbe nach der Ceremonie aus dem Hause der Lords wieder zurückkehrte, wurden Steine, Kugeln und sonstige Wurfgegenstände gegen den Staatswagen geschleudert. Die Regierung verlangte eine Untersuchung; die Untersuchung stellte heraus, es seien noch andere aufrührerische Bewegungen vorhanden; es wären Versuche gemacht worden, die Soldaten zur Untreue zu verleiten, man habe Waffen und Fahnen angeschafft, heimliche Vereidungen vorgenommen, aufrührerische Schriften verbreitet; die Gefängnisse sollten erbrochen, die Bank von England und der Tower sollten gestürmt, die Regierung gestürzt, das Eigenthum vertheilt und auf Grundbesitzer und Kapitalisten Jagd gemacht werden. Das Endergebniß waren die zeitweilige Aufhebung der Habeascorpusakte (bis in das nächste Jahr hinein) und die Verhaftung vieler hervorragender Agitatoren. Trotzdem hielten die Arbeiter von Manchester eine große Versammlung und wollten nach London ziehen, wurden jedoch vom Militär verjagt.

Im Jahre 1819 brachte ein Parlamentsmitglied, Francis Burdett, selber im Unterhause eine Reform in Vorschlag; sie sollte darin bestehen, daß neben dem adeligen Grundbesitze auch das Gewerbe vertreten würde. Es war das weniger, als die Arbeiter wollten; aber auch dieses Wenigere wurde von der aristokratischen Mehrheit verworfen. Die Rückwirkung auf das Volk äußerte sich dadurch, daß der Ingrimm der Arbeiter, der allerdings im Jahre 1818 die öffentliche Ruhe nicht gestört, aber deßungeachtet unter der Asche fortgeglüht hatte, in neuen Versammlungen zu Carlisle, Leeds, Glasgow, Ashon-under-Line, Stockport und London lauten Ausdruck fand. Allgemeines Stimmrecht, vermöge dessen auch den Gemeinden, welche bis dahin im Unterhause nicht vertreten waren, künftig dieses Recht zustehen sollte, und einjährige Dauer der Parlamente erkannte man wieder als das unfehlbare Heilmittel gegen die Uebel, über welche man zu klagen hatte. Die betreffenden Städte forderte man auf, in der Erwartung einer künftigen vollen Billigung unverzüglich einen Abgeordneten zu wählen.

Birmingham that es zuerst und ernannte den Sir Charles Wolseley zu seinem „Gesetzgebungsanwalt und Vertreter.“ Manchester wollte am 9. August dem Beispiele Birmingham's folgen. Inzwischen aber erließ die Regierung am 30. Juli eine Proclamation gegen derlei aufrührerische Versammlungen.

Der Agitator Hunt wollte gleichwohl eine Versammlung in Manchester abhalten. Um sie zu ermöglichen, erklärte er, sie solle nicht veranstaltet werden, um einen Gesetzgebungsanwalt zu wählen, sondern habe den Zweck, eine Petition um Parlamentsreform zu berathen. Die Vorbereitungen bestanden darin, daß die Arbeiter in verschiedenen Theilen von Lancashire während der Nachtszeit exercirten und militärische Ordnung erlernten; man sagte, die Leute sollten dadurch geschickt werden, in geregelten Reihen nach dem Versammlungsorte zu marschiren. Die Behörden jedoch sahen darin eine drohende Demonstration.

Vierzig tausend Männer und zwei Clubbs weiblicher Reformer, im Ganzen, wie die Anklage gegen Hunt sagt, sechzig tausend Menschen, erschienen am bestimmten Tage auf dem Petersfelde bei Manchester. Man trug Fahnen mit der Inschrift: „Allgemeines Wahlrecht,“ „gleiche Vertretung oder Tod,“ „keine Korngesetze.“ Hunt präsidirte und hatte eben eine Ansprache begonnen, als Cavallerie herbeikam. Wiewohl es schien, als wolle alles in bester Ordnung verlaufen, wurde er doch mit einigen anderen Häuptern gefangen, die waffenlose Menge aber zersprengt; 300 bis 400 Menschen wurden vere wundet, einige getödtet.[1])

Nun ruhten die lauten Bewegungen dieser Art bis zum Jahre 1835.

„Merkwürdig ist es übrigens, sagt Menzel, daß damals auch schon communistische Theorien im englischen Volke umgingen, wie viel später wieder in Frankreich. Ein gewisser Spencer, der 1819 schon gestorben war, hatte seinen Anhängern, den sogenannten Menschenfreunden, die Lehre hinterlassen, aller Grund und Boden gehöre dem Volke und müsse von Rechtswegen unter das Volk gleich vertheilt werden.[2])

Aus den Oweniten und Luddites gingen die Chartisten hervor.

Chartismus. — Von 1835 bis 1839 fanden viele Arbeiter in England nur kurze oder gar keine Beschäftigung; die Zahl der Dampfmaschinen, die in den Fabriken standen und lebende Hände überflüssig machten, stieg auf 200,000. Schon 1838, im zweiten Regierungsjahre der Königin Elisabeth, wurden deßhalb in Lancashire bei Fackelschein große Versammlungen abgehalten, die mit Reden voll wahnwitziger Leidenschaftlichkeit gewürzt waren; Waffen wurden zusammengebracht und Fabriken den Flammen überliefert. Nicholls Tom machte es während des Juli in Canterbury nach. Am 6. August traten dann unter Leitung des Advokaten Feargus O'Connor und der beiden Parlamentsmitglieder Artwood und Sholofield in Birmingham neuerdings etwa 200,000 Arbeiter zusammen.

---

[1]) Eskrine May, Verfassungsgeschichte Englands I, 159.

[2]) Die letzten 120 Jahre IV, 145. — Schon zuvor hatte Godwin den Glauben ausgesprochen, daß das Heil der Menschheit durch Güter- und Frauengemeinschaft garantirt sei. — Die Secte der Buchanisten ließ ihre Gründerin Elisabeth, die schon 1791 gestorben war, erst 1846 begraben, weil Manche erwarteten, daß der Communismus sich verwirkliche, bevor diese Prophetin in die Erde käme.

Der Tischler Lovets gab den Anwesenden ihre Richtung; er schlug vor, vom Parlamente zu verlangen:

1) Jeder Einwohner des Reiches, der im Mannesalter steht, hat das Recht, bei den Wahlen mitzuwirken;
2) die Parlamentsabstimmungen geschehen geheim durch Kugeln;
3) jährlich ist ein neues Parlament zu berufen;
4) um wählbar zu sein, braucht man sich nicht über ein bestimmtes Vermögen (300 Pfund) ausweisen zu können;
5) die Parlamentsmitglieder erhalten während der Sitzung Taggelder;
6) zwischen den einzelnen Wahlbezirken wird die Gleichheit dadurch hergestellt, daß man die Bevölkerung zum Maaßstab nimmt für die Zahl der zu wählenden Abgeordneten. [1])

Diese Punkte wurden als die wahrhaft volksthümliche Verfassung (National charter) erklärt; wer sich zu ihnen bekannte, erhielt den Namen Chartist und das neue Reformprincip den Namen Chartismus.

Von 500 anderen Versammlungen, unter denen die von Manchester im September die colossalste war, wurde diese Charte gebilligt, und die Bittschrift an das Unterhaus um die Einführung derselben erhielt in wenigen Monaten 1,285,000 Namensunterzeichnungen.

Im April 1839 trat in London aus Abgeordneten der einzelnen Vereine ein Arbeiterparlament zusammen, das einerseits neue Beschlüsse faßte, wie zum Beispiel, daß das Volk das Recht habe, sich zu bewaffnen, andererseits im Mai die Riesenbittschrift mit ihren 1,285,000 Unterzeichnungen überreichte. Am 12. Juni gab das Parlament einen abschlägigen Entscheid.

Bald zeigten sich allenthalben neue Tumulte. O'Connor begab sich mit seinen Anhängern von London hinweg nach Birmingham; hier nun, auf Hollyway-Head, dem sogenann-

[1]) Eskrine May II, 209.

ten heiligen Berge des Chartismus, nahmen die Beschlüsse den entschiedensten revolutionären Charakter an; hätte sich die Lage der Dinge bis zum August nicht geändert, so sollte man sich des Arbeitens gänzlich enthalten, und man bezeichnete diesen August als den heiligen Monat. Ein Aufstand in Birmingham war sehr ernster Art. Zusammenrottungen gab es auch in Manchester, Sheffield, Nottingham, Bury und Newcastle; an einer Versammlung bei Kersal-Moor in der Nähe von Manchester nahmen auch Frauenvereine Theil. An manchen dieser Orte zogen die Rebellen unter Drohungen, Erpressungen und Gewaltthätigkeiten von Haus zu Haus und störten selbst den Gottesdienst. In Chester nahm die Polizei 6000 Flinten in Beschlag. Newport in Wales wurde unter dem Leinwandhändler Frost und ein paar anderen Führern von Tausenden bewaffneten Chartisten überfallen und nur durch den muthigen Major Philipps gerettet.

Unter der Führung Duncombe's brachte am 4. Mai 1842 eine Volksversammlung eine zweite Bittschrift, die 3½ Millionen Unterschtiften zählte und von 16 Männen getragen wurde, ohne allen Erfolg in das Unterhaus. Die Forderungen, die man damals stellte, gingen weit über das Programm der ursprünglichen Chartisten hinaus; man erklärte außer der bestehenden Art der Parlamentsabstimmung und dem Maschinenwesen auch das Papiergeld, den Grundbesitz, die Presse, die Transportmittel, die Privilegien der Hofkirche und viele andere Dinge als schädliche Monopole, die aus der Gesetzgebung einer privilegirten Klasse hervorgegangen wären.

Darauf folgte Ruhe bis zum Jahre 1848. Die Pariser Februarrevolution aber machte auch den englischen Chartisten und ganz besonders dem Feargus O'Connor neuen Muth.

O'Connor berief auf den 10. April eine Versammlung nach Kensington, zu der man 150,000 Menschen erwartete. Von Kensington aus sollte die dritte Riesenpetition, von der man sagte, daß sie mehr Unterschriften trage, als irgend eine frühere, nach London gebracht werden. Allein statt der 150,000 Menschen erschienen nur 25,000, und als diese den Zug nach dem Westmünster machen wollten, wurde ihre Procession von 150,000 Gegnern, die sich auf Betrieb Palmerston's unter die Constabler hatten einschreiben lassen, daran gehindert. Bei der wirklichen Ueberreichung, welche später ohne die großen Volkshaufen geschah, berief sich O'Connor auf 5,706,000 Namen; nach näherer Prüfung fand sich aber, daß deren es nur 1,900,000 seien, und selber von diesen verriethen manche dieselbe Hand und waren andere fingirt; so fanden sich zum Beispiel die Namen der Königin, des Herzogs von Wellington und des Robert Peel zu verschiedenen Malen von fremder Hand auf das Papier gezeichnet.

Hiemit traten die Chartisten von der Bühne ab.

Beilage II.

Entwicklungsgang des deutschen Handwerks.

Man unterscheidet bei der Güterproduction drei Factoren: die Natur, die menschliche Arbeit und das Kapital. Im Anschluß daran kann man auch drei Grundformen des Erwerbes aus einander halten: Die Urproductionen, die Stoffe schaffen, die Gewerbe, die Stoffe umwandeln, und die Fabrikation, die übrigens von den Gewerben nur dadurch abweicht, daß sie die Aufgabe derselben auf eine andere Weise lös't. Bei den Urproductionen ist die Natur, bei den Gewerben die menschliche Arbeit, bei der Fabrikation das Kapital, das den Großbetrieb und den Bau von Maschinen möglich macht, die vorzugsweise wirkende Kraft.[1]) Redet man von Industrie, so versteht man darunter manchmal bloß die Fabrikation; in der Volkssprache

[1]) Bei der englischen Baumwollenindustrie leisteten 1856 380,000 Menschen das, wozu 1770 91,380,000 Personen, also die ganze damalige Bevölkerung von Frankreich, Oesterreich und Preußen nothwendig gewesen wäre.

versteht man darunter alle stoffumwandelnde Thätigkeit, also Fabrikation und Gewerbe; haüfig rechnet man auch einen Theil der Urproductionen hinzu: den Bergbau, die Forstwirthschaft und die aus Ackerbau und Viehzucht zusammengesetzte Landwirthschaft. In diesem Sinne zerfällt die Industrie in eine, wie Mohl sagt, agricole und gewerbliche und hat neben sich nur noch jene Arten der Volkswirthschaft, die man occupatorische nennt, als Fischfang, Jagd und Aehnliches.

Das Handwerk auf den Höfen der Großen. — Als das römische Reich durch die Germanen zertrümmert worden, gab es in ganz Europa keinen Handwerkerstand mehr, der auf Verkauf oder gegen Bestellung gearbeitet hätte. „Die vornehmen und reichen Klassen kannten nur drei Arten von Thätigkeit und Kraftaüßerung: Herrschen, Waffenwerk, Jagd. . . . Neben einer kleinen Zahl Reicher gab es aber eine große Masse von Gemeinfreien, welche wegen Mangel hinreichenden Besitzes genöthigt waren, ihr Brod durch eigene Arbeit zu verdienen. Auch diese armen Freien trieben kein Handwerk, sondern Landbau, Viehzucht oder höchstens Fuhrwesen.“ [1]) Nur der spärliche Handel wurde durch Freie, namentlich durch Friesen, betrieben.

„Es mochte wohl vorkommen, daß ein armer Freier, der keine Knechte hatte, wie noch zu Ende des vorigen Jahrhunderts der hochschottische Bauer, Zimmermann, Schmied, Schreiner, Färber, Weber, Gerber, Schuster u. s. w. in einer Person war. Gewöhnlich aber wurden die Handwerke von den Hörigen getrieben, die auf den Höfen des Adels und der begüterten Freien in großer Anzahl saßen. Hier haben wir die Hauptmasse und die größte Geschicklichkeit der ältesten Handwerker zu suchen. Ja, es bildeten die Diensthörigen, die zu bestimmten Arbeiten verpflichtet waren, eine Art von eigenem Stand, im Gegensatz zu den Hofhörigen, die das Feld bestellen mußten, nur daß der Stand, wie alle übrigen, ein Geburtsstand war und also immer von dem Vater auf

[1]) Gfrörer: Zur Geschichte deutscher Volksrechte, 1866. Bd. II, S. 139.

den Sohn forterbte. — Je zahlreicher diese Diensthörigen auf einem Gute beisammen wohnten, desto genauer wurden die Dienste und Verrichtungen unterschieden, so daß selbst eine Art von Arbeitstheilung entstehen konnte. Auf den großen Gütern des Königs, der Fürsten und später der Bischöfe und Aebte gab es sogar ganze Klassen verschiedener Handwerker, die, um sie leichter zu beaufsichtigen, in Aemter oder Innungen vereinigt waren und je einen vom Herrn ernannten Meister zum Aufseher hatten: Das sind die Vorläufer der späteren Zünfte." [1])

„Diese leibeigenen Arbeiter erhielten von ihrem Herrn den Rohstoff und thaten für Kost und Unterhalt die Arbeit hinzu; ein wahrer Lohn ward nur in Ausnahmsfällen gegeben und hatte dann den Charakter einer Belohnung besonderer Geschicklichkeit oder Anstrengung. . . . Sie bilden einen Anhang der Naturalwirthschaft, wie die Bodenhörigen, arbeiten nur für den Herrn und für wen es der Herr gestattet, und sind, wie die Bodenhörigen, dem Rechte unterworfen, welches der Herr für seine Höfe gibt und das daher den Namen Hofrecht hat." [2])

Nur zwei Arbeitsstätten, die Schmiede und die Mühle, hatten eine mehr allgemeine Natur. „Für das ländliche Leben sind zwei Handwerke geradezu unentbehrlich, das des Grobschmieds und des Müllers. Daß nun die größeren Gutsbesitzer ihre eigenen Mühlen und Schmieden hatten, erhellt sowohl aus den Gesetzbüchern als aus vielen Urkunden. Die Armen und Kleinen entbehrten dieses Hilfsmittels und brauchten doch Mühle und Schmiede eben so nothwendig, als die Reichen. So gab es denn Dorfmühlen und Dorfschmieden, die aber nicht Privateigenthum waren, sondern den Gemeinden gehörten. Deßhalb sagt der zweite Abschnitt des achten

---

[1]) So zum Beispiel bildeten in Straßburg die Sattler, Kürschner, Handschuhmacher, Schuster, Müller, Kufner, Bocherer, Schwertfeger, Oebstler und Weinleute noch vor ihrer Befreiung aus der Hörigkeit unter einem freigewählten Vorstand derlei Verbindnngen. — Marschner, das deutsche Gewerbewesen, S. 61 — und Arnold, das Aufkommen des Handwerkerstandes im Mittelalter, S. 8.

[2]) Arnold, S. 20. 10.

Titels der lex Bawarica: Wer in der Kirche, im Hofe des Herzogs, in der Schmiede oder der Mühle einen Diebstahl begeht, leistet sieben und zwanzigfachen Ersatz; denn diese vier Haüser sind Gemeindeeigenthum und stehen stets offen." [1])

Gfrörer fügt bei, daß die öffentliche Schmiede und die Dorfmühle seines Erachtens von einem Menschen betrieben wurde, der gleichfalls der Gemeinde gehörte, also ihr Sklave war.

Welche weiteren Gewerbe kannte man nun ursprünglich schon?

Die lex Salica (Titel XXXV, 6.) zählt als Dienstleibeigene den Grobschmied, Goldarbeiter und Schweinehirten auf. Die Hirten werden in den alten Volksrechten immer zu den Haussklaven gerechnet und hatten bei den Schwaben ebenso, wie die Handwerker, ein Wehrgeld, welches das des Feldarbeiters um mehr als das Doppelte überstieg.

Der Heroldische Text der lex salica, dem Grimm einen hohen Werth beilegt,[2]) fügt noch bei den Major, den Gfrörer für den Oberknecht des Hauses hält, den infector, der als Truchseß die Tafel des Herrn zu besorgen hatte, den scantio, der Mundschenk und Küfer zugleich war, den mariscalcus (Roßknecht), den strator (Sattler), den carpentarius, dem die Holzarbeiten zufielen, die gegenwärtig der Wagner und Zimmermann besorgt, und den vinitor (Winzer). Die unter dem Namen Reformata bekannte jüngste Bearbeitung des fränkischen Gesetzbuches erwähnt ferner den Müller und Jäger. Gregor von Tours kennt noch (Miracul. s. Mart. II, 58.) den Zimmermann und Verfertiger von Kleidungsstücken so wie (hist. franc. IV, 26.) den Wollenweber.

„Der Goldschmied ist ein stehender Artikel in den deutschen Gesetzbüchern. Woher nun solcher Luxus bei einem Volke, das erst zu staatlicher Bildung sich emporarbeitet? Daher, weil die Germanen bei dem Umsturze des römischen Reiches ungeheure Beute an edlen Metallen gemacht haben. Als die

[1]) Gfrörer, a. a. O. S. 140.

[2]) In der Vorrede zu Merkel's Ausgabe.

Westgothen unter Alarich 410 n. Chr. Rom einnahmen, mußte ihnen laut dem Zeugnisse des Zosimus eine Brandschatzung von 5000 Pfunden Gold und 30,000 Pfunden Silber bezahlt werden. In langen Wagenzügen schleppten sie die errungenen Schätze später nach Südgallien und Spanien. Nicht viel geringer kann die Beute gewesen sein, welche die Sueven, die Alanen, die Burgunder, die Vandalen, die Franken in den von ihnen besetzten Provinzen machten." [1])

Das Gesetzbuch der Burgunder, dessen älteste Stücke bis in's fünfte Jahrhundert hinaufreichen, während die späteren dem ersten Drittheil des sechsten Jahrhunderts angehören, [2]) spricht von Schweinehirten, Goldschmieden, Silberschmieden, Grobschmieden, Wagnern, Kupferschmieden, Schlossern, [3]) Schneidern, Schustern. (Titel X, 2 und XXI, 2.)

Das Gesetzbuch, das Karl Martell in der Zeit von 720 bis 730 mit der Schärfe des Schwertes den Alamannen aufzwang, [4]) kennt Schweinehirten, Schäfer, Altknechte, Pferdeknechte, Köche, Bäcker, Schmiede, Goldarbeiter, Waffenschmiede (spartarius), Müller und Weiber, die in Haüsern zusammenwohnen, [5]) um die für den Hof nöthigen Kleidungsstücke herbeizuschaffen. (Titel LXXIX, XXXVIII, LXXX). Auch Sägemühlen fehlten nicht. [6])

In Burgund und Schwaben gab es für die Handwerker schon in jener frühen Zeit öffentliche Prüfungen. [7])

Die lex Bawarica zählt gar keine Handwerksklaven auf, erwähnt jedoch die Mühle und die Schmiede (Titel VIII, 2).

---

[1]) Gfrörer a. a. O. S. 140 ff. und Geschichte Gregor's VII, Bd. VII, Seite 101.

[2]) Gfrörer, Gregor VII. Bd. VII, S. 102.

[3]) Ebenderselbe, zur Geschichte u. s. w. II, 147.

[4]) Ebend. Greg. VII. S. 103. — Zur Gesch. deutscher Volksrechte I, 167 ff.

[5]) Diese Weiberwerkstätten (gynaecea, genitia) stammen aus dem römischen Kaiserreiche und haben sich bis nach Karl dem Großen erhalten.

[6]) Gfrörer, Greg. VII. Bd. VII. S. 166.

[7]) Gfrörer, Gregor VII, Seite 102. — Zur Geschichte deutscher Völker. II, 144. — Warskönig, französische Staatsgeschichte I, 54 ff.

Sodann werden hölzerne Saülen, Balken, Latten, Bretter, Thürpfosten, Ziegelsteine und Kalkbrennereien, also Holzbau und Steinbau neben einander besprochen (Titel I, 14. IX, 5. 9. 14). Als der heilige Emmeram unter Theodo I. Regensburg besuchte, fand er die herzogliche Residenz aus Steinen wohl aufgemauert. Um 780 errichtete Ortlaib eben diesem Heiligen in Helfendorf an der Stelle seines Todes eine steinerne Kirche. Der heilige Corbinian, der um 717 nach Bayern gekommen, hatte zuvor schon in Freising einen steinernen Dom erbaut. Passau war zur Zeit Karl's des Großen, wahrscheinlich durch die Sorgfalt eines seiner Bischöfe, mit Mauern umgeben.[1] „Es kann demnach nicht fehlen, sagt Gfrörer, daß es schon im Laufe des achten Jahrhunderts unter den Hörigen Bayerns Maurer und Steinhauer gab, und Bayern ist, so viel ich weiß, das älteste rein deutsche Land diesseits des Rheins, wo die altdeutsche Zimmerart, der Mauerkelle und dem Hammer des Steinmetzen weichen mußte, während um jene Zeit in Schwaben keine Spur von Mauerhandwerk auftaucht und die einzelnen Raüme des schwäbischen Hauses keine andere Decke über sich haben, als das eigentliche Dach.“[2])

Auch Eisenhämmer findet man um 710 im Tessandergau im Brabantischen ausdrücklich verzeichnet. Ebendort gab es wohl größere Waffenfabriken, die ihre Producte verkauften. Das Gesetz der Ripuarier nennt den Helm, der gewöhnlich mit einem Aufsatz geschmückt war; dann Schwert, Schild, Lanze, Ringelpanzer (Brünne), Beinschienen und große Schleudern (Titel XXXVI, 11. LXX, 2).

Besonderen Aufschwung aber nahm das deutsche Gewerbe unter Karl Martel, Pipin und Karl dem Großen. „Es ist Karl dem Großen ergangen, wie Napoleon dem Ersten: Die Zeitgenossen priesen ihn vorzugsweise wegen der Waffenthaten, die er verrichtete, wegen der Eroberungen, durch die er das Erbe seines Vaters zu einem Weltreiche eroberte. Allein den

---

[1]) Urkunde vom 28. Dezbr. 821 in Monum. boica. XXVIII, S. 62.

[2]) Zur Geschichte deutscher Volksrechte II, 151. 148.

Werth seiner Loorbeeren übertrifft das, was er als Gesetzgeber und Staatsverwalter schuf. Der große Pippinide hat, was an den alten römischen Handwerken und Fabriken gesund war, wieder aufgerichtet und diesen Schatz durch neue Einrichtungen vermehrt; er hat eine Masse Städte theils vergrößert, theils begründet; er hat zuerst einen germanischen Großhandel angebahnt." [1])

Das Capitulare Karl's des Großen de villis vom Jahre 812 ordnet an, daß auf den königlichen Höfen die folgenden Handwerker sein sollten: Eisenschmiede, Goldschmiede, Silberarbeiter, Schuster, Dreher, Wagner, Zimmerleute, Schildmacher, Fischer, Vogelsteller, Seifensieder, Bereiter von Bier und Obstwein, Bäcker, welche Semmelbrod für die kaiserliche Tafel zu bereiten verstehen, Stricker von Netzen zur Jagd wie zum Fisch- und Vogelfang, [2]) Sattler, Schreiner, Bergknappen, die Eisen- und Bleigruben bearbeiten, Leute, die gekochten Wein, Maulbeersaft, Meth und Essig bereiten, Gerber und Küfer. [3]) „Karl befiehlt, daß die Amtleute stets gute in Eisen gebundene Fässer in Bereitschaft halten, die man zur Heerfahrt oder nach dem Palaste versenden könne, und untersagt, statt hölzerner Fässer, lederne Schlaüche zu brauchen. . . . Die Feldwagen, welche ebenfalls auf den Kammergütern verfertigt wurden, sollten wohl bedeckt und mit so fest geschlossenem Leder überzogen sein, daß man mit ihnen ohne Beschädigung des Inhalts schwimmend durch Ströme setzen könne." [4])

Das Spinnen und Weben des Leines sowohl als der Wolle, das Färben, das Walken und das Verarbeiten des Tuches geschah in den Genitien, zu denen dreierlei Raüme gehörten: casae, pistae und teguria. [5]) Die casae dienten zum Spinnen, Färben, Walken, Waschen u. s. w.; die pistae

[1]) Gfrörer, Papst Gregor VII, Bd. VII, S. 124.
[2]) Nro. 45.
[3]) Nro. 62. 66.
[4]) Gfrörer, Greg. VII, S. 128. — Zur Geschichte der Volksr. II. 163.
[5]) Capitulare de villis Nro. 49.

zum Trocknen; die teguria vermuthlich zum Weben.[1]) Die Amtleute hatten in diese Werkstätten Leim, Wolle, Waid (zum Blaufärben), Cochenill (Kremes) und Krapp (beide zum Rothfärben), Wollenkämme, Raufkarden (zum Rauhen des Tuches nach dem Walken), Seife, (zur Anwendung beim Walken des Tuches), Fette (zum Bearbeiten der schon gekämmten Wolle), Geschirre und andere kleinere Bedürfnisse, zu liefern.[2]) Das Geschäft des Tuchscheerens beschreibt schon Isidor von Sevilla; Walker werden auch sonst in Urkunden aus der Zeit Karl's des Großen erwähnt.[3])

Ein Capitulare vom Jahre 813 nennt die Waffen, die jeder in's Feld Rückende haben müsse: Helm, Schild, Panzer, Lanze, einen Bogen mit zwei Sehnen und mindestens zwei Pfeilen. Ferner sagt es: In den Karren, welche dem Könige bei einem Kriegszug nachgefahren werden, müssen sich Mehl, Wein, Salzfleisch, Handmühlen, Aexte, Hauen, Mauerbohrer und Steinschleudern, befinden. Ein Capitulare von 803 verbietet, Baugen, das heißt Arm- und Beinschienen, oder Brünnen aus der Fremde zu verkaufen. Alle diese Gegenstände wurden, vielleicht mit Ausnahme der Brünne, in Karl's Reich gefertigt. Den Anmarsch Karl's des Großen selbst gegen Pavia im Jahre 773 schildert der Mönch von Sanct Gallen so: „Karl, ein Mann von Stahl, zog ganz in Eisen gehüllt daher. Ein eiserner Helm deckte sein Haupt, eiserne Schienen seine Arme, ein eiserner Panzer seine Schultern und seine Brust; die linke Hand hielt die eiserne Lanze fest, die Rechte griff nach dem stets unbesiegten Stahl. Die Beine, welche Andere unbewahrt lassen, um leichter zu Pferde steigen zu können, waren von eisernen Schuppen umschlossen."

Zum Theil als Instrumente der Handwerker, zum Theil als Producte ihrer Arbeit sollen auf jeder Villa sein: Betten

[1]) Gfrörer, zur Geschichte der Volksrechte II, 167.

[2]) Capitulare de villis Nro. 43. Auch gestickt wurde in diesen Genitien. Vergl. Capit. aquisgran. von 789 Nro. 80.

[3]) Gfrörer, Gregor VII, Bd. VII, S. 131.

mit dem dazu gehörigen Apparate, Tische, Tücher, Gefäße aus Gold, Blei und Holz, Brandeisen, Ketten, Rechen, Hobel, Beile, Aexte, Bohrer, Zaüme, Messer, Spitzhauen, Meißel, Kessel, eherne Platten, Zangen.[1])

Die Erbauung einer kaiserlichen Residenz und des Mariendoms in Aachen durch Karl ist bekannt; auch seine Villen waren zum großen Theil aus Stein. Die Werkmeister wurden aus allen Ländern diesseits des Meeres berufen (Gesta Caroli Magni I, 28), und seitdem scheint eine Bauhütte in Aachen, vielleicht auch in anderen größeren Pfalzen, geblieben zu sein.[2])

Der Handel der Friesen und Sachsen, sowie die Nothwendigkeit, die Küsten gegen Normannen und Saracenen zu vertheidigen, nöthigten zum Schiffbau mit seinen vielerlei Kunstfertigkeiten. Uebrigens werden noch Gürtlerei und seit 851 auch Kunsttöpferei als eigene Gewerbe erwähnt.[3])

Die Gerberei war bis auf Heinrich IV. ein Nebengeschäft des Schusters, das Flachsspinnen, Bierbrauen, Kalk- und Kohlenbrennen, die rohere Töpferei und das Bereiten der vielen Schindeln, welche man für die Holzdächer brauchte, war in der Regel ein Nebengeschäft der hörigen Bauern. Die Leinwand bildete gegen das Ende des karolingischen Zeitraumes eine Grundsaüle des öffentlichen Wohlstandes; Millionen Stücke müssen jährlich bereitet worden sein und fast sämmtliche dem neunten Jahrhundert angehörige Saalbücher legen den Leibeigenen und Halbfreien die Lieferung von Wollen- und Linnentuch auf.[4])

Wie die Krone, so wirkten auch das Kloster und das Bisthum für die Gewerbe.

Mascher glaubt, die Mönche des Mittelalters Misanthropen nennen zu müssen, erklärt aber doch, daß sie die nützlichsten Glieder der Gesellschaft geworden seien. „Das hofrechtliche Ver-

[1]) Capitulare de villis Nro. 42. et pass. — Gfrörer, Gregor VII, Bd. VII, S. 140.

[2]) Gfrörer, zur Geschichte II, 17.

[3]) Gfrörer, Gregor VII, Bd. VII, 138. 145. — Zur Gesch. II, 176.

[4]) Gfrörer, a. a. O. Seite 129. 143. 144.

hältniß, sagt er in Hinsicht der Arbeit, war der Entwicklung des Gewerbewesens im Ganzen nicht günstig; hiezu bedurfte es eines anderen Hebels. Und dieser andere Hebel waren die Klöster, die aber gerade aus der Lehre des Evangeliums hervorgegangen waren, daß das höchste Ziel der menschlichen Thätigkeit keineswegs in den Bestrebungen und Zwecken dieser Welt zu finden sei. . . . Immer gab es einige unter den Mönchen, welche sich gewerblichen Beschäftigungen mit besonderer Vorliebe freiwillig unterzogen. Diese mußten es durch selbstständiges Nachdenken bald zu größerer Kunstfertigkeit bringen, als die dienstbörigen Handwerker. Durch die überwiegende Geschicklichkeit, welche sie erlangten, wurden sie dann die Lehrmeister ihrer Knechte, und durch die Forschungen und Entdeckungen, welche sie machten, trugen sie nicht nur wesentlich dazu bei, die ursprünglich einfachen Gewerbe zu vervollkommnen, sondern auch mannigfaltiger und kunstfertiger zu gestalten. Man kann deßhalb sagen, daß die Klöster die Pflanzschulen des Kunstfleißes und der mechanischen Geschicklichkeit gewesen sind, und daß in ihnen zuerst die Kunst aus dem Handwerk hervorgegangen ist. Bis zur Gründung von Städten waren die Klöster recht eigentlich die Träger des nationalen Fortschritts. . . ." [1])

. . . „Um den Arbeitsgeist zu wecken, hatten die Benedictiner die Vorschrift, möglichst wenig Geld für ihre Bedürfnisse auszugeben, sondern alles selbst zu pflanzen und zu bereiten. In seiner Regel schreibt der Heilige von Nursia vor, jedes Kloster solle, wenn es irgend thunlich sei, seine eigene vom Bache getriebene Mühle sammt Bäckerei umschließen. Eben daher weiß man auch, daß schon zu den Zeiten Benedicts im Mutterkloster nicht nur die für den Bedarf der Brüder nothwendigen Handwerke, sondern auch solche getrieben wurden, welche Waaren für den Verkauf lieferten. . . ." [2])

[1]) Das deutsche Gewerbewesen von der frühesten Zeit bis auf die Gegenwart, 1865, Seite 32. — Arnold, das Aufkommen des Handwerkerstandes S. 13.

[2]) Gfrörer, Gregor VII, Bd. VII, S. 135.

Drei Erzeugnisse, welche ihrer Zeit dem deutschen Handel einen unerhörten Aufschwung verliehen, waren naturgemäß an das Erscheinen des Christenthums geknüpft. „Die Altarbekleidung, die Gewänder der Priester bestanden im Mittelalter meist aus feinen Linnen, wozu Flachs den nöthigen Stoff lieferte. Das Kerzenlicht, welches auf dem Altare flimmert, erfordert große Massen von Wachs. Im geheimnißvollsten der Sakramente wird täglich Wein genossen, der deßhalb ein unentbehrliches Bedürfniß des katholischen Gottesdienstes ist. Also geschah, daß überall, wo das Klima es irgend erlaubte, mit dem Bischofe die Rebe, der Flachs und der Bienenstock einzog, weil die Geistlichkeit, den Benedictinern gleich, stets den wirthschaftlichen Grundsatz befolgte, das, was sie selber bauen könne, nicht um Geld zu erkaufen.[1]) Die Kirchenhörigen, sagt Titel I, 14. der lex Bawarica, entrichten das zehnte Gebinde Flachs, den zehnten Kübel Honig, auch pflanzen sie die Weinberge der Kirche."[2])

In Bayern waren ferner gerade auch die Bischöfe jene unternehmenden Bauherrn, die so viel Holz, Kalk und Steine zur Verwendung brachten. „Steht der Kalkofen in der Nähe, sagt der eben angeführte Titel der lex Bawarica in seinem vierzehnten Abschnitte von den Kirchenhörigen, so müssen zum Mindesten fünfzig Fröhner Holz und Steine herbeischaffen; ist er weiter entfernt, so sind hundert zum Dienste verpflichtet. Nach der Stadt oder nach einem Dorfe, wo es nöthig ist, sollen sie Kalk schaffen." Und Gfrörer fügt bei: „Die Mauerkelle ist eine der rühmlichsten Ahnenproben des Bisthums."[3])

Aus einem Saalbuch der Abtei Prüm, das um 804 abgefaßt wurde, lernen wir die Art der Ledergerbung kennen; die Hintersassen des Stiftes mußten Baumrinde liefern. Das

---

[1]) In Seeland wurde bis in's dreizehnte Jahrhundert Weizen nur auf den kirchlichen Gütern und zwar des Abendmahls wegen gebaut. — Dahlmann, Geschichte von Dännemark III, 81.

[2]) Gfrörer, Gregor VII, Bd. VII, Seite 109.

[3]) A. a. O. Seite 109.

Kloster Lorsch bezog seit 863 von einem Hofe jährlich vierzig gegerbte Ochsenhaüte als Zins. Eine Trierer Urkunde von 706 zeigt, daß dem Bischof Leodan Schindeln als gewöhnliche Abgabe geliefert werden mußten. Von dem Erzbischof Lullus, der von 756 bis 786 in Mainz residirte, verlangte der englische Abt Cudbert einen Glasbrenner und einen Citherspieler, er selber sandte aber eine schon vom heiligen Bonifacius erbetene Glocke als etwas daselbst noch Unbekanntes nach Deutschland. Der erste Citherspieler im fränkischen Reiche war ein Geschenk des Ostgothen Theodorich an Chlodwig I. Die Wirthschaftsordnung des Klosters Corbie an der Somme vom Jahre 822, die Adalhard, ein Enkel des Karl Martel, anfertigte, zählt in ihrem Eingang die Handwerker auf, die innerhalb des Klosters weilten und in verschiedenen Werkstätten vertheilt waren. In der ersten waren 3 Schuster, 2 Riemer, 1 Walker; in der zweiten 6 Grobschmiede, 2 Juweliere, 2 Schuster, 2 Schildmacher, 1 Pergamentgerber, 1 Schleifer, 3 Gießer; in der dritten, 3 Arbeiter, die nicht namhaft gemacht werden. Dem Krankenhause sind 2 Bereiter kühlender Getränke zugetheilt; über dem Thore arbeiten 4 Zimmerleute oder Wagner und 4 Steinmetzen. Im Ganzen hatte Corbie 143 Meister. Die Steinmetzen erscheinen hier zum ersten Male urkundlich als ein förmliches Gewerbe. [1])

„Unter Ludwig dem Frommen, zwischen den Jahren 830 und 835, wurde ein großer Neubau des Stifts Sanct Gallen vorgenommen. Zu diesem Zwecke hatte ein Mönch, wahrscheinlich Gerung, einen Bauriß auf einer 3½ Schuh langen, 2½ Schuh breiten Thierhaut entworfen, der noch heute vorhanden ist. Dem Risse sind Verse beigeschrieben, aus welchen hervorgeht, daß in dem Neubau folgende Handwerker besondere Wohnungen erhielten: Schneider, Schuster, Müller, Bäcker, Schwertfeger, Schildmacher, Bierbrauer, Walker und Glasbrenner." Stracholf, ein Glasbrenner aus Sanct Gallen, wurde an den Hof Ludwig's des Frommen beordert. Alt-

[1]) A. a. O. Seite 128 129. 135. 145. 149. Zur Geschichte II, 169. 179.

bischof Salomo von Constanz besaß Gläser aus der Sanct Gallener Hütte, die beweisen, daß sich bereits die Kunst mit dem Handwerke gepaart habe. Uebrigens hatte auch Constanz am Anfange des neunten Jahrhunderts Glasbrenner. Der Sanct Gallener Mönch Tancho, der schon vor Stracholf lebte, war der berühmteste Erzgießer seiner Zeit und versah unter Karl dem Großen den Dom von Aachen mit großen Glocken, die mit dem Anfang des neunten Jahrhunderts als gewöhnlicher Schmuck der Kirchen erschienen. In die Fußtapfen Tancho's trat etwas später der Mönch Totilo, der sich überdieß noch als Bildschnitzer, Citherspieler, Maler, Goldschmied und Baumeister auszeichnete. Schon einige Menschenalter vor Totilo gab es in den Klöstern Reichenau und Sanct Gallen geschickte Maler. Auch die Mönche von Corbie ließen in Cambray Indigo kaufen, wohl zu keinem anderen Zwecke, als zum Malen.[1])

Sanct Gallen muß bald einen neuen Fortschritt gemacht haben; denn bis 890 war der Neubau nach der allgemeinen Gewohnheit mit Schindeln bedeckt; von 890 an erhielt er nach dem Vorgang des Aachener Mariendoms Ziegel aus Blei.

Eccehard erzählt auch,[2]) daß die Hirten seines Klosters anfingen, das Alpenhorn in neuer Weise zu blasen. Also auch Trompeten und Aehnliches wurde schon damals angefertigt. „Noch mehr: bereits im neunten Jahrhundert verstanden deutsche Meister weit künstlichere Musikwerkzeuge zu construiren. Im Jahre 757 beschenkte der byzantinische Kaiser Constantin Kopronymus den Frankenkönig Pipin mit einer Orgel, welche wahrscheinlich die erste war, die nach Francien kam. Dreißig bis vierzig Jahre später übersandte Constantin V. an Karl den Großen ein noch viel vollkommeneres Orgelwerk. Allem Anscheine nach war in der zweiten Hälfte des achten Jahrhunderts Spiel und Bau der Orgel auch den

---

[1]) Zur Geschichte altdeutscher Volksrechte II. 168. 181. — Gregor VII, Bd. VII, S. 137. 145. 146. 147. 149. 150.

[2]) De casib. s. Galli cap. 3.

Italienern wohlbekannt. Allein während der Stürme des neunten Jahrhunderts scheint diese Kunst jenseits der Alpen verfallen zu sein.“ Ein Brief des Papstes Johann VIII. (872 bis 882) ist auf uns gekommen, in welchem er den deutschen Bischof Hanno von Freising um Uebersendung einer guten Orgel und eines geschickten Orgelspielers bittet. Der Papst muß also gewußt haben, daß es im Freisinger Hochstift, wahrscheinlich in irgend einem Kloster, Orgelbauer gab. — Wo aber Orgeln gebaut werden, muß die Verfertigung einfacher Instrumente längst üblich gewesen sein. [1])

Den Neubau von Sanct Gallen hatten Meister aus der Bauhütte von Aachen geleitet. Dem Beispiele Aachens eiferten Bischöfe und Erzbischöfe nach. „In der ersten Hälfte des neunten Jahrhunderts besaß der Metropolit von Salzburg eine Anzahl Meister, die er nach den entferntesten Orten seines sehr ausgedehnten Sprengels versandte. Erzbischof Luitprand (836 bis 859) ließ auf Bitten des Slavenfürsten Priwina Steinmetzen, Maler, Schmiede und Zimmermeister nach dessen Hauptstadt Moosburg gehen, um eine Kirche zu erbauen.“ [2])

Im Jahre 900 wird die Industrie Salzburg's auf eine andere Weise nützlich. Erzbischof Theodmar und seine Suffragane benachrichtigten nämlich damals den Papst Johann IX., sie hätten den Ungarn, deren Raubzüge eben begannen, Leinwand geschenkt, um dieselben vor Verheerung des östlichen Deutschlands abzuhalten. Der erste Tribut unserer Nation an die Magyaren wurde also in der Form von Leinwand abgetragen. [3])

Daß die geistlichen Stifte Metallarbeiten betrieben oder betreiben ließen, das erhellt auch aus dem Besitz von Erzgruben und der Ablieferung der hiezu nöthigen Stoffe durch die Hörigen. Dem Kloster Lorsch schenkte unter Karl dem Großen ein gewisser Adelot sein Drittheil an einem Eisenbergwerke zu Wannendorf im Lahn-

[1]) Zur Geschichte altdeutscher Volksrechte II, 178. 180. 182.

[2]) Ebend. Seite 185.

[3]) Gregor VII, Bd. VII, Seite 144.

gau. In dem Dorfe Wilina besaß das nämliche Kloster drei Bauernhöfe, die als Zins jährlich zwei und dreißig Masseln Eisen gaben; in Kandern eine Hube, die als Zins jährlich an Eisen den Werth von vier Schillingen lieferte. Kandern hat noch gegenwärtig Eisenwerke. Dem Kloster Füßen übertrug ein Graf Rudolf zur Sühnung von Mordthaten, welche von seinen Verwandten begangen worden, seinen Antheil an dem Ertrage der dortigen Stahlgruben. Das Kloster Fulda besaß in dem Dorfe Mitti zwei durch zwei und dreißig Liten bewirthschaftete Höfe; jeder dieser Liten mußte jährlich als Zins fünfzig Masseln Eisen liefern. Zu Geyß, einem Fuldaischen Amtshofe, saßen acht freie Pächter, von denen jeder jährlich zwei Schafe oder deren Werth in Eisen zu entrichten hatte. In Kissingen zinsten vier volle Höfe an das Bonifaciusstift außer Thieren alljährlich so viel Eisen, als man zu zwei Pflügen bedarf; ferner zwei Sensen, zehn Sicheln, drei Aexte, zwei Spitzhauen, zwei Platten, zwei Kessel. [1])

Wie der König selber that, so mußten auch die Stifte und Grafen Kriegswägen ausrüsten und dieselben mit Mehl, Wein, Salzfleisch, Handmühlen, Aexten, Hauen, Mauerbohrern und Steinschleudern versehen. [2])

Um die Mitte des neunten Jahrhunderts schrieb der gelehrte und fein gebildete Abt Lupus von Ferrières an den Abt Ludwig von Saint-Denis: Ich ersuche Eure Großmuth zu gestatten, daß zwei meiner Klosterhörigen von Euren Schmieden, deren Vortrefflichkeit durch den Ruf weit und breit verkündet wird, in der Kunst, Gold und Silber zu bearbeiten, unterrichtet werden mögen. Desgleichen gingen Mönche von Reichenau nach Sanct Gallen, um zur Ausschmückung dieser Abtei durch ihre Malereien beizutragen. Man sieht, die Klöster tauschten ihre Kunstfertigkeit gegenseitig mit einander aus. [3])

---

[1]) Ebend. Seite 139.
[2]) Ebend. Seite 143.
[3]) Zur Geschichte II, 185. — Gregor VII, Bd. VII, Seite 150.

Auch freie Gewerbsleute kommen nunmehr haüfiger vor, sowohl auf dem platten Lande als auf den Höfen des Königs und der Prälaten. Seit 822 hatte Französisch-Corvei 150 Präbendare, die Meister genannt werden und zwischen Hörigen und Freien in der Mitte stehen.[1])

Uebrigens hielt sich Karl der Große die Einsicht in den Zustand des Reiches offen. Im Jahre 751 war durch Pipin eine Aufzeichnung aller Kirchengüter angeordnet worden; in den Jahren 807 und 812 wurde dieser Befehl durch Karl erneuert und erweitert. Drei Bruchstücke der eingesandten Berichte sind noch vorhanden; sie geben genau die Zahl und Art der Arbeiter so wie die aufgezeigten Vorräthe an.[2])

Nach einer Periode des Verfalles unter den späteren Karolingern, welche den Pflichten der Krone nicht zu genügen vermochten, gedieh das Reich zu einer neuen Blüthe, die sich während der Unruhen unter Heinrich IV. nur kräftigte und selbst durch die Kriege der Hohenstaufen und die Schrecken des großen Interregnums nicht Schaden litt. Wieder waren Metallarbeiten, Lederbereitung, Wollentuch und Leinwand die vorzüglichsten Industriezweige. Von den steyermärkischen Eisenbergwerken berichtet sogar der arabische Geographe Iben-Sayd. „Eine Stadt des Landes Almannye heißt Sebekln. Sie liegt auf der Nordseite des kroatischen Gebirgs und daselbst werden die Waffen geschmiedet, die unter dem Namen deutsche Schwerter so berühmt geworden sind.“ Man weiß nicht, für welchen Ort der Name Sebekln gehören könne; die Provinz aber ist durch die Erwähnung des kroatischen Gebirges hinreichend gekennzeichnet und keine andere als Steyermark. Nach dem Orient aber kamen die steyerischen Schwerter über Venedig.

Auch in Frankreich und England kannte man die deutschen Waffen. Canut gab seiner Leibwache, der Thingmannalith, steyerische Streitäxte, deren einer Flügel scharf schneidend war, während der andere spitz zulief (securis danica). Als

[1]) Gfrörer, zur Gesch. S. 186. 188. 195.

[2]) Gregor VII, Bd. VII, S. 133.

Richard Löwenherz einen Waffenstillstand mit Saladin schloß, gaben die englischen Ritter den Saracenen deutsche Schwerter als Zeichen der Freundschaft zum Geschenke, und auch Ludwig der Heilige führte nach dem Berichte Joinville's auf seinen Kreuzzügen ein deutsches Schwert. Altfranzösische Dichter sagen, daß man mit den deuschen Schwertern Steine zerhauen könne; überhaupt läßt sich das Lob dieser Waffen vier Jahrhunderte hindurch Schritt für Schritt verfolgen. Gefeierte Ritter arbeiteten selber am Amboß und strebten nach dem doppelten Rufe ausgezeichneter Stahlhärter und Kriegsmänner. [1])

Die deutsche Leinwand kam urkundlich nachweisbar sogar in die Kirchen Roms. Im Jahre 1304 wurde ein Verzeichniß der päpstlichen Schatzkammer aufgenommen, das uns Galletti mittheilt. Neben vielen anderen Kunsterzeugnissen fremder Länder kamen drei Altartücher von alemannischer Arbeit, abermal zwölf weitere, ein großes alemannisches Altartuch mit der Nadel gestickt, und wieder zwei gleicher Arbeit zum Vorschein. Man weiß besonders, daß das bayerische Kloster Raitenbuch jährlich eine bedeutende Quantität Leindwandwaaren nach Rom sandte. Obenan indeß stand Cortryk. [2])

Mit dem Flachse läßt aber Hermann von Reichenau in Versen, die viel socialpolitischen Sinn verrathen, das Lamm um den Vorzug streiten. Schwaben liefert naturfärbiges Tuch, sagt er, das seiner Güte wegen selbst von Königen gesucht ist; besser noch ist das Tuch des Donaulandes, das aus einer Mischung von rother, dunkler und weißer Wolle gewoben ist. Vom kunstfarbigen Tuch liefert Flandern das beste. Nicht die besten, wohl aber die in den glänzendsten Farben schillernden Tücher kommen aus Gallien, ein Abbild des leichten und unbeständigen Sinnes, der diesem Volke eigen ist. Nicht der kunstreiche Chinese weiß der Seide so viele Farbentöne zu geben, wie der Franzose den Tüchern. Dunkelroth, hoch- und flammenroth, wie es der Britte begehrt, oder stahlblau, orange-

[1]) Ebend. Seite 215. 218. 219. ff. 114. 235.

[2]) Ebend. Seite 232. — Mascher, Seite 85.

gelb, purpurn, und ein und dasselbe Stück hat häufig verschiedenartig gefärbte Streifen. Das Rheinland liefert leichtes schwarzes Tuch, meist zur Bekleidung der Nonnen und Mönche. Brügge allein beschäftigte, wie man weiß, in der Zeit seiner höchsten Blüthe 50,000 Menschen mit Tuchweberei. „Im eilften Jahrhundert bezog Deutschland von den Engländern Rohstoffe und lieferte ihnen Tuch, Lederarbeiten und Specereien, das heißt, wir machten es den Engländern im salischen Zeitalter genau so, wie sie es uns vom dreißigjährigen Kriege an bis zum Abschluß des deutschen Zollvereins gemacht haben." [1])

Das Handwerk in den Städten. — Unterdessen hatten sich in verschiedenen Theilen des Reiches Städte gebildet. Stadt nannte man aber damals jeden größeren mit Pfahlwerk oder Mauern umschlossenen Ort; Stadt und Festung war bei den Deutschen ursprünglich gleichbedeutend. Zuerst erhoben sich wieder die einst von den Römern bewohnten Ortschaften; dann wurden die königlichen Pfalzen erweitert; insbesondere aber gehörten die Residenzen der Bischöfe zu den geschützten Punkten. Die Einfälle der Normannen und Magyaren waren einer der vorzüglichsten Beweggründe zur Anlegung von Befestigungen. Am Ende der merovingischen Periode zählte man nach Gfrörer 20, beim Tode Karl's des Großen 72, nach Otto dem Ersten 90, im eilften Jahrhundert 98 Städte und außerdem noch eine große Anzahl kleinerer Orte, die Marktrechte besaßen. [2])

„Was nun gleich anfangs in den Städten anders war, als auf dem Lande, war dieß, daß die Handwerker vielfache Gelegenheit fanden, um Geld auch für Fremde zu arbeiten. Die Herren hatten dagegen nichts einzuwenden, da es ihnen nur lieb sein konnte, wenn ihre Hörigen zu einer Art Wohlstand gelangten. Dem Herrn mußten seine Dienstpflichtigen allerdings noch geraume Zeit gegen Wohnung, Unterhalt und Verabreichung der benöthigten Materialien die verlangten Kunstproducte anfertigen; allein je mehr ihre Zahl zunahm,

---

[1]) Ebend. Seite 229. 231. 247.

[2]) Gregor VII, Bd. VII, Seite 117. 175. 207. 225. 226.

desto weniger wurde ihre ganze Kraft in Anspruch genommen, desto mehr gewannen sie freie Zeit, auf eigne Rechnung zu arbeiten. . . . Das Gewerbe fing an, dem Handel dienstbar zu werden und die Bande, die es an den Ackerbau knüpften, zu sprengen." [1])

Später konnten die Dienste von der Herrschaft nicht mehr willkürlich gefordert werden, sondern waren durch Herkommen oder ausdrückliche Uebereinkunft genau bestimmt. Der Innungsmeister wurde auf die Beitreibung der einzelnen Leistungen beeidet. Dadurch waren nun die Hörigen ihrem Leibherrn gegenüber in ein bestimmtes ausgeprägtes Rechtsverhältniß getreten.

Nach und nach verwandelten sich die Naturaldienste in eine Geldabgabe, die ein für alle Male festgesetzt wurde und das Loos des Handwerkers neuerdings erleichterte. [2])

Die Lust zur Arbeit wurde durch den sich bildenden Handel und den höheren Rechtsschutz in den Städten genährt. Der Handel ergab sich durch die Anhaüfung von Menschen ganz von selbst. „Die Städte waren die örtlichen Anknüpfungspunkte, wo sich der Handel concentrirte. Hier fand er seinen Boden bereitet, ebenso wie er umgekehrt wieder das Lebenselement der Städte wurde." [3]) Den besonderen Rechtsschutz bot der Marktfriede, vermöge dessen die Könige den Kaufplatz und die Handelsleute unter ihre Obhut nahmen und ihre Vögte mit der Verhinderung jeder rohen Gewaltthat beauftragten.

Die Dienste der Kirche müssen hiebei sehr hoch angeschlagen werden. Nur bei vorgefaßten Ideen, sagt Lambert, oder bei absichtlicher Verkennung der Thatsachen ist es möglich zu laügnen, daß die Bischöfe es waren, denen ihre Städte, vor allen die Residenzen der Kirchenfürsten, ihr steigendes Gedeihen, ihre rasch sich entwickelnde Blüthe verdanken." „Alle Bischofs-

---

[1]) Arnold, das Aufkommen der Handwerker. S. 20.

[2]) Marscher, das deutsche Gewerbewesen. S. 62.

[3]) Arnold, das Aufkommen des Handwerkerstandes. S. 17.

sitze ohne Ausnahme, bemerkt Arnold, sind mit der Zeit Städte geworden. Hier erhoben sich bald nicht bloß Kirchen und Klöster, sondern es erwachte zugleich eine gesteigerte wirthschaftliche Thätigkeit. Mit den kirchlichen Festen wurden Märkte und Messen verbunden und dafür Zollfreiheiten und Handelsprivilegien erworben; wo ein Bischof seinen Sitz aufschlug, fand allemal auch Verkehr und Handel seine Stätte. Die doppelte Bedeutung des Wortes Messe zeigt am besten diesen Zusammenhang, und so sonderbar er uns auch erscheinen mag, er war für jene Zeit durchaus gesund und wohlthätig. Selbst die Klöster haben mitunter zur Entstehung von Städten geführt, obgleich viel seltener, weil sie meist umgekehrt in einsamen und abgelegenen Gegenden gegründet wurden." Derbe Farben bei seiner Schilderung nicht sparend, gesteht gleichwohl auch Marschner: „Kirchen und Klöster waren die wirksamsten Anziehugspunkte für die Umwohnenden; so konnte es denn nicht fehlen, daß sich ruhige Leute in deren Nähe niederließzen, um die täglichen Bedürfnisse des Volkes zu befriedigen. Sie wurden in ihrer Thätigkeit dadurch unterstützt, daß Kirchen und Klöster zur Bequemlichkeit und Sicherheit öffentliche Kauf- und Lagerhaüser erbauten. Besonders rege war der Verkehr, wenn kirchliche Feste größere Menschenmassen zusammenführten." [1])

Von den Wirkungen des Gottesfriedens, eines rein kirchlichen Institutes, wurde schon in mehreren Abschnitten gesprochen; er kam in Deutschland nicht in dem Maaße zur Anwendung, als in Frankreich.

---

[1]) Lambert, die Entwicklung der deutschen Städteverfassung I, 210. — Arnold, das Aufkommen des Handwerkes. S. 13. — Marscher das deutsche Gewerbewesen. S. 40.

Der Einfluß der Kirche wurde aüßerlich dadurch angezeigt, daß man nur die Bischofssitze civitates, die anderen Städte oppida, castra u. s. w. nannte. Baldus sagt zu einer Stelle der Digesten: in terris christianorum solas illas dici civitates, quae habent episcopum. Innocenz III. sagt von einer italienischen Stadt: nescio, an civitas sit dicenda, postquam episcopalem amiserit dignitatem. — Confr. Roth-Schweckenstein. S. 38.

Um so mehr wurden die deutschen Bischöfe durch die Ausübung eines Schutzrechtes, wozu sich schon seit Karl dem Großen vielfache Gelegenheit bot, die hochverdienten Wohlthäter derjenigen Volksklasse, die Feldbau trieb, und dadurch die Förderer des Volkswohls nicht allein in den Städten, sondern auch auf dem Lande.

„Pipin's erstgeborner Sohn, der so unvergleichlich groß gewesen, daß alle Geschichtschreiber, sie mögen die Könige lieben oder hassen, das Menschengeschlecht ehren oder verachten, wie aus einem Munde seine Größe anerkennen und daß ihn ein Jeder nach seinem Sinne findet, muß sich dennoch den Vorwurf gefallen lassen, mehr als ein anderer Herrscher des Mittelalters zum Untergang der kleinen Gemeinfreien beigetragen zu haben, indem er die Heerbannspflichtigkeit seiner vielen Kriege wegen mit verzehrendem Druck bis auf die untersten Schichten der Grundbesitzer ausdehnte. Zogen nun die Aufgerufenen Jahr für Jahr zu Felde, so gerieth ihre Wirthschaft in Verfall; mußten sie, allein oder in Gemeinschaft mit Anderen einen Mann ausrüsten, so versanken sie in Schulden; blieben sie aus oder wollten sie durch Bestechung der Beamten der Zwangspflicht entkommen, so wurden sie durch schwere Geldbußen, durch Auspfändung und Abführung auf Karl's Güter zu Grunde gerichtet."

Man konnte sich dadurch helfen, daß man seinen Boden einem Adeligen oder einem Bischof zu Eigen übertrug, von dem man es unter der Befreiung vom Kriegsdienst und Schutz vor den Gerichten als Lehen (precaria) wieder zurückerhielt. In den meisten Fällen übergab man sich einer Kirche.

Den Eintritt in dieses Verhältniß nannte man Commendation; die Schutzhörigen aber Censualen. Sie bildeten den Hauptheil der Städtebewohner und hatten den Zins, der ihnen auferlegt war, sehr häufig in Wachs zu entrichten.

Als nach dem Tode Karl's des Großen kein König stark genug war, den Uebergriffen der Herzoge und Grafen Einhalt zu thun, „trieben dieselben die kleineren Freien nicht nur häufiger, als es das Gesetz vorschrieb und auch dann, wenn die Geringfügigkeit ihres Grundbesitzes sie von persönlicher Theilnahme entband, in den Krieg, sondern suchten sie auch durch unstatthafte Pfändungen und häufige Ladungen vor ihre oft weit entfernten Gerichtsstätten in's Elend zu stürzen. Ebenso wurden die Leistungen, die den Gemeinfreien zur Erhaltung von Wegen, Brücken und anderen Zwecken oblagen, willkürlich gesteigert. Und wenn dergleichen gesetzliche Vorwände nicht anwendbar oder nicht wirksam waren, verschmähte man es auch nicht, anfänglich erbetene und aus kurzsichtiger Gutmüthigkeit gewährte Dienste nach und nach in schuldige Leistungen zu verwandeln." „Noch schlimmer wurde die Lage, als unter Heinrich I. der Kriegsdienst sich in einen Reiterdienst verwandelte und nur die Wenigsten die Kosten desselben noch bestreiten konnten." So Sugenheim.[1])

Gebbon nennt die Commendation einen Selbstmord der Freien; allein die Censualen blieben immer frei. Und den Schilderungen Sugenheims gegenüber bemerkt Lambert, mit Nichten sei die Mehrzahl der Censualen durch Druck aus freien Grundbesitzern zu dieser Stellung erniedrigt worden, sondern es hätten sich vielmehr die Unfreien, indem sie Censualen wurden, nach und nach zu Freien erhoben. „Es ist im Mittelalter in den städtischen Verhältnissen bei aller Mischung und Ausgleichung ein Hinaufsteigen vom Niedern zum Höheren bemerkbar." Und wenn gleichwohl Freie die Verpflichtung zu Zins und Treue auf sich nahmen, so war das durchaus nicht immer Folge der Noth. „Eine andere Bewegursache war auch die Andacht," sagte schon Kindlinger (Münsterische Beiträge, 1787. II., S. 107); und Lambert fügt bei: „Gerade die Andacht war der bei weitem häufigere Grund. . . . An Kirchen seine Güter hinzugeben, um sie als Precarien wieder zurück zu erhalten, ward von jeher als Ehre betrachtet (Maurer, Fronhöfe I. 66). Man schloß gewissermassen mit dem Heiligen einen Bund, indem man sich und sein Eigenthum dem

[1]) Aufhebung der Leibeigenschaft. S. 10. 12. — Arnold, das Aufkommen des Handwerkes. S. 15. — Vergleiche Lambert, Entwicklung der Städteverfassung. I, 184. 190. 217.

Namen nach ihm schenkte und ihm als nominellen Eigenthümer zum Symbol des Vertragsverhältnisses von seinem Besitze eine Abgabe zahlte."

Barthold redet irgendwo von dem „frommen Knechtsinn" des Mittelalters. Das schöne Gefühl, das Barthold mit diesem nicht eben edlen Namen bezeichnet, war damals „in der That ungemein groß,"[1]) und der schwarze Prinz, der Held der englischen Heere, war nur der ritterliche Repräsentant der Volksstimmung, als er auf seinen Schild die Devise schrieb: Servio. Religiöser Sinn und materielles Wohl gingen aber auch hier mit einander Hand in Hand.

Zwei andere sehr wesentliche Elemente für die Weiterentwicklung der öffentlichen Ordnung waren

die Immunität und der Stadtrath. — Vermöge der Immunität stand den größeren Grundbesitzern die Befugniß zu, zunächst über die Hörigen und zwar freien, aber nicht vollberechtigten Hintersassen auf ihren Gütern sowie über jenes Gefolge, das unter dem Namen von Dienstmannen (Ministerialen) die höheren Hofämter verwaltete und zugleich berufsmäßig die Waffen führte, mit Umgehung der ordentlichen Reichsgerichte selber Gericht zu halten. In diesem Sinne war die Immunität ein urdeutsches Recht; doch ließ man sich dasselbe später auch verbriefen.[2])

Der erste unzweifelhaft ächte und nicht mißdeutbare Immunitätsbrief wurde 635 von Dagobert I. zu Gunsten des Klosters Rebais unterzeichnet.

War nun ein Bischof oder ein Abt der Immunitätsherr, so präsidirte dem Gerichte in deren Namen ein Vogt, unter demselben ein weltlicher Propst.

Nicht selten befand sich aber neben dem bischöflichen oder äbtischen Hofe in einer Stadt auch ein Königs- oder Adeli-

---

[1]) Lambert, Entwicklung der deutschen Städteverfassung. I, 184. 186. 191.

[2]) Maurer, Geschichte der Fronhöfe, der Bauernhöfe und der Hofverfassung in Deutschland. Bd. I, S. 23. 41. 278. — Zöpfl, deutsche Rechtsgeschichte.

genhof mit den entsprechenden Immunitätsbeamten. Und mitteninnen wohnten die Censualen der verschiedenen Höfe, die vollberechtigten Grundholden und jene Altfreien, die später Patricier genannt wurden und Landwirthschaft und Handel mit einander verbanden.[1]) Zuletzt bildete sich noch aus ärmeren Freien, die auf dem Lande ihr Fortkommen nicht mehr fanden, dem Bischofe oder wem sonst der Boden gehörte, für die Leihe eines Bauplatzes Steuer bezahlten und sich dem Handel oder einem Gewerbe ergaben, ein neuer Mittelstand zwischen den Patriciern und Hörigen. Alle diese nahmen vom Burggrafen oder wo ein Burggraf nicht vorhanden war, vom Gaugrafen und dessen Schöffen Recht.

Schon frühzeitig wurde nun die Gerichtsbarkeit der Kirche auch über Freie ausgedehnt. Die Hörigen des Königs oder die Höfe des Adels in den Städten kamen sehr haüfig durch Gnadenverleihung oder Tausch an Prälaten. Seit Otto I. erhielten die Bischöfe sodann zuerst über ihre Residenzen und deren Weichbild, bald sogar über ganze Gaue das volle Grafenamt.[2])

„Die bischöfliche Gewalt, sagt Nitzsch über derlei Vorgänge, arbeitete mit der berechnendsten Ueberlegung auf ein großes Ziel hin. Sie wollte die Bischofsstadt zu dem Mittelpunkte einer sittlichen und religiösen Reform machen, und zu diesem Zwecke weltliche und geistliche Mittel aller Art in ihrer Hand vereinigen." Schlosser gesteht ebenfalls: „Die Bischöfe und Aebte machten die Plätze, die unter ihren Schutz kamen, zu Freistätten und ließen durch die Könige verordnen, daß daselbst nicht, wie in den Burgen der mächtigen Herren, Gefangene festgehalten werden dürften, sondern daß innerhalb der Mauern der Städte Jedermann Recht und Gerechtigkeit finden solle. Ebenso wußten die Geistlichen den unter ihrer Obhut stehenden Städten nach und nach noch manche andere Vortheile

[1]) Lambert laügnet die Existenz von Altfreien, die nicht Ministerialen oder Censualen gewesen wären.

[2]) Leo, Vorlesung über deutsche Geschichte. II, 34. 54. 563. — Walter, deutsche Rechtsgeschichte. §. 109. 183. 230.

zu verschaffen, und so entstanden ganz allmälig die Einrichtungen und Freiheiten der deutschen Städte des Mittelalters. Nicht weniger günstig urtheilt Arnold: „Stets wurde es als wahre Befreiung begrüßt, wenn die Gerichtsbarkeit in einer Stadt durch kaiserliches Privileg vom Grafen auf den Bischof überging; denn die bischöfliche Herrschaft war ungleich milder, als die der weltlichen Herren. Unter dem Krummstab war von jeher gut wohnen. Die Bischöfe waren keine Herren, die auf Unterdrückung ausgingen, sondern Väter der Städte, die auf jede Weise für deren Emporkommen sorgten. Gerade daß diese durch eine Periode beschöpflicher Vogtei hindurchgehen mußten, war für sie unendlich folgenreich. Wie hier am frühesten Verkehr, Handel und Gewerbe in die Höhe kamen, so entstand auch zuerst eine freie städtische Verfassung und ein eigenes städtisches Recht. Hat man doch den Ursprung unserer Stadtfreiheit direct von der bischöflichen Vogtei herleiten wollen." Und Roth-Schreckenstein fügt bei: „Das Städtewesen des zehnten und eilften Jahrhunderts verdankt Niemanden größere Förderung, als den Bischöfen. Aber man nahm einzelne Personen, die zudem noch in ärgerlicher Weise verzerrt wurden, als typische Figuren, richtete sein Augenmerk auf bestimmte Auswüchse und kam so zu einer Geschichte, welche aus einer unerquicklichen Reihe kleinerer oder größerer Acte des Trotzes und Ungestüms besteht." [1])

Mit der neuen Art der Rechtspflege verband sich eine neue Weise der Verwaltung. Seit dem Anfang des zwölften Jahrhunderts erscheint nämlich, zuerst in Worms (1106), dann in Speyer (1111) urkundlich erwähnt, nach und nach aber überall wirksam, ein eigener aus Ministerialen und Patriciern, die man beide in diesem Fall Consuln nannte, gebildeter Rath, der die Regelung der städtischen Angelegenheiten kraft eigener

---

[1]) Schlosser, Weltgeschichte. Thl. VI, S. 72. — Nitzsch, Ministerialität und Bürgerthum. S. 247. — Arnold, das Aufkommen des Handwerkes. S. 16. — Roth von Schreckenstein, das Patriciat in den deutschen Städten. S. 39.

Vollmacht in die Hand nimmt. Vielfach kämpfte man sogar um völlige Aufhebung der bischöflichen Vogtei.

Städtefreiheit. — Es lag im Geiste der neuen städtischen Bewegung, daß sie nicht bei den Ministerialen und Altbürgern stehen blieb, sondern auch die unteren Schichten der Bewohnerschaft ergriff. Der wachsende Wohlstand hatte die Aufhebung der Hörigkeit, in der die Handwerker noch lebten, vorbereitet; denn Handel und Wohlstand sind von jeher die Quelle der Freiheit gewesen. Heinrich V. gab den Ausschlag, indem er für die Städte Speyer und Worms, von denen die erste seinem unglücklichen Vater eine Begräbnißstätte bot, die andere während seiner Kämpfe eine besondere Treue bewiesen hatte, das Buteil aufhob. „Als Hörige, die auf fremdem Boden saßen, konnten die Handwerker ursprünglich kein eigenes Vermögen haben; nach ihrem Tode fiel daher der Nachlaß von Rechtswegen an den Herrn. Doch wurde es früh allgemeine Sitte, den Uebergang auf die Erben zu gestatten und nur einen Theil der Habe zu fordern. Die geforderte Quote nannte man das Buteil. Auf dem Lande, wo die Handwerker auf Kosten des Herrn lebten, hatte diese Abgabe guten Grund gehabt; in den Städten, als sie von ihrem Erwerb zu leben anfingen, wurde sie unbillig. . . . Nun kam Heinrich V. im August 1111 nach Speyer und durfte endlich die Leiche seines Vaters, der gerade fünf Jahre zuvor gestorben war, in der geweihten Gruft des Kaiserdoms mit allen kirchlichen Feierlichkeiten beisetzen. Die Einwohner wurden verpflichtet, jährlich am Todestage des Bestatteten mit Lichtern in Procession zur Seelenmesse zu ziehen und aus jedem Hause den Armen ein Brod zu einem barmherzigen Almosen zu reichen.“ Dafür aber erhielten sie außer anderen Begünstigungen das erwähnte Privilegium.[1]) Das Gebet für die Todten, das zu so vielen Stiftungen veranlaßt hat, bildete demnach den Grund für die Verleihung der ersten Stadtfreiheit auf deutschem Boden.

---

[1]) Arnold, Aufkommen des Handwerkes. S. 21. — Dessen Verfassungsgeschichte. I, 190. 195.

Für Worms wurde 1114 die gleiche Begünstigung gegeben, wie für Speyer.

„Außer dem Buteil hatten die Handwerker noch eine andere Beschwerde. Bei dem raschen Aufschwung der Städte kam es häufig vor, daß Hörige ihrem Herrn entliefen und sich ohne Wissen und Willen desselben in einer Stadt häuslich niederließen. Die Städte fragten nicht nach der Herkunft der Eingewanderten, und auch die Grundherren fanden ihren Nutzen dabei, wenn sie den überflüßigen Boden Stück für Stück zu Bauplätzen verleihen konnten. Fand nun der Leibherr vielleicht nach Jahren seine früheren Hörigen wieder, so ließ er sie eidlich als sein Eigenthum ansprechen. Er war dazu dem strengen Rechte nach vollkommen befugt, denn die Hörigkeit knüpfte an die Scholle, und es wäre ein offenbares Unrecht gewesen, wenn man ihn nicht irgendwie gegen das Entlaufen hätte schützen wollen. Allein für jene war es nicht minder hart, wenn sie längere Zeit unangefochten geblieben waren, sich verheirathet und Vermögen erworben hatten, ihre Ehe mit einem Male geschieden zu sehen und Hab und Gut in der Stadt verlassen zu müssen.“ In dem Privilegium von 1114 für Worms ist deßhalb auch festgesetzt, daß wenigstens keine Ehe mehr auf solche Weise zerrissen werden dürfe, sondern der Herr auf eine andere Abfindung eingehen müsse. Man kann das den ersten Keim der Freizügigkeit nennen.

„Es fehlte in Speyer und Worms nicht an Versuchen, die frühere Abgabe in einer milderen Form aufrecht zu halten, indem aus der Erbschaft das beste Stück Vieh, oder bei Frauen das beste Gewand weggenommen wurde. Allein Friedrich I. gab neue Privilegien und gewährte beiden Städten (1182 und 1184) auch die Freiheit vom Besthaupt und Gewandrecht.“ [1])

In Speyer verkündete eine Goldschrift, in Worms eine Erztafel über dem Haupteingange der Domkirche die kaiserliche Gnade.

---

[1]) Arnold, Aufkommen des Handwerkes. S. 21. 22. — Verfassungs-Geschichte I, 194. 247.

„Das waren vorläufig nun allerdings erst zwei Städte, in denen eine Aufhebung der Hörigkeit durchgeführt worden. Allein nachdem das Eis an einem Punkte gebrochen war, setzte es sich bald überall in Bewegung. Es geht mit jeder Entwicklung so: Wenn irgendwo eine solche auftritt, kann keine menschliche Gewalt ihre weitere Ausbreitung hindern. Wohl oder übel mußten die anderen Städte nachfolgen und die Herren ihnen zur Befreiung die Hand reichen. Auch gingen ja die Herren selber nicht leer dabei aus, und schon aus allgemeinen Gründen sahen sie ihre Städte lieber volkreich und blühend, als arm und öde. Das begriffen die geistlichen und weltlichen Fürsten so gut, wie der Kaiser, obgleich nur dieser auch politische Vortheile von den Städten hatte. Wo also die alten Lasten nicht durch kaiserliche Privilegien abgeschafft wurden, fand die Aufhebung durch Vertrag oder Herkommen statt; oft erfahren wir erst dann etwas davon, wenn sie längst geschehen ist. Nur darf man nicht glauben, daß diese Aufhebung immer zu derselben Zeit stattgefunden habe: sie begann in den großen Bischofsstädten und ergriff dann die königlichen Hofstädte. Im Allgemeinen ist aber die letzte Hälfte des zwölften und die erste des dreizehnten Jahrhunderts die Zeit, wo in den älteren Städten fast gleichzeitig der Umschwung der Verhältnisse eintrat."

„Im Laufe des zwölften Jahrhunderts wurde es auch Stadtrecht, daß kein Höriger, der Jahr und Tag unbesprochen geblieben war, von seinem Herrn wieder zurückgefordert werden könne; es bildete sich der förmliche Rechtssatz, daß die Luft in der Stadt frei mache." [1]) Bei einer Besprechung vor Jahr und Tag fand man wenigstens so viel Hilfe, daß der Herr zur Annahme einer Loskaufssumme genöthigt wurde.

Von da ab ließen sich auch solche, die auf dem Lande wohnhaft blieben, Herren, Ritter, Prälaten, Klöster und gemeine Freie als Ausbürger (Pfahlbürger) in den Städtever-

[1]) Arnold, das Aufkommen des Handwerkes. S. 23. 24. — Grimm, Rechtsalterthum. S. 337.

band aufnehmen, um dadurch den Schutz der Stadt, sowie den Gerichtsstand und die Erlaubniß freien Verkaufes in derselben zu erlangen.

Die Zünfte. — Wie der Klerus und die Ritterschaft, verbanden sich auch die frei gewordenen Handwerker zu geschlossenen Körperschaften. „Die Aufhebung der hofrechtlichen Lasten war der erste Schritt gewesen, den die Handwerker machten; die Stiftung von Zünften oder Gewerbsgenossenschaften war der zweite. Die hofrechtlichen Innungen gaben hiezu die Form her, der Geist aber war neu; denn das Princip erblicher Dienst- und freier Handwerksverbindungen kann nicht dasselbe sein."

„Die Zünfte der Kaufleute und Tuchweber sind überall die ältesten und vornehmsten. Auf die Weber folgten gewöhnlich die Gerber und Wildwerker. An die Gerber schlossen sich die Gewerbe an, die für Kleidung und was dazu gehört, sorgten: Schuster, Handschuhmacher u. s. w.[1]) In manchen Städten wurden aber jene Zünfte, deren Glieder Waffen lieferten, die bedeutendsten: Die der Waffenschmiede, Haubenschmiede, Plattner, Schwertfeger, Schilder, Sporer, Sattler. Die Spaltung ging hier manchmal so weit, daß fast für jedes einzelne Stück der Rüstung eine besondere Zunft bestimmt war; wir erkennen daran die Fortschritte der Arbeitstheilung und in Folge derselben zugleich der Kunstfertigkeit. Feinere Rüstungen, wie sie die vornehmen Herren trugen, waren oft wahre Kunstwerke und verdienen unsere Bewunderung. Auf die Waffenschmiede folgten endlich die Bauhandwerke: Zimmerleute, Gipser, Maurer und Steinmetzen; sowie die, welche mit den Lebensmitteln zu thun hatten: Bäcker, Metzger, Fischer, Gärtner, Küfer, Brauer u. s. w. Am jüngsten sind verhältnißmäßig die Bauhandwerke; die Maurer- und Steinhauerarbeit hat sich erst an den Kirchen des dreizehnten Jahrhunderts entwickelt. Nirgends aber ist der Zusammenhang von Kunst und Handwerk deutlicher, als hier. Das Handwerk

[1]) Es sind Lederhandschuhe gemeint, die ein nothwendiges Stück der Rüstung ausmachten.

wird eben zur Kunst, wenn es in stillem treuem Fleiße ohne Rücksicht auf Gewinn um Gottes willen getrieben wird. Den Bauhandwerkern ist es daher vor Allem zu danken, daß die ehedem knechtische Arbeit geadelt wurde und dem Kriegsdienst und Ackerbau ebenbürtig zur Seite trat; verschmähten es doch selbst Patricier nicht mehr, sich im dreizehnten Jahrhundert in Steinhauerzünfte aufnehmen zu lassen, während sie vorher nur den Großhandel, den Geldwechsel und die Goldschmiedekunst unbeschadet ihres Standes treiben durften." [1])

Seit jener Zeit erscheint eine Stadt im rechtlichen Sinne, „als eine Gemeinde freier Leute in einem befestigten Orte mit eigener Gerichtsbarkeit und Verwaltung sowie mit dem Marktrechte und dem Rechte, Handel und zünftige Gewerbe zu treiben." [2])

Anfangs erhielen die Zünfte vom Stadtherrn einen dienstmännischen oder patricischen Vorstand und hatten kein Recht der freien Selbstbestimmung. Bald indeß änderte sich das. Zuerst versprach der Bischof (Stadtherr), den Zunftmeister fortan aus der Zunft zu nehmen. Dann erhielt die Zunft das Recht, denselben selbst zu wählen; schon im dreizehnten Jahrhundert wurden die herrschaftlichen Vorsteher fast überall von gewählten Zunftmeistern verdrängt. Auch die Ausübung des Zunftzwangs, vermöge dessen Alle, welche in einer Stadt ein Handwerk treiben wollten, der entsprechenden Zunft beitreten und sich ihrer Ordnung unterwerfen mußten, ging allmälig auf die Zünfte über; neu errichtete Zünfte erhielten dieses Recht sogleich bei ihrer Stiftung. So erlaubte Heinrich von Neuenburg 1260 der von ihm gegründeten Basler Gärtnerzunft: Wer sich mit ihrem Handwerk begat, daß sie den mit dem Handwerk in ihre Zunft zwingen mögen. Daran reihte sich eine eigene Gerichtsbarkeit, die, zunächst auf Innungssachen beschränkt, bei jeder Gelegenheit erweitert wurde, so daß sie oft alle Streitigkeiten der Genossen unter einander, mit

---

[1]) Arnold, das Aufkommen des Handwerkes. S. 27. ff.

[2]) Zöpfl, deutsche Rechtsgeschichte. S. 502.

Ausnahme der Frevel und Verbrechen, umfaßte. Zunftzwang, Gewerbsbetrieb und Marktpolizei wurden von der Innung geordnet und auf die Uebertretung der Ordnung Bußen gelegt." Doch blieben häufig Abgaben an den Bischof, die Propstei oder das Kapitel als Reste des alten hofrechtlichen Verhältnisses. In dem längst säcularisirten Naumburg konnte eine derartige Abgabe erst 1845 abgelös't werden.

„Jede Zunft hatte ihre Stube, das heißt, ein eigenes Haus, wo die gemeinschaftlichen Mahlzeiten und Trinkgelage gehalten wurden; hier fanden auch die Versammlungen statt, in denen man über Angelegenheiten der Zunft und der Stadt berieth." Die Zusammenkünfte nannte man Morgensprache, mitunter schlechthin Handwerk, später Quartal. Das Gewerbsbuch, in dem die Statuten verzeichnet waren, die weiteren Schriftstücke und das Siegel wurden in einer Lade verwahrt, die zugleich als Hauptkassa diente. Bei allen Verhandlungen mußte die Lade zugegen sein und geöffnet werden. Hatte der Obermeister dieselbe in seiner Wohnung, so mußte sich jedesmal eine Deputation von anderen Meistern, am Gewerbsjahrtag eine förmliche Procession auf den Weg begeben, um sie in's Gildehaus zu tragen. Die Zeit, in welcher sich die Handwerke zunftmäßig gestalteten, währte vom Anfang des zwölften bis zur Mitte des dreizehnten Jahrhunderts. Die älteste Zunftrolle, die man kennt, wurde 1147 (1149) für die Kölner Weber ausgefertigt; eine Straßburger Rolle von 1106 ist noch hofrechtlicher Natur. [1])

---

[1]) Arnold, das Aufkommen des Handwerkes. S. 31. 32. 35. 37. — Berlepsch, Chronik der Gewerbe. I, 54. 57.

Auch die Waffen erhielt das Handwerk und sogar die Gesellen trugen später Degen.

Das Wort Innung (Eyninge) gebraucht Friedrich II. in einer Constitution von 1232. Keyßler sagt (antiquit. septentrion. et celtic. pag. 50.): Inn bedeute so viel als Wirthshaus. Die Bedeutung des Wortes Zunft ergibt sich aus dem Compositum Ungezunft; Ungezunft heißt Unordnung, Zunft also Ordnung. „Gild kommt in einer alten Bibelübersetzung in der Bedeutung eines freiwilligen Beitrages vor. (Wilda, Gildewesen. Seite 9). Die gemeinschaftlichen Mahlzeiten,

Friedrich Barbarossa verbot im November 1158 auf dem roncalischen Reichstage in Italien jede Einigung zwischen Person und Person oder zwischen Stadt und Stadt, und damit auch alle Zünfte. Eine Verbindung (Commune) der Trierer unter sich hob er 1161 auf; der Stadt Hagenau verweigerte er bei ihrer Gründung 1164 einen Rath; in Trient hob er ihn 1182 geradezu auf. Sonst aber bestätigten weltliche und geistliche Fürsten ohne Anstand die Zünfte.

Schwankender wurden die Verhältnisse unter Friedrich II. Am 7. März 1214 bestimmte dieser Kaiser für Straßburg, daß daselbst ein Rath nur mit Erlaubniß des Bischofs eingesetzt werden dürfe. Cambray hatte 1184 einen Stadtfrieden erhalten, 1209 aber wieder verloren; 1215 widerruft Friedrich noch einmal alle Privilegien der Stadt, bestätigt sie aber neuerdings am 26. September desselben Jahres; am 12. April 1216 erfolgte die dritte Zurücknahme. Im Jahre 1215 beurkundete er einen Rechtsspruch gegen Verdun, daß die Bürger dieser Stadt ohne Erlaubniß des Bischofs weder eine Eidgenossenschaft errichten, noch Befestigungen aufführen, noch Abgaben erheben dürften. Drei Jahre später schaffte er in Basel den Rath wieder ab, den die Bürger mit seiner ausdrücklichen Bewilligung gewählt hatten. Bald nach seiner Anerkennung in Sachsen lös'te er in Goslar, dessen Bürger der Hohenstaufen wegen vieles geduldet hatten, die Zünfte auf. In eben demselben Jahre verbot er den Nürnbergern den Schutzverband mit Fremden. Auf einem Reichstage zu Worms verbot Fried-

welche im ganzen germanischen Norden während der heidnischen Zeit an den Festtagen der Götter und nach Einführung des Christenthums an den Festtagen einzelner Heiligen veranstaltet wurden, waren meistens auf solche Beiträge berechnet (Falkenstein, antiq. Nordgav. I, 271). Von den Beiträgen erhielten die Mahlzeiten selber den Namen Gilden; im Dänischen bedeutet noch jetzt Gild eine Mahlzeit. Dieß gab wieder Veranlassung, den Verein, der die Mahlzeit veranstaltete, Gild zu nennen. Zuletzt wurde dieses Wort allgemeiner Ausdruck für Verbrüderung." — Sonst gebrauchte man noch die Namen Zeche, Gaffel, Amt, Verbrüderung. — Berlepsch, S. 48.

rich 1220 die Zünfte ganz im Allgemeinen und die Aufnahme kirchlicher Hörigen in die Städte. Darauf zog er nach Italien und ließ seinen siebenjährigen Sohn Heinrich als deutschen König zurück.

Im Jahre 1222 stellte Heinrich auf Befehl seines Vaters die Zünfte in Goslar wieder her. Bereits 1224 untersagte er aber die Eidgenossenschaften der Ministerialen in Deutschburgund; Friedrich selber kassirte 1226 die unabhängigen Consulate in den Städten der Provenze. Bingen, Worms, Speyer, Frankfurt, Gelnhausen und Friedberg hatten sich bei der damaligen Unsicherheit zu gemeinsamem Schutze vereinigt; es war das der erste Städtebund. Am 27. November 1226 vernichtete ihn Heinrich.

Am Anfange des Jahres 1231 hielt König Heinrich einen Fürstentag in Worms, auf welchem die Zünfte ganz im Allgemeinen verboten wurden. Der Beschluß lautet nach Ortloff (Recht der Handwerker, 1803) wörtlich so: „Heinrich, von Gottes Gnaden römischer König, Thun zu wissen, daß auf diesem Reichstag zu Worms gebothen worden zu erkennen: ob eine Statt oder Marck, in unserem Reich gelegen, Gesellschaft, eigene Satzung, Zunft oder Eydbündniß aufrichten und ordnen möge? Darüber wir unsere Fürsten befraget. Die haben rechtlich gesprochen: Daß keine Stadt oder Markgesellschaft sondern Satzung, zunfft, verstrickung machen sollen. Dergleichen hätte es auch denen Herren der städte und märkte, ohne unserer Majestät Bewilligung nicht gebühret. Darum wir dieselbe ganz abthun.“ Ueberdieß wurde die Ausbürgerschaft als gesetzwidrig erklärt und den königlichen Städten die Weisung gegeben, Hörige der Fürsten, Edlen oder Kirchen nicht aufzunehmen. Im Januar 1232 bestätigte Friedrich diese Anordnungen von Ravenna aus. Gleichwohl erneuerte Heinrich am 17. März den Bürgern von Worms ihre früheren Rechte, darunter auch das Zunftrecht, begibt sich jedoch nach Cividale zu seinem Vater und bittet wegen dieses Schrittes um Verzeihung. Darauf hin annulirt Friedrich im Mai desselben Jahres die Verfügung Heinrich's. Am 3. August 1232 ist Heinrich wieder anderen Sinnes und gibt den Wormsern abermals ihre Privilegien zurück, verkündet aber Tags darauf befremdlicher Weise denselben Bürgern, daß er ihren Rath und ihre Bruderschaften aufhebe. Am 11. Februar 1234 endlich bestätigte Heinrich in Frankfurt die Bestimmungen von Ravenna. Barthold hält dieselben für städtefeindlich; Leo sagt, sie waren mit gutem Grund gegeben und galten nur gegen Verbindungen, die sich gegen den Willen der Herren gebildet hatten; Raumer meint, man müsse unterscheiden zwischen Gilden und Zünften. Gilden seien Verbrüderungen, welche nicht selten ohne Beziehung auf das Handwerk geschlossen und Mitbürgern wie Obrigkeiten gefährlich wurden; Friedrich's Verbot sei nun eigentlich gegen derartige Gilden gerichtet gewesen. Und wenn Bischöfe beim Kaiser über die Bürger Klage führen, so bemerkt Arnold: „Die Städte derselben waren zu Anfang des dreizehnten Jahrhunderts nahe daran, ihre geistlichen Herren aller Rechte zu berauben. Den Bischöfen verdankten sie ihr erstes Emporkommen; jetzt waren sie denselben über den Kopf gewachsen und wollten von Abgaben oder Beden nichts mehr wissen, obgleich ihr Reichthum oft in demselben Grade stieg, in welchem die Einkünfte der Stifter abnahmen. Die Bischöfe sahen ihre Herrschaft an der Wurzel bedroht, wenn sie den Städten nicht eine energische Opposition entgegensetzten.“ [1])

Als später nur noch das Ausbürgerthum und die Freizügigkeit der Hörigen Widerspruch erfuhr, der Rath aber und die Zünfte in ihrem Bestande gesichert waren, ging das Streben der letzteren darauf, durch eine Vertretung in dem ersteren Antheil an dem Stadtregiment zu erhalten. Der Gegensatz der Partheien führte fast überall zu Aufständen, die das vierzehnte und einen großen Theil des fünfzehnten Jahrhunderts erfüllen und oftmals sehr blutig wurden, stets aber mit dem Sieg der Handwerker endeten. Es brach, als bereits das Mittelalter

---

[1]) **Barthold**, Geschichte der deutschen Städte. I, 99. — **Leo**, Vorlesungen. III, 316. — **Raumer**, Geschichte der Hohenstaufen (2. Aufl.) V, 434. — **Arnold**, Verfassungsgeschichte. II, 7.

gegen die neue Zeit sich neigte, die blühende demokratische Periode des deutschen Städtelebens ein und jene rüstigen Arme, welche so gewandt Meißel, Hammer und Webschiff führten, griffen kühn nach dem Ruder der Herrschaft. „Es lag ein Widerspruch darin, daß das Grundeigenthum noch die unerläßliche Bedingung politischer Rechte sein sollte, obgleich der Handel und das Gewerbe von Anfang an die Seele des städtischen Lebens ausmachte. Nachdem das bewegliche Kapital längst in gewerblicher Hinsicht dem Grundvermögen gleichgestellt war, mußte zuletzt auch die politische Gleichstellung erfolgen. Die Patricier hörten auf, allein Bürger zu sein, und mußten sich den Eintritt des dritten Standes gefallen lassen und entweder die Städte verlassen oder mit den Kaufleuten und Handwerkern den neuen Bürgerstand bilden, der kein Geburtsstand mehr war, sondern ein Berufsstand". [1])

Das war die letzte Phase in der Entwicklung des mittelalterlichen Städtewesens. „Seitdem indeß die Zünfte Vereine mit bestimmten politischen Rechten geworden, konnte ihr Bestand nicht mehr willkürlich geändert werden, weil dieß zugleich eine Aenderung der Regimentsordnung zur Folge gehabt hätte. Da aber in jeder Stadt mit der Zeit ältere Erwerbszweige eingingen und viele andere dafür aufkamen, fielen die Zünfte, deren Zahl fixirt blieb, mit den Gewerben nicht mehr zusammen. Daher mußte man die letzteren auf die Zünfte vertheilen, so daß nun zum Beispiel Schreiner, Wagner, Dreher, Hafner, Maurer u. s. w. zu den Zimmerleuten, Blau- und Schwarzfärber zu den Webern, Apotheker, Glaser, Nadler, Gürtler u. s. w. zu den Krämern gehören konnten." [2])

Die gewerbliche Bedeutung der Zünfte liegt also vor Allem darin, daß sie eine Arbeitstheilung bewirkte, „die bei

---

[1]) Arnold, das Aufkommen des Handwerkes. S. 39. Auch Künstler schämten sich der Zunft nicht; so machte z. B. Albrecht Dürer in seinem sechszehnten Jahre das Meisterstück als Goldschmied und blieb bei dieser Zunft. In Schleswig trat sogar Prinz Knut Laward, Sohn Erich's I., der Schusterinnung bei.

[2]) Arnold, das Aufkommen des Handwerkes. S. 50.

der ganz empirischen Grundlage der damaligen Technik diese auf die höchstmögliche Stufe der Vervollkommnung erhob." [1]) So hatte zum Beispiel Cöln schon um die Mitte des zwölften Jahrhunderts verschiedene Weberinnungen; im dreizehnten Jahrhundert bestanden deren vier. Sodann machten sie die regelrechte Erlernung des Handwerks zur Pflicht. Die strenge Forderung eines Meisterstückes scheint übrigens erst um die Mitte des vierzehnten Jahrhunderts üblich geworden zu sein. [2]) Uebrigens war der Titel Meister gleichbedeutend dem Doctor im Gelehrten- und dem Ritter im Militärstande. Zur besseren Ausbildung geschickter Gesellen gab es reichlich ausgestattete Stiftungen, auch sonst war der Geselle während seiner Wanderung nie eigentlich in der Fremde. Wo er hinkam, gehörte er dem Zunftverbande an und fand das beste Entgegenkommen. Warf ihn fern vom elterlichen Hause eine böse Krankheit nieder, so sorgte eben diese Zunft für seine Wartung und Cur. Die Verbindung der Handwerker verschiedener Städte unter einander und die uralte Sitte des Wanderns verbreiteten die Kunstfertigkeiten des einen Ortes an andere. Dazu kam noch die Führung einer strengen zünftischen Aufsicht. Die Tuchweber, deren Producte einen Haupthandelsartikel nach dem Auslande bildeten, gingen hier voran, indem sie ein Schaugericht in's Leben riefen, das jedes Stück prüfen und wenn es entsprach, mit seinem Stempel versehen mußte. Bald dehnte man die Schau auch auf andere Gewerbe aus, bei denen man eine besondere Garantie für nothwendig hielt; jedoch artete diese Einrichtung um so mehr aus, je mehr sie im Laufe der Zeit den Zünften entzogen wurde. In Nürnberg zum Beispiel gab es eine Apotheker-, Bäcker-, Branntwein-, Kanarienvögel-, Eisen-, Stahl-, Fleisch-, Salzfisch-, Gewürz-, Safran-, Nelken-, Goldschmied-, Honig-, Syrup-, Hopfen-, Käse-, Leder-, Lichter-, Seifen-, Maaß-, Gewicht-, Mehl-, Mühlen-, Nadel-, Nägel-, Saamen-, Schmalz-, Ta-

---

[1]) Deutsche Vierteljahrsschrift. Heft I, 1856. S. 175.

[2]) Mascher, das deutsche Gewerbewesen. S. 158.

bak=, Tuch=, Wollen=, Waid=, Wein=, Spiegel=, Zinngießer= und Kannegießerschau. Im Jahre 1444 wurde in dieser Stadt Jobst Findecker lebendig verbrannt, weil er Safran gefälscht hatte; 1456 erlitten Hans Köbele und Bernhard Frey, die Safran und Gewürze gefälscht, und Elst Pfragnerin, die ihnen dabei Hilfe geleistet, ebenda das gleiche Schicksal. In der Mark wurden Weber, die unächt gefärbtes Tuch für ächt verkauften, mit Entziehung des Handwerkbetriebes bestraft; in Regensburg mit einer Buße von drei Pfunden oder mit dem Verlurst der Hand. In Danzig mußten die Goldschmiede auf offener Straße arbeiten. Als die Blüthezeit der Zünfte schon vorüber und die Waarenschau aus einer zünftischen eine obrigkeitliche Sache geworden war, sagte noch die Rechtspolizeiordnung von 1577: „Es wäre neulich eine betrügliche, fressende Farbe, Teufelsfarbe genannt, erfunden worden. Man nehme Vitriol und andere wohlfeile Corrosivmaterialien statt des Waides; das Tuch aber verderbe in wenig Jahren ungebraucht. Wer mit dieser Farbe färbe, der solle an Leib und Leben dafür bestraft werden.“ [1])

Die politische Bedeutung der Zünfte muß im Zusammenhang mit der politischen Bedeutung der Städte überhaupt betrachtet werden. Die Städte aber haben nach der einen Seite hin durch die Errichtung von Immunitäten die alte Gauverfassung durchbrochen, nach der anderen Seite hin vermöge der Durchbildung ihrer inneren Organisation als Anfangspunkt für die Herstellung eines neuen Staatenwesens gedient. „... Seit dem Verfall der karolingischen Einrichtungen hatte sich das Reich zu einer Idee verflüchtigt und eine Unzahl von Territorien, Corporationen, Genossenschaften und Innungen war an dessen Stelle getreten. Das Mittelalter hatte wohl eine Rechtsverfassung, aber keine Staatsverfassung. Da sind es nun zuerst die Städte gewesen, welche für ihre Kreise den Mangel einer Staatsgewalt ersetzt haben. Erst in den Städten erstand ein neues staatliches Gemeinwesen, das bei allen seinen

---

[1]) Mascher, S. 257. 336.

Angehörigen, weil es fast sichtbar war, zum lebendigen Bewußtsein kam. Wie daher die Städte für die nationale Entwicklung überhaupt maaßgebend wurden, so gilt dieß recht eigentlich auch für die politische: sie begründeten den Bürgersinn, erweckten ein politisches Leben und stellten im Kleinen wieder wirkliche Staaten dar. Sie haben vor Allem dazu beigetragen, daß die Landeshoheit später zu einer Staatsgewalt, die Territorien zu Staaten umgebildet werden konnten; sie wirkten vorbereitend für die neue Epoche der Geschichte, bis sie selbst davon erfaßt und durch den Staat, der ohne sie nimmer zur Reife gekommen wäre, verzehrt wurden. . . . Der damalige Staat war unvermögend, den neuaufkommenden Städten eine Verfassung zu geben, umgekehrt haben die Städte erst einen Staat zur Erscheinung und zum Bewußtsein gebracht. Dabei ist es von keinem Belang, in wie großen oder kleinen Verhältnissen dieß geschah, wenn nur Begriff und Charakter des Staats in seinen inneren Beziehungen dargestellt wurden. Auch scheint es gleichgiltig, daß die Städte nicht im Besitz aller Hoheitsrechte waren; denn die Summe derselben macht weniger den Staat, als die Art ihrer Ausübung. Wichtig dagegen war, daß die Regale, sobald sie in die Hände des Raths kamen, aufhörten, frei veräußerliche Eigenthumsobjecte zu sein, daß sie wesentliche Attribute einer obrigkeitlichen Gewalt wurden, und daß die Glieder der städtischen Corporationen den Rath als eine solche Obrigkeit ansehen lernten, der die Ausübung aller erlangten Hoheitsrechte in seiner Hand vereinigen müsse. Sodann stellten die Städte namentlich für das Kriegswesen, die Finanzen und die Polizei Vorbilder auf, die nachmals in den Territorien nur eine erweiterte Anwendung fanden.“ [1])

Nun gelangte aber das, was die Gaugrafen verloren, durch das Mittelglied der Bischöfe und Patricier zum großen Theile zuletzt gerade an die Zunftmeister, wie hingegen auch die Stadtverfassung ihr Gepräge wesentlich durch die Zünfte er=

[1]) Arnold, Verfassungsgeschichte der deutschen Freistädte. II, 134.

hielt; denn nicht aus den Trinkstuben der Junker holte man die Losung mehr, sondern aus den Gildehaüsern. „Die Zunftverfassung vermochte sich zur Stadtverfassung zu sublimiren,“ sagt Schäffle.

„Durch die Uebung sodann ihrer umfassenden Autonomie mit den dazu gehörigen Solennitäten, durch die Oeffentlichkeit aller wichtigen Acte, sowohl im allgemeinen Leben der Genossenschaft als in der Laufbahn der einzelnen Glieder wurde die Zunft zu einer Schule für allgemeine Bürgerbildung, öffentliches Auftreten und politische Erziehung.“ [1])

Eine dritte Seite der Zünfte war ihre sociale. Für die Gesellschaft im Großen schufen sie, wie die Ritterschaft, gegenüber den Geburtsständen von Adeligen, Freien und Hörigen einen Berufsstand; für die einzelnen Glieder der Innung dienten sie zu einem damals unerläßlichen Schutz bei Uebung ihres Gewerbes. Vor Allem gewährte die Zunft ihren Genossen den Vortheil, daß sie alle nicht zu ihr gehörigen Handwerker (Bönhasen) vom Betrieb ihres Geschäftes ausschloß. Da man ferner sein Gewerbe nur in jener Stadt betreiben durfte, in welcher man der betreffenden Zunft eingereiht worden, so war damit auch die Ueberlegenheit der fremden Arbeit unschädlich gemacht. Noch mehr geschah dieses dadurch, daß selbst die Kaufleute nicht frei schalten konnten; haüfig war deren Geschäft auf gewisse Waaren oder auf gewisse Zeiten, zum Beispiel den Jahrmarkt, eingeschränkt. So verordnete König Johann zum Schutze der Mährischen Tuchfabrikation am 6. September 1323, daß künftig weder ein fremder noch ein einheimischer Kaufmann Tücher von Gent, Ypern, Brüssel verkaufen dürfe. In Danzig verbot der Hochmeister 1435 die Einführung von Bieren aus Hamburg und Wismar. Hüllmann sagt, all das seien nur „Satzungen durch den Eigennutz vereinigter Handwerker“. Heute theilt diese Ansicht Niemand mehr, entgegnet Mascher. Jedenfalls war es für das deutsche

[1]) Abbruch und Neubau der Zunft in der deutschen Vierteljahrsschrift. 1856. Heft I, S. 179.

Handwerk ein Glück, bemerkt Arnold, daß es in sich selber einen Schutz fand, wie er der Zeit und den Umständen vollkommen angemessen war, einen Schutz, der, ohne der Trägheit Vorschub zu leisten, die Gefahr der Concurrenz ausschloß und das Gewerbe nach allen Seiten zu Kräften kommen ließ. Würde man insbesondere dem Verkauf der Gewerbserzeugnisse keinerlei Schranken gesetzt haben, so lag die Gefahr nahe genug, daß der Handel das Handwerk im Keime erstickte." [1]) Durch die Zunft aber war jedem Handwerker, wenn nicht Reichthum, so doch das Fortkommen gesichert.

Durch die Herstellung geeigneter Plätze wurde dem Handwerker der Verkauf seiner Producte erleichtert. Jene Kaufhaüser, die von Kirchen und Klöstern früher schon erbaut worden waren, löſ'te die Stadt ein; andere Kaufhaüser erbaute sie neu; schon 1268 führten die Deutschen sogar in Venedig ein eigenes Gebaüde für ihren Handel auf. Die Verkaüfer mußten Miethe zahlen. Bäcker, Fleischer und verschiedene Kleinhändler, die anfangs auf freien Plätzen unter offenem Himmel feil boten, wollten später sich, ihre Waaren und das Publicum gegen die Einflüsse der Witterung schützen. Zu diesem Behufe baute man lange Hallen, anfangs aus Holz, dann aus Steinen und mit Schwibbogengängen. In Deutschland nannte man das Lauben, in Italien Arkaden; die in diesen Gängen aufgestellten Gerüste wurden Bänke geheißen. Mitunter gingen die Lauben durch alle wichtigeren Straßen der Stadt, zum Beispiel in Bern. Die Bänke derjenigen Gewerbsleute, die gleichartige Waaren feil boten, befanden sich neben einander. Der Transport der Waaren in die Halle und die Aufstellung einer eigenen Person für den Verkauf wurde zuletzt beschwerlich; da bauten sich die Gewerbsleute in der Nähe der Hallen an, und zwar wieder die Meister der gleichen Gewerbe neben einander, und verlegten ihren Laden in ihre neue Wohnung. So entstanden neue Straßen, die ihren Namen meistentheils von Gewerben

---

[1]) Mascher, das deutsche Gewerbewesen. S. 249. 253. — Arnold, das Aufkommen des Handwerkes. S. 34.

erhielten: Schuster=, Weber=, Seiler=, Bäckenstraße u. s. w. Die Hallen verfielen; Kaufleute aber, die mit Tuch, Leinwand und Schnittwaaren handelten, stellten Buden auf, die den Namen Gaden bekamen. Indeß hatten die Hallen doch den Vortheil geboten, daß man die Waaren besser zur Schau ausstellen konnte. Deßhalb brachte man vor den Haüsern etwas den Hallen Entsprechendes an, indem man die sogenannten Ueberbaue, Ueberhänge, Ueberzimmer, Vorgezimmer, Aufhänge herstellte.[1])

„Sehr haüfig sind in den Zunftrollen Bestimmungen, die auf das brüderliche Verhältniß der Genossen abzwecken: Keiner solle dem Anderen seine Kundschaft entziehen oder ihm seine Gesellen abdingen oder von Jemand Arbeit annehmen, der einem Andern die Bezahlung schuldig geblieben ist." Niemand solle den Andern im Kaufe hindern, sofern er nicht bereits Handgeld auf die Waare gegeben hat. Starb ein Meister, so solle es der Wittwe desselben frei stehen, aus den Gesellen in der Stadt den tüchtigsten als Werkführer auszuwählen und der Gerufene mußte Folge leisten. Auch eigene Krankenhaüser hatten die Zünfte; in anderen Instituten fanden arbeitsunfähige Gehilfen oder schuldlos verarmte Meister ein Asyl für den Rest ihres Lebens. Deßgleichen mußte die Zunft für arme Kinder sorgen, daß sie nicht der Gemeinde zur Last fielen. „Die Zunft gewährte die den Verhältnissen und dem religiös durchdrungenen Zeitgeist angemessenste Armenpflege;" wer zu ihr gehörte, wurde von derselben in jeder Noth unterstützt.[2]) Selbst der Aufgabe, welche sich die gegenwärtigen Consum= und gewerblichen Vereine vorsetzen, suchte die Zunft zu genügen. Die Amtrolle der Tüffelmacher (Pantoffelmacher) der Stadt Lübeck von 1589 enthält die Bestimmung: „Wenn aus der Handwerkerlade Korn, Leder, Kork rc. gekauft und unter die Meister des Handwerks vertheilt wird, so sollen die Meister

---

[1]) Mascher S. 161.

[2]) Arnold, S. 38. — Mascher, S. 158. 160. 250. 252. 256. 263. 277. — Schäffle, in Bluntschli's Staatswörterbuch IV, 321.

sämmlich und ein jeder besonders, wenn es ihm vom Altmeister geboten werde, ihre Bezahlung noch vor Empfang gutwillig erlegen, bei Verlurst der Handwerksprivilegien." Die Tüffelmacherzunft bildete somit zugleich eine Genossenschaft zum gemeinschaftlichen Ankauf von Lebensmitteln und Rohmaterialien. [1])

Durch die Zunftvorschriften über die Erlernung der Handwerke, die Waarenschau und das lebendige Gefühl für die Standesehre war dem kaufenden Publicum die zuverläßigste Garantie geboten, daß es nur gute Producte erhalten werde. Der Preis der nothwendigsten Lebensmittel wurde schon seit dem vierzehnten Jahrhundert durch eine unüberschreitbare Taxe festgestellt. [2])

Sogar bei öffentlichen Festen, in Scherz und Mummenschanz kam die zünftige Gliederung der Stadt zum Ausdruck. Ebenso war auch der religiös-sittliche Charakter der Zunft vom höchsten Belange. Man weiß, daß jedes Gewerbe seinen besonderen Schutzheiligen, seine Kapelle oder seinen Altar und an den Quatembertagen seine besonderen Gottesdienste hatte; die Amtrolle der Schneider in Wien gebot schon 1240 das Fest Mariä Empfängniß von Zunft wegen zu feiern. Beim Tode eines Gliedes oder eines Angehörigen desselben gab die Innung das Grabgeleite und Geld für Beerdigung und Messen; auch für die würdige Bestattung eines durchwandernden Gesellen sorgten die Gewerbsgenossen. An dem Tage des Patrons war die Hauptzusammenkunft; jede Zusammenkunft aber begann mit einem Gottesdienst und endigte mit geselligen Freuden. Zu mancher kirchlichen Feier, wie besonders zum Frohnleichnamsfeste, erschien man nach Zünften. Auf eine eigenthümliche, nicht immer geschmackvolle, aber prunkende Weise gekleidet, um ihren Wohlstand zu zeigen, waren die Bürger bestrebt, den Attributen ihres Handwerkes, mit denen sie bei

[1]) **Böhmert**, Geschichte der bremischen Schusterzunft — bei Mascher Seite 252.

[2]) Mascher Seite 260.

solchen Gelegenheiten auftraten, durch Anstand und würdiges Benehmen Verherrlichung zu verschaffen.

„Religiöse Ceremonien also und Gebet waren durch das ganze genossenschaftliche Leben geflochten. Selbst die Gelage und Schlemmereien der späteren Zeit waren aus religiösen Festen herausgewachsen."

„Die Handhabung der sittlichen und religiösen Zucht gegen Lehrlinge und Gesellen nicht nur, sondern selbst unter Meistern und Meistersfamilien wurde bewußt und unbewußt, direct und indirect als Genossenschaftszweck mit empfindlicher Strenge verfolgt."

Wurde der Knabe in die Lehre aufgenommen, so mußte er „vor der geöffneten Lade" dem Zunftvorsteher mittels Handschlags geloben, mit Gott seinen Beruf zu beginnen und Gott überall im Herzen zu tragen. Es war das der erste Festtag auf der Bahn des bürgerlichen Lebens. War der Junge in das Haus seines Lehrherrn getreten, nicht als Miethling, sondern als Familienglied, „so schickte ihn dieser in die Kirche; der Geselle verwies ihm Wirthshaus und Dirnen; dem Gesellen selbst, der ein Schmachfraülein hielt, wurde nach vielen Zunftartikeln Herberge und Stadt verboten. Die Wittwe, die ihren Wittwenstuhl verrückte, hatte den Fortbetrieb des Handwerks, den Anspruch auf den besten Gesellen und die Unterstützung der Genossenschaft verwirkt. Manche Zünfte verboten auch den Meistern direct den Besuch des Frauenhauses, wie zum Beispiel die Weber von Ulm."

„Die sittliche Integrität des Handwerks zu wahren, wurde jedes nach den damaligen Begriffen von socialer Ehre unreine Element mit einer Unbarmherzigkeit weggefegt, welche unser weichherzigeres Zeitalter empören müßte, wenn sie nicht auf dem Grunde tiefer sittlicher Anschauung ruhte:" Abkömmlinge der Wenden, illegitime Kinder u. s. w. [1]) Bei der Aufnahme zum Meister war Unbescholtenheit, unbefleckte Ehre und guter Ruf die erste Bedingung. In Bremen bestraften die Kor=

[1]) Deutsche Vierteljahrsschrift. S. 177.

duaner (ein Zweig der Schuhmacher) Meineid und Diebstahl mit Verlurst des Amtes.

Das Reich gedieh unter der Herrschaft der Zünfte. Schon 1099 hatten es die Weber in Mainz vermocht, aus eigenen Mitteln eine Kirche aufzubauen. Ebendamals, unter Heinrich IV., hatte eine einzige Vorstadt Cölns 9,000 Einwohner; unter Heinrich V. brachten Cöln und Worms ohne Mühe die zu jener Zeit außerordentliche Summe von 6,000 Mark Silber auf, die von ihnen als Strafgeld gefordert wurde. „Die Engländer verstehen sich auf allerlei Handwerke, sagt Wilhelm von Lisieux um 1072. Ueberdieß pflegen unter ihnen Deutsche zu weilen, welche als die geschicktesten Meister in Gewerb jeglicher Art angesehen werden." „Will Jemand ein vortreffliches Werk in Erz, Stein oder Holz geliefert haben, schreibt 1490 der Mönch Felix Faber von Ulm, so schickt er es den Deutschen. Ich habe deutsche Goldschmiede, Juweliere, Steinhauer und Wagner unter den Saracenen Wunderdinge machen sehen und wie sie die Griechen und Italiener an Kunst übertrafen. Noch im vergangenen Jahre bediente sich der Sultan von Aegypten des Rathes, des Kunstfleißes und der Arbeit eines Deutschen, als er den Hafen von Alexandria mit einer Mauer umgab, die vom ganzen Morgenland angestaunt ist. Italien, unter allen Ländern des Erdbodens das berühmteste, hat kein schmackhaftes, gesundes und annehmliches Brod, es sei denn von Deutschen gebacken, daher der Papst und die großen Prälaten, die Könige, Fürsten und großen Herren selten Brod essen, wenn es nicht auf deutsche Art gemacht ist. Die Venediger haben bei den Staatsbacköfen zur Bereitung des Zwiebacks, der als Speise im Kriege und zur See gebraucht wird, nur Deutsche und verkaufen das Brod derselben durch Illyrien, Macedonien, den Hellespont, durch Griechenland, Syrien, Aegypten, Lybien, Mauritanien, Spanien und Frankreich bis nach den Orkneyinseln und an die englischen und deutschen Seehäfen." „Wo ist bei den Deutschen ein Gasthof, sagt der Cardinal Aeneas Sylvius (1496), in welchem man nicht aus Silber trinkt? Welche Bürgersfrau prangt nicht mit goldenem Geschmeide? und was soll ich sagen von den Halsbändern und Pferdezaümen, die aus dem feinsten Golde bereitet werden? zu den Sporen und Degenscheiden, die mit Edelsteinen besetzt sind? zu den Ohrenringen, Wehrgehängen, Panzern und Helmen, die ganz von Gold glänzen? Und welch kostbare Kirchenschätze sind nicht vorhanden? wie viele Reliquien, in Gold und Perlen eingefaßt? Wie groß ist nicht der Schmuck auf den Altären und an den Gewändern der Priester? Nirgends kann mehr Reichthum, als in den deutschen Sacristeien angetroffen werden. Es gibt kein Volk, das zierlichere und angenehmere Städte hätte, als Deutschland. Augsburg übertrifft an Reichthum alle Städte der Welt; Danzig ist so mächtig, daß es 50,000 Mann in's Feld stellen könnte und mit seinen Schiffen die Ostsee bedeckt; von einem Winke Lübeck's hängt das Schicksal der drei nordischen Reiche ab. Und wie viele Haüser in Nürnberg gleichen nicht königlichen Palästen? Die Könige von Schottland würden sich glücklich schätzen, wenn sie leben könnten, wie ein mittelmäßiger Bürger dieser Stadt." Celtes erzählt, das meiste Hausgeräthe eines Nürnberger Kaufmanns hätte in Gold und Silber bestanden. Machiavelli sagt, Deutschland sei der mächtigste, weil reichste Staat gewesen; reich aber sei nicht der Staat allein gewesen, sondern auch dessen Angehörige. Und bei aller Liebe zu seinem Geburtslande Italien gesteht Paul Jovius, bis zum fünfzehnten Jahrhunderte hätte seine Heimath ihre vorzüglichsten Künstler, Architekten, Maler, Bildhauer, Steinschneider, Kupferstecher, Mechaniker, Feldmesser und Wasserbaumeister aus Deutschland bekommen. [1])

Im Laufe der Zeit hat sich das öffentliche Leben, die Art des Gewerbebetriebs, die Zahl der Gewerbe und der Geist der Zünfte geändert. Das führte zu einer immer wachsenden Reaction gegen die überlieferte Ordnung.

Schon 1510 faßten die deutschen Stände auf einem Reichstage in Speyer den Entschluß, den Kaiser um Abstellung der geschenkten Zünfte, deren Gesellen bei Meistern der ungeschenk-

[1]) Mascher S. 263. 274. 278.

ten Zünfte nicht arbeiten durften, bittlich anzugehen. Man nannte aber geschenkte Zünfte diejenigen, welche den wandernden Gesellen ein bestimmtes Reichniß an Geld oder Speise und Quartier boten. Auf einem späteren Reichstag in Eßlingen (1517) wurde ein ausführliches Programm der Beschwerden entworfen. Im nämlichen Jahre sprachen sich die Stände der österreichischen Lande in Innsbruck sehr mißbilligend über die vorhandenen Mißstände des Zunftwesens aus. In Rücksicht auf die Innsbrucker Beschwerde benahm nun Ferdinand I. den „Zechen und Zünften" seines Gebietes die frühere Autonomie und stellte sie unter obrigkeitliche Auctorität; in Rücksicht auf das Eßlinger Programm wurde durch die Reichspolizeiordnungen von 1530 (Titel 39.) und 1548 (Titel 36. u. 37.) den Zünften geboten, die Aufnahme in ihre Genossenschaft nicht thöricht zu verweigern, und den Gesellen, bei jedem Meister, der ihre Dienste verlangt, Arbeit zu nehmen und beim Antritt eines Dienstes nicht Bedingungen über Speise und Trank zu stellen. Es scheint, man habe sich an diese Bestimmungen nur wenig oder gar nicht gehalten, denn die Reichstagsabschiede von 1559, 1566 und 1570 schärfen die alten Vorschriften neuerdings ein, die Reichsstädte bitten 1571 auf einem Städtetag in Eßlingen neuerdings um deren Vollzug und die Reichspolizeiordnung von 1577 nimmt sie wörtlich wieder auf. Erst jetzt ließen die Fürsten diese Anordnungen in ihren Ländern verkünden; am allerwenigsten aber wurden sie in den Reichsstädten befolgt.

Im Jahre 1594 wurde von Reichs wegen befohlen, die Lehrzeit nicht ungebührlich auszudehnen und auch von Jenen Bestellungen anzunehmen, die sich früher einmal von einem andern Meister hatten bedienen lassen.

Der Reichstagsabschied von 1654 (Titel 106) ging um einen Schritt weiter und gestattete den landesherrlichen Verwaltungen, „die Handwerker und Zunftordnungen nach Gelegenheit der Laüfte und Zeiten zu widerrufen und zu ändern." Nachdem der Reichstag von 1671 neuerdings viele Beschwerden erhoben, traten auf dem von 1672 Einzelne auf, welche eine gänzliche Beseitigung der Zünfte verlangten.[1]) Neun und fünfzig Jahre später, am 22. Juli 1731 droht ein Reichsgutachten: „Wir und das Reich könnten bei der Fortdauer der Mißbräuche leicht Gelegenheit nehmen, nach dem Beispiele anderer Reiche alle Zünfte insgesammt und überhaupt völlig aufzuheben und abzuschaffen." Ein Reichsbeschluß vom 16. August desselben Jahres nennt eine Unzahl von Dingen, deren Abstellung geboten wurde. Auf dem Wege der Presse wirkte damals Wilhelm von Hornigk und Wilhelm von Schröder für, Becher und Veit Ludwig von Seckendorf gegen die Entfernung der Zünfte. Der bayerische Kanzler Kreitmayer sagt in einer nicht gerade delicaten Ausdrucksweise: „Vorher (vor dem Reichsbeschluß von 1731) war der Hund nicht mit so viel Flöhen, als die Handwerke mit Mißbräuchen angefüllt."[2]) Am 15 Juli 1771 und 3. Februar 1772 baten zwei weitere Reichsgutachten den Kaiser Joseph, den Beschlüssen von 1731 in den einzelnen Gebieten Anerkennung zu erzwingen, worauf am 23. April des letzteren Jahres nochmal ein Decret erfolgte. Außerdem hatte noch jedes einzelne deutsche Land seine besonderen Gewerbsgesetze.

Als im Laufe der Revolutionskriege einzelne Theile Deutschlands zu französischen Departements, andere zu Fürstenthümern unter französischem Protectorat umgestaltet wurden, erhielten die ersteren in Kraft der allgemeinen französischen Gesetze, die anderen durch besondere Bestimmungen die Gewerbefreiheit: Westphalen durch die Decrete vom 5. August 1808 und 12. Februar 1810; das Großherzogthum Berg mittels Decret vom 31. März 1809. Die Edicte vom 2. November 1810 und 7. September 1811 legten einige polizeiliche Beschränkungen auf. Nach dem Sturze Napoleons behielten Luxemburg, das an die Niederlande fiel, und die an Preußen abgetretenen Districte diese freie Bewegung des Handwerkes. Nassau hob durch ein Gesetz vom 15. Mai 1819 die bisherigen Zünfte auf und führte mit

[1]) Der Hofrath in München hatte schon 1615, ein Theil der Stimmen im Rathe zu Bremen 1624 auf Aufhebung der Zünfte angetragen.

[2]) Von dem Handwerkerrecht, München 1768.

Beibehaltung der Gesellen- und Meisterprüfung das System amtlicher Erlaubnißscheine ein; im Jahre 1849 trat jedoch eine Beschränkung in der Art ein, daß die Ausübung eines Gewerbes von der vorherigen Aufnahme in die Gemeinde abhängig gemacht wurde. Die übrigen französisch-deutschen Lande erhielten wieder das Zunftwesen: Hannover 1815; Churhessen am 5. März 1816; Südtyrol am 12. November 1816; Ostfriesland am 11. August 1817; Oldenburg am 28. Januar 1830.

Preußen näherte sich schon 1806 den Anschauungen, die jenseits des Rheins zum Durchbruch gekommen waren. Eine Verordnung vom 4. Mai 1806 erklärte in den Provinzen Preußen und Lithauen die Zünfte, Gilden und Innungen der Garnzeichner, Leine- und Baumwollenweber für aufgehoben und diese Gewerbe für frei. Eine Cabinetsordre vom 17. April 1806 bestimmte, daß das Behauen der Granitfelssteine nicht durch zunftmäßigen Zwang gehemmt werden dürfe. Die Verordnung vom 24. Oktober 1808 sprach die Aufhebung des Zunftzwanges und Verkaufsmonopols der Bäcker, Schlächter und Höcker in Ost- und Westpreußen und Lithauen aus. Das Edict vom 29. März 1809 verordnete für Ostpreußen und Lithauen sammt dem Ermeland- und Marienwerderschen Kreise die gänzliche Auflösung des Zunftverbandes der Müller und erklärte die Müllerprofession für ein freies Gewerbe. Das Edict vom 2. November 1810 hob den Unterschied bezüglich des Gewerbebetriebes zwischen Stadt und Land, sowie alle bis dahin den Zünften und Innungen verliehenen oder einzelnen Privatpersonen zugestandenen oder mit dem Besitze von Grundstücken verbundenem Vorrechte auf und machte, lediglich aus finanziellen Rücksichten, den gewerbsmäßigen Betrieb des Handels, der Fabriken und Handwerke von der Lösung eines Patentes abhängig; man ahmte also die Einrichtung nach, welche in Frankreich und Westphalen bestand. Sodann bestimmte das Edict vom 7. September 1811, daß die Zünfte zwar fortbestehen dürfen, aber die Inhaber von Gewerbescheinen nicht verpflichtet seien, sich derselben anzuschließen, und dennoch Lehrlinge und Gesellen halten können;

daß Jeder aus der Zunft treten, jede Zunft sich selber auflösen, auch von der Obrigkeit aufgelös't werden dürfe. Zufolge dieses Edicts blieben in der That die Zünfte an vielen Orten noch bestehen. Diejenigen Landestheile, die 1815 außer den französischen Eroberungen noch an Preußen kamen, behielten jene Gewerbeverfassung, welche sie vor ihrer Verbindung mit diesem Königreiche besessen hatten. Die allgemeine preußische Gewerbeordnung vom 17. Januar 1845 verordnete die Beibehaltung der bestehenden Zünfte und empfiehlt die Bildung neuer Corporationen; alte und neue Verbindungen aber sollten freie Genossenschaften sein und kein Meister ihnen beizutreten genöthigt werden. Die Bedingungen des Gewerbebetriebes sind Dispositionsfähigkeit und fester Wohnsitz und nur ausnahmsweise auch Nachweis der Geschicklichkeit. [1]) Im Januar 1849 berief Preußen Abgeordnete der verschiedenen Gewerbsklassen zur Berathung und Formulirung ihrer Wünsche nach Berlin. In Folge dieser Verhandlungen erschien am 9. Februar desselben Jahres eine Verordnung, die das Prüfungswesen für viele Gewerbe wieder einführt und den Mitgliedern der Zünfte neue Vorrechte vor den Nichtmitgliedern einraümt.

Was Oesterreich betrifft, so hatte bereits Maria Theresia durch die Entschließungen vom 11. Januar und 29. März 1773, vom 9. Januar 1774 und 17. November 1775 nach und nach die meisten, unterm 6. März 1787 ihr Sohn Joseph alle Zünfte für die Lombardei aufgehoben; weitere Gewerbsbeschränkungen entfernte das Decret der italienischen Regierung vom 27. Januar 1806. — Im Gebiete der Stadt Triest bestand seit den ältesten Zeiten vollkommene Handels- und Gewerbefreiheit; nur einige Gewerbe bedurften einer Genehmigung, wie das immer zu geschehen pflegt. — Das Gleiche gilt im Wesentlichen von Dalmatien. In Zara, Sebenico und Pago sollte zwar für jedes Gewerbe eine Licenz eingeholt werden, ist aber nie geschehen. — In den deutsch-slavischen Ländern dagegen stützte sich die Gewerbeverfassung mehr auf das Zunftwesen.

[1]) Mascher S 487. 509.

Ein wichtiger Schritt, welcher bis in die neueste Zeit das Fundament der gewerblichen Verfassung bildete, geschah durch die im Jahre 1809 erfolgte Trennung der Polizei- und Commercialgewerbe, indem rücksichtlich der letzteren die freie Concurrenz hergestellt und außerdem selbst einige Polizeigewerbe, denen nur in der Residenz oder in größeren Städten eigene Befugnisse zustanden, für frei erklärt wurden. — In Ungarn und den ehemals damit verbundenen Ländern hatten nur die Städte Zünfte; auf dem Lande war der Gewerbsbetrieb lediglich von der Willkür der Dominien abhängig; doch konnten sich die Gewerbetreibenden auf dem Lande den städtischen als Landmeister einverleiben lassen. Im Jahre 1813 wurden die alten Zunftordnungen aufgehoben und die Zeit bis 1848 mit Errichtung neuer Zünfte und mit Ertheilung von Zunftprivilegien ausgefüllt. Nur in Siebenbürgen blieb freiere Bewegung.

Als im Jahre 1848 die Leitung Ungarns und Siebenbürgens mit der des ganzen Reiches vereinigt wurde, fühlte man die Nothwendigkeit, die gewerbliche Verfassung der einzelnen Provinzen mit einander mehr in Einklang zu bringen. Diesen Zweck hatte die Instruction von 1851.[1]) Im Jahre 1854 wurde der Entwurf einer Gewerbeordnung veröffentlicht, an deren Einführung man schon 1835 gedacht hatte und die auf das Princip der Gewerbefreiheit gegründet war. Dieß erregte große Sensation und wurde Veranlassung zu den gründlichsten Besprechungen. Mittels kaiserlichen Patentes vom 20. Dezember 1859 erlangte diese Ordnung nach stattgehabter Berathung in der Rechtsvertretung gesetzliche Giltigkeit.

Dem Beispiele Oesterreichs folgten mit Einführung der Gewerbefreiheit: Nassau (1. Juni 1860); Bremen (4. April 1861); Oldenburg (11, 23. Juli 1861); Königreich Sachsen (15. Oktober 1861); Würtemberg (12. Januar 1862); Weimar (30. April 1862); Gotha (21. März 1862); Meiningen (16. Juni 1862); Waldeck (24. Juni 1862); Baden 12. September 1862); Altenburg (31. März 1863); Reuß, jüngere

[1]) Mascher S. 592.

Linie (1. Juli 1863); Coburg (ebenfalls 1. Juli 1863); Braunschweig (3. August 1864); Rudolstadt (1864).[1])

In Frankfurt, Churhessen, Hessen-Darmstadt, Anhalt und Hannover ist die gesetzliche Einführung der Gewerbefreiheit vorbereitet; in Mecklenburg-Schwerin, Mecklenburg-Strelitz, Schleswig-Holstein, Lauenburg, Lippe-Schaumburg, Lippe-Detmold, Schwarzburg-Rudolstadt, Schwarzburg-Sondershausen, Hessen-Homburg, Lichtenstein und Lübeck wird das Zunftwesen noch festgehalten. In Bayern gab es schon seit Langem zur Milderung des Zunftzwanges wenigstens in der Hauptstadt verschiedene Gewerbe, die vom Hof als persönliche Rechte verliehen wurden, Hofschutzrechte hießen, in keinem Zunftverband standen und keiner städtischen Obrigkeit, sondern direct den landesherrlichen Behörden untergeordnet waren. Durch Edict vom 16. März 1804 wurde Gewerbefreiheit versprochen; durch Gesetz vom 11. September 1825 setzte den Realrechten ein ausgedehntes Concessionssystem gegenüber und gebot die Ertheilung der Concession, wenn persönliche Fähigkeit, Aussicht auf Nahrungsstand und die gesetzlichen Erfordernisse der Ansässigmachung vorhanden waren. Nach Anweisung einer Vollzugsinstruction wurde dieses Gesetz sehr liberal gehandhabt. Am 17. Dezember 1853 erschien in 236 Paragraphen eine revidirte Instruction zum Gewerbegesetze, die mehr dem Zunftwesen und den Realrechten günstig war. Im Jahre 1860 forderte das Ministerium von verschiedenen Behörden gutachtliche Berichte. Im Jahre 1861 sprach sich die Deputirtenkammer mit 69 gegen 61 Stimmen unter Verwerfung der Gewerbefreiheit für das Gesetz von 1825 aus. Am 21. April 1862 hob daher die Regierung die Vollzugsinstruction vom 17. Dezember 1853 wieder auf und publicirte statt ihrer am 20. Mai eine neue, die am 1. Juli in Kraft trat.[2])

---

[1]) Mascher S. 605. ff.

[2]) Mascher, Seite 641. 649. 660. — Rentsch, Handwörterbuch der Volkswirthschaftslehre S. 501. — Maurer, Fronhöfe II, 333.

Beilage III.

Der russische Mir. — Gemeinsamer Besitz von Grund und Boden. — Gemeinsame Bewirthschaftung.

Das russische Wort „Mir" bedeutet etwas Anderes in der Rechtssprache, etwas Anderes in der Volkssprache. In der Rechtssprache bedeutet es Gemeinde; in der Volkssprache bedeutet es eben so gut auch das Universum.[1])

Die russische Gemeinde unterscheidet sich von der mittel- und westeuropäischen sogleich äußerlich dadurch, daß in ihr der Besitz von Grund und Boden nur ein gemeinsamer ist.

Die weiten Landstriche Rußlands, sagt Harthausen,[2]) sind stets als ein Gesammteigenthum des ganzen russischen Volkes angesehen worden, an dessen Nutznießung jedem Einzelnen ein gleiches Recht wie jedem Andern zustehe. Daß diesem Begriff gemäß kein Privateigenthum, kein Erbrecht, nicht einmal ein lebenslängliches oder jeweiliges Nutzungsrecht an einer bestimmten Quote des Grund und Bodens existire, folgt hieraus von selbst. Dies aus dem ursprünglichen Nomadenleben des Volkes herübergekommenene Princip blieb auch nach der allmäligen Ansiedlung durch alle Phasen der russischen Geschichte bestehen."

Die ersten Ansiedelungen geschahen in der Regel familienweise. Starb der Vater, so wählte man sich einen neuen,

---

[1]) Siehe Harthausen: Studien über die inneren Zustände, das Volksleben, und insbesondere die ländlichen Einrichtungen Rußlands. 1847, Bd. III, S. 121.

[2]) Ebend. Bd. III, S. 453.

wo es dann vielleicht den jüngsten treffen kann, der aber dennoch der Alte, der Vater wird, dem man unbedingt gehorchte.[1])

„In den auf diese Weise organisirten slavischen Familien hatte nun kein Glied ein abgesondertes Vermögen, alles war vielmehr Gesammtgut. Wer aus dem Gesammteigenthum ausschied, verlor alles Recht an demselben ... Aber im Laufe der Zeit ward es unmöglich, die Einheit des gemeinsamen Haushaltes festzuhalten; die einzelnen Glieder mit ihren Weibern und Kindern bauten abgesonderte Haüser, jedoch auf dem Gesammtgrund und Boden und mit Beibehaltung der Gesammtheit desselben und der Herrschaft des Familienhaupts. Dies ist die ursprüngliche slavische Dorfgemeinde (Familiengemeinde) unter ihrem Haupte, dem Alten (Starik, Starschi, Starschina, Starost.)" Auch die Bearbeitung der Felder war anfangs gemeinsam; später blieben nur Wald und Weide unausgeschieden, Ackerland und Wiesen wurden getheilt.[2])

Vereinigten sich Russen zu einer Gemeinde, die nicht durch's Blut mit einander verbunden waren, so wählten sich auch diese in ähnlicher Weise ihren Vater (Starost). Sogar der Großfürst ist Vater.

Familieneinheit und Gütergemeinschaft sind also der ursprüngliche Charakter des Slaventhums, der aber bei den westslavischen Völkern nicht so rein ausgebildet und streng festgehalten wurde, wie bei den Russen.[3])

Als Grundsatz bei der Landesvertheilung in der russischen Dorfgemeinde gilt nun, daß „jede lebende männliche Seele Anspruch auf einen ganz gleichen Antheil an allen Nutzungen des Grund und Bodens hat. Dieser Antheil ist daher dem Princip nach stets wechselnd; denn jeder aus einer Familie der Gemeindegenossen neugeborne Knabe tritt mit einem neuen Rechte hinzu, und fordert seinen Antheil; dagegen fällt aber

[1]) Ebend. III, 123.
[2]) Ebend. III, 124.
[3]) Ebend. III, 123.

auch der Antheil eines jeden Verstorbenen in die Gemeinde zurück. Die Waldungen und Weiden, Jagd und Fischerei bleiben ungetheilt, und Jeder nimmt mit gleichem Rechte an ihren Nutzungen Antheil. Aecker und Wiesen werden aber wirklich unter alle männlichen Köpfe nach ihrem Werthe gleichmäßig vertheilt. . . ."

„. . . Diese gleichmäßige Vertheilung ist aber natürlich eine sehr schwierige. Die Ackerfeldmark besteht aus guten, aus mittelmäßigen, aus schlechten Grundstücken, diese liegen weit oder nahe, für den Einzelnen bequem oder unbequem. Wie ist das auszugleichen? — Die Schwierigkeit ist groß, dennoch überwinden sie die Russen mit Leichtigkeit. In jeder Gemeinde gibt es gewandte Agrimensoren, die traditionell ausgebildet, das Geschäft mit Einsicht und zur Zufriedenheit Aller ausführen. Zuerst wird die Feldmark nach der entfernten und nahen Lage, nach der Güte oder Schlechtigkeit des Bodens oder nach vorhergegangener vollständiger Bonitirung in Wannen abgetheilt, so daß jede Wanne einen einigermassen in jenen Beziehungen homogenen Bestandtheil bildet. Dann wird jede Wanne in so viele Antheile in langen Streifen abgetheilt, als Antheilnehmer in den Gemeinden sind, und sodann unter diese verlooset. Dies ist das Allgemeine; aber in jeder Gegend, oft in einzelnen Gemeinden, haben sich Localgebraüche, Abweichungen und besondere Arten festgestellt. Im Gouvernement Jaroslow z. B. existiren in vielen Gemeinden eigene fast heilig gehaltene Vermessungsstäbe. Die Länge derselben correspondirt mit der verschiedenen Güte und Qualität des Bodens der Feldmark, so daß z. B. der Vermessungsstab für das beste Land auch der kürzeste ist, der für etwas minder gutes auch etwas länger, und so fort der für ganz schlechtes der längste. Hier sind die sämmtlichen Landstriche daher von ganz verschiedener Größe, aber eben dadurch in ihrem Werthe ausgeglichen und völlig gleich.[1])"

---

[1]) **Haxthausen**, Bd. I, S. 124. „Bei dem Vertheilen des Landes und der Ausloosung ist in der Regel die ganze Gemeinde, Weiber und Kin-

Nun blieb, nachdem die Russen einmal seßhaft zu werden angefangen, nur der eine Theil des Bodens mehr Eigenthum des ganzen Volkes, d. h. Krongut; ein anderer Theil ging in den Privatbesitz des Kaisers und seiner Familie über; ein dritter in das Eigenthum der Angesessenen selbst (z. B. der Kosaken), ein vierter in das Eigenthum des Adels.

Die Kronbauern und die Bauern auf eigenem Grund und Boden sind persönlich frei, doch entrichten die ersteren eine Geldabgabe, den Obrok an den Kaiser. Die Bauern auf dem Boden des Kaisers heißen Apanagebauern. Die Bauern auf dem Boden des Adels sind seit 1649 zu Leibeigenen gemacht worden. Die Leibeigenen sind wieder entweder zu Frohnden oder zum Obrok an den Gutsherrn verpflichtet.

Der Grundsatz der Bodengemeinschaft und Theilung in der Gemeinde gilt aber überall.

„Bei der Obrokverfassung erhält, wie gesagt, jeder männliche Kopf gleichen Antheil (der Vater nimmt ihn für den unmündigen Sohn) an Grund und Boden, aber jeder männliche Kopf muß dagegen auch einen gleich hohen Antheil der Abgaben (des Obroks) übernehmen.[1]" Bezüglich der Frohnden dagegen findet eine Modification statt.

---

der versammelt; aber es herrscht die größte Ordnung und Stille. Nie kommt Streit vor, aber es wird auch die größte Gerechtigkeit gehandhabt. Glaubt man, daß der Antheil des einen etwa zu schwach ausgefallen sein möchte, so wird ihm aus dem Reservefond zugelegt."

Ebend. S. 125.

[1]) Ebend. I, 127. Führt die ganz gleichheitliche Vertheilung des Obrok zu Unbilligkeiten, so wissen sich die Russen mannigfach zu schützen. So z. B. erzählt Harthausen von dem Dorfe Welikoie-Selo: „Ein Theil der Einwohner hat durch Leinwandweberei bedeutendes Vermögen gewonnen, ein anderer beschäftigt sich mit Ackerbau. Die Gutsherrschaft hat auf die Fabrikationsgeschäfte Rücksicht genommen und einen höheren Obrok festgesetzt, als durch den Ackerbau allein getragen werden konnte, und fordert ihn in runder Summe vom ganzen Dorfe. Die Gemeinde legt nun die ganze Summe der Abgabe auf das Land, vertheilt dies aber keineswegs in gleichem Maße unter den Gemeindegliedern, sondern

„.. Die älteste Form der Frohndenwirthschaft, und noch jetzt die, womit man in Großrußland gewöhnlich anfängt, wenn man, meist gezwungen, weil die Bauern den Obrok nicht mehr aufbringen können, eine eigene Gutswirthschaft anlegt, ist, daß man einen Theil der Feldmark, meist 1/4 oder 1/3 des Ackerbodens, ausscheidet und für gutsherrliches Land erklärt. Die Bauern behalten dann das übrige 3/4 oder 2/3 zu ihrer Benutzung und Ernährung und müssen dagegen das gutsherrliche Land vollkommen frei bestellen, das heißt bedüngen, pflügen, eggen, besäen (wozu jedoch die Herrschaft die Saat gibt), einernten, zum Verkauf verfahren, alles auf ihre eigenen Kosten. In dieser rohen Form hat der Gutsherr noch gar kein Wirthschaftsinventar, kein Wirthschaftspersonal, nicht einmal einen Verwalter (der Dorfstarost versieht gewöhnlich dessen Dienst), keinen Gutshof, vielleicht nur eine Scheuer und eine Riege. Die Bauern geben in diesem Verhältnisse keine Abgaben, sondern thuen Frohnden, die durch die nöthigen Arbeiten jenes 1/3 oder 1/4 des Bodens bemessen sind. Um Mißbräuchen zu steuern, hat das Gouvernement ein für allemal festgesetzt, daß die Frohnden in keinem Falle drei Tage in jeder Woche übersteigen dürften ..."

„Allein die Knaben und die ganz Alten arbeiten nicht, tragen also auch nicht die Lasten, das heißt, können nicht die Frohnden thun. Diese können daher auch keinen Anspruch auf den Grund und Boden machen, der den Leuten als Aequivalent für die Frohnden überlassen ist. Es muß daher ein anderes Princip der Landestheilung eintreten. Diese geschieht demnach hier durch Taiglos.

„Der Begriff des Wortes Taiglo steht nicht ganz fest, wenigstens läßt sich das Wort nicht ganz übersetzen. Man

---

zwingt die Reichen, mehr zu nehmen und dafür auch höhere Sätze zu bezahlen. Diese, welche gar keinen Ackerbau treiben, überlassen das Land für geringen Pacht, der nicht einmal die darauf ruhende Abgabe deckt, an die eigentlichen Ackerbauern." Bd. I, S. 119.

kann nicht sagen, daß es bloß ein Ehepaar, aber auch nicht, daß es eine Familie bedeutet; der Begriff steht in der Mitte. Zum Beispiel, ein Bauer hat einen unvermögenden Vater, einen erwachsenen Sohn und mehrere unmündige Kinder, so bildet das Ganze nur einen Taiglo, braucht nur eine einfache Frohnde zu leisten und erhält nur eine Landportion. Nun heirathet aber sein Sohn, bleibt jedoch beim Vater in dessen Hause und Wirthschaft sitzen; dennoch bildet die Familie nunmehr zwei Taiglos, muß eine doppelte Frohnde übernehmen, erhält aber auch zwei Landportionen. Die Verheirathung gehört demnach stets zum Beginn der Bildung eines Taiglo und zur Heirath drängen daher die drei verschiedenen Parteien, die dabei concurriren, nach ihren verschiedenen, oft verwickelten oder complicirten Interessen. Der Gutsherr hat in der Regel ein vorherrschendes Interesse, so viele Taiglos zu haben als möglich. [1]) Aber auch die Gemeinde kann Interesse für die Bil-

[1]) Bekommt ein Adeliger so viele Leibeigene, daß er nicht mehr allen eine Landportion zuweisen kann, so errichtet er eine Fabrik und commandirt sie in dieselbe, oder er überläßt sie an andere Fabrikanten oder er setzt sie auf Obrok und läßt ihnen frei, sich Verdienst zu suchen, wo sie nur immer wollen. Wollen sie sich einem Gewerbe zuwenden, so besteht weder ein Zunft- noch ein anderer Zwang und der slavische Associationsgeist tritt sogleich wieder hervor, so daß oft in einer ganzen Gemeinde alle Individuen ein und dasselbe Handwerk treiben, Einkaüfe und Verkaüfe gemeinschaftlich machen und gemeinschaftliche Fabriken anlegen. Bd. I, S. 182.

In dieser Hinsicht ist die russische Leibeigenschaft gegenwärtig ein umgekehrter Saint-Simonismus. Dieser fordert bekanntlich, daß man die Menschen nach ihren Bedürfnissen und Capacitäten schätze, um ihnen darnach zu geben und zuzutheilen, gleichsam als die Zinsen ihres Werthkapitals! So ist es auch mit dem russischen Leibeigenen. Er wird förmlich von seinem Herrn austaxirt. Dieser spricht zu ihm: „Du hast das und das Alter, bist von der und der Leibesbeschaffenheit und Gesundheit, hast so viel Leibeskräfte, Arbeitsfähigkeit und Ausdauer, hast die und die Geistesanlagen, die und die Bildung, die und die Talente, die und die Geschicklichkeiten; folglich hast du einen Kapitalwerth von so und so viel." — Statt nun aber wie Saint-Simon weiter zu sprechen: „Weil du einen solchen Werth hast, so kommt dir soviel von den

dung eines Taiglos haben. Hat sie hinreichenden Grund und Boden, etwa mehr, als die bisherigen Gemeindeglieder mit eigenen Kräften und mit Vortheil zu bebauen vermögen, so ist jeder Zuwachs an Arbeitskräften, also an Taiglos, ein baarer Gewinn für die Uebrigen, deren Frohnden dadurch vermindert werden. Endlich haben die Familienväter selbst meist das größte Interesse, daß ihre Söhne heirathen und neue Taiglos bilden. Es ist nemlich russische Sitte, daß so lange der Vater, das Familienhaupt, lebt, die verheiratheten Söhne im väterlichen Hause keine besonderen Familien, keinen abgesonderten Haushalt bilden. Jede Heirath ist daher der größte Gewinn des Familienhaupts; er gewinnt dadurch einen neuen Landantheil, und wenn er auch eine Frohnde mehr übernehmen muß, so wird dies völlig dadurch ersetzt, daß er in der Schwiegertochter noch eine Arbeiterin mehr erhält. Der Einzug einer Schwiegertochter ist daher, und wäre sie auch arm und hätte nichts als ihre gesunden Arme, stets ein willkommener Segen für die Familie." [1])

„..Diese Verhältnisse nun bilden die Grundlage der russischen Gemeindeverfassung, einer der merkwürdigsten und interessantesten politischen Institutionen, die es gibt. Sie bietet unläugbar für die inneren socialen Zustände des Landes unermeßliche Vortheile. In den russischen Gemeinden ist ein organischer Zusammenhang, es liegt in ihnen eine so compacte sociale Kraft, wie nirgendwo. Sie gewähren in Rußland den unermeßlichen Vortheil, daß dort bis jetzt kein Proletariat ist und sich auch nicht bilden kann, so lange die Gemeindeverfassung besteht. Es kann jemand arm werden, er kann persönlich alles verschwenden, das schadet seinen Kindern nichts, die behalten

Gütern der Erde zu," spricht dagegen der Herr zu seinem Leibeigenen: „Weil du einen solchen Werth hast, so mußt du so und so viel verdienen, das bringst du mir als Zinsen des in dir steckenden mir gehörigen Kapitals ein und zahlst du mir also. .." Ebend. I, 118.

[1]) Ebend. I, 126.

oder erhalten deßhalb doch ihren Gemeindeantheil und erben die Armuth nicht. Von der andern Seite muß man jedoch auch eingestehen, daß in dieser gleichen Landtheilung nicht die Bedingungen des Fortschritts der Landescultur liegen. Allein dies ist eben der Punkt, worauf es ankommt: das Princip wird schon lange nicht mehr in seiner vollen Consequenz durchgeführt; ungeachtet es keineswegs irgendwo aufgegeben ist, so unterliegt es doch naturgemäßen, bequemen und vortheilhaften Modificationen. Die russischen Bauern haben in ihrer Totalität viel zu viel natürlichen und praktischen Verstand in dem, was die reellen Interessen betrifft; vielleicht mehr als andere Nationen. Sie haben längst eingesehen, welche Nachtheile und Inconvenienzen die strenge Befolgung des Systems mit sich bringe. Auf die einem intelligenten Landwirthe, Herrn von Karnowitsch, vorgelegte Frage, ob denn wirklich irgendwo jährlich das Land neu unter die Gemeindeglieder vertheilt würde, verneinte dieser es auf das Bestimmteste. Doch mögen mannigfache Modificationen in den verschiedenen Theilen Rußlands vorkommen; wahrscheinlich im ganzen Gouvernement Jaroslaw wird auf folgende Weise verfahren."

„Bekanntlich werden nach gewissen Zeiträumen in Rußland Volkszählungen zum Behuf der Regulirung der Kopfabgaben und Rekrutenstellung angeordnet. Sie heißen Revisionen und es sind ihrer seit Peter I., also seit etwa 130 Jahren, acht gewesen.[1]) Für diese Zeitabschnitte gilt denn auch die Vorschrift, daß im Revisionsjahre eine neue Landvertheilung in den Gemeinden vorgenommen werden müsse. — Wäre dies nicht Vorschrift, so würden die Bauern, wenigstens im Gouvernement Jaroslaw, selbst in solchem Jahre eine neue Theilung nicht vornehmen, denn wie unbequem sie ihnen ist, wie unvortheilhaft sie ihnen scheint, geht aus dem Beinamen hervor, den sie ihr beilegen; sie nennen sie nämlich Tschorni pi-

[1]) Gegenwärtig zehn; also träfe auf je 10 bis 15 Jahre eine Landtheilung.

rideal (die schwarze d. h. böse Theilung). Bei der letzten Revision ist nun in der Gegend von Jaroslaw (und das kann denn wohl gewiß für einen großen Theil von Rußland gelten) auf folgende Art verfahren: Zuerst wird von den Agrimensoren der Gemeinden die Feldmark vermessen, bonitirt, und jede Wanne in eine Anzahl Streifen getheilt. Es werden bei Krongemeinden ungefähr die Zahl der Revisionsseelen oder bei Apanagen- und Privatgemeinden die Zahl der Taiglos im Auge gehalten, doch des möglichen Zuwachses halber einige hinzugesetzt und mehr gezählt, was dann eine Reserve für die Gemeinde bildet. Auch werden die ganz unregelmäßigen Figuren, welche sich durch Wege, Gräben, Ufer ꝛc. bilden, und etwas schwierig zu vermessen sind, so eingetheilt, daß nur regelmäßige Figuren zur Vertheilung herausgeschnitten, und die auf solche Weise übrig bleibenden Streifen, Enden, Ecken ꝛc. ebenfalls zu dem Reservefond und zu Ausgleichungen bei vorkommenden Beschwerden geschlagen werden; man nennt sie Zapoloski. Nun wird jedem sein ihm durch das Loos zugefallener Theil überwiesen, jene Reserve aber von der Gemeinde entweder verpachtet oder sonst benutzt. Wird nun später ein Knabe geboren oder bildet sich ein neues Taiglo, so wird ihm aus dem Reservefond ein neuer Antheil ausgemittelt und zugewiesen. Stirbt jemand, so fällt dessen Antheil an den Reservefond zurück, doch wird soviel thunlich darauf gesehen, daß z. B. der Theil, der dem verstorbenen Vater gehört hat, dem Sohne wieder überwiesen wird, so daß die vorhandenen Ackerwirthschaften möglichst wenig in ihrem Bestande alterirt und gestört werden. Auch dieses ist ein Grund, warum die Familien gern ungetheilt in derselben Wirthschaft sitzen bleiben. Ja wenn der Vater stirbt, tritt häufig der älteste Bruder in dessen Stelle als Familienhaupt, und wird ganz auf dieselbe Weise angesehen und verehrt, und die ganze Wirthschaft bleibt ungetheilt zusammen.“ [1])

---

[1]) Ebend. I, 129 ffg.

Im Anschluß an diese thatsächlichen Mittheilungen gibt Harthausen eine interessante Gegeneinanderstellung.

„In Bezug auf den Besitz des Grund und Bodens sehen wir gegenwärtig in Europa drei Principe neben einander bestehen. Sie sind in drei Ländern scharf ausgesprochen, in den übrigen Ländern existiren sie mit Modificationen und Verschmelzungen."

„In England herrscht das Princip: Der Boden muß so wenig getheilt sein als möglich, und dem Ackerbau dürfen sich nur so viele Hände widmen, als unumgänglich nöthig sind; nur dann wird man ihn mit Kraft fördern und in Blüthe erhalten. Das ganze Land ist daher durch große (wenn auch nicht übergroße) Gutswirthschaften angebaut. — Diese haben das Gute, daß sie allen dabei beschäftigten Händen das ganze Jahr hindurch Arbeit gewähren. Es geht kein Arbeitskapital von Menschenkräften verloren. Nur auf größeren Gutswirthschaften können füglich und mit Vortheil Meliorationen mit Kraft und nachhaltig angelegt und erhalten werden."

„Die Folge dieses Systems ist, daß verhältnißmäßig nirgends eine so hohe Kultur herrscht, der Ackerbau so blühet, als in England. Nirgends ist ein verhältnißmäßig so starker Viehstand, wird also so viel Dünger producirt und können die Felder zu so hoher Kultur hinaufgeschraubt werden, als hier. Kaum ein Drittel der Bevölkerung Englands beschäftigt sich mit Landwirthschaft. Aber nicht der zehnte Theil der Bevölkerung in England hat irgend einen Grundbesitz oder auch nur ein Haus. Die Gefahren, welche diese Verhältnisse dem socialen Zustande Englands drohen, wird Niemand verkennen."

„Das zweite Princip wird von Frankreich repräsentirt. Es stellt als Grundsatz auf: Der Ackerbau ist ein freies Gewerbe, aller Grund und Boden muß daher theilbar sein, Jedermann muß ihn frei erwerben können; mit andern Worten: Der Grund und Boden muß eine Waare sein, er muß wie Scheidemünze von Hand zu Hand gehen. — Das Land ist in

Folge dessen in unzählige kleine Besitzungen zerschlagen. Wenn man in England etwa 400,000 Besitzungen rechnen könnte, so müßten nach dem Verhältnisse der geographischen Ausdehnung in Frankreich etwa 1,400,000 sein; es gab deren aber 1831 daselbst nicht weniger als 10,404,121, also 26mal mehr! Ueber zwei Drittel der Bevölkerung beschäftigt sich mit dem Ackerbaue." —

„— Der zu geringfügige Ackerbau beschäftigt die Menschen, wenn sie keine Nebengewerbe finden, das Jahr hindurch keineswegs hinreichend. Es ist dann ein großer Verlust an Arbeitskräften vorhanden. Der zu kleine Ackerbau gewährt auch zu wenig Kräfte und Vermögen, um bedeutende und dauernde Meliorationen hervorzurufen, Gartencultur kann blühen, der Ackerbau nicht; es fehlt an Vieh, folglich an Dünger, der Grundlage jedes Fortschritts. Darum sagt auch Arthur Young ganz richtig: In Frankreich bebaut man den guten Boden vortrefflich, den mittelmäßigen selten, den schlechten gar nicht. Vergleicht man nun Frankreich mit England, so kann es sich, trotzdem daß es durchschnittlich besseren Boden hat, in Bezug auf Ackerbau und Kultur durchaus nicht mit diesem Lande messen. Wenn in England fast die Hälfte des cultivirten Bodens dem Unterhalte des Viehs anheimfällt, ist dies in Frankreich kaum mit dem zehnten Theile der Fall. Welche intensiven Kräfte diese Zahl und Masse des Viehs der Kultur des Bodens gewährt, ist einleuchtend. Die ganze Consumtion aller Nahrungsmittel besteht daher auch in England zur Hälfte aus Fleisch, in Frankreich nur zu einem Viertel. Nach dem Ministerialrapport von 1812 konnte man auf die Landbewohner in Frankreich per Kopf kaum 19 Pfund Fleisch für das Jahr rechnen, in England aber rechnet man nicht weniger als 220 Pfund."

„England ist in Bezug auf Ackerbau und Landcultur viel blühender als Frankreich; allein Frankreich hat weit weniger Proletarier. Die Proletarier sind jedoch in Frankreich bei weitem energischer und gefährlicher, als in England. In England ist eine strenge Schranke zwischen den Besitzenden und den Nichtbesitzenden; die Letzteren haben, solange noch ein gesetzlicher Zustand besteht, keinen Anspruch und keine Hoffnung, einen Besitz zu erwerben. In solchem Falle beruhigen sich die meisten Menschen leicht; nach Unerreichbarem strebt man selten. In Frankreich ist die Bahn, einen Besitz zu erlangen, völlig offen und frei; er ist der Preis von Anstrengung, Kühnheit, Glück. Darum drängt sich ein jeder dazu, und es ist ein beständiges Schwanken aller Verhältnisse sichtbar. In England steht Armuth und Reichthum ziemlich ruhig, wenn auch drohend, neben einander; in Frankreich stehen sie im offenen Kriege einander gegenüber."

„Deutschland steht in der Mitte zwischen England und Frankreich. Es hat weder das System der völligen starren Gebundenheit und Untheilbarkeit des Grundbesitzes Englands, noch der losen Ungebundenheit und völligen Theilbarkeit alles Grund und Bodens Frankreichs. Die größeren Güter sind hier meist untheilbar, theils gesetzlich, theils nach Gewohnheit. Bei dem kleineren Grundbesitz ist es nach den Gegenden verschieden."

„Das dritte Princip wird von Rußland repräsentirt. Frankreich stellt das Princip der Theilbarkeit des Bodens auf. Rußland geht viel weiter, es theilt ihn beständig. Frankreich stellt das Princip der freien Concurrenz auf, es will allen Grund und Boden als Waare angesehen wissen, die Jeder für Geld 2c. erwerben kann; Rußland raümt jedem seiner Kinder das Recht ein, Theil an den Nutzungen des Grund und Bodens zu nehmen, und zwar in jeder Gemeinde ganz gleichen. In Frankreich ist der Grund und Boden reines Privateigenthum des Einzelnen; in Rußland ist er Eigenthum des Volkes und seines Mikrokosmus, die Gemeinde; der Einzelne hat nur ein Recht auf die jeweiligen Nutzungen gleich jedem Andern. Daß bei diesem System nicht eine so hohe Stufe der Cultur des Grund und Bodens zu erreichen ist, wie in England oder selbst in Deutschland, ist einzuraümen; aber die

Stufe, die Frankreich dagegen erreicht hat, kann es unserer Meinung nach erreichen, wenn einige andere Bedingungen der socialen Verhältnisse erfüllt und gewisse Hindernisse aus dem Wege geraümt würden." [1])

Mitunter haben die Russen noch ein engeres Band unter sich, als die Gemeinschaft des Bodens, nämlich die Gemeinschaft der Arbeit. Harthausen kennt dieselbe im Inneren weiter Waldgebiete bei einzelnen Abtheilungen der Roskolniks, deren Dörfer dann Skitt heißen, [2]) und bei den Tscheremissen an der Wolga. Die Verhältnisse dieser Letzteren schildert dieser Schriftsteller in folgender Weise: „Ein Dorf bildet in der Regel mit einigen andern zusammen eine Gemeinde mit einer gemeinsamen Feldmark. Die Bildung dieser Gemeinde scheint auf uralten Volkseinrichtungen, die selbst mit religiösen Ideen zusammen hängen, zu beruhen. Eine solche Gemeinde heißt eine Keremeth; allein auch die uralten Opferplätze mit den heiligen Baümen heißen Keremeth .... Zu den landwirthschaftlichen Arbeiten zieht das ganze Dorf, Jung und Alt, Mann und Weib hinaus und arbeitet Tag und Nacht, bis die Arbeit beendet ist, so zur Saat, zur Heuzeit, zur Ernte; es darf sich Niemand ausschließen und zu Hause bleiben oder ruhen. Hier wird dann auch die Ernte auf dem Felde unter alle Haushaltungen gleichmäßig vertheilt, also nicht die Felder vorher." [3])

Die Duchaborgen nahmen unter Kapustin, der 1814 wegen Proselytenmacherei in's Gefängniß gesetzt wurde, sogar vollständige Gütergemeinschaft an. Eine von den mehreren Abtheilungen der Pomerane aber hebt nicht nur das Privateigenthum, sondern auch die Ehe auf. Statt der Ehe wird ein Contract auf bestimmte Jahre oder auf Kündigung geschlossen;

---

[1]) Ebend. I, 134 ff.
[2]) Bd. III, S. 125.
[3]) Bd. I, S. 443.

die Kinder gehören nicht den Eltern, sondern der Gemeinde; ein Erbrecht gibt es nicht.

Uebrigens findet sich die Bodengemeinschaft sehr haüfig; am haüfigsten bei den erst gewordenen Völkern.

In China zum Beispiel war unter den ersten drei Dynastien (also bis 230 v. Chr.) der Staat der einzige gesetzliche Eigenthümer aller Ländereien und vertheilte dieselben gegen bestimmte Leistungen an die Einzelnen. Unter der ersten Dynastie erhielt der Mann 50 Meu (Morgen); den Ertrag von 5 Meu mußte er aber an den Staat abliefern. Unter der zweiten Dynastie (seit 1766 v. Chr.) wurden je 630 (9×70) Meu an 8 Haüser vertheilt. 70 Meu durfte jedes Haus für sich bebauen; die letzten 70 mußten die 8 Haüser mit einander für den Staat cultiviren. Unter der dritten Dynastie wurde statt der Zahl 70 die Zahl 100 gesetzt. Eine andere Art der Theilung war so geregelt, daß man unterschied, ob ein Land jährlich oder nur in jedem zweiten oder auch nur in jedem dritten Jahre angebaut werden könne und von einem Felde der ersten Art 100, von einem der zweiten Art 200, von einem der dritten Art 300 Meu an den einzelnen Landwirth verlieh. Auch so geschah die Bonitirung, daß man annahm, von dem einen Felde seien jährlich zwei Drittheile, von einem anderen zwei Viertheile, von einem dritten nur zwei Sechstheile productiv. Die Theile wurden nun wohl alle gleich; allein bekam eine Familie ein Feld der ersten Klasse, so mußte sie dem Staate 3 Personen, bekam sie ein Feld zweiter Klasse, so mußte sie ihm $2^1/_2$ Personen, bekam sie ein Feld dritter Klasse, so mußte sie ihm 2 Personen zu Frohnarbeiten stellen.[1])

Ganz China war, wie ein großes Pachtgut oder eine Reihe von großen Landgütern. Der Kaiser und die Fürsten waren

---

[1]) J. H. Plath, Gesetz und Recht im alten China, 1865. S. 18 ffg.

die Grundbesitzer, die das Land nicht nur vertheilten, sondern auch die Art der Bestellung im Einzelnen bestimmten und die Bearbeitung ursprünglich selbst, später durch ihre Beamten beaufsichtigten und aushalfen, wo Mangel war. Im ersten Frühlingsmonate heißt der Kaiser die Beamten, die dem Ackerbaue vorstehen, die Grenzen berichtigen, Wege und Kanäle in Ordnung halten und nach der Natur des Bodens das Volk anweisen, was für ein Getreide es zu bauen hat. Im dritten Monate läßt er die kaiserlichen Kornspeicher und Magazine eröffnen, um unter die Armen Korn und Kleider zu vertheilen. Im ersten Sommermonate muß der Sse-tu den District der Hauptstadt durchgehen, daß kein Landmann müßig bleibe. Auch die Vasallenfürsten wurden gestraft, wenn ihre Felder unfruchtbar waren, und wenn sich ihre Völker zerstreuten, so wurden ihre Gebiete reducirt. Im ersten Wintermonate wurden die Felder besichtigt, daß nichts draußen blieb .... In jedem Jahre im Frühling besuchte der Kaiser die, die pflügten, und ergänzte, wo es an Saat fehlte; im Herbste untersuchte er die Aernte und half aus, wo sie nicht genügte. „Wenn unser Fürst nicht die Rundreise macht, wie können wir zur Ruhe gelangen? wenn unser Fürst nicht für uns sorgt, wer wird uns dann beistehen?“ sagte ein Sprichwort ... Der Kornmagazinmann berechnet die Mittel des Staates; ist nicht Getreide genug da, so heißt er das Volk anderswohin versetzen und aus Gegenden, wo Vorrath ist, Korn herbeischaffen; zugleich erinnert er den Souverain, die Staatsausgaben zu beschränken. Noch Hoei-Wang, der Fürst von Leang (370—334 v. Chr.) rühmt, daß, als Hungersnoth innerhalb des Hoang-ho geherrscht habe, er die jungen und starken Leute östlich vom Flusse hin nach Ho-tung versetzt, den Alten und Schwachen in Ho-nui aber Korn gesandt habe.“ [1])

Was andere Völker betrifft, so werden, wie Mill berichtet, im Jaghire-Distrikt (im Gebiet von Madras) die Fel-

---

[1]) J. H. Plath, S. 22.

der jährlich vertheilt;[1]) die Afghanen theilen alle 10 Jahre;[2]) auch in Korea gibt es kein Privateigenthum an Grund und Boden, sondern der Staat vertheilt die Aecker je nach der Kopfzahl der Familien.[3])

Ein Stamm der alten Dalmatier theilte, wie wir aus Strabo wissen, je nach sieben Jahren.[4])

In einzelnen Theilen von Norwegen mußte das periodische Vertheilen der Aecker noch 1821 durch die gesetzliche Androhung einer doppelten Grundsteuer bekämpft werden.[5])

Die Briten hatten wenigstens so weit Feldgemeinschaft, daß von Neuem getheilt wurde, wenn ein Theil der Flur durch Ueberschwemmungen oder ähnliche Unfälle verloren gegangen war.[6])

Feldgemeinschaft mit jährlicher Neutheilung der Grundstücke berichtet Schubert auch von der Insel Sardinien.[7])

Auf französischem Boden treffen wir diese Einrichtung im Herzogthum Bouillon.[8])

In Lowicz bestand noch zu Anfang des 19. Jahrhunderts kein wahres Grundeigenthum, sondern hatte eine jährliche Neutheilung der Ländereien statt.[9]) Ebenso zu Trantow.[10])

„Auf dem Hochwalde im Trier'schen, erzählt Lappenberg 1837, befindet sich noch jetzt ein District, in welchem alles

---

[1]) Mill, British Indiana I, 315. Die folgenden Beispiele sind größtentheils von Roscher (System d. Volkswirthsch. I, 158. II, 192), Landau (Territorien, S. 68.) und Thudichum (der altdeutsche Staat, S. 104) deren Quellen hier genannt werden, zusammen getragen.

[2]) Elphinstone, Cabul II, 17.

[3]) Ritter, Geographie von Asien IV, 633.

[4]) Strabo, VII, 5.

[5]) Blom, Statistik von Norwegen I, 143.

[6]) Heidelberger Jahrbücher von 1831, I, S. 64. – „In England hat die Meinung vielen Anklang gefunden, daß zum Ersatz für die Entstehung des Grundeigenthums die Zwangspflicht der Armenunterstützung eingeführt worden ist." Roscher, System I, §. 88.

[7]) Staatskunde I, 4, S. 269.

[8]) Journal des Écom., Jan. 1859, p. 49.

[9]) Krug, Gesch. der staatswirthschaftlichen Gesetzgebung Preußens I, 187.

[10]) Arndt in Schmid's Zeitschrift III, 252.

Land Eigenthum der Gemeinde ist und nach Ablauf einiger Jahre unter den Mitgliedern der Gemeinde neu vertheilt wird." [1])

„In der Gemeinde Frickhofen im Nassauischen besaß noch im 17. und 18. Jahrhundert die ganze Gemeinde mehrere Feldfluren in ungetheilter Gemeinschaft, und die einzelnen Aecker wurden jährlich unter die eingesessene Bauernschaft verlooset." [2])

„Auf dem Hundsrücken pflegen noch heute in dem Kreise Mertzig sowie in einigen Gemeinden der Kreise Ottweiler und Saarlouis die Aecker je nach der Bewirthschaftungsweise der verschiedenen Ortschaften auf 3, 4, 9, 12, 14 oder 18 Jahre verloos't zu werden." [3])

„Dasselbe war hinsichtlich der Sickingen'schen, Leiningen'schen und Hanau-Lichtenbergischen Loosgüter in der Bayerischen Pfalz, sowie bei den Hubmannschaften im Landcommissariate Cusel bis auf unsere Tage der Fall, indem dieselben, gleichfalls nach Verschiedenheit der Orte, alle 9, 12 oder 20 Jahre durch das Loos neu vertheilt zu werden pflegten." [4])

Von Hannover und Oldenburg gibt Sybel an, es hätten daselbst noch im 15. Jahrhundert nicht bloß die einzelnen Bauern ihre Aecker in der Feldmark, sondern ganze Gemeinden im Besitze der Dörfer gewechselt, so daß die Leute nicht bloß andere Aecker, sondern sogar andere Wohnhäuser und Gärten erhielten. [5])

---

[1]) Geschichte von England II, 413. Vgl. Mögliner Annalen XXVII, 27.

[2]) Maurer, Einleitung zur Gesch. d. Markverfassung. S. 6. — Vergl. Cramer, Wetzlarer Nebenstunden CV, S. 354. 364.

[3]) Maurer, a. a. O. — Vergl. Mögliner Annalen XXVII. 28.

[4]) Maurer, a. a. O. — Vergl. Intelligenzblatt des Bayerischen Rheinkreises von 1818 Nro. 65, 1824 Nro. 14, 1825 Nro. 71 und 72, 1828 Nro. 31.

[5]) Kleinere historische Schriften S. 36. Sehe übrigens Waitz: Deutsche Verfassungsgesch. I, S. 160 der zweiten Auflage. 1865.

Auch was Tacitus[1]) von den alten Germanen berichtet, das kann allenfalls, was Cäsar[2]) von ihnen erzählt, das muß von einer Bodengemeinschaft verstanden werden, die mit einem Wohnungswechsel verbunden war. Die Angaben des Letzteren über die Sueven[3]) und einige Verse des Horaz über die Geten[4]) deuten überdies noch auf eine Art gemeinschaftlicher Arbeit.

Bei andern Völkern findet sich das System der gemeinsamen Arbeit in der vollkommensten Ausprägung.

Von den Böhmen sagt Palacky: „Inmitten der ihm eigenthümlich gehörenden Gründe baute der alte Böhme sein Haus. Die Nachkommen verwalteten das väterliche Erbe oft mehrere Generationen hindurch gemeinschaftlich und ungetheilt; faßte das väterliche Haus die vermehrte Zahl nicht mehr, so wurden in dessen Nähe andere Haüser angebaut. War der gemeinschaftliche Vater todt und die Kinder besaßen das Erbe unge-

---

[1]) Agri pro numero cultorum ab universis in vices (oder ab universis vicis) occupantur, quos mox inter se secundum dignationem partiuntur. Felicitatem partiendi comporum spatia praebent. Arva per annos mutant et superest ager. Germ. cap. 26.

Andere erklären das von einem bloßen Felderwechsel, Waitz sogar nur von der ersten Occupation. S. 105.

[2]) Agriculturae non student majorque pars victus eorum in lacte, casea, carne consistit: neque quisquam agri modum certum aut fines habet proprios, sed magistratus ac principes in annos singulos gentibus cognationibusque hominum, qui una coierint, quantum et quo loco visum est, agri adtribuunt atque anno post alio transire cogunt.

De bell. gall. VI, 22.

[3]) Suevi centum pagos habere dicuntur, ex quibus quotannis singula millia armatorum bellandi causa ex finibus educunt; reliqui, qui domi manserint, se atque illos alunt. Hi rursus in vicem anno post in armis sunt, illi domi remanent.... Privati ac separati agri apud illos nihil est: neque longius anno remanere uno in loco incolendi causa licet. De bell. gall. IV, 1.

[4]) „Ihnen spendet ungemessenes Land (privati ac separati agri nihil) freie Frucht (Allen gemeinsame Frucht, interpretirt Thudichum, der altdeutsche Staat, S. 106), und nicht behagt es ihnen, den Boden länger als ein Jahr zu bebauen. Wer diese Mühe bestanden, findet sofort Erholung; denn an seine Stelle tritt ein Anderer.“

Carm. III, 24.

theilt, so wählten sie aus ihrer Mitte den Tüchtigsten zur Verwaltung ihrer gemeinschaftlichen Angelegenheiten und zur Vertretung des Stammes nach Außen. Diesen nannte man Wladyken und übertrug ihm gleichsam die väterliche Gewalt über Alle, wenn er auch etwa der jüngste unter den Männern des Hauses oder des Stammes war. — Dieser Gebrauch des ungetheilten Familienbesitzes erhielt sich in Böhmen wegen des in späterer Zeit sehr ausgedehnten Heimfallrechtes bis in's 17. Jahrhundert."

„In der Herzegowina, wo der gewählte Hausälteste Staressina heißt, hat sich diese Eigenthümlichkeit noch bis auf den heutigen Tag erhalten. Der Staressina befiehlt den Burschen und Männern, was ein jeder zu verrichten habe, kauft und verkauft, führt die Hauskasse und sorgt für die Berichtigung der öffentlichen Abgaben. Das Hausgebet beginnt und beendet er und wenn Gäste kommen, so spricht nur er mit ihnen und bewirthet sie. Wird der Vater alt, so übergibt er die Würde des Staressina dem ausgezeichnetsten unter seinen Söhnen oder Brüdern oder Neffen, wenn dieser auch der jüngste ist. Verwaltet er das Haus schlecht, so wählen die Hausgenossen an seiner Statt einen anderen." [1])

Von Serbien, Bosnien, Slavonien und Bulgarien glaubt Harthausen berichten zu können, daß auch dort noch heutzutage hin und wieder gemeinsamer Feldbau und Theilung der Aernte vorkommen. [2]) Robert bestätigt das in Bezug auf Serbien. [3]) Ebenso erzählt Hube von einem freien Dorfe in der polnischen Woiwodschaft Sendomir, in welcher die Feldflur nach Anordnung des Schulzen (Woyts) gemeinschaftlich bestellt und erst die Aernte getheilt wird. [4])

Die europäischen Colonien in Virginien hatten bis 1611, die in Neuengland bis 1623 das System der gemein-

---

[1]) Palacky, Geschichte von Böhmen, I, 169.

[2]) Studien über die inneren Zustände Rußlands I, 126. III, 125.

[3]) Die Slaven der Türkei (übers. von Ferodawitsch) I, 54.

[4]) Geschichtliche Darstellung der Erbfolgerechte bei den Slaven (übers. von Zupanski), S. 22. — Vergl. Röpell, Gesch. von Polen, I, 83.

samen Arbeit; hier aber war fast ununterbrochen Hungersnoth die Folge.[1]) Die französischen Militärcolonien in Algier, die in diesem Bande hätten leben sollen, baten schon nach Jahresfrist um Auflösung desselben.[2])

Nach Schlosser gäbe es auch in Indien kein Privateigenthum an Land, sondern der Ertrag der Aernte ist gemeinschaftliches Eigenthum des Dorfes; nach Abzug der Steuern wird er „nach Verhältniß des Ackerbesitzes" (!) vertheilt.[3])

An der Goldküste und in Congo geschieht die jährliche Aernteverteilung nach der Kopfzahl.[4])

Bei den Celten in Wales vergaben die Fürsten ihr Land häufig in der Weise, daß in einem Weiler von Hörigen alle Familienhäupter zusammen, dem russischen Dorfsystem entsprechend, die gemeinschaftlichen Besitzer waren. Jeder, so viele oder wenige es immer waren, erhielt ein gleich großes Stück zum Anbau. Sobald ein Sohn selbstständig wurde, konnte er Land fordern, nicht vom Vater, sondern von der Gemeinde. War kein vacantes Stück da, so mußte eine neue Umtheilung gemacht werden.[5])

Auch die Römer und Griechen siedelten sich nach Geschlechtsgenossenschaften an, und es hieß eine derartige Geschlechtsansiedelung „Haus" (*οἰκία*, woraus später häufig die Demen und Komen, — vicus, woraus später häufig die Tribus entstanden). „Wie aber zu dem Hause ein Acker gehört, sagt Mommsen, so gehört zu dem Geschlechtshaus oder Dorf eine Geschlechtsmark .... Diese Mark wurde bis in verhält-

---

1) Bancroft, history of the U. States, I, 161. 340. Man vergleiche die sechszehn Fourier'schen Plantagen und die Ikarische Colonie auf amerikanischem Boden.

2) Vergl. Bugeaud's Bericht in der Revue des deux mondes, 1. Juni 1848.

3) Weltgeschichte, bearb. von Kriegk, I, 45. — Vergl. Keyhtley, Gesch. von Indien, I, Kap. 9.

4) Klemm, Kulturgeschichte, III, 338.

5) Walter, das alte Wales, S. 200.

nißmäßig späte Zeiten gemeinsam bestellt und erst der Ertrag vertheilt.[1])

Aus der Zeit des Cäsar berichtet Diodorus Siculus[2]) von den Vaccäern, einer spanischen Völkerschaft, daß dieselben jedes Jahr Land verloos't und die gemeinsam gewonnenen Früchte vertheilt hätten. Wie Thudichum glaubt, hätte demnach jedes Dorf ein Stück Ackerland erhalten und dieses gemeinsam bebaut.[3])

Auch gibt es Fälle, in denen gemeinsamer und ausgeschiedener Anbau in einer und derselben Ortschaft neben einander bestehen.

So sagt zum Beispiel Sartorius von Mexico: Die Gemeinde ist Eigenthümerin alles Landes mit Ausnahme von Hausplatz und Garten, die in der Familie vererben. Vom Gemeinland wird ein Theil gemeinschaftlich angebaut.[4])

Aehnliches soll sich bei den Peruanern gefunden haben[5]) und bei den Creek-Indianern noch finden.[6])

In Irland, Hochschottland und an der schottisch-englischen Grenze, namentlich an den beiden Ufern der Twend, pflegten bis tief in das 18. Jahrhundert hinein Mehrere mit einander, auch wohl eine ganze Gemeinde, eine Feldmark zu pachten. Sie waren dem Eigenthümer solidarisch haft-

[1]) Römische Geschichte, I, 37. 187. Aristoteles (Polit. VII, 9.) spricht von altitalienischen Syssitien, die den kretischen ähnlich waren.

Ueber die Gütergemeinschaft der Spartaner vergl. K. O. Müller: Die Dorier II. 189. — Sparta lernte von Kreta. — In Aegypten gab man Land an je 12 Kriegerfamilien. Herod. II, 168. — Ueber die Gauerbschaften des Mittelalters: Riehl, die bürgerliche Gesellschaft, S. 136. — Ueber die preußischen Colonien: Haxthausen, ländliche Verfassung Preußens, I, 230. — Ueber Westphalen: Ders., Agrarverfassung in Norddeutschland, S. 86. — Vergl. noch die Hauscommunionen der österreichischen Militärgrenze.

[2]) Biblioth. histor. V. 34.

[3]) Der altdeutsche Staat, S. 105.

[4]) Mexiko, S. 273.

[5]) Roscher, System der Volkswirthschaft, II, 194.

[6]) Wappäus, Nord-Amerika, S. 993.

bar, theilten das Land oft jährlich neu durch das Loos und nahmen viele Arbeiten, insbesonders das Pflügen, gemeinsam vor. Man nannte dies das System des Runrig.[1])

Runrig gibt es noch gegenwärtig in Argyle, auf den Hebriden sowie hie und da in Irland.[2])

Unter den Celten in Wales findet sich während des Mittelalters die sehr eigenthümliche Einrichtung des Cyvar, vermöge deren eine Anzahl von Landwirthen, wenigstens einen Theil ihrer Grundstücke aus freier Verabredung gemeinsam bebauten, jedoch ohne Theilung der Frucht, also so, daß Jeder ärntete, was auf seinem Acker wuchs. „Eine solche Arbeitgenossenschaft umfaßte einen Complex von 12 Erw (Acres); jeder Genosse war mit einem oder mehreren Erw betheiligt, mußte aber nach Verhältniß zur Arbeit beitragen. Einer pflügte, ein Anderer lieferte die Eisen, ein Dritter war der Treiber, wieder Andere schickten die Pflugochsen. Die Genossenschaft dauerte, bis alle 12 Erw vollständig bestellt waren .... Die Erfüllung der übernommenen Verpflichtungen wurde durch Sicherheitsleistung und durch gesetzliche Strafen verbürgt. Während der Dauer des Verbandes konnten die dazu gestellten Ochsen weder verpfändet noch mit Beschlag belegt werden."[3])

Der Runrig und der Cyvar sind also Beispiel einer gemeinschaftlichen Arbeit ohne jede Beimischung irgend einer Art von Communismus.

---

[1]) Macculloch, Statist. I, 295. 523. Arndt, Nebenstunden, S. 283.

[2]) Macculloch, l. c. — Ueber Irland vergleiche Hume, history of England, ch. 46.

[3]) Walter: Das alte Wales, S. 323.

Inhaltsverzeichniß.

Erstes Buch.

I. Kapitel.

Von der leidenschaftlichen Begierde nach Reichthum in gegenwärtiger Zeit.

II. Kapitel.

Die Gesellschaft bewegt sich zwischen dem Geiste und den Sinnen, zwischen dem Heidenthum und dem Christenthum.

VII. Kapitel.

Daß materieller Fortschritt und Christenthum mit einander nicht im Widerspruch stehen.

VIII. Kapitel.

Die Entsagung ist das Gesetz jeder freien Creatur.

Seite

IX. Kapitel.

Ueber das Wesen der Entsagung im gegenwärtigen Zustande des Menschen

X. Kapitel.

Das Princip der Entsagung verträgt sich mit dem Princip des eigenen Interesses.

XI. Kapitel.

Die Weisheit der bloßen Vernunft ist unvermögend, die Leidenschaften des geselligen Menschen im Zaum zu halten.

XII. Kapitel.

Die Entsagung ist die erste Bedingung jeden Fortschrittes sowohl in der geistigen als materiellen Ordnung, das schaffende und erhaltende Princip aller Civilisation.

XIII. Kapitel.

Allgemeine Uebersicht. — Begriffsbestimmung und Eintheilung.

Zweites Buch.

Ueber die Erzeugung von Reichthümern.

V. Kapitel.

Die innere Kraft der Wahrheit nimmt in dem nämlichen Maaße ab, in welchem die dem Christenthume entgegengesetzten Laster zunehmen.

VI. Kapitel.

Neubelebung der Arbeit in der christlichen Gesellschaft durch den Geist der Entsagung.

Einfluß der religiösen Orden.

VII. Kapitel.

Die christliche Entsagung leistet der geistigen Entwicklung und mechanischen Fertigkeit des Arbeiters einen höchst förderlichen Vorschub.

VIII. Kapitel.

Die Ansammlung und Erhaltung eines Kapitals ist ohne Entsagung unmöglich.

IX. Kapitel.

Einfluß der Sitten und öffentlichen Einrichtungen auf die Productivkraft der Arbeit durch Sicherstellung der Freiheit und des Eigenthums und durch Achtung vor dem Stande der Arbeiter.

X. Kapitel.

Geringschätzung der Arbeit und Uebertragung derselben an Sclavenhände bei den Völkern, die sich den Trieben des Heidenthums hingaben.

XI. Kapitel.

Durch den Einfluß der Entsagung wurde die Arbeit in der christlichen Gesellschaft wieder zur Achtung gebracht und zur Freiheit erhoben.

XII. Kapitel.

Einfluß der freien Concurrenz auf die Productivkraft der Arbeit.

XIII. Kapitel.

Erhöhung der Productivkraft durch die Theilung der Arbeit.

XIV. Kapitel.

Einfluß des Christenthums auf die Entwicklung des Associationswesens.

XV. Kapitel.

Die einzelnen Geschäftszweige vom Standpunkte der Ertragungskraft aus betrachtet.

Drittes Buch.

Vom Umtausch des Reichthums.

I. Kapitel.

Tausch und Werth.

II. Kapitel.

Von den Mitteln zur Erleichterung des Tausches im Allgemeinen und vom Geld und Credit im Besonderen.

III. Kapitel.

Von den wohlthätigen Wirkungen des Handels und dem Einflusse christlicher Principien auf die Entwicklung der Handelsbeziehungen.

IV. Kapitel.

Freihandels- und Nationalitätsprincip.

V. Kapitel.

Von den Handelsstockungen und ihren nachtheiligen Folgen für die Gesellschaft.

Beilagen.